丁咚咚跟程老师学写作

程占民　程淑娟　著

中国书籍出版社
China Book Press

全 书 提 示

1. 程老师十年磨出一把"龙泉剑"

程老师眼角堆出细密的笑纹，摊出有些褶皱的双手，捧起自己编撰的一本新书稿，起了个书名叫《小P孩们跟程老师学写作》，翻过来倒过去，看了一遍又一遍。大家可以想象得出来，他心里已乐得不成样子啦！这本书，是十几年来，他给学生讲授的丰富作文理论、提供的大量知识见闻、在课堂内外发生的故事的记录。似乎在看小说，听故事，但读完后你却学到了作文知识，掌握了写作技法。你品品，你评评，客观点说，这创意妙不妙？角度奇不奇？体裁新不新？

时间在程老师身边默默流淌过去，几十年也就是转眼一瞬，而他却一直在探索积累有关写作教学的方式方法，直到最近才算是告一段落。历尽沧桑，几经风雨，磨砺出这一把"龙泉剑"。你想啊，他能不激动吗？

但他却没有像普希金写出绝妙好诗时那样，兴奋得和疯子没什么区别，跑上山巅，一边手舞足蹈，一边高喊："普希金哪，你这个狗崽子呀……"

没有！他只是把书稿交给第一个爱徒丁咚咚看。没想到丁咚咚阅读完毕，却大摇其头，半是撒娇半是嗔怪，说："我爸妈爷奶都喊我'小鬼头'，也叫我'小精灵'，有时合在一起招呼我'鬼头小精灵'呢；可你书里把我们都称作'小屁孩'，我敢保证，我从来没和老师'屁'过！"

2. 程老师被他的爱徒纷纷吐槽

正好秦昊也在旁边，夺过书稿快速看了一遍。过一会儿，他也向程老师发难："大家都叫我'大活宝'，你书里也称我是'小屁孩'，我敢向天发誓，我在课堂里从来没有放屁！"

这时"大白话"马岩撇着她那勺子状的长嘴唇，冲着程老师嚷嚷起来："老师，我确实有点'屁'，但是我不是'小P孩'！"

在学生中被称为"孙猴子"的孙洪达，跳将出来，举着手在额前搭了个"凉棚"，尖声怪气地喊叫："我孙大圣敢下龙宫取宝，敢上凌霄宝殿大闹天宫，敢和西天如来佛耍笑，有时我和程老师也'屁'——'屁'，那又何妨？嘿嘿嘿，嘻嘻嘻……"

黎梅花接下来说得柔声细气，一点看不出她的"女大侠"气概："在学校里，我出手揍过撩嫌的大个子男生，张口骂过偏向的老师，但是我特别尊重程老师，他讲课我仔细听，他要求的事我认真做，我一次都没有和敬爱的程老师'屁'过呢！"

　　学生们都尊称为"大姐姐"的郭淑薇，是最有正经事儿的女孩儿，她把话题抢了去，笑着说："'P'者，'屁'也。其实，'小屁孩'不存在贬义。这是对我们这些顽皮、淘气、好动、稚气未脱、油嘴滑舌、行为乖巧，而又天真、机灵、精明、头脑灵活、反应敏锐、聪颖好学的孩子的昵称。"

　　"没错，没错，这是程老师对我们的溺爱。"智力由低下正在往高值攀升的穆标同学，他深陷在眼窝的瞳仁来回转动，古井般的嘴巴张得大大的，跟着呼应了一句。

　　樊启琛急忙给予纠正："'穆彪子'，你这个'溺爱'，属于词不达意，应该说'程老师对我们关爱、喜爱'，'关爱和喜爱'较合适。"

　　"是，'关爱和喜爱'，二师兄。""穆彪子"小细脖上的圆脑瓜点动着。

　　任梦洁不愧是"女才子"，事事考虑得周到、全面，她抬起圆润的红脸蛋，弯着含笑的大眼睛，看着大家说："读程老师这本著作，不要只看热闹，千万别忘了，我们要从中学习作文知识，掌握写作技法哟！依我看，里面很多独到的作文教法，另类的教育理念，也是中小学老师应该很好借鉴的呢！"

　　"读了程老师这部新式作文小说，我不再要别的老师教就会写作文啦！"白杨活脱脱就是一只"小白兔"，又蹦又跳地唱着说，声音清脆悦耳。

3. 农村小丫说话不怕风大疷了舌头

　　"女铁掌"鞠雪晴抬手抹掉溜到额前的一绺头发，乘机发表一番"高见"："这本新书果真与众不同，读着读着，我眼前就像正在上演影视剧，放映动漫片，趣味性极强；而且写作知识系统，讲解清晰明了，我认为是最好的作文辅导书，也是素质教育的优秀教材。因此，在目前全国中小学没有作文课本的情况下，我想向国家最高教育当局建议：应该让它进入课堂教学呀！"

　　"吓！你的建议好使吗？"肖渺一说话总像与人吵架似的，再次亮出高嗓门。虽然他上唇较短，这回却没有暴露一粒又长又宽的牙齿。

　　"口气可不小，也不怕风大疷了舌头？"顽皮女孩蔡菀笛，向鞠雪晴抛了个眉眼，"你一个农村小丫，没听程老师说过'位卑言轻'么？"

　　"菜包子，"林心怡偏过脸，不屑地对着蔡菀笛撇嘴，"你不要狗眼看人低——毛主席还给少年儿童写过信呢!"

这时,被学生称为"大帅"的冯新发悄悄站起来,发挥他的综合能力:"你们不要争论了,依我看,还是让程老师自己说说吧!"

三十多双眼睛一齐聚集在程老师红润宽大的脸盘上,然而,他只是微笑而不语。

虽然程老师平时培养和训练学生"快速阅读",但是由于人多,打印的书稿少,用了一个多小时学生才粗略浏览一遍。接下去,其他同学也纷纷吐槽,对于"小屁孩"这个称呼大致都认同,认为这个词用在他们身上,很形象,很亲切,并无不妥。

是的,来跟程老师学作文的学生,就是这样一群活泼可爱的小家伙。除了上述发表见解的几名学生外,还有"小学究"魏增智、"假小子"周圆圆、"小胖墩"许行之、"小诸葛"安子良、"辣椒妹"左雨虹、"小书法家"李一流、"范大烟"范文彬、"老头"于俊清,以及衣丙丁、顾崇宇、赵明磊、温昕卓、鲁晓非、姜大圣、韩铁壮、朴峻熙、惠天佑、陆晚霞、赵耀、裴玲、李赟……

4. 阅读这本奇书等于观看动漫喜剧片

这些小屁孩,都是小学高年级和初中学生,他们在程老师作文班课堂里,可不像在所就读的学校时那样老老实实,死死板板,规规矩矩呀,总是嘻嘻哈哈,说说笑笑,争争吵吵,打打闹闹的,十分放肆呢!

亲爱的小读者和尊敬的大读者们:你可能没有机会进入程老师的课堂观光,可你又很想知道这些小屁孩的情况——他们在程老师作文班表现如何?都是怎么学习的?把作文知识、写作技法学到手了吗?他们的文章写得怎样?程老师都有哪些有效的作文教法?他的教育理念是什么?你想了解的话,那就快点阅读这本书吧!

作者在此声明:本书虽然有事件情节,有人物形象,有矛盾冲突,但它又不是纯小说。它通过生活化、故事化的语言,图解了作文知识,演绎出写作技法。如果非要给此书的体裁下定义的话,它颇有点类似科普读物,但是它又不是科普读物。因为读者似乎在阅读故事,似乎在观看动漫片,似乎在欣赏影视剧,却在不知不觉中,把许多作文知识弄通了,使不少写作技法娴熟了。据作者所知,古今中外,到目前为止,还没有看到过这样类似与小说搭界的讲解作文知识的书籍,可能这是中国的第一部,恐怕也是世界的首创吧!

程老师激动过后，复归于淡定。他说自己年龄大了，对于名和利都感到漠然，甚至厌倦，就把书稿交给了我们。他坚持不要用他的名讳发表出去，恭敬不如从命嘛，这样我们就成了所谓的作者。因为程老师的书稿是他近十年教授中小学作文的课堂记录，我们不得不有所删减，又稍加润色，把书名改为《丁咚咚跟程老师学写作》；同时，我们还把书中程老师过分的"谦辞"适当调整，并按程老师提供的材料写了这个"全书提示"，于是乎送到出版社。因此，我们不得不再次严正声明：虽然我们也姓程，但却不就是书中的程老师，幸读者注意。

目 录

上 册

一、程式作文（记叙文）
　　三十六联五言歌诀 ……………………………………………………（1）
二、白杨到底去了哪里——冰糕化了说选材 ……………………………（3）
　（一）天热，程老师要请学生吃冰糕 …………………………………（3）
　　　1. 赤日炎炎似火烧，老君炉里倍煎熬 …………………………（3）
　　　2. 秦昊想要吃冰糕，盼望老师掏腰包 …………………………（4）
　　　3. 懒惰馋嘴猪八戒，啃起自己手指头 …………………………（5）
　（二）冰糕，为何吃进肚里没化 ………………………………………（7）
　　　1. 课堂里面传纸条，黄康王旭闹翻了 …………………………（7）
　　　2. 学生回答歇后语，争着抢着把手举 …………………………（7）
　　　3. 冰糕拉出还没化，这个谜底真笑煞 …………………………（9）
　（三）冰糕，为何没吃进肚化了 ………………………………………（10）
　　　1. 白杨人物成典型，冰糕没吃无踪影 …………………………（10）
　　　2. 跑肚拉稀上厕所，语言粗俗立意低 …………………………（11）
　　　3. 红楼有个仙妹妹，身后人群排长队 …………………………（12）
　（四）冰糕，没化之前讲选材 …………………………………………（13）
　（五）冰糕，白杨为何买来不吃 ………………………………………（20）
　　　1. 做好事反被诬赖，值得吗 ……………………………………（20）
　　　2. 疯女人公交车里抓小偷 ………………………………………（22）
　　　3. 扫描出来的钱能买汇源果汁喝么 ……………………………（25）
　　　4. 饮料瓶里喝出个死老鼠 ………………………………………（27）
　　　5. 这纯属虚构但并不虚假 ………………………………………（32）
三、刘大伯真的是"碰瓷"吗？——叙述一条线 ………………………（35）
　（一）刘大伯倒在马路中间——谁说你不会叙述 ……………………（35）
　（二）小心真的被"碰瓷"——秦昊当警察蛮够料 …………………（36）
　（三）刘氏父子留下的两个大"？"——谜团何时解开 ……………（38）
　（四）画轮廓与涂颜色——叙述，记叙的基本能力 …………………（40）

1

（五）黄昏的乡间小路上——描写和叙述不能截然分开 …………（43）
（六）给碗盘搓澡——依事件自身发展规律"顺叙" ……………（44）
（七）为奶奶端屎接尿——按时间的先后进行"顺叙" …………（47）
（八）六十岁应该活埋天经地义——道德与生产力相适应 ……（49）
（九）景物描写既点明时间——又推动情节向前发展 …………（51）
（十）黑板擦出了"花脸猫"——以空间方位关系"顺叙" ………（53）
（十一）"市长他妈"是谁——你既会"顺叙"也会"倒叙" …………（55）
（十二）有理不让人，无理搅三分——爸爸是在"插叙" …………（59）
（十三）学生抢要破皮书——"插叙"起落无痕迹 ………………（60）
（十四）猛张飞和鲁智深——场面描写的"点"与"面" …………（63）
（十五）原来我就说是搞对象——妈妈却在"补叙" ……………（66）
（十六）补叙是插叙的变种——丁咚咚已经运用自如 …………（68）
（十七）不是缺乏什么"生活"——"六要素"是个宝 ……………（72）

四、苍蝇打不得了——孙子教奶奶学立意 ………………………（77）
　（一）回家路上，巧施调虎离山计 …………………………………（77）
　　1. 以毒攻毒取美名 ………………………………………………（77）
　　2. 课堂内外抖精神 ………………………………………………（78）
　　3. 良母感伤逆子事 ………………………………………………（78）
　　4. 爱人肉遇瘆人毛 ………………………………………………（79）
　　5. 祸福只因一转身 ………………………………………………（80）
　（二）缺了记性，奶奶汤里忘放盐 …………………………………（81）
　　1. 孙子成了急嘴猴 ………………………………………………（81）
　　2. 贾疑红嘴绿鹦哥 ………………………………………………（82）
　　3. 鲜汤反刍想作文 ………………………………………………（83）
　（三）小"人来疯"，问懵当年"老三届" ……………………………（83）
　　1. 暗合老师讲立意 ………………………………………………（83）
　　2. 夕照铭心老三篇 ………………………………………………（84）
　　3. 就算上老年大学 ………………………………………………（85）
　（四）讲解立意，《我的一家》起争执 ………………………………（85）
　（五）大笔一挥，文中撒盐出新境 …………………………………（89）
　（六）点石成金，"死人"居然变"活人" ……………………………（93）
　（七）以小见大，立意有个总方针 …………………………………（98）
　（八）好勇斗狠，巨龙动刀酿血案 …………………………………（102）
　　1. 咚咚他是小祖宗，奶奶自谦老糊涂 …………………………（102）

  2. 警察突然来取证，精灵轻易不开门 ……………………（103）
  3. 店经理挨刀喋血，刘大娘洒泪抛珠 ……………………（105）
（九）提炼主题，剖析红嘴绿鹦哥 ……………………………（106）
（十）五条标准，立意正确是前提 ……………………………（109）
（十一）天无二日，立意集中即专一 …………………………（114）
（十二）旗帜高悬，立意鲜明不含糊 …………………………（120）
（十三）不堪回首，触字生情忆昨事 …………………………（124）
  1. 岁月快如飞，往事犹可追 ………………………………（124）
  2. 来到穷山村，不苦只怕静 ………………………………（125）
（十四）疑神疑鬼，到底是谁的鞋印 …………………………（127）
  1. 爷爷原是山东客，生产队里根苗红 ……………………（127）
  2. 城里妻无心嘻嘻，乡下夫神经兮兮 ……………………（128）
  3. 前事今事一分二，公德私德混一块 ……………………（130）
  4. 夫妻本是同林鸟，大限未到已飞跑 ……………………（130）
（十五）阴森可怖，"小诸葛"写新聊斋 ………………………（132）
（十六）昭君出塞，命意新奇开生面 …………………………（136）
（十七）见财起意，不爱草棍爱黄金 …………………………（138）
（十八）由此及彼，奶奶完成急就篇 …………………………（142）
（十九）一只苍蝇，演绎出各种技法 …………………………（145）
（二十）深挖横拓，苍蝇打得打不得 …………………………（148）

五、程老师当了一回人物模特？——描写一大片 ………………（155）
（一）走进程老师课堂——让你学会描写人物 ………………（155）
  1. 程老师今年"几岁啦"（得体话） ………………………（155）
  2. 程老师的眼镜要价 10 万美元（玩笑话） ……………（157）
  3. 笔下的人物，都是一个模子脱出来的（公式化） ……（160）
（二）程老师要给"木乃伊"造血长肉——怎样描写
   人物的外貌神态 ……………………………………（162）
  1. 不能只给外部硬贴一层皮（平板化、脸谱化） ………（162）
  2. 程老师微笑面对"大卸八块"（可谓"活体解剖"） ……（164）
  3. 两个学生的习作难分伯仲（外貌分几部分） …………（166）
  4. 没有哪两片树叶是相同的（个性中传出"神"） ………（169）
  5. "假小子"讲评"刘关张"（三国人物外貌） ……………（170）
  6. "辣椒妹"叙说"梁山好汉"（水浒人物外貌） …………（172）
  7. 孙悟空耳窟里长出一棵大松树（西游人物外貌） ……（175）

8. 经书让小孩生下就成博士后（唐僧取经轶闻）……………（177）
9. "孙猴子"找到了"二师兄"（神话反映现实）……………（179）
10. 程老师浅析《红楼梦》人物（外貌传出神韵）……………（181）
11. 阿Q和孔乙己是难兄难弟（鲁迅笔下的形象）……………（184）
12. 程老师说他不敢掠人之美（长相各有不同）……………（187）
13. "街流子"和"山炮"在"掐架"（注意先后顺序）…（189）
14. 那个体育棒子最好看（外貌应有选择）……………（191）
15. 引发一场自我教育的讨论（动态中写外貌）……………（193）
16. 程老师承担不起溢美之词（当堂作文例一）……………（194）
（三）程老师要让瘫子站起走路——怎样描写人物的动作行为 …（199）
1. 要让人物自己站出来——登台表演 ……………（199）
2. 王鑫磊四肢能活动了——不是瘫子 ……………（201）
3. 带领学生走上自主"阅读"之路——自由飞翔 ……………（203）
4. 花和尚鲁智深倒拔垂杨柳——腰只一趁 ……………（204）
5. 景阳冈武松醉打老虎——赤手空拳 ……………（206）
6. 武大郎是弟弟武松的——耷拉孙子 ……………（209）
7. 作文班变成了体操房——部位举例 ……………（211）
8. 小白兔学会了包饺子——符合身份 ……………（215）
9. 面对买鸟放生忏悔不已——选择典型 ……………（217）
10. 秦昊又在"对号入座"——用准动词 ……………（220）
11. 王熙凤拿刘姥姥开涮——笑煞众人 ……………（223）
12. 老师向学生鞠躬致歉——（当堂作文例二）……………（225）
（四）程老师要让哑巴开口说话——怎样描写人物的语言对话 …（229）
1. 于俊清和妈妈都是哑巴（要让人物开口）……………（229）
2. 诸葛亮舌战群儒，雄辩滔滔（古今第一辩士）……………（232）
3. 懒婆娘的裹脚布又臭又长（抓要点善提炼）……………（236）
4. 放他妈的狗屁（啥出身说啥话）……………（239）
5. 嫂子乐得拍屁股（真乃童言无忌）……………（242）
6. 贾母和刘姥姥"唠嗑"（啥年龄说啥话）……………（244）
7. 贾宝玉最大爱好是吃女孩脸蛋胭脂（啥思想说啥话）……………（245）
8. 熙凤、黛玉、湘云、宝钗都有话说（啥性格说啥话）……………（247）
9. 晴雯之死让众多读者流泪（林黛玉的影子）……………（249）
10. 胡屠户的"两面三刀"（"胡说"一词起源）……………（252）
11. 孔乙己的话等于"子曰"（"窃书不算是偷"）……………（254）

12. "于大爷"嘴馋想吃糖（写对话提示语）……………（256）
13. "女才子"要和程老师过几招（当堂作文例三）………（260）
（五）程老师说自己会"读心术"——怎样描写人物的
　　　心理活动 ………………………………………………（265）
1. 能在别人的脑子里走几圈呢（你知我知）……………（265）
2. 自己和自己在心里说话呢（内心独白）………………（266）
3. 我的心里也翻江倒海折腾呢（独特感受）……………（268）
4. 又出来一个"对号入座"的呢（心理剖析）……………（271）
5. 天上星星也跟我挤眉弄眼呢（幻觉描述）……………（272）
6. 我为什么会在梦中死了呢（梦境显示）………………（274）
7. 皮草大衣对着丁咚咚正笑呢（环境衬托）……………（276）
8. 心灵要比那个鞋印更脏呢（前因导源）………………（277）
9. "穆彪子"说他舅妈是"母夜叉"呢（互相配合）……（281）
10. "我"怎能知道"你"想些啥呢（注意事项）…………（285）
11. 小屁孩们轻松调侃《不差钱》呢（开心一刻）………（286）
12. 程老师怎么当起了"破烂王"呢（当堂作文例四）…（287）

六、丁咚咚不愿吃死面饼——布局分层次 ………………………（291）
（一）丁阴岱病危北大荒　玲兮姑烙制死面饼 ………………（291）
1. 她脸上长了草莓豆 ……………………………………（291）
2. 无异赶鸭子上鸡架 ……………………………………（292）
3. 吃饼咬在了棉裤腰 ……………………………………（293）
（二）老卢爷爷重操旧业　小鬼精灵联想作文 ………………（294）
1. 金毛狗拒绝死面饼 ……………………………………（294）
2. 烙制饼如同写文章 ……………………………………（295）
（三）文章结构不离原则　凤头猪肚再加豹尾 ………………（296）
1. 要围绕主题思想安排层次结构 ………………………（296）
2. 结构要正确反映客观实际，符合人们的认识规律 …（299）
3. 结构要适应不同体裁的特点 …………………………（300）
4. 结构要注意文章全篇的完整、和谐、统一 …………（300）
（四）程老师布局分层次　郭大姐诘难范大烟 ………………（300）
1. 五脏六腑都得劲儿 ……………………………………（300）
2. "范哥"名言火爆网络 …………………………………（301）
（五）事物发生发展顺序　长辈争抢开家长会 ………………（303）
（六）淘米炒菜小试牛刀　忙中有错交点学费 ………………（308）

（七）时间推移先后顺序　防微杜渐教子有方 ……………… （311）
（八）夜深人静送还二蛋　瑕不掩瑜美文一篇 ……………… （317）
（九）课堂如何布置作文　学生怎样自拟标题 ……………… （321）
（十）有意义更要有意思　是真心才会是真情 ……………… （325）
（十一）空间方位转换顺序　白杨谦逊险遭误解 …………… （328）
（十二）游公园"神树"播威名　论人才"哑巴"说狠话 …… （331）
（十三）时间空间交叉顺序　海阔天阔跃出红日 …………… （336）
（十四）校园乐园室内楼外　书声歌声从早到晚 …………… （340）
（十五）总体部分结构顺序　眼黑嘴白憨态可掬 …………… （343）
（十六）彪子进步变得不彪　智障开发渐成多智 …………… （346）
（十七）事件不同方面顺序　老师爱生胜过爱子 …………… （350）
（十八）不管别人我行我素　文章作者谁是谁非 …………… （353）
（十九）感情起伏变化顺序　面目丑陋心地美丽 …………… （355）
（二十）怪父亲逼孩子绝望　好女儿懂大人心肠 …………… （359）
（二十一）小精灵奄忽一梦境　老爷爷年迈寄情思 ………… （363）
　　1. 作文课堂眼前消失 ……………………………………… （363）
　　2. 身罹癌症不翼而飞 ……………………………………… （364）
　　3. 百万汇票轻如鸿毛 ……………………………………… （365）

七、程老师砍了丁咚咚的"头"——万事开局难 ……………… （367）
（一）丁咚如何写作文开头 …………………………………… （367）
　　1. 明确中心，找准角度 …………………………………… （368）
　　2. 根据中心，恰当截取 …………………………………… （369）
　　3. 有了中心，落笔扣题 …………………………………… （369）
（二）记叙文的开头方法 ……………………………………… （371）
（三）丁咚咚被程老师"砍头" ………………………………… （378）
　　1. 要砍头 …………………………………………………… （378）
　　2. 砍了头 …………………………………………………… （379）
　　3. 砍头后 …………………………………………………… （381）
　　4. 整合术 …………………………………………………… （381）

八、秦昊圆了一把法官梦——行文先审题 …………………… （384）
（一）秦昊已不满足将来当个警察 …………………………… （384）
（二）不审题，写作文就无法动笔 …………………………… （385）
（三）"审题"乎？"审判"乎？ ……………………………… （387）
（四）作文班"法庭"开庭"审判"啦 ………………………… （390）

1. 秦昊如愿当上"大法官"（享有生杀予夺大权）………………（390）
2. 从后往前一步一步地"审判"（字词推敲法）………………（392）
3. 秦大法官"推"不动了（求助"程书记员"）………………（394）
4. 《母亲》变成"老于头"的妈妈（添人加事法）……………（397）
5. 黄康对着题目大喊大叫（对着题目问）……………………（399）
6. 题目的眼睛长在哪里（主谓语单句题眼）…………………（400）
7. "小白兔"又吃萝卜又吃菜（偏正短语的题眼）……………（402）
8. 抢着要"吃"那"小菜一碟"（动词、形容词就是题眼）……………………………………………………（405）
9. "穆彪子"穿了五六件衣裳（修饰语与题眼）………………（407）

九、小孩变成了宠物狗——"骗座"里有议论文 ………………（411）
（一）孩子在记叙，爸爸却是在议论 …………………………（411）
（二）想当大法官，决心学好议论文 …………………………（413）
（三）上路送一程，议论文只有六个字 ………………………（417）
（四）手机发短信，"上吊"吊出来个议论文 …………………（421）
（五）公园甬路上，一口痰吐出篇议论文 ……………………（424）

十、赖皮缠教演标点符号——绅士先失而后得 ………………（431）
（一）赖皮缠钻标点符号空子 …………………………………（431）
（二）向赖皮缠学习标点符号 …………………………………（432）
（三）标点符号带来的一场梦 …………………………………（434）
（四）故事里还有绅士的故事 …………………………………（434）
（五）绅士属文演练标点符号 …………………………………（436）
（六）标点符号要各就各位 ……………………………………（438）

一　程式作文（记叙文）

三十六联五言歌诀

提示：歌诀是纲，纲举目张；五字箴言，闪闪发光；口诵心记，出手成章。

文章彩线穿，珠玉在上边（线索）
布局详略分，谋篇突中心（布局）
行文先审题，从后往前移（审题）
时空经常用，总分亦见惯（结构）
题目长了眼，添人加事件（审技）
起落有层次，来去无痕迹（层次）
下笔意在先，腹稿打周全（提纲）
语言学问深，无穷变化功（语言）
立意奇新奥，加盐有味道（立意）
句子不宜长，通顺又形象（炼句）
正确是前提，中途不易帜（标准）
词语忌架床，生动且流畅（遣词）
纵深横拓展，求异思逆反（方法）
景情浑交融，动态立体文（写景）
天上无二日，文里一中心（中心）
细部眉须眼，给人现场感（细节）
百川向大海，葵藿倾太阳（主题）
知微方见著，特征要抓住（特征）
素材平时积，临场即撷之（选材）
议论并抒情，记叙和说明（表达）
毛坯到题材，加工成品来（提炼）
记文分四类，人事及物景（类别）
叙述一条线，描写一大片（记叙）
竖述节奏疾，横描成舒徐（节奏）

倒叙金字塔，分平夹补插（叙述）
行文如山洪，波澜不喜平（曲折）
外貌和言语，动作加心理（人物）
后面呼应前，题目须扣严（照应）
白描轮廓粗，工笔细如酥（描写）
结尾留悬念，点题是关键（结尾）
有点才有面，气氛须渲染（场面）
检查再修理，文面应得体（修改）
万事开局难，砍头最新鲜（开头）
初学读写背，模仿也必须（勤学）
扣题找角度，恰当去截取（落笔）
笔耕勤不辍，才思从天落（苦练）

二 白杨到底去了哪里
——冰糕化了说选材

提示：已吃进肚里的冰糕，为何不化？没吃进肚里的冰糕，却一块一块地化了！这是咋回事？——你读完这篇奇文，问题就可迎刃而解！而且对写作文如何选取材料，还会弄得像大白天一样清楚。

（一）天热，程老师要请学生吃冰糕

1. 赤日炎炎似火烧，老君炉里倍煎熬

适逢酷暑，骄阳似火。由于是临时租借的房间，缺少制冷降温设备，今天赶上高气压槽控制的天气，特别炎热，同学们觉得如同坐在蒸笼里一般，体验了一回孙悟空在老君炉里，呆上七七四十九天的那种感受。丁咚咚上身只穿一件宽松圆领柠檬黄短袖 T 恤衫，还是热得喘不过气来，口内干渴，每个细胞似乎都长出一只小手要冷饮来消暑。他背上的汗水已浸透衣衫，头发一绺一绺的，覆盖在宽大的前额上，几乎要把圆圆的大眼睛遮住了。他伸手抓过作文本，一下又一下地扇着，掀起些许凉风，心里这才浮起一丝丝的快意。因为教室邻近马路，即便门窗紧闭，车水马龙的噪音时而还是会闯进屋内。有学生忍不住打开一扇窗，一股清新的小风闯进来，不断掀动坐在窗口的女生的秀发。白杨同学在轻风中惬意地晃起脑袋，头顶两侧拱形发辫朝天翘着，乳白色的蝴蝶结一颠一颠的，呼哒呼哒，好像在迎风唱着歌曲，打着节拍……

就在这个时候，程老师走进教室，他不慌不忙，步履稳健，迈向讲台。他将腋下夹的那卷东西全都摆在讲桌上：几张 A2 纸、教案讲稿、记分册、粉笔盒、蓝布眼镜袋、茶杯……一件一件放好，仪态从容，有条不紊，只有这般年龄的教师才具有这种老成持重的风度。随后，他抬起头，环视一下坐得满满当当的教室，透过茶色眼镜片，温和而又明亮的目光落在丁咚咚红润的脸庞上，说了第一句话："呵呵，丁咚咚，看你热成这个样子，你能不能给我说出有关描写天气炎热的诗句呀？"

丁咚咚头发里冒着热气，腮边挂着晶莹的汗珠儿，有点发胖的脸蛋微微红了一下，像熟透的苹果，低垂下头略一思考，挺着胸脯，离开座位直立起

来，仰头又朝上看了看，才说道："'锄禾日当午，汗滴禾下土。谁知盘中餐，粒粒皆辛苦。'这首唐诗叫《悯农》，作者李绅——他和李一流是一家子。"

丁咚咚最后一句话，引来一阵嘻嘻哈哈的笑声。大家把目光都一起转向门口处，坐在前排的李一流不知所措地绞搓着双手，跟着乐。

"我说！"

"我说！"

丁咚咚刚坐下去，就听见有两个女同学先后嚷起来。

被学生称为"大姐姐"的郭淑薇同学，把手臂弯在头顶，要求发言。在作文班女生队伍里，"郭大姐"不仅人高马大，骨骼壮阔，大概年岁也最大，而且举止端庄、行事稳妥，在学生中声望颇高。她在学校里是班长，在这里也被大家选为班长。

另一个举手的是白杨，口里兀自喊着"我说，我说！"嗓音一声比一声响，手伸得一次比一次高。

白杨今天穿着白色娃娃裙，白色镂空的蕾丝荷叶袖，显得清新可爱。她张开两只白嫩嫩的手臂，用力向前挥舞着。她甜美俏丽的面容，清秀白净，在弯细的眉毛下，那双杏核般的眼睛，水汪汪，笑盈盈，眨动时就像在与别人说话似的。因她个头不高，又好蹦好跳，爱说爱唱，一脸的孩子气，大家都昵称她"小白兔"。此刻，"小白兔"眼巴巴地望着程老师，随着举手的动作，身体不断往上蹿，一心要得到这次发言机会。

程老师面对两位爱徒，为难的表情在脸上逗留一刹那；他的目光在郭淑薇头发上停了停，又转移到另一边，他立刻伸出右手，对着白杨轻轻往上掂了掂。白杨见程老师指了自己，小巧伶俐的小嘴一勾，笑意出现在她眸子里，身子一挺，便从座位站起来细声吟道："'赤日炎炎似火烧，野田禾稻半枯焦。农夫心内如汤煮，公子王孙把扇摇。'这是《水浒传》'智取生辰纲'里的一首诗。"

2. 秦昊想要吃冰糕，盼望老师掏腰包

"好呀，好呀！"当白杨说完，程老师连声赞叹。"同学们谁还能再仿照这两首诗，各编一首新诗？内容跟我们眼前天气炎热和刻苦学习相关联；形式上字数相同，平仄可以不论，并且每句都要重复原诗句里一二字。"

教室里立刻安静下来，三十多个学生有的双臂倒背在身后，有的两手放在膝盖上，有的胳膊肘支在桌子上，用手托着下巴，有的提笔在纸上写着什么。但看得出来，他们都在深思，脑筋在面孔后面紧张地"搜狗"呢。大约过了半分钟，李一流同学手臂一扬，半个身子在座位上悬空："我有了。"说着站起身，长长的额发随着向前迈动的脚步飘过眉心，他急匆匆走到讲台上，在黑板上写道：

"学习正当暑，汗透脊梁骨。
　　谁知好成绩，分分皆辛苦。"
　　写完，他尖下颌一抬，揩一下鼻梁上的细汗，说："我模仿《悯农》写的，因此取名叫《悯学》。"说着，又拿来彩色粉笔，把与原诗相同的字涂成红色。
　　李一流的爸爸在铁路房产上班，虽是一名工人，但是酷爱书法艺术，经常练写钢笔字，研究把每个汉字只用一笔写下来的技巧。李一流从小就跟爸爸学习写字，钢笔字写得流畅、飘逸；至于毛笔字，正在练习摹帖，也能写得端庄、大方。因此，课间他常在黑板上练练粉笔字。今天，他也没有放过这个好时机，在同学前露了一下身手。
　　秦昊同学看见李一流回座，也把手举起来。他的手举得可是有些与众不同，又高又直，硬邦邦的，就像头颅上生出一根树干。他边举手，边直着高嗓门吵嚷："老师，我也有了——我模仿《水浒传》编的，我不上黑板写，我读一读，行吗?"
　　程老师对他笑笑，说："你还是写在黑板上，好让大家看得清楚呀。"
　　秦昊不管在哪里，都充当"大活宝"的角色。他虽然顽皮，但却并不讨人嫌。他中等身材，算不上强壮，也不能说是瘦弱。他那黝黑的脸蛋上，颧骨较高，线条分明，透露着一种不服输的性格。往前突兀的眉脊下面，鼓着一双水牛大眼睛，忽闪三四下，才说："我的字与李一流没法比，写得难看，我读吧。"
　　"呵呵，俗话说'当官不怕字丑'嘛。"程老师的两道目光像初春的阳光，脸上的笑容始终没有变换。"来前边黑板上写吧，抓紧时间哟!"
　　秦昊这才离开座椅，全身摇晃得像踏滑板，虾着小腰，拽开大步，歪歪斜斜上了讲台。他穿一身墨绿色长衫短裤，很像一个邮箱斜挂在黑板上。他伸手抓过半截粉笔头，弯弯曲曲写出他的"诗句"，那字迹犹如蟑螂刚刚爬出来的：
　　"教室闷热像火烧，答不上题被考焦。
　　学生心想吃冰糕，盼望老师把包掏。"
　　写毕，秦昊也用彩色粉笔，把和原诗相同的字换成了红色，然后转身连走带跑地回到自己座位上。

3. 懒惰馋嘴猪八戒，啃起自己手指头

　　哄笑声随之而起，七嘴八舌的议论充斥教室之内，继而目光都聚焦在程老师的方形脸膛上。程老师抬手端正眼镜，笑吟吟地说："大热天想吃冰糕，这很正常，我能理解。呵呵，我请客，我掏腰包。"
　　掌声，喊声，还有同学用拳头擂击桌子的声音，混杂在一起。

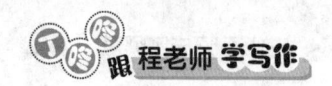

"不过"，程老师语气陡转，"想吃我的冰糕，有一个条件……"

"什么条件？老师您快说呀！"还不等程老师把话说完，有些学生急躁得站起来。

程老师穿着很随意，这堂课他只穿一身休闲装，看上去简洁清爽。他顺便用手拉拉胸口的衣领，抖动几下，似乎这样能散热，其实是故作拖延，为的是吊起大家胃口，然后才慢条斯理地说："我要给大家讲个故事，里面用了四条歇后语。大家都学过不少歇后语，中小学课本里就有许多。歇后语其实是民间口头语言，它幽默风趣，富含生活哲理。歇后语也是一种修辞格，有谐音、谐义、既谐音又谐义三种形式。有的修辞书里把它叫做'譬解语'，因为前部分类似'譬如'，后部分犹似解答谜底。"

"老师，我们知道了，您快说故事吧。"有学生催促着。

"呵呵，别忙，我要一件件说清楚。"每每说话时，程老师总习惯加进"呵呵"感叹词，有的是表示高兴，有的表示赞同，有的表示疑问，有的表示转折，有的表示……还有什么含义，那只有靠听者自己具体分析判断了。"我把这故事写在大白纸上了，如果同学们能把里面四条歇后语的'解'全部答对，我立刻掏钱请你们吃冰糕，每人一根一元的；要是有一条答不正确，那就对不起，谁想吃，也只能是'猪八戒啃猪爪'——呵呵，怎么样啊？"

教室里又一下子变得死寂，同学们你看看我，我看看他，谁也回答不出来。

"猪八戒是人是猪呀？它啃猪爪，是谁吃谁呀？"程老师见没人回答出来，就开始启发诱导。

朴峻熙是个朝鲜族男孩，长眼睛，单眼皮，瘦高个子，活泼可爱。前几天，他听一位熟人讲：有个程老师，教作文别开生面，跟说故事一样好玩，一听就会写文章；天文地理，鸡毛蒜皮，想听什么都可以，课堂上还可以随便发言，不拘一格，而且一分钱不收……朴峻熙从小生活在农村，爸爸是种植水稻的能手，他是和汉族孩子一起玩大的，熟悉民间草根语言，眼下正在朝鲜族中学就读，他对汉语尤其感兴趣，就进了程老师的作文班学习。程老师一提示，他立刻从椅子上直跳起来，没等叫他，便开口说道："猪八戒啃猪爪——自吃自！对不对？"

"回答正确！"程老师对着朴峻熙点头，又重复前边的话说："假如有一条答不出来，这冰糕我可不给你们买了，谁想吃，也只好是'猪八戒啃猪爪——自吃自'喽。"

和朴峻熙坐同桌的樊启琛拍着他的肩膀，笑眯眯道："你知道的还真是不少呀！"

朴峻熙抬起右胳膊，张开五个指头，做出往脸上扇风状，不无得意地说：

"谁过年还不吃顿饺子呢！"

（二）冰糕，为何吃进肚里没化

1. 课堂里面传纸条，黄康王旭闹翻了

说着，程老师把讲桌上的大白纸翻出一张，冷不丁来了个180度大转身，一扬手，贴在黑板左上角。学生们放眼望去，只见上面记载着这样一件事情——

王旭和黄康两位同学在课堂上互传纸条，约定周日去练游泳。班主任金老师正在写板书，猛一回头发现了他俩在搞小动作。她没有大声呵斥，也没有严厉批评，仍然微笑着，只是让王旭和黄康下课后到她办公室走一趟，把事情说清楚。

下课铃声响过，金老师离开教室时，让王旭先去办公室。王旭临走前，黄康小声说："王旭，你跟老师替我求个情，就说我黄康保证不再违反课堂纪律，这次就别让我去办公室了。"

王旭很为难，摆摆手，说："我是泥菩萨过江——A（谐义），哪里还能替你求情呀？"

黄康很生气，等王旭从办公室回来，他又问王旭："金老师打算怎么处分咱俩呀？"

王旭一脸的无奈，环顾左右见没别人，这才说："金老师说咱俩是秃子打伞——简直是B（谐音又谐义），让我回来写个检讨书。至于如何处分咱俩，我也是丈二和尚——C（谐义）呢！"

黄康想了想又问："老师问具体情况了么？"

王旭低下头，半天才说："我说是你先给我写纸条的——我实话实说了。"

黄康恼怒极了，扯着嗓子喊起来："王旭，这事是你先引头的，你小声问我'周日去不去游泳'，我怕说话影响老师讲课，才写张纸条给你的。"

王旭红着脸分辨："我也没说你别的坏话呀！"

黄康咬牙切齿，说："你还要说我什么呀？你把过错全推到我一个人身上，你自己洗清身。咱俩以后吃冰糕D冰糕——没化（话）（谐音）！"

两个小屁孩话不投机，不欢而散。黄康觉得没法脱掉干系，硬着头皮一步一挪地向老师办公室走去……

2. 学生回答歇后语，争着抢着把手举

由于学生中近视眼较多，一些孩子又不习惯戴近视镜，程老师担心座位靠后的学生看不清楚，便又将"王旭和黄康课堂传纸条"的故事大声朗读一遍，然后把四条歇后语又用粉笔写在黑板上，并要求学生抄录在笔记本上，写出答案，再举手回答。

学生边抄边小声嘀咕，互相对照参考答案。过了一会儿，长得肥胖发横的女生周圆圆最先把手举起，程老师示意让她回答。

"我回答A：泥菩萨过江——自身难保！"

周圆圆可没有一般女孩子那种细腻和娇气，性格粗犷豪爽，纯粹"假小子"一个。程老师刚扬起手说"对了"，她早已自行坐下。

任梦洁先举手，后站起，一双迷人的大眼睛，一边看着黑板，一边打闪，语调半是成熟，半是娇嫩，说："我回答B：秃子打伞——无法无天！因为秃子没有头发，'发'和'法'谐音；他打的伞又遮住天空，所以说是'无法无天'。"

任梦洁亮晶晶的额头上晃动着太阳光，她挥手遮了一下，回答得温婉有礼。

"不愧大家叫你'女才子'，回答正确！"程老师嘴角两边弧度很大，笑纹的出现足以表达了对任梦洁回答问题的满意。

"不对！不对！"就在这时，教室后边一个海豚音似炸雷响起，声音中透着一丝青嫩。循声看去，剃着光头的冯新发，淡黄色的睫毛下面，泛蓝的眼睛里闪动亮光。高鼻梁，鹰钩鼻，混血脸庞的完美造型，几乎就是一个欧美少年，他正站在座位前面注视着程老师。

程老师面向冯新发问："怎么个不对哟？"

冯新发抬手摸他的光头说："人们都说'和尚打伞——无法无天，不是'秃子打伞——无法无天。'"

"轰——"现在他本人就是秃子无发，大家的笑声一下子就达到了沸点。程老师也憋不住乐，一面招手让他坐下，一面笑意犹在，说："这两种说法都有，都不错。和尚也是秃子，他们都没有头发（无法），打起伞也都看不见天空（无天）。"

"秃子跟和尚是近亲，都是顶上没毛的动物。和尚是出家人，剃度的原因怕不守清规，剃个光头就不敢犯戒；秃子是小时长了疖癞，长大后照样啃猪蹄，当下酒菜。"任梦洁大概是因为冯新发发言反驳自己，就一语双敲，把冯新发拐了进去。

程老师的视线移动一下，看了一眼正在和旁边学生说"啃猪蹄，当下酒菜"的"穆彪子"，问："穆标，你说说C是什么？"

"穆彪子"头发乱得像一堆荒草，横七竖八地窝在头顶上。听程老师提问自己，汗珠从毛孔里爬出来，有一滴停在鼻尖上，滴溜溜地转动、闪烁。他的一双小而黑的眼睛显得空洞洞，干瞪着，不断摇晃着小细脖上那颗不规则的脑袋瓜。"

鲁晓非似站非站，眼神换上一种不确定，说："我回答C，但没想好，不知对错。"

程老师鼓励他："说错了，别人再说。"

"丈二和尚——人高马大。"说完，感到没把握，瞅着老师问："对不对呀？"

程老师嘴角扯出两条笑纹，用手指着大白纸的原文说："王旭说的这句话意思是'我也弄不清楚'；歇后语前部分用了'丈二和尚'：一丈为十市尺，我们一般人的身高也就是1.6米到1.8米之间，折合市尺只有五尺左右。那么，身高十二尺的和尚，他的脑袋能摸得着么？有句俗语叫做什么呢？"

经程老师一点拨，魏增智脑神经里的闪光灯骤然明亮，马上抢答："丈二和尚——摸不着头脑。"

"'小学究'说对了。"程老师连连点头。停了几秒钟，他用手指着黑板问："现在，四缺一，只剩D了——谁来回答？"

3. 冰糕拉出还没化，这个谜底真笑煞

学生都抿下嘴，没有一个出声的。程老师眼睛往下看看手表，又抬脸瞧瞧面前一张张憋得通红满是困惑的脸蛋，然后开始引导思路。

"同学们，黄康说以后和王旭再也不说话了，也就是再也不理睬王旭了，用了这条歇后语：吃进肚里的冰糕——怎么样冰糕才能没化（话）呢？大家想想。"

程老师说到这儿，马岩站起来抢着说："吃冰糕'放冰柜里存，存起'，冰糕才没，没化（话）。"

马岩说话有口吃毛病，她虽然没有周圆圆那么健壮粗胖，但也是性格爽直的女孩，什么事情都满不在乎，不放在心上。程老师摇了摇头，看一眼马岩，又面向大家说："呵呵，'放冰柜里存起'——这也没吃进肚子里呀？再说，这D处只是一个字。大家开动脑筋，好好地思考。"

有的同学说："吃冰糕'扔'冰糕——没化（话）！"

有的说："吃冰糕'冻'冰糕——没化（话）！"

有的说："吃冰糕'玩'冰糕——没化（话）！"

程老师见学生回答不上来，越说越远，就伸出双臂，张开十指，往下一压——这是他的习惯动作，学生一看就懂，是让大家停止说话，该轮到他发言了。

学生静下来后，他开口笑道："我本想掏腰包请同学们吃冰糕，可是，我'咸菜炒鸡蛋——有盐（言）在先'，上面四条歇后语，有一条答不上，呵呵，你们只好'猪八戒啃猪爪——自吃自'了。"

"老师，我们不要你请客了，我们实在是想不出来啦！"有的学生急得直喊，"快告诉我们正确答案吧！"

"程老师，你快说吧——都要把我急出心肌炎啦！"叫喊声中，"大活宝"的嗓门最最突出。

只见程老师不闪腰不岔气，在桌上轻轻拣起一支粉笔，在 D 处写了一个大大的字："拉"！

"哦？啊！吃冰糕'拉'冰糕——没化（话）！"

"吃进肚里的冰糕，又'拉'出来，确实没化（话）！"

"哈哈哈哈……"

教室里像开锅的沸水，一下子喧腾起来，好些学生笑得前仰后合，东倒西歪，有的用手掌拍打着大腿，边笑边说："这个歇后语是怎么想出来的呢，太绝啦！"

"程老师，这个歇后语是你自己编出来的吗？"有个叫左雨虹的女生，她满脑子跳出几个问号，犹犹豫豫地问。

"不是我编的，是别人说话，我听来的。"程老师告诉她。

左雨虹摇着头，疑惑的神情还是没有离开她脸上，说："不对呀，吃进肚里的冰糕，怎能'拉'出来还没化呢？"

程老师笑了，反问她："你说，泥菩萨能过江么？天下哪来的一丈二尺即四米高的和尚？猪八戒又在哪里呢？他能啃猪爪么？"

程老师语气略微停顿后，教室内又回响起他的男中音："这是歇后语，刚才我说过，只是'譬如'，取其音或义罢了，不能探求真伪。它的幽默、诙谐、趣味性，也就在这里。"

（三）冰糕，为何没吃进肚化了

1. 白杨人物成典型，冰糕没吃无踪影

说到这里，程老师见学生听得十分投入，继续说开来："别说是吃进肚里，就是这暑天，冰糕在外面放一会儿，也会融化成一滩水的……"

"老师，"白杨同学不待得到同意，接过话头："前个星期日下午，我在小区凉亭石桌旁看书，口渴了，买来一块冰糕，刚想吃……"

"怎么了？"程老师急切地问，"是不是有事离开了，你回来后，冰糕化了？"

"是的。"白杨用力点头，神情专注。"我把冰糕放在石桌上，急忙离开了……"

白杨梳着的两个羊角辫儿，随着她说话和点头，不断在头上摇来晃去的，让人看了觉得又幼稚又可爱。但她说起话来，却有些矫情，似乎中气不足，

10

常常夹杂着几丝颤音，都要被窗外吹进的小小风流携走，程老师和同学们须支棱起耳朵仔细听，才能捕捉到。

"'小白兔'，你买来冰糕不吃，到底去了哪里？""穆彪子"有些等不及了，瞪着古井般豆豆眼睛问。

"我正在……"

"好，白杨，你先不要说干啥去了，让大家猜想。"程老师左手往下一拦，打住白杨的话，环顾着全体学生说："白杨这段话，可作为文章开头，接下去讨论她的冰糕'为什么'化了——立意；然后再说说她的冰糕是'怎么样'化的——选材。"

许行之站起来说："为什么化了？我想白杨是去做好人好事去了，比如：助人为乐呀，见义勇为呀，扶老携幼呀……"

被学生呼作"小胖墩"的许行之，穿着黑边白衬衫、灰色七分裤，打扮得英姿飒爽，站在那里像只肥胖的小企鹅，文静、温和，平添几分高雅。

"许行之说的是文章立意，确立了中心思想。"程老师肯定许行之的发言后又说："那么，白杨到底干啥去了？她的冰糕是怎么样化的呢？下面就要大家展开联想，发挥想象，选取生活中的素材，再把这些素材经过整理后，让它变成题材写进文章里。选材，这可是写记叙文的重点啊！大家想一想，没有材料，没有事情，你能写出文章吗？当然喽，写进作文里的那个'白杨'，可不是我们眼前这个白杨同学，我们是以白杨为模特，把很多人能够做的事情，都写在'白杨'这个人物的身上——这是'典型化'了的白杨，艺术化了的白杨，呵呵……"

听完程老师的一席话，许多学生闪动起好奇莫解的目光，不过有的人爱把疑问留在脑子里，有的人却忍不住要说出来。

冷场了半晌，秦昊的身体随着直举的手臂，嗖地一下跳起来，说："白杨是不是乱吃东西，患上急性肠炎，跑肚拉稀，憋不住了，急忙去上厕所呀？"

"穆彪子"听得直愣神，提出一个"悖论"："大活宝，你说的不对劲儿：吃冰糕拉冰糕——没化(话)，人家白杨的冰糕还没吃进肚里，怎么能患上肠炎，跑肚拉稀'化了'呢？"

2. 跑肚拉稀上厕所，语言粗俗立意低

就在大家看着"穆彪子"嘻哈狂笑的时候，丁咚咚从椅子上霍地站直身子，碰得后面的桌子"嘎吱吱"响，未曾说话先一声冷哼，难得他带着讥讽的语气说道："以前程老师讲过，要依据立意选取材料，刚才许行之也说白杨的冰糕来不及吃是做好人好事去了。我认为许行之说得对，就应该联想这方面的事情去选材。可是，秦昊说白杨跑肚拉稀、回家上厕所，不但语言庸俗低级，尤其违背了立意要正确的原则。"

一般牛马愤怒时，就把眼珠子鼓得溜圆，仇视对方，因为牲畜没有语言功能，只好用眼睛说话。秦昊不服气，眼睛也瞪得似个大铜铃，盯着丁咚咚狠劲地看；过了好一会儿，才把粗嘴巴张开大大的，喊破天的闷嗓门让人们耳朵受苦："程老师让大家猜想，白杨买来冰糕放下不吃，急忙离开小区凉亭，她到底干啥去了？我就认为是，白杨拉肚子去上厕所。怎么的？不行呀？"

　　秦昊的性情中与牛相同的那一面显现，在他胸中犹有一团火焰熊熊燃烧，烧红了眼睛，使他的五官都错了位。他这时几乎变成一首恶魔的诗，说完还在虎视眈眈地看着丁咚咚。

　　"行行，"程老师见学生争执起来，赶忙出来打圆场。"其实，丁咚咚说得对，写文章要依据立意选材，要围绕中心选取有用的材料。那么，白杨放下冰糕去了哪里？做了什么事情？我们要以《冰糕化了》为题目，写一篇记叙文，当然要写她做有意义的事情。但是，这并非唯一的选择，我们还可以把白杨写成陪衬人物，变成贯穿文章始终的一条线索，通过她的所见所闻，写出另外一个主要人物或重要事件，从而表现出深刻的主题。因此说，我们写作文要注意选材，从中揭示出来的中心思想，应该是积极、健康、催人奋进的，而不能选取格调低下、消极、不健康的材料。不过，秦昊说得也没错。为什么？因为他说白杨由于患上急性肠炎拉肚子，跑去上厕所，不得不把冰糕放下，这也完全合乎情理，符合生活真实，写进作文里，别人读了觉得既有趣又信服。虽然这不是中心，但它是为后边的中心情节展开服务的。这样过渡一下也很好嘛！请大家注意：我这里肯定秦昊的话，说的是过渡不错，但也并非只有他说的一种，至于中心——文章的主要选材，还希望每个同学展开联想，广开言路……"

　　秦昊听程老师先说"丁咚咚说得对"，不由得脸色变得阴沉要下雨，后来又听说"秦昊也没错"，还有一大堆赞扬的话，又满脸笑开花。他抬头瞟视丁咚咚一眼，丁咚咚也瞥看他一下，两人对了视线，都"噗哧"乐出了声。

　　3. 红楼有个仙妹妹，身后人群排长队

　　大多数学生如梦初醒，忙问："老师，今天让我们写《冰糕化了》这篇作文呀？"

　　程老师略微沉吟，点点头说："对了，是要写这篇作文。为了让同学们都能写好，大家在动笔前还要继续分析讨论，弄清楚白杨究竟做哪些事情去了。"

　　"穆彪子"又站起来，挤眉弄眼地指着白杨说："那就让'小白兔'自己说说，不就省着别人瞎猜胡编了么？"

　　程老师对着"穆彪子"摆手，示意他坐下，并说道："不是瞎猜胡编，这叫选材，是有一定标准和方法的。前面我说过，现在我们要写进文章里的白杨，是艺术化了的形象，她来源于生活，原型就在大家面前，写出来要让人感到真实；但又高于生活，她的思想、品德、做的好事，可能是生活中很多人具有的，都集中写在她一个人身上了。《红楼梦》中的林黛玉，生活中可能并无这样一个仙妹妹，她的身后站着一长串历史文化人物，有女也有男，如卓文君、蔡文姬、李清照、西施、红佛、屈原、宋玉、陶渊明……曹雪芹运用他那支生花妙笔，将这些人的思想品格凝练在一个人身上，塑造出林黛玉这个艺术形象……"

程老师见学生没有疑义，又轻启薄唇："下面，每个同学都要根据自己经历的、看到的、听到的，在书籍里或电视里了解来的，再加上自己的想象，说一说白杨此刻到底干什么去了。"

"老师，您能不能先给我们讲一讲写作文的选材知识呀？"丁咚咚一边用本子扇着凉风，一边举手，站起来提出这个建议。

程老师闻言哈哈一笑，把脚跟朝上踮一踮，说："匪我求蒙童，蒙童求我咯。"

这里顺便一提：有很多学生在校读书没有热情，缺乏主动精神，这是当前义务教育阶段存在的普遍现象，也是学校教育的一大盲区。孩子们被送到学校，"为老师写作业"、"替爸爸妈妈考试"，是好多中小学生共同的观点。他们在替老师和家长学习，这种学习生活其实就是一种煎熬，而非快乐。上课散漫，下课烂漫，成为许多孩子的真实写照，因此，厌学、网恋、早恋，已不是什么新鲜事。老师和家长强制孩子学习，和学生自主、主动学习，其效果难以相媲美。程老师在二十多年的教育生涯中，始终注重激发学生学习、读书的主动性、自觉性，营造一种"蒙童求我"的情境，这也是他的教育理念。

停眸片刻，程老师左手抬起端正眼镜，想了想，又说道："也好，我先讲讲关于'选材'这方面的写作知识，大家要边听边写笔记；但是不要忘掉，我讲完后，还要同学们发言，讨论《冰糕化了》这篇作文的选材——呵呵，你笔下要写出的白杨，到底做什么事情去了。"

（四）冰糕，没化之前讲选材

程老师边说边往黑板上写，学生边听边往本子上记。丁咚咚屏气凝神，笔走龙蛇，欢快地、贪婪地把这些知识据为己有，如同一只小牛犊突然寻觅到一块肥嫩鲜美的芳草地，低下头去只顾吃。教室里静悄悄的，笔尖沙沙响着。程老师口里说出许多例子，丁咚咚的笔有点跟不上，遗漏了不少，下边他只记个条条框框——

1. 什么是材料

记叙文是通过写人、记事、绘景、状物再现现实生活的,发生在现实生活中的这些人、事、景、物,它们都是写作的材料。

生活中的材料无处不在,无时不有,浩似烟海,多如牛毛,取之不尽,用之不竭。所以我们说,生活是文学艺术的源泉。换言之,有了生活之源,才有文学艺术之源。

2. 怎样获取材料

生活中的材料茫无际涯,虽然在你身边触手可及、随处可见,但是个人的活动范围毕竟有限,这就要求我们发挥主观能动性,积极地去发现,去猎取。

(1) 深入生活,仔细观察。

梨子什么滋味,葡萄何种味道,蜜有多甜;醋有多酸,都要亲口去尝,不能光听别人讲。

①观察内容:各类人物;各样事情;各色景物;各种物件。

②观察方法:

·空间:全部、整体、全貌——局部、个体、细小入微。

·时间:过程、发展、阶段、前因、后果。

·顺序:先后、方位、角度、变化。

·特征:纵横、比较、异同、区别。

(2) 勤奋阅读,善于学习。

时空无穷大,而"吾生也有涯",不可能事事经历,只能"间接实践"。

①古今中外,文史经哲,科学技术,一切都不生疏。

②杂志,报章,摘抄,笔记,心得,整理归类。

③多读,多记(笔记,心记),多背。

(3) 下马看花,调查采访。

不要"走马观花",谨防"蜻蜓点水",且忌"紫燕掠风"。

勤走,勤看,勤听,勤问,勤想,勤记,勤写。

3. 什么是素材和题材

(1) 素材:

我们把在生活中发现的有用材料整理记录下来,觉得这些材料很有潜在价值,但还没有写进作品里,还没有根据主题需要进行提炼加工,它还是"毛坯子",或说是"半成品",因此就叫这种材料为"素材"。

(2) 题材:

我们将素材经过提炼加工,并依据表现中心思想的需要进行取舍剪裁,写进作品里。它已是"制成品",就叫它为"题材"。

题材就是文章所写出的主要内容——哪方面的事情。

(3) 素材和题材的关系:

素材仅仅是"半成品",它还比较零碎、分散、粗糙,是作者在写作前从生活中获取的、但还没有经过加工的原始初级材料。

素材是形成题材的基础。素材一旦被使用写进作品里成为题材,就具有了典型意义。

我们所以说素材是"半成品",是因为它可以被加工,变成"制成品"——题材。一种"半成品",是可以加工成许多"制成品"的;同样,一个素材,也是可以加工成多种题材的。

明白素材可提炼加工成多种题材,对于写作有着极大益处,这会促使我们平时多写观察手记和生活日志,把转瞬即逝的时刻留在纸上,积累大量素材,以备不时之需,让它随时变成作品里的题材。

前边那个"王旭和黄康课堂传纸条"的记录,是真实发生在某个班级的生活素材,虽然记得较详细,但它仍是"半成品",仅仅是个平面的记叙,没有中心,没有观点。根据作文的需要,可利用它写出不同题材的文章。

如果作文题目是《金老师的微笑》,就可将这堂课金老师的板书内容,以及两个学生传纸条的详细情况,一一记叙出来,并着重刻画金老师的面部表情,尤其对"她的微笑"进行工笔描写。中间,还应插叙金老师平时用"微笑"感化淘气学生的事例,从而赞美教书育人、采用"人性化"管理班级的先进教育工作者的突出形象。

如果作文题目是《和为贵》,就应把黄康跟王旭的争执写进文章,赞扬王旭对待同学诚挚、诚恳、诚心,批评黄康猜忌、不容人和钻牛角尖。最后写出王旭豁达大度,主动找黄康谈心,冰释前嫌,握手言和,化隔阂为友谊,增进同学之间团结,共同前进。

如果作文题目是《歇后语妙语连珠》,可利用两位学生课堂传纸条和他们课间对话这些材料,再增添一些有关歇后语的内容,进行深加工,让他们口中说出的歇后语更丰富、更精彩。再利用插叙的方法,写出金老师每天给学生抄写俗语(格言、成语、谚语、歇后语)的具体事实,指出学生每取得的一点点成绩,都凝结着老师的一滴滴汗水。

4. 什么是选材

写作文时,题目审清后,明确了立意才能进行选材。这时,就要快速、准确地搜寻记忆,把大脑中占有的与文题有关的生活材料,"翻箱倒柜"全部抖搂出来。然后根据中心思想的需要,进行筛选、提炼、挖掘、剪裁取舍,将这些素材加工制作成题材,写出文章内容。我们将这精挑细选写作材料的过程，就叫做"选材"。

选材是写作至关重要的一环，它决定文章的好坏与成败。我们说写文章，主要就是选取和组织材料。对于中小学生，这是作文的重点，也是难点。有些同学看完作文题目和要求，头脑里是一片空白，写不出东西，或者言之无物，问题就出在"选材"上。

5. 如何进行选材

（1）要选取有用的，不选无用的。

按照题意要求，要首先确定文章立意，然后才能去选取这方面的写作材料。必须围绕中心思想进行取舍，对于突出中心有用的材料，就留取；没用的，或可有可无的，就割舍。

（2）要选取典型的，不选取一般的。

生活中有的个别事例仅仅是偶然发生的，没有普遍性，它不能反映事物的本质。据报载，某地有个畸形幼儿，出生时尻部长出一条尾巴。你能依据这个特例，就说人类是有尾巴的动物吗？因而，使用这样的材料写出文章，如果不加分析，就会以点带面，以偏概全，歪曲反映事物的本质。

前不久，有所学校，课间学生打闹，最后竟升级为"兵戎相见"，一名初一男生被同班同学抛砖头击在后脑，导致其当场死亡。如果选取这样的材料写出文章，必然会给读者留下我国中小学校园内充斥暴力案件、治安恶化的印象。其实，这不符合实际情况，因为这种事例在我国属于个案，不具备普遍性。

但是，目前在中小学校中，许多学生沉迷网络游戏，有些孩子因此放弃学习，还诱发了不少违法犯罪案件，已成为人们热议的社会问题。还有近几年校园踩踏事件曾经发生数起，那场景就像是未成年人世界的"矿难"，真是惊魂一刻，对学生和家长都是惨痛的记忆。看到这些冰冷的数字，一个个花朵般的生命夭折，校园安全问题岂可等闲视之？选取这样的材料写进文章里，就具有了典型性。

总之，我们写文章进行选材，不管选取的是正面事例还是反面事例，都要注意它是否具有代表性，一定要选取具有普遍意义的典型材料。

俄国文学批评家别林斯基曾说："没有典型化，就没有艺术。"典型化的选材方法有很多，比如：

①把生活中许多人身上的优缺点，通过记叙，都集中写在一个人物身上，使这个人物的形象更突出、更鲜明、更具代表性。上面我让同学们写的《冰糕化了》这篇作文，就是要求同学们展开广泛的联想和想象，把在这种情况下，类似白杨同学这样的年龄、身份、思想品质，可能做出来的各种事情，都写在她一个人身上，从而把生活中的真实人物塑造成为作品中的艺术形象，

变为典型人物。我们应该懂得，文学家在掌握大量生活素材后，还必须通过联想和想象，才能给读者提供一个文学世界；不会联想和想象，是没办法写出文章的。也就是说，这是作者的主观世界中的情愫，同生活素材的客体之间的吸引、互动、生发的创作过程。在这一过程中，作者想象力的充分发挥，是创造的翅膀，是引擎，是超越生活真实抵达本质真实的必由之路。

②生活中类似白杨做的许许多多的好事，在文章中不可能也不应该全部写出来，我们要挑选一两件或两三件最有代表性的去记述，以给读者留下深刻印象。所挑选的这几件事，要最能突出文章的中心思想，最能揭示事物的本质，最能打动人心，有强大的震撼力和说服力。

③有时候在备选的素材中，发现有好几个人都做过同一件事，而我们在记述这个事件时，只能选取其中最突出的一个人，把他的事情写出来，因为他最有典型价值。

（3）选取"有意思的"，比起选取"有意义的"更重要。

有些语文教师给学生布置作文，常常片面强调"主题思想"，"立意正确"；给出的题目往往也很拔高，很抽象，甚至不着边际，都是些"你的理想是什么"呀，"如何学会生存"呀，"怎样养成学习习惯"呀，"交流民风民俗"呀、"走过四季"、"心中的美景"呀，"记住历史，珍惜和平"呀，"同在一片蓝天下"，"人人都献出一份爱"呀……学生摸不到边儿，碰不到沿儿，狗咬田螺，无从下口。本来很多小学和初中的学生提笔还不知如何写，走路趔趔趄趄，你就让他跑，那怎么行呢？一些语文教材里的习作短文，也只是给出"写什么"，而没有指导"怎样写"。这样一来，中小学生哪里会把写作当成乐趣，写出来的东西只能是干巴巴的说教，他们自己也不觉得有意思，怎么会有一股创作激情？

为了让学生"学会"和"写好"作文，或是为了应付考试，有的老师只在"夹馅作文"、"模板作文"上下工夫。譬如：议论文"总—分—总"结构，开头排比句，中间要求旁征博引，能够断章取义，结尾点破题旨；记叙文美句开篇，中心用"引导语"引出几个小故事，结尾"卒章言志"（抒发情感）收束住。

这也同有的作文"专家"一样，罗列一大堆文章开头方法，再按什么"七情六欲"划分类别，叫做"分格作文"。由此，他们把写作完全变成教条，变成死板的公式，成了地地道道的"八股作文法"。学生天赋的个性，创作的冲动，表达的激情，思考的动力，全被一笔抹杀了。

《中国语文课程标准》指出："作文教学应贴近学生实际，让学生易于动笔，乐于表达，应引导学生关注现实、热爱生活、表达真情实感。"这一教学理念的提出，为解决作文难题指明了方向。但是在许多地方，这个标准还只是写在纸上，要把它变成每个语文教师的教学实践，大概还有一段路要走。

所以，我们这里主张让学生选取自己觉得"有意思"的生活素材，写出自己感兴趣的文章。你真想让孩子走路，就应该从教他迈出第一步开始。

听到这里，丁咚咚回想起来，他来到程老师作文班后，初期写过这样一些题目的作文，如：《一元钱》（按"六要素法"启蒙写作）、《搬南瓜》（练习"多个人物"写法）、《擦黑板》（练习"按空间方位布局"）、《道歉》（练习分行写"人物对话"）、《最好的道歉》（学习"倒叙"方法）、《李冬打苍蝇》（讲解"立意技法"）、《给太阳公公一封信》（学习"书信体裁"）、《假如我是一朵小小的雪花》（练写"想象作文"）、《不要乱丢西瓜皮》（讲解"按时间推移顺序布局"）、《皇帝画像》（学习"按事件发生发展顺序布局"）、《崔大伯吹牛》（练习"插叙"叙述方法）、《爸爸的眼睛》（学习"工笔与白描"）、《老师的微笑》（学习"人物外貌神态描写"）、《两个蝈蝈吹牛皮》（学写人物对话"提示语"）、《破皮书谁要？》（讲练"场面描写"）、《盲爷爷过坑》（学习"动作行为描写"）、《墙上的脚印》（讲解"材料作文"写法）、《一口痰的命运》（学习"怎样写议论文"）、《我是傻孩子么？》（学写"驳论文"）、《带着82分回家》（练习"心理活动描写"）、《我梦中见到了爱迪生》（学习"以虚写实"）、《妈妈只洗了一只鞋》（如何修改文章）……篇篇贴近中小学生的生活实际，谁都能够根据自己的经历选取材料，编织故事，抒发真情实感，进行练笔。不仅选材方便，而且有图有画，大多都有提示，有的还有"参考语段"——这些实实在在的作文题目，灵活多样的教学手段，让丁咚咚尝到了甜头。程老师的教学理念和作文教法，使丁咚咚写作由此起步，以后便犹似搭载上了人造飞船，水平往高处急速蹿升。

（4）要选取新鲜的，不选陈旧的。

为什么刘姥姥那样受到贾府的欢迎？因为她不但给贾母和那些贵族小姐们，带去一种返璞归真的乐趣，还给贾府带来了新鲜果菜，都是从地里刚刚摘下、顶尖的野意儿。吃蔬菜要吃当季的、新摘的，这样的味道美、口感好、有营养，有益于身体健康。同样，写文章选用材料，也必须是"新摘下来的"，人们愿意"尝鲜"，而最忌讳鹦鹉学舌，人云亦云，搬出来的东西都是陈芝麻烂谷子。试想，别人嚼过的馍，还有滋味吗？

以往的新鲜事现在已司空见惯，再当新闻写，就会让人哑然失笑。30多年前，谁家从商店搬回家里一台彩电，这样的材料，常被提炼加工，用来讴歌改革开放给经济发展和人民生活带来的巨大变化。但现在再写这样的文章，恐怕谁也不屑一读了，这不是因为它不真实，而是它已过时效，太陈旧了。

有的材料虽然并未过时，但已被别人无数次用过，你再照写不误，人家就嫌絮烦，甚至嘲笑你太小儿科。比如，车上让座、扶老弱病残过马路、送医院，拾到钱物要交公，帮同学补课等等，都是老面孔，了无味道。这些也不是完全不可以写，要写就要往深挖掘，或者换个崭新的角度，让人读了耳目一新，眼前发亮，有种曲径通幽、别有洞天的感觉。

我们要有高度的敏感，写不断涌现出来的新生活，发现地平线上刚刚升起或即将升起的新生事物，获取新材料，写出奇作品。

(5) 要选取真实的，不选虚假的。

著名教育家叶圣陶曾提出："写实在的事、实在的人、实在的想法最重要。"

作品中的材料，必须要符合生活真实。就是说，记叙文里的人物和事件，在现实生活中可能出现过，存在过，发生过，读后让人觉得它们就在你的身边，因此人物的命运、事情的结局，会使你牵肠挂肚般关心着。

真实，是最动人的力量；真诚，是最大的软实力。真情实感，的确就是文学艺术的生命。

只有选取真实材料，并寄予作者的肺腑之情，文章才能准确反映客观实际，才会产生无穷的感染力量，深深地打动读者。

然而，不能反映真实的作品，就注定无法反映生活本质，最终必然会断送作品的生命。如果材料虚假、不真实，人们觉得这是子虚乌有，还有谁会把你说的话当回事，愿意读你的文章呢？

下面这篇学生当堂写的作文，就是严重失实的典型。

不要乱丢西瓜皮
（邵光毅）

在一个可怕的下午，安奇给公共汽车压了。他爬到商店，买了两根拐棍和一个西瓜。

安奇拄着拐杖，一直走到山顶，把西瓜从山顶扔下去，西瓜掉到山底下，摔碎了一半，另一半把王奶奶家的汽车车门打漏了。安奇跳下山崖，把另一条腿也摔断了。王奶奶大声喊道："小兔崽子，你敢砸我家车门子，凭什么你敢砸？"安奇说："你这个老屌丝，你敢和我这么说话，我要和你拼了命才甘心！"

说完，他就向王奶奶冲来，王奶奶一直在跑，突然踩到西瓜皮摔倒了。安奇把马葫芦盖打开，马葫芦中间没设置铁丝网，王奶奶"咕噜"一下掉进马葫芦里。安奇马上回家拿盆面条和冰块，让她在里面多活几年。转眼过去了20年，安奇拿来梯子把王奶奶的尸体抬了出来。最后他高兴地回了家。

读完这篇作文，相信谁都会摇头苦笑，更不要说被吸引和感动。原因何在？就是因它天马行空，太不真实，违背了生活逻辑，失去了理性思维！我们建议同学们多写生活中自己经历过的真人真事，在这个基础上再联想，再取舍，再加工，这样写出来的东西才能触动读者的心灵。无论如何，我们写作文选材时，千万不要忘记"真实"二字。不过，这篇作文是个小学三年级孩子在程老师前期作文班里当堂写出来的，一字不易地抄在这里，应该说他有一定的想象力，别过分苛责他吧。

（五）冰糕，白杨为何买来不吃

时间过得真快，不知不觉间程老师已把《怎样进行选材》讲解完毕。他见学生如饥似渴，听得那样认真，记得那么仔细，竟把天气酷热置诸脑后，这半天也没一人再喊要吃冰糕，他内心着实感动一番。课间休息十分钟过后，程老师又重新站在讲台上，看着每个学生说："下面，就邀请同学们参照我刚才讲的选材知识，说一说你要写的《冰糕化了》这篇作文，里面的主人公白杨，她放下冰糕，急匆匆走了，究竟去了哪里？做了些什么事情？"

恩格斯说过，思考是世界上最美的花朵。课堂里，学生是主体，教师是主导。课堂是师生互动的舞台，教师应该尊重学生的"自觉、主动、自主学习"，激发学生独立思考的精神。这是素质教育的最一般理念。在程老师看来，它绝非是一个招牌和口号，不时拿出来忽悠，给上级和别的什么人摆摆样子。面对一个个鲜活的生命，限制或者扼杀这些天真可爱的孩子的思维，既有悖于人性化教育，也是对最美丽的花朵的摧残。把课堂还给孩子，就是还给孩子一份公平与尊重，让课堂成为师生共同成长的舞台。

同学们发言十分热烈，也很热闹，一个紧接着一个，犹如进行一场生龙活虎的抢答竞赛。

1. 做好事反被诬赖，值得吗

"我先说！"程老师话音未落，作文班里个子最矮的魏增智，他早早地将手使劲举过头顶，看见程老师对着他点头，他扶正鼻梁上的眼镜，浓密眉毛压着一双大又黑的眼睛，高兴得闪出亮光，"咣当"，推了桌子一下，屁股离开椅子，站直了身体，双唇微微嘟起，说："白杨拿着冰糕，刚想吃第一口，就听到'啪'的一声响，她抬头看去，原来小区外面马路上，摔倒一位拄拐棍的老爷爷……"

"我晕倒！我晕倒！"只听一阵闷声闷气的喊叫，打断了魏增智的发言。"可惜大家都叫你'小学究'，白浪费啦！"

没人听不出来，这是"大活宝"秦昊又披挂出马了。

"怎么啦？怎么啦？"原来还在低着脑瓜边说边想的魏增智，忽然转移话题了，眉头蹙成个大问号。

"算了吧，这事我已经听过八百遍了！"秦昊大眼珠鼓凸着，盯住魏增智说："不就是扶老爷爷过马路吗？再不就是送老爷爷回家吧？程老师前边还讲'选材要新'，你'小学究'说的事，旧得直掉渣！老百姓把一件事翻来覆去地向别人讲说叫'倒粪'，谁愿意听？反正我是不想再听'倒粪'！"

别看魏增智身材矮小，年岁也是作文班最小的，稚气未脱，小毛孩一个，但是全身却透出一股"学者"的儒雅风度。他知道的东西并不少，讲出来的故事常是别人没听过的；对于许多唐诗宋词元曲，张口就来；写出的文章，小巧精悍，耐人寻味着呢！大家都说他有点"歪才"。因此，有的学生有时喊他"小学究"，有时也叫他"魏歪才"！此刻，"有才哥"见有的学生附和秦昊嘲讽自己，脸一下子变成紫猪肝，额头上的青筋胀得像青麦穗粗，眼睛里汪着泪水，"我已经长大，要坚强！"他努力控制着，不让眼泪达到流出眶外的数量。为了转移一下情绪，他侧脸看着楼外晒得卷了叶子的高大槐树，干巴巴的嗓音颤抖着从口腔内溢了出来："程老师刚才讲如何选材时不是还说，即使旧材料，也可换个角度往深挖掘，写出新意么？你们知道我后边要说什么呀？"

程老师制止住吵嚷的学生，说："让我们的'小学究'把话说完。"

在程老师批评的目光下，秦昊歉意地伸了伸舌头，安静下来。魏增智向秦昊飞了一记白眼，顺手摘下黑框眼镜，揉了揉盛满泪水的眼窝，用衣服的下摆擦了擦镜片，又端端正正戴上，这才深深吸一口气，淡定一下情绪，这才又说下去："我说的是，白杨并没有把老爷爷送回家，也没有把老爷爷扶起来，因为老爷爷是脑血栓患者，这时已摔得骨折，躺在地上动弹不得。白杨拦住一辆出租车，想把他送进医院，但遭到拒载。她还想再拦一辆车，正好老爷爷的儿子闻讯赶来。白杨立刻舒了一口气，刚想转身跑回去吃那块冰糕，谁知老爷爷的儿子竟一把扯住她，说老爷爷就是她给撞倒在地的，要她付医疗费——我说的这个材料，不是换了新角度么？不是在往深挖掘了么？"

秦昊是个有口无心直肠子人，有话说在当面，无论嘴里吐出多少话语，片刻之后就忘得一干二净。他已不记得前边自己跟魏增智争执的事，却对魏增智讲的白杨做好事被人诬赖放心不下，换个笑脸忙问："那白杨后来是怎样脱身的呢？"

魏增智也忘了"前嫌"，他讲的故事引起别人兴趣，这又使他十分开心，伸出舌尖润润嘴唇，缓缓说道："白杨打110报警，警察来了，经过取证，旁边一家水果店里买东西的两名顾客，还有店主，都是目击证人，他们看见是老爷爷自己摔倒的，都证明白杨是后跑过来的……"

秦昊听到这里，咧开大嘴叫起来："哎哟哟，我晕呀！以后再碰上谁摔倒，不管是老人还是小孩，我才不去扶他呢！"

魏增智给了秦昊一个白眼，抑制着内心的欢乐，说："大活宝，围观的人也有像你这样说的，可是人家那个白杨不然，她是'但做好事，莫问前程'（这条俗语，也是从程老师那里听来的），她仍和警察一起，把老爷爷抬上出租车后，才回到小区凉亭。她口渴得要命，一看石桌上的那块冰糕，早已变成一摊水。白杨笑着说：'你也委屈流泪啦？真不够坚强！'"

听到这里，大家嗤嗤笑起来。

"呵呵，'小学究'讲得不错嘛！"程老师牵动着嘴角，标志性的笑容从这里又一次绽放，还很给力地点下头，眼睛从前往后望了望，说："好！谁接着发言？"

2. 疯女人公交车里抓小偷

鞠雪晴把她纤细的手臂举起来，安安静静地立在桌面上。她是进城务工的农民工子女，在作文班里算是老生，平时发言并不主动，这次一举手，程老师优先指定了她。她最招人喜爱的是有一双明亮的、充满渴求知识的大眼睛，瞳仁深邃得发蓝，闪烁着清纯、好奇，甚至时而还流露出一点惊恐和淡淡的忧伤，整个人看上去柔弱而优雅，很容易让人想起前些年"希望工程"宣传片里面那个大眼睛姑娘苏明娟。鞠雪晴穿着半旧的玫红雪纺掐腰七分袖衬衫，却略显短小，紧巴巴地裹住她的腰肢，这让她轻飘飘的身体更像牵牛花的杆儿一样瘦削。然而她的声音十分清脆，像泉水在叮咚地流淌着：

"白杨刚要吃冰糕，突然手机的铃声唱起了歌。手机的另一端传来爸爸的声音：'我和你妈正在市新华书店，你要买的作文书，书架上实在多得很；多是多，都是文选类的，有些老师把学生作文收集起来，又修修补补，加上几句评语，写个前言，就出版了。真正讲作文知识，尤其深入浅出的作文书很少，或者说没有。'爸爸的意思是不要买了，可是白杨偏偏不松口。爸爸只好说：'你自己来选吧，坐46路公交汽车，快点过来，我们在书店门口等你。'"

就在鞠雪晴语气停歇的间隙，程老师不失时机地插了一段话："你这个过渡很详细！看来，你对当前有关作文的出版物颇有微词呀，有想法，有观点，在这里借机宣泄一下，很好嘛！请你继续往下说。"

鞠雪晴大眼睛一眨不眨的，大家感觉她那双天真又善良的眼睛在陪伴她一起说话："白杨收起手机，撒腿往46路站点跑去。上车后，她才想起书本和那块冰糕落在石桌上。但汽车已启动，来不及下车去取了。车厢里人很多，前边有个空座，半天没人坐，白杨以为别人都是短途不想坐，就挤过去坐下了。她刚坐稳，就闻到一股刺鼻的酸腥味儿。她这才注意到，身边站着一位疯阿姨，就站起来说：'阿姨，您坐这里吧。'疯女人眼睛直勾勾看着白杨，她左手扶着坐椅背，伸出黑脏的右手，一下子把白杨按到座位上，嘿嘿嘿大笑着说:"孩子,你坐着,我不能坐;坐车要花钱投币,我没钱,我没投币,我站车!嘿嘿,哈哈哈哈……"

白杨同学听到这儿,浑身瑟瑟发抖,好像严冬里残留在树梢上的一片枯叶,尖叫起来:"那个白杨若真是我,吓死了!我要赶快跑掉,我要喊司机停车,我下车……"

说话时,白杨上下牙齿"嘚嘚"打架,这次她的音量增加了分贝,教室每个角落都听得很清楚。丁咚咚笑起来,看着旁边的白杨说:"程老师不是说过,大家在作文中要写的白杨,并不是你本人,人家那个白杨可是艺术形象,是典型化人物,她怎能像你那样胆小怕事呢?"

鞠雪晴见再无人说话,一堆话同时涌到嘴边,肃然改容道:"这位疯阿姨一会儿笑,一会儿哭,过一会儿又唱'都说咱俩长相依,为何又把我抛弃?你可知道我的心里,心里……'每句尾音都拉得长长的,振颤个不停。她在车上看看这个,又看看那个,一刻也不消闲。如果哪位乘客看她一眼,正好跟她对接了目光,她就把这位乘客当成'知音',说起自己的身世:她离婚已有六七年了,原来的丈夫做水产生意,有钱后把她抛弃了。'男人都不是好东西,有钱就变坏,就要换妻子,就要做西门庆;有一个西门庆,就有一个潘金莲,真不落空啊;有地位升了官的人,认为贫困之交和他肩膀头不一般高了,还要换朋友——你说说,现在哪有一个好人呀!'说着先笑几声,跟着又哭,抹了几把眼泪。就在这时,她突然又声嘶力竭地大喊起来,用手指着夹在过道边的一个年轻人,哈哈大笑:'我说男人没一个好东西,你们看他,把身边那位老大姐的钱包给掏出来了!'那个身穿笔挺黑西装的年轻人,举起拳头,恶狠狠地瞪着疯女人说:'让你胡说,我打死你!'听疯女人这么一喊,旁边有个农村老大妈,衣着简朴,满头像落了一层白霜,急忙摸自己衣袋,接着张开豁牙嘴巴哭喊起来:'我的天哪,我兜里的4500元钱丢了,这是给在住院治病的孙子送的救命钱呐!呜呜……'"

"这下子可完了!""穆彪子"听直了眼睛,大声喊叫起来。"钱丢了,老大妈的孙子这回没命啦!"

最爱听故事的赵耀,看"穆彪子"急成那可怜样儿,就戏谑他一句:"你家有钱,捐款吧!"

"穆彪子"的眼珠像漩涡里的草叶打着转,好一会儿才说:"谁知道我老爸在哪儿?我家没钱。你家有钱,你爸爸是工商局处长,贪污受贿,索要'地沟油'还有'苏丹红'小老板的红包,能搞钱……"

坐在讲桌后面阳光背影里的程老师,这时脸上多了一份凝重,一面向着"穆彪子"和赵耀做了个噤声的手势,目光又回到鞠雪晴脸上:"接着往下讲!"

也许是"同病相怜"吧，由于鞠雪晴原本是农村孩子，妈妈是卖猪杂的"小贩子"，在街头摆摊，常因占道被城管撵得乱跑，也遭遇 N 次"刘邦式"的"牵牛扒房"，装猪下水的水桶被掀翻在地，受尽了城里人的白眼与欺侮。讲到乡下老大妈为孙子治病的救命钱被窃，急得号啕大哭时，她自己也已控制不住感情，泪水从眼角一颗一颗往外钻出，经过清秀的脸颊，滴落在胸襟上。她听到程老师让她接着讲，声音夹杂着哽咽，这才说道：

　　"老大妈又一把抓住年轻人的衣襟不放，可是'黑西装'神情镇定，并不慌张，高高举起两条胳膊，让老大妈任意翻找。老大妈一无所获，正当她绝望地蹲在车厢里大放悲声，寻死觅活时，那个年轻人佯装一脸无辜地面对一车乘客的目光一起注视他的时候，疯女人发出歇斯底里的狂笑，用手指着旁边另一个穿咖啡色夹克衫的男青年说：'他们两个玩起接力赛，早传到他手里呢！嘿嘿，哈哈……'穿夹克衫的青年人裂着怀，肚子圆鼓鼓胖得像一只讨厌的癞蛤蟆。他怒不可遏，顺手掏出一把雪亮的水果刀，对疯女人恐吓道：'你个疯货，活腻歪了？信不信我用刀宰了你！'但他没有想到，这一恫吓，疯阿姨似乎意识清醒多了，原来狂躁不安的面孔收藏不见，湿润的眼睛流露出母性特有的温和光芒，她淡然一笑，对两个年轻人说：'自从和丈夫离婚那天起，我早就不想活了。因为还有个女儿，让我放心不下，但她去年考进北京一所大学，我已无后顾之忧。两位大兄弟，借你们的手，就结果我这个废人吧！'说罢，她双脚向两个年轻人跟前滑动。一时，这两个年轻扒手竟愣在原地没动。正当二人不知所措之际，汽车突然'嘎'的一声停住。原来司机看见路边有公安巡逻警车，急忙刹车报警。警察上车后，在穿夹克衫的人身上搜出了老大妈纸包布裹的 4500 元钱。为了取证，警察把在公交车扒窃的两个小偷和老大妈一起带回公安局。'哈哈哈哈……'疯阿姨看着窗外，朝着街道又喊又唱起来，车里的乘客这时也都跟着笑。就在这笑声中，白杨到站下了车。"

　　鞠雪晴还要往下讲，就听到程老师招呼她："好啦，好啦，结尾就不用说了。鞠雪晴同学的选材很有典型意义。公交车里坐着很多乘客，他们看见偷窃乡下来给孙子送治病款的老大妈钱包，都无动于衷、麻木不仁，反倒是正犯精神分裂症的疯女人，她的同情心和正义感没有泯灭，站出来揭发犯罪嫌疑人，这不是值得深思么？有些国民的素质，应该拿出来晒一晒了呀！鞠雪晴讲的故事，选材具有代表性，主题深刻，立意鲜明。不过，在写进文章时，一些细节还需注意刻画。"

　　鞠雪晴觉得自己讲的故事有头还应有尾，又像一朵喇叭花似的向上一挺，从衣袋里掏出手绢，在脸上、脖子上边抹汗边说："白杨和爸妈在书店里翻找作文书，她真的认同了爸爸的看法，一本也没买就回家了。刚来到楼门前，想起自己的书本和那块冰糕，就转身往凉亭那里跑。书本还一动不动地放在石桌上，那个冰糕已经化成七咧八瓣儿的水，似乎是疯阿姨张开的大嘴，也不知是哭是笑还是喊叫呢！"

"好！""精彩！""给力！"很多学生为鞠雪晴叫好。

3. 扫描出来的钱能买汇源果汁喝么

肖渺一不住地搓手，把眼镜摘下又擦，擦了又戴，在鞠雪晴发言还没结束时，他就已经举过几次手。程老师邀请他到讲台上讲述。他大摇大摆走过去，个子只比程老师稍低一点，挺给人压力感的。他年龄不大，但是各方面发育都很好，并且文理兼通，只是说话高嗓门儿，有时谈论起事情有头无尾，信口开河，让人有点不耐烦。这时他张开嘴，露出一排长牙齿，说话像在爆玉米花，便"劈劈啪啪"起来：

"白杨从超市买来冰糕，刚扒掉包装纸袋，想吃一口解渴，就听见有人喊她的名字。循着声音望去，她看见爸爸在楼下向她招手：'白杨，你过来，帮我抬一下。'爸爸一边喊她，一边把大纸箱子从自家奥迪A8轿车里抱出来，放在地上。'电脑激光扫描仪买回来，太好啦！'白杨难以抑制激动的心情，又喊又跳地向爸爸奔过去。今天是星期天，爸爸不上班，早饭后就说到百脑汇去买扫描仪，这不果然就搬回来了。她家住在这个单元11楼，爸爸一来想让女儿先睹为快，二来也怕自己一个人抱着失手磕碰损坏，才将她喊来。父女俩抬着扫描仪纸箱，小心翼翼地进入电梯，将扫描仪搬进家里。"

秦昊的嘴一刻不得闲，他睥眼望着白杨，一脸坏笑，说："白杨，你家挺阔气呀，电脑还装有激光扫描仪！等到明天，你给我扫几张钞票，让我过把眼瘾，好不好？"

他见白杨不理睬，自觉没趣，苦瓜了脸，大水牛眼珠子打着闪，又自解嘲说："其实，我真没见过激光扫描仪，还是那天我班的成申帆拿来一百元钞票，让我见识见识。吓！和真钱一摸一样，就是纸稍微薄了点。他若不说是激光扫描仪扫出来的，送给我，我还会当真钱去买一桶汇源果汁喝呢！"

不少同学因没听过激光扫描仪能扫出钞票，感到很新鲜，都伸长脖子，出神地听秦昊胡侃，程老师也未加阻拦。说着，秦昊又感叹："人家电脑还有扫描仪，我家只有一台破电脑，买的二手货。我爸用它上网聊天，我一回家就玩游戏，真不知道除了扫钱，安个扫描仪还有什么用场？"

别看肖渺一讲话啰嗦，但他长得却颇有些英俊，身躯挺拔，站在同学眼前，仿佛灌木丛中长出的一棵白桦树。本来是他发言，可现在主角成了秦昊，他却像一艘本来铆足劲的帆船，刚起锚就遇见风浪，被搁浅在港湾，还挨着一双双眼睛的扫描，感到局促不安。当听到秦昊问扫描仪有何用处，没有别人回应时，他就接过话来炒豆似的奚落秦昊说："你老爸不务正业，抽烟喝酒要钱，斗大的字认识不到两麻袋，是个准文盲；你要是再不好好学习，像以前那样打打闹闹的，将来也要接你老爸的班啦！你家的电脑，就是配上激光扫描仪，也派不上用场，还不是聋子的耳朵，仅仅是个摆设而已。人家那个白杨，她爸爸老有学问啦，是一家国有大企业的副总工程师，网上有自己的博客，可用MSN同别人交流！安上激光扫描仪，在写博客、编辑资料时，将要使用的图片、照片等，一一扫描进去，经过电脑处理和修饰，再完整清晰地印制出来，真是图文并茂呀！耶——"

  肖渺一和秦昊的家先前同住一个小区，两家发生过矛盾，也不过都是些鸡毛拌韭菜的乱七八糟的事由。大人见面视如陌路，孩子间也冰碳不同炉。肖渺一边说边伸出右手，同时一笑，又露出一排板龇牙，朝着秦昊打了一个榧子，留下鸟鸣般的脆响。

  秦昊对数字呀、资料呀、图表呀，统统不感兴趣，就伸出双掌，对着肖渺一摆动着说："其他方面，你就少啰嗦，快说白杨那块冰糕是怎么样化的，我不愿再听什么扫描仪、什么肖渺一的！"

  利用谐音，把"扫描仪"和"肖渺一"捆绑在一起说，一个是物，一个是人，秦昊的这句话是他的智慧囊里闪烁出来的一束火花，也算是对肖渺一挖苦他的报复，一比一，扯平了。自己没输，他脸上露出了满足的讪笑，他的大眼睛和眉梢一起舞蹈起来。

  程老师担心学生之间再出现相互攻讦的言辞，就说："我们看人看事要一分为二，今天课堂里秦昊同学表现不错，他积极思考问题，大胆提出自己的疑问，发言很踊跃，今后要坚持下去。下边，肖渺一同学继续讲白杨和她爸爸两人把激光扫描仪搬进家里后的事情。"

  肖渺一被秦昊拦住话头，干站着这么长时间，心里不痛快，还想伺机再回敬几句，但一听程老师那样说，就打消这个念头。他怕别人再插话，立即说道："进屋后，白杨帮着爸爸撤掉包装，不一会儿，就把激光扫描仪安装完毕。爸爸拿起手机，对白杨说：'来，我给你照张相片。'白杨问：'照相做什么？'爸爸额头沁出细微汗珠，拿过毛巾轻轻抹一把，看着白杨说：'你写的作文《介绍我自己》，昨晚你在电脑里写完打印出来，我看了一下，写得很生动、活泼，构思奇巧，颇有特色嘛！'白杨一听，兴奋起来，笑嘻嘻对爸爸说：'我们学校走廊里有"作文大观园"展读橱窗，学生课堂内写出的优秀作文，选拔最好的都放在里面。老师让我把这篇作文打印出来，也要放在里面当范文呢！'爸爸听了很高兴，说：'那样就更好了。现在，有了扫描仪，可以把你的照片和从电脑里调出的相关图片，配在《介绍我自己》作文里，用扫描仪扫进去，然后一起打印出来。'白杨高兴得手舞足蹈，催促爸爸赶快行动。爸爸让白杨坐到桌前，像往常一样，一边看书一边写作业，后边的背景是一层一层的书柜。爸爸举着手机，在白杨不经意时按下了快门，抓拍到女儿刻苦学习的瞬间。照片经过电脑处理，立即从打印机里跳出来。通过激光扫描，爸爸把白杨的这张照片放在《介绍我自己》作文的右上角，还有从电脑搜调出来的学校大门和教学楼外景，分别放在作文的中间和底部。爸爸一边编排操作，一边教给白杨使用机器的要领。白杨是个心灵手巧的乖孩子，一教就学会了。这样一切就绪，只听打印机'哗哗'一阵响动，上面印有白杨彩照的《介绍我自己》作文稿，一张张流淌出来！"

秦昊又有点憋不住了，急得真是所谓"一佛升天，二佛出世"，冷不丁冒出一句："白杨，你能不能送给我一张呀？"

肖渺一没搭理他，抬手臂抹去停在鼻尖上的汗珠，镜片里面闪耀着笑容，照常往下说："白杨将打印在纸上的这张彩照，端详来端详去，又把作文读了一遍又一遍，真是心花怒放，美不胜收啊！正在她大喜过望之时，忽然想起放在石桌上的书本，还有那块一口未动的冰糕，于是赶紧换鞋下楼。跑到那里一看，书本还安静地仰卧在石桌上，而那块冰糕却已面目全非，有一只又黑又大的蚂蚁正围绕在旁边，贪婪地吸吮着流淌的冰水，以为那是汇源果汁呢！"

终于说完了，肖渺一志得意满，犹如凯旋的将军，掌心朝前向秦昊打一个"V"字手势，胜利地微笑着。

要说时下最流行的手势，非这个象征胜利的"V"字手势莫属。无论大人孩子，连在拍照时，都不放过这个由丘吉尔普及的V字型手势。程式作文班里的小P孩们，尤其能抓住机会，伸出右手两根指头，向对手炫耀喜悦心情。

程老师看见秦昊嘴里咕噜一下，怕他再扩大事态，收起脸上笑容说："肖渺一讲的这些事情，选取的材料很新鲜。这二十多年来，电脑已经走进千家万户，城里多数家庭都已有了电脑，也有相当一部分用上了打印机，但是，安装上激光扫描仪的，还是少之又少。如果写进作文，就要安排好层次布局，把激光扫描仪的用途及其简单操作方法，能够清晰地加以交代介绍。通过生活中这些小事，让人们听到科学技术飞速前进的脚步声。"

4. 饮料瓶里喝出个死老鼠

马岩同学本想成为第一个吃螃蟹的，但她没抢上槽。肖渺一尚未走下讲台，她不经老师首肯，便自顾自地站起来，这次她可不能过于谦让了——程老师的语音刚落，她便启朱唇，开玉口，但她有些口吃，学生们早已听习惯了："早晨，白杨，妈妈，是的，白杨妈妈……"

除了口吃，马岩的面部特征也忒多，两片嘴唇稍稍有点长，一说话往前延伸，成勺子状，还喜欢挤巴几下眼皮："白杨妈妈，从露天早市买回，买回两瓶简装饮料，饭后，白杨开启一瓶，一连喝了两杯。当，当瓶中饮料快，快见底时，'哎呀！'她惊叫起来。爸妈吓，吓了一跳，忙从厨房跑过来——原来瓶子里有，有一只小死老鼠，全身没一根毛，颜色暗红，看来，是刚出生就被泡在饮料里了。没看见死老鼠时，白杨，边喝还边说，饮料味道多，多么鲜美呢，这时知道，把泡着死老鼠的饮料，喝进肚里，不由得一阵恶心，'哇'的一声，狂，狂吐出来……"

听到这里，有几个女同学吞咽着翻卷而上的胃中液体，捂着嘴说："马岩，你不要再讲了，好脏呀！"

马岩是个大咧咧，不拘小节，她可不管什么脏不脏，别人有何感受，似乎什么都没听见，照讲不误："今天是大礼拜，爸妈，都不上班，他们看见，看见饮料瓶里的死老鼠，气愤得直骂，就嘱咐白杨看，看家，提着瓶子，到市工商局投诉去了。白杨一个人呆，呆在家里闷得慌，就下楼，来到外面的小区凉亭，坐在石桌上看书。由于呕吐，加上天气炎热，身体内水分消耗较大，嗓子眼儿干渴得难以忍受，于是她就到不远处的食杂店，买，买来一块，她平时最爱吃的'马歇尔冰糕'。"

教室里虽然闷热，但是几十双眼睛都一齐盯在马岩那张略微拉长的面孔上，尤其都在注视着她的勺子状的嘴唇一张一合。说起马岩的口吃病，还需上溯到她一周岁时。大人发现她使筷子用左手，谁也没当一回事。刚上幼儿园时，这个天真好动的小姑娘，好说好笑又好唱，真是人见人爱。老师又发现她写字也是用左手，那时都是姥姥带她，也就听之任之了。到了上小学，妈妈看着女儿左撇子写字，觉得太别扭，就和班主任一起强制性地予以更正过来。谁知这却破坏了左右脑的协调，导致了她的口吃病。程老师曾多次鼓励马岩，让她说话不要着急，尽量不去想自己有口吃的毛病。"过一段时间，说话自然而然就会正常，像你这样勇敢顽强的孩子，口吃病算不了什么大问题！"程老师对她如是说。自从来到程老师作文班，马岩的口吃真的渐渐在减轻。

讲着，说着，马岩已是大汗淋漓，但她全然不觉，有时挥手在额头或脸颊揩一下。也不知怎么回事，大概渐渐地进入角色了吧，马岩竟然语句流畅起来："可是，她刚吃一小口，就觉得腹内翻江倒海般疼痛，肠子直往下坠，坠，想要大便，确实像秦昊说的那样，白杨憋不住了……"

秦昊听马岩提他的名字，还引用自己的话，立刻手舞足蹈起来，哈哈大笑着说："怎么样？小白兔，我猜对了吧，连马岩也说你放下冰糕没吃，是因为患了肠炎，跑肚拉稀，憋不住回家上厕所去了。"

秦昊边说边扭过头去，用眼睛盯住白杨看。他见白杨并不理睬，又抬起手臂指点白杨。

白杨惨白的脸上肌肉扭曲，杏眼圆睁。她原本还竭力保留一个庄重姑娘的矜持，两片薄嘴唇微翘着，像清晨的玫瑰花朵一样安静，似乎并不准备开口说话，只是想用沉默来应对一切，哪成想秦昊却缠着不放，她就一下子站起身，把椅子撞得"啪啦啦"响，鼻孔里喷出粗气，这时雪嫩的薄嘴唇似刚惊醒的花叶微微抖动："秦昊，你少操点心行不？属穆桂英的，阵阵少不了你呀！我什么时候说过我回家上厕所了？那是从你那张嘴里吐出来的！"

这回白杨说话也不再是女低音了，提高了好几个音阶；杏眼圆睁，眉毛直竖了起来。

秦昊非但不恼怒，仍眉眼皆笑，对白杨说："是我先说的不假，但是我若说错了，那别人怎么会跟我说的一样呢？都说你白杨放下冰糕不吃，是拉肚子憋不住，跑回家上厕所了！"

白杨像只被激怒的小鸟，胸脯一起一伏，两只马尾刷子用力一甩，侧过头使劲儿剜了秦昊一眼，气呼呼说："你这个人脖子上挑着的是棵葫芦，还是个脑袋？真像人们说的'记性不好忘性好'，前边程老师还说，大家要写进作文里的白杨，并不就是我本人，而是以我为原型，把别人做的事情都记在我的账上——这叫典型化选材！你秦昊的脑袋是漏斗啊，才这么一会儿，你就把程老师的这些话全漏光啦！"

白杨说完这些话，觉得很解气，重重地坐下去，将后面的桌子碰得"嘎嘎"直响。秦昊还想说什么，嘴巴一鼓一瘪的，没说出来，黄瓜掉进酱缸里——蔫了。

马岩见白杨和秦昊两人斗嘴，大家都在洗耳恭听，她更是喜欢凑热闹，就站在那里一动不动地观望着，觉得很好玩。这时两人没动静了，马岩余兴犹然未尽，但也只好再续前言："白杨从厕所出来，用家里座机给爸妈打手机，告诉自己腹泻拉肚子的事。爸妈听了十分着急，忙不迭地开自家凌志轿车赶回来。爸爸说市工商局休大礼拜，找不到人，白跑了一趟。说着，妈妈扶着白杨下楼，爸爸开车拉她去附近的市第二医院……"

马岩刚说了这么几句，李一流伸手在头顶上一晃，劈面夺过她的话："马岩说的事有不少漏洞。第一，白杨家里既然能买起轿车，她妈妈怎能图便宜去买简装劣质饮料呢？第二，她妈妈买饮料后，能看不见瓶子里有死老鼠吗？第三，如果说火锅里吃出死老鼠，幼儿园孩子的枕头里'睡'着一只干尸老鼠，还能勉强让人相信，饮料里喝出一只蟑螂，我也能够相信，我们在学校食堂饭菜里就吃出过苍蝇、蚂蚱还有不知名的白色小虫……可是，那么大的死老鼠，怎么能装进瓶口那样小的瓶子里呢？很明显，马岩讲的事情是虚假的，不可信，违背了选材要真实的原则。"

马岩不服，反驳道："李一流，你知道啥？你字写得好，在咱们这里你算

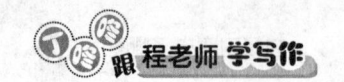

一流，这方面我服你，但是，你在别的方面不见得都是一流！我告诉你，其实，越有钱的人越抠！我老姨夫是劝业商场经理，他老有钱了，可他那七十岁的农村老母生病了都没人管，住院他都不给钱，可损啦！白杨家里有高档轿车，你就敢保证不买劣质饮料啦？你说饮料瓶里装不进死老鼠，这可不是我瞎编的，我是从咱们市的报纸和电视新闻看来的，有名有姓的，你说新闻报道敢胡编乱造吗？"

"你知道啥？"这是马岩的口头禅，也常常是她说话的开头语。现在她认为自己说的话已把李一流驳倒，情绪上来了，就又接着白杨已经来到市二院娓娓道来："白杨上完厕所后，不大工夫肚子就不怎么疼了，进了医院急诊病房，已基本恢复正常。可是爸妈不放心，坚持要她吃药打针。她违拗不过，只好听其摆布。这时，她发现同班学生邓超也躺在斜对面病床上输液，一问才知道，他也是早晨买了这种饮料喝后腹痛拉肚子，被送进医院来的。这病房一共是四张床，另外两张床上躺着的病人，也都'唉呀''哎哟'喊肚子疼，也都说是喝了这种饮料引起的，只不过他们的饮料里没有死老鼠。"

说到这里，马岩突然打住，不再往下说。她伸出左手摩挲着头顶，那油黑密实的头发，经美发师一层层打薄削剪，短的几与耳齐；她的眼皮也有点嫌长，那水蜜桃似的浅黄色眼珠老是半遮半掩，好眨动的怪毛病就出来了。她这时看着大家，改换一下语气："我给同学们出个脑筋急转弯题：你们说，别人喝的饮料，瓶里并无死，死老鼠，病的都很重，而白杨的瓶里有，有个死老鼠，她却很快没事了，这，这是为什么？"

是呀，这个问题确实很尖锐，同学们都有争强好胜心，纷纷融入剧情，个个低下头思索起来，想一探究竟。

林心怡抢个"沙发"先坐了，说："白杨是饭后喝的，腹内有食物，有毒饮料进去一混合，就吸收得少；别人可能是空腹饮的，毒液进去立刻被吸收了，就病得重。我说得没错吧？"

有"辣椒妹"称谓的左雨虹也不甘示弱："我认为那只死老鼠就和蛇、蝎、蜈蚣一样，实际是一种药材，体内有抗毒元素，因此白杨喝了死老鼠饮料，原来里面的有毒成分给分解掉了，她才安然无恙。譬如瘦肉精、地沟油、染色馒头，偶尔食之可能并无大碍，长期食用可就惨了。我说的这些有无道理？"

惠天佑说话做事光明磊落，没有一丝阴暗心理，仰脸朝天道："我分析是男女有别，白杨是女生，女生身体内抵抗病毒能力较男生强，要不网上总说女人比男人寿命长！马岩，你说我的观点对不对？"说完大脸盘上一笑，露着几颗骈齿。

"不对！"马岩努努嘴，也回给他一个笑颜，眼皮跳动得更欢了——这是她激动或兴奋时不期而然的状态。她见大家这样积极回应自己，都睁大眼睛，咽着口水，期待听到正确案底，再也无法控制眼皮的安静，她的口头禅又流露出来："你们知道啥？谁答得都不对！白杨喝了毒饮料，中毒较轻微，很快就好了，确实与死老鼠有关，但不像左雨虹说的什么老鼠是药材，与惠天佑说的性别也没干系，而是白杨看见死老鼠，引起反胃恶心，把刚喝进肚里的有毒饮料，连同食物一起，全部呕吐出来了！连胃都差点一起呕出来，明白了吧？"

秦昊又控制不住，没话找话说："马岩说的没错，我也是这么想的。不过，可怜的小老鼠，估计是鼠妈给遗弃在饮料瓶子里面的。这若是人，我非得告它父母犯了'遗弃子女罪'不可！"他见没人跟自己搭讪，自觉没趣，便也自生自灭了。

马岩将别人考懵，自然心里爽快，很惬意地闪动着睫毛，才说下去："白杨打完针，正要跟爸妈一起，一起回家，病房门开了，进来四名电视台和报社记者。他们又是录音，又是摄像，说这是一起，由生产和销售伪劣饮料引发的食品安全事件，要在媒体上曝，曝光。就在记者采访将要结束时，又进来两个工商人员，对记者又递烟，又赔笑，称受局长之，之命，要请记者去，去吃饭。因为生产销售劣质饮料的人，是局长三姑夫的亲外甥，希望记者不看，不看金面看佛面，高抬贵手，大事化小，小事化无，不要向外界泄漏此事。再说，这事捅出去，也是给，给市里领导脸上抹黑呀！一开始，记者自然不答应，可没过一会儿，记者的顶头，顶头上司来了电话，记者和这些人就离开了病房……"

听至此，丁咚咚像弹簧一样"腾"地直跳起来，他那张红润圆脸蛋，由于气愤变得扭歪拉长，拍着桌子嚷道："这些昧良心的道德白血病患者，别指望其道德自律，应该把他们送进监狱。这个当官的，庇护亲属制作毒饮料，白杨应该去举报他们！"

程老师赞扬丁咚咚，说道："丁咚咚很有正义感，你要努力学习，积极进取，长大后当上国家干部，做一名全心全意为人民服务的好公务员！"

"穿红肚兜儿的不一定都是红孩儿，也有可能是哪吒。当干部的不都是清廉，也有贪官赃官，国家以大力气肃贪反腐，从而推动经济和社会的深化改革。"赵耀这个"工商二代"嘴里冒出的这些话，声音微细颤抖，好多学生没听懂他是针对什么说的。

马岩的发言正在兴头上，她担心再被人半路"屏蔽"，连个大气也不敢多喘，便一鼓作气说道："白杨刚把外衣穿好，要回家，病房的门又开了，这次呼啦啦进来，进来十几个人，白杨一眼便认出走在前面的两位！你们猜，他们是谁？"

马岩这次本意是自问自答，没想到"穆彪子"挺着细脖子，一副任君审视的彪劲，虎口夺爱说："是白杨学校的校长吧？"

黎梅花的彩色隐形美瞳眼镜闪着迷幻的紫色，整个人像一束淡淡的紫罗兰，抢先一步说："是不是厂家赔礼道歉来了？"

"你们知道啥！"马岩大眼睛的电石火光闪动两下，说："别猜了，是市委牛书记和郝市长来了——白杨喜欢看电视新闻，差不多天天，天天在电视上和他们见面，一下子就认出来。牛书记和郝市长逐一，询问患者的病情，又问到医院的治疗情况，并叮嘱患者，安心养病，配合治疗，早日康复。郝市长又告诉大家，说市里得知几家医院已，已收治30多人，饮料中毒事件后，市政府立即启动重大公共卫生，事件的应急预案，全力救治病人，一切费用由政府承担，确保人民生命财产不，不受损失……市领导还要到其他医院看望病人，挥手和病人及其家属告别。这时白杨突然从，从爸爸手里夺过泡着死老鼠的饮料瓶子，跑上去送到牛书记手，手里。几位领导先是一愣，后来问明情况，对跟在身后的工商局长当面，予以严厉批评；并表示，对这次饮料中毒事件，要组成专案组进行认真调查，要，要追查到底，严，严肃处理，绝，绝不手软！"

不知何故，发言临近尾声，马岩又结巴起来。

"好！好！这才是我们老百姓的好干部啊！"许多同学一边叫好，一边鼓起掌来。

先是激起丁咚咚的义愤，他拍着桌子指斥通淫作弊不正之风，现在又有那么多人鼓掌，为公正负责任的干部叫好，这对马岩的发言，无疑是最有力的肯定。此刻马岩的心窝已被喜悦填得满满的，她本还想要再说点什么，但脑筋一转念，想起来上次课抄的"见好就收"这个俗语，"对，见好就收，该，该结束了！"她暗暗警告自己，于是她讲了这样一段话：

"市里领导刚，刚离开病房，白杨也就，就和爸妈坐车，回家。一进入小区大门，白杨才想起，自己的书，书本还放在石桌上，还有那块只咬了一口的'马，马歇尔冰糕'，她就急匆匆地，向凉亭奔去。到了跟，跟前一看，皮上写着'白杨'名字的书，书本尚在，而'马歇尔冰糕'呢，歇也没歇，早已，化成水，马不停蹄地跑没了踪影……"

5. 这纯属虚构但并不虚假

讲完了，马岩被自己讲述的故事所感染，眼睛越发眨动不停，睫毛欢快地跳起连环舞，兴奋得东张西望，想在别人脸上更多地寻找些赞叹。正当她为自己的成功深深陶醉时，旁边"杀"出一个赵耀，来了个"现场揭发"：

"马岩很会编织故事，这一点必须承认，因此不少同学给她鼓掌。但这掌声里却找不到我的，因为我知道马岩的话全是瞎编的，违背了程老师讲的选材要真实这一条。大家也都知道了，我爸爸是工商局的处长，我却从来没听说过我们市有生产和销售有毒饮料这种事情。再说在饮料瓶里发现死老鼠，前不久有过报道，我没记清楚，好像发生在黑龙江省桦南县，根本与我市沾不上边儿。所以我要说，马岩选取的材料虚假，纯属虚构！"

赵耀刚才被"穆彪子"说他爸爸"贪污受贿""收受地沟油、苏丹红小老板红包"，觉得丢了面子，心里有些纠结，在这里想往回找一找，才说了这些话。听赵耀这么一说，教室内立刻像炸了营。一些同学指着马岩说："'老鼠毒饮料'被你编得煞有介事似的，让我都听入了迷，还以为是真的呢！""咱们市里发生这么大的事，我怎么连牙口缝儿都没听别人说过呢？""她说话可真是二八扣不住，难怪叫她'马大白话'！"

不过也有的学生为马岩争口道："人家马岩说的是在我市报纸上读到的消息，并没有说这是发生在我市的事情呀！""写记叙文，不就是要虚构情节吗？不然哪来那么多的真人真事啊！""高考和中考，考生千百万，作文都写一个题目，一人写一个样，能都是真有其人、实有其事吗？"

满耳纷纷争辩之声，弄得丁咚咚一时是非难辨，他很想知道正确答案，便急忙站起说："我看，还是听听程老师的高见吧！"

皮球被踢到程老师脚下，大家都安静下来，眼睁睁看着他如何动作。程老师一直在用心听着，如果不是"疑难杂症"，他尽量不插话，让学生们充分发表自己的见解。这时，他看一下手表，脸上漾起憨厚可亲的笑容，他一讲起话来，就显得判若两人，面孔也变得特别年轻，浅灰黑色的眼睛注满仁爱与智慧的光芒，大声说："呵呵，马岩的发言很感人嘛，大家都被她的讲述所吸引和震撼了。之所以有这样的效果，就是因为她的选材新颖和真实可信。刚才赵耀不是也证实，关于在饮料瓶里发现死老鼠这件事，以前和最近都在媒体上披露过，说明这事情并不是空穴来风，可以肯定，这不是马岩的主观臆造。这样的真实生活素材，经过筛选、提炼和加工，她制作出来一个立意深刻的故事，很成功！至于说到虚构，它和虚假不是一回事。写新闻报道不能虚构情节，必须是真人实事，然而写记叙文就不一样了，它可以而且必须进行虚构，不必真有其人、实有其事，但却绝对不能虚假。"

原先还是满腹疑虑的学生，听了程老师这一番点拨，脑子里的问号好像被一阵清风吹得云开雾散，面部表情豁然开朗起来，流露出轻松和愉悦。马岩更是大喜过望，长眼皮上都沾满笑意，恰如那位扬名千古、流芳百世、替父从军、驰骋疆场、凯旋而归的花木兰，雄赳赳气昂昂地挺直腰板坐在那里。

就在这时，程老师语锋一转，对大家说："关于写作文如何选取材料，我在前边讲解了相关知识，后来同学们又按照这些知识，围绕《冰糕化了》这篇作文题目，争先恐后地踊跃发言，进行了口头选材演练。还有不少同学举手要求发言，但由于时间原因，暂时到此告一段落，以后这种机会还多得很。那么，下边的时间交给大家，根据每位同学头脑中已占有或联想出来的材料，以及听了前面几位同学发言从中得到的有益启示，请快速构思，立即动笔，写出你自己的《冰糕化了》作文！"

就在这一刻，秦昊又张口说话了："老师，我还想听白杨同学本人说说，她放下冰糕不吃，到底做什么去了。"

"好吧，"程老师的方形大脸盘转向白杨同学，亲切地说："白杨，那你就说一说吧！"

因是秦昊提议，白杨老大不情愿，不过碍于老师面子，她只好站起来，顺手拿过折扇，对着胸脯扇几下，头顶上乳白色发带随着来回摆动。她低了一下头，又仰起脸，才轻声慢语地说："那时我买来冰糕正要吃，猛然听到不远处'啪啦啦'有响动，抬头一看是石奶奶，她从超市买回两大袋蔬菜和水果，因东西太多，把食品袋撑破了，果菜咕噜噜撒了一地。我这才急忙放下冰糕跑过去，弯下腰帮她拾捡。我可不是做啥好事，因为石奶奶七十多岁，是我家邻居，我小时候，爸妈有事经常将我寄送她家照看，比我的亲奶奶还亲哪！我帮石奶奶将散落地上的果菜装好，可是往上一提，没撑住又漏了。我跟石奶奶说：'我腿脚快，跑上楼取个篮子下来，不就行了么！'我刚转身要跑，正好楼上潘婶从楼道出来，她从皮兜里掏出两个塑料袋子，让我帮忙给石奶奶提上楼去。在爬楼梯时，石奶奶边走边说：'这点东西买的，没把人折腾死，还把你累够呛！'石奶奶家是四楼，我家住五楼，进入她家后，我放下东西要走，她一把拉住我，非要我吃水果不可。先是给我剥几个荔枝，不吃就往我嘴里硬塞；后来她又去洗葡萄，就趁这工夫，我推门跑开了。回到凉亭一看，石桌上的冰糕，汁水从包装袋里往外挤，也正要溜走呢！"

窗外的阳光分外灿烂，以一种最明亮、最炽烈的语言，在同树叶喁喁交谈；炫耀在枝头的绿叶，通体透明闪亮，兴奋得发抖；阳光的金箭，把枝叶花花斑斑的暗影，投射在玻璃窗上，涂抹着靠近窗边的几名学生凝神深思的脸颊……同学们一边听白杨讲述，一边构思作文内容。白杨说完要坐下时，还不失时机地旁敲秦昊一句："其实，我根本就没有回自己家，更没有上什么厕所！"

沙沙沙……笔尖行走在方格纸上，划擦出细微的响声，在教室内轻轻飘荡；伴随着这悦耳音乐，每位同学都沉湎在自己潜心构织的文章情节里。天气炎热，酷暑蒸人，早已被他们抛到九霄云外去了。

三 刘大伯真的是"碰瓷"吗?

——叙述一条线

提示: 刘巨龙全身长着"瘆人毛",是远近闻名的地赖子,谁见谁怕,可是,当他见到骑车小伙子的姐姐,却像霜打的茄子——立刻蔫软了。这是为什么呢?请你耐住性子往后看,当程老师讲到"插叙",就全都大白于天下啦!

(一) 刘大伯倒在马路中间——谁说你不会叙述

呵呵,你在放学回家的路上,碰到邻居刘大伯,他走在马路中间,你刚想要把他扶到马路边,刘大伯被从公司下班出来的骑电动车的小伙子碰倒。刘大伯骂小伙子没长眼睛,小伙子说刘大伯走路不靠边,还东倒西歪不稳定。正当两人争吵不止,刘大伯的儿子接到电话火速赶来,指着小伙子的鼻尖,爹长妈短地骂不停口,还撸胳膊卷袖子要打人。就在此刻,人群忽然裂开一道缝儿,骑车小伙子的姐姐走进来。她分开围观众人,询问这是怎么回事。刘大伯的儿子刚要喊叫,抬头一看愣住了,他满脸涨红,低下了头,赶忙赔不是;刘大伯也不再吭声,从地上爬起来,拍拍屁股后的尘土,就要悄然离开。可是,小伙子的姐姐连忙叫停一辆出租车,跑上去一把抓住刘大伯的后衣襟,连拉带推,硬是把刘大伯塞进车里,然后向医院驶去……

围观人群随之而散,你也赶快回家。进屋后,你把刚才路上遇见的这件事的起始缘由、大致经过,一五一十,从头至尾,说给爸妈听。

你知道吗?你这样讲述路上刘大伯被碰事情的前后经过,你就是对爸妈进行叙述!谁说你不会叙述呢?

因此说,所谓的"叙述",其实就是这么简单,并不复杂,更不神秘,大家时时都在用它,你每天也向别人叙述事情。奇怪的是,你天天都在使用的叙述表达方式,在写作文时,你怎么就犯糊涂了呢?噢,原来你没弄明白,还以为这"叙述"二字,写在纸上,出自老师口里,是多么高深的大学问呢!

当然喽,如果你在向爸妈讲述这件事的过程中,来了兴致,把当时的场面、四周的景物、马路上的车流行人、刘大伯坐在地上的神态、他儿子吵骂的具体话语、围观的个别人反应等等,都说的生动、具体、形象——这就是叙述中有描写了。又有叙述，叙述中又有描写，这种表达方式就叫记叙。主要以记叙表达方式写出的文章，就是记叙文。

（二）小心真的被"碰瓷"——秦昊当警察蛮够料

"程老师，我想向您提出一个问题，可以吗？"

程老师正说的兴起之时，忽被下面的喊声截断，有人要求发言。他心里想：让学生参与，活跃一下课堂气氛，形成师生互动，这正合吾意！他闪睛望去，只见被学生称为"大活宝"的秦昊，正把右手举得高高的，左手还在不停地搔挠他的小毛寸头，弄得根根竖起来。虽说秦昊学习不是很好，尤其作文一直吊在学年末尾，拖班级后腿，令老师头疼，不过这孩子快人快语，出言无忌，心里总有十万个为什么，喜欢发言提问题。还别说，他提出的东西虽很浅白，但有时还真是别人想不到的。就在程老师注视他的一瞬间，不等叫他，人已从椅子上颠起。看得出来，他憋在肚里的问题，如果不说出来，委实 hold 不住啦。

"程老师，你前边说的刘大伯，被小伙子骑的电动车碰倒，他儿子来了，又是骂又要打，刘大伯父子二人，他们是不是在搞'碰瓷'呀？"

程老师闻言呵呵一笑，环视着坐在众人之前的丁咚咚说："我讲的'谁说你不会叙述'，里边说的'你'，就是你丁咚咚！在路上看见邻居刘大伯被碰倒这件事情，是前几天你丁咚咚在课间和同学们闲聊时，我在旁边听来的，后来我又深入了解和掌握了一些相关情况。那好吧，刘大伯父子是不是搞'碰瓷'，呵呵，还是要由你丁咚咚给'定性'咯！"

丁咚咚胖乎乎的圆脸蛋，一边镶嵌一个圆酒窝，里面盛满了的却不是酒，是三分的稚气和十二分的认真。当他被程老师叫起来的时候，那双被又黑又长的睫毛装饰着的晶亮亮大眼睛忽闪几下，疑惑地摇摇头："我真的弄不懂，什么叫'碰瓷'呀？"

"聚光灯"又回到秦昊身上，程老师按一下眼镜，目光也转回来，对着秦昊说："听人家讲'解铃还须系铃人'，那么，就需要你再解释一下，什么叫'碰瓷'哟？"

秦昊显出的是一脸不屑，撇撇嘴，嘟囔道："连个'碰瓷'都不懂，真是无知！那就让我告诉你，这是法律行话，其实电视里经常播放：有些坏蛋跑到马路上，故意让过往的汽车碰伤，然后进行讹诈勒索。他们主要寻找外地货运汽车作案，因外地司机对当地情况不熟，又着急赶路，纠缠不起，只好花钱'私了'买平安……"

"那叫'撞炮'！"赵明磊手往头顶一伸，纠正说。

"没错，也叫'撞炮'；'碰瓷'和'撞炮'都是一码事！"冯新发和着稀泥。

"是，是，"姜大圣性格懦怯，又新来乍到，他想在作文班里找个保护伞，就奉承秦昊说："我也看过一条微博：'小心，真的被碰瓷！'——开宝马车的老板，发现车身后诡异地放着一个大旅行箱，他便警觉地下车拍照。这时，一个看似无关的年轻人，走过来拿掉箱子，并说'不好意思，挡住了您的车道'，此时左前方挡在车前的那辆车也开走了……"

他们爆料"灌水"的起劲，丁咚咚早已听明白，就抢过话去："我家邻居刘大伯，还有他儿子刘巨龙，人品是都挺差的。这次他们是不是搞'碰瓷'，我也说不准，但我觉得不像。"

"怎么不像？他父子就是搞'碰瓷'！"秦昊听丁咚咚没有顺着自己的意思说，甩了一个卫生眼，气哼哼的，不过，他还是将语气略微放缓和些问："丁咚咚，当时你在现场，刘氏父子向骑车小伙子索要赔偿没有？"

丁咚咚歪头想了想，方说："是索要了，刘巨龙说让骑电动车小伙子赔偿3000元医疗费，万事皆休，不然牙打掉，腿打折，肋巴扇子打两截！"

"喔——"学生们听了都感到瘆得慌，惊呼不止。

秦昊高高的眉脊耸动一下，像发了失心疯似的狂笑道："这就对了嘛！要钱，这还不是'碰瓷'，还不是'撞炮'，那又是什么呢？"

仅凭这一点秦昊就做起了推理秀，丁咚咚却不认可这种武断，反驳说："要钱就是'碰瓷'。我看不见得吧！刘巨龙看见他爸爸坐在地上，以为真的是被撞坏了，才张口索要赔偿的，这不一定是你说的'碰瓷'啊！"

"别说了！别说了！"秦昊伸出的两只手对齐，朝着丁咚咚用力比划着。"刘大伯是你家的高邻，出入一个楼梯口，天天见面，你铁定要护着他们啦！"

"我们两家关系并不好！"丁咚咚还是耐心解释。

"嘿嘿，说漏了吧——刚才程老师讲述时，还说看见刘大伯在马路中间，你还要去扶他呢，这工夫你又说'关系不好'了，真是顾此失彼，前后矛盾呐！"秦昊死死叨住不松口。

"我妈妈跟刘巨龙的妈妈就是我叫刘大娘的，她俩个人感情还不错，可我爸爸和刘大伯见面都不说话，跟冤家一样！"丁咚咚此刻浑身是嘴，也难分辩清楚。"再说了，刘氏父子都是工厂职工，也不怎么缺钱，能干那种勾当吗？"

"嘻！钱多了还咬手啊？抢劫、偷盗、贪污、受贿的，他们都是缺钱的主呀？"秦昊性格特执拗，能沿着一条路跑到黑。他站在地上的时间长了，两个腿肚子有点转筋，因为站起来也不是老师叫的，他就边说边落座，还不停地向丁咚咚扇动大手："你说的不对，不对，这就是刘大伯父子事先设计好的犯罪行为。大家想想：第一，刘大伯在公司下班时间，没事跑到马路中间去走，这是做什么？第二，刘大伯稍微被刮碰一下，顺势就坐在地上不起来，接着打电话把儿子叫来；第三，刘巨龙到现场后，不问青红皂白，就索要赔偿——这不是'秃头和尚脑瓜顶上的虱子——明摆着的'么！"

（三）刘氏父子留下的两个大"？"——谜团何时解开

在窗边落座的有个叫顾崇宇的男同学，说话一停一顿的，跟秦昊"互粉"起来。他龇着牙"称赞"秦昊道："喂，你真是比破案专家还要厉害呢！我看，将来你当个公安侦察员，那是蛮够料的！"

秦昊愈加得意，嘴角一咧，乐开了："我就是想能当个人民警察呢！每天晚间，有空我就看电视法制频道，中央台，省台……"

谁知说着说着，他又黯然神伤，悲戚道："可惜，我家没人没势，还没钱，上哪去当公安警察呀！"

顾崇宇又抿起嘴，懒洋洋地问："当警察，还要有人有势有钱吗？"

秦昊鼓动着他的大牛眼珠说："现在当警察多吃香呀，谁见了都怕三分，敬三分呢！"

顾崇宇不服气，牙又龇出唇外面，半讥半笑的："你不犯法，怕警察做什么？警察的职业多辛苦哟，天天执勤，哪里有危险就有他们的身影，你怎能把当警察和金钱势力捆绑在一起了呢？"

秦昊随即一声冷笑："我看你是只知道学习，社会上的事一概不懂。告诉你吧，这年头在外面办事，没有你地球能转，没人帮你就玩不转嘞！"

程老师在一旁见学生把话题扯远，想赶快揽过话头，回到讲解有关"叙述"的作文知识上来。于是，他踱到秦昊座位旁，说道："不用悲天悯人了，从今以后，你努力学习，将来上了高中，毕业后报考警察院校，不就当上警察了么！那可是按考试分数录取，花钱也不好使喽！"

下面的话，程老师正要往"作文""叙述"这方面转折——"但是，现在同学们就应该学好各门功课，为将来中考、高考做准备；也应该学会写作，为以后当上警察……"话在舌间徜徉，就被比加勒比海盗出镜率还高的秦昊给"打劫"了："我就想以后考上高中，再考上大学上警校，不过我还是发愁，考上警校分数够了，确实不用花钱找人，但警校毕业，没有钱，没门子，能当上警察么？"

周圆圆人很胖，有点水桶腰、大象腿，可头脑灵活，驾驭立体语言的能力强，她平抬起短而粗的手指，转身对准秦昊说："秦大活宝，你真傻！到我们考大学再毕业，还有十来年呢，那时就没有腐败了！"

秦昊最忌讳别人说他一个"傻"字，面色越加黯黑凝重，像受伤的灰太狼，拿眼角狠狠地瞪着周圆圆，忿忿地说："你也真够幼稚的，十年之内就能消灭腐败？鬼相信！"

周圆圆原本是以秦昊搞笑取乐，猛翻一下金鱼眼说："你可以给中央负责政法委的书记孟建柱爷爷写信，向他反映情况，求孟爷爷帮助你毕业分配能顺利当上警察啊！"

秦昊扬着嘴巴，嘲讽地露出一点嬉笑，模拟着周圆圆的口气，说："周圆圆，你真傻！到我们大学毕业的时候，孟爷爷该退休回家了！"

三三两两的笑声在教室里飘荡起伏——唯独在这种场合，学生们才能寻找到放松大脑的仙丹圣药。

程老师看着学生开怀大笑，他自己也特别快乐。他接着前边讲的，准备把记叙的表达方式分解为叙述和描写两个方面，再细致地进行讲述，以便让学生在写作中掌握，运用自如。没想到，刚要开口，就看见从前边座位又站起一个胖墩墩小屁孩，穿着色彩艳丽的衣服，摇头晃脑地说："老师，我还有一个问题没提呢！"

这时的程老师，两只手绞拌在一起放在桌面之上，微眯着眼睛，一看是许行之，就对他点点头。

"刘大伯儿子，丁咚咚说他叫刘巨龙。这个刘巨龙，看来也是个身手不凡的大屌丝，别人惹不起的黑道人物。可是，骑电动车小伙子姐姐来了，他为何一见之下，就像'霜打的茄子——蔫了'呢？我就纳闷啦，这到底是怎么一回事呀？"

大家随波逐流，闻风而动，教室里立即响起喊喊喳喳的说笑声。

程老师以玩味的笑容保持缄默，这刺激了孙洪达的发言欲望。他嘴唇撮出个尖筒，满脸"猴相"，模仿电视剧《西游记》里孙行者的腔调："老师，嘿嘿，我也正想问这个问题。刘大伯一见到那姑娘，就变成土行孙，差点土遁，这其中必有蹊跷，您快告诉大家，让小的们解解馋吧！"

孙洪达在学生中素有"孙猴子"的绰号，整天嬉皮笑脸没正经，但俗话说得好"一物降一物"，"大活宝"秦昊就是他的克星哟。秦昊视孙洪达为马前卒，就冲着他喊叫："孙猴子，我正想要问这个问题，你又捣乱，抢先问起来！"

"你想问，就不许我问啦？你还真拿自己当电视剧男主角了，你说这句话还应该给你安排一场暴风雨什么的？有观众鼓掌叫好啊！"孙洪达坐正身体，一反常态，回头瞪着秦昊。"别把你爸当作李刚。错，是秦刚！"

"穆彪子"坐不住了，站起来，两手斜插在黑色仿革夹克衫衣袋里，喊叫

39

着:"你们都别吵了,我也想知道呢,快让程老师说出谜底!"

"呵呵,"程老师见状,目光投向了在座的各位同学:"许行之提出的这个疑问,谁能替我代劳?"

座位里呼啦呼啦站起数名学生,争抢着回答。

"我想,小伙子姐姐没准是武林女大侠,刘巨龙认识她,一见吓破了胆!是不是这样?"韩铁壮在少年体校练举重,头脑中有尚武精神,才作出如此判断。

惠天佑坦言道:"依我说,那位姐姐准是公安局的,以前刘巨龙因打架斗殴被她亲手处理过,这次刘氏父子上路搞'碰瓷',贼人胆虚嘛,一见之下就立刻蔫了。十有八九是这么回事。"

林心怡的分析更是技高一筹:"这位大姐虽然不如'房姐'那样有名,但我猜测她家人可能有当大官的,像刘巨龙这样的泼皮无赖,平时专门结交'白道',作为自己的保护伞,因而认识这位女士,见到她就'软'下来!"

……

同学们这些无厘头的猜想,就像找不到屋舍的鸽子,"啪啦啪啦"地在天空中飞绕。

程老师一直沉默着,每听完一名学生发言,都见他轻微地摇一次头。这可急坏了"穆彪子",他的小细脖来回转动,嘴角咧开着,古井似的眼睛用劲儿翻白,不动眼珠地盯住程老师上宽下平的脸膛,细心观察着,有时涎水从唇边淌出来,就抬起手臂,用衣袖抹掉。每当程老师的头轻轻一动,"穆彪子"脸上的失望也就加深一层。到后来,学生没人再发言猜想,程老师的头也不动了,"穆彪子"用劲地转动手中的中性笔,他彻底晕掉了:"老师,您快告诉我吧,这究竟是怎么一回事咯?"

程老师瞄了一眼"穆彪子",便笑着在此卖了个关子:"刘氏父子见到骑车小伙子姐姐,为何立刻变得蔫软,以上几位同学谁也没有猜对,这里面当然另有奥妙哟,但我现在暂时按下不表。"

"何不问问丁咚咚呢!"以精明著称、被学生称为"小诸葛"的安子良,双手抱住后脑勺,正靠在椅背上,用眼睛瞟着"穆彪子",这样提示。

程老师趁势给丁咚咚丢了个眼色,同时略微提高了声音:"请穆标同学耐住性子,注意听课,等我后边讲到叙述的顺序——补叙时,你自然全都明白了!好的,我接着讲解有关叙述的写作知识。"

(四)画轮廓与涂颜色——叙述,记叙的基本能力

我们写的记叙文,主要表达方式就是记叙,记叙里面包含两个方面:一

是叙述事情经过和交代人物事迹；二是描写事情经过中的人物及环境。

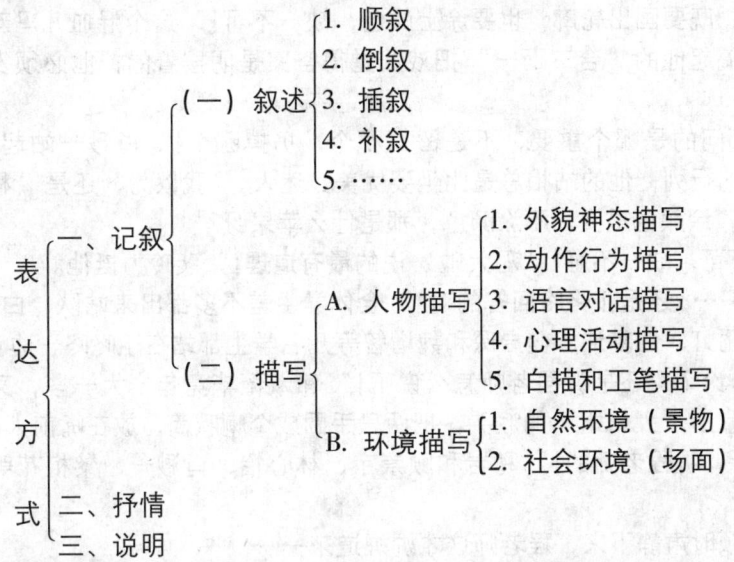

```
         ┌         ┌ 1. 顺叙
         │         │ 2. 倒叙
         │（一）叙述│ 3. 插叙
         │         │ 4. 补叙
         │         └ 5. ……
         │
  一、记叙│                   ┌ 1. 外貌神态描写
表       │         ┌         │ 2. 动作行为描写
达       │         │ A. 人物描写│ 3. 语言对话描写
方       │         │         │ 4. 心理活动描写
式       │（二）描写│         └ 5. 白描和工笔描写
         │         │
         │         │ B. 环境描写┌ 1. 自然环境（景物）
         └         └         └ 2. 社会环境（场面）
  二、抒情
  三、说明
```

　　写记叙文，可以这样说，就是要你使用文字语言给读者上映一部影视剧。这就要求，文章内容既要生动好看、吸引人，更要让人看明白情节是怎么回事。生动好看，这主要靠描写手段；写明白情节是怎么一回事，这主要靠叙述方法。

　　叙述，就是要把一件事告诉别人，交代清楚事情的发生、发展、结局的来龙去脉，把人物的经历和事迹介绍清楚，亦即故事情节。

　　描写，就是为读者提供一幅幅生活的画面。里面的人物、场景要形象逼真地展现在读者眼前。

　　记叙这种表达方式，它包括叙述和描写这两个方面。但是，写出来的记叙文，必须先要读者弄懂里面的情节，也就是说，首先要考虑叙述。不然的话，读完后，对文中所写的事情稀里糊涂，哪里还谈得到被吸引呢？

　　这又好比画图画，就说让你画苹果吧，呵呵，你说是画出苹果的轮廓重要，还是给苹果涂颜色重要？

　　"我说涂颜色最重要！""穆彪子"在今天的作文课堂里一直很活跃，刘氏父子那样惧怕小伙子姐姐的谜团一直在他脑海里萦绕，又听到程老师说"苹果"二字，问应该不应该涂颜色，他连手也不举，就突然截断了程老师的讲课，坐在座位里自己嘀咕着："苹果要是没有颜色，白菜似的，我才不喜欢吃哪！"

　　"穆彪子"的话把大家逗乐了，丁咚咚反驳道："'穆彪子'说的不对，依我看，画苹果，画好轮廓最重要！"

"不对，不对，你们两个说的都不对；依我看，这个问题很简单：都重要！画苹果，既要画出轮廓，也要涂上颜色，缺一不可！"这个混血儿冯新发同学又一次搞起他的"合二而一"把戏，觉得答案是明摆着的，他必须发表意见。

"程老师问的是哪个重要，不是留下哪个，扔掉哪个！"肖渺一站起来，亮相在帅哥的行列，他的站相总是比坐姿优美、迷人。"我以为，还是'穆彪子'说得对，涂颜色重要，不涂颜色，那是什么苹果呀？"

"缺一不可，缺一不可！'冯大帅'说的最有道理！"裴玲力挺他。

"不，不……还是丁咚咚回答的对！"全体学生差不多都出来站队，白杨、赵明磊、左雨虹、任梦洁、樊启琛和魏增智等几名学生都站在丁咚咚一边。

"不要争论了，还是听程老师怎么说吧！"郭淑薇毕竟年岁大一些，又是班长，这时拿出"大姐姐"的派头，把两只手围成个喇叭筒，放在嘴前大喊。

"那就听，听程老师的！"马岩和顾崇宇、林心怡、肖渺一、黎梅花等学生一齐附议。

教室里顿时肃静下来，程老师这才娓娓道来——

假如说，画出轮廓就是叙述，涂颜色就是描写，你可能说二者都重要。这种回答也对也不对。为什么说也不对呢？试想，不画出苹果轮廓，你往哪里涂颜色？轮廓画得长不长、扁不扁，不像个苹果，颜色涂得再鲜艳，又会怎样呢？同样，记叙一件事情的前后经过，你叙述得不着头、不着尾，乱七八糟的，即使里面的人物、场面、环境、景物描写得再细腻、再生动，人们看完后还是会感到一头雾水呀！

所以说，写记叙文，叙述是首要的，是应该放到第一位加以考虑的；描写，只是锦上添花而已。

不管是写人的，记事的，绘景的，状物的，既然它是记叙文，就要有一定的情节，就要有"过程"，或者说要有"经过"，要有来龙去脉，也就是说要有一个"线条"。作者就要抓住一条线，把整个事件交代得头头是道，笔笔有宗，有条不紊，繁而不乱。我们把它总结为五个字："叙述一条线"。只有这样，人家读后，才会觉得文章里说的事情明明白白，清清楚楚，确实了然在胸。

你能把文章写到这种地步，说明你已具备了叙述的基本能力。只有掌握了叙述的本领，才能谈到描写能力和其他写作能力。

叙述，是记叙的基础工程，是根本，是质地；描写，是记叙的装修工程，是点缀，是文饰。没有能力把事情经过和人物事迹叙述清楚，就谈不到把人物或环境描写得逼真生动、吸引人。

（五）黄昏的乡间小路上——描写和叙述不能截然分开

然而，在记叙时，又很难把叙述和描写两者截然分开。很多叙述过程，就是使用描写方式完成的。比如，有一次，爸爸带着九岁的儿子小红星，因天晚没坐上汽车，徒步走在乡间土路上，就是这样叙述的——

因为中途出现故障，爸爸和儿子小红星在小镇下车，天色已经渐渐暗下来。小镇离爷爷奶奶家的小村庄，还有五六里路程之遥。这个时候已无任何交通工具可乘，只好徒步行走。这条田间小路，对于爸爸来说是再熟悉不过了，他的中学时代，每天都要用双脚测量它的距离。这时，西边最后一抹夕阳的余晖也消散殆尽，远处山岭黑森森的剪影，在深蓝色的天空划出一道优美的曲线。抬头望去，一芽眉月冷冷地向下面注视，几颗金星陪伴左右，幽幽地散发着亮光。大地里，飞窜的萤火虫一闪一灭，一上一下，尽情地玩耍。田野里虫声唧唧，草味细细，庄稼地里，时尔传来"咔咔"拔节的响动；一只正在觅食的青蛙突然跳到小红星的脚面上，吓得他"啊呀"叫了一声。也许是多年阔别故土，爸爸边走边向四周眺望，他顺着小路越走越快，脚下生风似的，可以说是箭步如飞。小红星累得气喘吁吁，在爸爸身旁迈着大步。豆粒大的汗珠，从头发根里往外钻，顺着热乎乎的脸颊，噼哩啪啦滚落下去。他不时落在爸爸身后，就赶紧小跑几步追上去。由于天色已晚，他不知身在何处，脑子里浮出一丝恐怖，觉得四周漆黑、寂静得可怕，似乎他们正走进那只凶恶的大灰狼张开的大嘴里。"爸爸，爷爷奶奶家还有多远？"小红星终于忍不住开口问。爸爸抬手指着前边刚刚出现的点点灯火，说："你看，转过这个岗，这不就到了！"

上面这段记叙，其实"经过"极其简单，如果仅仅采用叙述语句写出，只用这么一句话就足够——爸爸带着小红星，天黑后从小镇下车，徒步沿着田间小路，向五六里外爷爷奶奶家所在的小村庄走去。

然而，走在田间小路上的情形这段"过程"的叙述，是借大量描写方式进行的。这里面有环境（主要是自然景物）描写，有人物外貌、动作、语言、心理等描写。正是这些绘声绘色的细腻描写，叙述了父子二人，在夜幕垂落下来后，走完这五六里乡间小路的经过。这样，让读者也跟随作品里的人物，一起进入了"现场"，受到了强烈的艺术感染，得到了审美享受。

"如果在中考能写出这么富有意蕴的文字，肯定能获得较高的分数！"鞠雪晴看到这段文字，眼前立刻飘浮出家乡的景致，不由得点头称道。

"景色写活了，描写真好看，呼之欲出啊！"许行之眼珠眨也不眨，一直没有离开黑板上面的彩色文字，他见程老师话已说完，先是赞叹几句，尔后45度歪脖又问："一看就知是大手笔，写得这样细腻，准是女作家，是铁凝？是池莉？还是迟子建？"

"噢！"程老师的目光里隐现一点神秘，从镜片后面闪烁。

"不然的话，准是您程老师写的！"许行之把自己的猜测继续延长。

程老师"呵呵"笑出声，扬起手臂，二指一伸，对准许行之，说："就是你——"

"我？"许行之诧异得眼睛几乎立了起来，脑门中间渗出一排汗珠。

"是你，你的曾祖父——许星，他写的！"

正在许行之惊讶得张开嘴闭不上时，程老师又说话了："你太爷许星，那可是赫赫有名的大人物啊！他是著名诗人，曾经担任过省文联和省作协副主席呢！'文化大革命'前，因为作品不突出政治，据说有什么'自然主义'倾向，受到批判，开除党纪，撤销职务。"

许行之听到这里，一脸茫然地问："那我太爷后来怎样了呢？"

"呵呵，这个，回家问问你爸爸。"程老师摆摆手，摇摇头，"今天不说了，不说这个了——你再好好看看，这段话里有没有自然主义倾向哟？然后再好好学习学习，弄清楚这段记叙文字是怎样用描写来'叙述'事件过程的。"

就在学生们侧耳聆听入迷之时，程老师收起眯眯微笑的面孔，变得严肃起来，转脸注视着丁咚咚，继续讲课——

（六）给碗盘搓澡——依事件自身发展规律"顺叙"

刘大伯被小伙子骑的电动车刮碰一下，坐在地上不起来，他儿子刘巨龙又赶来吵骂，后来骑车小伙子的姐姐来了，强行把刘大伯送进医院。这件事正巧被你放学走在路上看见，你回到家，对爸妈讲述一遍，你是把你看到的情形从头至尾叙述的。这种按照事件发生、发展的先后顺序进行叙述的方法就叫"顺叙"。

这种"顺叙"的叙述方法是人们经常使用的，它能把事情的来龙去脉交代得非常清晰，层次段落同事情经过相一致，别人容易弄明白，符合一般读者的阅读习惯。不管是口头讲述还是写文章，谁都会用。你对爸妈说起刘大伯被撞一事的经过，用的正是"顺叙"，看来你是无师自通咯！

顺叙虽然都是按从头至尾的过程进行叙述，但是它还有以下几种情形：

有的是按照事物的自身发展规律，一五一十地叙述出来。开始是怎么回事（起因），接着又是如何进行（经过），最后是怎样收场（结果）。别人读后或听你讲完，对事件了如指掌，历历在目。下面的这篇学生作文，就是运用这种叙述方法。

刘大伯真的是"碰瓷"吗？ 三

帮妈妈洗碗

（樊启琛）

> 父母赋予了我们新的生命，那仅仅是生活的开始；扬帆起程，开创未来，这个过程却要自己去创造，需要自己的双手……————题记

从前我只知道到时就回家用餐，端起饭碗就吃就喝，却不知道这香喷喷的饭菜是怎么做出来的，更不清楚用餐后餐具为什么又变得那么清爽干净。我就是家中的小皇帝，爸爸妈妈都是我的侍应生、老奴仆。

今晚用餐过后，爸爸妈妈去小区广场跳"僵尸舞"。老妈这两天颈椎病犯了，比上一次还严重，大家都说这个"僵尸舞"治疗颈椎病效果出奇得好，又有爸爸的陪同，老妈也乐得前往。我想他们以为我小，什么事也不会干，在他们眼里我就是"干啥啥不行，吃啥啥不剩"，属于"吃货"那伙的。正好趁他们外出不在家，今个儿我就露一手，给他们瞧瞧。

其实，这些日子，学校"思想品德"课讲的就是"孝敬父母"、"热爱劳动"的内容，老师还布置了作业：回家帮助家长做些家务。我是个有心人，每当吃完饭后，我就特别留心爸爸妈妈是如何清洗餐具的，一道道工序都看在眼里，并熟记于心间。这时，我打开防盗门往外瞭望一阵，确认爸妈都已走远，就卷起衣袖，系上围裙，进入了角色——

我将残羹剩饭倒进塑料桶，半碟熟猪肝放于冰箱冷藏——这个养生的宝贝可不要扔掉，每周吃一两次猪肝补铁还解毒，地球人都知道的。接着，我飞快地收拾干净餐桌，把盘、碗、碟、勺、筷往水池一扔，先用水冲一下，倒上洗洁剂，再用铁抹布蹭巴几下，把水往下一个碗里一倒时，发出"嗞啦""嗞啦"的叫声，好像在说："搓澡的，用点儿劲！"我将每个盘、碗、碟、勺、筷都搓得干干净净，把污渍和残渣都一起搓掉了。然后我又把盘碗碟摞成摞儿，摆放在消毒柜里，筷子和勺子投进筷笼中……

正当我累得顺脸淌汗，呼呼喘粗气，刚要拿起抹布把餐桌和灶台再擦拭一遍时，爸爸妈妈锻炼回来了。他们看到我的"杰作"，先是感到惊奇，旋即脸上笑出一朵大红花，对我说："儿子，我俩太小看你了；儿子，我们向你负荆请罪了——你可不是啥也不会干啊！"

我说："我在这里赦免你们了！起来吧，不用跪拜，平身！"

爸爸妈妈相视而笑，大拇指一竖，说了声"好小子！"就把我搂进他们怀抱里……

45

这篇作文篇幅虽短，文字精练，却显露了自己独特的语言风格。可以窥见，这位同学肯定是看了不少古代题材的影视剧，受其影响，经常模仿里面的语句说话和写作。我们读后感到饶有兴趣，忍俊不禁。再从叙述方法看，它的内容是按事件发生、发展、结局这个规律写出来的。也就是说，完全按照记叙文"六要素"展开顺叙的。

（1）时间：晚饭后。
（2）地点：家里。
（3）人物：我，爸爸，妈妈。
（4）起因：饭后爸妈外出锻炼，我想露一手。
（5）经过：我把餐具洗得干干净净。
（6）结果：得到爸妈的夸奖。

《帮妈妈洗碗》的结尾，值得同学们认真学习。我们不少同学，写这样类似做好人好事的作文，结尾大都是这样的模式：

爸爸妈妈（或是老师，或是其他人）夸奖说："你真是个好孩子！"

可是，樊启琛同学的这篇精妙短文，结尾虽然也写的是爸妈"夸奖"，但却不见"夸奖"二字。而这个"夸奖"，是通过形象逼真的细节描写，给我们提供一幅戏剧般的家庭生活图画，从中表现出来的。这里面有人物语言对话描写（"负荆请罪"、"赦免"、"不用跪拜"、"平身"、"好小子"），有人物动作行为描写（"大拇指一竖"、"搂进怀抱里"），还有人物外貌神态描写（"脸上笑出一朵大红花"、"相视而笑"）等。这些活脱脱的描写，相互紧密配合，把我们读者带到了故事情节中，受到父母和孩子之间浓厚亲情的强烈感染，从而也赞美了孩子从小帮助父母做些家务、养成热爱劳动的好习惯。

其实，这样的结尾，这种热闹的场面，就写的是爸妈对"我"的夸奖。它的艺术效果，比起那几句又直又白的叙述，不知要强过几百倍呢！我们只要闭上眼睛，那场面就会在脑际"生动"起来……

胖嘟嘟的樊启琛，笑起来满脸像涂了一层橄榄油，他心地善良，行为随意，是个和蔼可亲的孩子。他听了程老师的赞美之词，满心欢喜却搔不着痒处，坐在座位里时不时左瞧瞧，右望望，观察着其他同学的反应。左雨虹早就看出这一点，嘴里没说，心里在想："这小子要在大家面前显示显示，希望别人再赞美他几句呢，我何不借花献佛！"于是就瞅着他，送上一个"大礼包"："樊启琛真懂事：作文写得好，让人很佩服；你给碗盘搓澡，很用力气，辛苦啦；还有，爸妈'负荆请罪'，你又不让父母'跪拜'，多孝顺哟！"

这一顿忽悠，弄得樊启琛晕头转向半天，张开大嘴只管哈哈笑，两只大耳朵像蝙蝠展翅欲飞。

"不，我，我要揭露！"顾崇宇仰起小平头，拍案而起，"樊启琛写的这篇

46

作文，就是自欺欺人！"

"怎么回事？"程老师脸上的笑容不见了踪影，注视着他问。

顾崇宇圆眼睛一转，"虎视"着樊启琛："我和樊启琛从幼儿园、小学就在一所学校读书，他的妈妈整天搓麻将，早就和他爸爸离婚了，他一直跟他爷爷奶奶在一起过活。那几年，每天我都看见他爷爷奶奶接送他上下学呢。"

"哦，噢，樊启琛和我一样，都是单亲家庭：我没有爸爸，他没有妈妈。这些大人，为屁大点事就离婚，缺少责任心……""穆彪子"那无邪清透的眼神，很无辜地落在樊启琛的面前。

樊启琛的嘴唇刚抖动一下，朴峻熙劈头吐槽："顾崇宇，以前老皇历看不得，你的眼光该刷新啦！人家樊启琛的老爸网恋，也算是'闪婚'吧，最近又给他找个后妈妈，对他可好啦！"

原来朴峻熙家人为了方便孩子上学，把水田承包出去，举家从乡下乔迁城里，先租房，后买房。樊启琛的爸爸是搞粮食生意的，经常下乡采购大米，与朴俊熙的老爸有商贸上的往来合作，一来二去的变成老朋友——这也算民族大团结吧。朴峻熙进入城里学校就读，最近又来到程老师作文班学习，家里租房买屋、找活打工等等一些事宜，都是由樊启琛老爸一手帮办的呢。可是，樊启琛爸爸和他的这个后妈两天前又分手了，这是朴峻熙不知道的，但程老师心里一清二楚。

不少学生也都拿眼睛打量着樊启琛，想在他身上找乐，唧唧喳喳说些什么，听朴峻熙这样说，便都闭严了嘴巴。程老师却要保护这个纯洁得几乎透明的孩子，就开口讲话："呵呵，比樊启琛孝顺的，还有呢！听我说下去哟——"

（七）为奶奶端屎接尿——按时间的先后进行"顺叙"

也有的顺叙，是按照事情的时间顺序进行安排的。这样叙述，线条非常清晰，经过一目了然。

说着，程老师挂出早就准备好的四方形纸张，上黄下白，拼接而成，相映成趣，上面记载着一篇学生习作：

尽一点孝心
（郎朗）

有句俗语："七十瓦上霜，八十风前烛。"这就是说，老年人血气已衰，年轻人应该悉心照料他们。还有一句歌谣："少年莫笑白头翁，花开能有几日红？"它也告诉我们，长辈已是日薄西山，来日无多，作为晚辈，要尽孝道，绝不能袖手旁观，更不可白眼相待。

今天是星期天，风和日丽，花香鸟语。上午，我和同学相约外出郊游，玩得尽兴而归。回到家时，就看到写字桌上放着妈妈的"留言条"："郎朗，我和你爸去你小舅家，今晚不回来，你要好好照顾奶奶。"

奶奶得了半身不遂，生活不能自理。我要给奶奶热饭，她说已吃过午饭；我赶紧走进屋里，泡了一杯热茶，端来给奶奶喝。我提醒奶奶说："小心，别烫着您！"我用嘴吹了又吹，奶奶接过去喝几口放下。我又剥了一根香蕉，放到奶奶床前。奶奶说："我已经蜡头不高了，留给你吃吧！"我把香蕉塞进奶奶手里说："不，您年纪大了，更需要补充营养。多吃香蕉能软化血管，对您身体有好处。"奶奶笑了，脸上的皱纹更细密了。

奶奶愿意收听新闻报道，喜爱京剧，我为她打开收音机，专家正在解析"钓鱼岛"撞船事件。别看奶奶卧病在床，对这些事情却很感兴趣，这也是她精神生活的一部分。"今之孝者，是谓能养。至于犬马，皆能有养。不敬，何以别乎？"在程老师作文班上，经常听到"子游问孝"、"黄庭坚为母洗涤尿器"这样的故事，启发我们怎样做才是一个孝顺的人。程老师还说过，孝顺长辈不单单让老人吃饱喝足，衣食无虞，更重要的是要了解老人的心意，满足他们的精神诉求。

金色的光线从屋内撒到玻璃窗外，太阳偏西了。我琢磨起应该给奶奶做点什么晚餐，想了好半天，最后决定，用电饭煲煮米饭，上面放上屉，蒸一碗鸡蛋羹。因为奶奶牙齿不好，太硬的食物嚼不烂，再说，别的饭菜我也不会做呀！

我可是在厨房忙得不亦乐乎，等奶奶和我都吃完，我又把餐具洗刷干净，摆放整齐后，这时黑暗已替我们垂下窗帘，我才急忙打开灯。奶奶对我说："你快去学习吧，给奶奶考个好成绩回来！"我说："我会的。"这时我听见奶奶被窝里一声响，我掀开被子一看，她拉了一泡屎，我连忙把这泡屎收拾起来，又用卫生纸擦干净。过了一会儿，奶奶又要小便，我又拿来一个小桶，把这一泡尿倒掉。没过多久，我把奶奶哄睡了。

这时一看表，已经快到八点钟，我翻开课本，写起作业，预习明天的功课。后来我也到我的床上躺下，不知不觉睡着了。到半夜两点多钟，只听"哗——"的一声，我从梦中惊醒，原来是奶奶呕吐。我急忙起床下地，端来水碗，让奶奶漱口，还拿来撮子和笤帚清扫，又用抹布擦洗。奶奶一宿呕吐好几次，每次我都起来，收拾完了我才能上床睡觉。

上床前，我向窗外望去，夜在悄悄进行中，黑黝黝的天穹上，几颗星星眨着疲倦的睡眼，一芽眉月刚刚露出，低低地挑在柳树梢上头……每当给奶奶做完一件事，我的心里不是烦躁，而是感到十分愉快，觉得这是自己应该尽的义务。因为没有奶奶哪里有爸爸，哪里有我啊！听说爷爷去世早，是奶奶一个人操劳一辈子，把爸爸和姑姑拉扯大。现在她年老体衰，我们怎能弃之不管呢？爸爸妈妈不在家，让我有这个机会照顾奶奶，尽一点做孙子的孝心，奶奶很开心，我更开心……

"赞一个！郎朗是谁呀？这孩子的事迹可列入孝子传啦！"快速阅读完毕，任梦洁甩甩头发，下意识地看着程老师问。

"这个郎朗，他到底是谁？他能给奶奶擦屎，还接尿，要比樊启琛孝顺多了！"衣丙丁四下张望着，语音压得很低。

程老师没有正面回答，却反问学生："郎朗同学能为奶奶端屎接尿，你们能做到吗？"

看见教室内是一片沉默，程老师把自己的手先举起来："能做到的，请举手！"

学生们面面相觑，不少人还下意识看了一下自己的手。

"你们不敢举手，是怕别人笑话不好意思呢，还是做不到呢？"说这些话时，程老师的脸上显露一片凝重。

（八）六十岁应该活埋天经地义——道德与生产力相适应

继而，一声似是沉闷的响雷，让学生们的心肝一颤："除了'法治在线'、'今日说法'，我们一家也常看'道德观察'节目，尤其在乡下，对老年人，不打不骂就算孝子贤孙啦——还有的不但不赡养父母，只因为一两万元钱，就把他的爸妈告上法庭呢！""大活宝"秦昊本意是寻找作文班里的孝子郎朗，却说偏了，借题发挥起来。

"这样的人连牲畜都不如！"李赟气愤地放了粗口，"乌鸦还知'反哺'，小牛犊还能'含刀救母'，一个人怎能忍心把自己亲人送上法庭呢？"

"'人'字缺一撇！"于俊清嘟囔一句。

"不，这叫'大义灭亲'！"黎梅花开起顶风船。

此话一出，引发秦昊的严重抗议，他倏地站起，用手指着黎梅花问："什么'大义灭亲'？如果你爸爸去抢劫银行、杀人、放火、投毒，你能到公安局去举报吗？"

正当大家瞅着黎梅花笑时，黎梅花没有半点慌张，只见她眼珠在疏淡的睫毛里一转，同时用手撸一下右臂的袖子，一指秦昊，说："如果我爸爸猎杀鸟雀，违反国家法律，我早就把他扭送到公安局了，让他在监狱里蹲一辈子！"

可怜秦昊虽然是个大活宝，能言善辩，却一时语塞，莫能应对，五官和

49

脸上肌肉合在一起制造出一种无法言状的难堪表情。

就在此刻，安子良离座站起，两手抱在胸前，往后摆摆大背头，说："远古时代，老人过了六十岁就要活埋。那个青年农民，把自己的父母告上法庭，这只是'小巫见大巫'，小事一桩！"

"现在的人，还有活剥父母人皮的呢！天下之大，无奇不有！"韩铁壮突然插了话。

听了安子良等人的话，懂得不少历史和哲学知识的魏增智，露出"有才哥"的面孔，浓黑眉毛拧在一起，用力地哼了一下鼻子，夺过话语权："'小诸葛'，你说的不对！远古时候，活埋老人是因为当时生产力水平极低，一个人劳动一年生产出来的食物，也只能够维持自己活命和延续后代生存。人过六十岁，没有了劳动能力，有他吃的，别人就得饿死，最后他也无法活下去。因此，那个时候，人到了六十岁，不能干活了，就应该活埋，这是天经地义的，是符合那个时代的道德伦理的。可以这样说，一定的意识形态，包括思想和道德，是和当时的生产力发展水平相联系的……"

"啊！小学究！小理论家！"学生们鲜花般的笑脸，都一齐转向魏增智，口里啧啧赞美着。

"小学究说得太好了！我的爷爷今年八十多岁了，不但不能活埋，而且，我的爸爸、伯伯、姑姑都害怕他死了。你们，知道这是为什么吗？"好耍小聪明的顾崇宇牙一呲，把魏增智的话打断，一停一顿地说。

"那，那是为什么呢？"马岩侧转脸，瞄着顾崇宇问。

"你们猜，猜对了，我，我就告诉你！"顾崇宇半笑不笑地回答。

"废话！若是我们能猜对，还用你告诉？"马岩把嘴撇得老高。

"你家里的事，我们怎么能知道。"孙菀笛暗中笑一下，扔出一个"菜包子"。

"实话告诉你们吧，我爷爷是军队军级离休老干部，每月退休金快开到两万元啦！"顾崇宇说起来自鸣得意，眉飞色舞。"我爷爷一个月，自己有五六百元钱就够花了，剩下那些全部归我们用……"

看看没有人再张口，任梦洁冷笑一声，叹道："那个告自己父母的农民，归根结底还不是因为穷吗？若是他的父母每月也有顾崇宇爷爷的两万元收入，既不能活埋，也不会被告上法庭，还都会像对顾崇宇爷爷一样，子女把他当个'宝'，捧在手心里不放呢！"

鲁晓非眯小了眼睛，两手攥着拳，抬起脸说："看来，顾崇宇的爷爷，不用活埋了，也不用活剥人皮了，但是，还是应该把他告上法庭！"

"为什么要把我爷爷告上法庭？"顾崇宇真的急了，把白眼仁翻出来，气呼呼地问。

"为什么?"鲁晓非飞了顾崇宇一眼,拳头举过头顶。"因为你爷爷分配不公啊!把钱给你爸爸的多,给你伯伯和姑姑的少,就让你伯伯和姑姑告上了法庭啦!"

"这可真像俗语说的:'养儿别养俩,到老轮官马!'"冯新发在旁拨火。

"没有这样事,你们血口喷人!"顾崇宇嘴唇撅起,露出的牙收回去,摇晃着头。

……

教室里一时好沉静,没人再说话,似乎都在品味、咀嚼前面几名同学的发言内容。半响,赵耀才把手伸出来,说:"老师,您先透露一下,刚才那篇作文的作者郎朗他到底是谁?大家好向他看齐呀!"

"呵呵,"程老师眼镜片后的目光炯炯发亮,"他就在你们的身边!这篇作文是作者前几个月在我们作文班课堂上写的,你也写了,他也写了,大家都写了。这次我抄写时,名字被我改换了,就不要再问了。像这位同学能做到的,你们问问自己能不能做到?"

看见学生们都在沉思,程老师侧过身,转脸向黑板,说:"大家都不作声,我提出的这个问题先放一放,我要往下讲课——"

(九)景物描写既点明时间——又推动情节向前发展

读完《尽一点孝心》之后,我们会觉得文章的时间脉络十分清楚:①星期天上午:出去玩;②午间回来:看见妈妈留言条,给奶奶泡茶、剥香蕉、打开收音机;③太阳偏西(金色的光线从屋内撤到玻璃窗外):做晚饭;④天黑后(黑暗已替我们垂下窗帘):详写为奶奶端屎倒尿;⑤快到晚八点钟:写作业,预习功课;⑥半夜两点多钟:略写奶奶呕吐,清扫、收拾;⑦上床前,我向窗外望去,夜正在悄悄进行中,黑黝黝的天穹上,几颗星星眨着疲倦的睡眼,一芽眉月刚刚露出,低低地挑在柳树梢上……

按照时间顺序,由前一直往后叙述,有的使用了时间数量词,直接指明了当时的时间;也有的是利用景物描写,间接代替了当时的时间。

直接写明时间的,有的只是概数,如:"大约五点多一点儿","六点半钟左右","不到七点钟","十时许"等,这是根据文章内容,时间不必写得精确,若是写得很精确,反倒让人匪夷所思。但是,有的依据内容需要,时间必须写得十分肯定和准确,不仅要写出年、月、日,甚至还要写出分、秒,如对发生地震或发射卫星等的纪实文章;也有的写得分秒不差,是故意和读者玩弄"真实"。

用日、月、星、辰、风、霜、雨、雪等天气、物候、天象以及各种自然和人文景观的描写，既能交代当时的大致时间，又能上下连缀文章，推动情节向前发展，并能烘托出环境的气氛，让读者有身临其境的感觉。同学们在阅读别人作品时应用心领会，在生活中要细心观察，在写作中敢于大胆练习和使用。这样把时间、地点、事件与景物融为一体，才是高明的写法。

下面是景物描写代替时间推移，点明季节变换的例句（要求学生抄下）：

（1）我全身裹着厚厚的棉衣，走在路上仍觉得寒气紧逼，鼻尖冻得似针扎一般疼，心脏紧缩成一团儿，说不定一下子会昏厥过去。农村人把这一时刻叫"狗龇牙"，可见狗长着长毛都冻得龇牙咧嘴，何况人呢！【隆冬黎明】

（2）东方天空已露出鱼肚白，不一会儿，悬在山顶上那块云，染上淡淡的玫瑰红，我们正迎着微曦走去。【天亮破晓】

（3）我的小脑袋瓜像乌龟似的从被窝里伸出来时，曙色已把室内物品的轮廓勾勒出来。接着，淡红色的阳光嬉戏在霜花冻结的玻璃窗上，又慢慢地爬到我的床上、枕头边……【曙色临窗】

（4）大火球似的烈日挂在头顶上，阳光的金箭穿过树叶缝隙落在地面，把院内老榆树的团团绿阴投射在下边。【夏日中午】

（5）屋子里渐渐暗下来，前边楼房的黑影从玻璃窗外走进我的卧室，又一个夜晚降临了。【日落前夕】

（6）太阳向我们这个世界微笑着告别，老猪岭上出现一堆一堆的火烧云，千条金光，万道银彩。人们都把目光投向西北方的天空。【黄昏时刻】

（7）圆月金黄的大脸，正在头顶上俯视着她；稀疏的星星也顽皮地眨着眼，似乎在嘲笑她的脆弱……【夜半月圆】

（8）暖风吹拂大地，小草从土里钻出，好奇地四下张望；柳树枝摇曳着，像喝醉了酒，第二天清晨，嫩绿的叶芽就在枝头一片接一片地陈列出来……【春回大地】

（9）烈日高悬，地里的玉米稞墨绿一片，小牙子听见蝈蝈振翅鸣叫，他蹑手蹑脚走过去。一阵微风拂过，吹得庄稼稞发出"哗啦啦"响声……【盛夏酷暑】

（10）一阵阵凉丝丝的小风，从山谷那边吹过来，快要成熟的稻谷，像喝醉酒的汉子，激动得东摇西晃。【秋风送爽】

（11）门前平时那条温柔的溪水，现今覆盖上一层厚厚的晶体，失去了往日活泼快乐的面容。我再也看不到她婀娜多姿的身影，也听不到鲜花绿草下面的流水潺潺。【严冬君临】

(十)黑板擦出了"花脸猫"——以空间方位关系"顺叙"

还有的顺叙，是依照空间转换方位顺序进行安排的。根据文章内容的需要，有从里往外叙述，有从上往下叙述，有从前往后叙述，有从左往右叙述，或者正好反过来。按照这样的一定空间方位顺序叙述出来的事情，就显得条理分明，井然不乱。请看小黑板上面这篇学生作文：

擦 黑 板
（左雨虹）

坐在教室里，我常常对着黑板出神。黑板是个长方形，黑油油的，这不和农村的水田地一模一样吗！土地是农民安身立命之本，他们要想活下去，离不开这一亩三分地；同样，我们学生要想学习好，求得丰富知识，收获优异成绩，也和黑板密不可分。我们的眼睛，一天总是奔波在这方寸之间。这块黑板要是"五迷三道"，不干不净的，学习就大打折扣哟！

今天第二节下课后，同学们像鸟一样飞出教室。夏雪和张寒冰刚要走，就被老师叫住，让她们留下来做值日生。课间操铃响了，广播里做操的口令声传进教室，清晰可闻。夏雪和张寒冰把地扫干净，桌子摆放齐整，又把窗台抹了一遍，就剩黑板没擦了。

夏雪和张寒冰两人个子都很矮，黑板上边擦不到，就蹦着擦。她俩就像排球运动员在练习"摸高"，东一下，西一下，把黑板弄得花里胡哨的。

夏雪抬头看了看，大叫一声："啊呀，黑板成了五花脸啦！"

张寒冰停下来，仰脸瞄了一眼黑板，跟着喊道："简直就是'花脸猫'！"

"那可怎么办呢？"两个人同时摇着头，一时都沉默无语，各自用手不停地挠着头皮。她们想：这样的黑板，老师怎么写字？同学们看不清黑板，又怎么学习？

"有啦！"夏雪尖叫一声，"搬来把椅子，我扶着，你站上去擦，不就行了么！"

张寒冰转忧为喜，拍手说："你真聪明，就这么办！"

说着，夏雪搬来一把椅子，放在黑板右下方；张寒冰把抹布洗了一遍，站到椅子上，从黑板最上边往下擦。擦完后，张寒冰从椅子上跳了下来，夏雪再把椅子搬到黑板中间，张寒冰又把抹布洗了一遍，站到椅子上，也是由上往下擦。擦干净后，张寒冰跳下来，夏雪又把椅子搬到黑板左下方，张寒冰站上去，还是从黑板的顶部往下擦。就这样，整块黑板一处不漏地擦完了。

当张寒冰从椅子上跳下来时,她累得满脸跟她家超市供的关公像那样红,豆大的汗珠从两颊一颗接一颗滚落到地面上,像早晨淅淅沥沥地从天空洒下的那场小雨。夏雪把椅子放回原处,走到教室最后一排往前一看,哈!黑板被擦得乌黑锃亮,就像一面光亮的大镜子,都可以照到心灵深处似的。

这时,上课铃声响起,老师和同学们都回到了教室。老师一看,黑板纤尘不染,干干净净的,当场表扬她们:"你们值日非常认真,希望坚持下去,大家要向张寒冰、夏雪学习!"

她俩心里喜洋洋,美滋滋的。

文中擦黑板的顺序是:右边——中间——左边,都是从上往下擦。按这样空间方位的变换进行顺叙,文章显得繁而不芜,一览无余。

先从叙述方法——"空间方位"顺序简单评论几句,接着,程老师又对作者赞扬一番:"左雨虹的《擦黑板》这篇作文,写得短小精悍,不枝不蔓,疾徐有度。单从人物描写分析,外貌、动作、对话、心理几方面都绘声绘色,写得很有方寸……"

"文章写得不直白,采取欲扬先贬方法,叙述得波澜起伏。先写把黑板擦得'花里胡哨',成了'花脸猫';然后峰回路转,写两位同学发挥聪明智慧和经过辛勤劳动,终于让黑板'乌黑锃亮','纤尘不染','就像一面光亮的大镜子',受到老师的表扬。"惠天佑今天和左雨虹同桌,二人文采旗鼓相当,经常在一起探讨学问。惠天佑最先站起来,这段话可说是对左雨虹的"面谀"之词。

"心理活动写得也很好!"郭淑薇不光"德高望重",自觉帮助老师维持课堂秩序,发言也很给力。"当黑板被擦得'花里胡哨'时,作文有一段心理描写:她们想:'这样的黑板,老师怎么写字?同学们看不清黑板,又怎么学习?'这个心理活动很重要,它突出了两位同学关心集体的崇高精神,提高了文章的思想性。"

正在此刻,就听见座位后边有人说:"哼,这要是让你冯大帅去擦黑板,搬椅子一项就可免了——你只要一挥手,从上到下,从左到右,黑板就会被你擦得跟你的光头一样干净!"

学生们回头一看,"老头"于俊清灰暗的面庞挂着憨厚的笑,他拍着同桌冯新发的肩膀,声音像是六十岁开外的老大爷,那样的粗糙、低沉。

有的学生说冯新发的母亲是维吾尔族姑娘,因为他的长相酷似俄罗斯人。他父亲冯固据说是冯国璋旁系六代玄孙,也还有人猜测他是冯玉祥后代,但估计这些都是无稽之谈,可谓生搬硬套,东拉西扯,无据可考,极不可信。因为他家世居山区,冯固当兵后才留在武警总队工作。冯新发就这样成了个

"混血男孩",面貌极其俊美,五官深邃立体,个头高大,人又帅气,还姓冯,大家都喊他"冯大帅"。他听于俊清说自己擦黑板不用站椅子,就举起右手,抡开臂膀,做个擦黑板动作,"嗯嗯,杀鸡焉用牛刀!"他说。

"那就选你当擦黑板的小组长吧!""穆彪子"瞪眼鼓唇,望着"老冯"这样"册封"。

"不行,我还留着冯大帅打小日本鬼子呢,夺回钓鱼岛!还有黄岩岛,也夺回来!"秦昊又"屁"开了,挺直脊背,做好准备的样子。

"无聊!"林心怡是个冷面杀手,站起来向秦昊和"穆彪子"瞥了一眼,然后才对《擦黑板》作文评论道:"我觉得外貌描写这方面写得最好!你看,'当张寒冰从椅子上跳下来时,她累得满脸跟她家超市供的关公像那样红,豆大的汗珠从两颊一颗接一颗滚落到地面上,像早晨淅淅沥沥地从天空洒下的那场小雨。'——我都听到声音啦!都看到关老爷那张大红脸啦!多么形象啊!"

林心怡后边的话也挺"屁",很逗。其他学生还想在别的方面"PP",程老师却不给机会,他的讲解马不停蹄——

(十一)"市长他妈"是谁——你既会"顺叙"也会"倒叙"

好啦,现在还要回过头来,再说说你家邻居刘大伯的事情。

你刚回到家时,爸爸正坐在沙发上看电视,妈妈在厨房里忙着准备晚餐。你讲刘大伯被撞的事,本来是想让爸妈一起都听听,因为厨房的门是开放式,妈妈应该能听清。可是,常言说"一心不可二用",妈妈忙着炒香辣肉丝,只听见了"刘大伯被送进医院"一句,其余都变成耳旁风,没听清楚。饭菜摆上餐桌,全家人团团围在四周,妈妈坐在你的对面,用勺子往你碗里舀汤,又抓过毛巾擦拭额头上的汗水,抬起眼睛望着你问:"我在厨房炒菜,听你说刘大伯被送进了医院,是真的吗?"

"真的,被送进了医院。"

"听谁说的?"

"我放学回家路上亲眼看见的。"

妈妈不相信,摇着头说:"不对呀,我下班从菜市场买菜回来,还看见他在楼下遛狗呢!这可是天有不测风云哟!"

你知道妈妈和刘大伯老伴刘大娘很要好,就忙说:"刘大伯在路上被一个小伙子骑的电动车给碰了。"

"唉,"妈妈把已伸到盘子里夹菜的筷子停下。"现在交通管制相当严格,可这些年轻人,骑车和开车还都跟飞似的,就是在玩命,吓死人!这回……"

你抬头对妈妈笑笑,把放进嘴里的饭菜用力咀嚼几口,只听喉管咕噜一

55

声响，急忙把食物咽下去，这才说道："这回妈妈你说错了，今天不能怪骑车小伙子，他骑得并不快，而刘大伯偏到马路中央去走，又一拐一瘸的，也不知他这是哪国式的过马路？"

"哼，哪国式的？刘大伯是地道的中国特色的过马路！"爸爸看不惯刘大伯的为人，讥笑一声，用粗重的语气说。

"怎么讲？"妈妈不解地问。

"外国交通管制十分严格，行人闯红灯都罚款，我们中国人过马路可不管红灯绿灯呢！"爸爸也变成"愤青"，牢骚起来。

你没有理会爸爸，接着对妈妈讲："骑车小伙子提前按铃了，还是一时躲闪不及，稍稍刮碰一下，刘大伯就坐到地上再不肯起来——就这么回事，我正好背着书包走在那里，看得很真切。"

妈妈把菜送进嘴里，慢慢细嚼细咽着，腮帮子一鼓一凹的，不再说什么。你呢，边吃边把看见的情形，从头到尾又向妈妈叙述一遍。

不知你注意没有，你这次对妈妈讲述刘大伯被碰的事，与你刚进屋时给爸爸讲述的方法不一样。

你先说给爸爸听的，是按事情发生、发展、结局这个顺序，叙述方法是"顺叙"。现在，你给妈妈讲的，是先说刘大伯被送进医院——事情的结局，然后才又从头到尾讲起。这种先说结果，再回过头来说起因和经过，或先把事件发展过程中最突出、最精彩的片断提到开头来叙述，然后再倒转过来按事件的发生发展顺序进行叙述的方法，就叫"倒叙"。

看来，你不仅会顺叙，也还会倒叙呢。你以前总说你自己不知啥叫"叙述"，谁能相信呢？

程老师讲上面这些话时，提溜一双眼睛一直面对丁咚咚。这时，程老师的视线转向全体学生，说："为什么要采取'倒叙'？我再总结两句，写在黑板上，请大家记到本子里。"他随手捡起半截粉笔，勾勾抹抹，随着粉笔灰簌簌往下飘落，黑板上赫然出现两行工整道劲的大字——

把事情的结局或后面出现的某个突出片段，提到文章的开头进行叙述，就会给读者造成悬念，想要弄清出现这样结果的前因，引发了阅读者的兴趣。这样的写作方法就叫倒叙。

写完后，程老师的目光又一次移到丁咚咚脸上，补充说了这样的话："你妈妈听到邻居刘大伯被送进医院，就迫不及待地向你询问是怎么回事——呵呵，这就是倒叙产生的效果哟！"

他环顾教室四周，接着又说："这里，还要特别注意，倒叙完了，又回到顺叙，转换的时候，要有明显的界限，要有必要的语言文字的过渡。不然的话，就会引起混乱。"

他把口里说的这段话，又写在黑板上，要求学生抄下去。学生写完，他从布袋里掏出一张大纸，挂在前边，嘴里还说着："这是一篇采用倒叙方法写的作文，请大家用心观摩——"

最好的道歉
（宣宇翔）

古代有"路不拾遗，夜不闭户"之说，意思是社会风气好，遗弃在道路上的物品没人拾捡；夜晚不用关闭门窗，即可安心睡觉，用不着天天防盗，夜夜防贼，老百姓的幸福指数那是相当的高。可是，今天放学时候，我在路上拾起别人的水果，反而受到夸奖。这到底是怎么回事呢？（先倒叙出结局）

放学的铃声响过，我跟孙小宝一路回家，在路上我对孙小宝说："咱俩赛跑呀？"孙小宝说："比就比，怕你不成！不过跑到哪儿算终点啊？"我想了想说："跑到咱们分手那里，行不行？"孙小宝说："行，一言为定！"（开头迂回，似写比赛，其实是往中心挺进。）

"从这里开始吧，准备，跑！"

一开跑，我就领先孙小宝一个路口，我看孙小宝没来，就慢点跑。谁知道，孙小宝追得那么快，半分钟就追上了。我一看孙小宝来了，就快马加鞭。（以上是过渡文字，下边进入中心。）没料到，在另一个路口出现一位老奶奶，我已来不及刹住闸，一转身，就把她手里的一竹篮果菜撞掉地上，香蕉、山竹、火龙果、佳丽果、青驼果，还有藕、韭黄、香菇、紫茄子，红红绿绿的遍地开花。这位老奶奶虽然满脸褶皱，却搽脂抹粉，穿得花枝招展，和老妖怪没两样儿。她张口就骂，挥手就打，出脚就踹，把我弄倒了。我的脸上青一块，紫一块，还被她喷了满脸唾沫星子。

孙小宝跑来的时候，看我倒在地上，就过来扶我。等把我扶起来时，孙小宝一看那位老奶奶，就回头来跟我说："你怎么惹上她了？"我好奇地问这位老奶奶是谁，孙小宝说："她是市长的妈，谁惹了她，就等于吃了豹子胆。"我吓呆了，就立刻给这位老奶奶赔礼道歉。老奶奶说："不行，必须给我捡起来，还得把水果都送回我家去。""什么？"我正要说什么，孙小宝对着我眨眨眼睛，小声劝我："还是干吧，实际行动才是最好的道歉。"（此处呼应题目）

我和孙小宝立刻猫下腰，蹲跪在地上，小心翼翼地把散落地上的水果捡起来，一个个地装进竹篮里。走在身边的过路人，看看挺直腰板的老奶奶，又看看弯腰撅腚的我俩，有的对我们微笑，有的向我们点头，嘴里都啧啧赞叹着。（照应开头"反而受到夸奖"一句）

捡完了，孙小宝找来个木棍，我俩就抬着水果篮子，跟在老奶奶后边走

57

着。到她家楼门口，老奶奶和蔼可亲的面容才突然出现，对我们说："以后做事不要太鲁莽。"我和孙小宝都说："知道了。"就这样，老奶奶让我们回家了。

程老师很注重培养学生快速阅读的能力，锻炼他们学习时思维高度集中，学习后大脑尽量放松。这样，平日读书、看报，考试时阅题、答卷，能节省时间，提高效率，夺取高分。经过一段时间训练，丁咚咚、秦昊、温昕卓、郭淑薇、白杨、任梦洁、魏增智等中小学生，大脑似乎安装了一个螺旋桨，虽然达不到"一目十行"，但是看书、阅读的速度较以前加快了几倍。看看学生们一张张笑脸这样快就从黑板移开，程老师知道已经阅读完毕，就让大家进行分析评论。

看见肖渺一的手举得最高，程老师脚跟稍稍踮起，抬手一指，他便离座而起，口似悬河，滔滔说起："宣宇翔同学写的题为《最好的道歉》的作文，采取'引用'古代'路不拾遗，夜不闭户'之说开篇，接着对它进行诠释，引出'社会风气好，遗弃在路上的物品没人拾捡'这句话，下边用'可是'连词一转，倒叙出事情的结局：'今天放学时候，我在路上拾起别人的水果，反而受到夸奖'与'路不拾遗'进行对照，引起读者强烈的好奇心……"

还没等肖渺一分析完，有的学生就习惯性地问："宣宇翔是谁？"好奇心是孩子们的天赋，是他们探索未知世界的原动力，不能让它消耗和泯灭。由于作文班的学生流动性较大，经常有来有走的，互相之间并不全都熟悉，看完《最好的道歉》，就七嘴八舌议论起来。

"我怎么没听过宣宇翔的鼎鼎大名呢？"裴玲说起话来，仍然像她做器械和徒手体操一样，既快速又柔和。在老师和同学眼里，她是个性格温顺，不善表现自我，没有什么脾气，甚至不会嫉妒的好学生。今天她穿一件淡蓝色小西服，黑色小裙子，长筒袜和一双系带皮鞋，打扮得青春飞扬。"宣宇翔作文写得这样好，让他自己和大家交流交流多好哇！"

与裴玲同桌的鲁晓非耳语道："我在去年进入程老师作文班，没多久，宣宇翔就离开了！——那小子可'P'了，但脑筋却贼好使，作文写得也贼活呢！"

"秦大活宝"最感兴趣的是，文章里提到的那个"老奶奶"，她竟然是"市长的妈"："这确有其人其事，还是顺口胡诌的呀？"他脑子里一直转悠着这个，也左右问了好几次，没有人能给他解答。到最后，他只好从座位站起，干脆直接问程老师："宣宇翔作文里写的'市长的妈'，是真是假呀？"

程老师只是顾左右而言他，手往上轻轻一抬，又对肖渺一的发言补充几句："《最好的道歉》的开头，写到'反而受到夸奖'后，用了一个疑问句

'这到底是怎么回事呢?'这样,结束了倒叙,又过渡回到顺叙过程——下面才从头说起事情的起因和经过。"

"然而,"语锋一转,程老师的面庞从"大活宝"秦昊身上移开。教室就是教师的人生舞台,他将在这个舞台上一直扮演自己的角色——

(十二)有理不让人,无理搅三分——爸爸是在"插叙"

人们常说:"远亲不如近邻,近邻不如对门。"平时,妈妈和刘大伯的老伴相处得很融洽。刘大娘的农村亲戚进城经常带些新鲜果菜,每次她都分一半给妈妈;妈妈也常把半新不旧的衣物,以及年节单位发放的啤酒、糖块和烟花炮竹等,送给刘大娘的农村亲戚。她二人私交甚密。可是,爸爸和刘大伯关系却很冷淡,或者说不睦,虽然对门住着,低头不见抬头见,两人碰面从不开口说话,形同陌路。当你向妈妈正说到刘大伯被小伙子骑的自行车刮碰一下,坐在地上不起来,刘大伯儿子刘巨龙来了,对骑车小伙子又是谩骂又要打人时,坐在你身旁的爸爸再也忍不住了,他放下筷子,接过你的话茬,说了下面一席话——

"刘大伯这个人品德很差,他是有理不让人,无理搅三分。正是工厂下班、学生放学期间,路上车水马龙,他身体又不好,走路歪歪斜斜的,这时候跑到马路中间去做什么?不仅影响交通秩序,也是对自己生命的一种不尊重。再说,稍微刮擦一下,有什么要紧?若是换了别人,说一声也就过去了,可他偏赖在地上不肯起来,又把儿子叫来,在大庭广众之下,骂骂咧咧的,这不是耍无赖讹人吗?去年秋天,我往楼里搬秋菜,刘大伯走在楼道中间,我背上装秋菜的编织袋,碰到他的衣服一下,他就喊叫起来,骂我'眼睛长到腚沟子上去了',还说些别的难听话,我压根没有理睬他……"

爸爸说到这里,他见妈妈眼巴巴地望着你,知道妈妈想了解刘大伯后来的情况,就抄起筷子,夹起一箸香辣肉丝,放进嘴里细细品嚼,不再出声了。

你又接着再续前言,说起刘大伯儿子刘巨龙正在吵骂,骑车小伙子姐姐分开人群走进来,刘大伯儿子先是愣住,接着忙赔礼道歉;刘大伯也赶快从地上爬起来,又是点头,又是哈腰,转身就往围观人群外面钻。

说到刘大伯要逃离时的狼狈相,你嘻嘻笑得喘不过气来,扑进妈妈的怀里,看着妈妈的脸说:"骑车小伙子的姐姐很生气,一个箭步跑上前,一把扯住刘大伯的后衣襟,口里说:'你别溜呀,到医院检查一下,我们给你治病!'刘大伯挣扎着说:'不用了,我没事,没事!'骑车小伙子也上来抓住刘大伯胳膊,架起来说:'你现在说没事,过后再说撞坏了,我们担当不起呀!'刘大伯儿子刘巨龙在旁不断说好话，可姐弟二人根本不听，这时正好过来一辆出租车，他们连拉带推，像逮住个逃犯似的，把刘大伯硬是塞进车里，向医院驶去……"

妈妈边听边摇头。

请注意：这次你向妈妈讲述刘大伯路上被"撞"一事，中间被爸爸拦腰截断，他先是对刘大伯的为人进行评论，这可说是有叙有议，夹叙夹议；接着又提起去年秋季往楼上搬运秋菜，与刘大伯发生的摩擦——爸爸说的这段往事，呵呵，就是插叙，它提供了有价值的背景资料。

插叙是一种常见的叙述事物的方法、很重要的表达手段。在叙述中心事件过程中，由于某种需要，暂时中断顺叙的线索，插入相关的另外一段话，介绍一些其他情况，为表现中心事件和人物给予更充分的铺垫。

插叙，亦可使文章结构呈现变化之美，在变化中情节得以发展，人物形象更加鲜明。古文大家林纾在《春觉斋论文》中说："非插笔则眉目不清"，"非插笔则纲要不得"。可见，插叙对深化主题，完善故事情节，展现人物心灵，都是不可或缺的。

但是，使用插叙时，不能打乱原来的叙事脉络，一定要注意上下的交接。尤其在插叙已经结束时，就必须及时将已中断的叙述线索衔接上，做到行文流畅、语句通顺。

（十三）学生抢要破皮书——"插叙"起落无痕迹

说着，程老师随手拿出一篇学生作文：

这本破皮书谁要

（周圆圆）

新和旧，都是相对的。没有一种旧的东西，不是由新的变化而来的。我们可不能"喜新厌旧"哟！

开学第一天，教导处把新课本发到各班。班主任吴老师在发书的时候，发现一本书的封面破了个小口。

吴老师右手举着这本破皮书，对同学们说："这本破皮书谁要？"教室里顷刻鸦雀无声，十分肃静。同学们你看看我，我看看你，谁都不出声。我想起来，（以下插叙）去年发书时，我发现《语文》课本上有一个鞋印，下课后，我偷偷地把它和同桌李丽的书调换了。但接着我的心里却忐忑不安起来：自己嫌脏，换给别人，这是多么自私呀！这种思想品德，不是比那鞋印更脏吗？我又想起这样的一句古话："己所不欲，勿施于人"，我于是又把有鞋印的书取回来,把好书不声不响地放回李丽的书包里……

(回到顺叙)现在,看着吴老师手里的破皮书,我心想:这本书不就是皮儿破了点嘛,包上个塑料膜,不就和新的一样啦!我稍微地举了一下手,不过又立刻缩回来。我犹豫好一会儿,才高高地把手举过头顶,大声说:"破了皮的书,用书皮包上,就和新书没有两样,我要!"这时候,赵秋实、钱奇花、鞠雪晴和沈春华他们都当仁不让,纷纷地举起手,高喊:"我要!我要!"有的举起双手,有的站在椅子上举手,有的边举手边跳着,大家争先恐后地要这本破皮书。

吴老师的眼睛放出亮光,被这场面感动了。这回她可没辙了,不知该"花落谁家",究竟给谁是好呢?

吴老师可能在想:学生们都有爱美之心,不忍心把这本破皮书给哪个学生,还是留给自己用吧。于是就在书皮上面端端正正地写上了自己的名字,教室里顿时响起雷鸣般的热烈掌声……

这篇作文,记叙了开学发书时同学们争要破皮书的情形,赞扬了大公无私、先人后己的崇高精神。文中"我"把脏书与同桌"掉包"的这段插叙,既为文章的叙述平添了波澜起伏,避免了平铺直叙,又揭示出学生思想进步的历程,让人感到真实可信。

这段插叙,线条清晰,起落分明,没有痕迹。先用"我想起来了"这句话提起回忆,暂时中断顺叙过程,进入插叙。回忆完了,插叙结束,又用"现在,看着吴老师手里的破皮书,我……"将前边的顺叙线索连接稳妥。因而,文章叙事脉络,虽然中途穿插一段往事,但仍然十分清楚。

一个抑制不住的憋闷的喊声,打破教室的沉静:"这篇作文,真的是周圆圆写的吗?"

大家循声望去,又是"大活宝"秦昊!

"怎么的,我就不能写出一篇好作文么?"周圆圆被惹火了,双手抱胸立在原地,好像向后一仰就能把秦大活宝压成一坨面酱。

"我怀疑!"秦昊稳坐不动,只有眼珠一阵骨碌,带着一股执拗的神色,像是用嗓子往胃里吸气。"在学校里,你的作文是'头发丝儿穿豆腐——提不起来'!"

原来,秦昊、周圆圆、鞠雪晴他们三人,都是同一个学校一个班级的学生,相互之间很了解。但是周圆圆到程老师作文班学习,要比秦昊早,秦昊无法想象她写作水平会有这么大的提高。周圆圆不但心宽体胖,留着一头干净利落的短发,说话声音也极类男生,性情甚至比男孩还要率直。

"大活宝,告诉你,我虽然身板健壮,可我内心脆弱,你就不要往别人的伤口撒盐巴——你再胡诌，"她从座位里亮出"美伢铁拳"，在秦昊面前唰地一晃，"我揍扁你！"

别看人们叫她"假小子"，其实周圆圆性情很平和，长这么大，她还没同任何人打过架，她只是故意吓唬吓唬"大活宝"而已。

在学生面前一向温和可亲的程老师，没有师道的威严，说起话来犹如春风化雨："常言说得好：'士别三日，当刮目相看'哟，秦昊，你可不能再用老皇历看人咯！"

一波未平，一波又起，就在这时，鞠雪晴不站也不立，面对黑板说："不过，《这本破皮书谁要》第一段写'新和旧，都是相对的。没有一种旧的东西，不是由新的变化而来的。我们可不能喜新厌旧哟！'这个开头和全文不协调——文章内容写同学们争要破皮书，这是'好'与'坏'的关系，开头却议论'新'和'旧'的关系——有点跑偏啊！"

经鞠雪晴这么一说，大家的目光又一齐飞向黑板，不少学生边看边点头，没再说什么。程老师早就看出来了，他引用这篇作文，主要为了来讲解"插叙"方法，也是为了保留周圆圆作文的完整性，给予她鼓励，就没有特别指出，谁知竟让鞠雪晴"识破天机"。

每当老师讲解完一段作文知识和写作技法，学生学习一阵子之后，就该放松放松了。这时出现这么个小小的插曲，也不失是一个很好的过渡！程老师就是这么想的，也是这样做的。看看学生们不再吐槽，他按事先设计的课堂教学内容，继续往下进行，他说：

"《这本破皮书谁要》作文，采用了'插叙'方法，通过回忆去年'换书'和'还书'，写出了'我'的思想里的矛盾进步是有一番斗争过程的，今年争要破皮书不是偶然的。先用'我想起来了'，中断了'顺叙'，开始'插叙'；当把去年'换书'、'还书'交代清楚后，立刻就用'现在，看着吴老师手里的破皮书'，结束了'插叙'，回到了'顺叙'过程。大家应该很好地学习周圆圆的这种写作技巧，她把上下文衔接得多么自然啊！"

程老师最后这几句话，就像给周圆圆头上插了两朵牡丹花，美得她张大嘴半天也合不严；不少学生也都向她投去羡慕的目光。正当此时，程老师又轻微一笑，两腮因岁月冲积由酒窝演变成的纹路，清晰地出现，随着嘴唇的张合，他又说起来：

"另外值得一提的是，周圆圆这篇作文的'场面描写'也写得比较精彩。开头写吴老师手拿破皮书问谁要时，教室里的场面是'鸦雀无声，十分肃静'，'你看看我，我看看你，谁都不出声'。这里反映出同学们之间互相观望，有各种各样的思想活动。后来在'我'发言带动下，出现争要破皮书的热烈场面——这段场面描写真是精彩纷呈！"

说到这里喘了一口气,接着往下说:

"这也可以说是个特写镜头,镜头里拍摄到整个教室的'面':先是'鸦雀无声,十分肃静','你看看我,我看看你,谁都不出声'。紧接着,镜头聚焦在局部'点'上:这时候,赵秋实、钱奇花、鞠雪晴和沈春华他们都当仁不让,纷纷地举起手,高喊:'我要!我要!'有的举起双手,有的站在椅子上举手,有的边举手边跳着。最后又由'点'回到'面',把这段场面描写收住:'大家争先恐后地要这本破皮书。'"

(十四)猛张飞和鲁智深——场面描写的"点"与"面"

"'场面描写'怎么样写啊?老师,您专门给我们讲讲好吗?"这话带有一股孩子气,但声音悦耳,柔婉动听。不用看,大家也知道是"鬼精灵"丁咚咚。他是学生中听讲最认真的一个,白里透红的面庞像蓄满浆汁的雪花苹果,从始至终对着老师,长长的黑睫毛不停地上下碰撞,可以看出他的脑筋是在里面快速运转着。

说实在的,这可有点出乎程老师之意料,他确实想过给学生讲讲"场面描写"方面的知识,但不是在今天。既然"匪我求蒙童,蒙童又求我",学生有这方面要求,穿插在这里讲讲,亦未尝不可。

"好的,好的。"程老师的四方"国"字大脸上,堆起了厚厚的笑容,看着丁咚咚,又扫视一遍整个教室:"呵呵,就请大家注意听讲啦!"(下边有关"场面描写"的知识,也是摘自丁咚咚笔记本里的记录。)

1. 什么叫场面描写

场面描写是对人物之间在一定的场合,即在同一时间、同一环境中形成的相互关系、所构成的生活画面的描写。有的是抓住几个特写镜头,用以临摹人物的外部表情;有的描写人物的心理状态;有的渲染特定的环境气氛,让读者受到感染,有一种身临其境的感觉。

2. 场面描写的要素

三要素 { ①何人 ②何地 ③何事

场面描写是人物描写和环境描写的综合形式,是一种特殊的环境描写。

3. 怎样进行场面描写

(1) 面中有点,点面结合。

首先写出某一个特定场合的整个"面"上的情况,总的轮廓。然后写出"面"上的"点"——具体的人物形象和人物活动。

(2) 虚中有实,虚实结合。

"虚",主要指写出气氛,真实地再现某一特定场合下的特定气氛,表现所描绘的场面的特点。

"虚"中必须有"实",即实实在在地写出有关场合下一些具体的人和事。

(3) 物事纷杂,有条不紊,层次清楚。

场面描写既要全面顾及特定场合下的各个方面,又要重视场面气氛的渲染,因而常常出现人多、事多、物多、景多的情况。因此,先写什么,后写什么,怎样写才能使人感到层次清楚,就成了值得注意的问题。常见的写法有总分顺序、空间顺序、时间顺序等。但一个场面的安排,究竟采取怎样的顺序,要根据特定场面的具体需要。

4. 场面描写需要注意几点

(1) 场面描写是指对人物(往往是众多人物)在一定时间和环境中的活动所构成的画面的描写。场面描写要做到:有条不紊,主次明晰;既有全景的描述,也有细致的特写;要写出特定场合的气氛。

(2) 场面描写与环境描写的不同在于:环境描写是描写人物活动的客观环境,是"静态"的描写;而场面描写是以人物活动为中心的"动态"的描写。

有一篇作文,题目是《在阅览室里》。文中记叙人们在阅览室里学习文化科学知识的一个故事,反映出人们为了振兴中华、科学发展而发愤攻读的社会风气。文章第二段详细描写了阅览室的场面,烘托了人们专心读书的气氛,为后文主要情节的记叙作了环境铺垫:"刚走到阅览室的门口,一股热气就迎面扑来。踏进阅览室一瞧,嗬,人真多啊!坐的坐,站的站,还有挤来挤去找位子的、觅书报的……然而却静得出奇,只有日光灯发出'吱——'的声响。我不禁屏息静气,插身进去。"如果没有这一段场面描写,不仅后文显得干瘪、突然,也使后文详写的典型事例显得孤立,失去了一定的代表性,淡化了主题。

(3) 形象性:展开空间的描摹。

(4) 流动性:表明时间的延续。

形象性与流动性交融在一起,构成一个完整的场面画面。

拔 河 比 赛

金色的阳光洒落在159中学的校园里,铺着塑胶的场地上,到处都染上了黄绿的颜色。运动会的项目已经过半,我们五班和六班的拔河比赛正在激烈进行。

刘大伯真的是"碰瓷"吗?

操场四周,人山人海,同学们一层一层地围着观看,挤得水泄不通。如果这时从天空往下俯瞰,就像一朵圆圆的向日葵大花环,正在对着太阳开放。有几个人来来回回地在圈外跑动,想找个缝隙钻进去。也有几个人,在圈外你骑在我头上,我趴在你的肩上,兴致勃勃地伸着脖子瞪大眼睛观看。圈子内不时传出"嗨哟!嗨哟!",还有"加把劲儿呀!加把劲儿呀!"的呼喊声。

随着震天的叫喊声,运动员个个咬着牙,绷着脸,双手死死地抓紧绳子,手背上暴出了一条条青筋,臂上的肌肉一块块鼓起来,似乎要与臂膀分离出去。他们的额头上冒出豆大的汗珠,在阳光照射下闪着亮光,不断滚落下来,可谁也没工夫用手去擦一下。相持了很久,我们五班的队员渐渐力气不支,绳子的红标慢慢向六班移动。

这时,恼了我们五班的啦啦队员"猛张飞",说他是张飞,真是名不虚传,他的大名就叫张也飞,性子急躁,办事粗糙,但声音洪亮,只是一样,他的力气小了些,要不他怎能不上场当运动员,却甘心当个啦啦队员呢!此刻,只见他手舞足蹈,浑身运动,拼命挥动手里的那杆小旗,脸色由黑变红,又由红涨得发紫,他放开嗓子大声喊叫:"加油!加油!五班加油——"那声音似乎虎咆狮吼,犹如天崩地裂,并不比三国时"三声喝断当阳桥"的张飞逊色。我班运动员顿时情绪高涨起来。一时间,观众的目光全都投向了以张也飞为首的啦啦队。

在这喊声带动下,我们五班的运动员如虎添翼,个个精神抖擞,奋起反攻。只见大家随着"猛张飞"的口号声,统一了步调和节奏,齐声喊着"一、二……,一、二……",尤其是"重炮手",最后边把舵的"鲁智深"韩铁强,更是劲头十足。他长得膀大腰圆,身强力壮,真有"倒拔垂杨柳"的气概,他一边喘着粗气,一边把两脚死死钉在地上,身子拼命往后倾倒,想用自己的一百八十多斤体重压倒对方。他全身都是汗水,就像刚刚从河里捞出来一样。在全体运动员和啦啦队员齐心协力下,那红标记又回到五班这一头,接着六班溃不成军,我们五班胜利了。

顿时,操场上就像开锅的沸水,喧腾起来:喝彩声,喊叫声,鼓掌声,伴随着锣鼓声,混杂在一起,响彻在整个学校的上空——这是多么热闹而壮观的场面啊!

程老师点评:文章一开始就渲染操场上的热烈气氛:"操场四周,人山人海,同学们一层一层地围着观看,挤得水泄不通。"在圈外"有几个人来来回回地"跑动,"想找个缝隙钻进去"。也有几个人"你骑在我头上,我趴在你的肩上,兴致勃勃地伸着脖子瞪大眼睛观看。"在圈内"不时传出'嗨哟!嗨哟!',还有'加把劲儿呀!加把劲儿呀!'的呼喊声。"构成了一个既热烈又

65

紧张的"面"。然后，又写出整个面上的"点"。《拔河比赛》的场面涉及许许多多事情，但描写的重点一直是五班的啦啦队员"猛张飞"和运动员"鲁智深"，既具体又形象，高度赞扬了他们热爱集体的奋斗精神。这里，描写手法有虚有实，有气氛的烘托，又实实在在描绘出具体的人和事。叙述方法是：总—分—总。"总"就是"面"，"分"就是"点"。"点"的叙述是按照事情的发生发展顺序进行的：先总写运动会正在热火朝天地进行，引出拔河比赛的场面（开端）——比赛相持很久，六班占上风（发展）——在"猛张飞"等鼓动下和"鲁智深"等带动下，五班士气大振，反败为胜（高潮）——我们五班胜利了（结果）。最后一段，是总写——"顿时，操场上就像开锅的沸水……"（面）。这样从头至尾，脉络非常清晰，层次特别分明，一场壮观热闹的拔河比赛，历历在目地呈现在读者的眼前。

"这个'猛张飞'，写的是不是你啊？""穆彪子"掉转头看着坐在身后的鲁晓非问。

"怎么能是我？我叫'鲁晓非'，人家叫'张也飞'。你没长眼睛，也不好好看看再说！"鲁晓非是个聪明的学生，他知道"穆彪子""彪"，和他计较不得，那会让人笑话。

"你两人都能'飞'呀！"说完，"穆彪子"还不甘心，鬼头鬼脑的，又在四下寻找一阵，正好眼光与韩铁壮相碰，指着黑板前的《拔河比赛》，"那个'鲁智深'叫'韩铁强'，肯定是你韩铁壮了——你的体格比他还强还壮咯！"

大家没有谁顾忌"穆彪子"，只管拿他当开心果，有事没事地逗他耍乐。韩铁壮很有涵养，只顾点头乐："是我是我。"

"好啦，好啦。"程老师双手往下一摆，抬脸望着丁咚咚问："关于场面描写，我讲明白了吗？"

"OK！OK！"丁咚咚眼睛湿漉漉的，声音里饱含感激。

"那就好，我们往下进行——"程老师的眼镜片闪烁着亮光，没有离开丁咚咚那张黄色奶毛还没褪净的稚嫩圆脸。

（十五）原来我就说是搞对象——妈妈却在"补叙"

吃完晚饭后，爸爸进入网络世界，你伏案写起作业，妈妈出去参加"秧歌队"，锻炼身体。各得其所，各寻其乐。

窗外楼房的黑影，渐渐把室内仅存的一点天光吞噬干净。你这才想起开亮电灯，让光明占领房间。因为这之前你早已把作业写完，趴在桌上睡了一会儿。你刚把书和笔放进书包装起来，只听外面防盗门"哗啦"一阵响，你伸头一看，原来是妈妈回到家里。

刘大伯真的是"碰瓷"吗？

"刘大伯从医院回来啦！"这是妈妈进门后，边换鞋边说的第一句话。

爸爸没有任何反应，手指仍在电脑键盘上跳迪斯科；你好奇地眨动着亮晶晶的双眸，睫毛一直在抖动，仰起脸望着妈妈，没有张口说话，只是认真地听。

"我看见你刘大娘了，她说医院大夫给刘大伯检查一下，既无内伤，也无外伤，开几片镇静药就完事了。"妈妈已脱掉外衣，转身坐在沙发上。隔了好一阵，她又说起来："你刘大娘说，让你刘大伯这么一搅和，儿子的这个对象估计又泡汤了……"

妈妈看你愣在那里，淡然一笑，说："原来骑电动车小伙子的姐姐，和刘巨龙是同一车间的工友，最近经其闺蜜牵线搭上鹊桥，两人正在谈恋爱呢！"

"哦，原来是这样！"呵呵，你这时才明白，为何刘大伯父子见到骑车小伙子姐姐立刻蔫软了。

说到这地方，妈妈长长地吁了口气，再不出声，起身回房间睡觉去了。

"哇——"程老师刚说到丁咚咚妈妈回房间睡觉，一片惊叫声和嘘声从教室不同角落骤然响起。

"原来如此！"一直瞪大眼珠的秦昊，面部笼罩的疑云突然散开，感慨一声。

"穆彪子"两眼显得空洞洞，眼珠不停地转动，嘴张开，似乎在寻找什么。

马岩索性挺直了腰杆，脸上露出淡淡的嘲讽，撇一眼同桌衣丙丁说："你们都，都是没根据的揣测，我开始就，就寻思是搞对象！"

马岩的话给魏增智听见，他最先提出骑车小伙子姐姐是武大侠，刘巨龙一见吓破胆的，这时扭过头抢白马岩："跟你的姓一样，你就是个'马后炮'！别人都是没根据的揣测，你是事事早知道，那你为什么不先说出来呢？"

"有才哥，你知道啥？"马岩肩头往上震动，下面的长嘴唇弯成个弧度。"还没等我说……"

"你说我知道啥？"魏增智的浓眉蹙拢成峰，一改尔雅之风。

"天机不，不可泄露！"说了这么一句，马岩的上眼帘往下一覆，轻轻盖上，做出不肯再回答任何提问的姿态。

本来事情至此已经结束，谁知蔡菀笛顽皮起来："马岩，别人都不知道啥，就剩下你一个'事后诸葛亮'啦！"

马岩忍不住，又扬起脸，朝着蔡菀笛挤挤眼，撇撇嘴，说："大活宝，我是'事后诸葛亮'，你是什么？你，你是——'事前猪一样'！"

马岩原本与蔡菀笛不很熟，以前听左雨虹喊"菜包子"，这时却忘记，就急中生智，临时送给蔡菀笛一个"菜帮子"新绰号。马岩说完，自己忍不住

67

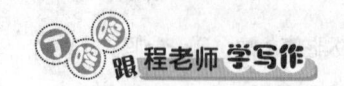

哈哈大笑起来，这笑声又传染了别人，引得大家也跟着长笑不止。

　　大家被魏增智、蔡菀笛和马岩的口水战所吸引，倒把"补叙"的事给忘了。新近有的学者抛出这样的研究成果：人类的吐字发音跟个人的素质成正比。由此可见，程老师的涵养一般人难以窥见，而其说话声调，显而易见磁力极强，乐于为人接受："呵呵，你们说够了没有？关于补叙，大家注意，我还有话要说——"

　　（十六）补叙是插叙的变种——丁咚咚已经运用自如

　　妈妈自己其实没有自觉，估计你（说这话时，程老师又往丁咚咚脸上斜了一眼）也未必晓得，妈妈刚才说的，刘大伯被强行送进医院以后的事，还有刘大伯父子，他们见到骑车小伙子姐姐蔫软下来的原因，在这里一一被补叙出来。

　　本来，你回家讲述的，有头有尾，从"起因"——刘大伯走在马路中间东倒西歪不稳当，被小伙子骑的电动车刮碰一下，他顺势坐到地上不起来；到"经过"——两人争执，刘大伯儿子赶来吵骂，小伙子姐姐到来，刘氏父子软下来，才肯善罢甘休；最后的"结果"——刘大伯被强行送进医院。应该说，这是很完整的故事，到此可以结束了。那么，妈妈为什么还要节外生枝，加以补叙呢？

　　因为，你家和刘大伯家是近邻，互相熟识，更何况妈妈与刘大娘情同姐妹，多个脑袋差个姓，刘家的事自然让你妈妈牵肠挂肚哟！

　　在此，我就要告诉大家——

　　补叙，是在记叙文的结尾处，对文中的事件或人物，没有交代清楚的地方，在这里进行补充介绍说明。这些补叙，是为了增强故事情节的曲折性，勾起强烈的阅读欲念，在文章中间故意设置的迷雾疑团，埋下的伏笔。换句话说，写文章运用补叙，就是要在前面的叙述中有意地省略某些情节或细节，犹似捉迷藏那般藏踪匿迹，待到行文最后，再把这个"宝藏"挖掘出来。这样做，不仅可以在记叙事件或人物时，神龙见头亦见尾，脉络清楚，结构完整，而且，使作品跌宕生姿，扣人心扉。

　　比如，刘大伯父子为何一见骑车小伙子姐姐就蔫了？软了？原因何在？这是大家（包括咱们同学）都非常感兴趣的话题！现在听了妈妈回家说的这番话——补叙文字，我们作文班里的同学们，尤其是穆标、秦昊两位同学，一直憋在心口里的郁闷，一下子就获得释放啦，产生了"拨云见日"、"茅塞顿开"、"痛快淋漓"的感觉呢！是不是？

　　"是、是、是……"程老师语末的疑问句，只起强调、提醒作用，并不是要学生回答，可是，秦昊、穆标却急忙回应，让它变成了设问句，以表赞许和"听明白了"。

中国古今小说,常常使用这种补叙方法进行叙述。如《水浒传》第十六回里的"智取生辰纲",就是把参加"智取"的人物、"智取"的过程、"智取"的方法,在最后补叙出来的。再如管桦的《小英雄雨来》小说,写雨来在鬼子密集的射击下,却奇迹般地没有死,是因为小雨来水性极好,潜入水底,游向远方,隐藏在水草里。这个谜底也是在结尾后补叙交代的。

有的补叙,是在对事件和人物叙述结束以后,补充介绍一些"后来"的情况,以释读者的挂怀。这样,既满足了读者的情感需求,又保持了文章结构的严谨,不至于把正文弄得拖沓冗杂。

其实,补叙也可以说是插叙的变种,是由插叙派生出来的。不同的是,插叙一般放在文章中间,而补叙都放在文章末尾。(此段文字,程老师要求学生记录)

补叙不仅适用于记事,也同样适用于写人。补叙不宜过长,语句要简约清晰,点到为止。

过了不久,丁咚咚同学把刘大伯的这件事写成一篇作文。程老师请李一流同学在课余时间,用他练就的欧楷字体抄写在大白纸上。现在挂出来,让同学们看看丁咚咚是如何使用补叙写法的:

路遇刘大伯
(丁咚咚)

放学铃声响起,同学们鱼贯走出校门。我也背着书包,向家里走去。从学校到我家住的杏园小区,正好穿过航天公司大门前通往家属区的一条马路。就在我要横跨这条马路时,发现马路中间有一位中年男子,大约四十七八岁,头顶上一根头发都没有,秃秃的,在夕阳晃照下闪闪发亮,好像一盏大灯泡。他顺着马路蹒跚行走,身体摇摆不定,跟喝醉酒的流浪汉一样。我再仔细一瞧,呀!这不是我家邻居刘大伯么?

刘大伯前年患上脑梗——大人们都说这是由于他嗜烟如命、喝酒成癖所致,虽然轻微,但也有一年多不上班了。他呆在家里,从早到晚四处闲逛。此刻,正是工厂下班、学生放学的人流高峰期,他跑到马路中间做什么?马路上车水马龙,他走路东摇西摆的不稳定,多危险啊!

我刚要跑过去,想把刘大伯扶到路边人行道上时,有一个穿着工厂制服的小伙子,骑着电动车,从工厂大门方向疾驰而来。当他发现刘大伯时,急忙踩油门煞车,速度明显缓慢下来。可就在他从刘大伯身边经过的一刹那,刘大伯身子一歪斜,腰部的衣襟被电动车把手刮碰了一下。

这要是遇见别人，点点头也就过去了，可刘大伯是谁？他可是个老虎屁股摸不得的人物哟！他顺势坐在地上，再不肯起来，口里叫骂个不停。

骑车小伙子立即从电动车上跳下来，上去要把刘大伯扶起，还轻声问道："叔叔，碰到没有？如果碰伤，到医院检查一下吧！"

刘大伯不仅不起来，还不依不饶地只是骂："你个瞎眼杂种，往人身上骑车！"

小伙子分辨说："我看到你走在马路中间，我已经放慢速度，只是车把儿稍稍碰到你的衣服……"

"啊，你他妈骑车撞人，还有理啦？"刘大伯边骂边掏出手机，给儿子打电话搬兵求援。

他儿子名叫刘巨龙，和他父亲刘大伯一样，都是不好惹的人物。（下面插叙）去年秋天，爸爸往楼上搬运秋菜，在楼道里碰了刘大伯一下，刘大伯便骂爸爸"眼睛长到腚沟子里去了"，从此两人见面再不说话。不过，妈妈和刘大伯老伴刘大娘交情却很好。刘大娘的农村亲戚进城带来新鲜果菜，每次都要分给妈妈一些；妈妈也常把半新不旧的衣服，过年过节单位分的糖果、啤酒还有烟花爆竹什么的，送给刘大娘的农村亲戚。前些日子，妈妈还给刘巨龙介绍过对象呢！这个刘巨龙，今年二十四五岁，女朋友结交了不少，但处一个黄一个，都知道他父子脾气暴躁，喜欢打架斗殴，声名狼藉，唯恐避之不及。再者，他家境一般，刘巨龙也不是什么高富帅，现在的女孩子都很现实，哪个女孩子肯往火坑里跳……

（回到顺叙）我刚想到这里，刘巨龙出现了。他头上戴的黑红两色鸭舌帽压得很低，把半个刀削脸都遮住了。他卷起半截衣袖，左手支撑在腰间，摆出要大打一场的架势，向前伸出右臂，攥紧拳头，只伸出一个食指，一边用力指点，一边喊叫道："你骑车撞人，还敢狡辩？是不是欠扁？废话少说，你给3000元医疗费，万事皆休；若不拿，我废了你！再不然，我把你的牙打掉，腿打折，肋巴扇子打两截！"

说着，刘巨龙又向前跨上一步，伸手抓牢骑车小伙子的衣领不放。

看热闹的人越聚越多，里三层外三层，个个热汗淋淋，表情难描难画，都踮起脚尖，伸长脖子，瞪大眼睛，形成以三人为中心，以能看清三人面孔、听清吵骂内容的最佳距离为半径的一个十分标准的圆，把马路堵塞得水泄不通。

正在他们难解难分之际，围观人群忽然裂开一道缝儿，骑车小伙子的姐姐出现了。她20多岁，皮肤白皙，卷发蓬松挽起，穿一身黑色韩版斜V领露肩连体裤，臂上弯着一个鳄鱼纹漆皮包。她分开众人，大声诘问刘巨龙："光天化日，众目睽睽，你们父子公然讹诈勒索，眼里还有没有法律？"

刘巨龙虎目圆睁，对着小伙子姐姐正要嘶喊，可他从帽沿儿下边往前一刘大伯真的是"碰瓷"吗？

看，却愣在那里了，紧抓小伙子衣领的手很快松开，刚抬起的左手也失去力量，收缩回去，口里的污言秽语像被一阵风抄走，还一个劲儿地扬起嘴角傻笑，并低声下气道歉。

刘大伯也从地上爬起，拍拍屁股上的尘土，向小伙子及姐姐又是点头哈腰，又是赔着笑脸。他趁姐弟不备，打算钻出人群溜走。

"你别溜呀。走，到医院检查一下，碰坏给你治病！"姐姐跑上去，抓住刘大伯后衣襟；骑车小伙子也冲过来，扭住刘大伯胳膊不放。

"我没事，没事，不用了。"刘大伯使劲向后挣脱。

"你别没事，过后再有事，我们担当不起啊！"听姐姐这样说，小伙子把刘大伯胳臂抓得更牢了。

正好有一辆出租车开过来，姐弟抬手叫停，连拉带推地把刘大伯硬塞进车里，然后朝医院方向绝尘而去。

围观的人群大概还没有看够，目光恋恋不舍地跟着出租车跑了很远，一直到不见踪影为止，这才渐渐散去。我站在楼房和树木被夕阳投掷得又黑又长的阴影里，有种怅然若失的感觉，过了一会儿，才挪动双腿向家走去……

后记（以下补叙）：看完《路遇刘大伯》，有人对刘大伯和儿子刘巨龙见到骑车小伙子的姐姐，为何一下子就"蔫软"了，感到不解。我到家后，就把刘大伯路上被撞的事向爸妈叙述一遍。晚饭后，妈妈找到刘大娘了解情况，回来后对我说："刘巨龙和骑车小伙子姐姐是同一车间的工友，而且，经别人撮合，最近两人正处对象呢！"妈妈又叹口气说："这是卤水点豆腐——一物降一物哟。不过，这次让刘大伯一搅和，恐怕这个对象又泡汤了！"

我又问妈妈："刘大伯被送到医院后，检查的结果如何？"

妈妈笑笑，说："啥事也没有，连个皮肤擦伤都没有，最后一切费用全部由他父子承担，自作自受，白白花了冤枉钱……"

前一段时间，丁咚咚刚来到作文班，在我讲解记叙文时，他还不太明白什么是记叙，什么是叙述，什么是描写。大约半年的光阴流逝，通过刻苦努力学习，丁咚咚不仅学会了这些知识，而且能把刘大伯"碰瓷"事件，写成这样一篇标准的记叙文，我们应该向丁咚咚同学表示祝贺啊！这里，我还要捎带一提的是，《路遇刘大伯》这篇作文，在文章末尾，补叙出文中刘巨龙为何见到骑车小伙子的姐姐，一下子"蔫软"下来的谜底；还对刘大伯被送进医院"以后"的情形，作了简单的介绍交代，以便令读者释怀。

呵呵，现在看来，丁咚咚和作文班其他同学，对叙述的几种主要方法，不管是顺叙、倒叙，还是插叙、补叙，都像在太阳光下看物体一样，已弄得清清楚楚了。

71

（十七）不是缺乏什么"生活"——"六要素"是个宝

程老师为了研究中小学作文技法和教法，利用星期假日，免费办了这个课外作文班，专门辅导不会写作的小学高年级和初中学生。因为程老师在这一片区域"小有名气"，又不收费，许多不会写或刚会写一点的学生都想找门路进来。教室是临时租用的一楼，空间不大，基本爆满。丁咚咚一年前就托人要来学习，正好那时有一名学生因事不能来了，候缺的他这才挤了进来。

丁咚咚被爸妈送到程老师作文班，程老师第一眼看到他，便从心里喜欢这个活泼伶俐的孩子。他白净的脸庞透出微红，覆盖一层黄茸茸的细毛，一双大耳朵向前罩着，两个酒窝洋溢着笑意，一对水汪汪亮晶晶的大眼睛，大双眼皮上面一排黑色的长睫毛忽闪忽闪地抖动，好像对周围的一切都充满了好奇；坐在那里还不时打量着面前的新老师，似乎透过那茶色眼镜片，要洞穿程老师的心灵深处……

不过，丁咚咚爸妈的态度却显得十分卑微，他们一再要程老师严格管教他们的孩子。"我们这孩子数学还不错，就是不会写作文。不要求别的，他在学校里留的写日记家庭作业，回来不用家长帮他写，这也就算我们当父母的烧高香了。"

"没买点作文书，让他读读么？"在丁咚咚爸妈谈话中间，程老师插问一句。

丁咚咚爸妈告诉程老师，作文书也没少买，在网上也查过不少资料。目前，书店、网络里面的作文书，挑来选去无非两大类：一是理论类，专门讲析文法，举引文章例证，中小学生不易读懂；二是文选类，把学生的作文汇集起来，加以评点，即成作文书籍。两者都缺乏直观性、形象性。学生因没有掌握写作知识和方法，只好在黑暗中摸索。

隔了一两分钟，看见程老师还在注意听，丁咚咚的爸妈又牢骚起来："有的'作文专家'说，不会写的学生主要是缺乏'生活经历'，只要把他们带到外面走走、看看，就有话可说了。这样的方法我们也试过了，也没少投资，但在丁咚咚身上不管用。"丁咚咚的爸妈边说边唉声叹气。

程老师轻轻摇着头。他对这样的"偏方"也好，"验方"也罢，是以为大谬不然的。他认为，学生白日一整天都在学校度过，放学后基本是待在家中，但是，你让这些学生写校园生活，写家庭琐事，他们仍然写不出来，难道你还能说他们缺乏学校和家庭的"生活经历"吗？

显然不对了。那么，这些学生不会写，到底缺少什么呢？答曰：他们并不缺少"生活经历"，他们缺少的是"写作经历"！

找到病因，知道症结所在，才能对症下药啊！

那天，丁咚咚的爸妈离开后，程老师让丁咚咚写了一篇作文，题目是《一元钱》。这是四幅连环图画：第一幅是孩子在路上捡到一元钱，交给了妈妈；第二幅是妈妈拿着一元钱转身向别处走去，孩子摸着脑袋，头顶上一个大"？"号；第三幅是妈妈手里拿着一块冰糕回来，孩子又哭又跳，说："我不要用捡来的钱买冰糕！"第四幅是孩子心里想：把一元钱交给警察叔叔或交到"失物招领处"。

这篇看图作文，立意明显，内容简单，线条清楚。可是，丁咚咚坐在那里，眼睛翻白半天，脸憋得像个大紫猪肝。他笔尖一会儿落下去，一会儿又提起放在嘴边，就是写不出一个字来。前面铺在桌子上面的纸本，眼巴巴看着主人丁咚咚，多么渴望在自己身上能画出一些美妙的符号，不要再成为另一个白卷先生的牺牲品啊！

看到这情形，程老师坐在丁咚咚身旁，语气温和地同丁咚咚聊了起来。下面是他们的谈话记录——

程老师：这四幅图，你看清楚了吗？

丁咚咚：看清楚了。

程老师：图画里画的小孩，他在做什么呢？

丁咚咚：在地上捡到一元钱。

程老师：孩子妈妈做什么呢？

丁咚咚：妈妈买来一块冰糕。

程老师：孩子看到妈妈买来一块冰糕，他又怎么样呢？

丁咚咚：大哭大叫起来。

程老师：这赞扬孩子什么精神？

丁咚咚：拾金不昧。

程老师：你能把这个故事写出来吗？

丁咚咚：写不好，不知怎么开头。

程老师：记叙文里有六要素，你知道吗？

丁咚咚：知道。在学校上语文课，我们老师讲过，我们还抄过笔记，写过作业，做过练习。

程老师："六要素"都是什么？

丁咚咚：时间、地点、人物、起因、经过、结果。

程老师：对，你记得很熟啊！

丁咚咚：记叙文这六个要素，不光我记得熟，所有同学都很熟。

程老师：那就好。你再看图，就请你给图里的小朋友，随便起个什么名字吧！

丁咚咚：唔……唔……就叫他王顺顺吧。

程老师：很好。我问你，王顺顺在地上捡到一元钱，应该是在什么时间？

丁咚咚：肯定是星期日，因为平时都在上课，哪有时间上街呀！

程老师：是这样，这是第一要素，时间有了。我再问你：第二要素，地点，这是在什么地方捡的一元钱？

丁咚咚：在和妈妈上街的路上。

程老师：地点，也可以是在公园里，或者在商店里。我再问你第三要素，这图里共有几个人物？

丁咚咚：三个人物，有王顺顺，妈妈，警察叔叔。

程老师：你看好第一幅图——这是第四要素：事件起因。那你就说说，作文的开头吧。

丁咚咚：这是上午，这可从图中画的太阳看出来。王顺顺吃完饭后，就和妈妈一起上街，走着走着，他看见马路边地上有一元钱。

程老师：这里可用拟人手法，说地上躺着一元钱，正对着他笑呢！——好不好？

丁咚咚：好。老师，我重新说：王顺顺走着走着，看到马路边的地上躺着一元钱，正对着他笑眯眯地眨着眼睛呢！王顺顺弯下腰，伸手把一元钱从地上捡起来。然后，交到妈妈手里，说："这是我从地上捡来的！"

程老师：呵呵，说得好！对王顺顺的动作描写，还可以细致些，比如，王顺顺向前跨了一步，弯下腰，伸出右手……

丁咚咚：我把开头写完了。我再说第二幅图：妈妈从王顺顺手里接过一元钱，然后转身走了。王顺顺摸着脑袋想：妈妈拿这钱做什么去了呢？不一会儿……

程老师：停！王顺顺摸着脑袋想——这是人物心理活动描写，这些地方可以多说点，让王顺顺多想点，比如王顺顺想："老师经常要求我们捡到钱物交还原主，要拾金不昧，那么，妈妈拿这钱干什么去了呢？"这样，使王顺顺这个小同学思想境界更高了，深化了文章的主题思想。你看，加上这句话好不好哇？

丁咚咚：太好了！我往下说：王顺顺正想着，妈妈回来了，手里拿着一块冰糕，递给王顺顺吃。王顺顺顿时大哭大叫起来，说："我不要用捡来的钱买冰糕！"

程老师：停下！对于王顺顺又哭又闹，还应该依照图画，对他的动作和外貌进行详细描写。比如：可以写王顺顺"两手攥拳，高高举起，用力击打自己的头部"，"泪水从眼角哗哗流淌着……"

丁咚咚：老师，一会儿我写作文时，把你说的这些话尽量写进去。我接着说：妈妈这时又从衣袋里掏出一元钱，在王顺顺眼前晃动着说："你看，你捡的一元钱在这儿，买的这块冰糕是用咱家自己的钱买的，是给你的奖励！"

程老师：你想得很好，让妈妈这样说，也就维护了家长的形象，避免了矬化妈妈。下边应该是"六要素"最后一项：结局。我看，不必说把钱交给警察，还不如说母子二人向"失物招领处"走去，就可以了。你说下去吧。

丁咚咚：王顺顺脸上露出笑容，跟妈妈一起，向"失物招领处"奔去。

程老师：不错，你这不是说得很好么！就按照这"六要素"一项一项地去写，有什么不会写的？会写了，以后我再教你变换开头方法。还有，中心已记叙完毕，向结尾过渡，可以改成"王顺顺破涕为笑，乐呵呵地拉着妈妈的手，又蹦又跳地向'失物招领处'奔去……"这样，人物的描写就更细致了。你说好不好啊？

丁咚咚：老师，我听你的，我尽量按老师指导那样去写。

程老师：呵呵，你现在就立刻动笔写吧！

说也怪，程老师并没有按照"作文专家"的说教，把丁咚咚带到外面"走走"和"看看"——因为他早就在外面走过、看过，师生只是进行这么一番交流，程老师只用"六要素"这样一提示，一条叙述事情经过的金光大道，立刻铺在了丁咚咚眼前。于是，他似乎想都没想，才思在他的脑际流溢，笔尖在洁白的纸张上奔走，一篇精悍小巧的短文，立刻显露出它的身姿——

一　元　钱
（丁咚咚）

星期日上午，清风习习，阳光明媚，天气好极了。王顺顺跟着妈妈，坐89路公共汽车去新华书店买书。下车后，还有一段路需要步行。走着走着，王顺顺眼前一亮，看见马路边的地上，躺着一元钱硬币，正对着他笑呢！

他跨上前一步，弯下腰，伸出右手，把一元钱硬币捡起，交到妈妈手里，说："这是我从地上捡来的。"妈妈接过钱，放在眼前看了看，对王顺顺说了声"你站在这里等一下"，转身向别处走去。望着妈妈的背影，王顺顺摸着脑袋想："在学校里，老师经常要求我们，捡到东西要物归原主，要做到拾金不昧，那么，妈妈拿这钱干什么去了呢？"

王顺顺正想着，妈妈乐呵呵地回来了，她手里拿着一块冰糕，举到他眼前说："这是你最喜欢吃的'北极熊冰糕'，快吃吧！"

王顺顺一看，立刻哭闹起来。他两手握拳，击打自己的头部，两脚乱踢，泪水哗哗从眼角流淌出来，口里喊叫着："我不要用捡来的钱买冰糕！呜呜呜……"

妈妈摸着衣袋，从中掏出一元钱硬币，在他眼前晃动着说："冰糕是用咱家自己的钱买的。看，你捡的一元钱在这里！"

　　王顺顺这才停止哭闹，又破涕为笑。妈妈从提兜里找出面巾纸，把他脸上的泪迹擦拭干净。他牵着妈妈的手，蹦蹦跳跳地向"失物招领处"走去……

　　怎么样？丁咚咚的这篇作文不坏吧？原本不会写作文的丁咚咚，程老师使用这种"六要素"法宝，轻松一"点"，立即会写了。不用说别人，丁咚咚的爸爸妈妈惊讶得瞠目结舌呢！不只是丁咚咚，对于所有来学习写作文、开始不会写的中小学生，无一例外地都十分灵验。

　　可能有人还会提出这样的疑问：全用时间地点开头，都按照六要素顺序写作，文章不是变成千篇一律的公式了么？

　　不，慢，请君少安毋躁！这个"六要素"法，仅仅是把不会写的学生带上起跑线，可说它是一个"诀窍"，至于这之后让他们学会变化，写得更出色，程老师还有别的诸多办法，比如"砍头法"、"充填法"、"图解法"、"板块法"等等，你也须耐住性子，骑毛驴看唱本——走着瞧吧！

四 苍蝇打不得了

——孙子教奶奶学立意

提示：吃了奶奶的"红嘴绿鹦哥"，就能懂得写作文要明确立意，而且还会那么深刻；屋里飞进来一只苍蝇，真的打不得了吗？这是为什么呢？仔细阅读本文，你的疑团便可顷刻解开。

（一）回家路上，巧施调虎离山计

1. 以毒攻毒取美名

听说，大家都想知道丁咚咚的名字是如何得来的，是吗？

两三岁时的丁咚咚，就显示出顽皮的性格，手脚分外地好动。有一次，他看见爸妈用菜墩切菜，便趁其打盹溜进厨房，抓几片白菜帮子和烂菜叶，摸起菜刀剁起来。"丁咚咚，丁咚咚……"这响声，让正在房间小憩的爸妈吓了一大跳，从床上一跃而起，脑袋差点撞到天棚上。到厨房一看，才知道是小儿子在"淘气"。从此，家人都说这孩子是"多动症"，深层次找原因，近处里讨药方，吃这个"维生素丸"，服那个"螺旋藻片"，又排铅，又补锌，都没管用。奶奶听说此事，不经意地取笑："我倒有个以毒攻毒、以火攻火的法子——孩子不是好弄出'丁咚咚'的声音么，给他起个'丁咚咚'的名字，可就压住了。"说来也怪，自从叫了这个名字，丁咚咚也真的安静多了。三岁半上幼儿园，六岁入小学，头脑格外聪明，数学题老师一点即会，说话办事十分精明，大人都叫他"鬼头小精灵"呢！

但是，丁咚咚头脑虽灵活，学习却有些偏科，他的作文问题一直让父母"抓瞎"，提笔写作文却不知所云，连个日记都写不成句子。妈妈把儿子没有写作细胞"归罪"爸爸，说这是"父系基因遗传"，因为爸爸这个理工科高材生，至今也不懂写作技法，有时单位让他写个什么材料，假大空套话官话连篇，令人不忍卒读。爸爸"难辞其咎"，天天愁眉苦脸的。后来听说有个程老师作文教得"拿手"，便托人拉关系，将孩子送到了程老师作文班。屈指数来，大概快有一年的时间了吧？别看丁咚咚是个小屁孩，平时嬉嬉闹闹不消闲，但是一旦进入学习状态，他就变得似蒙娜丽莎的那双手一样，安闲，沉静。在作文班的课堂里，丁咚咚是个快乐且认真的男孩，笔不断地在纸上写，

77

脑不停地在里边转，沉浸在学习给他带来的无尽趣味之中。

2. 课堂内外抖精神

今天，程老师讲解文章立意，是他以前从没想到，更是从没听过的，就像一只小羚羊，来到一片水草丰茂的原野里，贪婪地啃啮起来，被深深地吸引了。放学后，丁咚咚就是带着这种兴奋，从作文班出来，斜挎在右肩头的书包，随着他懒散而从容的脚步，拍打着臀部，发出"啪嗒啪嗒"的响声。他顶着炎热的太阳光，穿越闹市区，向家中走去。他一边欣赏着自己的步行之乐，一边哼唱着流行小调：

我是一个小天使，
随着风飞化作雨。
头上天空蓝又蓝，
脚下大地绿又绿。
太阳问我去哪里，
飘飘荡荡无归依。
无归依，无归依，
无归依……

这次他没有遇见邻居刘大伯，却在菜市场拐角处与刘大娘撞个满怀。她是一位长得很富态的中年妇女，一副慈祥的面孔，高鼻梁，烫着一头细碎短发，两鬓已略染微霜。

"嗯，碰瓷！刘大娘也是在碰瓷么？"丁咚咚这样在心里调侃，脑海里映现出那次路上遇到刘大伯，被骑电动车小伙子碰倒，他儿子刘巨龙赶来吵骂，又被骑车小伙子姐姐"制服"等一系列的情景……

"哟，这孩子，今天是礼拜天，你还去上学？"刘大娘和刘大伯不同，她为人善良，说话和气，瞧着丁咚咚涨得发红的圆脸蛋问。说着话，刘大娘把装满果菜的方便袋，从右手交换到了左手。

"我在作文班跟程老师学习写作文呢，周六和周日上午上课。"丁咚咚眉毛扬了扬，回答着。他看见刘大娘买的东西多，走路慢，提的方便袋不断倒手，就把肩上的书包带子往里拉了拉，然后伸出右手，说："刘大娘，您的方便袋递给我，我给您提一会儿，您歇歇手。"

"不用，不用。"她哪肯让人家孩子给提东西，忙说。

3. 良母感伤逆子事

一边向前走着，刘大娘一边问："上一堂作文课，多长时间呀？"

"两个小时。"

"嗨，你礼拜天还找班补课，真是好孩子。"刘大娘说完这句话，开朗的脸庞忽然暗淡了，飘过一层阴云。"我那儿子刘巨龙，像你现在这么大时，平时上课总是逃学。开始我们也不知道,他天天吃完饭,背着个书包就走了,谁能想到他根本没去上学,跟几个坏孩子玩去了,不是游戏厅,就是台球室。后来惹出祸来了,我们才知道。"

丁咚咚好奇地问:"惹出什么祸啦?"

"什么祸?"刘大娘身体微震,从心底长叹出一口气,又把方便袋从左手交换到右手。"他们这帮小哥们,玩没钱了就去偷。先是到小卖店装作买奶冻,顺手把人家盒子里20元钱揣起来。因数目小,又没大的损失,小卖店主发现后,把他们几个交到学校。后来呢,他们在放学路上,拦截低年级学生要钱,说是收什么'保护费',不给就打,结果让那些学生家长报告给派出所,派出所找到学校,班主任又来找我们家长。"

刘大娘说到这里停下,似乎不想再往下说,可还没过半分钟,又张口了:"也都怪刘巨龙那死爸爸,总惯着他。人家班主任来家访,听到说刘巨龙的缺点,就烦了,当着孩子面就冲老师发火,指责学校歧视'差生',谩骂老师都是些衣冠禽兽……后来,学校也束手无策,放任不管了。这样,刘巨龙厌学、网瘾、打架斗殴的这些坏毛病就养成了。"

丁咚咚家和刘大娘家门对门,也经常碰面,但还从来没有像今天说这么多的话。刘大娘还想找个话题随便聊几句,以消除这段路上的寂寞,可是,她却突然惊叫起来:"呀,我买完腐竹,又去买莴苣,临走时,把刚买的三斤猪排,落在柜台上了!"

她把方便袋放到地上,蹲下身,一样一样地细细翻找,然后提起方便袋,掉过头去,急匆匆向菜市场走去。

4. 爱人肉遇瘆人毛

这时只有丁咚咚一个人往家走着,他穿着双"迪奴丹"牌旅游鞋,不时抬起右脚,猛地踢飞路边的石块,扬起一道黄色的沙尘,他的眼睛跟着石块飞得老远。他的思绪,从课堂转移出来,也牵牵连连随着飞起的石块,一直向前滚动……

"你妹的,谁这么胆大包天,竟敢用石块袭击我!"

猛然间,丁咚咚听到前面有人霹雳般一声喝骂,他的心脏仿佛被人狠狠地捏了一把,头发茬里冒出虚汗。抬头望去,不禁愣住了——原来是刘大娘儿子刘巨龙!只见刘巨龙仍然戴着他的那顶黑色鸭舌凉帽,帽的长舌压得很低,让人看不见他的眉毛和眼睛,那张瘦削的窄条脸上,阴霾密布,两个外露的鼻孔,似乎正冲丁咚咚投刺过来,吓得丁咚咚脸色蜡白,腿肚发软,就像是狮子爪子下面的一只羔羊,被恐怖折磨着。大地在他跨下旋转起来,头顶的蓝天陡然变成了灰色。刘巨龙可能是天生就长着满身的瘆人毛,别说丁咚咚见了感到害怕,就是成年人遇到,也都有些打怵呢。

自从那天放学回家，路遇刘大伯和儿子刘巨龙"碰瓷"（这是秦昊同学说的一个词，此事至今并无定论，丁咚咚觉得"碰瓷"二字好玩，才时时想起），到现在算是"久别重逢"，丁咚咚赶忙停住脚步，像根木桩直挺挺矗在地上，动弹不得，听凭刘巨龙的"处置"。

刘巨龙嘴里悠闲的口哨和变调的小曲停止了，把掉在额前的松散头发，抬手一抹装进帽檐里，脚步未作停留，快步奔过来，手里不停摸着衣袋，如临大敌。当他认出面前这个少年是丁咚咚时，细小黑深的眼睛里抛出一道柔和的碎光，落在丁咚咚又白又胖的脸蛋上。在阳光照射下，丁咚咚虎头虎脑的样子显得益加稚嫩可爱。大概是天生就长着爱人肉，当刘巨龙认出他时，火气一下子熄灭掉。怎么说两家也是对门住着，丁咚咚妈妈又几次为自己介绍过对象，怎能下去手惩罚一个孩子呢。刘巨龙脸上肌肉抽动几下，嘴角向下咧着，皮笑肉不笑地对丁咚咚说："你不用害怕，我不打你！"

5. 祸福只因一转身

听到这个"赦免令"，丁咚咚才敢挪动脚步，继续向家里走去。可他回头一看，刘巨龙也返回身，跟在自己身后，不紧不慢地"尾随"着。丁咚咚是一百个不情愿与刘巨龙同行，他对刘巨龙又惧且憎，只好这样一前一后走着，总觉得自己屁股后拖了条尾巴似的。突然，有个念头划过他几乎死机的脑壳中，一条锦囊妙计翩然而至。于是他放慢脚步，等刘巨龙走近些，柔声细气地说："龙哥，你妈我刘大娘，她买的猪排落在菜市场了，刚才我们两人一起往家走，都走到这里了她才想起来，就又返回菜市场去取，不知丢没丢，能不能找回来。"

刘巨龙不听犹可，这一听之下，火就"呼"地从心底窜到脑门上来。在家他并不是个孝子，常常将父母气个半死，可却最容不得外人欺负自己的老爸老妈。他用力拉了一下头上的鸭舌凉帽，帽舌几乎被拉到脑后边，细小眼睛眯成一条可怕的缝儿，扬声说："我和老爸在家等我妈回来做午饭，左等也不回来，右等也不回来，我这才出来迎一迎。原来是买的猪排丢了，我到菜市场去找，看哪个敢藏匿起来不给，我就把他的肋巴扇捣烂，把他的手指盖儿掰掉！"

不由分说，刘巨龙来了个一百八十度大转身，拽开大步，向菜市场奔去。这一转身非同小可，让刘巨龙闯下弥天大祸，都是由丁咚咚的这几句话引起的——这是后话，暂且搁置不提。

单说刘巨龙离开后，丁咚咚独自往家走路，一身的轻松自在，他又边走边踢着小石子，还放声歌唱着：

曾经多少次跌倒在路上
曾经多少次失去了方向

80

如今的我已经不再彷徨
因为我想超越这平凡的生活
我想要怒放的生命
就像穿行在璀璨星河
就像穿行在无边的旷野
拥有挣脱一切的力量
……

（二）缺了记性，奶奶汤里忘放盐

1. 孙子成了急嘴猴

丁咚咚刚进家门，一股香味扑鼻而来。小孩子的消化肌正处于蓬勃发展旺盛期，受到刺激，肠胃里这时就像坐着另外一个人，跟他讨要食物。他急忙脱去旅游鞋，趿上了拖鞋，肩上书包往客厅写字台上一甩，也来不及洗手，就向厨房奔去。原来双休日这两天，爸妈都不在家，他们去了外地，临行时把奶奶找来照看丁咚咚，为他准备一日三餐。

"奶奶，午间给我做啥好吃的呀？"灶台边上奶奶的身影晃动，丁咚咚跨进厨房，抱住奶奶后腰问。

"你不是最爱吃我烙的饼么——烫面葱花饼！"奶奶用一只手指着餐桌盘子里正冒着热气的一摞饼，另一只手往灶台上的大勺滚沸的汤里放着切成小段的菠菜和葱花。

他看着奶奶手里汤匙不停在大勺里翻搅，喜滋滋问："奶奶，你给我做的这是什么菜呀？"

奶奶的手还是没有停下，边在大勺里搅动边说："吃饼，就缺不了汤。今天我给你做的高汤——"

这时她又赶忙关掉火，把汤盛在大瓷花碗里，视线才从炉灶上移向丁咚咚，定定地看着丁咚咚的脸，缓了一口气，半是神秘半是认真地说："这汤，名叫'红嘴绿鹦哥乌鱼八仙汤'，还是那些年我当厨师时的杰作，给顾客上的一道拿手好菜呢！"

丁咚咚慢慢地把搂抱着奶奶的双手松开，从她身后绕过来，走近汤碗，拿起汤匙要尝鲜，奶奶忙不迭说："你这急嘴猴，忙什么？稍晾一晾，小心烫嘴！"

丁咚咚看得唾液滋生，舌尖处的味蕾如鸟雀般跳跃，馋得直往食道里咽着口水，他也不用筷子，顺手从盘子里拿起一小芽儿葱花饼，放进口里咀嚼；又躬起腰，低下头，仔细观看这"红嘴绿鹦哥乌鱼八仙汤"，果真是色泽鲜艳悦目，红绿白黄紫，五彩缤纷，互相映衬，简直就是一幅绚丽图案。

2. 质疑红嘴绿鹦哥

看着看着，他却又慢慢摇起头，抬脸望着奶奶说："不对呀，这汤里除了白色乌鱼条，还有粉丝、黄花菜、紫菜，红色的是菠菜根，绿色的是菠菜叶，哪里有什么红嘴绿鹦哥呀？奶奶你可是真能蒙人啊！"

奶奶故弄玄虚地笑笑，笑得脸上条条皱纹跌宕，仿佛在盘点着岁月的沧桑。她的眼睛不大，眼球也有些混浊，不过有时也会闪射出一点老年人富有经验的智慧光芒，她瞅住丁咚咚说："咚子真聪明，让你说对了——那确实是菠菜，哪来的红嘴绿鹦哥？"

丁咚咚一下子坠入云里雾中，摸着后脑勺，不解地问："那你为什么要把菠菜叫做红嘴绿鹦哥呢？这不是忽悠人么！"

奶奶张开嘴，得意地笑着，露出刚掉两天还没来得及镶嵌的豁牙齿，说话有点漏风："你不懂呦，菠菜虽然是极普通的大路菜，但它富含铁、锌、镁、硒、钙等多种维生素，营养价值极高，被人体吸收后，能消除和抵御多种疾病，特别是对肺、肾、肝这些器官，保健作用更大。可是，来大饭店用餐的那些身份尊贵的顾客，只要听到菜谱里有像菠菜、芹菜、油菜、萝卜这些百姓吃的平常菜，他们就反感，眉头就紧皱。然而，我们厨师给菠菜另起一个高雅别致的名字，叫它'红嘴绿鹦哥'，好啦，他们也不问青红皂白，立刻就兴奋，吃得蛮有滋味，连连叫好，说这道菜鲜美可口呢！"

丁咚咚拍着手，仰天大笑："奶奶你把我也变成美食家啦！"

年纪大的人，一是喜欢忆旧，谈论往事；二是喜好唠叨，絮叨不止。奶奶也不管孙子愿听不愿听，又接着说上一大车子话："我孙子就是头脑灵活，一眼就认出这'红嘴绿鹦哥'是菠菜；可我做厨师几十年，还没有一个食客能确切说出这'红嘴绿鹦哥'是菠菜的。这不正好应验了一句话——高贵者最愚蠢，卑贱者最聪明嘛！"

"这，明明是菠菜，他们为什么不说出来呢？"丁咚咚瞪大的眼睛忽闪着。

"嘿嘿，也不是完全没想到这是菠菜，但是谁都不敢说出来。"奶奶眼角的皱纹聚起，绽放出微笑。

"他们怕什么呢？"丁咚咚打破砂锅问到底。

"那些都是自认为有身份的尊贵客人，怕说错了，让人耻笑自己'不识货'、'无知'，有失面子啊！"奶奶笑得什么似的。

"呀！这不和安徒生的《皇帝的新衣》一样么！"丁咚咚突然大叫起来。"奶奶，你就是那个骗子，骗子给皇帝'织'所谓'新衣'，你呢，给食客做'红嘴绿鹦哥''名菜'——都是根本不存在的骗局。皇帝和他的大臣怕别人说自己'愚蠢'，跟着吹捧'新衣美丽'；你的'贵客'也怕别人说他'无知'，就急忙夸奖'红嘴绿鹦哥鲜美可口'……"

3. 鲜汤反刍想作文

奶奶没有说什么，只管笑。丁咚咚一歪头，长长的黑睫毛轻微抖动，眸子里倏然闪射出一束亮光，像哥伦布发现新大陆一样地惊呼着："哎呀，奶奶你说的'红嘴绿鹦哥'，这些话，立意很深奥，也很新奇呢！"

奶奶没听懂丁咚咚的话，晃着头说："什么'利益'不'利益'的，趁热快点吃饭吧！"

在说话这工夫，丁咚咚已把两牙儿葱花饼吃进肚，他用手试探着触摸一下汤碗，已不像先前那样烫手。他也不用汤匙，双手把汤碗捧起，仰起脖，"咕嘟咕嘟"猛地喝了两口。

"哇——"

这是什么滋味？好难咽下去啊！丁咚咚三步并作两步，蹿进卫生间，把刚吃进的汤和饼，一齐呕吐出来。

"哎哟哟，看我这该死的记性——汤里忘了放盐！"奶奶叹息着，左手摸着脑门，右手拍着大腿，两弯秀眉只剩下粗疏的轮廓，稗草似的眉毛颤动个不停。

她赶忙找到食盐，舀了一些加进汤里，搅拌均匀，重新捧到孙子面前。

这回，丁咚咚再喝，味道果然大不一样，他从来没有喝过这样的鲜汤啊！

吃了一阵，喝了一阵，丁咚咚这才弯下身去，盯住碗里剩下的汤，认真地审视：这同样的材料，做成同样的汤，加了盐，味道竟和原先完全不同，变得如此神奇，简直让人难以置信！

此刻的丁咚咚，头脑里的闪光灯一亮，猛然间，今昨两日课堂里，程老师讲解的作文立意知识，似乎一下子都跑到眼前来。他觉得奶奶午间做的"红嘴绿鹦哥乌鱼八仙汤"，和程老师讲的文章立意，几乎如出一辙，完全是一样的东西！这究竟纯属偶然，还是奶奶为了让我学好作文，故意为我提供生活例证呢？

（三）小"人来疯"，问懵当年"老三届"

1. 暗合老师讲立意

想到这里，丁咚咚把碗里的汤呷了一口，转身拉住奶奶的手，他那布满一层黄色茸毛的红脸蛋，几乎贴在奶奶已经凹了进去的腮肉上，亲切地叫了一声"奶奶"，奶奶正要问"什么事"，丁咚咚已说开了："昨天和今天，程老师给我们讲授作文立意，和您给我做的这汤，怎么这样吻合呢？"

这可把奶奶问糊涂了，她忙请教孙子究竟是怎么回事。丁咚咚有点"人来疯"，见有人搭理自己，精神来了，话匣子打开就收不住了，和平常斯文持重、寡言少语的样子判若两人。他摇头晃脑，拉着长音，古怪精灵地说道：

"'立意新特——奥,加盐有——味道,'这是程氏作文'三十六联五言歌诀'里说的,课堂里,程老师一开始就要求我们把这一联背诵熟记。接着,程老师讲解什么是文章立意,立意的重要性,立意总方针,立意的五条标准,以后还要讲解立意的一些技法。奶奶——"

他怕奶奶精力不集中,突然刺破耳膜地大喊一声,把奶奶吓得嘴张开大大的,直起眼看着他,愣神好一会儿,笑容又爬上她褶皱如波浪纹的额头,说道:"三十六计,你说你说,我正听着呢!"

丁咚咚把碗里的汤,一扬脖,又是几声"咕嘟",就全灌进肚。接着,把话语提高8个音阶,睁圆了大眼睛,撒娇道:"你说说,程老师在课堂里反复讲,写作文选取的材料好比是汤,你今天就给我做'红嘴绿鹦哥乌鱼八仙汤';他说立意就是往材料——这汤里加盐,有了鲜明立意,文章才有了灵魂,才能感染读者,就像汤里放了盐才有味道,才好喝一样,你今天也往汤里放盐,这汤果然跟程老师讲的一样,由原来的无味难咽,变成了鲜美可口。奶奶,你说,你说呀,你是不是故意这样,配合程老师讲授文章立意,帮助我学好写作呀?"

2. 夕照铭心老三篇

丁咚咚越说,奶奶越找不到北,那颗骨凸出的一张脸,像用核桃镂刻出来的一尊雕塑,痴呆呆地望着眼前兴奋成半疯的孙子,半天才回答出来这样一段话:"你可把我弄蒙了——什么'利益'不'利益'的?我上高中一年级下学期,就赶上无产阶级文化大革命,天天手拿'红宝书',背诵'老三篇'——伟大的导师,伟大的领袖,伟大的统帅,伟大的舵手,我们心中最红最红的红太阳毛主席教导我们说:'为人民利益而死,就是死得其所;替法西斯卖力,替压迫人民的人去死,就比鸿毛还轻……'"

丁咚咚听奶奶唠唠叨叨,开始她用"四个伟大"、"两个最红"称颂毛主席,还觉得挺好玩,后来见她又背诵"语录",说个没完没了,知道她把"立意"误解为"利益",就一撇嘴打断她的话:

"奶奶,常言说'音同字不同,气死糊涂虫',我说的文章立意,是'站立'、'立场'的'立','意见'、'意思'的'意',不是毛主席说的'代表最广大人民群众利益'这句话里的'利益',两个词的发音一样,字形不同,释义更是风马牛不相及!奶奶,我跟你正说写作文,你却扯到哪国去啦!"

"是嘛,我还以为你跟我讲政治呢!"奶奶也是倚老卖老,故意把话题拉到自己熟悉的陈年旧账上去。"儿大不由爷哟!"她内心暗自感伤,还是听孙子谈作文吧!于是她问丁咚咚:"我实在弄不明白,到底什么是文章立意呀?"

奶奶这一问,丁咚咚浑身细胞可都被激活了,他把奶奶拽到客厅的沙发上坐好,说:"那就让我告诉你,我这里有听课笔记,你看看,听听——程老师是怎么讲的。"

他把书包抓过来,翻出笔记本,放到奶奶眼前,一边打开一边说:"这是程老师讲课时我做的记录,我给你读;我当时没来得及写上的,以及课堂里发生的一些情况,我再给你口头补充。奶奶你说,这样好不好哇?"

"好,好。"奶奶附和着,动手脱掉做饭时穿的白围裙和白帽子,挂到衣架上后,又坐回丁咚咚身旁。过一会儿,她索性把两脚搬上实木沙发,盘了坐,两只青筋暴露的手放在胸前,不住地互相捏弄着腕子,身子微微往前俯,认真地听孙子讲解文章"立意"。

3. 就算上老年大学

别看奶奶上了年纪,但她的确不是文盲,她说的没错,是个"老三届"呢!岁月不居,时光如流,那个年代渐行渐远,已消失在遥远的天边。说来奇怪,以往的许多事情,却是永远在她头脑里清晰活跃——

一九六六年春夏之交,"文化大革命"爆发了。根据中共中央和国务院决定,全国各大中小学校,一律"停课闹革命"。考上高中还不到一年的奶奶,参加了红卫兵组织,整天忙于"破四旧"、"斗私批修"、"打倒一切牛鬼蛇神"、"解放全人类"……从那以后十来年全国没有高考招生,人们就把已进入高中的这些学生称为"老三届"。当时摆在"老三届"面前的只有"华山一条路":上山下乡,插队落户。奶奶就是在下乡插队时认识了农村青年——丁咚咚的爷爷,并结婚生下了丁咚咚的爸爸。

"文革"结束后,奶奶把丁咚咚爷爷丢在农村,带着丁咚咚爸爸返了城,进入市里最大的国营饭店当了厨师。她一干就是三十多年,直到前几年退休。这段时间,奶奶居家颐养天年,除了和邻居老头老太搓搓麻将,早晚上公园溜溜弯,便无所事事。说起以前学过的知识,原本就是一瓶不满半瓶晃当,再说随着日久年深,早已就着大米饭吃个精光。今天,孙子要给自己讲解写作知识,她想,听一听也没什么不好,就权当上老年大学充电了。于是,她心甘情愿受孙子的摆布,有的地方听得很有趣味,而有的地方是半懂不懂,她也不求甚解。丁咚咚说一句,她就奉承一句,不住地咂嘴称是,一个劲儿点头夸赞……

(下面凡是涉及程老师的讲话和动作,以及其他事情,大都是丁咚咚笔记本里的记录,或者是他头脑中的记忆。小孩子的认知能力有限,难免有疏漏和偏差,无须过分挑剔。)

(四)讲解立意,《我的一家》起争执

程老师说:人是文化的动物,语言是文化的符号。写作是情感性的,要对读者有情感渗透。写记叙文,不只是把事情经过或人物事迹罗列出来就行了。文章其实和人一样，它也是个生命体。要使它活起来，就要让它有血有肉（这就是文章选材）；还要让它有骨骼筋络（这就是文章结构）；同时，最重要的，还要让它有神经灵魂（这就是文章立意）。立意，就是在所选材料中，寄予作者的思想、观点、见解、看法，也就是作品里的中心思想，或者叫做主题。在文章里面，它是纲，只有纲举，目才能张，因此居统帅地位。文章的选材、结构、行文，都受立意左右和支配。要依据立意选取材料，要按照中心谋篇布局结构文章。"百川向大海"，"葵藿倾太阳"，大概说的就是这样的道理。

"奶奶——"丁咚咚一时只顾低头看笔记本，头脑映现出程老师讲课的景象，忘记了奶奶的存在；这时他回过神来，好似突然发现还有个奶奶坐在身旁，他惊叫一声后才问："你听明白了么？"

"明白，明白，孙子讲得太明白啦！"奶奶一直在点头，只是丁咚咚没有注意。

"喂，奶奶，你可不能乱说，那可不是孙子讲得明白，那是人家程老师讲得明白呀！我怎能贪别人之功，掠程老师之美呢？"丁咚咚抬起头，眼睛翻白着，更正奶奶。"你说'孙子讲得明白'，这不等于辱骂程老师是'三孙子'么！"

这可把奶奶说慌了神，赶忙改口说："哪里，哪里，我怎敢毁师谤教！其实，程老师是你的直接老师，你又把他课堂讲授的知识传达给我，就是我的间接老师。俗话说得好：'一日为师，终身为父'，他怎能是'三孙子'，他应该是我二人的终身父亲哦！"

丁咚咚一听，"噗哧"一声，差点笑喷了，手拍着奶奶肩膀头说："奶奶，咱俩是祖孙三代，怎能有一个共同的父亲呢？弄差辈了啊！"

"呃？唔，"奶奶头低了一会，方知口误，满脸羞红，纹路笑得像盛开的九月菊，眼泪都快溢出来，自我解嘲说："这年头都是同志，管它什么辈不辈的，不倒翻天干就知足矣。你还是接着说吧，我听呢！"

程老师说，有的同学写作文，根本不考虑文章立意。看到文题后，他们不是在审清题材范围和其他要求的基础上，首先去考虑要表达一个什么见解和看法，把中心思想确定下来，然后再按照这种"立意"选取材料和谋篇布局，巧妙地构思篇章；他们甚至想都不想，平推着往下写。结果呢，写出来的东西，淡然无味，还不如一杯白开水，别人读了得不到任何启迪，白白浪费了时间。

程老师讲到这里，从文件夹中"哗啦"翻出一张大白纸，一个优雅转身便平铺于黑板之间。同学们的目光好像几十只玲珑的小鸟，"呼啦啦"飞向前边——展现在大家面前的，是这样一篇学生习作：

我 的 一 家
（衣丙丁）

　　家庭是社会的细胞，一个社会是由无数的家庭构成的。每个家庭有每个家庭的特点，不管幸福还是不幸福，都有相同的地方，也有不一样的情形。欢迎你们来到我的家参观，看看我家是什么样子——

　　我家有四口人，爷爷年岁最大，今年67岁，头发已经花白，脸方方的，眉毛又黑又浓，一双大眼睛，高兴时炯炯有神，生气时暗淡无光。他退休闲居在家，有时出去散步，或者和邻居老人聊天。爷爷的脾气越来越坏，没人招没人惹他就发火。和外人还好，回到家里就横挑鼻子竖挑眼，专找妈妈的毛病，幸亏我妈妈能忍让，要不我家早就闹翻天啦。

　　我爸妈都已年届不惑，天天上班下班，工作清闲自在，可说是"优哉游哉"，平平淡淡才是真嘛，就那样打发他们无拘无束的日月。爸爸下班后，经过副食果菜市场，顺便买回些蔬菜、水果和其他食品，进屋后把买来的东西向妈妈"交差"，然后什么也不做也不管，当上甩手大掌柜的，立刻钻进他的房间，继续和他的电脑打交道。

　　妈妈就不一样了，她要给全家人准备一日三餐，还要洗洗涮涮，尽到家庭主妇的责任呢！然而妈妈也不是任劳任怨，她常说她是家中的奴隶："我就是给你们祖孙三代打工的！"妈妈有次在爷爷出去后，当着我的面，这样跟爸爸发泄她的不满。

　　我呢，今年刚上初中一年级，天天忙学习，但成绩一直很稳定，甘居中游，每次考试进步都不大。放学回到家后，急忙写作业，然后有好电视譬如足球比赛，就在电视机前"蹲守"，没有我喜欢的节目，我就抱着球出去玩。天色暗下来，我们全家人都各自踏进梦乡……

　　学生们在程老师的指导下，快速阅读能力越来越强，没用上两分钟，就把这篇作文从头到尾看了一遍。还不等程老师提问，惠天佑举手后起立，将薄外套往怀里一拉——他喜欢穿外套不扣纽扣，觉得这样帅气、潇洒，他的大脸盘朝向程老师，双眼皮上面的眉毛叛逆地向上飞扬，一张口露出骈齿，说："我觉得衣丙丁的这篇作文，把全家四口人一一写到，完全和《我的一家》题目相符。我就说这一点。"

　　惠天佑坐下后，高个子的混血少年冯新发举起右手，他眼窝较深，有点鸭子嘴，身体先从椅子上向前倾斜，大脚片在地上还没踏稳，便以青春期特有的沙哑嗓音说："我认为衣丙丁的语言很有特色，比如写爷爷发脾气，'没人招没人惹'，'横挑鼻子竖挑眼'，'要不早就闹翻啦'；写爸妈工作清闲是'优哉游哉'，'平平淡淡才是真'，'打发他们无拘无束的日月'；写爸爸买来东西回家'交差'，然后什么事情也不做也不管，是'当上甩手大掌柜的'；写妈妈说自己是'家庭奴隶'，'我就是给你们祖孙三代打工的'；写'我'在电视机前'蹲守'，等等，这些词语，用得准确、活泼、风趣，文句流利、顺畅，真可说是自然为文，如风行水上。"

见无人说话，眼睛圆又亮的邢君同学站起来，他习惯性地用手摸了一下厚耳垂，语音十分清脆，甚至还带点稚气，说："读了衣丙丁同学的《我的一家》这篇作文，我觉得，很难归纳出来中心思想。全家四口人，没有主次，详略不分，一个一个地介绍，以谁为主？没有！写爷爷好发脾气，写爸爸当甩手掌柜的，写妈妈偶尔唠叨，写'我'学习不用功：这些都是围绕哪件记叙的？没有！同时，也看不到谁对谁错，孰是孰非，何好何坏，就像程老师前边说的那样，这篇作文，根本没有考虑文章的立意！"

邢君同学这些话，可说是一语中的。从程老师嘴角弯起的笑容可以看出，他听后是相当满意的。对这样的问题，必须给学生分析透彻，因为写作文不知道考虑立意，提笔就推着往下写，这在中小学生中不是个例，而是普遍存在的现象。程老师曾经说过，让学生懂得，写文章知道考虑立意，这是首先要解决的；然后，就要教会学生在写作时如何进行立意，怎样在文章里写出个好意思来。

哪知道，秦昊两眉之间的肌肉却拧成了个疙瘩，好像有只鹌鹑蛋从皮肤里钻出来。因为邢君说的话，引起他的老大不满。衣丙丁是秦昊的好朋友，两家人住在一个小区，又在同一学校就读，秦昊来程老师作文班学写作文，还是衣丙丁给引荐的呢！秦昊过去根本不会写，不长时间就会写了，有几次写的作文还受到程老师的表扬，他心里暗暗感激着衣丙丁。本来，秦昊看了《我的一家》这篇作文，就真心实意为衣丙丁的语句啧啧称赞，但听到被邢君说得"一无是处"，就怒从心上起，恶向胆边生，"飞龙在天"，他的身体似黑色旋风平地腾起，喊着说："大家都赞扬衣丙丁文章写得好，偏你邢君吹毛求疵，鸡蛋里挑骨头；你说衣丙丁没考虑立意，那你考虑考虑，写出一篇来，让大家评评，若比衣丙丁的还好，我……我……"说到这儿，慌乱中他不知怎么接下去，兀自翻一阵大眼珠，半天才续了一句："那我就……就算服你了。"

秦昊的蓝灰胸前加白方块的校服，松松垮垮地套在身上，把紫黑的皮肤倒反衬得不那么扎眼。此时面色显得庄重，还没等他说完，有个别学生用笑声迎合着他的观点，这使邢君的脸一直红到了后脖根，疏淡的睫毛跳动几下，眼睛蒙上一层阴翳，泪珠随时都会抖落下来。大家再看站在讲台上的程老师，他却显得有些兴奋，余笑还逗留在他方阔的大脸盘上，他朝向邢君说："有句老话，叫'枪打出头鸟'，还有一句说是'鞭打快牛'，意思是优秀的人容易招惹是非，受到攻击，但不要怕，谁让你优秀呢！邢君，既然你慧眼独到，能指出衣丙丁的作文没有中心，缺乏立意，刚才秦昊又将你一军，那你就把衣丙丁的这篇作文改写改写，给他的淡汤里撒一把盐，写出一篇有滋有味、有个好意思的文章来！"

邢君可是个听话的好学生，他的脸色经历瞬间的春夏秋冬，淬炼片刻的风霜雨露，这时快乐又游弋在眉宇之间，对程老师这个要求，他二话不说，找出笔本，埋下头去，泼墨挥毫，只听纸上有股小溪淙淙流淌，又似有只小鸟在对他唱歌……

（五）大笔一挥，文中撒盐出新境

就在这中间，为表示自己不失公允，秦昊又站起来，指着前边的衣丙丁的《我的一家》这篇作文，来个"二进宫"："也不能说衣丙丁的作文尽善尽美，我现在就看出一处毛病：他说爸妈都'年届不惑'，这个'不惑'，属于用词生僻，不通俗，不光我不懂，我想在座的所有同学，没有一人能弄明白的！"

不过，这次他说话时摆出一副绅士姿态，满脸肌肉放松，笑意在眼窝里打旋儿。其实，秦昊这些话，醉翁之意不在酒，他贬中藏褒，是想说：衣丙丁掌握的词语丰富，涉笔成文，挥洒自如，像"不惑"这样的文句，大家闻所未闻，却能在他的笔下出现。

秦昊的话音还没完全消失，就在教室里引发了一场狂笑：周媛媛、裴玲、左雨虹、鞠雪晴等几名女同学笑得瘫软在桌面上，用手抹擦着眼泪；孙洪达笑得身体左右摇晃，两脚用力蹬地板；班长郭淑薇担心影响课堂秩序，憋得喉咙管里咕咕作响，一句话也说不出来，只是用手一动不动地指着秦昊……

可真是，谁又能忍住那忍不住的笑呢？这下，没有一个学生站到秦昊的一边，不仅没有给他喝彩的，没有帮他说话的，甚至没有一个学生和他眼光对接的；QQ频率最高的快捷语"我晕倒"，这回让他实现了，他真的快晕倒啦！这也是他头一回体验到，孤独是一种多么可怕的处境。他收回了脸上的傲慢，撤消了刚才的得意笑容，抬手混乱地抓挠着自己的小毛寸头，直憨憨地看着周边同学，最后他圆鼓鼓的眼睛盯住衣丙丁的脸问："我哪儿说错了？"

实际上，程老师的笑腺也够发达，感到有许多小虫在嗓眼儿往外爬，那种痒痒的滋味让他几乎情绪失控。因为自己是老师嘛，不可太放肆，他尽力忍着，实在憋不住笑场了——嘴里被一股气流冲开，只听"扑哧"一声，眼角鱼尾纹像打开的两柄扇子，眯眯地看着衣丙丁说："那你就把情况告诉他吧！"

　　瘦高体形的衣丙丁同学，穿着一身浅色休闲装，有些卷曲的头发梳得规规矩矩，一副特大的黑色眼镜罩住了半张脸。他外表腼腆，举止优雅，平时不太爱说话，尤其在公众场合，从不显山露水。程老师让他说，他也只能勉为其难，站立桌前，不愠不火地对秦昊说："和你说的恰好相反，咱们作文班里的同学，除了你和几名后进来的，没有谁不知道'不惑'这个词。这是《论语》里孔子的话，在你来之前，程老师给大家抄写过，讲解过。"

　　秦昊对自己说话冒失第一次感到难为情，张着的口闭不上，伸出的舌头缩不回去，恨不得挖个坑把自己埋起来。程老师脸上的线条非常柔和，微笑道："呵呵，请秦昊同学坐下吧！没关系，这种'不耻下问'的精神，也是孔老夫子提倡的！衣丙丁，请你把孔子这段话，连同我的解释，一起抄在黑板上，以便让后来的同学也学会。"

　　衣丙丁离座，走到前边，捡起一支粉笔，不声不响完成板书：

　　子曰：吾，十有五有志而学，三十而立，四十而不惑，五十而知天命，六十而耳顺，七十而从心所欲，不逾矩。

　　后来，人们便把30岁、40岁、50岁、60岁、70岁，分别用"而立"、"不惑"、"知命"、"耳顺"、"不逾矩"来代替。

　　"嘿嘿，原来是这么一回事！"傻眼半天的秦昊，盯着黑板呆呆地看，一边往笔记本上抄写，一边自言自语。但接着他的头又似风车般摇晃了，站起来看着程老师问："老师，孔子为什么不说80岁、90岁、100岁都应该怎么样呢？你能告诉我么？"

　　不待程老师说话，林心怡尖细的下颔往上一扬，冷冷地哼一声，说："孔老夫子只在世上活了73岁，怎能说出他80岁以后的事情呢？真蠢！"

　　秦昊眼睛虽大，却揉不进沙子，他听林心怡话里后边带刺儿，有"真蠢"二字，气得脸红脖子粗，一双大水牛眼珠像老君八卦炉里往外冒着火苗，他用手指着她问："你说谁'真蠢'？我有不懂的问题，问一问，有毛病吗？再说了，我请教的是程老师，谁也不稀罕问你！"

　　林心怡身材纤细，面容姣美清秀，性情直爽，聪颖好学，且说话尖利，小性子，不容人。这同林黛玉何其相似！有人经过数字统计分析，过滤出这样一种说法：林姓的女孩，大多都具有林黛玉的品质，包括体质和性格两个方面。这个说法是否精确，还有待进一步考证。不过，在程老师作文班学习的林心怡，千真万确身上有林黛玉的一些特质。此时，她听了秦昊的指斥，两条细长的眉毛挑起，张扬一股霸气，满脸露出鄙夷的神情，回击说："一个傻瓜提出的问题，比十个聪明人还要多呢！我现在要听程老师讲解文章立意，没人愿看你'醉驾'，烦不烦？"

前面说过，秦昊这小屁孩，生来秉性刚直，若与人说话争执，不占上风，绝不肯善罢甘休。然而此刻却似乎有一捆纱布堵在喉咙，嘴张了几次，竟没能发出一个响亮的音节来。正当秦昊骑虎难下、尴尬难堪之际，邢君两只手把作文本举过头顶，站起来说："我写完了，请老师过目！"

程老师来到邢君座位旁，接过作文本迅速浏览一遍，对着邢君颔首示意，并说："你把它拿到微机室打字，用大白纸，加粗，用初号字！"

不到几分钟，邢君拿回印有他作文的大白纸，宛如洁白如玉的大理石地面砖，一块块拼在黑板中央。

我的一家
（邢君改写）

社会最小的单位是家庭，两者的关系犹如人的身体同细胞一样。一个人的身体大概有细胞数40万亿~60万亿个，我们的国家也有几亿个家庭。如果一个细胞发生癌变，就可能很快扩散，最终导致这个人死亡。同样，如果家庭出现不和谐，甚至破裂，也会影响社会稳定，进而导致社会解体。这正像常言说的："千里之堤，毁于一蚁之穴"。因此，搞好家庭团结，建立和睦关系，是维护社会稳定的重要环节。有人说，幸福的家庭都是相同的，不幸的家庭有各自的不幸。其实，我们家共四口人，也是很幸福的家庭，生活得其乐融融，但也不是一帆风顺的。

爷爷年岁最大，今年六十七岁。自从奶奶病殁，在妈妈主张下，我们把爷爷接过来和我们一起居住。妈妈说，这样她和爸爸就可以放心了，要不他们三天两晌就得往爷爷住处跑，别人还以为儿女不孝呢！

爷爷这个人有些古怪，他"外圆内方"，吃完饭就出去散步，和邻居老头老太在一起聊天，有说有笑的；可一回到家，立刻变成另外一个人，满脸阴得要下雨，没人招没人惹，就什么都看不惯，横挑鼻子竖挑眼，动辄就发脾气。今天说爸妈不知节约，买水果蔬菜什么都挑最鲜最贵的，饭食变点味儿就扔掉，浪费是天怒人怨的事知道么？明天唠叨爸妈一会儿让孩子学奥数，一会儿让孩子学萨克斯，放假也把孩子折腾得像条狗似的，弄这些枯燥的玩意还硬说为孩子将来着想，别输在起跑线上，有这样爱孩子的么？

我爸妈两人都在政府部门上班，工作轻松自在，一天优哉游哉的。他二人又年近不惑，平时就淡泊名利，现在除了天天抓我的学习外，就是要把爷爷照顾好，别无他求。

但是爷爷好像并不领情，他认为自己的退休金不菲，没吃谁没喝谁。虽然是在子女家里，他时时有种"寄人篱下，仰人鼻息"的压抑不快感。今天是星期日，因为我要在八点钟到程老师作文班学写作文，妈妈很早就把饭菜做好，她来到爷爷房间，见爷爷已醒，正在抽吸"易星戒烟の烟"，妈妈就问他一句："吃饭不？"，爷爷顿时怒目戟张，大声喊叫起来："我为什么不吃饭，你们嫌弃我是不是？"

　　爷爷生气时，额头两边的青筋凸显出来，平时总像睡不醒的眼睛，此刻瞪得像煮熟的鸡蛋剥去了壳，露出的全是白。他一骨碌从床上坐起，望着天棚顶，一动不动地生闷气。

　　这时妈妈却笑了，低声下气地说："爸，是我说话语气生硬，惹您老人家生气了，请您谅解。我给您蒸了碗鸡蛋羹，一会儿就凉了，还是趁热吃了吧！"

　　早晨起来就玩电脑的"股民"爸爸，也赶忙关机，过来坐在爷爷身边，和他唠起家常嗑。

　　"抽这'易星戒烟の烟'，爸爸您的感觉怎么样？"爸爸问爷爷。

　　"嗯，嗯……"爷爷的气还没全消，只是哼哈答应。

　　"我们单位王局长，他再过半年就要退休了，年龄比您小不了几岁，他从孩小时就吸烟，每天烟量是两盒，总咳嗽，有时痰里都带血，还有糖尿病，医生要他必须把烟戒掉，开始他还不情愿……"爸爸继续说。

　　"噢，你们那个王局长，我早就认识他，他年岁不小了，他也在戒烟？"爷爷一听说到熟人，就打开了话匣子。

　　"他都戒住半年了，也是用'易星'戒住的，他说好使，是中药戒烟，还能清除肺部烟毒，是绿色戒烟！那天我在网上查了查，发明人诸小浓教授是北京同仁医院呼吸道专家，这戒烟产品在1995年就上市销售了！我这才决定给您买一大盒，也想把您的烟瘾戒掉，同时还能洗肺！"爸爸把这些话又说了一遍，也是为了增强爷爷戒烟的信心。

　　说着话，爸爸把爷爷拉起来，扶到餐桌旁落坐。爷爷的神态已完全缓和过来，把"易星"拿在眼皮底下端详，并说："这玩意行，我吸它，对香烟不怎么想了，一看别人拿香烟吸，还有点厌烦，烟瘾渐渐消失了……"

　　我也赶忙放下书和笔，跑过来挨着爷爷坐，搂着爷爷的肩膀说："爷爷，您戒了烟，一年能省下好几千元钱，您用这钱给我买台笔记本电脑吧！"

　　"你正上学读书，学习那样忙，买什么笔记本电脑？"爸爸和妈妈一齐用眼睛瞪着我说。

　　"那爷爷您就给我买辆电动自行车吧！"我故意不依不饶。

　　这次，爸爸妈妈看出我是哄爷爷，他们没有阻挠。可是爷爷却说起大道理："你有辆自行车骑就行了呗，还买什么电动的？咱家有钱了，也要提倡艰苦朴素哟！你没听说'勤俭养德'嘛，这可是古训！"

"就是呀，小富由俭，大败因奢，以后我们都要听你爷爷的话：过日子量入为出，精打细算，以浪费为耻，以节约为荣！"妈妈也为自己过日子不擅从长计议作着检讨。

说着话，我不停地往爷爷碗里夹菜，乐得爷爷胡子直往上撅，脸上一条条的皱纹也都饱蓄笑意，刚才的怒气已消失得难觅踪影。他笑得真甜，吃得好香。

过去，家里是以我为中心；现在，转移到以爷爷为中心。全家人一心一意让爷爷精神快乐，安享晚年。我觉得，爷爷来了这半年多，日子过得比以前有意思多了。

偌大的教室内，一双双明亮的眼睛，还有潜藏在后面的几十颗求知的心灵，交织在一起，投向黑板上邢君的这篇新作。不待程老师张口，好几只手错错杂杂地伸向空中……

（六）点石成金，"死人"居然变"活人"

首先站起来的白杨，在她薄如蝉翼的眼皮下面，一双含露噙水般的眼睛，是那样的天真和纯洁，仿佛世界上什么肮脏的东西都玷污不了她的心灵之窗。她向前盯住黑板，缓声慢语地说："邢君改写后，文章出现了故事情节，人物都活动起来，使那些不在眼前的事物，都一下子奔到自己的笔端。原来衣丙丁的作文，面面俱到，个个介绍，却没有情节，没有描写语句，人物好像都是躺着不动的，全是死人！"

"小白兔！小白兔！"

时下已是暑去秋来，虽然午后骄阳似火，但是早晚已透出凉意。今天来作文班前，白杨换上一件磨白牛仔，深灰针织拼接的小翻领连衣裙，柔顺的大裙摆微微蓬起，把她打扮成一个小美人。头顶上的两个羊角辫，说话时总是东倒西歪地动，所以大家都这样喊她。

本来白杨还想再说些什么，但她说的最后这句话有那么一点生硬，因此引起一阵哄笑声，把她那比头发丝还细的语音盖住了。"大眼睛"鞠雪晴乘机站起来，染墨的双瞳盈盈波动，跟她一起说起话来："白杨说衣丙丁作文的叙述是面面俱到，个个介绍，也就是说没有主次，没有详略，平分了笔墨，缺少一个中心。我看她说得很对。古今中外，那些让人百读不厌的文章，无一不是在立意上下了一番工夫的。再看邢君改写后的作文，情形就不同了，里面的记叙，是以爷爷这个人物展开的，重点明确，中心突出。"

在鞠雪晴发表见解后，穿着一身翠绿色堆领针织衫、搭配黑色字母打底裤的任梦洁，用手抚摸着披散在肩的靓丽秀发，边站边说："冯新发曾说衣丙丁的作文语言很有特色，我当时也较认同。但是现在和邢君的语言一对比，我觉得还是那句话：小巫见大巫！为什么呢？因为像白杨说的，衣丙丁的作文里面没有故事情节，人物也都是不会活动的'死人'，就不可能像邢君那样，使用灵活多变的语言，把人物描绘得栩栩如生。关于这个，我多说也没用，还是请大家再对比阅读黑板上挂着的这两篇习作吧！"

任梦洁素有"女才子"之称，举止落落大方，一张白白净净的脸蛋，一双清清爽爽的眉眼，说完话嫣然一笑，两个浅浅的酒窝美如花朵，大家还没听够，她却款款落了座。

这时候，大家都熟悉的马岩同学站起身。她是女孩子中最顽皮的一个，性格直率，大大咧咧，好说"屁"话，天生的乐天派，更是课堂里的一员干将。她嘴角大，眼皮长，有个好眨眼的毛病。因为同学们都喜欢和她开玩笑，所以站起来后首先向周围张望一回，眼皮又挤巴几下，说话仍略带口吃："刚才白杨说，邢君作文里有，有人物描写，有故事情节，这里我还想替，替她补充几句：邢君能在情节发展中描写人物。换句话说，它的人物描写是，是动态的。比如描写爷爷这个人物，先写他对，对妈妈问他'吃饭不'的病态反映：'怒目载张'，'大声喊叫'，'额头两边的青，青筋凸显出来，平时总像睡，睡不醒的眼睛，此刻瞪得像煮熟了的鸡蛋剥去了壳，露出的全是白'，'望着天棚顶，一动不动地生，生闷气'；接着写妈妈道歉，爸爸走过来陪他闲聊，要他戒，戒掉烟瘾，提起熟人，'他就来话了'；后来爸爸又，又把他拉起，扶到餐桌旁坐下，'爷爷的神态，已完全缓和过来'，把'易星戒烟の烟'又用力，抽吸几口，'像看宝贝似的拿，拿在眼皮底下端详'，还说'这玩意行……'；最后又写'我'跑过来挨，挨着爷爷坐，和他亲切交谈，哄他开心，又不停地往，往他碗里夹菜，'乐得爷爷胡子直往上撅，脸上一条条的皱纹也都饱蓄笑意，刚才的怒气已消失得难觅踪影'。总之，对人物的这些描写，是随着故事情节向，向前推进，而不断发展变化的。同时，这些对人物的动态描写，也有力地推进故事情节的向，向前发展。"

程老师静静地听着学生发言，心里却在盘算，如何能够让学生在这个过程中，把这些写作知识更深入地理解、掌握和运用。语文学科及其教学，同其他学科有所不同，它属于形象思维范畴，需要学生驰骋想象，这就必须让学生积极参与，使课堂气氛更活跃，甚至是疯狂。尤其作文教学，没有也不应该有固定模式，目前更没有成型的教材，写作本身从来就没有现成公式，随意性较大，这就要求教师知识广博和对学生进行激情熏陶，触发学生的创作欲望，让学生全身心地投入其中。此时，程老师觉得，学生对两篇作文的讨论，偏重于对文章表达方面的分析，却没有涉及思想内容，而让学生学会在作文里进行立意，这正是今天他的教学目标，必须要正确启发引导。

"谁能说说，邢君改写的作文，都写了哪些事情？"程老师这时没有再叫正在举手的同学发言，他提出这样一个问题。

　　"穆彪子"站起来，不假思索地说："写爷爷脾气暴躁，但是，全家人还都哄着他玩。"

　　李贽"潜水"半天有点缺氧，这次他想抢先冒个泡儿，提高点"知名度"。他说话有节拍，像在报道新闻联播："写妈妈给爷爷做鸡蛋羹，爷爷发脾气，妈妈却不和他一般见识，还向他赔礼道歉。又写爸爸和爷爷闲聊谈心，给爷爷买戒烟产品。这些都是写爸妈关心爷爷身体健康。"

　　其实，李贽同学的知名度已经不小了。到今天为止，他在程老师作文班才上够五节课。在刚一进班那天，就已名声大噪。他站在门口自报家门："鄙人李贽，华强私立学校初二六班生活班长，目前还在汪舒老师的艺术学校学习播音。有共同兴趣的话，可以找我一起玩哦！"说话同时，他右手展开，手心贴胸，弯腰向在座的各位行礼。

　　华强私立学校，那是市里实力一流的私立学校，大名鼎鼎，大多是官二代、富二代和星二代在那里就读，光赞助费一年就要交五六万元，一般人是去不了的。说起汪舒，那更是电视台主持界的名人，年轻有为，包打省台多个频道节目数年不衰。她天生丽质，音域宽厚甜美，令很多同行自惭形秽，感叹莫如。目下她正与人合资办学开班，每周出讲两次，那气场非同小可。学校不时派保安维持秩序，以免造成人员损伤。

　　李贽名字的"贽"字，明眼人一看便知，那不是普通家庭能起得出来的，如果不是花钱到"起名馆"弄来，肯定会是有相当文学背景的。李贽这次到程老师作文班学习，就是听了妈妈劝告才来的。他妈妈也是广播电台的名主持，爸爸是官场人物。在这点上，李贽受妈妈影响很大，一心想考上海传媒大学，将来当一名出色主持人或是搞影视策划。但美中不足的是，他语文成绩不是很突出，若想当个优秀的男主持，没有良好的表演才艺、文学功底和写作能力，是难以望其项背的。"爱其子，择师而教之"，他妈妈见多识广，对程老师独特的教授作文方式心仪久矣，专门拜访过程老师，一席话过后，当天就让李贽进了程老师作文班。

　　李贽身上这些"光环"，乍听之下，让很多同学不禁肃然起敬了。

　　"礼云礼云（李贽李贽），玉帛云乎哉？"李贽自我介绍后，程老师引用《论语》里面一句话，逗得同学们捧腹大笑不止。

　　李贽发言完了，腰又一次略略哈一哈，头也稍稍低一低，摆出个优雅的姿态，在众人艳羡的目光中完美谢幕。

　　许行之不打没把握的仗，这次更是成竹在胸，抢答道："还写'我'为了让爷爷开心，故意没话找话和他唠嗑，还不停往他碗里夹菜，让爷爷多吃点儿，发脾气时能有劲儿！"

　　大家你一言，我一语，嘻嘻哈哈说个没完没了。程老师摆摆手，要求同学们肃静下来，他有话要讲："立意就是文章的主心骨，是一篇作品的灵魂。明末清初学者王夫之说过：'意，犹帅也；无帅之兵，谓之乌合之众。'他说的'意'，即是指文章作者的写作目的，我们叫做主题思想。大家说，邢君写的这些事情，表现出全家人对爷爷是什么态度啊？对他身体、生活、精神等方面都起哪些作用？谁能用精确的语句，把文章的主要内容概括出来？"

　　程老师话音未了，脸色似乎先天贫血，一说话又憋得发红的鲁晓非，立即举手抢答："邢君作文写的主要内容，概括起来是：我们全家人对爷爷生活无微不至地照顾，对他身体周到细心地关怀，对他精神热情真挚地抚慰，使爷爷有了归依感，能够安享幸福的晚年生活。"

　　鲁晓非小时身体羸弱，后来努力加餐，这些年就像被气吹起来似的，长得粗壮胖大。由于家长和学校老师保护过了头，鲁晓非属于"娇宠型"孩子，说话和做事让人感到缺乏自信，课堂上甚至不敢讲话。"有缺点就指出，有错误就批评，有成绩就肯定，有进步就鼓励"，本着"四有"原则，经程老师这段时间的"赏识教育"，他的胆子越来越壮，信心越来越足，发言次数也就越来越多。

　　"呵呵！鲁晓非同学把主要内容归纳概括得很准确，语句也很精炼！"在程老师清朗的笑声中，学生们看见赞许的目光从他眼镜片后面向外飞扬。"大家再想一想，过去我们做阅读分析题时，我给你们写了一条如何归纳记叙文中心（主题）思想的公式，是什么呢？谁还记得，请说。"

　　韩铁壮举手后回答："归纳总结记叙文中心（主题）思想的公式＝主要内容＋立意。具体地说就是：本文通过记叙×××事件（或人物），表现了（或赞美、赞扬、赞颂、歌颂、批评、批判、揭露、嘲讽、鞭挞……）×××思想（或精神、品质、品德、看法、观点、观念……）。"

　　程老师夸奖韩铁壮学习认真踏实的态度。他认为，好孩子是夸出来的。让韩铁壮坐下后，又问道："谁能分析总结一下，邢君改写的这篇作文，它的立意是什么？换句话说，文章表达了什么样的中心思想？"

　　白白胖胖的小手掌，犹似麦田里刚刚秀出的麦穗，齐刷刷地仰头挺立起来，刺向天空。就在很多同学争着要求发言的瞬间，衣丙丁"呼囔"一声从座位站起身来。可以看出，他有些急不可耐。

　　"我想谈谈我的看法。"他嘴里说出这样的开场白，还用手拉平胸前衣襟。

　　对于他在此时急于发言，秦昊和有的学生揣测，衣丙丁对否定自己的言论，就要开始"反击"，要"发飙"了。本来秦昊早就有"路见不平，拔刀相助"的想法，但听那些发言同学说得有理有据，头头是道，又觉得无言可对，无懈可击，唉唉，真是爱莫能助哟！这时他见衣丙丁一脸的不卑不亢，不急不躁，要独自披挂上阵，就决定在旁助一臂之力。秦昊伸出右手，五指朝天，似乎是一面小旗高高飘扬在头顶，对着衣丙丁方向用力一挥，意思是"战斗吧，我是你的坚强后盾！"

衣丙丁停了一下，他看看大家，又看看黑板，眼睛像箭头一样从此就一直射向前方，大声说道："我极仔细地拜读了邢君的大作，我要心悦诚服地说，我写的《我的一家》作文，是无法与之相匹敌的！"

"反语！衣丙丁说的是反话！"衣丙丁刚说这么一句，秦昊直着脖子大声喊叫起来。

"不，"衣丙丁的头微微摇着。"我说的是心里话。"

"衣丙丁，你要挺得住，不要投降！"秦昊边喊边挥动右巴掌，在半空中犹如长虹贯日。

程老师制止秦昊的行为，目光里透出一股威严："请你认真听别人发言，遵守课堂纪律！"

衣丙丁是个少说多做的学生，平时坐在哪里都安静得让人联想起风平浪静的湖面。他细腻的麦黄色皮肤中透着微黑；一双眼睛明亮清澈，瞳仁有些深黑透出蓝色，跟他的性情一样柔弱温和，有种让人沉迷的魅力；鼻梁向上高挺，带着好看的弧度；三七分的头发，整齐地覆盖在宽大的额头上，这时你一定会想到他的脑袋里蕴藏着丰富的"矿藏"。秦昊消停下去，衣丙丁声音有点颤抖地说："前面几位同学说的没错，我写的作文，虽然对家里的四位成员原原本本地作了介绍，但是，由于没有选择重点，也没能通过叙述一件事或几件事，去编织故事情节，去塑造人物形象，因此就都流于平面的记叙，充其量只不过是写些背景材料。材料叙述完了，文章也就结束了，读者完全不知晓作者所表达的意图，这当然算不上佳作。经过程老师的指点，看了邢君的改写，听了同学们的评析，反过来再看自己的作文，我真的感到无地自容；认为白杨说我写的'全是死人'，并无不妥！读者在我写的这篇作文里，看不到人物的外貌神态，看不到人物的动作举止，那不是'死人'，又是什么呢？"

埋藏起羞赧与不安，自信和亢奋走进了他的胸膛：谁不想担当一回主角呢？谁不想展示一把自我呢？

哪怕他是个小P孩，潜在的能量都能在这里找到释放的舞台。衣丙丁越说越激动，脸膛白得像一张纸，上面没有了畏惧，目光里也不见了犹疑，他稍稍停了停，语句更加流畅起来："我们再欣赏一下邢君改写的，文章里有浓郁的故事情节，有强烈的矛盾冲突，有热闹的生活画面；人物的形象活灵活现，个个都是有血有肉有思想性格的'活人'。另外，这一点最重要，就是邢君考虑了文章立意，让作品有了鲜明的中心思想。按照程老师的要求，给我的作文这碗淡汤里撒了一把盐，在这些貌似日常家庭生活的平凡小事记叙中，通过全家人对爷爷身体的关心，对他生活的照顾，对他精神的抚慰，赞美了中国人孝顺长辈、敬老爱老的传统美德。这是多么博大深远的立意啊！"

说到这里，衣丙丁的眼神才从前边收回，看看邢君，看看白杨，看看程老师，又左右前后环视全班同学，他满怀深情地说："在程老师指教下，邢君同学妙手回春，点石成金，不仅使《我的一家》这篇作文有了血肉，而且还赋予了它灵魂，使它有了生命，真的是把'死人'变成了'活人'！"

"哇——"对于衣丙丁虚怀若谷、从善如流的精彩演讲，大家十分感动，他的语音未落，教室里顿时掀起一片叫好声……

（七）以小见大，立意有个总方针

在衣丙丁发言的过程中，秦昊发了几分钟的呆，一张黑虎头似的脸停止了转动。但是这个时间不会很长，他又开始一会儿看看左边，一会儿瞧瞧右边。后来他渐渐地听得入了迷，还不时地咽口唾沫，上下用劲儿地点着头。接着，他的双手也跟着别人举过头顶，夸张地拍击起来。

程老师也随着学生的节拍，给衣丙丁用力鼓掌。当掌声停歇下来，他直立在讲台上，用他那浑厚的男中音说道："经过邢君的改写，以及同学们的发言讨论，大家已经弄清楚，写文章立意是何等的重要。我们再写作文，不仅要思考选用什么材料，写出哪些内容，更要考虑通过选材表达一个什么观点、见解和看法，从中写出一个好意思来，即我们说的立意。以前，不少同学不知道立意，往往就写出来一篇没有中心、没有思想性的作文，像衣丙丁写的《我的一家》，就是这样的例子。邢君改写时，因为考虑了立意——孝敬长辈是中国人的传统美德，围绕这个中心选取材料，进行布局谋篇，构思故事情节，塑造人物形象，才把这篇作文写得有声有色，引人入胜，感人肺腑。"

就在程老师说话的空当儿，秦昊把手似举非举地伸出来，他真的成了"每事问"："老师，今天课堂，你先讲解了什么是立意——不就是在记叙的材料中，寄寓写作者的思想观点嘛，它是核心，是灵魂，是统帅，贯穿始终，这个我弄懂啦。后来，你又通过让邢君改写衣丙丁的《我的一家》这篇作文，提醒我们写作文时，应先考虑给文章立意，这个我也搞明白啦。但是，到现在，要我写作文，我还是不知道怎样才能写出个好意思来——你能教给我们在文章中立意的好办法么？"

这次发言，秦昊已没有先前的耀武扬威、包打天下的那副架势。他在课堂里连遭"挫折"：先诘难邢君，错了；又提"不惑"，丢脸；声援衣丙丁，遭拒；尤其被林心怡一顿挖苦嘲讽，说他是一个"傻瓜"，"提出的问题比十个聪明人还多"，使他颜面扫地。然而，虽然今天他遭遇了滑铁卢，但现在头脑里又跑出来个疑问，憋在肚子里不说，这既不是他的性格，也让他委实难受。"有屎就拉，有屁就放，有话就说，肚子就舒服了。"他爸爸常说的这句话，他认为是至理名言。因而，他努力调整出一副无所谓的姿态。不过，他这次站起来提问还是倍加小心，变得支支吾吾，欲言又止，流露出谨小慎微的胆怯形状，使人不由想起"初生牛犊不怕虎，长个犄角才怕狼"这条俗语，此时用到他身上是再合适不过的。

"呵呵，好的，好的……"程老师看在眼里，心里明白了一切。他对秦昊这个学生还是给予正面评价的。像秦昊这样的同学，应该让他逐渐克服缺点，发扬他敢想、敢说、敢做、积极思考、大胆发言的优点，把他引导到正确的轨道上来。为了打消顾虑，程老师用热情的语言表扬了他，然后说："秦昊提出的问题很重要，我们写作文时，要知道考虑立意，这还仅仅是第一步，第二步就是要学会如何立意。我们要过河，就必须有桥。下面，我就把在写文章时如何进行立意，一个一个地解决它……"

程老师那灰黑微凹的双眼，有一种慑人的力量，但并不让人觉得犀利，看上去反而非常和善、睿智又细致。他的眼睛被镜片映得明亮，闪着能够看得很远的光，说道："首先，我要把'立意'这个概念诠释成几句话，这也是进行立意的总方针。"他边说边操起粉笔，扬起右手，以他那娴熟、娟秀的笔体，在黑板上写出下面一段话：

立意的总方针——

考虑立意，就是要善于从日常生活的平凡小事中，挖掘出事物的内在本质，揭示出思想意义，折射出社会光辉，让读者得到深刻的启迪，受到巨大的教育，感悟出具有普遍性的大道理。

板书完，他见多数学生抄下来后停下笔，就又侧转身，抬起手指轻轻地敲击黑板，说："怎样写好文章立意，这段话就是指导方针，也是总的原则，我们就是要按照它指出的方向去考虑立意。下面，我就请大家思考分析，根据这段话的意思，可把它分为几个部分，每个部分写的是什么呢?"

沉默一阵后，陆陆续续有人举手发言。有的说可分三部分，有的说可分四部分，还有的说可分七部分。

正在这时，只见黎梅花站了起来，她抬手把溜到额前的一缕头发掠到耳后，笑意盈盈地看着程老师说："这段话只能划分成两部分，就是'要善于从日常生活的平凡小事中'，这句话是前部分，在这之后的话是后部分。前部分说的是如何选材，后部分说的是怎样立意。"

黎梅花在自己学校可是个软硬不吃的女孩子，不但搧过男同学耳光，而且经常顶撞老师。不过，她对眼前这位程老师却很喜欢，很尊敬，甚至佩服得五体投地，还从未在他的课堂上招惹过是非——因为在这个作文班里，大家是真正平等的关系，师生互动，教学相长，学生有疑惑皆可发言探讨，甚至争执得面红耳赤，然而在发言、辩论背后，得到的却是知识的增长，思想的升华，心灵的净化，人格的尊重。

这一切，都让她快乐，让她兴奋。她想到眼下在读的那个学校，班级管理真的成问题。最让她看不惯的，是他们班主任高老师，她压根不拿学生当回事，什么都向考分看齐，对给她送礼的，或者父母有权势的，就高看一眼，座位呀，提问呀，担当班级干部呀，等等，事事照顾。高老师也是教语文的，堂堂让学生背诵中心思想，背诵段落大意，让学生写作文只给一个题目，要不就是读一篇材料，口头提几句要求："主题要正确，描写要细致，要表达自己的真情实感，不少于600字"，就算是布置完了。作文本交上发下，除了写个"甲、乙、丙、丁"和年月日，一个字批语和评语都没有。课文讲解、作文写作，成为使黎梅花昏睡的催眠术，正如一首流行在校园中的歌曲唱的那样："你是不是像我一样，常常在语文课上昏昏欲睡，不无愧色地望着三尺讲台上形影相吊的老师最后消失在朦胧中？你会不会像我一样，翻开练习册望着密密麻麻的文字紧锁眉头？"学生对语文课不感兴趣，正合高老师心意，她和别的学校语文老师串谋，利用星期假日，互相在校外找个隐蔽地方给学生补课，高额收费，这笔收入比她的月工资多好几倍呢！学生不想补，她就找到家长一阵忽悠，或在班级对学生冷言冷语，让你没好果子吃。如此这般，学生情绪低落，很难静下心来学习，成绩一天比一天下降。家长知道后，也只好低声下气送钱送物，缓和关系。直到有一天，黎梅花来到这个作文班，遇见程老师，这一切发生了变化。

"回答得太好了！"程老师赐予黎梅花一个赞赏的眼光，紧接着又问："哪位同学能把这段话前后部分的内容，分别用四个字的词语，给它准确地概括描述出来？"

这个问题确实有一定难度，发言回答者寥寥，且答非所问，南其辕而北其辙。教室里一时变得沉闷，学生都在默默地注视着老师，求知的渴望从一双双瞳孔里喷射出来。顿了一顿，程老师开口这样启发："这段话，前部分说的是选取材料，大家想想，这里是要我们选取重大事件写呢，还是落笔在日常小事上呢？"

温昕卓举手抢答："小事落笔！"

还不等温昕卓说完，左雨虹急忙接上说："后部分是大处着眼！"

程老师眼睛微微眯，嘴角两边形成括号纹理，他满意自己的启发诱导达到预期目的，也赞赏学生头脑机敏，于是把两手合拢，高高扬起，再向下用力一挥，说："很好！概括得很好！"

一个大转身,程老师的大手重新拾起粉笔,两个指头捏得紧紧的,轻轻一旋,就看见黑板上闪出了八个大字:

　　大处着眼,小事落笔。

　　秦昊本想也说上几句,拿笔的手托着腮,他用力鼓动大眼珠,努力在头脑里搜寻,但什么也没找到,听别人说完后,自己只有跟着点头的份儿。

　　程老师写完八个大字后,掉回头对学生们说:"写文章,选取的材料越具体、越详细、越小得'不起眼儿',才越好;要让人看得见,摸得着,这就是'小事落笔'。但是,要写这些平常小事,在落笔之前就应该考虑从中写出个好意思,这个意思是越大、越深、越远,越好,要能让人振聋发聩,惊世骇俗,这就是'大处着眼'。思考立意在先,下笔行文在后。所以我们把这段话概括成这样八个字,这也就是写文章考虑如何立意的总方针。"

　　说到此,程老师炯炯有神的目光,在教室内巡回一周,最后又停落在秦昊脸上,问:"秦昊,写作文如何去考虑立意,这是你提出的问题,经过这些讲解和分析,你听明白了么?"

　　秦昊忙点头,语调轻轻地说:"我已明白很多。"

　　"呵呵,秦昊这回聪明了,虚心了,进步了,不再绝对——他说'明白很多',不说'完全明白',说话留有余地啦!"一直以程式招牌微笑着的程老师,及时地表扬了秦昊,是为了让学生的进步得到肯定,巩固下去。从中我们不难窥到,赏识教育,在程老师的作文课堂里,春风化雨般滋润着学生们的稚嫩心田。

　　不过,如何让学生理解并学会考虑立意,这还是作文教学的难点。解决难点的方法,就是把它"分散"。那么,在这里,需要反复强调,多角度分析,以期让学生从不同层面理解它。想到这一点,程老师又对全体学生说:"如果把'大处着眼,小处落笔'这八个字,再浓缩成四个字,立意的这个总方针会更容易记忆。那么,想想看,应该用哪四个字概括好呢?"

　　"小题大做!"有个学生说。

　　"小事不小!"又有个学生说。

　　"小中有大!"还有个学生说。

　　"小事不大!"这是"穆彪子"喊出来的。

　　"小中寓大!"这时林心怡站起来说,她还没来得及坐下,头一歪,又说出一个:"以小见大!"

　　"很好!几位同学说出的四字词语,把立意的总方针这段话,我看概括得八九不离十。"程老师说完这句话,又一次把脸转向秦昊,问他:"你评评,以上几位同学说的,哪个更恰当些?"

　　秦昊避讳提到林心怡的名字,高声说道:"我早就想说:以小见大!"

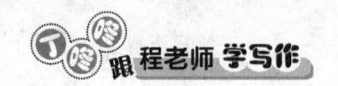

（八）好勇斗狠，巨龙动刀酿血案

1. 咚咚他是小祖宗，奶奶自谦老糊涂

"奶奶——"由于思想高度集中，丁咚咚只管脑里想口里说，又把奶奶忘在一边。讲到这地方，他忽然想起来，就大喊一声。"我说了这半天，你到底听懂没有？"

"懂，懂。"奶奶眯起小眼睛，觑着这个"麻辣老师"的脸色说，"孙子讲得这么明白，我怎能不懂？"

"唉，你怎么又说'孙子讲得明白'呢？我纠正你几次了？"丁咚咚佯装嗔怒。

"你是小祖宗，我是老糊涂！"奶奶点着孙子的脑门，自我解嘲道。

丁咚咚眼睛眨了眨，看着奶奶的样子又笑了："也不知你真懂还是假懂，让我考考你，就知道了。"

奶奶听到个"考"字，心里可就打起鼓：小时上学读书，学校里流行一句话，叫做"平时不用功，考试就发懵"，可是今天自己一直注意力很集中，害怕什么呢？不过，毕竟年事已高，人不服老不行，记性差了，午间做的那碗"红嘴绿鹦哥乌鱼八仙汤"，可不就忘了放盐？还让孙子误以为是在配合程老师，教他写作文立意呢，多招笑！然而孙子要考，也只好硬着头皮答应。

"考就考呗，反正孙子讲的，不，是程老师讲的，我都听懂了！"奶奶咧着嘴笑，满脸的纹路都向眼角聚拢。

丁咚咚考奶奶，其实是想用这方法理清一下自己的思路，巩固复习，加深记忆。

"你说说，到现在为止，程老师讲授文章立意，都讲了哪些方面的知识？"为了显得庄重，丁咚咚也学着程老师讲课时的样子，从沙发上站立起来，又像老师提问学生似的，两眼直视着奶奶。

奶奶嘴唇慢慢开启，露出豁牙齿。她觉得这个问题实在太简单，根本不在话下，就说："嗯，一个是什么叫'立意'，一个是什么叫'不惑'，一个是'首先要考虑立意'，还有一个，叫做'概括中心思想公式'，还有一个，一个什么……"

说到这，她那老态已萌的呆滞面孔，好半天都静止不动了，只有浑浊的眼珠在眼眶内来回滚动，半响才说出话来："唔，还有一个'考虑立意的总原则'，不，'总方针'……嗯，还有……不，没有啦。"

丁咚咚心里有些发噱，边听边乐，他见奶奶嘴闭上不再张开，就笑着说："什么'一个''一个'的，吞吞吐吐，回答问题惧惧迟迟，声音也不响亮。再说，孔子说的'四十而不惑'那些话，属于古代文化知识，是过去在讲课前程老师顺便提到的，只是让学生了解一下，现在却都被你一股脑儿说在一起。真是的，乱七八糟！"

奶奶嘴角颤动个不停，过一会儿又说："孔子说的有关年龄的这些语录，我可是一字不差地记住了。一回想，我这大半辈子，土埋半截的人了，真是和孔圣人说的一模一样：我也是到了十五岁时才立下志愿：以后一定努力学习，将来考上大学，成名成家；不久我果然考上了高中……"

"咚咚咚咚……"

一阵敲门声，打断了奶奶的话。

"咚咚咚咚……"

"是不是死老头子来找我……"奶奶小声嘀咕一句。

"嘘——"丁咚咚把手指放到嘴边，然后又冲奶奶摆手，示意爸妈不在家，不管是谁叫门，也不要开。

"咚咚咚咚……"

2. 警察突然来取证，精灵轻易不开门

在这一轮敲门声过后，门外传来刘大娘的声音："丁咚咚，我是你刘大娘！我儿子刘巨龙，在菜市场用刀扎人，被抓进公安局。现在警察来了，要了解你在路上遇到我和刘巨龙的经过。你把门打开，我和警察进去。"

丁咚咚听到刘巨龙动刀杀人，吃惊不小，但这事与自己何干？然而公安局办案要调查取证，还是应该予以配合的。他这时又想起爸妈"谁也不能开门"的"死命令"，这可如何是好呢？他毕竟是个"小精灵"，眼睛转动几次，突然有了主意，"对，就这样。"

他大声冲着门外喊："刘大娘，对不起！我爸妈曾三令五申，我单独在家，谁叫门也不给开。那样好不好，你手里有我妈手机号，她现在正在外地，你给她打手机，把情况告诉她，若同意给你们开门，再让她给我打来电话。"

丁咚咚听到刘大娘长长吁了口气，在门外说："我刚刚给你妈打过手机，她说和你爸现在在黑龙江看望你爷爷，明天上午才能回来。你妈说你和奶奶正在家里，让我叫你开门。好吧，就按你说的，我再给她打一次手机。"

门外没了动静，丁咚咚转身回到沙发上坐下，两只大眼睛忽闪忽闪眨动不停，他掉过头，仔仔细细在奶奶布满皱纹的脸上侦察、搜索着什么，半晌才说："奶奶，刚才刘大娘说我爸妈他们去了黑龙江，看望我爷爷，这究竟是怎么一回事呀？多新鲜，我怎么又出来个爷爷？我到底有多少个爷爷啊?！"

丁咚咚这么一问，奶奶的脸色骤然间突变，比泼上一盆猪血还要红，她的嘴嗫嚅着，却没发出声音。正在这时，茶几上的座机电话铃声响起，丁咚咚跑过去拿起话筒，果然是妈妈的声音从遥远的地方传来："咚子，你打开门，让你刘大娘和警察进去。刘巨龙在菜市场动刀杀人，被抓起来了。公安局要问你午间放学回家，在路上遇到他们母子的情况，你就有啥说啥，这事与你无关！"

"妈妈，刘巨龙在菜市场杀人，警察问路上的事情有啥用？"丁咚咚把自己的疑问说出来。

"这跟最后对刘巨龙的量刑有关系，是蓄谋杀人，还是激情杀人，不一样。也跟你刘大娘有关，她是不是真把猪肉落在售货柜台上了，你的话可以做个佐证。还有，刘巨龙是你刘大娘用电话找来的，还是他自己跑去的，从你的证言里，可以找到答案。好啦，快去给他们开门吧！"丁咚咚还想问什么，妈妈已经挂断了。

放下话筒，丁咚咚走过去，从"猫眼儿"向外看了又看，这才把防盗门打开。

"哈，警惕性蛮高啊！"跟在刘大娘身后的两位警察，腋下夹着黑皮公文包，一边换鞋，一边笑呵呵地看着丁咚咚说。

刘大娘却是面庞笼罩着一层愁云，好像人也一下子消瘦了许多，眼圈红红的，显然她哭过很长时间了。她和警察落座后，就言归正传，让丁咚咚谈谈午间路上的情形，丁咚咚就一五一十从头到尾讲说了一遍。

叙述事情，这对丁咚咚来说是轻车熟路，他刚进入作文班，程老师最先教的作文知识，就是这种表达方式。他说一句，警察就在纸上记一句。

"……刘巨龙听我说他妈——我刘大娘的猪排落在柜台上，回菜市场去找，他就又掉转身向菜市场奔去。以后的事情，那我可就不得而知了。"丁咚咚说到此，就不再作声。

"我当时还觉得纳闷，刘巨龙他怎么也来了？原来是你丁咚咚告诉他的！"刘大娘已被儿子的大祸弄昏了头，用嗔怪的眼色瞅着丁咚咚说。"我们是什么事情也不敢告诉这个惹祸精，就怕他知道给我们添麻烦啊！"

丁咚咚听了暗自好笑，嘴里不言，肚内说话："还不敢告诉呢，那次刘大伯在路上，被小伙子骑的电动车刮碰一下，就顺势坐在地上不肯起来，立刻掏出手机打电话，把儿子刘巨龙叫来帮着打架……"

这时，警察已把问询笔录整理出来，给丁咚咚读了一遍，送到丁咚咚眼前过目，又问以上情况是否属实。

"属实。"丁咚咚回答后，在问询笔录上画押签字。

面对警察叔叔的走访调查，丁咚咚居然还跟本案有了牵连，这让小屁孩颇感意外。不过这为他单调的生活增添一笔色彩：提供第一手素材。在人生大舞台上，每个人都在进行独一无二的没有彩排的演出，而在这个过程当中还会出现什么呢，谁都无法预料。但是可以说，人的经验就是这样一点一滴积累起来的。

3. 店经理挨刀喋血，刘大娘洒泪抛珠

笔录取完，两位警察起身告辞离去。刘大娘送走警察，又回身坐下，她把刘巨龙在路上离开丁咚咚以后发生的案情，从头到尾复原了一遍。

原来，刘大娘回到菜市场售货柜台，猪排没找到，正在和售货员理论，刘巨龙突然在她身旁出现。他二话没说，指着售货员就骂，冲上去动手要打。在刘大娘还来不及弄明白怎么一回事，要上前劝阻刘巨龙时，有个保安员紧随一个男经理身后，以百米冲刺的速度奔了过来。

"你要干什么？"男经理大喊一声，保安员上前去抓刘巨龙胳膊。刘巨龙左腿微屈站稳，飞起右脚，一个撩阴腿，踢在保安员小腹部。"唉哟哟——"保安员惨叫一声，双手捂住小肚子，往后退了一步，蹲坐在地上。那些年，刘巨龙上学到了初中二年级下学期，什么功课也不会，是名副其实的"干坐生"。班上有一个女孩名叫苗苗，花容月貌一般的长相，水杉般挺拔秀美的身姿，学习成绩也是顶尖，简直一个天之骄女。这个苗苗从小练过柔道，并且一直拿柔道作为健身之术，护身之符，力气自然大得很。刘巨龙除了小偷小摸，还不时招惹女生，以打发时光，却天生就缺乏女生缘，十个女生里面有九个厌恶他。有一天上早自习，刘巨龙瞄着苗苗袅袅娜娜地从窗外走近，眼睛便搭在桌上佯装看书，整个人没事似的靠在过道上，等待苗苗从此经过。果真苗苗宛如一团粉嫩的海棠花，带着清新的香味飘了进来，飘在他面前不动了。"请让道，"苗苗在离他咫尺之遥时，让他把路闪开，他故作惊讶，一回身一个趔趄差点将苗苗撞翻，乜斜的眼睛害馋痨地看着苗苗，嘴里还乐嘻嘻地说："对不起，哦，实在对不起。"苗苗知道这个"恐龙"不好惹，亦看出他的心意，笑一笑、忍一忍就过去了。凡事可以有一有二，不可至三至四。谁料那刘巨龙自找无趣，结果无需占卜便可预知——在同学面前出手不过三招，苗苗随后照他脑瓜上又是一记右手勾拳，就给这逆天的 80 后扔在地上。他爬起来后，从此就死活再也不肯上学了。辍学伊始，他吵嚷着要去河南嵩山少林寺学武术，由于凑不足钱款费用，没有去成。后来花了几个钱，混进市业余体校武术班。他先是练些基本功，学一路螳螂拳，也没学到对打拆招，渐渐感到腻烦，就不再练下去。但他毕竟在练功房里混过几天，稍微明白一点技击之术，今天可真就派上用场了。那个男经理见自己的保安员受伤，立刻从后面拦腰抱住刘巨龙，并让售货员把另一名保安员喊来。刘巨龙看见又跑来一个保安员，长得人高马大的，手里还提一个黑色电棍，知道要吃眼前亏，就想从男经理手中挣脱出来。刘巨龙几经较力，但男经理却死死不肯松手。常言说"困兽犹斗""狗急跳墙"，刘巨龙腾出一只手，从衣袋里摸出水果刀，狠狠地向男经理腹部刺去。男经理大喊一声"救命"，瘫身倒在血泊中……

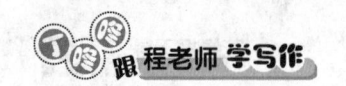

丁咚咚的眼睛听直了，奶奶的脸色也涂满恐怖，她问刘大娘："你儿子没跑吗？"

刘大娘的沙哑声音窝在喉咙里，那分明是痛苦在剜刺她的心脏，老半天才说出话来："往哪里跑耶？人愤怒的时候，智商就是零呀，大龙已经没了理智。刚动手时，人家别的人早打110报警了。我儿子把人捅倒在地，警察就到了。他没反抗，束手就擒。这都是命里注定呀——一个算卦先生就说，半年内让我们管住儿子就保险没事，这才过半年没几天，谁知到底没躲过去……"

如果说世界上有比宇宙更为宽广的东西，那一定是母爱。它不仅能包容光明、美好和期冀，也容得下世间一切丑恶、耻辱和失望。刘大娘说完，眼睛直勾勾，死死盯住窗外的一畦蓝天，上面飘荡着几束云朵，自由自在地舒卷，这和身陷囹圄的儿子的处境，形成强烈对照。她感到不可名状的痛苦，泪水从眼角溢出，一滴，一滴，经过她憔悴的面颊，滚落在地板上……

（九）提炼主题，剖析红嘴绿鹦哥

刘大娘离开后，室内一时变得寂静冷清。已经西斜的太阳，透过玻璃窗，把橘红色的光线涂抹在雪白墙壁上，使那轴装裱得十分华贵的条幅被映衬得格外醒目：

忍一时，风平浪静；退一步，海阔天空。

这个横卷条幅，上面的行草墨迹，可谓腾蛟舞凤，虬曲蜿蜒，酣畅淋漓，气势如虹。这卷挂轴也不知是丁咚咚爸爸手笔，还是请哪位高手写的，丁咚咚和奶奶都无法弄清，因为丁咚咚爸爸虽是理科大学毕业生，但却酷爱书法，写得一手好字。奶奶歪着头，目光始终在这些字迹之间游移，嘴里还不断地叨咕，也不知她说些什么。丁咚咚知道奶奶还没有从刘巨龙杀人事件的阴影里走出来，就急忙拿起笔记本，坐在奶奶身旁说："奶奶，我还没考完您呢！"

奶奶看也不看丁咚咚一眼，目光从孙子身侧滑过窗棂，望着空旷的蓝天，仍在长吁短叹："唉，我就想你这个刘大娘，多好的人哪，却养了这么一个惹祸精，真真是前人说的：'老子是看家童子，儿子是败家五道'……"

奶奶的内心，分明是在痛苦煎熬，作为晚辈，丁咚咚怎能知晓，当然他也根本不想知晓。他见奶奶的心一时收不回来，在旁劝道："您老人家别看《三国》掉眼泪，总替古人担忧啦！我们还是干正经事，学习写作文如何进行立意吧！"

似乎什么都没有听见，奶奶嘴里还是一个劲儿地嘟囔："你刘大娘的样子多可怜见的，那么善良的女人，现在让儿子弄的，傻呵呵的了！"

说着，奶奶的干瘪眼圈内，闪动着晶莹的泪花。

苍蝇打不得了　四

丁咚咚忽然想起一件事，就追着问奶奶："你还没告诉我呢，我爸妈去黑龙江看望的那位爷爷，他到底是谁？对了，还有，现在和你住在一起的这个爷爷，有次我听有人喊他'老卢'，这又是怎么回事呢？我爸爸和我都姓丁，我爷爷是我爸爸的爸爸，不是也应该姓丁吗？"

让丁咚咚这样一问，奶奶显得很窘迫，似乎也很紧张，眼神里流露出苍凉，嘴里"嗯，嗯"地应着："噢，噢，你说还要考我什么问题，快抓紧时间考吧！"

丁咚咚这一招果然奏效，他见奶奶的目光立即从墙壁上收回，滴溜着一双眼睛，在他那手里的笔记本上转悠，也就不再追究"谁是爷爷""爷爷是谁"这个疑难问题，只是对奶奶说："我还没考完您，刘大娘和警察就来了。现在，我想问您，一篇文章，写作时要通过立意体现中心思想，或者叫主题，那么，立意的总方针，把它概括起来说，是哪八个字呢？"

"大处着眼，小事落笔。"奶奶不假思索，顺口就答了出来。

"如果再把它浓缩成四个字呢？"丁咚咚又问。

"以小见大！"奶奶仍是对答如流。

"好，很好！"丁咚咚模仿程老师跟学生说话的口气，表扬了奶奶，接着又说："奶奶，光懂理论还不够，主要是实践，按照这种理论指导，要能写出'以小见大'的文章。"

奶奶听到这话，她怕丁咚咚让自己写文章，慌张之间忙封口："这我可写不出来！我要是会写文章，我早就琢磨过，写它一部自传体小说呢！嘿嘿……"

可是丁咚咚并不理会奶奶的这些话，这时谁也不能阻止他的思想。这段时间他最大的乐趣就是跟程老师学写作，并且他这个小毛孩，今天也有机会体会了一下"麻辣老师"的滋味，继续说："写文章，要在平凡小事中揭示出大道理，这是立意的总方针，奶奶你已经明白了。你活了这么大岁数，历经沧桑，见多识广，头脑里占有的材料十分丰富，我相信您会写出一篇惊天地、泣鬼神的好作品！"

奶奶大嘴咧开，眼皮眨个不停，说道："吓死我了！你给我戴多大的高帽，我也写不出能让鬼神都流泪的文章哟！"

丁咚咚拍着手，跳起来说："你午间给我讲的，把菠菜叫做'红嘴绿鹦哥'，用来蒙骗那些高贵顾客，这就是日常平凡小事情，里面包含多么深刻的主题思想呀！奶奶，你好好想想，我建议您就写这个！"

这时的奶奶，面孔凝固，眼神石化，身体僵直，似乎就是一段朽木头——但可以看出，她的脑筋仍在吃力地运转。过了好一会儿，她对孙子说："我实在想不出来，这'红嘴绿鹦哥'里面，它有什么大道理呢！"

今天中午喝汤时，奶奶嘴里说出"红嘴绿鹦哥"，这令丁咚咚忍俊不禁。

结合这两日程老师讲解的立意知识，他一直考虑挖掘隐含在平凡小事里面的思想意义。本想启发让奶奶个人分析，说破答案，现在看来已告失败，只能是自己以直白方式教给她啦。

"奶奶"，奶奶正要回应，丁咚咚立即说下去："菠菜是我们普通百姓喜欢食用的大路蔬菜，营养十分丰富。你是研究烹调的营养专家，比我明白得多，写这样的事，你有说不完的话。但是，你的那些有尊贵身份的食客，听见菜谱里若有百姓都经常吃的菠菜，他们就反感，眉头紧蹙；而你给菠菜另起个高雅好听的名字，叫它'红嘴绿鹦哥'，他们就十分兴奋，吃得津津有味……从这些生活细节描写里，我认为，你可考虑写出三种不同的立意。"

"噢，是嘛，哪三种？"因为要写作文，又是自己亲身经历的事情，奶奶犹如聆听纶音佛语，一脸的虔诚，格外地入神。

"第一，"丁咚咚抬起右手，扳倒左手伸出的一个指头，"这里反映出一种被扭曲的价值取向：在一些人眼里，根本看不起普通的劳苦大众，不知道那些城乡拔地而起的高楼大厦，商店里琳琅满目的众多物品，餐桌上香喷喷的肉鱼米面，都是这些平凡的人们，用他们的双手，一砖一瓦，一针一线，流血滴汗，辛勤劳动的结晶。这些人两眼不是向下，而只知翘首望天；他们心里只有'高尚'，却没有'一般'。"

"唔？"奶奶似有所悟。"我说的'红嘴绿鹦哥'，里面还含有这样的道理？"

丁咚咚又扳倒一个手指，接着说："第二，通过这件事情，也辛辣嘲讽那种不注意内容、片面地追求形式、不务实际、只图虚名的思想作风。"

"是哟！"奶奶脸上的表情渐渐明朗起来。

"还有，这是第三，"丁咚咚又扳倒一个手指头，他扑哧一声笑出来。"有的人高高在上，只知养尊处优，却连普通的菠菜都分辨不出，而你的孙子我丁咚咚，还不过是个不更世事的无知少年，一眼就能识破真相。这对比之下，说明什么呢？"

"说明什么呢？"奶奶也跟着机械地重复问了这么一句。

丁咚咚微笑着，露出一排雪白细密的小牙，说："这正好就是奶奶说的'高贵者最愚蠢，卑贱者最聪明'的大道理啊！"

"是呀！是呀！"奶奶听孙子分析得如此深刻透彻，显得十分诧异，仔细又亲切地盯着他的脸蛋看，好像要把孙子通体看透似的，忍不住夸奖起来："我孙子真是奇才，果然自古英雄出少年哟，前途无量、前途无量……"

"哈哈，奶奶的话，我应该自勉……"丁咚咚忍不住大笑，豪迈地一挥手，打断了奶奶的话。"实话告诉你吧，前不久，程老师给我们讲现代文阅读分析课，有一篇文章，作者好像是贾平凹，我没记准，里面的内容和奶奶说的'红嘴绿鹦哥'大同小异。嘻嘻，我刚才说的，都是人家程老师分析的话。嘻嘻……"

奶奶心里想，下边肯定是要她写作文了。有句老话："发昏当不了死"，怕也没用，与其被孙子强令，还不如主动请缨更有些面子呢。她观察着孙子的脸色，语气有些低三下四地说："那我现在动笔草拟个就急篇，向你这个小祖宗交差吧！"还不等孙子作答，奶奶又接着说："写是写，我好多年没摸过笔杆，怕是写不好！"

这是奶奶把丑话说在前头，给自己留有余地。丁咚咚却想，怪不得有句俗话叫"人老奸，马老滑"，总结得确是入木三分。他笑笑，回应奶奶一句："奶奶说哪里话，你是了不起的老三届嘛，哪有写不好的道理呢！"

奶奶见孙子还是叨住不放，把自己架得高高，心里也在说："也不怪人们把这些小孩叫做'小鬼'，我这孙子也真够'鬼'的了！"她快速地接受眼前的信息，却无法快速地忘记过去，有些慌不择词，说："唉唉，我年轻时候，写的那是什么文章，都是大批判稿，一宿一宿地写，觉都不睡。那时讲的是文学艺术阶级性、人民性、战斗性，什么'战天斗地'，'人有多大胆，地有多高产'，'大批判促进大发展'……语句直来直去，硬邦邦的，哪讲什么立意啊！"

丁咚咚听奶奶说得挺有意思，但也不能让她絮叨个没完，必须堵住她的信口开河："行啦，奶奶！你说的全是陈芝麻烂谷子，老掉牙的话，放到历史陈列馆里还有点价值。"

奶奶正在兴头上，有点不服气，鼓着瘪嘴唇说："俗话不是也说'知今宜鉴古，无古不成今'嘛！你——"

丁咚咚不等奶奶再说下去，赶忙抢夺话语权："等我有空闲，你再给我讲，好么？今天时间不多，你还是跟着我，听程老师讲解写作立意知识吧！"

"嗯？不让我写作文啦？"奶奶有些莫名糊涂。

"写还是要写的，"丁咚咚红色脸蛋闪着亮光，正色说道，"但是今天不写了，我给你七天宽限，下个周日晚饭前，你必须给我交上来。奶奶，你看这样好不好哇？"

奶奶伸伸舌头，捏弄腕子的双手举起，在胸前合十："阿弥陀佛，我得救了！"

丁咚咚拿着笔记本，又紧贴奶奶身旁坐下，翻着，看着，读着，有时眼睛离开笔记本，口里说着……

（十）五条标准，立意正确是前提

程老师说，有些同学，虽然也知道作文需要立意，应在汤里加盐，但是他们写出来的文章，有时在这方面还是出了一些毛病，有的问题甚至相当严重。总结起来看，有这样几种：立意不正确，不集中，不鲜明，不新奇，不深刻。

好的立意恰恰相反，应该做到：

立意要正确；

立意要集中；

立意要鲜明；

立意要新奇；

立意要深刻。

以上五条，是检查判断立意优劣的标准，是立意不可逾越的门槛，违反哪一条都不允许。下面，结合学生作文实际，我们逐条地进行讲解分析。

每讲解一条，程老师都要操起粉笔，在黑板上写出几个黑体大字：

立意要正确

程老师说，立意五条标准，第一条就是"正确"，这是衡量一篇作文好坏的前提条件。

我们写文章，应是有感而发，而不能无病呻吟。这种思想感情，必须是积极、健康、向上的，表达的立场观点，必须经受住历史和时代的检验，必须反映全人类共同承认的道德标准和价值观念。否则，主题思想有害，即使文笔再优美，艺术性再强，表达形式再高超，也是不值一读的。因此说，好的文学作品应该就是一座精神家园，艺术性强，思想性正确，人们才会流连忘返，沉迷其中。

有鉴于此，对于青少年学生来说，就要不断提高思想认识水平和增强辨别是非对错的能力。只有这样，才可能在写作时正确立意，才有可能写出好文章，才能使你的作品合情合理。

立意正确，这是写作的前提。缺了这一条，其他都无从谈起。

"是呀！"

丁咚咚正说着，突然听奶奶嘴里发出这两个尖利的音节。他不觉一怔，急忙放下笔记本，抬脸望着奶奶，意思想问她要说什么。奶奶眼珠骨碌碌旋转着，那是想要说点什么的眼神。其实，奶奶开始并没想说话，她只不过是脱口而出，并非存心要干扰孙子讲课。她只是听到程老师讲的"立意要正确"，说什么"要提高思想认识水平和增强辨别是非对错能力"，就联想起自己上学时学过的一篇课文，越听越觉得"似曾相识"，这才从内心呼出一声慨叹，不想惊动了孙子。她见孙子停住不再往下讲，又没有怪罪自己的意思，明白是给她一次发表见解的机会，就顺势说道："我念高中时，记得有篇课文《在延安文艺座谈会上的讲话》，作者是毛泽东，提出文学艺术要坚持为无产阶级政治服务和为工农兵服务的方向;我一听孙子讲的,不,程老师讲的,和毛主席讲话的精神实质是完全一致的!"

在课堂里,程老师也曾提及过这"两个服务"的口号,根据自己的理解,丁咚咚笑着对奶奶说:"我说您总喜欢提起陈年旧账,说些老掉牙的话。毛泽东说的'两个服务',那次讲话是在新中国成立以前,还是抗日战争时期呢!现在都啥年代了,早就不提'文艺为无产阶级政治服务'了,已改成'为社会主义服务'了;'为工农兵服务',也改成'为人民服务'了。"

奶奶的小眼球在眼眶里转来转去,鼓着腮帮子,嘴唇撮在一起,头慢慢摇晃着,似乎在问,又像是自言自语:"咋的,不再要无产阶级政治了?不再要工农兵了?"

"谁个说不要了?"丁咚咚马上接过话来反驳奶奶。但他转念一想,奶奶年岁大了,头脑里装的都是过去的思想,一时想不通,应该帮助她,跟她和风细雨讲道理。于是,他伸出双臂,一把圈住奶奶的肩膀,亲昵地说:"文学艺术要为人民服务,这个'人民',不就包括工农兵么!文学艺术要为社会主义服务,这个'社会主义',不就是'政治'么!那么,为什么不再提'为政治服务'呢?因为这个口号很容易被一些手握政治权柄的人,把文学艺术诠释成为他们个人的政治观点服务,会把文学艺术变成政治人物的附庸和装饰品!奶奶,您说,我的这些看法对不对呀?"

"是,是,是……"奶奶跟着孙子的话盲目地点着头,眼神里流淌出的仍是一丝茫然。

丁咚咚问"对不对",奶奶回答"是,是,是",丁咚咚心里明白,时间造成了历史的距离,两代人的沟痕无法抚平,奶奶只是为了顺从自己,心里并没完全弄通。丁咚咚此刻已管不了许多,他低下头,翻着笔记本,只顾讲下去;奶奶浑黄的小眼球,也在眶内费力地调整着焦点……

程老师接下去说,有些同学对一些问题认识不清,大多是由于认知能力较差,是非混淆,美丑莫辨,因而写出的作文出现了立意偏差。如果这样的文章,在里面宣泄的思想感情,被有些人读后所接受和认可,是十分危险和有害的。例如,有篇题为《助人为乐》的作文,写同学之间为了"哥们义气",怎样打群架;有篇题为《我的理想》的作文,写自己的父亲被人凌辱,作者的理想就是练一身武功,将来替父报仇;有篇题为《快乐的周末》的作文,写"我"和同学去网吧玩游戏,通宵达旦,欢愉嫌夜短,极其"尽兴";还有一篇作文,题目叫《丑同桌》,竟然对一位女同学进行人身攻击,甚至赞扬老师对学生的体罚……

请大家阅读一篇学生作文,然后评析它的立意是否正确。

鞋 的 故 事

(李一流)

美国第二届总统林肯,在国会就职演说时,为自己的爸爸是个修鞋匠而自豪。可是,我的鞋子前不久也破了,如果是林肯爸爸来给我修理,我能高兴得起来吗?

下午的体活课,一场球赛下来,我发现脚上穿着的皮鞋尖儿张开个口子,像是一个小小的鱼嘴。

我很后悔,不该穿着刚买的新皮鞋上场玩球。回家路上,我琢磨再买时,该让妈妈挑选一双比这更好的名牌……

进了家门,妈妈看着我一身狼狈样儿,便问我是怎么了。我说:"新买的鞋尖儿裂个口子。"妈妈瞪我一眼,说:"你一定是穿皮鞋玩球了。"我脱掉皮鞋,换上拖鞋,说:"这鞋是假冒伪劣,太不结实了。"

妈妈正忙着做饭,她放下炒菜铲刀,走过来,拿起皮鞋看了又看,唠叨起来:"100多元,光棍节淘宝网抢购的,敲了好几个小时的键盘,手都抽筋了,绝版的好皮鞋呀!你倒好,也不知珍惜。再说,啥好东西能禁住你糟蹋!"

我正想反驳妈妈几句,她不容空儿,只顾自己说:"开线了,拿到鞋铺修修,一样穿。"

我一听毛神了,撅起嘴,对妈妈说:"同学们都看到我鞋坏了,他们要知道我还穿着这双破皮鞋,该多丢人现眼呀!"

妈妈摇摇头,用手摸着我的破皮鞋说:"我像你这么大年纪,哪里穿过皮鞋,有双像样的布鞋就不错啦!"

妈妈从来就是这样,提起话就是她小时如何如何,让人耳朵都听出茧子了,还絮叨个没完,她一点也不懂"与时俱进"。我没等她说完,就接过话:"现在都啥年月了,还老是'节约'、'勤俭'那一套;人家都讲赶潮流,追新款,高消费,一个比一个炫富。你没看见广州那个16岁的男孩么,美女、侍从、数不尽的奢侈品,还有什么跑车、私人飞机,要啥有啥!可我才不羡慕那些呢,咱们是寻常百姓人家,我只想要一双新皮鞋,还不行么?"

我边说边撒娇,哭唧唧的:"你还让我穿破了的鞋,我蒙着狗皮都没脸见同学啦,唔唔……"

经我这一闹腾,妈妈心软了,立刻脱下围裙,换上外衣,把我搂进怀里,拍着我的肩膀说:"好啦,别哭,走,出去给你买新皮鞋,这,你的小心眼儿该满足了吧!"

我转悲为喜,跟着妈妈下了楼,往正大鞋帽商场走去。我拉着妈妈的手,在她身边迈着大步,边走边说:"这回,可要买真货,要买200元钱以上的。"

妈妈没有说话,只是频频点头。多好的妈妈,我从心底深处热爱她。

李一流的这篇作文,他用道劲的行书,抄录在大白纸上,张榜在教室前边,真是墨香满室,招惹得蜂去蝶来。同学们睁大眼睛,仔细地阅读分析着。接下来,许多只圆乎乎的手臂,像春天雨后的嫩芽,七上八下地伸在半空中。

一般老师允许学生发言,除了呼唤姓名外,常常抬起手指点。程老师看见肖渺一的手举得最高,用手一指,肖渺一便离座而起。他望了一眼李一流,干咳了一声,便连珠炮似的说:"我最欣赏李一流写的这样几句话:①'脚上穿着的皮鞋尖儿张开个口子,像是一个小小的鱼嘴';②'让人耳朵都听出茧子了';③'我边说边撒娇,哭唧唧的'。语言活泼、风趣、形象,运用比喻、夸张……"

"程老师让大家分析立意是否正确,"没等肖渺一说完,秦昊也不经老师允许,坐在座位上就来这么一杠子,"你说的什么呀,提着棍子叫狗——远去了!"

肖渺一身材略显高大笔挺,两只臂膊伸出来就像秋天里成熟的玉米棒子。他有一张扁平的红里泛黄的圆脸,喜庆,俊俏,一看就知道是龙的传人,只是嘴巴稍嫌大一点儿,平时面容总像是挂着笑,但是他生气和别人争论时,却露着一排雪白的板龇牙,透出一股杀气。他与秦昊关系不是很睦,那次学习"选材"时,课堂里互相扯皮,言语发生冲撞,两人至今都耿耿于怀。听了秦昊的话,他欲坐又起,正待说什么,冯新发乘隙站起来,发表了自己的见解,他说:"李一流这篇作文,赞美了关心孩子健康成长的伟大母亲!"

郭淑薇却不同意冯新发的说法,她鸭蛋圆的大脸盘嫩黄透白,那双水灵灵的眼睛,活泼得一直在黑板上打旋儿,不见一丝畏惧和羞涩,语气柔和地说:"古人云'一粥一饭,当思来之不易;半丝半缕,恒念物力维艰。'依我看,这个母亲并不怎么伟大,她把自己的孩子娇宠惯坏了!"

"郭大姐"的话并不多,但很多同学却从她的话里受到启发。不等她坐下,要求发言的一浪高过一浪。邢君被老师指定后站起来说:"我的想法是,新皮鞋,开线裂开个口子,拿到修鞋店缝补一下,和原先的没什么两样,穿在脚上也无伤大雅,同学们根本不会笑话他,又何必破费钱再买呢?又不是明星,不是超模,即便世界首富比尔·盖茨,不也是常年穿着普通的牛仔装,吃方便面,照样誉满全球么!这完全是李一流本人的虚荣心在作怪,应该受到批评教育。可是,他妈妈却对他姑息迁就,又带他去商店买新鞋,还要买200元以上的名牌,所以我也说李一流的母亲是不合格的母亲!文章里把这些错误思想和行为,全部加以肯定,我觉得这就是立意不正确!"

在邢君发言的过程中，很多学生转头望着李一流。李一流面皮涨得通红，挂着比哭还难看的笑容，也来不及站起来，赶忙分辩说："我要郑重声明：这篇作文是我写的不假，但里面的'我'，并不就是我李一流；那个'妈妈'，也并不是我李一流的母亲！谢谢！"

大家听了他这番"表白"，都哈哈一乐。邢君发觉自己说话有误，急忙抬起右手掌，冲着李一流摆动，还点点头，示以歉意。

姜大圣边举手边从椅子上直起身，天生的八字眉稍微拧动一下，下面的两只猫眼闪动着可爱的黄光，注视着黑板，口里只顾说："我以为，作文里的'我'和'妈妈'，是不是你李一流本人及母亲，这都不重要。问题是，妈妈崇尚'勤俭'，这是我国劳动人民持家的传统美德，应该提倡和发扬，要得到充分的肯定。倒是孩子'我'，受到不良风气习染，追求新潮，盲目攀比，应该得到批评教育，受到切实的否定。可是，在李一流《鞋的故事》这篇作文里，却恰恰颠倒过来，把'我'的不正确思想，美化为'与时俱进'，让具有正确认识的'妈妈'甘拜下风，向'我'投降，对'我'迁就。这样一来，就使作文的中心思想打了折扣，立意出现了问题。"

邢君和姜大圣两人的话，使本已举起手想要发言的人，纷纷收了回去。因为他们想要表达的，也不过如此而已。程老师嘴角两边的笑纹不断向外扩张，他已无需多加阐释，只简单总结这么几句话："李一流同学写的《鞋的故事》作文，叙事条理清晰，层次布局合理，语句通顺生动。但是，内容原本是'三娘教子'，应弘扬节俭精神，因为'浪费犹如河决口，节约好比燕衔泥'，艰苦奋斗，勤俭持家，这本来是我们中华民族的光荣传统，可却在后边变成了'子教三娘'，鼓吹奢华虚荣思想。这样混淆了黑白，颠倒了是非，使作文立意偏离了正确轨道。"

听到这里，奶奶咂嘴吐舌，说："我说怎么觉得不大对劲儿呢！"

丁咚咚看奶奶一眼，缓了口气，说："奶奶，您要注意往下听哟……"

（十一）天无二日，立意集中即专一

程老师见没有学生再提出问题，他抓过一支粉笔，转身在黑板上写道：

立意要集中

写完，他又面向全体学生，讲起"嫦娥奔月"的故事：

传说远古时代，天空中曾出现过十个太阳。过去人们还是"日出而作，日落而息"，可从此以后也就没有了黑天和白日的区别，人们实在招架不住这种煎熬。这个时候，出来一个名叫后羿的好汉，他武艺高强，箭法娴熟，于是弯弓搭箭，嗖嗖嗖，接连射落九个，只留下一个，也就是一直为我们发光发热无私奉献到今天的这个太阳。射掉在地上的九个太阳，原来都是乌鸦，所以后人把太阳称作"金乌"。再说后羿射落九个太阳，立了大功，人们感谢他，就推举他为王。谁知后羿恃功骄纵，对百姓十分残暴，从"功臣"变成"民贼"，走向了反面。后羿见民怨汹汹，要除掉自己，就弄来一种长生不死药，若服了这种药别人对他就无可奈何咯。后羿的妻子嫦娥，可是位既美丽又善良的女性，她非常同情穷苦百姓，就把后羿的仙药偷走。后羿发现后，就去追赶嫦娥，索要他的仙药；嫦娥抱着自家的白兔，边跑便把仙药吞进肚里，她立刻体轻如絮，飘飘缈缈地离开了地面，飞向了月亮，和白兔一起居住进月亮的广寒宫里，从此孤栖度日。后羿没有了长生不死仙药，就被揭竿而起的民众乱棍打死。可叹后羿原先是何等被人爱戴、受民尊崇的英雄，最后却变成了欺压民众的孤家寡人，终被抛进历史的垃圾堆。

　　自从嫦娥抱着白兔登临以后，人们又称月亮为"玉兔"。所以古书里常把日落月出，说成是"金乌西坠，玉兔东升"。

　　故事讲完，程老师问大家："如果后羿当时把天上的十个太阳全部射落下来，我们头顶的天空没有了太阳，可以不可以呢？"

　　"不可以！"同学们众口一词。

　　"对，当然不可以。"程老师重复学生们的回答后，又说："常言道'万物生长靠太阳'，这里指我们地球一刻也离不开太阳这个中心，就是广阔浩渺的太阳系这个庞大天体，也都是以太阳为中心，旋转运行着。同样道理，我们写文章，没有一个中心，想到啥事就良莠不分地写啥事，头脑里产生什么想法、见解、观点，就都一股脑地说出来，这样行不行呢？"

　　"不行！"同学们异口同声。

　　程老师用手指往上推一推眼镜架，目光在镜片后扫视一下整个教室，声音又平添了一分儒雅之气："我们再假设一下，当时后羿只射掉八个太阳，现在高悬在我们头顶的天空上还有两个太阳，会是什么样呢？"

　　有的同学说"太热了"，有的同学说"太刺眼了"，有的同学说"太闹腾了"、"会乱套了"，还有的同学调侃道"后羿，你妈叫你出来射日，可不要偷懒哟……

　　听别人这样说，穆彪子坐在座位里，摇晃着精瘦的身子，眼睛直勾勾地看着前方，喃喃自语："后羿，你妈妈生出你来，就是为了叫你射掉九个太阳，你却舍不得力气，只射掉八个，你妈妈要打你屁股啦！"

　　"哈哈哈哈……"

　　"好，好，天上只能有一个太阳，多一个也不行！"程老师的头用力从上往下摆动，不是一下，而是几下，最后这次是对着"穆彪子"。"写作文也是这样的道理，没有中心及其思想观点不行，但是有许多中心思想也不行。在一篇文章里，只能围绕一个中心选取材料，只能按照一个意思写到底。也就是说，立意要集中，要专一，不能三心二意，要一心一意。"

程老师还说，不只是短小篇幅的文章不能出现两个以上中心思想，即使是鸿篇巨制的文学作品，虽然其中人物众多，事件纷繁，也可能出现次要主题，但是我们不难看出，这些次要主题无一例外都是为中心主题思想服务的，就同众星拱月一般，"居其所而众星共之"。文章自始至终都要贯穿一条红线，形成首尾相顾，前后一体。这不仅体现在文字处理上，更要体现在主题思想方面。这些，就是立意要集中、要专一的内在约束。

我们中小学生写的作文，一般不超过800字，所写的事件和人物都比较单一，就更不能搞多中心、多主题。一篇作文只能有一种立意，只能突显一个中心思想，这样才会使文章结构严谨、和谐、完整、统一。

可是，有的同学写出的作文，却违背了立意要集中这条标准。有篇题为《妈妈病了》的作文，前边写孩子给妈妈端水热敷，买药喂药，嘘寒问暖，极尽"孝道"，赞美了中华民族孝敬父母的优秀品德。可是作文的后部分，却随着一阵敲门声，邻居小朋友来找他下棋，又写起二人以棋盘为战场，杀得难解难分的情景。如果前后的情节或思想内容有一些关联相通的地方，再用文字处理一下，还勉强能说得过去，可是写完下棋后，接下去是这么一句议论作为结尾："课外活动，既充实了生活，又放松了大脑，对学习和身体都大有裨益。"显然，后边写出来的事情及其表达的思想，是与前边不一致的，两者没办法协调，就使文章立意出现分散、不专一的弊端。

还有一篇题目叫《随地吐痰遭人嫌》的作文，写杨小明起床后，跟着妈妈去公园散步，看见焗着黄头发打扮酷帅的小青年乱丢烟蒂，又往刚清扫过的水泥板路上随便吐痰。他上前制止，向"小黄毛"宣传讲究卫生、保护环境、做文明公民的道理。他非但不听，反而口出不逊，嘲笑辱骂杨小明。后来，清洁工阿姨来了，要按公园规定对黄毛小青年罚款，他才在围观群众斥责声中，从衣袋里掏出卫生纸，猫下腰，撅着腚，揩干地面上的痰渍，又拾起烟蒂，扔进垃圾桶里，转身灰溜溜地向公园门外走去。至此，应该说作文写得相当不错，语言活泼生动，正反两个人物刻画得形象逼真，思想性也较强，立意正确又新奇，颇具教育意义。如果下边再写一下杨小明愉快的心情，或者从侧面写出群众的赞扬、妈妈的夸奖，作为文章的结尾，收束住全文，这篇作文就大告成功了。遗憾的是，作者没有"见好就收"，他写完小青年离开后，接着又写"杨小明的心情愉快极了"，抬头看见花坛边树阴下站着几位"正在备考"的大姐，她们朗朗地诵读着英语课文。于是，杨小明从衣袋里摸出纸和笔，把这一幕记录下来。作文在篇尾写道："我们青少年，一定不要辜负时代的重托，要具备高尚的道德情操，关心社会，爱护环境——人类赖以生存的家园；同时，更要努力学习，掌握科学知识，将来为祖国经济、文化和国防建设，贡献自己的一份力量。"我们通观全篇作文，前后格调很不一致。后边的这些记叙和议论，不关主题，违反了立意要专一不可分散这条标准，纯属画蛇添足，狗尾续貂。

接着，程老师请大家快速阅读一篇新文章，然后分析立意方面的问题。

帮妈妈买酱油
（王天川）

放学后，我正在写作业，厨房里响起锅碗瓢盆交响曲。妈妈喊我："去给我买瓶铁酱油。"妈妈是个急性子，我不敢怠慢，立刻放下笔，跑进厨房，从妈妈手里接过10元钱，下了楼。

我走到大街上，看见许多小摊位，上边都摆着袋装酱油，我看天黑了，心想买一袋回去交差。我问好价钱，正要付款，突然想起妈妈常说的话："买东西，不能在没有营业执照的小贩手里买，有许多假货……"我又转身向"百姓超市"走去。我心里咚咚直跳，像抱着个小兔子，我这可是第一次自己出来买东西，一定要让妈妈满意。

我走进一家店铺，营业员阿姨微笑着问我："小朋友，你买什么？"我说："买活力铁的酱油。"她又问："买什么牌子的？"我说："我不买假冒伪劣，要最好的。"她的目光很温和，落在我脸上几秒钟，点点头说："你眼光不错，含铁酱油是营养学专家最新研制出来的，那就买'飞马'的，八元五一瓶。"我也点点头，交完款，转身走出超市。

这回我抄近路回家，在经过一片松树林时，我突然听见有小孩哭泣声，就大着胆子走过去。我看见邻居家的孔玉正被几个大孩子用脚踢打，心想：老师常说"见义勇为"、"助人为乐"，我应该把孔玉解救出来；但那几个大孩子都跟我一般大小，人多势众，也不是好惹的……我来不及多想，冲向前，大声说："你们欺负小孩，太不道德了吧！"说着，我摆出个"骑马蹲裆二龙探爪"的架势，转过身，又换了个"金刚排山"的姿态，吓得他们慌张逃窜。那个最大的男孩，手里拿着半根树枝，向我晃了晃，转身也跑走了。

我把孔玉从地上扶起来，把他送回家后，我才提着"飞马"酱油回到自己家。我把酱油送进厨房，交到妈妈手里，妈妈很高兴，夸我是个懂事又能帮助大人干活的好孩子。

我刚坐下要写作业，忽然听见有人敲门，开门一看，原来是孔玉的爸爸带着孔玉来了。他们手里拿着水果，是来向我道谢的。妈妈跟孔玉爸爸谈了一会儿，他们就走了。我心里想起这样一句话：帮助别人，是为了贪求感谢和奖励，那样就是不义之人。妈妈对我说："你虽然做了好事，但是不要骄傲。"

　　《帮妈妈买酱油》的写作者王天川，是小学四年级学生，曾经在程老师作文班里学习过一年，今天他不在现场。这篇作文是他刚来不到两个月，仅上了六七堂课时写出来的。这篇作文也被抄录后，挂在黑板中间。过了一两分钟，多数学生已阅读完毕，左雨虹同学最先举手，经程老师点头后，她站了起来。

　　左雨虹留着齐肩的头发，乌黑油亮，又密又柔，梳得顺顺的。她有个漂亮的甩头功夫，说话前要用力往后摆动一下，让跑到额前的密而长的刘海飞回脑后去，然后才开口："这篇作文，把买酱油的过程写得一波三折，不是直来直去……"

　　左雨虹说话时上下嘴唇轻轻地一抿，她的话刚开头，稍一顿，就被秦昊拦截了："程老师让分析立意有无问题，你竟说些没用的！"

　　左雨虹可不是"软柿子"，不像"穆彪子"和范文彬那样任人捏弄，同学们都喊她"辣椒妹"，厉害着呢。不过秦昊是后来这个作文班的，又和左雨虹不是一个学校的学生，彼此不熟悉。左雨虹并不惯菜，立即斥责说："你是'醉驾'呀，还是课堂警督呀？别人发言你次次横扒竖挡的，你若啥都比别人强，你怎么不举手说一说呢？"

　　"别看我不会说，但是我会听，别人说的对错我能听出来。"秦昊也不肯退让，鼓突的大眼珠迅速闪动，像一道道电光。"这就好像在饭店吃饭，厨师做的菜，顾客不知道这菜是怎么做的，但却能品尝出这菜好吃不好吃。如果顾客说菜不好吃，厨师却说'不好吃你给我做一个'——这样说，对吗？"

　　说完这些话，秦昊得意洋洋，鼻翼两侧浮出若隐若现的坏笑。

　　"精辟！"秦昊的强词夺理，引起几个调皮男同学一片赞叹。

　　"精辟什么？他是屁精！"左雨虹真的"辣"起来，眼光斜挑着秦昊，冷飕飕地尖声说道："像他这种人，早晚要下拔舌地狱！"

　　"恐吓和辱骂，决不是战斗！"秦昊并不知道这是鲁迅的名言，顺口说了出来。

　　秦昊以为自己占了上风，也就适可而止，不再作声。左雨虹见秦昊停止说话，又把跑到额前的头发再次甩开，回到正题："我说这篇作文写得波澜起伏，主要表现在：'我'本来要在大街上买小贩的袋装酱油，都问好价钱要付款了，突然想起妈妈的话，又转身去了超市。在超市买酱油时，也不是一买了之，通过和营业员一问一答的对话，写出'我'的精明和做事认真。从这些具体记叙中，写出了学生不仅要会学习，也要从小培养帮助父母操劳家务、独立生活的能力，养成热爱劳动的习惯。我认为这种立意是正确的。"

说到这地方，左雨虹的语气稍稍停歇一会儿，像在回味刚才谈吐不凡所带来的喜悦。不过，左雨虹和秦昊前边那场口水战，到底谁"杯具"了谁，还不好定论。就在这空当，黎梅花、许行之、马岩、白杨、周圆圆、顾崇宇、朴峻熙、赵明磊、冯新发几位同学争相把手举起。可是，左雨虹并未落座，她咽口唾液舔舔嘴唇又说起来："不过，这篇作文的后半部，却与买酱油根本不搭边，又换了另一种立意，写起'我'做了件'见义勇为''助人为乐'的事情。因此说，这篇作文立意不专一，违背了立意要集中这条标准。"

左雨虹坐下后，许行之、顾崇宇一前一后同时站起。许行之打着手势，因他个头矮小，在前排就坐，并未看见身后的顾崇宇。"我正想说，这篇作文确实写得有起有伏，后半部分写买酱油过程中，'我'又做了'解救'邻家小孩的好事，从另外的角度赞美了'我'这个青少年具备的可贵品质。这不是节外生枝，这叫曲径通幽。难道，题目叫'买酱油'，就只能写买酱油的事，而不可以引出别的相关事情写一写么？"

"怎么不可以！"顾崇宇赶忙止住笑意，站在那里玩着接力赛，接过许行之的话说："我以前在小学时，也写过这个题目，我写完买酱油，在往家走时，路上碰见邻居沈大叔，他要买啤酒，钱不够了，向'我'借了五元钱。回到家后，妈妈要用酱油，'我'才发觉，给沈大叔掏钱时，把酱油瓶子放在地上，走时忘拿回来了。我的作文还写，'我'正想下楼去找回，听见门铃声，开门一看，来人正是沈大叔，他左手拿着五元钱钞票，右手提着我丢落在地上的酱油瓶……"

听到这地方，孙洪达不知从何处来了灵感，也凑热闹说："我还要接下去写：沈大叔说了一大堆感谢的话，他走后，妈妈拧开瓶盖儿，往炒勺里倒酱油。倒完后，闻到一股刺鼻的酸味儿，拿过瓶子一看，哪里是什么酱油，瓶上贴着的标签分明写着'山西老醋'！"

"哈哈哈，有意思……"有的学生用笑声打趣他。"这是孙猴子升华版的'打酱油'！"

魏增智的剑形浓眉毛越长越粗，戴着眼镜俨然"魏板"的蜡笔小新，把本来不大的眼睛压得细细的，看着黑板说："刚才几位同学说的这些，都没有离开买酱油，并不违背立意要集中这个标准。而黑板上挂着的《帮妈妈买酱油》这篇作文，它后边的'见义勇为'、'助人为乐'的立意，与前边的帮家长做家务，从小养成热爱劳动的立意，两者是不搭边的，完全不能相容的。"

程老师听着学生的发言，感到相当"上瘾"，脸上露出的满意笑容，一波又一波地荡漾过去。他又一次伸手往上抬了一下眼镜架，扫视着刚刚发言完了的几名学生，用他那带有磁性的嗓音说："刚才同学们的发言都很精彩，都能够敞开胸怀，各抒己见，讨论得很深入，很热烈。说对说错没关系，只要

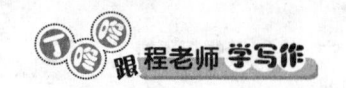

把想法摆出来，就说明你动脑筋思考了，再通过争论，就能把问题弄清楚了。"

说到此处，他略微停顿，目光专注地看着前方，又说下去："我同意左雨虹和魏增智两位同学的分析，认为王天川同学《帮妈妈买酱油》这篇作文，中途易帜，没能把一种立意贯穿到最后，是不妥当的。天上不能有两个太阳，文章也不可出现两种立意。希望大家一定注意，写出的作文，立意要集中，要专一。"

"程老师，不，咚子，你们总说'要专一''要专一'，我为什么不专一？你们是不是念叨这些给我听呢？"奶奶不知有何心虚事，好像发高烧病人的呓语，突然把丁咚咚的讲课拦腰斩断。"我把你爷爷丢在乡下，我们分手的事，那在当时，也实在是没办法的办法哪！"

奶奶的这些话，像无头的苍蝇，在屋子里"嗡嗡"地飞来撞去，听得丁咚咚一头雾水，半天也没明白过来是啥意思。他对奶奶打断自己的讲述，心里感到不悦，就抬起脸，重新打量着奶奶青了又红、红了又白的脸。"奶奶，你听课不专一，没边儿没沿儿的，说些什么呀？"

奶奶已是土埋半截的人了，想起从前，总觉得自己的生命是被切成一段一段的，每一段都和一些人一些事连在了一起。每当想到生命溪流中的那些人和事时，所有的爱与憎都蒙上一层淡淡的光晕。原来是奶奶听到"要专一"的话，丁咚咚爷爷和她早年在一起生活的岁月，突然映现在脑际。她走了神，梦游一般，叨咕完这些话后，又立刻清醒过来，支吾着说："唔，唔，没什么，没什么。"

丁咚咚这才重新俯下身，眼光在笔记本里逡巡一阵，接着往下讲。

（十二）旗帜高悬，立意鲜明不含糊

程老师从讲台上的粉笔盒里拾起一支粉笔，转过身去，只见他在黑板上写出了：

立意要鲜明

然后他说，我们要求写出来的文章，主题思想要积极、健康、向上，立意必须正确、合理、无错，这是写作文的前提。可是，也有这样的作文，说它观点正确，不好讲；说它思想错误，也谈不上。总之，文章里渗透出来的看法、见解，含含糊糊，模棱两可，让人匪夷所思，看不出来赞美什么还是反对什么，读后让人犹坠云里雾中。

这好比在战争时期，两军对峙，壁垒分明，敌我双方阵地上都插着各自的旗帜。旗帜是不能插错的，为了保护这面旗帜，战士们都提出与阵地共存亡，让旗帜高高地飘扬。这就叫旗帜鲜明，立场坚定。同样，写出的作文立

意，也应该是旗帜鲜明，是与非，好与坏，美与丑，善与恶，真与假，正与邪，这些对立着的观念，作者在笔下表达的立场和态度，必须是明确的，不能有丝毫的含糊。

然而，在中小学生的作文里，由于思想觉悟和认知能力的限制，立意不够鲜明的情况却时有发生。有篇题为《严格的爸爸》的作文，先写爸爸对儿子"我"百依百顺；在期末考试后，得知"我"学习成绩大幅滑坡，又对"我"凶相毕露，拳脚相加，假期里不许出门，把"我"关在屋里写作业。作文在结尾处写道："我爸爸从此对我严格起来。"这种"严格"，是好是坏，还是有对有错，作者没有分析，人们也弄不明白作者写这篇作文的目的是什么。还有一篇题为《知足者常乐》的作文，写她平时贪玩，学习不用功，数学成绩总也提高不上去，为此而常常苦恼。最近，她在老师和同学帮助下，经过自己的努力，这次考试数学打了 86 分，与平常不及格相比，无疑让她十分开心。放学回到家里，妈妈勉励她百尺竿头更进一步，她却接了一句："知足者常乐嘛！"这句话对不对呢？如果是为了保持心态平衡，而不要事事斤斤计较，得陇望蜀，人心不足蛇吞象，这是对的。但是，人们总要不断进取，向更高领域攀登，不能停下努力向前的脚步，这时的"知足者常乐"又是不对的。至于该同学的"知足"和"常乐"，究竟属于哪一种，应该作何理解，是很难说清楚的。

下面再请阅读一篇学生作文，然后分析它的立意有无问题。

小抠老师
（范文彬）

我姥姥在农贸市场卖菜，她认识我们班主任洪老师，但是洪老师却不认识我姥姥。洪老师经常到我姥姥那里买菜，并和我姥姥斤斤计较菜价，姥姥说："当老师的都是小抠！"

有一次，我姥姥正卖菜，洪老师从远处走过来，他西装革履，头发梳得油光闪亮，一米八的大个，走路都不带风的，步履很稳健。正走着，他前边有位少妇，推着一辆自行车，后座车座里驮着一个三四岁的小孩，刚买完水果，一边推车一边往衣兜揣钱，慌张之际，掉在地上一张十元钞票，还有一元硬币。洪老师环顾四周，见没人注意，就急走几步，用脚踩住钱，又从腰间摸出钱包假装数钱，给别人制造是他自己刚掉下钱的假象，于是便大大方方猫下腰，把少妇掉在地上的钱捡在手里。这一切，全都被姥姥看见。这钱被脚踩脏了，上面粘了泥土，洪老师用手擦了擦，来到姥姥菜摊跟前，用这钱买了菜。回家后，姥姥提起这事就说："什么老师，还为人师表呢，看外表流光水滑、人模狗样的，买菜竟想少给钱；还捡别人的钱不吱声匿起来，用来买菜，真是不文明，够抠门的了！"

然而，这学期开学后的第三天，我班女生米英在上体育课时，突然晕倒在操场上。洪老师得知这消息后，便从办公室飞奔出来，叫来一辆出租车，他和体育老师一起，把米英抬进车里，送进医院救治……

米英的母亲患癌症刚刚去世，父亲又是肢体残疾人，家庭生活十分困难。由于要照顾父亲，整个假期她没有睡过一宿安稳觉，没有吃过一顿团圆饭，这样过度疲累操劳，把她身体拖垮了，这可能是她晕倒在操场上的原因吧。

学校领导了解了米英同学的情况后，经研究决定，发动了一次全校师生为米英捐款的活动。在班级大会上，洪老师号召全班开展向米英献爱心实际行动，他说："米英同学在学校品学兼优，在家里尽到做子女的一片孝心，是我们每个同学学习的好榜样。为了帮助米英同学渡过难关，顺利完成学业，希望大家尽自己的绵薄之力，伸出团结友爱之手，捐献出自己的爱心吧！"

洪老师发表完慷慨激昂的演讲后，当场从衣袋里掏出500元人民币，投进班级的捐款箱里。他的这一举动，立刻引发全班同学的热烈掌声……

我这时很惊奇，心里想："这个小抠儿老师，怎么又不抠了呢？"

大家的目光都投向黑板，默默读着这篇作文。读着，读着，有的学生看着范文彬嘻嘻笑出声。

魏增智用手推了一下同桌任梦洁的胳膊，小声说："洪老师是我们班主任，在学校，米英和我同桌。"

"真的？"任梦洁好奇似的看了魏增智一眼，"就是说，你和范文彬也是同班？"

"是的，女才子。"

"小学究，我问你，洪老师真像范文彬写的那样吗？"

"匿没匿钱我不知道，但后边写的有关米英的那些事，却是真的。"

"洪老师关心爱护学生，还慷慨解囊，一下子捐献500元，是挺感动人的。"任梦洁说着又摇晃起晶亮的额头，"不过，作为教师，见到别人掉了钱，赶忙上前用脚踩住，匿起来，这形象也有点太伤大雅了！"

魏增智两只迷惘的眼睛，在厚镜片后面睁得圆圆的，一直对着黑板看，两道小刷子似的眉毛紧紧地拢在了一起，想了想，方说："老师也不是神，他是人，常言说'金无足赤，人无完人'么！"

"老师不是神，可是教师这个职业，却是崇高神圣的呀！"任梦洁说这话时面部没有任何表情，她的语气略微放慢，向魏增智提问："你说，范文彬的作文，是赞美老师呢，还是丑化老师呢？"

魏增智苦笑，连连摇头："我说不好。"

两个学生原本是窃窃私语，后来越说声越大，整个教室逐渐肃静下来，人人都支起耳朵，注意听着他二人的谈话。其实，程老师一开始就暗暗当上二人的听众，不然他早该张口启发学生发言讨论了。

任梦洁提出的问题，魏增智答不上来，他们这时想到应该向程老师求援。二人抬脸向前看去，这才发觉程老师正在凝神听他们的谈话。他们看老师，老师望他们，彼此已是心照不宣，明白了一切。

再看看全体学生，眼光犹如夜空的繁星，齐刷刷地注视着程老师。那种求知的欲望，急切的心情，从一双双眼睛里折射出来。没等学生开口，程老师清清嗓音，就说开了："常言也说：'学高为师，身正为范'，这就告诉我们，作为教师，不仅教书，还要育人。怎样育人呢？首先要身教重于言教。你天天让学生大公无私，拾金不昧，而自己却见钱眼开，拾金即匿。这不但无法率先垂范，为人师表，而且连当一名文明公民都不合格，其行为让人们所不齿和唾弃。这就是《小抠老师》作文前半部分体现出来的立意。"

"对，我们不要这样的老师！"在程老师讲话的间歇，突然有谁插了这么一句，声音像从盖着盖儿的锅里蹦出来，瓮声瓮气的。大家很快就能分辨出来——不是别人，又是秦昊，他实在憋不住，往外放炮了。

"不对，我要挺洪老师！""穆彪子"冲着秦昊喊。

原来，米英、魏增智、范文彬、"穆彪子"都是一个学校的同班学生。这学期，调整座位，洪老师又让魏增智和"穆彪子"坐了同桌。"穆彪子"智力偏低一点，老师对待这样的学生一般都给予关怀和照顾，因此"穆彪子"直觉感到洪老师很不错。

程老师等了一会儿，见学生已无下文，才又往下说："然而，《小抠老师》这篇作文的后半部分，又写洪老师恪尽职守，救治生病学生，并出手大方，献出爱心，这里赞美了人民教师崇高的师德。读完这篇作文，可就把人弄糊涂了：作者是在丑化老师，还是赞美老师呢？我想不光是任梦洁和魏增智两位同学搞不明白，可能在座的所有同学谁都弄不清楚。反正我现在是糊涂了——也不知道我是老糊涂了，还是让范文彬这篇作文把我整糊涂了？"

程老师最后几句诙谐的话语，引起全场哄堂大笑。

笑声还没消散尽，樊启琛已站起来，把头转来转去，像在寻找什么，半晌才说："任梦洁和魏增智弄不明白，程老师也搞糊涂了，连我也是晕头转向；但是，现在只有一个人，他心里最清楚！"

大家都在看着樊启琛，他说心里最清楚的这个人，到底是谁呢？

"解铃还须系铃人，"樊启琛边说边转身，用手指着最后一排座位，"范大烟，你自己写的作文，你应该最清楚，是要写出一个什么立意呀！"

程老师的视线也落在范文彬脸上，微笑着说："好哇！你自己的作品，那你就谈谈，也让大家见识见识哦！"

范文彬中等个子，长条瓦刀窄脸，镶嵌着一对细眯的小眼睛，就像用小刀划出来的，在浅细的眉毛下转来转去，跟刚出洞门的小老鼠一样。平时脸上虽总挂着嬉笑，学生都喊他"笑面虎"，可到了正经场合，他却拘谨起来。你看他，似站不站，似坐不坐，忸忸怩怩的。听了程老师的话，他的细眼睛笑着挤成一条黑缝儿，身子晃了又晃，低垂着头，像是犯了什么大错误，但摇晃了半天，喉咙里像卡了一根鱼骨头，还是没发出一个完整的音节。

程老师又一次抬起手臂，请范文彬大胆展示自我，启发他说："你自己写的文章，你就谈谈吧——你是怎么考虑的？通过写你们班主任洪老师这两件事情，到底想表达一个什么观点和看法呢？"

被逼无奈，范文彬额头上落下三根皱纹，里面渗出汗珠，他顺手用袖头抹了一把，这才将屁股离开椅子，勉强站起来，身体往前几乎倾斜大约70度，就要俯在课桌上了，也不抬头，嘴慢慢张开，因经常吸烟熏得发黄的牙齿和鲜红的牙床暴露着。他感到嘴唇发硬，舌头也受到牵连，声音断断续续，说出的话像是睡梦中的呓语："我也没想那么多，那时我也不懂什么立意不立意的，看到题目让写《我的老师》，我就把我知道的这些事，一齐写在作文里了……"

范文彬的语音非常低沉，像是从胸膈以下发出来的。虽然没说出个所以然来，不过他的话也正好印证了程老师说的，即有些学生写作文，根本不知立意为何物，或者不知如何进行立意，因而在文章里没有表现出鲜明的思想观点。

程老师见范文彬还僵立在那里，就摆手让他坐下，总结道："从我们对《小抠老师》这篇作文的分析中，不难得出这样的结论：写文章，里面体现出来的立意，必须旗帜鲜明不含糊，是非对错要明确，决不许模棱两可，让人莫衷一是，无所适从。"

（十三）不堪回首，触字生情忆昨事

1. 岁月快如飞，往事犹可追

岁月，虽然能够衰老容颜，但是却不能够衰老记忆。奶奶听到"旗帜鲜明"四字，总觉得似坐针毡，本想彻底擦洗干净不断袭来的往事，但此时却又在心里倒海翻江。她眼囊垂下，眼窝微陷，眼神迷茫，目光离开丁咚咚笔记本，朝前直视，好像已穿过大气层，进入了另外一个空间，对孙子讲课亦是充耳不闻。她抬起右手掌，抚摸着太阳穴边滑落下来的斑白鬓发，自言自语："我也该鲜明鲜明，把真相和盘托出。"

丁咚咚把"立意要鲜明"已说完，正想转换题目往下说，突然听奶奶说"我也该鲜明鲜明"，就忙问："奶奶，你有啥心事，要和盘托出？"

奶奶早年那点事儿，总似一座大山背在肩头，压得她怪累的。孙子也大了，何必藏头露脚的，还不如自己把它抖落出来，身上会轻松，心里也痛快了。然而，她还是未曾开口先叹气："唉，就是我和你爷爷离婚分手的那些事情呗……"

"和我爷爷？"此刻的丁咚咚，满脸被"诧异"二字占领，歪起头，用卫生球般的眼珠看着奶奶。"真是要多奇怪就有多奇怪，昨天上午爷爷还把你送来我家，你们是啥时离婚分手的呢？"

奶奶知道丁咚咚没弄明白，连忙解释："你先不是说，你和你爸爸都姓丁，你爷爷也应该姓丁么；你不是还说，你听别人喊现在的爷爷叫'老卢'么。明白了吧，现在这个老卢爷爷，并不是你的亲爷爷。你的亲爷爷的确姓丁，是你爸爸的亲生父亲，他在黑龙江居住。他最近生病了，病得还很严重，可能会不久于人世。这不，你爸爸妈妈千里迢迢去看望的，就是他——你的亲爷爷！我和你爷爷当年在北大荒一起生活了七年，这次我还托你爸爸给他带去两万元钱，你这个老卢爷爷不知晓，你可千万别说漏嘴哟……"

丁咚咚吃了一惊，拦住奶奶的话，问她："奶奶，你怎么跑到北大荒去了呢？"

"我不是'跑'——去的！"奶奶对这"跑"字讳莫如深，她把这个"跑"字咬音很重，拉得又长。"我那时是知青，是被'送'——去的。"

"送——去的？"丁咚咚刨根抠底，也把这个"送"字说得又重又长。"谁给你送——去的？"

"谁？毛主席呀！"奶奶说这话时，语调里充满的是自豪还是屈辱，她自己也无法分辨。"毛主席一句最新最高指示：'知识青年到农村去，接受贫下中农再教育，很有必要'，我已告诉过你，当时我是高一学生，老三届，于是就被送去北大荒，上山下乡，插队落户，接受贫下中农再教育。"

火热的 1969 年快要走到终点，秋尽冬临，山间的小溪已覆盖上一层透明的晶体，道路和原野收起美丽的姿容，变得肃杀和僵硬。鸡年立冬后的第一片雪花，也从天空飘洒下来，亲吻着久别了的黑土地。雪后初晴，红日高悬，三江平原穿银挂素，放眼望去，到处是一片琉璃世界。在这如梦似幻、分外妖娆的景色中，18 岁的奶奶来到北大荒，开始了她九年的知青插队生涯。

2. 来到穷山村，不苦只怕静

"北大荒，真的很荒凉吗？"对于丁咚咚来说，北大荒，那可真是个神秘莫测的地方，引起他无限的遐思，有问不完的问题。

别看奶奶老了，想当年她可是"知青"文艺宣传队的队员呢。听奶奶说到这地方，丁咚咚打诨一句："奶奶去了，就不缺少大姑娘啦！"

奶奶也觉察自己有些忘情，赶快找话遮掩："刚去的时候，我们这些知青都住'集体户'里，大家说说笑笑，打打闹闹，钻进青纱帐里藏猫，跳入河里摸鱼，跑到大野甸子里采酸浆，真是'其乐无穷'哟……"

在城里出生，又在城里长大的丁咚咚，听着奶奶的描述，进入一种迷蒙的意境。油然之间，作文课堂里程老师教他们背熟的普希金的几句诗，一下子兜上心头，就高声吟诵起来——

　　谁见过那地方，
　　树林和草原，
　　都被自然的富丽所渲染；
　　河水清清地流淌，
　　在阳光照耀下闪烁，
　　抚爱着平静的两岸；
　　在为月桂铺满的山冈上，
　　凄凉的雪花从不敢偃卧……
　　告诉我，谁像我，
　　看过那迷人的地方，
　　在那里爱过？

奶奶确实"看过那迷人的地方"，又"在那里爱过"。听了孙子的朗读，当年旖旎如画的北大荒，又一幕一幕展现在眼前。她沉思良久，才开口说："不过，新鲜感随着时间流失，也很快消失了。在乡下，最让我们城里长大的人受不了的，不是吃的不好，也不是居住和卫生条件差，更不是劳动强度大——其实，农村社员不让我们干重活。"

"那还有什么事情受不了呢？"丁咚咚不解地问。

"静！"

"静？"

"对呀，静！"奶奶用力地点头。"一到夜晚，到处都是死一样的静寂！我们从小就在城里生活，街道上车水马龙，市场和商店更是人声鼎沸，那时家里虽然没有现在的电视机，但城里大多数家庭都有收音机，有的还有留声机，窗外的嘈杂声响不断传进屋内，对这样的城市喧嚣，已经习惯了，甚至形成了心理依赖。一旦来到乡下，突然失去了市声，确实感到心灵空荡荡的，受不了啊！入夜后，躺在被窝里，偶尔能听到远处传来几声狗叫，或者屋里墙壁缝隙中发出一丝虫儿唧鸣，愈加衬托出四周的死寂和凄清！这个时候，胸腔腾涌出来的思念家乡、想念亲人的悲凉、伤感，真是锥心透骨哟……"

听到这里，丁咚咚半真又半假地打趣奶奶："有我的爷爷陪伴你，你还寂寞么？"

"快甭提你那个爷爷了！"

"我那个爷爷怎么啦？"

"他差点没把我折磨死。"

"爷爷那样坏？"

"他不坏，他是好人！"

"好人怎么还折磨你？"

"嗯，谁知道。"

"那你就不是好人！"

"我也是好人。"

"这又奇怪，好人还折磨好人？"

于是，奶奶稀疏灰暗的眉毛跳动一下，向丁咚咚讲起她和爷爷的那段往事……

（十四）疑神疑鬼，到底是谁的鞋印

1. 爷爷原是山东客，生产队里根苗红

奶奶呆板的脸上看不出任何表情，说话时只有眼珠微微转动，像是在讲诉别人的故事："你爷爷老家，我只知祖籍山东，但是在什么地市，什么县，什么庄，我没问过。"

丁咚咚又问爷爷的名字，奶奶瞥一眼窗外鳞次栉比的楼房，说道："其实，你爷爷原籍在山东泰安地界，是我后来琢磨出来的——因为他的名字叫丁阴岱。"

丁咚咚颇感奇怪，问："奶奶何尝学过太乙神数？我爷爷名叫丁阴岱，你如何知道他原籍是山东泰安呢？"

"嘿嘿，这，你嫩哪！"奶奶咧开嘴笑时，皱纹从眼角边四散，有点故弄玄虚地说："我不仅知道他是泰安人，我还知道他老家在泰山以北居住。"

"奶奶快告诉我，这里有什么奥秘？"奶奶说得玄乎乎，让丁咚咚听得懵懵懂懂。

奶奶眼皮跳动两下，表情甚为得意，像立即要向全世界发布"重要新闻"那种神态："我上中学时，学过杜甫《望岳》这首诗，前四句是'岱宗夫如何，齐鲁青未了。荡胸生层云，阴阳割昏晓。'岱，泰山也，泰山在泰安地界；阴，北面也。你明白了么？"

"噢。"丁咚咚既然被大人称为"小精灵"，这点事怎能难住他。

奶奶见孙子点头，感到了情趣，她的爆发力被激发出来——

"你爷爷是根正苗红的贫下中农子女,那年山东闹旱灾,举家逃荒来到北大荒。由于家境贫寒,只念完小学,他父亲又患上克山型心脏病不治身亡,就辍学在家务农。他这人能吃苦,很本分,人缘也不错,很快在生产队被推举当上保管员。我下乡的第二个年头,就和你爷爷登记结婚。又过一年有余,你的爸爸出生了。"

此刻,丁咚咚只有认真听着的份儿。

"可是,你爷爷这个人,性格内向,有话烂在肚子里不说,谁也摸不透他的脾气。"奶奶说完爷爷优点后,就开始"一分为二"——这是奶奶年轻那个时代的哲学用语,一直到今天还是她的思维方式。在丁咚咚的眼里,奶奶非但是美食家,也许还是半个哲学家呢。

"哦哦,我爸爸的性格——"在奶奶说话吞咽唾液的间歇,丁咚咚眼睛的长睫毛不停忽闪,似乎他的眼前突然出现寻觅很久的物件一样,流露出惊奇,"可别说,爸爸还真有点像我这个爷爷!"

昨天的日历可以随手撕掉,可是往日的记忆如结痂的伤疤,遇到坏天气就会隐隐作疼,发痒难耐。此时奶奶已完全沉陷在对往昔的追忆,并没有听清孙子说些什么,她只管说着自己的话:"婚后,我才发觉,我和他的反差太大了。"

2. 城里妻无心嘻嘻,乡下夫神经兮兮

奶奶从这时起,把"你爷爷"大都换成了"他",好像她面对的已不是孙子丁咚咚,而是全中国乃至全世界的听众。

她长长叹口气,就似一匹脱缰的野马,任情感自由地驰骋起来:"我这个人,年轻时爱说爱笑,爱唱爱跳,没事还喜欢读点书,写写日记,有空闲给生产队出期黑板报,编排个文艺节目啥的。总之,愿与别人交际往来,说说聊聊……"

丁咚咚不失时机地赞美奶奶一句:"现在也能看出来,奶奶的性格活泼、爽朗,你一定会有很多要好的朋友吧?"

奶奶的嘴角挂上了一丝笑容,一丝苦涩的笑容,里面隐现出来的全是悲愤和耻辱。她的思绪并未被孙子的这句话给拉回来,反而却又把她牵到了那个让她心酸的年代:"可别提这'朋友'二字了,就在这方面,我们两个最犯相,打得不可开交,弄得满城风雨呢!"

"有那么严重么?"丁咚咚不解地把头微微摇着,望着奶奶那张僵得发硬的面孔。

她没有理会孙子,这时的舌头已经不听指挥,因为它没有经过大脑的同意,就弹奏出了对往事无限感伤的音符:"我无论和谁接触,只要他是男的,也不管是五六十岁的老头,还是十五六的小孩,他看了都会醋意顿生,追问和这些人都是什么关系，在一起谈话都是什么内容。后来，我几乎不敢迈出家门一步，上厕所他都用乜斜的眼睛在后面注视着。从此，我一旦有事外出，总觉得身后有人跟踪盯梢，神经绷得紧紧的……"

"奶奶，我爷爷也可能对您不放心，有过一点您说的那种行为；您呢，是不是也忒神经过敏，未免夸大其词啦？"

奶奶听孙子为他爷爷说情，心里不太高兴，就说："信不信由你，我也没办法。你也快长大成人了，以后有机会，你也回乡祭祭祖，顺便向乡亲了解一下，证实我说的话是真是假。再说一件事，你评判评判：有一次，生产队安装磨米机，让他和副队长燕四万进县城去买传动带，当天没赶回来，在县城里住了一宿。第二天回到家后，他就猫腰撅腚，在屋子里的地面上查找什么。不一会儿，他怒吼起来：'这么大的脚印，是谁的？赶快坦白，是哪个野男人来和你鬼混过？'说着，他向我头部猛击一拳。我心里没鬼，就连哭带嚎，和他厮打在一起……"

"后来弄清楚了吗？"丁咚咚急忙问。

"怎么弄不清楚？"奶奶对孙子刚才袒护爷爷的言论，显然还耿耿于怀。"当时的农村，居住条件普遍很差，多数农家都是土坯茅草房，地面也是泥土夯实的。他每天出门前，都暗暗把地面打扫干净，把灰土扑弄匀称。下工回家后，再仔细观察地面灰土上有没有生人的脚印。他每天就用这种办法，对我实行严格'监控'。9·11事件后，美国对恐怖分子的监视，也没有比他严格哟！发生这件事以前，我没有往这一层去想。他一般是趁我在厨房清洗餐具时，才动手'布控'，偶然被我碰见，还以为他帮助我搞室内卫生呢！他这次叫喊说来过'野男人'，'以鞋印为证'，我这才明白过来，原来他每天清扫地面'搞卫生'，是对我的人格莫大侮辱！是可忍，孰不可忍？我此时已压抑不住满腔怒火，一头向他撞去。我们的打闹，惊动了左邻右舍，人们纷纷跑来劝说拉架……"

"哎呀，你们两个，可太丢人啦！"丁咚咚听到这儿，也觉得为有这样的爷爷奶奶脸红，大声地慨叹。

对于孙子的责怪，奶奶这次没有生气，因为这正是她要达到的效果，于是接着说道："我二人从屋里打到屋外，院内涌进很多邻居，有看热闹的，也有拉架的。在人群里，我突然看见住在前院的小商媳妇，她虽然是女青年，却生来腰圆肩阔，长得大手大脚的。我猛地想起来，她在前一天傍晚曾经来过家里，说要给她远在安徽的大舅写信，向我要去三页信纸。我就把小商媳妇拉出来，让她当着众人说清原委；然后又在大家簇拥下，小商媳妇走进里屋，脱掉脚上鞋子，和地面的脚印一比对，竟丝毫不差！"

丁咚咚也被爷爷的行为所激怒，脱口而说："太缺德了！"

3. 前事今事一分二，公德私德混一块

"他不缺德！"谁能想到，此刻奶奶又上来"一分为二"，开始为爷爷辩护，"平心而论，他是个好人。他心地善良，富有同情心，谁有困难，都肯伸出援手。他柜子里若有钱，别人向他求借，他嘴里就是说不出'没有'二字。因此，不少乡邻欠他的钱——那可都是节衣缩食，不求口福，从牙缝里一粒一粒省下来的血汗钱啊，多少年都成呆账了……"

"哈，我爷爷好善乐施！"

丁咚咚脑子里闪现出刚学过没几天的"好善乐施"这个词语，就急忙用上了。程老师说过，学过的字词、知识、学问，要找机会用它几次，这样就不会忘掉，就成了自己的血肉，就变为自己的财富。

奶奶的话被孙子打断，她停顿一下，又接着回忆第一任丈夫的"善行"："那年我们养了一头肥猪，过春节时估计有300斤重，又舍不得自己家杀了吃，就决定让它再长两三个月，想留到年后卖个好价钱。村里有个名叫孟广昌的人，是抗美援朝退伍老兵，腿脚留下点残疾，快40岁还没娶上媳妇。过了春节，有人给孟广昌介绍对象，筹备结婚，但无钱操办，就找到你爷爷，央求把这头肥猪先借给他结婚杀了用。当时我不同意：说是借，他家那么穷，以后用什么还？不等于'肉包子打狗——有去无回'么！可是，孟广昌好话说尽，借不到钱哭起来，你爷爷一脸抹不开的肉，就把自己过年都没舍得杀吃的这头大肥猪，拱手白白地送给了人家！"

"这个孟广昌，后来没把借去的猪钱还给你们吗？"丁咚咚也很心疼，就盘问奶奶。

"他也不是丧良心，他家一点底儿也没有，用什么还哪？"奶奶也是个通情达理的人，她理解穷苦人的处境。

丁咚咚默不作声，像在思考什么。奶奶翻了几下眼睛，嘴角稍稍抽搐，又说出一件事："生产队有个五保户老王头，是1958年从哈尔滨清理城市闲散人员，下放来这里的，他没家没业，没儿没女，住在生产队看场院打更用的又破又小的土坯房子里。这个老王头脾气古怪，与谁都无来往，连不省事的小孩碰一下他窗户的糊纸，他都要扯开嗓子，用他老家河北保定口音叫骂半天，直到口干舌燥为止。到临终卧床不起时，都是你爷爷去给烧炕，做饭，买药喂药，端屎倒尿，家里做啥好吃的也给送去，一直到老王头病故……"

4. 夫妻本是同林鸟，大限未到已飞跑

丁咚咚听着爷爷的这些事迹，心里真的十分感动，就对奶奶说："听您这么说，爷爷可实实在在是个好人，称得上模范典型！爷爷那样对待您，他是缺乏自信，是对您太在乎了，您应该好好和他沟通嘛！"

听丁咚咚这么说，奶奶夸耀爷爷时的得意笑容，倏然间不见了，阴霾又

密布在她犁满沟痕的脸庞上，头仍然摇晃着说："唉，鞋印风波后，我抱起你爸爸，准备离开北大荒，回到城里我父母身边居住。你爷爷发现我已离开，和几名社员一起，把我从长途汽车站追赶回去。村干部和邻居都来说情，你爷爷也跪倒在地上求我宽恕，我才肯谅解了他这一次。可是，常言说'江山易改，秉性难移'，人的优点难移，缺点也难改。还没过两个月，他这'心细'顽症又发作，每天都像看贼一样监视我，仍然规定我的活动范围，还是不许我和别的男人说话，甚至我写的日记，都得被他仔细'审查'，我几乎失去了人身自由，天天在这样的精神枷锁下生活，弄得我痛苦不堪。吃不进饭，睡不实觉、失眠、心慌、头痛、晕眩、眼前发黑，身体瘦得只剩一把骨头。我心里想：'生有时，死有地'。这是上天的意旨，也许是命运的安排，让我葬身在北大荒……"

　　说到这里，奶奶伤感至极，眼里蒙着泪水，点点泪花在眼角边闪烁，慢慢滴淌下来。丁咚咚已不忍再听下去，为了催促奶奶的"忆旧"快些结束，也是想把"立意"剩下的两条标准快些讲完，就急匆匆问："后来呢？"

　　"后来？"那段被时光封存在记忆里的青涩爱情，在奶奶的世界，延续演绎，永久，永久，走过了生命四季，眼前已是夕阳满目。她仰脸看着墙壁上被落日余光染红的那轴条幅，两只无神又似乎在喷射着烈焰的眼睛，笨拙地移过阳台里的君子兰花盆，半天也找不到焦点，她抬手揉揉眼窝，看着孙子毛茸茸白里透红的圆脸蛋，长长吁了一口气，说："还有句老话：'人有背天之时，天无绝人之路'。就在我命悬一线，欲活不能欲死不得的时候，'文革'结束了，我们知青可以返城，我就带着你爸爸回来了。"

　　正是：鳌鱼脱却金钩去，摇头摆尾再不回。

　　看见奶奶原本愁苦的脸上，顿时露出灿烂阳光，她头靠沙发，眼睛微眯，不想再说话了。但丁咚咚心里却涌上一个疑问，就急着追问一句："为什么不把我爷爷也带回来呢？"

　　"唉，唉，我们的婚姻，原本就是敲错一扇门。我吃一百个豆还不嫌腥啊！"奶奶立时眼睛睁大，腰板挺直，用了一句当年在北大荒学来的民俗语言回答孙子。"再说了，那是30多年前，农村户口无法进城，粮食由国家统购统销，城里人吃供应粮，他来了吃什么呀？喝西北风啊？还有，当时除了国营单位，没有别的工作可以赚钱，怎么活命哟？这样，我就起诉和你爷爷离婚——彻底分手了！"

　　杭州城隍庙有副对联，把这桩婚姻批得恰好：

　　上联：夫妇本是前缘、善缘、恶缘，无缘不合；

　　下联：儿女原是宿债、欠债、还债，有债方来。

（十五）阴森可怖，"小诸葛"写新聊斋

丁咚咚听现今人说过"不要道德绑架"这句话，心想，爷爷奶奶可能都是好人，他们个人之间的恩恩怨怨，别人很难判断出个是是非非，就不要站在道德的高岸上去评论了吧！再说了，还有句俗话："儿不捉母奸，少不管老事。"孙子辈分的人，更不要去管爷爷奶奶他们的私事哟！于是他对奶奶说："你已'鲜明'完了，下面该听程老师讲作文立意，要注意听讲呢！"

在奶奶沉甸甸的叹息声中，岁月无情地滑了过去，她知道，自己的那段往事，就像用过的旧车票，变得一钱不值了。只是，记忆呀，成了让她永远难以宁静的死敌！这些，只能存在于她的心底，留着没事的时候拿出来翻检翻检，晒晒太阳。她这才注意到身边的孙子丁咚咚，他正忙着打开笔记本，滔滔不绝地讲解他的作文立意——

程老师一直站在长方形的讲台上，他见学生对《小抠老师》这篇作文不再提出异议，就又拾起粉笔，转过身在黑板上写着。当他掉转身时，同学们看到写的是：

立意要新奇

然后，他又面对全体学生讲起：

近些年流行这样一句话，叫做"与时俱进"，它和作文立意有相通之处。经济在发展，科技在进步，生活在变化，时代在前进，人们的思想观念也在不断地更新。这些充满蓬勃朝气的新生事物，都应该在我们的笔下反映出来。如果我们所写的作品，主题思想相对滞后，毫无新意，都是些已经过时的旧观念，或者是人们司空见惯的老玩艺，它就没有什么价值了。

作品里揭示的思想观点不仅不能落后于现实，要跟上时代的脚步，而且还应该具有前瞻性，让人们看到未来，看到希望，在暗夜里预见到黎明的曙光，从而受到巨大鞭策和鼓舞，让人们勇敢地去迎接即将在地平线上升起的朝阳，积极、健康地拥抱明天！如果有哪位作家，冷却了关注社会现实、关注人生的热情，他的作品也就没有任何意义了。因此，我们写出的文章，立意要鲜活，要新颖，要有独特的视角，要有极强的针对性，要有厚重的现实感。只有把握住这个"新"字，你的文章才会有生命力，才会使人们读后精神亢奋，情绪激昂，斗志旺盛，眼前为之发亮！

立意要新奇，这是写作追求的更高远的目标，多数中小学生的习作，眼下一时还无法达到这样的要求，只能说它是一个标杆而已。但是也有一些学生，他们追求的并不是新奇，而是追求离奇，喜欢在作文里标新立异，独树一帜，把主题思想弄得诡谲迷离，甚至荒诞不经。下面，我们看看这样一篇学生作文——

苍蝇打不得了 四

我们村里的新鲜事
(安子良)

　　常言说得好:"世界之大,无奇不有。"辩证唯物主义也认为,宇宙无穷大,没边没沿儿。那么我就想,既然无穷大,宇宙之中的事物就会无穷多,什么想象不出来的东西都有可能发生。人世间说的鬼神,以及各种一时无法用科学解释的异常现象,是不是受到天外的更高级生命的控制,在我们这个星球表演呢?最近,我们村里出现的一件怪事,让我的这种想法得到一次验证。

　　杨老太病了。她得了什么病,谁也说不好,不光是乡里人说不明白,就是送进县城医院,大夫也没说出个子午卯酉,给开点镇静药,打发走了就算完事大吉。她能吃能喝,能坐能走,可是一来病,就半阴半阳,神神鬼鬼的,满嘴尽是疯话,让人听了瘆得慌。

　　杨老太是我妈妈的远房姑妈,轮到我这辈人,还得叫她"姑姥"呢。暑假里,我从学校回到家乡。有一天,妈妈买些水果点心去看望她,我正好没什么事情,也就跟着去了一趟。我家在村子中部,杨老太家住在村子最西头,村子不大,没几步就到了。

　　"姑姥,您好!"我彬彬有礼地向老太婆问候。她神智十分清醒,说话很正常,和妈妈谈起家长里短,又问地里庄稼长势如何,池塘里养的鱼有多少尾,最大的有多重,喂些什么饲料……可是说着话,杨老太侧转头,拿眼睛用劲盯住我看,翻白着眼珠子,然后阴冷地朝我和妈妈笑了声,喊着我的乳名说:"哟!这孩子有出息,是个大学苗子呢!"

　　妈妈以为杨老太只不过是说的恭维话,就接过来说:"能有啥大出息?只是想让他多识几个字,别像我和他爸那样,当睁眼瞎,也算我们烧高香喽!"

　　"哪能,哪能。"杨老太这时抬脸朝天,右手捏弄起左手指头尖,过了一阵,方看着我说:"你在学校里,学习成绩不错!这次期末考试,语文94分,数学97分,英语90分,我说的没错吧?"

　　"没错,没错。"用150分的比例折算一下,一点没差,我嘴里应答着,心里却惊讶得突突直跳,暗想:"这个鬼老婆子,她呆在家里,是怎么知道我的学习成绩,而且一分不差呢?"

　　我觉得脑袋快要炸开了,全身的血液一下子都冲向了头部:她是狐妖附体?还是有特异功能?或者另有玄机呢?

　　在我和妈妈向她告别时,她的话更让人震惊:"咱们这是见上最后一面了,明天头午6点钟,我就走了……"

我妈妈自然说些安慰她的话，她眼角却滴出几颗泪珠。

果然，第二天清早，我就听说杨老太去世了。爸爸妈妈跑过去帮忙办丧事，这次我留在家里没有出去。后来听妈妈说：杨老太死前自己动手穿好寿衣，又自己穿上一只寿鞋，她刚把另一只寿鞋拿在手里，要往脚上套时，只听"噗嗵"一声，倒了下去，也就闭上眼睛，心脏停止了跳动。

直到今天，我总是不断地在思考：有哪位科学家能揭开杨老太的神秘面纱，破解她留下来的这些谜底呢？

有几位女同学，看鬼片似的尖声惊叫："啊呀，这也太八卦啊，阴森森，怪吓人的！"

不知是谁在座位上说："诸葛小亮，如果你写的不是真事，就是妖言惑众，宣传迷信！"

秦昊忽然挺身而起，他力排众议，高声嚷叫："八卦们，这有什么吓人的？《聊斋》里的鬼狐故事，比'小诸葛'写的还玄呢！"

马岩也从座位站起来，眨巴着永远被囚禁一半的大眼睛，那片勺子状的嘴唇往上抬着，侧过头，看着秦昊，用她那略带结巴的语调问："你，你个小P孩，你知道啥！我姥爷有本《聊斋志异》，全是文言文，我，我都看不懂；你秦昊，还能读明白？"

听马岩话里有蔑视自己的语气，秦昊本来漆黑发亮的铁青脸，竟涨得像快要滴出紫色的血浆，抗声说道："你马岩比我强多少怎的？难道你读不懂《聊斋》，别人就都读不懂么？"

马岩嘴皮一掀，挖苦秦昊说："我没说别人，我就说，说你秦昊，看不懂《聊斋》！"

"我还看过《聊斋》呢！""穆彪子"突然插话。

正当大家疑惑地瞪大眼睛看着"穆彪子"时，他脸上现出莞尔一笑："我看的电视剧聊斋故事《画皮》！"

这时的秦昊没有剩余工夫搭理"穆彪子"，又突然转变"斗争"方式，怒气从脸上消失殆尽，嘴角溢出一朵微笑，嘿嘿几声："看你马岩嘴撇的，还没有扔的远呢。实话告诉你说，我读的是《白话聊斋》，谁都能看懂，估计像你马岩那样水平八九不离十呢！"

从来不会生气的马岩，又露出笑呵呵的模样，下边的长嘴唇往前伸得更远，看着秦昊说："让你这样一说，'诸葛小亮'写的这篇作文，是，是新聊斋续集呗！"

大家都笑了，当然还是马岩笑得最响。笑了一阵后，程老师才开口，他用手指着安子良说："呵呵，你的这篇作文，写杨老太婆能掐会算，预卜生死，易学大师邵伟华也难望其项背，请你谈谈材料来源和写作构思过程，让大家听听，好不好？"

人们常说："文如其人"，果然如此。安子良不高不矮，不胖不瘦，长得敦敦实实，一副突出发亮的窄额头，面部表情暗淡，还总有那么点严肃。一双细小的眼睛，间距很长，深陷在鼻子两侧，但很锐利，闪出幽幽的光，充溢着自信，让人感到他老谋深算，沉着持重。他思维敏捷，头脑灵活，看过一些"闲书"，说起话来却不快不慢，旁征博引，十分风趣，让人觉得他就是智慧的化身，因此同学们送给他个雅号"小诸葛"，后来又有人喊他"诸葛小亮"——最先是从马岩嘴里出来的。他的坐姿也很另类，经常是两手高举，抱住后脑勺，仰靠在椅子的后背上。听程老师让他讲话，这时才不得不把手放了下来，欠欠身，压得椅子嘎吱嘎吱响，不过屁股始终没有离座，垂下头想了想，说："写过《围城》的钱钟书曾说：'蛋已经下出来了，就不要去问母鸡是怎么下出来的！'遵照他老先生的这个教导，我也就不必费话了吧！"

同学们都憋不住乐，程老师的眼睛在眉毛下似两道电光，笑呵呵地望着安子良，半天才说："蛋是下出来了，但现在大家还是都想知道母鸡到底是怎么下出来这个蛋的。安子良同学，你就满足一次大家的'奢望'好吗？"

没办法，安子良沉吟有顷，这才从座位上缓缓站起，两只长手半扣胸前，两眼看着天棚，不慌不忙地说："我也和李一流说的那样，作文里的'我'，并不就是我安子良本人。用第一人称写出来，为的是让人读了觉得更真实，更可信。"

大家以为他再不肯说了，谁知道停了停，他又说下去："我家住在城里，并不住在乡下，这是同学们都知道的。杨老太预知自己死亡时间，临死还能自己动手穿衣穿鞋，这个事，我是听一位农村亲戚，他来我家串门时讲的。他说是真人真事，但我并没有亲眼看见。至于写杨老太能掐会算，能说出'我'的考试分数，这是我上街看到摆摊算卦先生，他们写着'预测祸福，婚姻，寿命，升学，求财'等，从中得到的启发。我想他们要是宣传迷信，公安局早就该管他们了，肯定是真的。我就移花接木，转嫁在杨老太身上，写出这么一些话。程老师不是说写作文选材要典型化么，我这就是典型化！我也是出于好奇，想到能让科学评价评价这些事情的真伪。这就是我写这篇作文的材料来源和想法。"

听安子良说完，许行之原座不动地评论了一句："这就是二诸葛三仙姑式的算命打卦吧？小诸葛，你编得也太离奇了！"

"大姐姐"郭淑薇将冷漠的星眼一抬，说："不是太离奇，是太离谱了！"

（十六）昭君出塞，命意新奇开生面

安子良是很有自尊心的学生，有些事需要慢慢和他探讨，因此，程老师并未立即予以评析，接下来他却讲起了"王昭君出塞"的故事：

2000多年前，汉元帝生活糜烂，荒淫无耻，在全国遴选美女，充备后宫。因为当时还没有摄影技术，而选来的美女又人数众多，汉元帝就命画师为这些美女画像，挂在他的寝宫里，随时按图召幸。当时宫里也有个"潜规则"，如果想得到皇帝召见，受到宠幸，必须送重金给画师，把自己的相貌画得更漂亮些。

有个从湖北荆门市秭归县选送入宫的女子，姓王名嫱字昭君，她自恃美冠群芳，不肯贿赂画师，因此画像被画得平常一般，就一直没被皇帝召见。这一年，汉朝和北方敌国匈奴议和，为了笼络匈奴王，汉元帝按图索骥，把王昭君送给呼韩邪单于为妻。汉元帝为了勉励王昭君"以国家利益为重"，告诉她远嫁北国是一项"政治使命"，临行前接见了王昭君。王昭君国色天香，光彩照人，实属后宫美貌第一，见面后汉元帝差点被迷倒，内心十分后悔。但事关两国关系，不好收回成命。就这样，王昭君跟随匈奴王，远出汉塞，嫁到沙漠异国，终此一生。事后，汉元帝下令逮捕包括历史上著名画家毛延寿在内的所有宫廷画师，全部斩首"弃市"。

程老师讲课时，那双眼睛竟是那样富有表情，充满熠熠光彩，从眼镜片后面飞扬出来，和面前的学生眼光时不时对接，好像他不是用嘴说，而是在用眼睛向学生演绎着一个奇妙的世界，连他自己也已经沉迷在其间……

王昭君的故事，从此成为后世文人骚客笔下经久不衰的题材。他们怀才不遇、潦倒失意之时，往往以王昭君的遭遇而自叹，发泄悲愤不满的情绪。唐朝著名诗人杜甫的《咏怀古迹五首》（之三）就是最有代表性的。

咏怀古迹五首（之三）

群山万壑赴荆门，生长明妃尚有村。
一去紫台连朔漠，独留青冢向黄昏。
画图省识春风面，环佩空归夜月魂。
千载琵琶作胡语，分明怨恨曲中论。

晋朝史书为避司马昭讳，把王昭君改为"王明君"，因而后来或称她为"明妃"。杜甫这首诗里，立意分明是"怨恨"二字。

然而，到了北宋王安石笔下，这位事事都与别人有不同见解的"拗相公",他写的《明妃曲》两首诗,却表达了完全不同的观点。他说:"汉恩自浅胡恩深,人生乐在相知心。"就是说,汉朝皇帝和你没有缘分,匈奴王却成为你的"知心人",这不是很好的事情么,还有什么可"怨恨"的呢?他又谴责汉元帝昏聩刚愎,草菅人命,写道:"由来意态画不成,当时枉杀毛延寿。"

王安石在诗中的立意,与以前的作者大异其趣,这就给人耳目一新的感觉。

从王安石以后越千载,到了公元一九五四年,中华人民共和国副主席董必武,在呼和浩特参观王昭君墓时,写出这样一首诗:

谒王昭君墓

昭君自有千秋在,胡汉和亲识见高。
词客各抒胸臆懑,舞文弄墨总徒劳。

董必武在这首诗中,更是无"怨"亦无"恨",批评了历代文人词客,他们借吟咏王昭君事迹抒发个人"胸臆""愤懑"的狭隘观点,赞扬了王昭君出塞的伟大历史功绩,指出她的行为是加强民族大团结的可贵精神。

这个立意,不但新,尤其奇。

在程老师讲解王昭君故事的过程中,魏增智几次举起手,为了不破坏故事的完整性,程老师故意视而不见。讲解完毕,程老师才把脸转向魏增智问:"小学究,你有什么重要事项发布哟?"

对于学生的绰号,如果含有褒义,程老师有时也会使用。

魏增智小圆脸,浓黑眉毛下面的一对眼睛,再罩上镜片,也是圆溜溜的,加上小蒜头鼻子,不大的粗嘴巴,敦实实的不高个头,往那一站,就像公园里摆在路边的铁皮卫生桶。大家都把脸朝向他看去,他却有些不太自然起来,用食指往上捅一下眼镜架,才说:"王安石说'汉恩自浅胡恩深',董必武说'胡汉和亲识见高',他们都说错了!"

"哦,是吗,他们错在哪里?"程老师有些惊愕,忙问。

魏增智这时又摆出"待价而沽"的姿态,停住不说了。

"小学究,你玩什么深沉?快说呀!"林心怡是个急性子,在旁催促道。

魏增智这才慢慢开口:"人家王昭君是土家族姑娘,根本不是汉族人!"

"谁说的?你怎么知道?"连"女才子"任梦洁都摇起头。

"有人考证过,中国古代四大美女王昭君,老家确实像程老师说的,是在湖北省秭归县,她生在巫山之麓,香溪之畔,这里是'百蛮''百夷'世居之地。现在的土家族，就是从前的巴族的分支'廪君蛮'的后代。"边说边自动落座的魏增智又反问："这还用说，王昭君不就是土家族人么，怎能是汉族呢？"

程老师听完，微微摇摇头，笑笑，说："王昭君当时是汉朝的使者，属于哪个民族无所谓，土家族也好，汉族也好，反正都是中华民族。'汉恩自浅'，这个'汉'字，显然是指汉朝统治者；'胡汉和亲'的'汉'，指代的是汉朝内地。"

说到这里，程老师又提起《红楼梦》，说它不仅是一部伟大的文学作品，也可称得上是封建社会的百科全书。毛泽东曾说过这样的话："你不读《红楼梦》，知道什么是封建社会？"其作者曹雪芹，罄毕生之功，写成此书，创作经验十分丰富，他说写文章贵在"命意新奇，别开生面"。这八字箴言，希望同学们都能记取。

"不过，"程老师眼珠一转，又回到安子良的作文上来，"《我们村里的新鲜事》这篇作文，正像有些同学评论的那样，它新是新了，但它新得离奇，新得离谱，有宣传迷信之嫌。至于《聊斋志异》，作者蒲松龄是用妖狐鬼怪故事来影射社会现实，鞭挞腐朽丑恶的落后事物，立意既深刻又新奇。那么，安子良作文的立意是什么呢？它和《聊斋志异》能相提并论吗？"

（十七）见财起意，不爱草棍爱黄金

大红灯笼般的太阳，在高耸的楼房空隙间，渐渐往西移去，下沉。前面的高大楼房的巨大暗影，伴着一束落日余光，从丁咚咚家阳台窗口投进来，而且越来越长。奶奶忽然记起该做晚饭了。正当她把盘坐的两腿伸直，耷拉下去，又忙用手支撑身体，屁股刚要离开沙发，行将站立起来的时候，丁咚咚一把扯住她的衣襟，说："还有一个标准，听程老师讲完，奶奶你再准备晚餐！"奶奶只好重新坐直，低下了头，眼睛盯住丁咚咚手里的笔记本，听他说下去。

程老师这时又半转身体，只听"唰唰唰"，黑板上出现了：
立意要深刻

为节省时间，程老师一边写着黑板字，一边铺陈展开——

我们常看到一些文学评论，称某某作品是"力作"，甚至说它"力透纸背"，这，其实说的就是立意的深刻性。

作品要达到这一点，就要站得高，看得远，思得深，写作时对使用的材料要反复系统地比较、筛选、分析、综合、加工、提炼，能从一滴水中反射出太阳的光辉，从一粒沙里看到大千世界，在平常细小事件的记叙过程中，发掘出深刻的思想意义，揭示出生活的真谛，反映出事物的本质，寄寓深奥

的哲理，让人得到启迪、教育和更高层次的认识。

意蕴要博大精深，避免直白和浅露，这是文章的最高境界。对于一个初学写作的中小学生来说，是有很大的难度。但是，他们心里必须有这样一把尺子，眼前有这样一个目标，才能自觉地一步一步向上攀登。

有着深刻立意的作品可说是不胜枚举，古今中外的文学名著，都是这方面的例子。大家熟悉的《安徒生童话》里的"丑小鸭"的故事，其立意极为深邃。它通过描写一只白天鹅，不幸出生沦落在鸭群之中，被认为是丑陋、乖僻、不合群的异类，受尽嘲骂、讥讽、欺辱和嫌弃，最后离开鸭群出走，来到了和自己颜色形状一样的天鹅队伍中——原来，被认为是最丑陋的小鸭，却是一只美丽的天鹅的故事，深刻揭示了是非、对错、真假、善恶、美丑这些互相矛盾的观念，都是相对的，甚至在一定条件下是可以转化的大道理。

唐代诗人王之焕《塞下曲》："黄河远上白云间，一片孤城万仞山。羌笛何须怨杨柳，春风不度玉门关。"从字面看来，是描写塞外荒凉、寒冷的萧索景象，难免被人认为这是一首风景诗。其实，诗里暗含对边塞军民饥寒交迫处境的同情，春风不度是对统治阶级的尖刻讥讽。南宋林升的七言绝句："山外青山楼外楼，西湖歌舞几时休。暖风熏得游人醉，直把杭州当汴州。"应该说它脍炙人口，无人不晓。汴州就是古代的汴梁，即后来的开封市，原是宋朝的首都。林升，南宋时期诗人，他写这首诗时，首都开封已被金国占领，长江以北大片国土都已沦陷。赵宋王朝移都杭州，偏安江南一隅，却不思复国，只顾寻欢作乐，歌舞升平，过着纸醉金迷的奢侈生活。林升在这首诗里，给予南宋统治阶级极其辛辣的讽刺和强烈的抨击。然而，我们单从诗句表面文字，是看不出来的，还以为这是一首吟花讽月的佳句呢。

"有一个故事，老师，我觉得含义挺深刻，我讲讲，你看行不？"一声亮嗓子，喊断程老师的讲话。大家的目光一齐扫过去，只见樊启琛笑嘻嘻地举着右手，还用左手抓住支在桌面上的右肘弯。

"你要讲个什么故事？"怕他说些不着边际的话，程老师忙问。

"不爱草棍儿爱黄金。"樊启琛方脸胖得滚圆，一笑浮起一层油光。他抬脸朝前扬着，等待老师示下。

"好好，你说说看！"程老师右手掌心向上，对着樊启琛抬了抬。

同学们的注意力转向樊启琛，他说话时总爱夹杂着笑，油腔滑调的，但他不是故意"耍宝"，他说话时就是这种语音——

从前，深山里有座很大的寺庙。这一天，来了一位过路客人，说天色已晚，要借住一宵。寺里住持也就同意了，并用好饭好菜款待他。

吃完饭后，客人困乏，倒头便睡。当他再睁开眼睛，已是旭日横窗，天色大亮。客人赶忙起床，向寺庙住持和众和尚告辞，顺着小路向远处走去。行了已有两里多路，他突然发现自己身上粘着一根草棍儿。"人家对我那样好，怎能把人家的物品带走呢！"客人想到这里，就急匆匆转身，循着原路回到寺庙。他见到众和尚和住持，把草棍儿拿出来，交还到住持手里，并再三道歉，忏悔自己做了不该做的事。客人的行为，让众和尚大大感动，齐声赞叹客人既清廉又诚实，是个难得的好人。

"真是个君子！"所有的和尚都竖起大拇指，夸奖客人。

为了表示敬意，寺庙和尚一致同意再挽留客人在这里小住几日。恭敬不如从命，盛意难却，客人也就住了下来。

住到第三天，客人独自一个人在寺庙大殿里闲逛，游玩观光之余，他发现菩萨像前供着一尊小金佛，小巧玲珑，光彩夺目。他拿在手里掂了掂，很沉重，左看右看，果然是纯金铸造。"这尊小金佛少说也有七八斤重呢，值千万钱……"他已来不及多想，迅速揣在怀里。他回到住处，背起自己的包裹，溜出庙门，拽开大步，急急如丧家之犬，惶惶似漏网之鱼，消失得无影无踪……

"哈哈哈……"听到这，同学们大笑不止。

"我还没说完呢！"脸上始终拢着一团嬉笑的樊启琛，眼睛往大睁了睁，赶忙说。

"好，好，你接着讲。"程老师也在笑。

"我想让大家评论评论，"樊启琛的眼睛微微闭一下，看看老师，又看看身旁的同学，"我讲的这个故事——不爱草棍儿爱黄金，立意深刻不深刻呀？你们会由此联想些什么呢？"

沉寂了一阵子，大手小手，一只接一只，高高低低地伸出来。

"樊启琛讲的故事很深刻。"顾崇宇同学把桌子向前一推，磕磕绊绊地说道："那天，我丢了一只五、五角钱的油笔，有人拾到后交给了老师，我很快找回来。可是，不久，我爷爷花两多千元给我买的手机又丢了，却不见了踪影。嘿嘿，这不和'不爱草棍儿爱黄金'一个道理！"

"真像顾崇宇说的那样，"看着樊启琛他们坐下，鲁晓非说了这么一句，欲言又止，不想说又说出来："有的人小恩小惠，装出无私的样子，可在关键时刻就露馅了。我妈妈单位就有这样一个人，平时干啥张罗可欢啦，遇上小来小去的事，他都能'先人后己'；但是，到了涨工资，晋升职称，提拔职务，这些事关一辈子的利益时，我妈说他可就'旁顾无人'了！"

"那些腐败分子，也正是这样'欲取之，先予之'。他们所以能窃居高位，爬上去，就是先把他们的狐狸尾巴藏起来，显示出'大公无私'的样子，装模作样给别人看，取得信任后，有了资本，再去捞取更大的好处！"左雨虹无愧有"辣椒妹"称呼，说出的话够辛够辣。

"哈！真深刻！"秦昊突然在座位里喊了一句，也不知他是附和后几位同学发言说的，还是针对樊启琛讲的故事说的。

"不对，不对！我有我的看法！"下面有人突然大声喊叫起来。

正在仔细听着学生发言的程老师，抬眼朝座位看去——冯新发滑稽的、尖细的声儿，像小旦唱京剧。他皮肤白皙，突出的高颧骨，深眼窝长睫毛，一脸的帅气，说话做事却有点娘，难怪有的学生开玩笑把这位"冯大帅"称作"疯大帅"。冯新发边喊还边把蒲扇似的大手高举起来。他大高个子，长得壮实，身材魁梧，往那儿一坐就是一堵高墙，往那儿一站就像一座黑塔，因此，他的座位一般都是最后一排。他见程老师望着自己，就用他特有的公鸭嗓说："樊启琛讲的'不爱草棍爱黄金'里边的那位'客人'，只不过是'见财起意'，我觉得，他并不像一些同学分析的那样是有蓄谋的。"

经"冯大帅"这么一说，原本一边倒的看法，立刻瓦解，都纷纷低下头去思考。

片刻的静默之后，安静的安子良不再安静——他心爱的大作《我们村里的新鲜事》，经过老师和同学们的一顿分析，使他受到了触动，大概头脑里的"兴奋"还在发酵，就把抱在脑勺后面的双手放下，轻轻地按在桌面上，站了起来。他那双黑豆一样的小眼睛还在天棚上打旋儿，好像那上面刻写着答案，慢吞吞地说："即使那个客人不是蓄谋的，樊启琛讲的'不爱草棍爱黄金'的含义也相当深刻！只要我们认真思考一下，在现实生活当中，这样的人，这样的事，是屡见不鲜的。它揭示出一个道理：有一些人，平时隐藏很深，总是把自己打扮成好人模样，但是一旦遇到机会，他们的本性就会暴露出来。所以，这个故事提醒我们，要提防这样'八面玲珑，四面见光'的伪君子！"

"是的，"文文静静的白杨接着开了口，声音有点颤抖，却非常悦耳。"好人做好事，坏人做坏事，都不是偶然的。前几天，我看中央电视台新闻频道报道，河南有个乡村妇女，孩子得了白血病，去银行取款，原本只有几百元钱，储蓄本里却一下子多出 10 万元！她可没有'见财起意'，而是想到是不是有人打款打错了，应退还给人家。她立即找到银行负责人，说明了情况。经过查证，款是从浙江打来的，但没有留下详细地址和姓名。后来，当地媒体报道出来后，才找到汇款人——原来是一家私企老板，他也是看到报纸报道后，为了救助这个白血病患儿，才决定捐赠 10 万善款的。再说樊启琛讲的'不爱草根爱黄金'，故事里的这位客人，他也许真的是'见财'临时'起意'，但他骨子里原来就不是好人，只是平时没遇上机会，装得像个'人儿'似的罢了！"

"对！好！"因为安子良性情喜静，举止稳健，人气不错，平时又少言寡语，所以听完他很有分量的发言，不少同学也都同声附和。白杨更是人人喜爱的"小白兔"，她的一番见解，引起大家高声喝彩。

（十八）由此及彼，奶奶完成急就篇

见没人再说话，程老师接着前边又讲起来——

鲁迅先生的文章，用他自己的话说，是匕首，是投枪，篇篇都是声讨黑暗社会和旧势力的战斗檄文……

听到"鲁迅先生"四个字，沉淀在奶奶脑子里的记忆被撞击出火花，她拦住丁咚咚的讲述，说："鲁迅的作品，我上学时可没少学啊！年纪大的人，记忆是差了，但'民族魂'这三个字可是毛泽东的题词，我不能忘记。那个年代，对鲁迅的感情纯真，把他奉若神明，认知带有极大的革命性哟！"

奶奶并不顾及孙子有何感受，竟然抢过话头。丁咚咚有次听爸爸说过，人人都有"表现欲"，奶奶想谈谈自己心里装着的东西，那就让她表现表现吧。

"奶奶，你都知道鲁迅哪些作品呀？"丁咚咚想知道"老三届"心中的鲁迅，是何等光辉形象。

"哪些？多着呢！"奶奶得意的笑容在嘴角边一根一根牵出，没有寒暄，直奔主题，"年轻时，我读过十卷本的《鲁迅全集》。里面的杂文，由于有些社会背景弄不清，我是似懂非懂；不过鲁迅的小说，我看了一遍又一遍，不少小说还选在课本里，在课堂里学过呢！不过，孩子呀，我说实在话，年代久远，已把我的记忆快淘空了。"

奶奶怕丁咚咚拦截她的话，急忙喘口气又说："什么《狂人日记》呀，《阿Q正传》呀，《故乡》呀，《药》呀，还有什么《故事新编》呀，《朝花夕拾》呀，我真的读了不少。'那赵家的狗总看我的两眼'，就是影射封建礼教的压迫；还有个钱太爷，那就是暗指资产阶级剥削。你看鲁迅先生这种立意，深刻着呢！"

奶奶稍稍停顿，猛地拍起脑门："噢，对了，《风波》里的九斤老太太，最逗人乐——她出生时是九斤重，她儿子出生是八斤，她孙子出生却是六斤，就根据这一点，她断定'一代不如一代'！你说可笑不可笑？荒唐不荒唐？"

奶奶说着又停住，转动眼珠，想了半天，凹陷的两腮鼓了鼓，干瘪的嘴唇翕动几下，还是没有发出声音。丁咚咚见状，就接过来说："《风波》这篇小说，老师也给我们讲过。通过九斤老太太这个典型，鲁迅尖刻嘲讽和无情批判了社会上的保守派、倒退派以及一切反对进步、反对革命的旧势力。应该说，这篇小说的立意，是特别鲜明和十分深刻的！"

就在丁咚咚说话这工夫，奶奶的眼睛半睁半闭，过了好一会儿，她突然挺直身，对孙子说："刚才我好像梦游一般，也不知从哪里来了灵感——你让我写的'红嘴绿鹦哥'那篇文章，我已在腹内打好稿子了。我想现在就写出来交卷，省得我还得天天把它挂在心上，行不？"

"好啊！"丁咚咚拍手击掌大叫。

"不过，"奶奶又提出个条件："我的手，现在捏起笔就哆嗦，写字歪歪斜斜。这样吧，我口里往外叨咕，你呢，执笔往纸上记。咱俩配合一次，行不行？"

"行行行，可以呀！"这个要求并不过分，丁咚咚没有理由拒绝。他抓过笔，听奶奶说一句，就在纸上记一句。又勾勾划划，反反复复，几经改动，最后形成这样一篇文章：

学校里的"红嘴绿鹦哥"
（丁咚咚奶奶）

那年暑期，丁咚咚爸爸丁作时小学已毕业，考上了市 67 中学。这所中学，是我的母校，我的熟人不少，教过我的老师大都还在。我想给儿子挑选个好班级，趁学生还没有开学上课，这天下午我就早早来到学校。操场上空荡荡的，走廊里也寂寥无声，偶尔能看见有老师从办公室里出出入入。我找到校长室，只见门敞开一条缝儿，里面有说笑声钻出来。我敲门进去后，校长正在和另外两个人谈话。这个校长是新调来的，我不认识他，当然他更不认识我。他用手指了指门后的长沙发，示意让我坐。

"你们学校老师里有多少是大学本科毕业的？"坐在右侧沙发上的那个人，注视着校长问，还不时往笔记本上记录着什么。他谢顶很重，只有后脑勺和耳垂上边长着稀疏头发。隔一会儿，他放下钢笔，抬手在秃顶上抓挠几下。看那样子，他一定是教育局的工作人员，来检查开学工作的。

校长听他问教师队伍情况，不假思索地说："一共有十九名本科学历的，其他都是大专的。"

"秃顶"又问："这 19 名本科中，都是哪个大学毕业的？"

校长低头想了想，抬起脸看着"秃顶"说："唔，这 19 名中，正规大学本科毕业的，只有十三名，另外六名都是函授的。"然后他又如数家珍，一一说出十三名正规本科老师毕业的学校。

"秃顶"脸上露出不屑，嘴咧得大大的，接着校长的话说："那些都不是正经货，你们只有这十三个正经货！哈哈哈哈……"

"哈哈哈哈……"

我在旁听得惊呆了。心里想,我在学校读书时,"秃顶"说的这些"不是正经货",其中很多却是最受学生欢迎的。崔玉书老师是大学专科毕业的,但他知识广博,张口成诵,讲的语文课,引经据典,妙言连珠,趣味横生,在他的课堂里,没有一个学生思想溜号,没有一个打盹的。他不仅讲课生动,而且辅导耐心,因此学生考试成绩非常高。崔老师还经常给报刊写文章,有的是教学研究,有的是学术论文,有时还在省级刊物上登载小说、散文、诗歌……王德新、宋国庆、冯驰等老师,也都是大学专科毕业,他们教数学课、化学课、物理课,可都是学校的排头兵呀,怎么能说他们"不是正经货"呢?

听说,有一段时间,崔玉书、王德新、宋国庆、冯驰这些老师,他们在学校很受压抑,由于不是大学本科学历,评职称、涨工资、分房子等,都受到不小的影响。可是,有的老师,虽然是大学本科毕业,但他平时只是看看课本,翻翻参考书,给学生找找习题,由于从不读书看报,随着知识更新,他们早已落伍,讲起课来,更是了无兴味;还有一些老师,他们本来就无学历,又没什么学问,为了弄个文凭,纷纷报"电大",去"函授",弄来个"本科毕业证";还有的人苦心孤诣,花钱买假"文凭证书"呢!这些人纷纷给自己贴上新标签后,立刻变得身价百倍,从此评职称、涨工资、福利待遇诸多方面,都没有什么后顾之忧了!

我由此想:这和我的"红嘴绿鹦哥",何等相似啊!

我见"秃顶"这二人和校长谈得甚欢,不知何时结束,就悄悄退了出来。

给儿子挑班的事虽没办成,但是这件事对我启发很大,心里似参了禅,顿悟出个道理。从这以后,回到我的厨师工作岗位,我就开始琢磨起来。那段时间,我看了一些营养学书,我特别喜爱菠菜,配菜时,总喜欢放进一些。菠菜是再普通不过的大路菜,是老百姓最喜欢吃的蔬菜。然而,大概因为它太普通,那些颇有身份的食客,听说菜谱里有菠菜,他们就反感,就拒绝,有的还大喊大叫:"吃菠菜,来你们饭店干什么?"不过,有一天,我给菠菜起了个高雅堂皇的名字,叫做"红嘴绿鹦哥"!果然好使,这个名字一换,不仅顾客人人争着尝鲜,而且还卖上了好价钱呢!

这篇作文,是奶奶夕阳的余光,成为她对往日挽留的符号,也是她人生倒带的回键。写完搁笔,她欣喜无比,满脸的皱纹一条一条地聚集,绽放出甜蜜的笑容。她在屋子里来回走动了好几圈,甚至产生要唱一首歌的那种冲动。虽然无论是词语,还是章句或者层次结构,丁咚咚在奶奶口头叙述时,一边记录,一边提出不少修改建议,但是大都被奶奶接受采纳了。比如:

奶奶说:"走进学校里,到处是琅琅读书声,操场上学生在练习队列……"

"奶奶，你这样写有悖情理呀！"丁咚咚打断奶奶的话。"你前边说，趁学生还没有开学上课，这天下午我就早早来到学校'，给我爸爸挑选班级。你想想，在这个时候，学生还没有到校，怎么会有琅琅的读书声呢？也不会有学生在操场上体育课呀！"

奶奶又一次拍起脑门，只好承认："我糊涂！我糊涂！"

然后，丁咚咚就帮她改成现在这个样子。

写完后，丁咚咚高声朗读了两遍，奶奶的面孔在夕阳照射下，显得分外开朗和快乐，两只小眼珠也清亮了许多，觑着孙子脸色问："我写的这篇文章，立意深刻不？"

丁咚咚想了一会儿，才说："立意要深刻，这是五条标准中最后一条。讲解这一条时，程老师后来提到鲁迅先生，我还没有说完，你就抢过去说起来。不过，你说的鲁迅那些话，内容和程老师讲的差不了许多。程老师说的五条标准，前四条，每条都选一篇学生作文作为反例，让大家分析、鉴别，在充分热烈的讨论中得到提高。然而，中小学生写出的作文，写得不深刻的比比皆是，不胜枚举，所以讲到'立意要深刻'，也就不再找范例了。你的这篇作文深刻不深刻，我也不好说。下星期日再去上课，我带给程老师看看，也让同学们评评，奶奶你说这样可以不？"

"那就献丑了！"奶奶说着这句话，觉得找到了隔代知音，脸上显示出很是谦卑的样子。她又向窗外瞟了一眼，蔚蓝的天空已抹上一层浅灰色，就慌忙站起身，口里说："不早了，我该给你准备晚饭咯！"

丁咚咚这才发觉肚子里伸出一只小手，正在咕咕叫着向他要食物。他不但饿了，还乏了，睡意疯狂涌上头顶，脖子僵直，上下眼皮打起架，后脑勺刚一碰到沙发背，便呼呼睡去了。

残阳最后一抹血色光线，透过玻璃窗停留在雪白墙壁上，转瞬间经过丁咚咚安详的面庞，悄悄地撤出室内，被全部收了回去。厨房里响起叮叮咚咚的交响曲，时而伴随着奶奶从早年一直哼唱到今天的歌曲，仿佛漂浮着一朵轻盈的梦：

　　我们是毛主席的红卫兵，
　　从草原来到天安门。
　　无边的旗海红似火，
　　战斗的歌声响入云。
　　……

（十九）一只苍蝇，演绎出各种技法

到了星期一上午，爸爸妈妈从黑龙江赶了回来，他们正常上班，丁咚咚照样上学，奶奶也被卢爷爷接走了。日子又复归平淡，一分一秒地从指缝儿流淌过去。不觉之间，又一个周末翩然而至，人们都在快乐地欢度双休日。

星期天上午 10 点多，在程老师作文班上完课的丁咚咚，背着书包，拽开大步，向家里走来。这次他既没碰见刘大伯，也没遇到刘大娘，一路无话。上楼后，他站在自家门前，掏出钥匙，插进锁孔，轻轻一旋转，门被打开。进入客厅，他把书包放在写字台上。不经意地朝爸妈房间望了一眼，门半掩半开的，妈妈没在家，只见爸爸右手拿着苍蝇拍，高高举过头顶，身体向前微倾，蹑手蹑脚地向落在电脑荧屏上的一只苍蝇移动着。

"苍蝇打不得啦！"丁咚咚急骤推开门，快步跨上前，大喊一声。

爸爸正一个心思要置这只可恨的苍蝇于死地，嘴里还在嘟囔："打死一只苍蝇，就是消灭一个敌人！"他的这句话音未落，猛地听见丁咚咚喊叫，吓得全身一激灵，手一松，"啪"，苍蝇拍应声落地。

"啥？啥？咋回事？"爸爸半天还没缓过神来，眼神流露出不解，从近视镜后面愣怔地看着儿子。丁咚咚见爸爸惊魂未定，"噗哧"乐了，就拿来暖水瓶，沏杯茶，端过来放在爸爸前面的电脑桌上。

爸爸回身坐在沙发椅上，不规则地喘着气，仰起脸看了儿子 10 秒钟，也许 15 秒钟，再也不说话。丁咚咚见爸爸眼里全是问号，一个个冲着自己飞来，就顺手拉过一把圆凳，坐在爸爸对面，眨巴着那双晶亮的大眼睛，笑着说："今天作文课，程老师给我们讲作文立意技法……"

刚说到这么一句，就听见"呼噜呼噜"的鼾声，从自己的卧室里飘散出来。丁咚咚心想，妈妈去单位值班，不在家，这是谁呢？他正要转身去看个究竟，爸爸告诉他："是你奶奶来了。"

"奶奶又来了？"丁咚咚又大又圆的眼睛眨动个不停。

还没等爸爸说话，丁咚咚转身走进自己卧室，把奶奶唤醒："奶奶，你快起来，我要讲作文立意技法啦，你来和我爸爸一起听听吧！"

奶奶一骨碌从床上爬起来，用手扑弄几下床单，说："我可不是来听你讲什么立意的，你妈妈午间回不来，要我来给你们父子做午饭。"说完这句话，她脸上突然泛起一片红晕，眼睛觑着丁咚咚，压低声音问："咚子，我上周写的那篇作文，程老师是如何评价的？"

奶奶的这些话，就像没处落的苍蝇，嘤嘤地满屋飞，弄得爸爸一会儿看看奶奶，一会儿看看丁咚咚："什么？哪篇作文？"

"就是我写的'红嘴绿鹦哥'哟！"奶奶咂嘴吐舌地说。

"程老师表扬了您的这篇文章。"丁咚咚见奶奶脸上出现笑容，就又找来一些好听的话说："他说您文字功底不浅，选材很新颖，立意也深刻。"

奶奶越听越爱听，一点也不在乎自己掉了的豁牙齿，张开漏风嘴笑开了。

苍蝇打不得了 四

她本想再听听还有什么赞美的话,可丁咚咚停住了。他转身进入客厅,搬过一把椅子,扶奶奶坐好。接下去,他就绘声绘色地讲起来——

昨天,就是周六上午,在课堂里,程老师让我们写一篇题为《吴秋打苍蝇》的文章。中小学生课业负担很重,为了出成绩,学校各科老师往往拼命留课外作业。程老师做了十年的教学管理者,深深体会学生的苦衷,他从不忍心再给我们留课外作业。他合理设计,准确分配课堂时间,讲半堂知识,留下一半写作文,这样下课前都已写完,交了卷。今天上课时,程老师已全部批阅完毕。在黑板前,又贴出一篇作文:

吴秋打苍蝇
（许行之）

星期天下午,吴秋在家里正写作业,发现头顶上有一只绿头苍蝇,不知它是什么时候又是从何处飞进室内的。它"嗡嗡嗡"的振翅声,闹得吴秋有些心烦,精力再也集中不起来了。苍蝇在空中划出几道弯曲的弧线,终于落到书柜上。

吴秋上午在小区的公共垃圾箱旁经过时,曾看见里面有只死老鼠,全身已经腐烂,一群苍蝇在它四周飞起飞落,追腥逐臭,肮脏极了。他想,现在这只苍蝇,很有可能就是其中之一。它脚的毳毛上肯定沾满了细菌,如果落在食物上,人们吃了就会生病,那可了不得了呦!

想到这里,吴秋立刻放下笔,站起身,取来苍蝇拍,拿在右手,举过头顶,向着书柜方向走去。这只苍蝇很狡黠,没等吴秋接近,倏地跳起来,飞走了。它在棚顶绕两个大小不同的圆圈,飞进卫生间,落在热水器上。因为热水器的位置较高,吴秋搬来个椅子,他刚要跳上去,这家伙"嗖"的一声,又飞到别处去了。

吴秋找了好半天,却不见了苍蝇的踪影。他有点泄气,把拍子扔到桌子上,坐下来微微喘息。他这时眼前浮现出一次生物课堂里的情景:显微镜下,苍蝇被放大几十倍,它腿上的毳毛沾满粪便和细菌,有的细菌还在蠕动,脏得让人立即要呕吐呢!生物老师说,苍蝇是个中间媒介,它能够传染像霍乱、疟疾、肠炎、瘟疫等多种疾病,十分可怕,是人类不共戴天的敌人,必须干净、彻底、全部消灭之!想到这些,他不再犹豫,重新站起身,抓过苍蝇拍,向自己的卧室走去。他一处不漏,进行地毯式搜索,不丢一个死角。真是"踏破铁鞋无觅处,得来全不费工夫",就在他仰头一望时,看见苍蝇停落在窗户上面墙角边缘。

"这回再不能让它跑掉!"吴秋在心里暗暗警告自己,便脱掉鞋子,轻轻跳上床，右手里的苍蝇拍高高举在头上方，向前移动一步。他用丹田深深吸口气，稳了稳神，眼睛盯住苍蝇，拍子猛地挥了过去。呜呼哀哉，这只苍蝇被打成肉饼，向阎王爷报到去了。

看见学生们的面庞左摇右摆起来，眼睛东张西望的，已不再集中一处，程老师知道都默读完了，就问："请大家说一说，许行之写的《吴秋打苍蝇》里边的主人公吴秋，他为什么要打死苍蝇呢？"

不大爱讲话的于俊清这时站起，他的脸色显得很平淡，似乎总是睡不醒的眼睛朝前边看着，半天才说道："因为苍蝇太脏，脚上沾满细菌，传染疾病，所以要打死它。"

"说得很好啊！"程老师眼睛注视于俊清，朝着他点着头说——这也是对发言少的学生的一种鼓励。"苍蝇是疾病的传染媒介，为了讲究卫生、防止疾病、增强健康，我们必欲置苍蝇于死地而后快！这是一般人最普通的想法。按照这样的基本观点去记叙打苍蝇的过程，就是基础立意。我们写作文时，抓住基础立意，顺着这个意思，再往深处开掘，会写出更震撼的文章。例如，有个同学写他的邻居老太，因吃了有死苍蝇的米饭，引起呕吐，腹泻不止。她原本体弱多病，最后在送往医院途中，致使心脏脱落而猝死。这篇作文的记叙，也是从打苍蝇为了'讲究卫生，防止疾病，增强健康'这个意思出发的，但挖掘得更深，观点更强烈。我们把这种立意技法，叫它——

纵向立意技法（顺着基础立意往深挖掘）"

程老师边说，边在黑板上写了这么多字。

（二十）深挖横拓，苍蝇打得打不得

他写的最后一个字粉尘未落，就听见后面座位上有人喊起来，不用猜测，也知道不是别人，没跑，一定是秦昊。

"你有什么事情？"程老师扭头看了一眼，脸仍然面对着黑板。

秦昊棱角分明的脸上，大眼珠子在眼窝里左转转，右转转，转够了，方说："昨天写《吴秋打苍蝇》那篇作文，我真的没有写好。回到家，我就跟老爸说起这事，还没等爸爸开口，在旁边坐着的爷爷接上了话，他说他小时候，看过一则古代顺口溜笑话，是有关打苍蝇的，他就说给我听——那故事，老逗人乐啦！老师，我现在可以给大家念叨念叨么？"

"可以呀！"程老师这才侧过身子，正面对着全体学生，越过无数的头项，向秦昊扬起手，表示赞同。

于是，秦昊伸手边抓挠宽大的鼻沟儿，边粗声粗气说道：

苍蝇打不得了　四

"财主家里吃顿饭，东门关，西门关，一扇窗户忘了关。有只苍蝇叼去一粒饭，一直追到太阳山；若不是菩萨桥神来拦路，险些过了鬼门关！"

"唉，唉，这要是让孙悟空去追，早就追上了！""穆彪子"在旁感慨。

孙洪达猛地站起来，弄得桌椅"噼里啪啦"一阵响亮，伸手在太阳穴处搭个"凉棚"，嬉笑着说："这要是让我孙大圣去追，就跑不了啦！"

"你不是'孙大圣'，你是'孙猴子'！老师正在讲解立意技法，你耍什么活宝？"秦昊似乎是专门"管理"孙洪达的，又一次摆出"课堂警察"的身份。

这次孙洪达却没买账，冲秦昊说："你比我还能耍活宝，还有脸说我呢！要不，人家为什么都叫你'大活宝'？真是的，'只许州官放火，不许百姓点灯'！哼！"

"哈哈哈……"

这一次，又招来全班轰然大笑。从秦昊讲完"财主打苍蝇"，教室内的嬉笑声就没停止过，一直笑到程老师摆动手臂，做个噤声的手势。秦昊有个"怪毛病"，别人赞扬他时，虽然心里高兴，脸庞却绷得紧紧的，不让笑漏进声音里。有几个学生，又恳求秦昊再复述一遍，他们跟着朗诵，有的还提笔急忙记到笔记本里。

"呵呵，这个财主，好辛苦呦！"程老师等大家笑够了，这才张口说话，"我想问大家：这个财主，他是为了什么去追打这只可怜的苍蝇呢？"

看见好半天没人吭声，程老师继续启发："这个财主追打苍蝇，他和我们普通人打苍蝇的目的相同么？"

"不相同！"学生在下面齐声回答。

"有什么不同呢？"程老师也是"紧追不舍"。

"我们一般人打苍蝇是讲究卫生，而财主打苍蝇，是舍不得他的一颗饭粒！"大概受到程老师的表扬，有"老头"称号的于俊清，又一次从座位站起，慢吞吞地说。

"穆彪子"不失时机地说了一句："我要在场就好了，省得财主去追这只可怜的苍蝇！"

范文彬偏过头，挤咕挤咕小眼睛，问"穆彪子"："你在场怎么样？"

"财主他老人家那么大岁数，因为一粒饭累吐血，死在半路上，那有多惨哪！"说这话时，"穆彪子"眼泪汪汪的。"我家里有大米饭，给他端来一大碗，他就不去追了嘛。"

范文彬摇头嬉笑着说："要不大家叫你'穆彪子'，你果真'彪'。你也没想想，这个财主多么贪婪啊，你送给他一碗大米饭，他拿回家后，转身还

149

是要去追赶苍蝇，讨回他家的那一粒饭！"

"范大烟说得对，这个财主如此贪得无厌，你送给他山珍海味，他也舍不得他的那粒米饭！"蔡菀笛抬起她磨盘柿子的扁平脸，绿豆般眼珠闪射出两束光线，溜溜范文彬，瞄瞄"穆彪子"。"不然，我家住着高层大楼，吃些大鱼大肉，我早就想过送给财主一盆大米饭；你穆彪子家穷叮当的，还用得着你送么！"

"因为一个饭粒，这样拼命去追打苍蝇——当然这是夸张写法，从中表现了财主什么思想行为呢？"程老师急忙接上话，他循循善诱。

"小气，吝啬。"

"这就对啦！"程老师两手握着拳，用力晃动着。"这里写的财主打苍蝇，是嘲笑、讽刺剥削阶级都是一些吝啬鬼，这就是秦昊说的财主打苍蝇的深刻立意。"

听到这时，不少学生用微笑和点头，表达对老师讲解清晰透彻的赞许。程老师没有停下脚步，他接着往下说："前边我说，一般人消灭苍蝇的目的，是讲究卫生、防止疾病，为了身体健康，从这样的意思、这个角度去写，是基础立意；立足基础立意，由此再往深处挖掘，就是纵向立意技法。然而，不是从讲究卫生、防止疾病的角度去写，而是从其他方面去考虑立意，比如写财主打苍蝇，是为了揭露有钱人小气吝啬的本质；还有的人打苍蝇，是出于自卫原则，等等，这种向四周开拓去考虑立意，就是——

横向立意技法（开拓与基础立意并列的其他方面）"

程老师仍是边说边转身，在黑板上写出上面这些字。然后，他又拿出一张大白纸，挂在前边。他边挂还边说："大家看看，丁咚咚写的《吴秋打苍蝇》，就是出于'自卫原则'，这和秦昊刚才说的财主追赶苍蝇，是因为吝啬自私，都是大家不常说、不常写的。我们构思时，这样进行多方面的开拓，就是横向立意法。"

教室内，几十双明亮的眼睛，又一齐飞向密密麻麻的丁咚咚的作文字句里——

吴秋打苍蝇

（丁咚咚）

最喜欢踢足球的吴秋，正和爸爸坐在电视机前看世界杯足球赛。突然，一只苍蝇落在电视荧屏上，就好像一个永远不会滚动的黑皮球。

"太烦人了！"爸爸一挥手，苍蝇飞了起来。它螺旋式上升，波浪形前进，在头顶上划出几道椭圆形的曲线，又来个仙人指路，回落到吴秋的脸蛋上。

苍蝇打不得了 四

吴秋哪有工夫理睬它，只见西班牙前锋著名球星罗赛尔那接到队友传球，起脚正要射门……吴秋的心已提到嗓子眼儿，唉，被意大利队员一个倒地铲球，瓦解了。吴秋这才觉得痒痒的，抬手去搔挠，苍蝇又飞跑了。谁知，这只苍蝇是个赖皮缠，它欺负吴秋太厚道，在空中载歌载舞，嗡嗡嘤嘤唱起来。欢乐兴尽，又蓦回落在吴秋的鼻尖上。原来吴秋还在想，苍蝇也是条小生命，它活它的，我活我的，两下相安无事，何必坏了它的性命呢！然而，不行啊，这只苍蝇已害得他无法静下心来看足球，这时西班牙球门已被意大利攻破，他有些懊恼，更迁怒在这只苍蝇身上。

他抬手向着自己鼻子就是一巴掌，苍蝇没打到，鼻子却流出了血。他赶忙站起来，找来纸巾，堵住鼻孔。这回，他只好用手摁着鼻子，头仰得高高的，用眼睛的余光看电视，防止鼻腔里的血倒控出来。

爸爸看球已着迷，他的神经系统已经失灵，全部被电视里难解难分的厮杀所屏蔽，对身边儿子的"流血事件"充耳不闻。

"嗡嗡……"苍蝇飞起又飞落，在吴秋耳畔低吟浅唱。

吴秋情绪低沉到了极点，他已实在忍无可忍。"人不犯我，我不犯人；人若犯我，我必犯人；人先犯我，我后犯人。"毛泽东有关自卫原则的这几句名言，浮现在他的脑海里。他站起身，取来苍蝇拍，高高举过头顶，看着飞舞的苍蝇说："你不仁，也就别怪我不义啦！"

苍蝇也很机灵，它见小主人动真格的了，并不敢怠慢，向着吴秋的头部俯冲，来个蜻蜓点水的把式，在他身前身后绕了三匝，立刻转身直起，画了个曲线，扬长而去……

吴秋先到自己卧室内寻找，杳无踪影。再到卫生间侦查，仍无下落。后来走进厨房，眼珠叽里咕噜在眶内迅速转动，也没有发现蛛丝马迹。哦，这只苍蝇在世间神秘蒸发了？不可能！他停下脚步，仰头观察再三，嘿！原来狡猾的家伙潜伏在黑色排烟罩上，利用保护色隐蔽自己，看来，任何生命都有求生的本能哟！

"得饶人处且饶人，须放手时且放手。"看着这只可怜巴巴的苍蝇，吴秋又想起这条俗语，动了恻隐之心。可是一转念，"不行，现在已有了血的教训，怎能忘记？我放了它，它却不放过我；过一会儿又要卷土重来，进行骚扰，流血不说，电视也看不尽兴！长痛不如短痛，下手吧！"

于是，吴秋手中的苍蝇拍，瞬间猛挥过去，"啪"！不偏不倚，这只祸乱人间的苍蝇，顿时成了拍下鬼，一缕幽魂去见上帝去了！

吴秋这时感到很解气，心清气爽地回到电视机前，重新坐在爸爸身边，全部身心都投入到世界杯足球比赛中去。

"没想到程老师却把我丁咚咚的这篇作文，当作范文供大家鉴赏。很多同学看后，目光又都投向了我，看得我怪不好意思的。"丁咚咚脸蛋上的两个深酒窝泛着甜蜜，他故作谦逊，看着爸爸和奶奶如是说。

谁知爸爸的眼睛却在厚厚的近视镜片后面闪射出一股迷离的光线，落到儿子的脸庞上，上下游移着，丁咚咚立刻警觉起来，忙问："爸爸，你想说点什么？"

"这篇作文，真的是你自己写的？"

"是呀！"

"抄袭别人的吧？"

"爸爸，你这是从门缝儿里看人，把人看扁啦！"

"我和你妈妈把你送到程老师作文班时，你连一篇日记都写不出来，还不到一年，你就能写出这么漂亮的文章？"

"漂亮吗？我写得很一般。古人不是说过'士别三日当刮目相看'嘛，我跟程老师学习写作文，已有三百天，爸爸你该摘下你的近视镜，再仔细地瞧瞧你的儿子啦！"

奶奶端坐在椅子上，出神地听着儿孙二人"争辩"，她突然间想起一件事，小眼珠在深陷眼窝里转了转，瞅定丁咚咚问："咚子，上个礼拜天，程老师讲作文立意，有好多学生的作文被程老师挂在教室前面。可我也纳闷儿，怎么就没听见有你丁咚咚的作文呢？不但没有你的作文，为何也没有听见你的发言呢？"

丁咚咚赧然一笑，看看奶奶，又瞟了爸爸一眼，不无得意地说："奶奶，那天被挂在前边的，都是立意有瑕疵的作文，只有邢君改写的《我的一家》受到好评。那么，现在就让我告诉你一个天大的秘密：其实，作文班根本就没有邢君这个学生，我说的邢君，就是鄙人我丁咚咚也！"

"啊？邢君就是你！"奶奶惊呼起来，这么一会儿工夫，她的小眼珠转动不知有多少圈了。"你怎么还隐姓埋名呢？"

"我可不是卖姓，我是怕给你造成恶劣的印象。"丁咚咚把两只手放在腰间，做出谦卑的样子。"老师和同学们都夸赞我，这些若通过我的口向您转述出来，第一，我有点难为情；第二，弄不好您会认为我是'王婆卖瓜——自卖自夸'呢！"

"谦虚，谦虚。"奶奶听了笑起来，笑得满脸全是皱纹。在皱纹间隙露出两只小眼睛，里面闪动着幽幽亮光，有惊奇，有赞许。奶奶不停地点着头："好孙子！好孙子！"

爸爸见两人谈话接近尾声，也就插上一句："丁咚咚，你的这篇《吴秋打苍蝇》，写得确实不错嘛！"

苍蝇打不得了　四

　　过去爸爸可没少批评丁咚咚"有骄傲自满情绪"，丁咚咚此时很警惕，挺直了大圆脑袋，说："不敢当！爸爸过誉，谬赞了！我写的这篇作文，也不过是稀松平常。程老师所以拿出我的作文来讲评，是因为我从'自卫原则'进行立意，来写打苍蝇的过程。关于纵向立意技法和横向立意技法，不知我说明白没有？爸爸和奶奶您两位不要光听，别忘了还要多给我提些修改意见呢！"

　　奶奶先是点头，嘴唇刚颤动，爸爸抢先张了口："程老师这么讲，连我这个学理工科的都弄明白了。纵向立意技法，不就是对一件事情，按照一般人的看法、观点，再往深挖掘么！横向立意技法，不就是拓展一般人不常说的其他方面么！"

　　出乎丁咚咚的意料，他爸爸理解得如此透彻。丁咚咚正要往下讲，爸爸见没有了动静，又问："我刚才的看法对不对？儿子，你说呀？"

　　"对对对！"丁咚咚话刚出口，想起爸爸平时总批评自己"骄傲"，爸爸这不也是有"显示心"么，此刻何不也乘机回击他几句呢！心机一动，眼珠一转，话就来到了嘴边："爸爸，你也不要以一知充十用啊！"

　　爸爸听儿子这么说，近视镜片后面的目光又闪烁出迷茫，忙问："怎么回事？怎么回事？"

　　丁咚咚手舞足蹈起来，趾高气扬地说："今天作文班课堂里，程老师结合学生作文，刚讲完上边这两种立意技法，鲁晓非同学就举起手来，他说他在报纸上看到一则科技新闻：有位科学家，在'非典'时期，从苍蝇体内提取一种基因，把它注射进动物体内，就会产生抵抗 SARS 病毒和其他病毒的能力，可以使人百病不生，益寿延年。鲁晓非见程老师不动声色，就又问：'还应该打死苍蝇吗？'"

　　"是么？"爸爸满脸狐疑，神色凝固了，半天嘴里才发出声音："那，那程老师是怎么说的呢？"

　　丁咚咚可没有那么紧张，他满不在乎地说："程老师听鲁晓非说完，哈哈大笑着说：'苍蝇打不得了！'接下来，程老师又说：'也可以按鲁晓非的说法去写这篇作文，但应该写得合情合理，有理有据。'他还说，这种和普通人的看法完全不同，或者说是正好相反的观点，通过文章写出来，告诉人们一个更新鲜、更奇特、也许更深奥的道理。这种立意方法被人们经常使用，会收到意想不到的效果。如：一般人认为'近朱者赤，近墨者黑'，有人却说'近朱者未必赤，近墨者也未必黑'；一般人认为'知足者常乐，能忍者自安'，有人却说'知足者不一定常乐'，'能忍者也不一定自安'；一般人认为'功到自然成'，可有人却说'费力不讨好，还要看客观条件'；一般人认为'人多力量大'，可有人却说'人多盖塌了房'……用同一般人相反的观点和看法，这样去考虑立意，就叫做——说着，程老师转身在黑板上写下这么几个字：

反向立意技法（或叫'逆向立意技法'，也就是人们常说的'唱反调'）"

丁咚咚笑嘻嘻讲完了，奶奶还在直着脖子听，可爸爸的脸色却是半阴半晴，沉思良久，看着儿子说："程老师这样讲解作文立意，我都能听懂，不过，这苍蝇还打不打了呢？"

爸爸眼睁睁看着那只苍蝇飞起飞落，手里握着的苍蝇拍举在半空一动不动……

丁咚咚眉毛飞扬，仰头一笑："程老师还说'唱反调，说反话，要合乎事理，不要见了骆驼就说马肿背'……"

五 程老师当了一回人物模特？
——描写一大片

提示：中国和世界，有许许多多名胜古迹，旅游参观的人不绝于途。但是，却很少有人知道这样一个去处：程老师的课堂——那里的风景独好！请跟着我来吧，让你看个尽兴，也许你会流连忘返，还能有意外收获：学会写一手漂亮的文章呢！

（一）走进程老师课堂——让你学会描写人物

1. 程老师今年"几岁啦"（得体话）

没做过教师的人，恐怕怎么也体会不到，学生回答问题时，举起的手会在心里产生美妙的满足感。那胳臂，好像雨后的竹笋，突然从地皮上钻出来，此起彼伏，七长八短，有的直挺挺，能上达云霄；有的歪扭扭，似风吹弱柳；有的呼啦啦，其势不可挡……那在老师的眼前，却是一道道亮丽的风景呢！

"穆彪子"最早把右臂肘弯枕在桌子上，五指同时散开，慢慢举起来，像一只顽皮的小蜻蜓倒立在物体上。程老师问他有什么事情，他才磨磨蹭蹭站直身，浅浅的柳叶长眉压着一双黑豆似的小圆眼睛，笑起来眯成一条缝儿，细细的脖子扭动一会，方说道："老师，您让大家把您当作模特，写一篇人物描写的作文，那样的话，我得先问问：您今年有几岁啦？"

"轰——"大家笑成一团。

"穆彪子"的真正姓名叫穆标，因与"目标"同音，取其"有远大目标"之义。但他说话做事却总是"差点火候"，比别人要"慢半拍"，用当地的土话来说就是一个"彪"字，所以大家干脆都喊他为"穆彪子"。时间长了，他也见怪不怪，索性自己就认了"穆彪子"这个名字，别人喊他"穆彪子"他也答应。

"穆彪子，你的话，说得很不得体！"丁咚咚没有笑，微敛眉目，言语间没有嘲讽。"问大人年龄，只能说有多大年纪；同小孩子说话，才问他'几岁啦'。"

"程老师，您今年贵庚几何？"任梦洁向外偏斜着脸，露着雪亮的额头，那语音里有一缕小女孩的娇羞，"也就是说，您高寿了？"

"呵呵，我的寿还不高，庚也不贵。"程老师也幽她一默，一面看着任梦

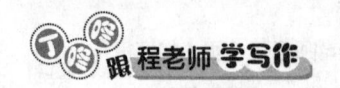

洁，一面问大家："你们看我有'几岁啦'？"

"我看您也就是三十岁刚出头吧！"林心怡同学显然是在故意调侃。

程老师戴了一副银丝框变色镜，在他转过脸时，镜架子便由鼻梁上向下滑动，目光瞬间从眼镜上缘瞟了林心怡一眼，一边"呵呵"一边说："呵呵，我没有白教给你们'逢人减岁，遇货加钱'这个俗语呀，你林心怡竟然是'即以其人之道，还治其人之身'——用到我这里来了呢！"缓了缓口气，又说道："实话告诉大家吧，我已经没有过去那么年轻，但还没有将来那样衰老……"

"那您，到底有，有多大年岁啦？"马岩长眼皮眨动起来，好像风雨中摇曳的树叶，难以安静下来，盯着程老师，结结巴巴的口吃病虽经多方医治，现已好转，但说话时仍然流露出来。

程老师眼睛也跟着眨眨，以程式独有的招牌微笑道："我，我早已过了不惑之年，来到知天命的门槛喽！"

这次秦昊可不再含糊，半个身子向前探着，赶忙接上去："老师，我知道了——您早已过了 40 岁，已接近 50 岁！对吗？"

大家脑海里立即映现出那次程老师在讲解文章立意时，秦昊不懂"年届不惑"一词，而愣是说别人谁也不知道，弄得他差点被自己的口水呛死那个尴尬出丑的情景。有的学生扬脸望着程老师，有的只是瞥着秦昊乐。

隔了一会儿，一位小个儿男生站起身，抬起右手食指，往上推一下黑色细眼镜腿，厚镜片后面燃烧着亮光，上下打量着程老师问："老师，您让我们描写人物外貌，那我就想知道，您的身高有多少公分？"

说这话的是魏增智，在他椭圆形脸蛋上，一双黑亮有神的眼睛忽闪着，上面横卧着蚕蛹似的浓黑眉毛。他不仅读过不少书籍，懂得的知识多，而且写的作文小巧精悍，虽谈不上"字字珠玑，句句美玉"，但往往构思奇巧，有新创意，并夹杂些玲珑奇妙的词语，因此在学生中有"魏歪才"、"小学究"的雅誉。

听了魏增智的提问，程老师笑而不答，只是说："大家看我的身高有多少？——怎么也比你'小学究'高一点吧？"

有的说"170 公分"，有的说"也就 165 公分"，有的还说"老师个子不矮，足有 175 公分"……

"到底多高啊？老师您自己说说吧！"没什么坏脾气的白杨有点急躁，她正提笔在思考怎样描写老师身材，便细声拉语地问。

"我是'二等残废'。"程老师又是"呵呵"一笑，"169 公分。"

"真的吗？"白杨摇着头，"我看程老师可魁梧、可高大了！"

"那是你看！因为，老师在学生眼中总是很高大的！——军中无戏言，没错，1 米 69。"程老师额宽腮阔的"国"字脸盘上，笑容显得很年轻，一笑就像是回到二十几岁那个青年时代去了。五十岁的人生，二十岁的笑容！"不过，写人物身材，不必写出具体尺寸，写出个大概，比如高大，魁梧，瘦弱，矮小，中等……就可以了。曹雪芹写惜春'身量未足，形容尚小'；写探春'削肩细腰，长挑身材'；写迎春'肌肤微丰，合中身材'……这么含混一写也许更妙，纤毫不漏地细细描写，有时必要，有时反而多余——这完全取决于情节的需要与否。"

黎梅花歪着头正在凝神思考如何开头，听了"小学究"问程老师的身高，突然想到一个问题，就举着手站起来说："程老师，您的西服很笔挺，穿上显得合身、洒脱，您能不能告诉我，它是什么牌子的呢？"

黎梅花这么一说，有的学生在笑，有的瞪大眼睛看着程老师身上的服装，似乎是这么长时间第一次发现程老师身上穿着衣裳似的。程老师用双手把衣襟拉起，敞开怀，露出绛紫色斜纹领带和青枫蓝格衬衫，他的头略微低垂，用眼睛向自己身上快速扫描一下，说："我这西服，可是名牌哟，在央视上打过广告呢！"

"是雅戈尔西装么？不像。"赵耀厚嘴唇一掀紧接着问，因为他爸爸曾穿过这个品牌。

"是报喜鸟么？不是。"惠天佑咧嘴露着一排黑边钢丝圈，他妈妈在专卖店当过售货员，卖过这样牌子的西服。

见程老师的头一直摇晃，左雨虹眸光一闪，问："是七匹狼男装吧？要不就是马克华菲。"

"不，不，都不是。"程老师头部往上翘起，"别猜了，我这西装是乔夫的！"

班级里年岁最大、个头最高的女生郭淑薇，学弟学妹心中的"郭大姐"，可是见多识广，听程老师说完，她眼睛眯起："乔夫可有年头啦，现在这个牌子不响了！"

"噢、噢，"程老师用手搔了两下修剪平整的短发，他的头发虽然有些稀疏，但是非常坚硬，根根向上挺立着。"我不要穿'响'的！"

2. 程老师的眼镜要价 10 万美元（玩笑话）

提笔在手的裴玲，头脑里想的是如何刻画人物神态，她端详着程老师的脸庞，也想到一个问题。她身子娇小，行动灵活，说话一阵微风似的："老师，我看您并不近视，为什么总戴着一副茶色银白边框的变色镜啊？"

"天机不——"不等程老师往下说，刚来作文班时间不久但跟谁都"自来熟"的女生蔡菀笛，她瞄了两眼程老师，拉长语调问："您戴眼镜，是实用呢，还是酷毙？"

"菜（蔡）包子！"左雨虹和蔡菀笛，同校同班，家居锦绣阁小区，小时候在同一个幼儿园长大，是一对好朋友。蔡菀笛来程老师作文班学习，左雨虹还是介绍人呢。她二人可说是青梅竹马，两小无猜，嬉闹无心，互相总是以绰号相称呼。"你真是个玩意儿，竟提些高难尖端的问题。"

"小辣椒，那你说说程老师为啥戴眼镜？"常言说"投桃报李"，你叫我外号，我也送你个称呼。蔡菀笛掉过头看完左雨虹，又抬着开满小红花的偏平脸蛋拿眼睛瞄着程老师。别人都叫左雨虹"小辣椒妹"，唯独好友蔡菀笛敢叫她"小辣椒"——大概"辣椒妹"就是由"小辣椒"渐次演变来的。

"这个，你还是问程老师本人。"左雨虹也抬脸去看程老师。

"唔，唔……"这个提问确实令程老师手足一时无措，但他立刻回应说："不，不，既不是实用，也不是酷毙，是帅呆！"

在大家疯笑声中，程老师仍是镇定自若，那被掺杂几根银丝的略微卷曲的头发覆盖着平实而宽阔的前额，那小山一样隆起的鼻梁，和下面抿成一条线的双唇，构成了一张坚毅又开朗的脸庞，笑眯眯的目光从有些凹陷的眼窝里射出，透过茶色镜片，飘落在每位学生的身上。他慢慢抬起手，轻轻推一推眼镜架，声音清亮地说："呵呵，若说起我这眼镜片，真是一技绝尘，清晰无比，它可是地道天然水晶的呢！戴上后，眼睛感到凉丝丝，极舒服的。几年前，我亲自去水晶产地东海买来的——据说，毛泽东的水晶棺就是那里产的。当时我的眼睛有点昏花，自从戴上它后，视力越来越好，现在读书写字不再感到疲累……"

"不对吧，天然水晶都是无色透明的，您的眼镜为什么是茶色的呢？"于俊清小声嘀咕一句。

老实巴交的于俊清，学生都叫他"老头"。他平时不大爱说话，就像个闷葫芦，不过偶尔说句话，却非常有分量。这次之所以提出这个问题，是因为他爸爸戴的眼镜也是茶色的，也说是天然水晶的，很久以来他头脑里就产生过这样的疑问，今天正好遇上机会问一问。虽然他的声音不大，还是让程老师听到了，就用眼睛注视着他回答："天然水晶，是可以用激光打进去颜色的哟！"

樊启琛的手放在桌面上似举非举，胖嘟嘟的圆脸上，老像是敷着一层油腻腻的笑粉，狗腿小队长似的笑几声才说话："老师，您摘掉眼镜，让我们看看您的庐山真面目！"

程老师未及开口，不甘寂寞的秦昊又冲出来，从中飙上一句："这真是个宝贝眼镜，老师，您把它卖给我吧！"

"沽之哉！沽之哉！那就卖了你吧！"作为执教多年的老教师，程老师驾驭课堂秩序的能力，还是绰绰有余。他善于调节气氛，让学生在学习中享受着天然的快乐。"请你给个价钱吧！"

"老师，我不懂行，还是您自己报个最低价吧！"秦昊高耸着的眉脊下面，那双大牛眼珠几乎要突出眶外,瞪得鼓溜溜的,煞有介事地看着程老师。

"那就看在咱们师生情面上,少收你一些吧——若是别人必须给15万元,你只须给10万元就可以了!"程老师板着面孔,一本正经,看着秦昊说。

"啊?哈——"惊讶和哄笑声在教室各个角落爆炸开,不过很快就又趋于平静,因为大家想起来:这些都是在说玩笑话。

"我说的可不是人民币,是美元呢!"秦昊正在咋舌之际,程老师拿起黑板擦,轻轻地在讲桌上敲了一下,说:"一锤定音,成交!"

孙洪达一直在抓耳挠腮,想找个话题说上两句,这时见缝插针:"什么时间交钱呢?"

"明天上午付款,一手交钱,一手交货!"程老师左手在脑侧一挥,"过期不候!"

在学生中有"孙猴子"之称的孙洪达,这时模仿着电视剧《西游记》里孙悟空的动作,伸手抓挠两下腮帮子,又在眉脊上边搭个"凉棚",做个鬼脸,舞弄了一番。

看着学生也笑够了,程老师把目光从秦昊和孙洪达两人的身上移开,面对全体学生说:"闲言少叙,言归正题,下边就请大家动笔,看谁能把这篇以记叙人物为主的作文写得更出色!"

在程老师这一番开场白过后,教室内开始沉寂下来,同学们翻开作文本,拿起笔,低垂下头打起腹稿。

只见温昕卓同学把胳膊肘垫在桌面上,双手托着腮,歪着细脖,想了一阵子,咬了咬嘴唇,才最后下了决心,把手高高举起,向腹部深吸了一口气,大声说道:"程老师,您给我们讲一讲怎样描写人物的相关知识,好吗?"

这个女同学,功课很好,要说听课注意力,没有出其右者。但她有两个明显的弱点:一是说话声音小,因此不爱讲话,发言少;二是作文不怎么会写,是几科之中最薄弱的一环。不过,经过这一段时间的努力,现在提笔写上五六百字的记叙文,那确是"老太太擤鼻涕——手掐把拿",已不在话下啦。然而,记叙文的最高发展等级是形象丰满,细节生动,意境深远,构思新颖,文采横溢,如果提高达到这一层次,就必须先在"描写"方面下工夫。关于人物描写,应该说是记叙文的写作重点,亦是难点。怎样对待重点,就要想方设法突破之;如何攻克难点,必须一点一滴分散之……

这之前,即使温昕卓不提这样的要求,程老师也早已作了准备。他略微清了清喉咙,嗓子已恢复了平日的好声音:"我看,这篇练习描写人物的作文,我再把选材范围扩大一些——前边我已经说过,我程老师甘愿当一回人物模特,除了写我程老师在课堂里的表现,也可以写我程老师在课堂以外的事情,总之,不离开我程老师这个'典型化'了的人物就是了。当然喽,我说'典型化',这意思大家能明白——'冰糕化了说选材'里我已讲过,就是说,可以把别人的'好事''坏事',都可以加到这个'程老师'身上,呵呵,没关系咯!今天剩余的时间,大家先写一篇。从下堂课开始,我再结合同学们的习作实际,按照描写对象,即'外貌神态、动作行为、语言对话、心理活动'几个部分,一个方面一个方面进行讲解。要边讲边议边练,边写边改边学。同学们说,这样好不好哇?"

程老师的语气总是那么谦和,每说完一件事情,喜欢问一句"好不好哇?"

"好!""行!""中!"在喧嚷嘈杂过后,学生个个低下头去,在自己面前的洁白纸张上,动起笔来,插上想象的翅膀,任思维像一匹脱缰的野马,在广阔无际的原野奔驰起来……

3. 笔下的人物,都是一个模子脱出来的(公式化)

同学们交上布置的作文后,程老师认真细致地进行了批改。在以后的几节课时里,结合学生们的习作,他断断续续讲起描写人物的基本知识。那么,请你不要离开,就让我们一直跟着他,再到课堂里去观光领略一番吧——

所谓记叙文,从广义讲,包括长、中、短篇小说,散文,报告文学,新闻报道,戏剧和影视剧本等;从狭义说,就是我们中小学课堂里写的具有故事情节的文章,一般不超过一千字。记叙文的表达方式,就是以记叙为主。记叙大致又包括两个方面:一是叙述(表达方式),就是把事情的过程和人物的事迹交代清楚,清楚得就像一条线那样,来龙去脉让人看完后了然在胸。这方面的知识,我们在前边的《刘大伯父子是'碰瓷'吗?——叙述一条线》,已经学习过;二是描写(表达方式),就是用生动形象、立体感强的文字语言,把人物、环境、场面等都能栩栩如生地描绘出来,给读者以身临其境的感觉。

单说描写,还可以这样划分:

(1)从描写的角度可分为:①直接描写;②间接描写。

(2)从描写的手法可分为:①白描——粗笔勾勒;②工笔——细致描绘。

(3)从描写的对象可分为:①人物描写;②物体描写;③环境描写;④场面描写。

如果说叙述像是一条线,是为了让读者对事件过程和人物事迹能够了如指掌,那么,描写可说是一大片,是为了让读者如见其人、如闻其声、如嗅其味、如观其色,越看越爱看!下面,我们再次把表达方法的这些关系,列个图表加以表示——

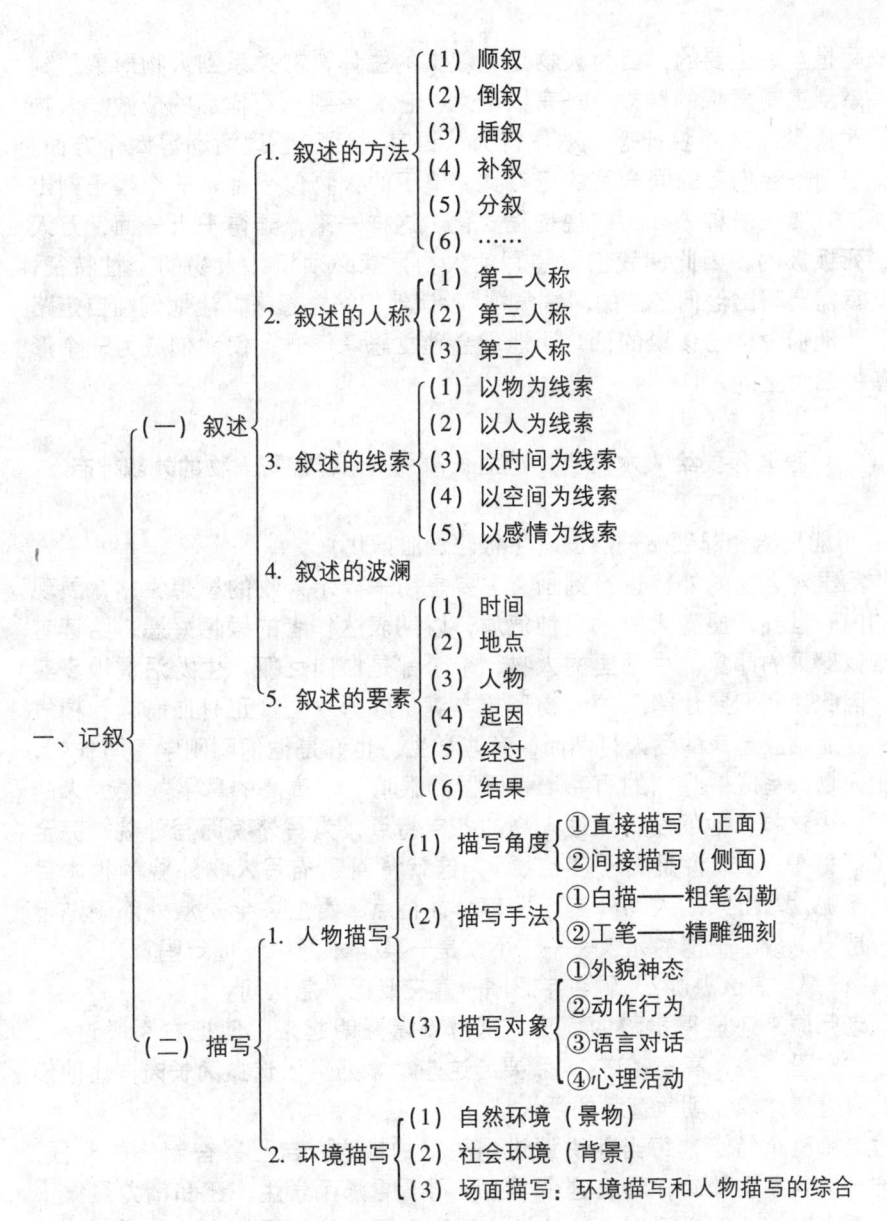

一、记叙
- （一）叙述
  - 1. 叙述的方法
    - （1）顺叙
    - （2）倒叙
    - （3）插叙
    - （4）补叙
    - （5）分叙
    - （6）……
  - 2. 叙述的人称
    - （1）第一人称
    - （2）第三人称
    - （3）第二人称
  - 3. 叙述的线索
    - （1）以物为线索
    - （2）以人为线索
    - （3）以时间为线索
    - （4）以空间为线索
    - （5）以感情为线索
  - 4. 叙述的波澜
  - 5. 叙述的要素
    - （1）时间
    - （2）地点
    - （3）人物
    - （4）起因
    - （5）经过
    - （6）结果
- （二）描写
  - 1. 人物描写
    - （1）描写角度
      - ①直接描写（正面）
      - ②间接描写（侧面）
    - （2）描写手法
      - ①白描——粗笔勾勒
      - ②工笔——精雕细刻
    - （3）描写对象
      - ①外貌神态
      - ②动作行为
      - ③语言对话
      - ④心理活动
  - 2. 环境描写
    - （1）自然环境（景物）
    - （2）社会环境（背景）
    - （3）场面描写：环境描写和人物描写的综合

二、议论

三、抒情

四、说明

　　记叙文的表达，叙述是基础，它关乎到能不能让读者看明白文章的情节。没有叙述，就无所谓描写。但是，你的作品能否吸引读者的眼球，能否把读者的心牢牢抓住，还要看文章的描写技法。如上所述，描写包括多种，其中人物描写是至关重要的，因为人物是记叙文的主体，它关系到人物形象的刻画，关系到主题思想的确立，一言以蔽之，它关系到一篇作品的成败。人物描写的对象，包括外貌神态、动作行为、语言对话和心理活动等四个方面。可是，呵呵，我们有的同学写的记叙文，笔下的人物似乎都是一个模子刻出来的，这就变成一种公式，或说是程式化。这样一来，弄得千人一面，万人同形，死板板的。因此，我们要想写活人物，就必须抓住人物的个性特征，根据文章需要写出他们各自的"精气神"，让他们站立起来，让他们独自走路表演，让他们说自己该说的话，让他们会独立思考问题，使他们成为一个形神兼备的活生生的人！

（二）程老师要给"木乃伊"造血长肉——怎样描写人物的外貌神态

1. 不能只给外部硬贴一层皮（平板化、脸谱化）

作品里对人物的外貌进行刻画，主要是用来揭示人物的思想性格，展现人物的内心世界，显露人物的精神气质，以期表达作者的爱憎好恶，给读者留下难以磨灭的印象。生活里的人物，个个都是血肉之躯，生龙活虎地真实存在。因此，我们要让笔下的人物形象丰满，成为一个真正有血有肉、精气神兼备、能站立起来的活人！然而，有些学生，也许是他们刚刚学习写作吧，常常把人物都写成"弯弯的眉毛"、"圆圆的眼睛"、"高高的鼻梁"、"大大的嘴巴"……这样，他们没有抓住人物的各自特点，为写外貌而写外貌，完全是为了"好看"，或说是出于"点缀"，这就背离了描写人物外貌的根本目的。结果呢，写出来的人物外貌，没有个性特点，看上去全是从外部硬贴上去的一层皮，成了干瘪的死人——这不就是一具"木乃伊"僵尸吗？

"那，那可怎么办呢？"顾崇宇眼睛一直在眨巴，急忙问。

程老师原来还显得肃穆的面庞，这时变得开朗起来，他把右手举过头，手掌往虚空里一劈，高声喊道："我要给这些'木乃伊'造血又长肉，让他们成为具有健康体魄、朝气蓬勃的活人！"

程老师有个特点，每当他讲课讲到关键的地方，自己兴奋起来的时候，就把方形大脸左右地转，看看这个学生，再看看那个学生，还和精力最集中的学生视力对接。他说了以上这些话，刚刚拿眼睛注视温昕卓，就听见有人在下面嚷嚷：

"我写人物外貌，就喜欢写程老师说的那些词语！"

"不，程老师说的就是我！"

循着声音望去，原来是孙洪达和"穆彪子"两人在小声嘀咕。

孙洪达是一刻都不肯安静的"学痞子"，听课时眼睛也是算盘珠子似的滴溜溜乱转，还总是嬉皮笑脸，谁也不知道他在笑什么。在学校里，他让许多老师感觉腻烦，有次班主任真的动了气，说他"长了毛就是一只活猴"，从此他的"孙猴子"外号就被叫开了。此时，他一边用眼睛溜着程老师，一边偏过头对"穆彪子"说："穆彪子，那次我写的《我的同桌》作文，就把你写成'圆圆的眼睛''大大的嘴巴'了。"

"穆彪子"愣怔怔地瞪着孙洪达，说："孙猴子，我和你也不是同桌呀！"

"嘻嘻，咱俩是邻桌哟！"孙洪达偏着脸看着"穆彪子"，"你脑袋真是有病，你忘了，那次写《我的同桌》作文，老师让每个人都找一个模特，我说我选了你，你也就选了我……"

"噢，噢，想起来了。""穆彪子"拍起了后脑壳。"我也是这样，那次我把你也写成'弯弯的眉毛'、'高高的鼻梁'——后来我仔细一瞧，你小眼巴叽的，眉毛有点往上挑，也不弯呀；鼻子也没有那么大呀！嘿嘿，嘿嘿……"

程老师抬眼朝他们看了看，两人才把嘴闭严。他展开思路往下继续讲——

也有的同学在对人物外貌神态进行描写时，变成了这样的公式：好人都是慈眉善目，双眼皮，笑盈盈，红润丰满的面颊，笑口常开；坏人呢，全是掉梢眉，三角眼，口鼻歪斜，面目狰狞，冷若冰霜——这就成了人们常说的"脸谱化"。

任梦洁这时接上一句："古代戏剧，正直无私的官员，脸谱都是黑的，如黑脸包公；老奸巨猾的权臣，脸谱都是白的，如白脸曹操；英勇善战的将军，脸谱都是红的，如红脸关公；那些作恶小丑都是花脸的……"

听到这里，韩铁壮缩缩短脖，一点头，低声说："我就有这样的习惯，把我要赞美的人物，翻开《描写词典》，尽量找好词好句贴在他身上；把我要否定的人物，就写得难看些。"

韩铁壮说这话时，斜眼一直看着邻座鞠雪晴，鞠雪晴也就顺着他说上一句："可不，我也是，那次我讲的'疯女人公交车里抓小偷'，就把两个小偷说成是'贼眉鼠眼'、'鬼鬼祟祟'……"

"不对吧！"坐在两人前边的许行之，闻风接上茬儿，"你鞠雪晴讲的疯女人抓小偷，并没有你刚才说的什么'贼眉鼠眼'和'鬼鬼祟祟'的话呀！"

鞠雪晴小嘴向前撅着，不温不火反驳说："我怎么没讲？你怎么知道我没讲这两个词？"

"后来程老师把你讲的故事整理出来，打了字，那资料我读过好几遍呢！"许行之争辩道。

"那是程老师把我说的那些话给弄丢了，当时我发言时，千真万确使用了那样两个词语！"鞠雪晴巴掌一般的小脸颊，因气恼而变形。

"好咯，好咯，"程老师见火候已到，两手在空中一摆，打断学生的争论。"一会儿大家不是要给我画像么，还是想想怎么个画法呀。"说完，他又眉展目舒地一笑。

2. 程老师微笑面对"大卸八块"（可谓"活体解剖"）

正当大家给他做 X 光射线扫描，眼睛瞪着这个"名模"发愣的时候，秦昊的飙劲又上来了："我看，必须先把程老师大卸八块才行！"

"哈哈哈哈……"这话换来一窝蜂似的大笑，大家乐翻了天。秦昊要么不说话，一开口准会引人狂笑一阵，这大概也就是他要达到的目的。

爆笑毕，学生们都在注视着程老师，他没有一丁点儿难为情，满脸温和的微笑，一齐向眼角聚拢。这种微笑，可以说是一种气质，它得益于修养；也可以说是一种境界，依靠的是磨炼。程老师在三十多年的教学生涯中，由刚刚毕业时的年轻气盛，经过磕磕碰碰，跌跌撞撞，渐渐走向了成熟。这种微笑，是从容的人生态度，表现出老教师的迷人风度，对学生会产生润物无声的无穷魅力……他这时两手似乎在前面抓一下什么，看着大家问："前边，你们不是已把我'卸'了么？还要怎么样'卸'呢？"

"那只是'小卸'，上次只是把您的年岁、身高、衣服、戴的眼镜说一说，至于您程老师的长相、五官、神态、体形等等，还没有'卸'呢！"这回秦昊边说边自觉站了起来。

"怎么个卸法呢？"孙洪达兴奋极了，看着秦昊，手舞足蹈着。"大活宝，你执刀，我给你当个下手，好不好？"

秦昊虽然顽皮，但是没有"孙猴子"那样好动。他仍然直挺挺站在座位里，用手抠着鼻沟，大眼珠子来回地转；他没有搭理孙洪达，只是说："首先得把脑袋割下来，看看他的脸型，上宽下窄，是个'国'字，再一根一根数数他有多少头发……"

"那可不行，我的头发是数不过来的！"程老师用手抓搔着自己的短发。"鲁迅有句大家耳熟能详的话，他说要想极简洁地写出一个人的特点，莫过于画他的眼睛；倘要画出他的头发，即使根根画得极细，也是无济于事的。"

"那就，说说程老师的眼睛！"马岩无愧闯将，擅长捕捉重点。

"浓眉，大眼。"顾崇宇号称马岩的铁杆粉丝，跟着互粉。

"眼睛深邃，偏灰褐色，有点混血！"冯新发是公安武警二代，侦查蛛丝马迹是家传法宝，刨根问底是与生俱来的习惯，"老师您祖上——"

这个话题是秦昊开头的，他要把话语权垄断在自己手里，不等"老冯"话落，秦昊再躬身爆料，给程老师画像加了几笔"涂鸦"："程老师眼睛很传神，像极杜甫！杜甫'今年很忙'：端着狙击枪凝视远方的，开着坦克向前冲的，戴着墨镜骑电动车出门的……"

"跑偏！人要没正形，连头疼都是偏的！""辣椒妹"左雨虹可没给他埋单，手臂一抱，小巧的鼻子嗤嗤地翕动，"描写眼睛，应该先说程老师戴着眼镜——在茶色镜片后面，闪出炯炯发亮的目光。"

这要是别人抢了自己的风光，秦昊早该吵嚷开，"辣椒妹"可不是什么菜鸟，这让人伤不起呀。他只好忍气吞声，嗓子没了劲，只是轻轻地说了一句："你说的也不对，明天程老师就不戴眼镜了——他的眼镜卖给我啦！"

"辣椒妹"并不"惯着"秦昊，又回上他一句："你说的更不对！程老师把他的破眼镜卖给你了，就永远不戴眼镜么？——人家还有更好的眼镜呢！"

看着左雨虹抢去说话，秦昊也没辙，如出水的鱼一样没了神气。"孙猴子"胆子立刻壮起来，眉眼挤咕着，"程老师脸上总是挂着笑容，一笑眼角堆出放射状鱼尾纹，嘴里还'呵呵'笑出声音，笑声非常爽朗……"

温昕卓虽然听课精力集中，学习成绩最优，但美中不足是说话声音偏小，大概是她天生的喉咙音带不发育，因此坐在座位上很少开口说话。不过这次她却看出点东西，就急忙拾遗补缺，说了一句："程老师眼镜横梁下面压着的鼻子，向上高挺，没有弯曲，显露出他正直、倔强的性格。"

"程老师的眼睛……程老师的眼睛……""穆彪子"说了半天也没想出来词语。

"穆彪子"是程老师的重点保护对象，为了掩盖"穆彪子"的尴尬，他调整一下谈话方向："对于鲁迅这些话，不能片面地认为鲁迅只是要人们去描写眼睛，而不需描写别的地方。正确的理解应该是，他要我们注意去写人物此时此刻最能传神的部位，即'画龙点睛'的意思。鲁迅说的其实就是外貌描写要有选择，要有主有次。因为鲁迅本人的头发根根竖起，丝丝皆硬，画家陶元庆为鲁迅画的素描画像，就把鲁迅的头发画得极逼真，有'怒发冲冠'的气势。'鲁迅精神'大约就是从他的头发上体现出来的。"

衣丙丁经过这段时间的磨炼，发言次数与日俱增。这时见缝插针，站起来说："程老师讲课喜欢打手势，他讲到关键处，往往喜欢用力挥动右手——学生的注意力这时就更集中了。"

"程老师的两条腿很有力量，能行万里路……"

"他的肩膀宽大，身材强健……"

"现在脚上穿一双透笼凉鞋，有时还穿平底布鞋，冬天穿黑色皮鞋。"

"程老师讲孔子'自行束脩以上，吾未尝无诲'，凡是送上十根牛肉干作拜师礼的，孔子没有不认真教诲的。可是，来程老师的作文班里学习的，见面礼也不收，他的形象越发高大……"

说上边这句话的是"女才子"任梦洁，她的古文功底不浅，得益于在大学教古代汉语的爸爸。

……

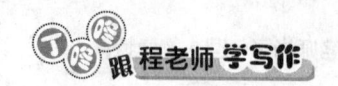

学生越说越多，大都是溢美之词。程老师一直在听，在乐，看看议论得差不多了，他手一挥，说："大家已把我'大卸八块'，先到这里，一会儿，你们在作文里再'卸'，好不好？"

"老师，我已学会了描写人物外貌，作文什么时间写呀？"魏增智着急了，从座位站起大声地问。

"呵呵，'小学究'想施展自己身手了；先别急嘛，真正学会描写人物，你们还仅仅得些皮毛，任重道远，来日方长呢！"程老师眼镜片对着魏增智闪着光亮。"现在，还得听我再详细说说怎样个'卸'法——大家都听过'庖丁解牛'故事吧，这个'解'，和大卸八块的'卸'，应该是同一个字，能够互换才是，起码是同一个意思。杀猪宰羊解牛，也不是乱'卸'，要按照动物身体结构，有秩序地一块一块地分解；描写人物外貌神态，要想描写得好，同样要弄清楚它应该划分成几个部分。"

于是，程老师嘴里边说，手里边舞动着粉笔，黑板上登时出现——

3. 两个学生的习作难分伯仲（外貌分几部分）

关于外貌神态描写，我们给它划分为这样几个部分：

（1）头部、五官、腰身、四肢、容貌；
（2）神态、表情、气质、习惯、爱好；
（3）年龄、性别、身材、体态、长相；
（4）服装、穿戴、衣饰、打扮、姿态……

写完上边这些字，程老师从文件夹里摸出一张大白纸，展开来，挂在黑板上。他边挂边说："这里有两篇学生写的人物外貌神态描写专项练习，供大家鉴赏！"

于是，几十双眼睛都长上了翅膀，一齐飞向前方——

我的爷爷

（孙照坤）

我对爷爷是再熟悉不过的了。因为奶奶去世早，他就和我们一起居住。爷爷是退休干部，有很丰厚的养老金，我从小就是他带着到处玩耍，他总是给我买好吃的。我长大了，上学了，但是我仍然和爷爷住在一个房间里。

那天放学后，我正在看书、写作业，就听见开门的声音。我走过去一看，是爷爷回来了。正好今天语文老师留的练习，让我们描写一位老年人的外貌，于是我就注意观察起来。

爷爷爱剃秃子，头上亮亮的，就像少林寺里的和尚，额头的皱纹正好组成一个"林"字；两条反弯月形的眉毛，一合就成了一个月亮；耳朵肉很厚，耳垂长长的，若再加上个耳环，就成了个大大的"？"号！爷爷眼睛像两只乒乓球，加上鼻子和嘴，就形成一个"哭"字，可我爷爷爱笑。爷爷不是很胖，但他骨架大，脱下衣服就可以看出一条条骨头；他手上的肌肉很多，纯粹是一个大馒头，手心上的青筋纵横交错，手背上像有一个个小蚂蚁，密密麻麻；腿上有许多的小鼓包，好似耸立着无数的小小的山岗，脚上的骨头犹如万里长城上的方砖，十分平，然而脚底却凹得像一座桥，水流过去应该是畅通无阻。

爷爷真是天庭饱满，地阁方圆，两耳垂肩，虎背熊腰，特别威武呢。

爷爷的个头不小，走路迈步稳健有力，两只手还常常叉在腰间，很是气派。听别人讲，爷爷当过挺大的官，怪不得爸爸妈妈什么事情都要向他"请示"……

画 妈 妈

（田赫森）

清晨，鸟雀吱喳的鸣叫声不断传进卧室内，把我唤醒。我悄悄走到厨房门口，从玻璃窗望去，妈妈一边唱歌一边做饭。看见妈妈这么开心，才想起今天是母亲节，可是，我应该给妈妈献上点什么礼物呢？想了半天，我来到书柜前，把我的"爱心画画箱"拿了出来，决心给妈妈画张像。

妈妈为人乐观、自信，而且长得可漂亮啦，中等身材，不胖不瘦，非常匀称。她脸白白的，嫩嫩的，似春花那样美丽，让人猜不透她的真实年龄。头发黑黑的，厚厚的，波浪似地在她的头顶起伏着。还有一对双眼皮的大眼睛，像珍珠一样明亮，只要一眨动，就跟和别人说话一样。妈妈长着两片薄嘴唇，犹如一湾牛轭湖，说起话来谁都喜欢听。妈妈在家开个食杂店，卖东西时穿一件蓝色的上衣，粉色的裤子，两个膝盖处各有一朵花，花上落着彩色的蜻蜓。来了顾客买东西，妈妈说话特别和气，总是满面笑容。不论谁问商品方面的问题，她都是详详细细地给以解答，从来没有厌烦过。

在爸爸的工作上，妈妈也花了不少力气。爸爸当汽车司机，每当半夜下班后，妈妈就赶紧给爸爸做饭、做汤，爸爸休假时，妈妈总是给爸爸捶捶背。妈妈常常嘱咐爸爸说："在路上开车要小心，一定注意安全，千万不可急躁，宁可等三分，不能抢一秒！"我爸爸对妈妈的话真是言听计从，开起车来果然稳稳当当，连一次小事故都没发生过。

我妈妈是尊老爱幼的模范，闻名遐迩。这些年，爷爷奶奶老俩口图清净，怕我上下学闹腾，不愿和我们一起居住，单独挺立门户过活。但是，我家凡是有什么好吃的东西，妈妈都要给爷爷奶奶送过去一份。在奶奶外出串门时，妈妈还要去给爷爷做饭、洗衣服。我爸妈的孝顺名声，那是有口皆碑的。妈妈对姥姥也非常关心，姥姥和我家住得很近，天天来我家帮助妈妈忙家务照看哥哥，妈妈都说："你累了，还是休息吧！我自己来做。"姥姥回答说："没事，你快去卖货吧！"

妈妈对我的学习抓得很紧，一有工夫就检查我的作业，帮我复习功课。我有不会的问题，她就耐心地给我讲解，一遍不行讲解两遍，直到我弄明白为止。因此，我的学习成绩总是排在班级前几名。

还有一点不能不称赞我的妈妈。我有一个哥哥，四岁那年偶感风寒，妈妈带他去诊所打针，一针下来哥哥便不会动了。送到医院抢救，命算是抢回来了，可是医师说因为这次医疗事故，哥哥从此将成植物人，大脑深度昏迷，能活多久谁也说不好。心碎的妈妈放弃白领工作，日夜守护着，两个小时做一次按摩，每日都为他洗澡唱歌讲故事，像伺候一个小婴儿一般。一年后奇迹出现了，哥哥又复活了。现在智商虽然还停留在五六岁孩提阶段，但是个子长得不矮，吃喝拉撒基本能自理，还学会了上电脑，有时还能帮妈妈打下手。只要哥哥活着，妈妈的人生就永远都是美好的，操心与劳累似乎根本就不存在。

妈妈，我的好妈妈，您辛苦啦！妈妈，我爱你！看到妈妈贪黑起早，忙里忙外，没有一刻闲暇时间，我就深感不安，心疼妈妈。我暗下决心，一定努力学习，天天向上，长大报答妈妈，替妈妈分忧解难。

想着，想着，我的彩色的画笔，在画夹上挥舞起来……

"这两篇习作，是我以前在学校教课时学生当堂写的作文。大家评论评论，写得如何啊？"看大多数学生已经阅读完毕，程老师这样提问。

"比我写得好。"鲁晓非一手托着下颚，一手揉着眼皮，还在细看。

"还可以。"顾崇宇眉梢下意识抖动了一下说。

"还可以？"赵耀拉长语调模仿顾崇宇的话问，"你能写出来呀？"

"怎么……的？"顾崇宇平时说话很正常，但是一着急，说话就不受理性约束，喉头咕噜一动，有点口吃道，"我若写不出来，他写的那就是，最好的啦？"

同学们听到这儿，嗡嗡笑起来。赵耀认为大家是在嘲笑顾崇宇，而顾崇宇却觉得大家是支持自己说得非常在理，两人都在大家的笑声中找到了各自的支点，因此也就握手言和了。站在讲台上的程老师呢，微凹、半黑半灰的眼睛里闪动着亮光，他鼓励学生互相争论，因为大家发言讲话，只要不跑题，能够吸引学生的注意力，加深对问题的理解，并能在轻松愉悦中领悟写作技法。

丁咚咚皱了皱鼻子,他对两人的争辩不屑一顾,他认为,从人物外貌描写方面说,孙照坤的《我的爷爷》写得最好。"语言活泼,肖像每处都刻画得很有趣味。从爷爷的头顶、眉毛、耳朵、鼻子,到手指、手心、手背、脚趾,一一写出,用了大量的比喻修辞方法,绘声绘色,很能吸引人的眼球……"

"大姐姐"郭淑薇粉丝很多,她的发言往往是东风压倒西风,形成一边倒的趋势。她说:"以我看,田赫森的《画妈妈》好,为什么呢?因为孙照坤的《我的爷爷》,只写了一句'爷爷回来了',就对爷爷外貌——从头到脚进行描写刻画,再没有其他情节了。而田赫森的《画妈妈》,能从不同方面叙述妈妈的事迹,在叙述中有描写,叙述事迹和描写外貌结合在一起,让人感到妈妈这个人物是立体的,是感人肺腑的,是活生生的。"

由于"郭大姐"的话似乎是针对丁咚咚说的,大家心里明白丁咚咚是程老师的得意门生,都把目光投向程老师,想了解一下程老师的看法。秦昊还想'愤青'点什么,譬如:"哥哥的遭遇"、"诊所里的草菅人命"、"医生就是职业杀手"……但一想到刚才被"辣椒妹"揶揄一顿,要八卦热闹的心理一下泄气了。程老师也就说上几句:"我们现在主要是学习人物外貌描写的知识,黑板上的两篇学生作文,应该说写得都不错,值得大家学习。我在前边讲解了外貌描写的几个部分,孙照坤就是按照爷爷头部、五官、四肢、腰身、气质等方面着笔的;田赫森除了对妈妈长相、衣着、身材的外貌神态进行描写外,还记叙了妈妈的其他事迹,赞美了她的优秀品质。至于这两篇习作,孰优孰劣,谁高谁低,我看难分伯仲。"

说了这么一些话,程老师的头稍低一低,眼睛往讲台上的教案略扫一扫,才往下讲——

4. 没有哪两片树叶是相同的(个性中传出"神")

俗话说得好:"人心不同,各有其面"、"母生九子,九子各别"。就是说,每个人都有与别人不同的相貌。不仅是人,就是树叶,天下也没有哪两片是完全相同的。即使是孪生兄弟姐妹,外貌也没有完全一样的,总能找出他们的细微差别。特型演员古月和唐国强,他们饰演毛泽东,人们都说像,但毛泽东出生于农村家庭,熟读古今中外经史典籍,长期从事革命斗争,在政治舞台上叱咤风云,用他的颜色涂改了中国乃至世界,形成了独步千古的伟大风范和卓越雄姿,岂是一个特型演员所能表现出来的?更何况,不说神态,单说长相,毛泽东嘴巴下颌那颗大痦子,别人长了么?

我们描绘人物外貌,只不过是通过这种手段,用以塑造人物形象,体现人物的身份经历,表现人物的思想感情,揭示人物的性格特征,表达作者自己的看法观点,进而深化作品主题,这才是真正目的。那么,怎样才能传神地描写出一个人的肖像呢？我们说，成功的外貌神态描写，总是能准确精当地传达出人物的个性特点，显露出人物的精神气质，为倾尽全力地表现人物的"神"服务。要问"神"在哪？答：它就在人的一笑一颦、一喜一怒、一举一动之中。法国18世纪启蒙思想家狄德罗这样说过："什么是表情？一般地说，就是情感的形象。"这句话告诉我们，一个人的内心有着怎样的情感，他的外部尤其他的表情准会"泄露"出来。也就是说，我们抓住这外在的"泄露"，就能追踪到人物的内心深处，体察出正活跃在那里的某种情绪，就会感受到一个人鲜明的性格。奸猾的人，脸庞经常挂着伪善的笑；商人唯利是图，总有几分自觉不自觉的讨好谄媚之态。这些人，久而久之，他们的那种"表情"就渐渐地"凝固"在面部了，那就成了他们的"情感的形象"。叶圣陶小说《夜》，并没写"阿弟"的肖像，更没写他脸上显出狡猾的样子，只是说他"是40岁左右商人模样，眼睛颇细，四周刻着颇细的皱纹，形成永久的笑意……"你看，这一个"永久的笑意"，它是多么的传神啊！

　　有些学生写作文，描写人物个个都是"瓜子脸"、"尖下颌"、"浓眉大眼"、"圆脸方腮"、"杨柳细腰"、"中等身材"、"膀大腰圆"……写小朋友是这些话，写男女青年是这些话，写老爷爷、老奶奶也是这么几句，分不出来人物各自的外貌特征，更不用说传达出他的精神气质啦。这些话，放到谁的身上都可以，看不出人物之间的区别，写了跟没写一个样。在这方面，古今中外的文学名著给我们提供了生动典型的范例。读过《三国演义》、《水浒传》、《西游记》、《红楼梦》、《儒林外史》、《聊斋志异》和鲁迅小说的人，闭上眼睛，头脑中就会立刻出现诸葛亮、刘备、关羽、张飞、曹操、周瑜、鲁智深、武松、李逵、宋江、孙悟空、猪八戒、唐僧、林黛玉、贾宝玉、王熙凤、薛宝钗、史湘云、尤三姐、晴雯、鸳鸯、袭人、胡屠户、范进、严监生，以及阿Q、孔乙己、闰土、祥林嫂、杨二嫂等人的相貌形象。为什么？就是因为这些人物都被写出了各自的特点……

　　"老师，我看过《三国演义》小说，让我说说好吗？"

　　一声女同学的大嗓门喊叫，打断了讲课思路，程老师朝喊话方向望去，坐在中间靠里边挨墙位置的女生周圆圆，她正在把右手高高举过头顶，并拢的手掌似一柄利剑刺向空中。

　　"可以呀，那你就说说吧！"程老师两只手合在一起，掌心往上托起，传递出"请"的信号。

5. "假小子"讲评"刘关张"（三国人物外貌）

　　一向有"假小子"称呼的周圆圆，一张扁平的圆脸盘，粗大的嘴唇上出现一层纤细的黑茸毛。今天她全身穿着发蓝牛仔服，毫无修饰地衬托出她茁壮的轮廓，女孩子男性化用在这里还不算委屈了她。她喜欢留个男孩头，发

170

型前高后短，略带羊毛细卷，她觉得这样干净利索。性格也颇似男孩子般的粗犷、豪爽，说话唧唧呱呱的，没有一般女孩子那样的柔声细气，显得憨直畅快。用肖渺一的话说，周圆圆除了能穿裙子，性别是女的，剩下都是纯爷们。

周圆圆看程老师同意自己发言，她抬手用力拍一下突出的鼻头，高声地说：

A. 三个臭皮匠——顶个诸葛亮

"诸葛亮，字孔明，自号卧龙先生。蜀国丞相，军师。他身长八尺，仙风道骨，头戴纶巾，身披鹤氅，飘飘然有神仙之慨。出行总坐独轮车，手里摇着羽毛扇。他善于计谋，精通兵法，自比管仲、乐毅。二十七岁出山，火烧博望坡，立了第一功。他向刘备建议联孙抗曹，并亲赴东吴，舌战群儒，草船借箭，呼风唤雨，借得东风，帮助孙吴用火攻大败曹操于赤壁。他气死周瑜，骂死王朗，七擒孟获，六出祁山，明修栈道，暗渡陈仓，发明木牛流马和孔明灯。诸葛亮是智慧的代名词，所以后世有'三个臭皮匠，顶个诸葛亮'、'你不要把自己看做诸葛亮，把别人都当成阿斗'的俗语。诸葛亮因为事无巨细，每必躬亲，操劳过度，最后在五十四岁北伐征途中，病殁五丈原军中。唐朝大诗人杜甫咏叹：'运移汉祚终难复，志决身歼军务劳。''出师未捷身先死，长使英雄泪满襟'。"

B. 刘备摔孩子——刁买人心

也许周圆圆因为体重原因，两腿不时交替一下，她看了看坐在周遭的同学，见大家都在直着脖子恭听，才耸了耸肩头，又直视前方，那亢奋的双唇启合张闭，吐出一串话来："刘备，字玄德，性宽和，寡言语，喜怒不形于色。他虽是蜀国开国君主，但他出身卑微，少年孤苦穷困，曾和母亲一起织过苇席、卖过草鞋。但从他长相看，生来就是当皇上的料：两只大耳朵与两个肩膀垂直；手臂比普通人长一截，不弯腰双手尖能摸到膝盖以下；眼睛能看见自己的耳朵；面如冠玉，唇若涂脂。刘备没有什么大能耐，他专靠小恩小惠广纳天下武将贤才，桃园三结义廉价收买了关羽和张飞，三顾茅庐请出诸葛亮。赵云怀揣刘备刚出生不久的小儿子阿斗，大战长坂坡，几乎丢了性命。回来后，刘备把阿斗扔到地上，连说：'差点损我一爱将！'所以后人才有'刘备摔孩子——刁买人心'这句歇后语。"

C. 关公面前耍大刀——不自量力

由于话说太快，就像刘翔的110米栏冲刺，周圆圆感觉心肝肺跳动得有点不规则了，就用手捂了一下心口，调匀了语速。她又用舌尖舔舔厚嘴唇，短粗脖子往后仰了仰，接着说："关羽，字云长，脸颊比大枣还要红，嘴唇就像涂抹一层红色胭脂，一双丹凤眼上边，浓黑的眉毛像蚕茧一样伏卧在眼皮上边，下巴颏有一尺八寸长的胡须飘洒胸前；身长九尺三寸，相貌堂堂，威风凛凛，手拿一把青龙偃月刀，重八十斤。所以现在有句歇后语叫'关公面前耍大刀——不自量力'。他单刀赴会保护刘备，让孙吴赔了夫人又折兵。他熟读'左氏春秋'，有深谋大略，曾过五关、斩六将、温酒斩华雄，但因刚愎自用，不听别人劝阻，最后大意失荆州，败走麦城，被东吴所杀。"

D. 张飞穿针——大眼瞪小眼

周圆圆的大嗓门有力地震动着空气，割裂着斜射进教室的阳光。说完关羽，她没有停顿，就说起张飞："张飞，字翼德，身长八尺，手使丈八蛇矛，有万夫不挡之勇。他长着个豹子头，一双眼睛大而圆，卷毛胡子，须硬如戟，是个满脸长着横肉的黑大汉。据说他因为眼睛太大，闭不上，睡觉也总是睁着的，所以现在有句歇后语叫'张飞穿针——大眼瞪小眼'。他声若巨雷，气势慑人，三声喝断当阳桥，吓得曹将夏侯杰肝胆俱裂，坠马而死，曹兵大队人马不战自退。你们猜，那当阳桥怎么就断了呢？原来，桥下河水里有条巨龙，张飞厉声大喝，把那条龙吓得全身一颤抖，头上的犄角就把当阳桥豁断了。从此，也就有了'猛张飞'这个称呼。张飞爱憎分明，不矫情，不掩饰，刚烈耿直，表里如一，敢爱敢恨，半点容不得世间奸佞之人，因此他成了有草莽习气的民间英雄，受到后来人的喜爱。张飞也并非一介武夫，他粗中有细，有胆有识，在严颜坚守城池拒不出战的情况下，利用严颜认为自己缺少计谋的成见，设计取得了胜利。然而，张飞这样一位骁勇善战的人，在三十七年的战争中，足迹遍及大半个中国，经历大小战役数十次，都没有捐躯沙场、马革裹尸，却因急躁残暴，刑杀过分，鞭挞健儿，最后被手下卫兵所杀……"

"哗哗……"掌声一片。

周圆圆把《三国演义》的人物讲得如此精彩，是谁也没有想到的。过去学生们都把她说成是"假小子"，这话里有话，就是认为她一天只会"跳跳窜窜"，一肚子草包。自从这次"亮相"，大家可对她刮目相看了，已没人再敢小觑她。后来，程老师问过周圆圆，为什么对三国人物这样熟悉，她才说了实话："我没有看过《三国演义》原文，那些日子，我读了一本《闲扯三国》的小书……"

"呵呵……"

6. "辣椒妹"叙说"梁山好汉"（水浒人物外貌）

"你也是女同学，我也是女同学，你'假小子'能讲，我'辣椒妹'为什么不能讲？"左雨虹见周圆圆的讲演倾倒全班，顿生妒意，立刻将手在头顶上一晃，亮尖着嗓子喊："老师，让我说说《水浒传》里的人物！"

"好，那请吧。"程老师手指摆动一下。

与周圆圆的不拘小节和倔强、独立的性格不同，左雨虹这个女孩，虽然平时思考问题显得细密、深入，举止庄重沉稳，但是，如果谁触犯了她，发起脾气来，那可不得了啊，立即变成一只刺猬，竖起了浑身锐利的刺，又像公鸡中的战斗机，进攻意识强烈，语言也泼辣起来。也因为此，同学们送给她"小辣椒"这个称谓；又因她长得标致，有人也叫她"辣椒妹"。"辣椒妹"像只白气球轻飘飘地站起身，包裹额头的斜刘海像香蕉皮似的趴着不动，大可不必花力气甩头了，开始了本次的"水浒"之旅。

　　"我把《水浒传》这本书看了两遍，之前还看过电视剧和动画片，闭上眼睛，就会出现众多梁山好汉。出场比较早的一个传奇人物鲁达，也就是后来的花和尚鲁智深，他光彩夺目的形象，奠定了整个梁山的底色，一下子改变了读者对强盗的整体印象——原来我们想象中的强盗都是仗义执言的好汉。那108人并非个个都是英雄，至此都沾了鲁达的光，因此鲁智深这个光辉形象，对水浒有着极为重要的作用。"说着，左雨虹咽了口唾液，伸出舌尖舔一下，那嘴唇就鲜艳得像红樱桃一般。她的眼睛略微向周围扫了扫，没有停顿："花和尚鲁智深粗壮胖大，他手使六十二斤重的铁禅杖，曾经倒拔垂杨柳，显示他的威力无比。他为人正直，性格豪爽，锄强助弱，行侠仗义。他的思想又很单纯，爱憎分明，富有正义感和同情心。为救助素昧平生的金老父女，三拳打死镇关西；为只有一面之缘的林冲，千里迢迢暗中护送，大闹野猪林；为解救刘太公女儿，痛打小霸王。他扶危济困，武功盖世，且有大智慧，'智深'这个名字不是白叫的，寓意很深。我看见一本书上说，明朝的思想家李贽称赞鲁智深为仁人、智人、勇人、圣人、神人、菩萨、罗汉、佛……"

　　"辣椒妹"眼底燃烧起小火苗，小鹿似的眸子惹人怜爱，她嘴里的胖和尚鲁智深跟她此时的表演一样完美起来，几乎零瑕疵。在她心里李逵也不失一条铮铮铁汉，不由得接着赞叹："黑旋风李逵，长得一身黑肉，力大如牛，乡人都称他'铁牛'。他总好赤裸上身，使用两把如飞的板斧。他性情直率，出言无忌，从不计较个人利益。李逵出身于受尽封建统治阶级残酷剥削压迫的贫寒家庭，具有最彻底的革命性和最强烈的反抗性，口口声声要杀进京城，杀死皇上老儿。他虽是条鲁莽汉子，但很有正义感，有次他误以为宋江抢夺民女，于是怒不可遏，砍倒杏黄旗想杀宋江。后来晓得误会了，他知错能改，立刻负荆请罪……"

　　就在左雨虹语气舒缓下来的时候，"小学究"魏增智以为她说完了，就在座上插了一句："宋江是梁山泊的第二代领袖，专门结交天下好汉，人称'及时雨'；他是个黑脸汉子，在牢城营因不给戴宗送银钱，戴宗主动来索取，见面便开口大骂他为'黑矮杀才'。后来聚义梁山，大家都以兄弟相称。他个子不高，眼似丹凤，眉如卧蚕，滴溜溜两耳悬珠，明皎皎双睛点漆……"

"嗯嗯，宋江有没有你'小学究'个子高啊？""穆彪子"听到这里，恍然间似乎发现了什么，忽然大声问道，他还一脸稚气地向魏增智张望。

　　学生们看着"穆彪子"的那种憨态，禁不住哄笑起来。

　　秦昊半天没耍"活宝"，憋得够呛，这时嚷起来："你'小学究'长得短粗黑胖，眉毛也是浓黑，像趴着两条蚕蛹，长得跟宋江一模一样，怪不得你这样称赞他呢！他是黑三郎，你就是黑四郎哟！哈哈！"

　　大家仔细看去，魏增智眼睛上面果然是卧蚕眉，左眼皮眉毛下还有一颗"美人痣"呢。

　　魏增智确实有"学者"气派，提起宋江，他是越说越来劲，一肚子好词好句正想往外抖搂抖搂，哪成想被人拦腰截断，本来心想不理会，正要继续往下说，又听见"穆彪子"冲秦昊大声问道："哎哟，你说宋江和'小学究'都是'黑粗短胖'，有没有你'大活宝'黑哟？——你'大活宝'皮肤也不白呀！"

　　"穆彪子"边问，还一脸稚气地向秦昊、魏增智两人仔细瞧看。学生们看着"穆彪子"的那种样子，憋不住又笑了一阵子。

　　看到这些，左雨虹有些不耐烦，眉头纠结一下，也不管"穆彪子"的问话，夺回话语权，继续她的水浒讲述历程："再说行者武松，身材魁梧，相貌堂堂，中气十足，臂力过人。他头戴方巾——后世练武术者都喜欢戴武松这样款式的头巾，手拿雪花镔铁戒刀。他曾赤手空拳在景阳冈醉酒后打死老虎，斗杀西门庆，侠肝义胆大闹快活林，义无反顾血溅鸳鸯楼。他专打天下不明事理之人，后来单臂擒方腊……"

　　"可别提武二单臂擒方腊了！"任梦洁清亮的女中音，如波涛骇浪挡在左雨虹之上。只见"任才女"纹丝不动地靠在座位上，浓墨的中长发用一条宽发带束缚起来，额头光润整洁地一发不存，连太阳光都挂不住，这与她严谨好学的作风完全一致，说话与写作那样中规中矩，无半点差池。她用眼睛的余光扫着左雨虹，脸上浮出一片红晕，谈起《水浒传》却颇有侠女风骨："那宋公明背叛了梁山泊农民起义，受到朝廷招安后，去攻打另一伙以方腊为首的农民起义军，致使农民起义军自相残杀。可怜武松愚昧无知，受到利用，干了一件大大的蠢事，结果是损人又害己，毁了一世英名！"

　　有恐高症的姜大圣，典型的一个阳光大男孩。他的父母俱在公检法任职，自小被大人娇惯，在班级受到优宠，冷丁来到这里，程老师可不讲什么优待，只讲写作、品行和能力。他的适应能力并非很强，先时还有点畏闪，这时生疏感很快过去，潜伏在体内的本性被召唤复出，从最初的发慌到如今发言上了瘾——他接过任梦洁的话题，说："看完《水浒传》，我最恨的就是宋江，武艺没多少——他到底有无武艺呀？反正我没见他展示过什么武功；文采不出众，满口'招安'、'招安'，就像李逵说的'把兄弟们的心都说冷了'。大家想一想，统治阶级采用军事力量打不败梁山，就采取'招降纳叛'软的手段，可是农民军一旦投降归顺，会给他们这些被认为是'强盗'的人好果子吃吗？"

"不给，好果子我还留着自己吃呢！""穆彪子"不动声色地说，大家笑得简直要喷饭。

提到"强盗"二字，又触发任梦洁心里的谜团："《水浒传》是一部'强盗'反抗朝廷的书籍，作者正面歌颂'强盗'，藐视当权统治者。然而自问世六七百年，历经明、清两个封建王朝，却没有一个皇帝将它当作禁书，奇迹呀！"任梦洁几次同父母讨论过这个问题，但谁也没有给出让她信服的答案。她此时一仰头与左雨虹那道冷热参半的视线在空中相遇，不好意思地向对方点着头，不再开口，把发言权拱手交回左雨虹。

此时谁都不吱声了，还没有坐下去的左雨虹，受不了"任淑女"赏给她的这份礼遇，眉毛拧了拧，她本来不想往下说了，可终归还是忍不住道："不过，我们不能用现在的眼光去评价古人，当时谁也没有阶级分析头脑。武松受到宋江很多小恩小惠，宋江就是他心里最最崇拜的偶像，最后他被宋江用毒药害死，他也是心甘情愿、万死不辞，够愚昧呢！但是，要问我最喜欢《水浒传》里的哪位英雄，我还是要说，我最喜欢武松……"

被学生戏称为"小诸葛"的安子良，听到这里，把举着垫在脑袋后面的双手放下来，按到桌面上，站起来，发表了自己的一番见解："母夜叉孙二娘说她送给武松的那把雪花镔铁戒刀，曾经杀过一百零八条好汉，就已经暗示，或者说是'语谶'——后来武松真就是用这把刀去替朝廷剿灭方腊农民起义军，自己也丢了一只胳膊，就等于自相残杀，也就等于葬送了梁山泊的事业，因为梁山泊正好是一百零八条好汉啊！"

7. 孙悟空耳窟里长出一棵大松树（西游人物外貌）

正当左雨虹还想说点什么时，秦昊在座位上早已嚷嚷起来："武松赤手空拳打死老虎，武艺超群，但他再厉害也比不上孙悟空！孙悟空有七十二般变化，一个筋斗能翻十万八千里，变个小虫就可钻进铁扇公主肚子里……"

学生们把秦昊当作"大活宝"，每每想在他身上找些乐趣，只要他开口，都要仔细听听他说点什么奇闻怪事。见大家都拿眼睛关注秦昊，冷落了自己，左雨虹也就不再坚持往下说，悄悄归了座。

秦昊说时，脑袋四下转动，瞧着大家都在倾听自己讲话，越发来了精神，并不等老师同意，一面说，人已经从座位上腾地站起来："我没有通篇看过《西游记》原作，可电视剧、动漫片我确实没少看，就是睁着眼睛，那孙悟空都在我面前腾云驾雾、蹿蹦跳跃的，没有安闲时候，就同咱们作文班——"

说到这，秦昊转脸寻找着什么，当他看到孙洪达时，便诡异地说："就同咱们作文班'孙猴子'孙洪达似的，一会儿用手抓抓这儿，一会儿挠挠那儿，没事做个鬼脸，嬉皮笑脸的……"

　　"哗哗——"满教室笑声如雷，淹没了他的讲述。大家这时把目光一齐投向孙洪达，只见他细小的眼睛眯成一条弯线，仍然朝着秦昊张望，还没心没肺地笑着，让人看着都觉得有点替他窝心。

　　"孙悟空，没爹没娘，日精月华，"见笑声渐稀，像牛反刍似的，秦昊继续咀嚼肚里那点"山货"，"他乃是石头卡巴里蹦出来的石猴——一个大自然的儿子。他住在东胜神州傲来国——傲来国是什么意思呢？就是骄傲来源的国家，朝游花果山，暮宿水帘洞。他全身长着黄毛，一副雷公脸，尖嘴猴腮，头上套着个紧箍咒，中间写着'佛'字。他手里拿着一条能有好几万吨重的金箍棒，能大能小，能长能短，能粗能细，让它大时可顶天立地，让它小时可藏在耳朵窟里当作绣花针。那可是龙宫里的宝贝，据说大禹治水时用它做定海神针呢。"

　　"不对不对！"秦昊正说得兴致勃勃，唾沫横飞，那喷薄的口水几乎成了小型的瀑布，个个听得津津有味时，被后面一声大喊骇了一跳："孙悟空的紧箍咒，僧帽上有个'佛'字，是后来取经时唐僧哄骗他戴上的。你把它说到'龙宫得宝'和'大闹天宫'前边去了，讲串烟啦！"

　　喊叫者不是别人，正是"白胖子"樊启琛，他油腻的脸上涂着一层笑，对着秦昊脊梁骨大声说着。秦昊这次没有任何不满表示，本来他对《西游记》里的故事不是很精通，只是七零八碎凑起来的。他向旁边都不肯多看一下，连眼神都懒得给"白胖子"一个，牛眼珠又是一阵骨碌，怕到嘴的孙悟空被人抢走，只顾往下说："孙悟空的名字是他师傅菩提祖师给起的，人们常戏称他为'美猴王'。他搅闹过龙宫地府，当过玉皇大帝的'弼马温'，嫌官小，杀回花果山，自封为'齐天大圣'。玉帝又把他请到天上，给了他这个虚名，叫他管理蟠桃园。他吃光王母娘娘的仙桃，又偷吃太上老君的金丹，大闹了天宫，天兵天将都奈何不了他。但终因寡不敌众，被二郎神捉住。孙悟空被绑在降妖柱上，刀砍斧剁电打雷击，都损坏不了一根毫毛。后又把他放在老君八卦炉里烧炼七七四十九天，不但没烧死，还炼成个'火眼金睛'，跳出来后，再次大闹天宫……"

　　这个"大活宝"，越说越兴奋，劈劈啪啪，像竹筒倒豆子一般。

　　"后来呢？""穆彪子"听得最入神，急忙问了一句。

　　"后来？"秦昊大眼珠转动几下，说不出来了，盯着黑板直直地，用手抓着小贝头，汗珠在额头上闪烁。

　　"小学究"魏增智急人所急，在旁边小声说："后来被如来佛压在五行山……"

"对对对，是这样，我正想说呢！"秦昊铁青着脸挤出个笑容，就坡下驴，"后来孙大圣被如来佛压在五行山，但是有土地神仙给他送饭，城隍爷爷给他送饮料，有吃有喝，一天蹦蹦跳跳，挺快活的……"

"不对不对！"樊启琛又边站边喊，再次打断秦昊的话，"人家《西游记》里是这样写孙悟空的：他'尖嘴缩腮，金睛火眼。压在五行山，头上长苔藓，耳中生薜萝。鬓边少发多青草，额下无须有绿莎。眉间土，鼻凹泥，十分狼狈；指头粗，手掌厚，尘垢余多。还喜得眼睛转动，语言虽利便，身体莫能挪。正是五百年前孙大圣，今朝难满脱天罗'，嘿嘿……"

说到得意处，樊启琛有些自我陶醉，"嘿嘿"乐出声。他见大家都想往下听，歪过头看着秦昊说："孙悟空当时是'身体莫能挪'，要像你秦昊说的那样快乐，压在五行山还蹦蹦跳跳的，还能像你似的耍大活宝呢，那他不是早跑没影儿了吗？"

"对呀，孙悟空一个筋斗云早跑回花果山啦！""穆彪子"也发现了"漏洞"，站出来帮助纠正。

"后来怎样呢？"孙洪达并不管谁说的对错，觉得"孙猴子"真的就是他自己，又关切，又着急，手指在眼前抓挠着，也不知道他在问谁。

"后来？"正在聚精会神思考下边怎样说的秦昊，这时也机械地重复了一句。"后来，孙悟空被如来佛祖压在五行山下，五百年过去，他耳朵窟里长出一棵大松树……"

"没有的事！我耳窟里什么时候长出大松树啦？"孙洪达从座位上蹦起来，左手指抠着耳窟，右手掌遮在眉前，不住地眨眼。

"你快歇菜吧，你这个孙猴子怎能跟人家孙大圣比！"秦昊牛性上来了，佯装愤怒地看着孙洪达。真是"卤水点豆腐——一物降一物"，孙洪达立刻低下头，垂下手，老老实实坐在椅子里。

8. 经书让小孩生下就成博士后（唐僧取经轶闻）

"你都赶上我了，别人叫我马、马大白话，你比我还能白话呢！"马岩的睫毛跳跃着，回头打趣着秦昊。

"你知道啥！"秦昊故意使用马岩的口头禅来对付她，他正讲到兴头上，哪里还管得别人说他什么，斜睥了一眼马岩，又说下去："再后来，孙悟空就保唐僧去西天取经，三打白骨精、大闹通天河、金兜洞、过火焰山、三调芭蕉扇、大战牛魔王、捣毁盘丝洞，遇着个假猴王，打个平手，最后让如来认了出来，原来是个六耳猕猴，被孙悟空一金箍棒消灭掉！为什么要打死神通广大的六耳猕猴？因他就是孙悟空的化身，据说打死他孙悟空就能一心一意保护唐僧取得真经。西天取经还过白虎岭、黄风岭、平顶山、枯松涧、黑松林、狮驼岭、小观音、朱紫国等，一共过了九九八十一洞，洞洞都有妖精……"

说到这儿，秦昊停了停，往外鼓突的乌黑眼球，像算盘珠儿似的滴溜溜乱转，四下里张望了一回，略微放低声音，两手围了个喇叭筒，放在嘴边，故弄玄虚地说："我还有一个顶顶绝密的信息，在这里我要透露给在座的各位，你们可千万不要告诉别人哟！"

这时他压低嗓音干咳一声，似说不说，一脸神秘相。

"你倒是快说呀！"丁咚咚也有点着急了。

秦昊又左右看了看，这才从喉咙眼里发出沙哑声音来："过通天河时，有个大乌龟，也就是一个大王八，名字叫老鼋，驮着唐僧师徒过河，它求唐僧到西天见到如来佛时办件私事，用现在的话说，就是走个'后门'。可是，唐僧却给忘了。从西天取经回来，还是这个老鼋驮着他们过通天河，驮到河中间，老鼋问起求唐僧所办之事，听说给忘了，愤怒至极，它翻身把唐僧师徒和取来的经书全部抖落在河水里。幸亏孙悟空本领高强，迅速救出唐僧，并把经书从水里打捞出来。然而——"

话不前驰，秦昊眼皮缓缓一闭，咧着嘴，轻轻叹口气："其中有一本，对我们青少年，那可真是最、最、最重要的经书呀，却被水浸湿，上面的字迹变得模糊不清了。"

"一本什么经书哇？""穆彪子"正听得出神，好奇心熊熊燃烧起来，忽见秦昊闭嘴不说了，他咬着牙像看着怪物一样盯住秦昊。

"嗯——"此时的秦昊，脸上的线条变得柔和起来，平心静气得快成为"周公"了。他的手指互相捏弄几下，"咯吱咯吱"响着，只一个简单的"嗯"拖延时间，目的是吊起众人胃口，制造离奇效果。"周公"扫了一眼"穆彪子"，终于开口："什么经书？——这本经书对你穆彪子，我用十个'最'字都不算多，那可真是最、最、最重要啦！"

众人皆在心中闷笑，"穆彪子"却急得快吐血，恨不能伸出手，从秦昊嘴里抠出答案来。

秦昊还是不慌不忙，看看这个，又看看那个，这才轻启双唇，慢慢说道："告诉你们吧，我也不知道这本经书叫什么名字——反正，如果这本经书不被水淹湿，只要大人们诵读过，孩子一出生就能识字，不用再上学读书了，就什么知识都会，起码都能达到博士后水平呢！"

"孩子出生，智力指数就能高达1000IQ，对不对？"任梦洁这时拿出"女才子"范儿，连说带笑，其实是故意耍弄秦昊。

大多数学生听不明白，秦昊更是不懂什么"智力指数IQ"，任梦洁的话在他的脑海稍稍停留一下，他就赶快顺风捎屁，说："对呀，对呀，就是这

178

样，大人诵读过这本经书，孩子出生，智力指数就可高达1000IQ！"

"那样的话，敢情太好啦！"学习成绩总是追赶不上去的范文彬，小眼睛眨巴个没完，拍着大腿，喊叫起来。"我们现在就不用到学校来读书了，何必成天坐在教室里学什么习呀！"

"我爸爸若是得到这本经书可就好啦！""穆彪子"的脸上平添了一堆遗憾和愤恨，口里"啧啧"着。"那个老鼋真是的，它也够坏的了，我也没惹它！"

"你爸爸惹它了！"林心怡从旁边哄他玩。

"穆彪子"顿足发恨道："我爸爸现在都不知在哪儿，从前也根本不认识老鼋，怎么能惹上它呢？"

"那就是你妈妈惹上老鼋了！"惠天佑也一脸八卦相地望着"彪哥"笑。

"你们这是跟我开国际玩笑！"这次"穆彪子"有点明白过来，还在"据理抗争"。"我妈妈在家很少出门，更不可能。"

有的学生看着"穆彪子"笑，也有的学生还在呆呆地发愣，唏嘘不已。听"穆彪子"咒骂老鼋，有的学生却责怪起唐僧，当然也有的学生说秦昊是"吹牛"、"聊天"、"忽悠"、"信口雌黄"。秦昊可是越说越兴奋，哪里管它什么雄黄雌黄，仍是滔滔不绝讲下去。程老师见学生没完没了的八卦闲侃，赶忙拦截住说："我们今天主要是学习人物外貌描写，不要信马由缰，扯得太远咯！"

9. "孙猴子"找到了"二师兄"（神话反映现实）

秦昊听程老师这样说，才关上话匣子，不太情愿地坐直身子。樊启琛把上半身肥膘斜依在窗台旁，弯胳臂在胸前做几个扩展运动，然后伸直到四脉相通，他才一脸认真地说道："《西游记》里的猪八戒，真是个滑稽可笑的人物。他是天蓬元帅下界，托生个猪胎，一副老猪嘴脸，那个老猪耳朵，扑棱扑棱地扇动，像个大蒲扇，最好玩。他跟猪一样，大肚皮，大乳房，食量大，好吃好睡，爱吃懒做……"

听到这里，孙洪达突然起身，诡异地嘻嘻道："猪八戒活像咱们作文班里一个人！"

樊启琛没明白这话，先是一愣，看着孙洪达问："你说猪八戒像谁？"

"我说猪八戒和你樊启琛长相、性格都像极了！"孙洪达用手一指樊启琛，笑得快趴在桌子上了。

"哎呦呦，孙猴子，樊启琛还是你的'二师兄'呢！"韩铁壮突然举起手，指着孙洪达说。

"二师兄！二师兄！""穆彪子"眼睛瞄着樊启琛，也跟着喊叫起来。

樊启琛确实有些肥胖症状，十几岁体重就超过140斤，大脑袋，大耳朵，大手大脚，过剩的油脂在皮下闪着亮，充足的血液从各个部位透出鲜红的颜色。听孙洪达这样一说，许多学生都笑出了声。可樊启琛从来不知道什么是恼怒，孙洪达说自己像猪八戒，也不生气，像就像呗，有什么了不起，他仍是一脸毫不介意，只是这样反击一句："我像猪八戒，你孙洪达像谁呢？瘦拉吧唧的，长得跟孙猴子没什么两样——你又孙姓！我么，我可不姓朱！"

用学生们的话说，孙洪达就是个难缠的"赖搭"，他手脚不消闲，嘴也讨嫌，别人说他什么，他也不计较。樊启琛见孙洪达一时有点局促，自觉没趣，挤出个笑容说："猪八戒用的武器是个大钉耙，也会三十六般变化。但他是个草包，总打败仗，还好搬弄口舌，在背后对师傅唐僧总说孙悟空的坏话……"

语言迟慢的于俊清，一时兴起，因他从电视剧和《百家讲坛》片子里"熟悉"猪八戒，就不疾不徐地搭讪一句："可是，猪八戒有时还很可爱呢，他性格憨直、坦率、诚实、乖巧，虽好耍个小聪明，人缘还不错。"

这些话，原本都应该是樊启琛讲，但现在被人抢走，自己也只好当上听众，他倒也不甚介意，却不着头不着尾地用鼻子哼道："要说我的外表长相好像猪八戒，那你于俊清'老头'的性格，却也跟猪八戒八九不离十呢！"

大家都知道樊启琛从来不和任何人发生口角摩擦，让人感觉他说的都是大实话，于俊清便憨厚地笑道："我在夸奖猪八戒的品质和性格好，你却说猪八戒和我差不多，你是讽刺我，还是美化我呢？"

鲁晓非脸色苍白，眉悄上挑入发，笑着拍响巴掌，站出来主持公道："别争了，你们两人身上都能找到猪八戒的影子！"

正当樊启琛被于俊清问得语塞之际，肖渺在旁边微微一笑，顿时露出几颗长牙齿，他说了话："猪八戒更是个好色之徒，在高老庄背媳妇，和欲试其心性的女菩萨玩起撞天婚，过女儿国要与人家成亲，动不动就要分行李散伙，把去西天取经的事都给忘光了……"

魏增智的眼睛一直在圆圈的镜片后微闭着，很用心地听着别人发言，确实有一副"小学究"的风度。这时，只见他把手一挥："猪八戒功大于过，总的看，他对到西天的取经事业是忠实的，保护唐僧是尽心尽力的。他身上有许多毛病，那都是小节，瑕不掩瑜嘛；孔子不是也说：'人非圣贤，孰能无过？'"

说到这里，"小学究"沉吟一下，停住了。郭淑薇一直在用耳朵听，好久没张过口，看看没有别人发言，她把手举起来，像是总结似的说："文学艺术反映的是社会生活，《西游记》虽然是神话小说，但是里面的故事情节和人物形象、写出的道理，都和我们的现实息息相通，因此读起来才会觉得有意思呢！"

听了"郭大姐"这番话，大家只有点头的份儿，没人再吭声。

10. 程老师浅析《红楼梦》人物（外貌传出神韵）

冷场好半天，程老师的脸四下里望着，见下面没了动静，他才问："谁能再说说《红楼梦》里的人物？"

还是没人吭声，程老师面庞浮现不自然的微笑，他低头稍微思考一下，又扬起脸，含笑道："开谈不说《红楼梦》，读尽诗书也枉然。看来，我们的同学中还没有一名'红学专家'哟！前些日子，我提出要求，让同学们有时间读读我国古代四大文学名著和《儒林外史》、《聊斋志异》以及鲁迅的小说，有的同学喜欢看热闹，看武打，对《水浒传》、《西游记》、《三国演义》感兴趣，就读完了，有的还没有读；曹雪芹的《红楼梦》，写的是才子佳人，尽是日常生活琐事，有的同学就读不下去。但是，这本书却是用诗化的语言展现封建社会的百科全书，不读《红楼梦》，你知道什么是封建社会？我再一次建议，没有读过的同学，希望你读一读；已读过的同学，可多次反复地读，学习曹雪芹的语言，钻研一下'红学'知识。请问，今天有没有人带来《红楼梦》书籍的？"

丁咚咚环顾左右，伸出右手，掌心贴耳，说："老师，我带来了《红楼梦》。"

"我也带来了！"任梦洁、魏增智、赵耀、衣丙丁四人把手举了起来。

"我，我……"安子良欠了欠身，双手在头上动了动，又停住。

"老师，我手机可以上网阅读……"李一流拿着三星手机闪了一下。姜大圣、李赟手里的苹果机嗖嗖地往后翻页……

"别人都没带来？"程老师的目光在教室内扫了一圈，不太高兴，指着丁咚咚说："丁咚咚，请你翻到《红楼梦》第三回，找到有关林黛玉的外貌肖像描写语句，给大家读一读。"

"哗哗"翻了一会儿，找到第三回，丁咚咚伸出左手按住书页，用右手食指在书中行间比划着，机智、沉稳的眸子探入书中，口里念道：

"宝玉早已看见多了一个姊妹，便料定是林姑妈之女，忙来作揖。厮见毕归坐，细看形容，与众各别：两弯似蹙非蹙笼烟眉，一双似喜非喜含情目。态生两靥之愁，娇袭一身之病。泪光点点，娇喘微微。闲静时如姣花照水，行动处似弱柳扶风。心较比干多一窍，病如西施胜三分。宝玉看罢，因笑道：'这个妹妹我曾见过的'……"

"好，就读这些。"丁咚咚坐下去后，程老师评论说，"林黛玉相貌如花似玉，她身材纤细，婀娜多姿。尤其写她'眉毛似蹙非蹙'，总是显露一股淡淡的哀愁，这几笔外形描写，'传'出了她的'神'——自幼无父无母，寄人篱下，仰人鼻息，心情郁闷，性格孤僻。由于处于这样的环境，心力交瘁，于是她弱不禁风，多愁善感，见花流泪，对月伤情，难免遭遇后来不幸英年早夭的悲惨结局。"

说完，程老师的脸转向任梦洁，说："大家都叫你'女才子'，现在该你了——就请'女才子'也翻到《红楼梦》第三回，找到有关贾宝玉的外貌肖像描写语句，给大家读一读。"

任梦洁在同龄女孩中，身材略显修长高瘦，穿着浅绿色掐腰派丽丝上衣，蓝白条带状马裤，站起来，一副无所谓的表情。她的白嫩而又圆润的脸蛋上，两只被长睫毛掩护着的毛嘟嘟的杏核眼，缓慢又有节奏地朦胧着，头略略向侧一偏，薄嘴唇微微勾一下，干脆利落地"直扑"宝玉而去：

"一语未了，只听外面一阵脚步响，丫环进来笑道：'宝玉来了！'黛玉心中正疑惑着：'这个宝玉，不知是怎生个惫懒人物，懵懂顽童？倒不见那蠢物也罢了。'心中想着，忽见丫环话未报完，已进来一位年轻的公子：头上戴着束发嵌宝紫金冠，齐眉勒着二龙抢珠金抹额；穿一件二色金百蝶穿花大红箭袖，束着五彩丝攒花结长穗宫绦，外罩石青起花八团倭缎排穗褂；登着青缎粉底小朝靴。面若中秋之月，色如春晓之花，鬓若刀裁，眉如墨画，面如桃瓣，目若秋波。虽怒时而若笑，即瞋视而有情。项上金螭璎珞，又有一根五色丝绦，系着一块美玉。黛玉一见，心下想道：'好生奇怪，倒像在哪里见过一般，何等眼熟到如此！'只见这宝玉向贾母请了安，贾母便命：'去见你娘来。'宝玉转身去了。一时回来，再看，已换了冠带……越显得面如敷粉，唇若施脂，转盼多情，语含常笑。天然一段风骚，全在眉梢；平生万种情思，悉堆眼角。看其外貌最是极好，却难知底细。后人有《西江月》批宝玉极恰：无故寻愁觅恨，有时似傻如狂。纵然生得好皮囊，腹内原来草莽。潦倒不通世务，愚顽怕读文章。行为偏僻性乖张，哪管世人诽谤。"

任梦洁的声音脆生，吐字清晰，煞是动听，连窗外的阳光也听得着迷，偷偷钻进教室，贴在她的脸上久久不愿离去……

"好了，就这些。"程老师让任梦洁坐下，他又评论几句："贾宝玉是封建大家庭的公子哥儿，也是封建社会的叛逆者，那块玉，这个'劳什子'，就是套在他脖颈上的封建枷锁，这是与生俱来的。他虽然时时都想反抗，要把它摔个稀巴烂，但是，人是社会关系的总和，作为个人是无法挣脱的。因此，贾宝玉的外貌形象描写，这块玉是他的命根子。这段外貌描写，活脱脱勾勒出贾宝玉的'叛逆'性格。"

"语文狂"赵耀，不待程老师点名，便猜出下一个该是王熙凤出场。他从骨子里憎恶数理化，四五年级把大部分精力花在解数学题上，从二年级就在奥数班苦熬的他，考初中勉强得了 81 分。数学让他崩溃，他差点被数学逼得流亡国外。他老爸就是那个被秦昊、穆彪子们嘲讽收受红包的赵喆处长，担心儿子得自闭症，听人说国外孩子上初中才学加减四则运算，还可以用计算机，不用太伤脑筋，思考一番后，忍痛欲送赵耀去澳大利亚读书。等待签证期间，赵耀到了程老师作文班，两个月不到就改变了思路，至少让心中禁闭的那扇门上又开了一个小窗户，为了这个透明的小窗户，他放弃了出国梦。

"老师，我读一下王熙凤吧。"赵耀说话永远像一杯温开水，不冷不热，两个深酒窝在脸上打旋儿。

程老师不由得睁大了眼睛，由衷地笑道："呵呵，闻弦歌而知雅意，我一语未发，你就知道我肚里有几根蛔虫，了不起呢。下边，烦请您也翻到《红楼梦》的第三回，读读王熙凤的外貌描写吧。"

赵耀露出淡然一笑，那是心里的高兴，脸上的红晕似枝头上泛熟的番茄。就这样，他波澜不惊，一下子闯进了红楼的梦境：

一语未了，只听后院中有人笑声，说："我来迟了，不曾迎接远客！"黛玉纳罕道："这些人个个皆敛声屏气，恭肃严整如此，这来者系谁，这样放诞无礼？"心下想时，只见一群媳妇丫环围拥着一个人从后门进来。这个人打扮与众姑娘不同：彩绣辉煌，恍若神妃仙子；头上戴着金丝八宝攒珠髻，绾着朝阳五凤挂珠钗，项上戴着赤金盘螭璎珞圈；裙边系着豆绿宫绦，双衡比目玫瑰佩；身上穿着缕金百蝶穿花大红洋缎窄褃袄，外罩五彩刻丝石青银鼠褂；下着翡翠撒花洋绉裙。一双丹凤三角眼，两弯柳叶吊梢眉，身量苗条，体格风骚，粉面含春威不露，丹唇未启笑先闻。黛玉连忙起身接见，贾母笑道："你不认得她，她是我们这里有名的一个泼皮破落户，南省俗谓作'辣子'，你只叫她'凤辣子'就是了。"

"停！"程老师右手向下一划，"对，就是这段。呵呵，王熙凤这个人物，可不得了啊！她不仅容貌美丽，'恍若神妃仙子'，而且精明强干，智力过人，有谋略，有胆识，有魄力，敢想敢干，真是'粉面含春威不露'。她是贾府的栋梁之才，铁腕人物。这样的女人，即使在今天，也是不多见的。但是，这个女人善于察言观色，阿谀逢迎，心机很深，阴险毒辣，所以她的外貌是'丹凤三角眼'、'柳叶吊梢眉'，这两句十分形象地勾画出她的气质。也就因为此，底下奴仆下人都说她：'少说些有一万个心眼子。再要赌口齿，十个会说话的男人也说不过她呢！'还在背地评论说她：'心里歹毒，口里尖快'；'嘴甜心苦，两面三刀；上头一脸笑，脚下使绊子；明是一盆火，暗是一把刀'；'估着有好事，她就不等别人去说，她先抓尖儿；或有了不好事，或她自己错了，她便一缩头推到别人身上来，她还在旁边拨火儿。'（六十五回）在书中，王熙凤害死了贾瑞、尤二姐及胎儿、张家女儿和某守备儿子等多条鲜活的生命……总之，《红楼梦》把王熙凤这个人物写活了，人们对她真是又爱又恨，既敬佩还唾弃。"

11. 阿Q和孔乙己是难兄难弟（鲁迅笔下的形象）

对于我国古代四大名著有关人物的外貌描写，几位同学讲得有板有眼，大家听得有滋有味，程老师评得有理有据。不知不觉，时间流逝过去。程老师抬起手臂看看表，转变了话题走向，他问学生："我们中小学语文课本里选录了多篇鲁迅的文章，在此之前我曾要求大家阅读鲁迅小说，那么，现在谁能简单谈谈鲁迅笔下几个典型人物的外貌，在你的脑海里都留下了什么样的形象呢？"

"我说！"肖渺一的大嗓门一亮相，颇似猛张飞，震得人耳膜疼。他说话声音厚重洪亮，只是有时语调拖沓些，张嘴露出几颗宽大牙齿，排列得不很规则，秦昊嘲谑其"嘴大舌长"。不过肖渺一天天早晚盘单杠，风雨不误，让他长得肩阔腰圆，臂力过人，个头又高，看上去身材健美，标准的帅哥一个，在学校人称"小阿信"。在校园里，早恋已不是什么新鲜事，它是青春期的一种心动吧？像肖渺一这样帅气的男孩子，好说好动，学习成绩排名在大榜前列，自然成为学校女生暗恋的目标。而他从不把这事放在心上，他说"早恋就是一种廉价的娱乐方式而已，小孩子懂什么爱啊，一毕业就不在一起了。"谁的青春不迷茫呢？他就是这么有个性的孩子，不让懵懂的花季年华留下悔恨。他从座位里站起，那高大魁梧的身姿就是教室里的一道风景线。他此时手里捏着一本《呐喊》，有时用眼睛瞭视一下，尽量压低了声音漫言道："（在咸亨酒店）孔乙己是站着喝酒而穿长衫的唯一的人。他身材很高大，青白脸色，皱纹间时常夹些伤痕，一瀑乱蓬蓬的花白胡子。穿的虽然是长衫，可是又脏又破，似乎十多年没有补，没有洗。请阅读鲁迅小说《孔乙己》。"

好久没有说话的鞠雪晴，悄悄站起来，抿了一下嘴唇，语句虽流利，但有些怯生生："小说《故乡》给我印象最深的是闰土。少年时期，他和'我'一样，是个农村孩子，脖颈上套着银项圈，天真、腼腆、可爱，嘴里能讲出那么多的农村田间有趣的故事。中年的闰土，精神变得麻木，已不是先前紫色的圆脸，成为灰黄，而且加上很深的皱纹；眼睛也像他父亲一样，周围都肿得通红；他头上戴着一顶破毡帽，身上只穿着一件极薄的棉衣，浑身瑟缩着；手里提着一个纸包和一支长烟管，那手也不是原来红活圆实的手，却又粗又笨而且开裂，像是松树皮了……"

"同学们注意，鲁迅笔下的人物，很多都离不开眼睛描写——画龙必须点睛嘛！"程老师在学生发言空隙，穿插了几句话。"这方面的例子很多，同学们再找找，再谈谈。"

"让我说一说鲁迅笔下的阿Q！"随着奶声奶气的语音，一个十四五岁的娃娃站起来，小平头，大概由于营养优良，皮肤显得白嫩嫩的，像是刚在牛乳里泡过。他穿着云白色小夹克衫，下身是颜色黑蓝的牛仔裤。大家一看，是"小胖墩"许行之。

这个许行之,出生在书香门第,而且与程老师还是世交呢。原来许行之的太爷许星,是延安时期的"鲁艺"学生,著名诗人,还出版过多部中短篇小说集。新中国成立后,曾担任省作协副主席,兼任《长春》杂志主编。只因作品中流露"自然主义"倾向,没有突出无产阶级政治,受到批判、开除党籍和撤职处罚。许星后来被贬迁到一所大学当了副校长,恰巧程老师爸爸正在这所大学读书。在"文革"中,许星因受到迫害,程老师爸爸挺身而出,关照他,保护他。"文革"结束,经过"拨乱反正",许星恢复了党籍,被重新安排了工作——成了省文联副主席兼省作协副主席。程老师在爸爸带领下,多次拜访过许星,在学问方面,得到过许星的指点……

虽然许星已过世多年,但他曾是"鲁艺"学生,"文革"前后又是文界宿儒和高官,这个太公确实是许行之及其家人的骄傲。也因此,许行之对鲁迅的作品特别感兴趣,他听程老师要大家分析鲁迅文章,胖墩墩身子一挺,立即举起手。遗憾的是,他的手比肖渺一举慢了点,没有抢到头筹。肖渺一说完,刚一愣神,又没抢过鞠雪晴。鲁迅的小说,不管是《呐喊》、《彷徨》、《故事新编》还是《朝花夕拾》,许行之都阅读得滚瓜烂熟,提起哪一篇,都是如数家珍、囊中探物一般。许行之摇晃着圆乎乎的小脑袋,张开又红又甜的小嘴,声音好听得像唱歌,呱呱说起来:

"鲁迅写阿Q,说最恼人的是他头皮上颇有几处不知起于何处的癞疮疤。因为他讳说'癞'音,后来推而广之,'光'也讳,'亮'也讳,再后来,连'灯''烛'都讳了,一犯讳,不问有心与无心,阿Q便全疤通红地发起怒来……"

"我看,阿Q的形象,同上海旧社会的'瘪三'一个样!"许行之正说到这里,被"小诸葛"安子良拦截。安子良在学生中以善讲鬼怪妖狐故事而著称,他此刻往上伸出的双手,正压在脖颈后面,这时慢慢放了下来,又交叉在胸前,然后摁在桌面上,身子挺直,屁股离开椅子,站立在地面上。他清淡地扫了一眼大家,猪腰子似的脸盘上,睁着细小深邃的眼睛,一动不动地向前看看,发射出幽幽的冷光,突然闪出一丝儿不易觉察的笑容,语调压得很低地说道:"阿Q和孔乙己是难兄难弟亲哥俩,一双筷子——光棍两个。两人都无家无业,都有小偷小摸习惯:孔乙己偷人家书,被抓住挨人胖揍一顿,他却自解嘲说'偷书不是偷,是窃。读书人哪里是偷!'阿Q呢,他只是个'斯人不足以道也'的在墙外接东西的小贼,常常头上遭到爆栗,被人打后还说'这是儿子打老子,反了天罢!'想着想着,他又觉得自己是天下第一个自暴自弃的人,去掉'自暴自弃',自己就是'天下第一个'了!这是从他大哥孔乙己那里学来的'精神胜利法'……"

"小诸葛，鲁迅的《呐喊》和《彷徨》两本小说集我都读过，不，还有《故事新编》我也看完，"爱叫真的魏增智坐不住了，推一下前边桌子猛地站起，"没准你当成玄幻小说来读吧？怎么我就没有看到哪里写着孔乙己和阿Q是亲兄弟呢？"

　　魏增智说完，他那又大又黑的眼睛在镜片后不停眨动，上面的浓眉也跟着抖，等待安子良回答。

　　"嘿，这是我的研究成果！"安子良眼睛瞪着魏增智，仿佛深藏的秘密再也压不住了，坦诚道："刘心武探轶《红楼梦》秦可卿原型什么的，总想标新立异……他有什么根据？不都是寻找微言大义，任意杜撰，胡诌八扯吗？"

　　"你这句话是说你自己也是在胡诌八扯么？"别看魏增智个头矮，有理可不让人，他步步紧逼。"刘心武老师从不同角度提出新的观点，只要言之有据，大家就要允许他的存在。何况，你没有看他的书，你怎么知道人家就一定是垃圾文字？"

　　"小学究，我，我是研究……"安子良一时语塞，不知说啥是好。"你们没有听说过——有一千个读者，就有一千个哈姆雷特么！"

　　隔了一会儿，安子良眼睛又闪出光亮，瞥着程老师说："对了，程老师还说过：《红楼梦》是断臂之维纳斯，残缺的美，《红楼梦》是大家的红楼梦，每个人都有阅读、评论，甚至续书的权利，每个人眼中的《红楼梦》都是不尽相同的。那么我，我眼中的鲁迅小说，就不许有不同吗？"

　　"安子良，你说跑题啦！"安子良"演义"起《阿Q正传》，还待往下说时，程老师出面拦住他的话头，"我们今天主要分析人物外貌神态的写法，不要扯得太远。"

　　安子良还是个十几岁"乳臭未干"的孩子，只是凭借自己的印象对鲁迅小说记了个大概，让他"发挥"还可以，要求他有根有据地分析评论，那就有些强其所难了。听了程老师的话，他的小黑眼珠在眶内转动了数次，脖子略微向后仰了仰，坐下了，双手仍伸在上方，垫在后面，摆出那个抱头姿势。

　　看看没人发言，已经坐下去的许行之，又站起来，两手按在前边桌面上——这个姿态，让程老师回忆起三十多年前，爸爸带领他去听许星的"诗歌讲座"，许星做报告就是这个样子！许行之颇有乃祖之风，只是说话时音域偏尖且细，带点小女生腔："杨二嫂的凸颧骨、薄嘴唇，五十岁上下的女人，两手搭在髀间，没有系裙，张着两脚，正像一个画图仪器店里细脚伶仃的圆规。请看《故乡》小说。祥林嫂的外貌主要写她的眼睛，先前是呆滞，没有一丝活气。鲁迅说：'我这回在鲁镇所见的人们中，改变之大，可以说无过于她了：五年前花白的头发，即今已经全白，全不像四十上下的人；脸上瘦削不堪，黄中带黑，而且消尽先前悲哀的神色，仿佛是木刻似的；只有那眼睛间或一轮,还可以表示她是一个活物。她一手提着竹篮,内中一个破碗,空的;一手拄着一个竹竿,下端开了裂:她分明已经纯乎是一个乞丐了。请看《祝福》。"

"大哀莫过于心死哟!"程老师喟然感叹一声。

正当大家七嘴八舌说得热闹的时候,悠扬的铃声骤然响起,这堂课结束了。

12. 程老师说他不敢掠人之美(长相各有不同)

在前面我们已经看到,由于年龄、身份、性别、职业、社会阶层的差异,描写他们的外貌就不能相同。下边再举出几个例段,供同学们学习参考——

(1)你看她,月牙儿似的眉毛下有一双黑宝石般的眼睛,一眨一眨的,好像天空中的小星星,闪烁着迷人的光芒。樱桃似的小口,洁白整齐的牙齿,每当老师让她朗读,那些充满感情的声调就会婉转悠扬地倾吐出来,让同学们感动得不得了。修长的个儿,经常穿着鲜艳整洁的衣服,走起路来,一蹦一跳的,像只活泼可爱的小白兔。(女学生外貌)

(2)我表弟是个胖嘟嘟的小男孩,剃个光葫芦头,天灵盖上留着一绺"鬼见愁",一笑嘴都咧到耳朵丫子了。这时,他红润的脸蛋上立刻显现两个小酒窝。我姑妈喜欢地忙说"孩子有福"。(胖男孩外貌)

(3)我的表弟欣欣,今年五岁。因为属猴,全家人都管他叫"小猴"。他长得又瘦又小,大脑袋像个葫芦瓢,一天到晚总是晃来晃去的,像是在思考什么问题。(瘦男孩外貌)

(4)在我们班里有这样的一个小男孩,他个子不高,身体就像一棵小树,四肢就像刚长出的小树枝。他瘦瘦的身体却撑着一个大大的脑袋,真让人担心弱小的身体能撑得住吗?他的脸白白的,最引人注目的要属他那双水汪汪的大眼睛了,瞪得圆圆的,有时候真能让人想起《西游记》中孙悟空的火眼金睛。人们都说:"眼睛是心灵的窗户。"他那大大的脑袋中装满了丰富的知识,让人羡慕。他还有一张灵巧的小嘴,红红的,他唱出来的歌非常动听呢!大家了解他了吧?想知道他是谁吗?他就是我们班的方木同学。(大脑袋男孩)

(5)一个女人在她四十岁以前丑陋那是上帝的问题,而到了四十岁以后还没有改变那就是她自身的问题了。她绝美的脸蛋,精致的五官,忧伤的淡绿色发丝,与淡漠的暗绿色瞳孔,看上去柔弱而优雅,其实内心冰冷残忍,是一个不折不扣的伪天使,对人有种若即若离的暧昧感。慵懒的神色,挑逗的绝世笑容,一只眸子是深红色,一只眸子是深绿色,金色的长发显得她无比尊贵与妩媚……(欧美妩媚女人)

(6)我没说话。我盯着嫂子看了很久,我突然发现她眼睛已深陷下去,

像一眼枯井，而且头发竟也全白。（老年妇女外貌）

（7）大家说着话时，老汉这么富有魅力的一张脸，几次可怕又亲切的变化的表情就浮现在这张脸上。（壮年老汉外貌）

（8）爷爷蓄着短发，头顶覆霜，连嘴唇四周的八字胡也是银白色。看人时，眼睛眯成一条缝儿，眼袋十分明显，留有岁月的记号。他满脸红光，只是额头上横着三条皱纹，一笑眼角爬出鱼尾纹，这时才透露他是年事已高的老人。那双脚，左脚粗，右脚细，皮里包着蚯蚓似的筋，脚面凸起像一座桥，脚趾粗而短，外面包着一层厚茧。可别小看这两只脚，它走过的高山大河不计其数。（老爷爷外貌）

（9）她走到梳妆台前，准备打扮一下自己，可望到镜子中的自己，两个腮帮子红润润的，亮得发光；额头上一卷头发披在淡淡的眉毛上，长着长长睫毛的眼睛里发射出喜悦的光芒，青春的活力从眼睛里透出来。她把那一卷头发用钢夹子夹在额角上；她的手臂裸到肘部，露出被日光晒成褐色的一段，这两条美得像生在希腊古代女神身上一样的手臂，正在焦躁不安地揉搓着；她柔软好看的脚上穿着绣着灰蓝色花朵的纱袜，一只脚正在轻轻地拍着地面，好像故意要展露她那丰满匀称的小脚似的……希望的火焰在她心中燃烧，血液在她的周身赛跑，赛跑的终点是她的面孔。（青年妇女外貌）

（10）父亲死了九个月，他居然面貌一新：惨白的死灰般的脸，被长满肉刺的脑门和太阳穴弄得不成样子的脸，变得开朗干净，红红的有了血色，流露出快乐的神气。他的鼻子火一般红，脸下部尖尖的，因此平板的脑门显得太宽敞了，上面还布满了参差不齐的横皱纹，表明他过惯了露天的生活；他的黄瞳孔明澈严峻，活像冬天里的阳光一样，虽然明亮，却没有热力，透露出不安……（中年男子外貌）

（11）他的脸膛黝黑发亮，圆溜溜的鼻尖通红，像沾上的刺玫瑰果，眉毛光秃秃，眉脊鼓突棱岸，睫毛只剩短茬儿，眼睑红肿垂下，额上有三四道长短不一的抬头纹，眼角的鱼尾纹呈放射状，纹路里藏着煤渣和灰尘。（老年铁匠外貌）

（12）这是一张有着矿石般和猎人般粗犷特征的脸：石岸般突出的眉毛，饿虎般深藏的双眼，颧骨略高的双颊，肌厚肉重的下颌……他一双火力十足的眼睛不看别人，只盯住手里的香烟，饱满的嘴唇铁闸般闭着，里面坚硬的牙齿却不断地咬着牙帮骨，左颊上的肌肉鼓起一道棱子。（国有企业厂长外貌）

以上这些描写，可以说是抓住了人物的特征，符合人物的身份，词语活泼、生动、形象。

凡是讲到的例文，程老师都要用他那娴熟的颜体大字，在事前用毛笔抄写在大白纸上,或者用大号字打印出来,边讲边挂在前边。以上这些例段挂出后,程老师读一段,还要解说几句。当说到"国有企业厂长"的外貌描写时,"小书画家"李一流感到兴趣了,说:"顶数这段人物外貌写得最好,我要给他画张素描人头像。这个厂长恶狠狠的大脸庞,真是有棱有角,既可爱,又怪吓人的!"

"这是您程老师写的吗?"看着看着,蔡菀笛的眸子里放射出光芒,注视着程老师问。

"呵呵,是我抄写的!"张口大笑的程老师慌忙摇头,"我可不敢贪天之功、掠人之美哟——这是人家蒋子龙的中篇小说《乔厂长上任记》里,描写乔厂长外貌的一段文字。"

"啊哦,怪不得写得这么好!"黎梅花轻轻甩动一下扎着蝴蝶结的发辫,圆睁的大眼睛里盛满赞羡,"我还以为是您程老师写的呢!"

"实事求是地讲,这几条人物外貌神态描写的好句好段里,也有我写的,也有我修改过的。"程老师神情庄重,说到这话语气陡然转个急弯:"我们要学习人物外貌神态的描写技法,先别管是谁写的啦!往下听——"

13. "街流子"和"山炮"在"掐架"(注意先后顺序)

人的外貌方方面面,可写的地方许许多多。但是,哪些要先写,哪些要后写,不能乱来,应该根据文章内容的实际情况去安排,要有一定的顺序。有的可从上往下写,先写头部,头部先写头发、额、眉、眼、鼻、嘴、颊、耳、腮、下颌、脖颈,再写上肢、胸、腹、背、腰、臀,最后再写腿、脚、鞋等;或者反过来,先从鞋、脚、腿等下身往上身和头部去写。请参阅下面两段人物外貌描写——

(1)《在乡下的婶母家》:每天早晨天刚亮,便有一个熟悉的声音,在我耳边催促我起床。每当我睁开眼睛的时候,一张慈祥的面孔,便映入我的眼帘。她,就是我最敬爱的人——婶母。今年45岁的婶母,中等身材,乌黑的头发中已夹有几丝银发,额上隐约有几道皱纹,一对炯炯有神的眼睛嵌在弯弯的眉毛下,黝黑的脸膛上总是挂着笑容,好像从来不知道什么是忧愁。婶母经常身穿深紫色外套,翠蓝色的裤子,显得干净、大方。为了便于劳动,她喜欢穿一双黄色的解放胶鞋。明眼人一看就知道,她是一位朴实、勤劳、善良的农村劳动妇女。

——因为睁开眼睛最先看见婶母头部,所以就采取了由上往下的顺序对婶母外貌进行描写:头发——眉毛——眼睛——脸膛——衬衣——裤子——鞋。

(2)《伯父来到我家》:星期日下午,我伏在桌子上写作业,听见门外传来沉重脚步声。门被推开,走进一个人。从他脚上那双旧皮鞋和黑色裤管判断，我知道是住在乡下的大伯来了。我忙不迭地向大伯问好，让他进到里屋坐。大伯的手伸进提包里，拿出一个大西瓜。哈！大冬天，我们北方吃西瓜可是稀罕呀！大伯两手捧着西瓜，放到我的面前桌子上。他的腰有些弯，脊背也比以前驼得厉害。由于多年操劳，手掌粗糙得像老榆树皮，皱皱巴巴的，中间还裂开一道口子，手心磨出厚厚的老茧。流水般的岁月，无情地在他那绛紫色脸上刻下了纵横交织的皱纹，那些年原本还是乌黑的头发和山羊胡子，现在已经霜白，只有那双眼睛依旧炯炯有神，目光中仍是写满了慈爱和温和，停驻在我的身上。因为爸爸妈妈还没有下班，我便起身去给大伯找些吃的东西……

——因为伏在桌上写作业，大伯走进屋子，当时"我"正低着头，就先看见他的脚，所以对大伯的描写采取了由下而上的顺序：皮鞋——裤管——腰弯——背驼——手掌——手心——脸上皱纹——头发——胡须——眼睛——目光。

当然，我们说的要有顺序，并不是要求所有描写都必须上下一成不变，而是指大体有个秩序，不能机械地去理解，不能变成刻板的公式。

正当程老师讲到这里，就听见有的学生在下面小声议论起来：

"过去我们家没进城时，我妈妈就是这样的打扮。"鞠雪晴说这话的同时，瞟了一眼同桌的李赟，用手向前指着黑板上的《在乡下的婶母家》，又似乎在自言自语。

李赟无语地一笑，前排的冯新发听鞠雪晴这么一说，也抬手指着黑板上的《伯父来到我家》，发表一番感慨："嗯，我爷爷现在还在农村，脚上也总好穿着黑色旧皮鞋，下巴颏也留着一绺山羊胡子，也驼背，双手也是皱皱巴巴的……"

冯新发的老家原是农村，由于他爸爸当兵留在武警总队当了领导后，才甩掉泥腿子成了城市公民。冯新发常常把自己的农村生活经历，当成比城里孩子的优越感来炫耀。说起爷爷时，他的褐黄色睫毛的阴影倒映在湛蓝的眼睛里，不停地忽闪，把鼻子挺得更高，骄傲地看着身边同学。

一直很认真听课的秦昊，座位距鞠雪晴和冯新发很近，闻言两人小声嘀咕，在旁"俏皮"了一句："噢，你俩都是'山炮'啊！"

有的城里人看不起乡下人，蔑称为"山炮"。冯新发有点受不了，丢了一个不满的眼神，从牙缝里挤出一句话："我爸爸是国家干部，你爸爸是什么？游手好闲，打鸟杀生，还不如个'屯迷糊'呢！"说完，又狠狠瞪了一眼秦昊："街（gāi）流子！"

"你说谁爸爸不如个'屯迷糊'？谁是'街流子'？"北方土话把"街"字读成"该"音，把城里游手好闲的人称为"二流子"或者"街流子"。秦昊被冯新发的话激怒，嗓子都哑了，干瘪瘪地诘问："捕鸟怎么的？不犯法！不像当官的，贪污受贿，那是职务犯罪，要受到司法制裁！"

"我们是山炮没错——没有这些山炮，城里人吃什么？喝什么？臭美！"鞠雪晴这时露出"农家小丫"的原型，她摊上这么个"损友"，一个"山炮"正中了她的软肋；她实在忍无可忍，瘦削的小脸，此时阴沉得就要掉雨点，眼帘耷拉下去，遮住了黑眼睛里的愤怒，大声吼叫着。

"哈哈！'街流子'和'山炮'在'掐架'啦！""穆彪子"拍手打掌地喊叫起来。

谁知冯新发却当起和事佬，他摸了摸自己高翘着的鼻梁，对着两人用力摆动他的大手说："少说两句吧，我们人类的老祖先，原来都是水生动物，后来爬上陆地，都住在山洞里，生活在树林中，都是猴子变来的，哪个不是'山炮'？都是'屯老斗'呀！——'乌龟不笑鳖，都在泥中歇'，谁也别说谁啦！"

被同学们称为"大帅"的冯新发，可能他的年岁比别的学生大几岁，爸爸是领导干部，对他管教严格，所以他心眼也多一些。他说话的时候，眼睛一直瞥着程老师，见程老师脸上现出怒容，就赶忙从参与者的身份转换成旁观者。

"注意课堂纪律，同学之间要互相团结！"听听学生没有说出什么新鲜东西，程老师像个大法官剥夺了几位与本案无关的发言权，立即制止他们的扯皮，讲课继续进行——

14. 那个体育棒子最好看（外貌应有选择）

要求外貌神态描写应该有一定的顺序，也并不是说从头发梢到脚后跟纤毫不漏，想到什么就写上什么。呵呵，不是这样的。著名作家老舍先生就说过："人物的外表重要处，足以烘托出一个单独的人格，不可泛泛地由帽子一直形容到鞋底，没有用的东西往往是人物的累赘。"由此可以得出结论，描写人物外貌是根据文章情节发展需要，来表现人物的出身、经历、地位、素养、社会环境、性格特征以及内心状态，这些都可以在穿着打扮和外貌肖像神态中流露出来。写哪些，不写哪些，完全是为了"需要"，是为了传出"神"，是有目的而写，决不能随便一股脑儿往上堆，这就必须有所选择，突出重点。

试比较分析下边两篇外貌神态描写，究竟孰优孰劣——

（1）《我班新来的女同学》：刚打预备铃，班主任周老师走进教室，她后边跟着一位新来的女同学。这位女同学，体态匀称，中等身材。一张圆脸黑里透红，脸颊丰满，弯弯的眉毛，大大的眼睛；尖尖的下颌，托着不大不小的嘴巴，上边露出两个鼻孔；耳朵圆圆的，头发长长的。她上身穿了件花格子衫，下身是条墨蓝色长裤，脚上踏着一双拼花的皮鞋。周老师向大家介绍

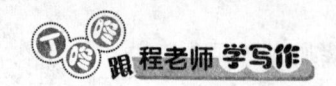

后,她向后排的座位走去,步子不快也不慢,有时还要看看大家笑一笑。

(2)《我班新来的男同学》:上课的铃声响过后,教室内悄无声息,同学们屏声静气等着班主任邱老师来上数学课。"咣当"一声门被推开,在邱老师前边,一个满头大汗的男生风风火火地闯了进来。他脚上套了一双运动鞋,上身穿了一件又宽又长的斑马衫,下边是一条蓝色的灯笼裤,两边是白色的裤线。右腿接近臀部划破个口子,里边粉红色的线裤露了出来。他的书包带子很长,斜挎在右肩头上,宽大又鼓鼓囊囊的书包碰到了膝盖,几乎落在脚面上了。邱老师向大家介绍说,他名字叫乐云龙,现正在市体校田径队训练。大家看见他这种大咧呼哧的模样,不由得哄笑起来。大家笑,他也跟着呆笑。那双细眯的眼睛,一会儿看看黑板,一会儿又转头看看全班学生。这时他伸出左手掌,抹去他那高挺鼻梁上渗出的汗珠,厚嘴唇抖动几下,露出红红的牙床,张开大嘴,和同学们笑在一起了。

"哈哈,这个男生,和我班的墨小言如出一辙!"
"嘿嘿,那个女生,跟我班的娄佳宜一模一样!"
"嘻嘻,乐云龙?是不是我班的乐云龙呀?"

这段时间,因为程老师在黑板上连讲带抄,有时还挂出一些资料,并要求学生往笔记本上记录,教室里没有说话的声音,呈现一片沉闷气氛。大家看见程老师挂出两张《新来的同学》,阅读后纷纷议论起来。

微笑着的程老师,自己也歪着头,边看着黑板上的两篇文章边问:"至于两位同学的文字画像是谁,就不用妄加猜测了。读了以上两段人物描写,到底哪个写出了个性特点,能给你留下挥之不去的印象呢?"

还不等指定谁发言,底下便嚷开了:"那还用说,后一篇《我班新来的男同学》写得传神!"

"那个红牙床的体育棒子最好看!""穆彪子"憋足劲喊。
"怎么个好看法呢?"程老师进一步问。

本来,程老师是想指定一名学生站起回答,可话音刚落,好多人都往高处举手,却又怕抢不到机会,就你一句我一句地说出来:"不仅语句生动具体,也结合男同学是体校学生的特殊身份,对于他的特殊服装、形成的不拘小节的习惯、剽悍粗犷的气质,都进行了细致入微地刻画。因为这是有所选择的描写,所以就把这个另类学生的这些个性特征,惟妙惟肖地传达给了读者。这个新来的男同学,给我们留下的深刻形象,闭上眼睛似乎还活动在眼前,简直能从纸里走出来一样。而前一篇《我班新来的女同学》则不然,把她从头到脚写了个遍,啰啰唆唆,拉拉杂杂,几乎无一遗漏,却没有抓住特点,留给人们的印象等于零……"

大家七嘴八舌,吵吵嚷嚷,很难听出个头绪。但是,大致就是上面这样一些话。程老师听了很满意，因为学生们已经能够弄清外貌描写不要面面俱到，要能抓住重点，应该有所选择，要表现出个性特征。于是，稍事休息过后，他又马不停蹄往下进行——

15. 引发一场自我教育的讨论（动态中写外貌）

文章里的人物，大多都处于活动之中，他们或者做着什么事情，或者互相谈话，或者凝神思索。我们描写他们的外貌神态，最好同这些动作行为描写、语言对话描写、心理活动描写结合起来。就是说，要在人物的动态中，在情节的发展中去描写外貌。有些同学为写外貌而写外貌，必然是游离情节之外，孤零零地去描写，就写得"死"，如我们前面讲的，像是给人物在外面硬贴上去的一层皮，呵呵，这样就不可能传出"神"。

请看下边《杜浩的数学考试》这篇作文（节选），就是按照情节的发展，动态地写出了人物外貌，因而人物形象活灵活现，非常吸引人——

考试之前，他骄傲自大，自鸣得意——"眉毛弯弯的，眼睛挤成个小月牙，眼角眉梢都是笑，脸庞红扑扑，简直就是一朵牡丹花。"

考试当中，杜浩手里拿着试卷，颠来倒去，左思右想，怎么也找不到解题思路。他心情沉重——"原本舒展的双眉，此刻拧成两个大疙瘩，圆脸蛋变成三尺长的西葫芦，气色也由晴朗无云、阳光灿烂，一下子成了阴云密布的雨天。"

考试过后，当他知道自己成绩比起平时不在话下的王冰还少14分时，非常羞臊焦急——"他的脸一会儿铁青，一会儿蜡黄，一会儿灰白，像万花筒里的彩色图案，五颜六色地变化着，额头两边太阳穴处的青筋胀得手指头那么粗，一双眼珠子瞪得像是两个乒乓球。"

后来，在老师的帮助和鼓励下，杜浩痛定思痛，认真总结经验教训，决心踏踏实实学习，再不玩弄小聪明，一定要迎头赶上去——"他咬一咬嘴唇，一排细密的齿印出现了。"

以上这些外貌描写，非常符合杜浩同学考试前后的状态。因为这些都不是为写外貌而写外貌，而是结合情节发展需要逐步展开，根据人物的行为和性格而写的。不然的话，单独写一段杜浩的外貌，即使文字再好，恐怕效果也不会很佳，读后就会令人感到死板、枯燥、乏味。

再看下边这篇《爱哭的小弟弟》，外貌描写也是结合事件的叙述和人物动作行为及心理活动而写出来的：

放学回家，我刚想写作业，表弟毛毛发现了我文具盒里的颜料彩笔，伸出胖乎乎的小手便抓。毛毛才三岁，不懂事，舅妈把他临时放到我家让妈妈照看半日。我忙把他拉开，说："这可不行，刚买来的，明天上图画课还要用呢，你玩不得，会弄折的。"他可不听我这一套，先是摇头，又甩胳臂，扑腾着两条小腿哭闹起来。我上去抱他，用手巾去擦他脸上的泪水，谁知他的小扁嘴一咧，"啪"的一声，竟冲着我脖子吐了口唾沫，还瞪着两只黑煤球似的小眼睛向我发威，哭声变得时高时低。我有点不耐烦了，就吓唬他说："再胡闹就喝三鹿奶粉，让你变成大头娃！"妈妈朝我使了个眼色，我就丢开小弟弟，躲到外屋去。我后来从门缝儿往里看去，毛毛趴在地上还在踢踏两腿呢。过了一会儿，他见没动静了，便仰起头，前后左右看个遍，眼睛一眨巴一眨巴的，好像在说："人都哪去了呢？"于是，他慢慢自己站起来，用那双沾满灰尘的小手，在泪迹斑斑的脸蛋上抹了一下，哈！简直成了一个小黑猴啦。

当然，刻画人物外貌，有静态，有动态，两种描写都需要。即使静态外貌描写，也不应该脱离人物的活动孤立地进行。以上这个外貌描写，紧密地同动作行为描写和心理活动描写结合在一起，完全是为了情节发展的需要。同学们学习时，除了练习静态描写，更要注意在动态中去刻画人物外貌。

同学们个个都在盯着黑板专心地看，不时发出"嗤嗤"的笑声。渐渐地，议论声由小变大起来：

"那个杜浩，考试前自鸣得意，考试后灰心丧气，跟我的情况真是太相似了！"

"我就好玩弄小聪明，老师提醒过我，爸爸批评过我，这次程老师写的这个杜浩，大概也是在警告我吧？"

"别说了，我们学生身上都有这样的缺点，哪个不好玩弄小聪明？我比你还严重呢！"

……

在旁边聆听学生自发的"检查"，程老师心里十分高兴，本来是在讲解人物外貌描写知识，竟然能够引发一场学生的自我教育活动，这是他始料不及的。

16. 程老师承担不起溢美之词（当堂作文例一）

同学们个个挺直腰身，瞪大眼睛，聚精会神，听着程老师讲解人物外貌肖像描写知识，就好像几十株花朵，在静悄悄地承受着辛勤园丁的浇灌。就在程老师还要往下讲时，温昕卓同学把右手高高举了起来。

这个女孩有一副光洁匀称的面皮，透出棱角分明的冷峻；淡淡的眉毛叛逆地向上扬起，长而微卷的睫毛下，覆盖着一双乌黑清澈的眼眸，泛着迷人的色泽；弯双唇上面，鼻梁倔强秀美地挺立着。这一切，无不表明她是有特殊性格的学生。当发现程老师的目光注视着自己时,温昕卓立即站起身,头先低一低,然后浅浅一笑,这才扬起脸看着黑板说:"老师,您让我们写的作文,我已经写出来了。"

程老师略微停了一下,眼角边的细纹向外散布,点头说:"好,好,温昕卓锦胸绣腹,才思敏捷,可谓'下笔千言,倚马可待'哟,那你就把大作宣读宣读吧!"

"您让我们写的题目是《正在给我们上课的程老师》,审题范围应该是对程老师这个人物的全面评价,可是我写的仅仅是对程老师的一点点印象,里面只有外貌神态和语言对话的描写。"

"这也很好嘛!正好我刚刚讲完外貌描写,结合你的作文,让同学们再很好地巩固理解一下!"

温昕卓两手把作文本端在眼前,尽量放开喉咙,大声朗读起来。伴随着甜美的音调,一只黑头黄翅的大蜜蜂,从一扇打开的窗户飞了进来,嗡嗡嗡,它似乎在向人们诉说着遥远地方的消息……

奇遇程老师
(温昕卓)

在我的印象里,语文老师或者是须眉长者,或者是深度近视,脸面上的线条应该全是直的,没有一丁点儿弯儿;他们往往摆出一副不苟言笑的模样,不仅跟学生,跟谁都玩着深沉,全身散发一股浓浓的"夫子"味。可是,一次意外的偶然,却改变了我的这种成见。

那是寒假里的一天,我到市新华书店买书,在"中小学生用书"柜台转悠来转悠去,打算挑一本讲解写作知识方面的参考书。现在书店都是开架,可以任你翻阅筛选。可翻来选去,没有一本让我中意的。正在我四顾茫然、六神无主的时候,一直站立在书架前翻看书籍的中年男子,掉转过头看了看我,慈父般的目光透过茶色眼镜片,轻轻地落在我身上,好似冬日里的一抹和煦的阳光,让人感到一阵暖意。

"你要买哪方面的书籍哟?"他主动开口问我。

"我、我……"我有点猝不及防,"想挑本作文书,我在学校里,作文总是写不好。"

爸爸妈妈曾正告过我,一个女孩出门在外,时时要提防坏人。不过,我虽是花季少年,眼前这个中年人,大约快有五十岁,对我是不会构成任何侵害的。再看这个人,面色健康圆润,两颊留下的浅浅酒窝虽已被岁月侵蚀淹埋,但还是若隐若现,他的后背稍有些驼,脖子略往前探,让人感到他一身仙风道骨，简直闲云野鹤是也。不说话时，薄薄的双唇绷成一条刚毅的直线，只是一个嘴角微微上翘，一个嘴角稍稍下垂，简直就是刀刻出来的版画般的一张脸，极具历史沧桑感；只要一开口，真是春风满面，眉眼皆笑。他长得威武、帅气，一米七的个头，穿着土黄色"雅鹿"羽绒服，上面连在一起的帽子吊在脑后，敞着怀，里面是白底黑点的法兰绒衬衣，还系着绛红条状领带，气宇轩昂，谈吐不俗，一见之下就能知道他是个文质彬彬的知识人。我想他这么长的时间在这里翻看中小学生书籍，大概是位学生家长吧，何不顺便向他请教一下呢！

"叔叔，不，爷爷，不，伯伯，"在对他的称呼上，我犯了难，改了几次口。我爸爸四十来岁，我爷爷六十多岁，怎么能称呼他叔叔，更不能称呼他爷爷，慌张之中才想起应该称呼他为伯伯。"您也是给家里的孩子买参考书么？"

这位伯伯眼角微眯，虽然年近半百，但两个酒窝却在脸上隐约可见，显露出他的温和可亲，让人感到他的平易近人。他双手端着一本书，仍在眼前举着，但眼睛已离开书，看着我说："呵呵，我的孩子大学已毕业，用不着再给他买书了。"

"那，您为什么还翻看中小学生参考书呢？"我有些不解，更睁大眼睛望着他。

笑容立刻在他的脸上散开，露出雪白的牙齿，目光从镜片后面闪烁，说："我现在办个中小学课外补习班，也必须边教边充充电哟！"

"您是老师？"我瞪大眼睛，不自觉地加大语气，再一次打量眼前这个自称教师的人。"您是教哪一学科的？"

"噢，"他稍有些迟疑，把手里的书合上，用一只手举在我眼前，我这才看清楚，书皮上的名字是《高考作文发展等级》，然后他才说："我就是教这个的！不过，我原来是中学语文老师，在学校还曾当了十多年教导主任和副校长呢！"

我再仔细搜索，确实，他面部既有一般教师的慈祥厚道，又有学校领导那种沉静威严。

"你原来是老师，那么后来呢？"我不由得急忙追问。

中年男子脸上表情凝固三秒钟，沉吟一下，方说："后来嘛，我这个人不会处世，跟学校校长关系不睦，就被借调到'普教学具研究所'任副所长，专门研制作文学具，还申请了国家专利呢。过去，省教育厅向全省发文推广，要求全省各中小学校征订试用。那些年，凡有省级教育行政部门下文允许的，下边就可以订购，不算乱收费；这几年政策变了，不进入教科书征订目录里，已不允许下边统一购买了。我们的东西无法销售，所里的人也就无所事事了。"

说到这个地方,他的脸有些拉长,不想再说下去。但他见我仍仰着脖子,似乎没听够,就不忍心打击我的好奇心,一双悬浮在肉眼泡子上面的眼睛用力挤动几下,这才接着前面的话往下说:

"呵呵,有句古诗不知你听说过没有——'不知腐鼠成滋味,猜意鹓鶵竟未休。'我们那个校长,没什么学历,又无本事,靠关系登上'老大'宝座,最害怕周围有谁的能力和名望超越他。好不容易把你挤出去了,能轻易再把你这颗'定时炸弹'请回来吗?"

说到这里停下了,脸上布满苦笑的他,真的是想"三缄其口"了。

我倒是兴致不减,继续追问:"你是被借调出去的,再回到学校去上班,不是很正常么?"

这时他站在地上的双脚轻轻移动,用右脚尖擦着地,慢慢摇了摇头,说:"他确实没敢不让我回学校,可我回到学校后,不给分配具体工作,我被搁置一旁,赋闲没事可做……"

"唔,所以您开了这个作文补习班,发挥余热,是么?"我恍然大悟。

"对对对,就是这样!"他朗声大笑起来。

"老师,我能冒昧地问一声么:您贵姓?"

"我免贵姓程!"他说话风趣,又看着我问:"您有何见教?"

"我,我……"我有点不好意思,"我可以到您的作文班学习吗?"

"我可是遵循孔老夫子'有教而无类'的遗训哟,只要愿意跟我学,来者不拒呢!"程老师看着我,微笑着说,"你先去试听一下嘛!"

从此以后,我便投身到程老师门下,跟着他学习写作文。这次邂逅,屈指算来,到现在已有半年多的时间了。

"我写的《奇遇程老师》作文读完了,希望大家不吝赐教,谢谢!"温昕卓读完自己的作文,又拽出这些文绉绉的话。结果是掌声四起,叫好声一片。

正当温昕卓坐下去的刹那,惠天佑站起来,一张口露出小虎牙,笑着问:"温昕卓,我想问你一件事,请你诚实地告诉我:你写的在书店奇遇程老师,是真有其事呢,还是自己编造的呢?"

问写的作文内容是真是假,温昕卓有些不悦,只是轻蔑地送上一笑,然后低下头动也不动地看着作文本,一句话也不肯说。这个女孩,平时遇到什么事情都泰然处之,淡定得让人抓狂,她就是这么慢性子。乌黑的头发在后脑勺上盘成菊花瓣,看上去清纯可爱,鸭蛋形小圆脸不黑不白不黄,一点杂质都没有,让每个长着青春痘的少女们羡慕嫉妒恨。她听课做事都十分认真,并且率性而为,从不会为考试而紧张不安。上帝给人的际遇都是一样的,为人打开一扇门，同时也关闭起一叶窗。赐给她温顺、安分的性情，但又赋予她一个犟姑娘的名分，给人以生疏感，每每喜欢独处，以这样的姿态度过，当然这也是人生的一种享受。她说起话来嗓音像清汤挂面，含碘盐量很低，即使举手发言，有些语句也让人听不清。她的这些缺点，在程老师时常提醒帮助下，最近已经有所改进，今天她读自己的作文，音量还是提得足够的。

她脸上没有多余的表情，听了惠天佑的话就是不置可否。惠天佑越问，她越是一脸的拒答。他差点握起拳头喊口号了，不到黄河心不死，非要死磕温昕卓的底线。惠天佑也有那么个犟脾气，遇到什么事情，不弄个水落石出是绝不罢休。这次两人可真是"针尖对麦芒"，难解难分啦！温昕卓的嘴巴往上翘，脸偏向里面，眼睛透过玻璃窗，欣赏着窗外的摩天大楼，任凭说什么就是不开牙巴骨。其实呢，惠天佑提出的这个问题，别的同学也想听听。室内这时好静，几十只耳朵都向前探着，等待温昕卓开启她的"金口玉牙"。但是，到头来，仍是胳臂拧不过大腿，看看无法把温昕卓的嘴巴撬开，惠天佑一脸挫败地回到起点。在上小学时，惠天佑与温昕卓同校同班，后来因为温昕卓家里移居别处，就不在一个学校了。他以为上了初中这个姑娘变得安分随和、开朗外向许多，然而谁知道还是变回到原来的样子，他没辙了，眼巴巴地朝程老师讪笑一下，忽然来了灵感：

"程老师，温昕卓写的作文，里面的两个人今天都在现场，还是请您老告诉我们，好么？"这回他说话语气倍加小心，眼神没有离开程老师，显得十分谦卑，几乎是在乞求，甚至还有点可怜。

学生们的脸齐刷刷转向程老师，只见他两手抓在一起，慢慢举过头顶，向前晃了晃，嘴角两边括号似的纹路再次一层一层展开，露出更大的笑容："我以教师的名誉作证，温昕卓的这篇作文，真实可信。不过，她的那些溢美之词，我可有些承当不起呀！呵呵……"

还不等学生再说什么，程老师收敛笑容，大声说道："同学们，你们通过这一段时间的学习，再遇到人物外貌神态描写，能不能妙笔生花呀？"

"反正我再也不只是硬往人物脸上、身上贴一层皮了！"肖渺一嘴张开，露着洁白的大板牙说。

"以后再，再写人物外貌，我不能往人物身，身上乱涂乱画了，我一定要，要注意描写顺序！"马岩结结巴巴地说。

"我也是，再描写人物外貌，不能胡子眉毛一把抓，要有选择，写有用的！"蔡菀笛用拿着笔的手，抓挠着自己的柿饼脸，乐滋滋地说。

"程老师，我这回弄明白啦，描写人物外貌，一定要符合人物的个性特点，对不对？"范文彬挤咕着眼睛小声说，由于下唇短，泛着黄光的牙齿又不情愿地露了出来。

"嘿嘿，程老师你真行！经过你这一番讲解，确实把木乃伊僵尸变活，长血长肉啦！"秦昊又当起"大活宝"，从座位里跳起来，拍着手，直着嗓子喊。

"好啦，好啦，人物外貌神态描写的学习，到此告一段落。"程老师双手抬在脸前摆动两下，声音倍亮地说，"从下堂课起，我要讲解人物动作行为描写的相关知识，请注意喽！"

（三）程老师要让瘫子站起走路——怎样描写人物的动作行为

1. 要让人物自己站出来——登台表演

每个人，只要他是个活人，就每时每刻都处于活动之中。生活、交往、劳动、工作、学习、运动，就是休息，也都有一定的动作；这些动作一个接着一个进行，就是行为。把这些动作行为使用文字语言细致绘制出来，读者就像看动画片一样，这个过程就是人物的动作行为描写。

一个人的动作行为，是他的思想性格的具体表现。这正如俗话所说："行动从思想中来"。因此我们说，动作行为描写也是表现人物个性特征的最基本方法之一。这不仅要写他在"做什么"（叙述），而且更要写他在"怎样做"（描写）。要使人物形象丰满，就必须让人物站出来，自己登台表演。好比一出大戏，要给观众留下深刻印象，靠的是演员惟妙惟肖的神情、动作和个性化语言的台上表演（犹如描写），而不是让演员站在幕后，只凭导演通过字幕向观众介绍剧情（犹如叙述）。记叙文不管是记事还是写人，都是要通过一定情节来完成的。说白了，这些情节，还不主要就是写出人物的一系列动作行为，换言之，不就是在记叙人物在干什么吗！而对人物动作行为恰如其分的描写，和外貌神态、语言对话、心理活动等描写一样，都是为了表现人物的"个性"，即揭示他们的思想性格、道德品质和内心世界，同时透露一个人的身份、地位、职业和教养，这是不能不下大力气写好的。

可是，有的同学写的作文，里面也有人，也有事，呵呵，就是看不到人物举手投足，没有对动作进行细致的、具体的刻画，他笔下所写的，似乎都是些瘫痪了的病人，只能成天躺着，站立不起来。就是说，只有事件的叙述，看不到人物的动作行为描写，见事不见人。这样的话，怎能吸引别人看下去呢？

"唉哟，那怎么行？"孙洪达听到这地方，手和脚一齐动作，从座位站起，"要是我，一刻不动都受不了。程老师您有什么办法，让瘫痪了的人能站起来走路？您行行好，积些德吧！"

"你这只姓孙的猴子，油嘴滑舌，竟敢耍笑老师，胆大包天！"秦昊突出的眉脊下面两只大眼珠就要滚出来，用手指着孙洪达说。

学生们捧腹大笑，程老师只当没听见，这工夫把一篇作文已挂在前边，原来是《妈妈只洗了一只鞋》。文中这样写道：

一天中午放了学，王鑫磊回到家，屋里悄无声息。他穿上拖鞋，进了客厅，就看见小茶几上压着一张字条，上面写道：

"鑫磊：我正在给你洗鞋，刚洗好一只，你姥姥来电话，说有急事，叫我去一趟。我现在就去，另一只鞋没来得及洗，你自己洗吧！妈妈即日"

说干就干，王鑫磊脱掉外衣，拿来盆子，先去卫生间接水，然后把鞋子泡进里边。过了一会儿，从水里捞出鞋子，用刷子刷起来。左刷刷，右刷刷，上刷刷，下刷刷，刷呀刷，刷呀刷，终于把这只鞋刷得又干又净。他还边刷边唱："喜刷刷，喜刷刷……"

……

鲁晓非第一个把手举起，说："这段文字，已经把洗鞋的过程叙述得清清楚楚，语句通顺。"

范文彬不像刚开始时躲闪着眼光，支吾局促的，他站起来，吐着舌头，尔后用左手支着桌面，用右手捂着嘴巴，不让别人看到因吸烟熏得发黄的牙齿，从手指缝中漏出声音："依我看，写得挺好的，王鑫磊把鞋洗得干干净净，事情的过程一目了然！再说，'喜刷刷，喜刷刷……'这歌声多么悦耳，我越听越爱听呢！"

"我也没听够。""穆彪子"翻转着眼珠附和了一句。

"大家再仔细瞧瞧，作文里对人物的洗鞋动作，"程老师说到这里停顿一下，"描写得怎么样呢？"

丁咚咚把手举起，边站边说："这篇作文，不但没有人物的外貌神态描写，更缺乏人物的动作行为描写。题眼是一个'洗'字，就应该围绕这个中心去写。可是，文中看不到'洗'的具体动作，这方面只有粗枝大叶的陈述、交代的话语，没能进行细致刻画。'左刷刷，右刷刷，上刷刷，下刷刷，刷呀刷，刷呀刷……'到底是怎么'刷'的呀？读者只看了个大概，没看到人物的手、脚、胳臂、腰身，都是如何动弹的，即是说，只有事，不见人，文章没有给读者提供生动的动漫画面。鲁晓非同学说得没错，作文叙述事件的过程还是比较清楚的，但是却没有描绘人物动作……"

"哦哦，确实，确实，王鑫磊真是个瘫子哟！瘫子只能唱歌，他哪里能洗鞋？"一直张着嘴看黑板的顾崇宇，听丁咚咚那样说，似醍醐灌顶，紧跟着说。

"丁咚咚分析得很对，顾崇宇也说得很好。那么，下边有哪位同学能给它改一改，把人物'洗'的动作描写具体，外貌也能刻画几笔，让王鑫磊的手、脚和全身都能动起来！"程老师边说边用眼睛巡视全班学生的面孔。

"我！"魏增智身子往上一挺，不由分说站了起来。

"呵呵，小学究，真果敢！"程老师向魏增智望去，眼角的鱼尾纹一条接一条地出现，里面藏着的全是赞许。"你是口头说呢？还是到前边往黑板上写呢？"

"我的粉笔字写得不好，速度又慢。"架在魏增智鼻梁上的黑色细框眼镜，对着程老师闪着光。"我说一句，请老师您替我在黑板上写一句，一边写一边修改，可以么？"

"这样很好！"程老师脸上的笑容变得更憨厚，转向坐在前排门口旁的李一流，对他竖起大拇指，"咱们作文班有人才呀——李一流可是个小书法家，他的粉笔字写得又好又快呢，何不请李一流代劳！大家鼓掌！"

2. 王鑫磊四肢能活动了——不是瘫子

常言说"艺高人胆大"，掌声响过，李一流没有矜持，没有谦让，一个箭步来到黑板前，抓起一支白粉笔，听"小学究"说一句，他就写一句；"小学究"拿笔的手托着腮，丰满的下巴往上翘，小脸蛋上的两只又黑又亮的圆眼睛凝固了，一动不动，只有嘴唇一张一合——

妈妈只洗了一只鞋
（魏增智改写　李一流抄写）

当惯了"小皇帝"的现代孩子，那真是"四体不勤，五谷不分"，和《红楼梦》里的贾宝玉差不多，长到十四五岁还不会系裤带，过着"饭来张口，衣来伸手"的生活。这几天，老师一直在说：我们从小要养成劳动习惯，自己的事自己做，不会的事学着做。今天，王鑫磊就遇到了这样一件事——

下午放了学，王鑫磊回到家，屋里悄无声息。他穿上拖鞋，进了客厅，就看见小茶几上压着一张字条，上面写道：

"鑫磊：我正在给你洗鞋，刚洗好一只，你姥姥来电话，说有急事，叫我去一趟。我现在就去，另一只鞋没来得及洗，你自己洗吧！妈妈　即日"

说干就干，王鑫磊脱掉外衣，挽起袖子，拿来盆子，先去卫生间接水。他把鞋子放进盆里，泡在水中。过了一会儿，他取来刷子，蹲下身去，坐在水盆旁的小板凳上。这时他伸出左手，从水里捞出鞋子，打上"大象牌"洗涤剂就"哼哧哼哧"地搓起来；他用左手抓住鞋子，再用右手拿过刷子，用力搓擦鞋面、鞋帮，然后又刷洗鞋窠里面和鞋的底部。他的右臂一上一下地运动，刷子在鞋子上一来一回地奔跑，搓啊，擦啊，洗啊，一朵朵泡沫出现了，不断地滴到盆子里，就像一只只小小的白天鹅，在水面上游玩，嬉戏……就这样，左刷刷，右刷刷，上刷刷，下刷刷，刷呀刷，刷呀刷，"喜刷刷，喜刷刷"，他一边干活一边哼唱着。因为今天老师留的作业太多，他想快些洗完，由于心急，用力过猛，这时已累得呼呼直喘粗气，胸脯起伏着，汗水从头发根里直往外钻，流经他那长条形脸庞，滴落到衣襟和水盆里。他顾不得用手擦脸，只是抬起胳臂，用肘弯处的袖子快速地抹了一把，就又使劲用刷子搓洗鞋窠里头……没用太多的时间，这只鞋就被洗刷得光光亮亮，干干净净。鑫磊站起身，把脏水倒掉，又接来半盆清水，把鞋子按在里面，投洗一遍，然后晾在阳台的橱柜上……

　　洗完鞋，王鑫磊掏出笔和本，埋头写起作业。他刚往纸上写了一行字，就听见"哐当"一声响亮，吓得他全身一阵痉挛，抬头一看，大衣立柜的门开了，妈妈从里面钻出来，笑着说："你真是好孩子，以后再也不能叫你'小皇帝'了……"

　　魏增智说完了，李一流也写完了。同学们眼睛瞪得圆圆，口里"啧啧"着。

　　"有才哥，真有歪才！"

　　"不愧是'小学究'呢！"

　　"李一流的字写得也真够秀气的！"

　　"还用说，人家李一流爸爸在'群众艺术馆'工作，是搞书画的，龙王爷的儿子会凫水嘛！"

　　"不对了，你说错啦，那次程老师向大家介绍，李一流的爸爸是铁路房产工人，自学成才。"

　　"你知道啥？最近，李一流的爸爸，调，调到'群众艺术馆'工作了。"

　　"'小学究'这回改写的，人物的动作行为描写可真是具体多啦，还有外貌神态描写，多么好看呀！"

　　"原来的作文写得太笼统，光说刷、刷、刷，却看不见怎么刷的；'小学究'改写出来后，读着真的就像观看一部动画片似的……"

　　"这回王鑫磊的手、脚、胳臂、腿，都会活动了……"

　　教室里开锅了，从"魏歪才"到李一流和他的爸爸，再到作文的评论，说什么的都有。鲁晓非听着大家的七嘴八舌，他那会飞的眉梢往上耸动，像葵花迎着朝阳成长，渴望雨露滋润，也参与进来："我就不会描写人物动作，过去写的作文，与程老师说的一模一样，笔下的人物都是躺着的病人。"

　　朴峻熙侧耳细听到这里，抬起月牙般的狭长眼睛，向着前面看，说："老师，您能教给我们一些方法么？"

还没等程老师张开嘴，"穆彪子"径直插问一句："老师，您真能让瘫痪的人站起来走路么？"

"能啊！"听了"穆彪子"的话，眼角似笑非笑的程老师紧跟了一句。"呵呵，下边就和同学们一起去给这些瘫痪病人治疗治疗！"

"真能像您说的那么神吗？"孙洪达眼里盛满问号，随时都要流淌出来，掩盖了他的一脸猴相。

"这还用得着怀疑吗？"听了"穆彪子"和孙洪达的话，程老师摘掉眼镜，拿眼睛看着他们两个，使用了一个反问句。"刚才'小学究'改写的，不就是在我的指导下，已经治好了一例么！"

程老师这时变得一脸严肃，笑容收拾干净，接着又说："俗话说：'病来如山倒，病去如抽丝'，治疗这种软骨症和瘫痪病，急躁不得，得慢慢来哟。"

他见眼前一张一张的面孔，像是嗷嗷待哺的婴孩，如饥似渴地望着自己，就用力地清了清嗓音，眼睛转了一圈后，目光又落回孙洪达、"穆彪子"等人身上，说："古今中外文学名著，有许多精彩的动作行为描写片段，我带领你们，不妨先去那里逛逛……"

3. 带领学生走上自主"阅读"之路——自由飞翔

程老师从小失恃（幼年丧母），爸爸把他送到农村老家，先跟着伯父伯母生活一阵子，后又寄居在姑母家里读小学，直到上了中学，才回到城里自己家中。

伯母是个农村老妇，目不识丁，但她生性喜欢热闹，记性又极强，那些年农村没有电视和电影，逢年过节，伯母就到处听大鼓书（评书）和看扭大秧歌（踩高跷）。闲着没事的时候，人们聚在一起，就开始说今比古。伯母有时还好玩个纸牌，一百零八张，上面印着水泊梁山一百单八将的人物。伯母和别人唠唠叨叨说起"水浒"中的宋江、武松、李逵、鲁智深、林冲、孙二娘、时迁等英雄好汉，真是绘声绘色，程老师在旁边听得更是有滋有味，引发出他渴望阅读"水浒"小说的欲念。

姑母家住在一个小集镇，姑父是位中医老大夫，喜欢看一些杂书。程老师刚上四年级时，姑父在看一本很厚的书，当姑父不在家时，程老师拿过来一看，原来是《水浒传》，他过去听伯母讲过里面人物的点滴事迹，对此书"心有灵犀"，就偷偷摸摸翻阅起来。他这一看可不得了，像被梁山好汉勾去了魂，再也放不下手，不看已经睡不着觉啦！但是那个年代，小学生只能学习课本，不许看课外闲书。姑父是个性格严厉、脾气暴躁的人，动辄就发起火来，别说程老师当时只是个小孩子，连其他大人都惧他三分呢。所以，只能是趁放学后姑父不在家时，程老师才能抓紧机会阅读。什么叫"爱不释手"？程老师就是这样阅读完第一本古典长篇小说《水浒传》的，并充分理解了这个成语。因而，现在程老师回想起自己的经历，觉得应该通过讲解作文知识，潜移默化地把学生引导到阅读古今中外的经典著作的轨道上来。

教育界流行一句话：高考试题就是中小学的教学指挥棒。以高考作文题为例，最早差不多都是命题作文，只不过有些要求和提示，中学学生和语文教师就四处搜索各样作文题目；后来逐渐偏向"给材料作文"（也叫"供料作文"），各地教师又为搜集"材料"疲于奔命；不久又出现"话题作文"，老师和学生们又准备"菜馅"，好往应试作文里"夹"；最近几年，热闹一时的"话题作文"被冷落，又往"命题作文"和"供料作文"回归……自从2002年高考中，南京有名考生写了一篇《赤兔之死》的话题作文轰动全国后，中小学校都在鼓励学生阅读古典四部名著。然而，以程老师在学校的亲身经历看，中小学生中真正完整阅读过哪怕是其中一本名著的，确是凤毛麟角，少之又少；大多的孩子也只是看过影视剧或动画片，或者翻一翻"故事小书"而已。也可能有人会说，学生们不是天天都在看教科书吗？程老师认为，这话说的并不完全准确。因为，这些教科书只相当于母亲的乳汁，对孩子很重要、很安全，又容易吸收，但一个孩子如果终生吃母乳，他肯定发育不良。书籍，是客观存在和人的主观意识相结合的精神产物，它传递着某种信息，它承载着历史和文化，而教科书不是真正意义上的原生态的思想，一个人如果离开了自主阅读，就不可能走得很远，精神发育肯定不健全。程老师一直以来都是这样想的：学校教育最关键的一点，是让学生养成阅读的习惯和能力，不仅要提供母乳，更要通过提倡自主阅读，让孩子学会自由飞翔，这关系到他们的一生……

光是口头说说还解决不了问题，必须对学生循循善诱，潜移默化。因此，程老师利用讲解"人物描写"的机会，一心要把学生们带上阅读的康庄大道上来。中小学这个年龄段，是最喜欢听故事的，而我国的四部古典名著，比之外国著名小说，里边的故事性更强，矛盾冲突更激烈，人物形象也更鲜明，更有个性，因此最容易把学生吸引住——就像程老师小的时候那样！这样说不是有意贬低那些外国文学名著，俄、法、英等国家的作家可谓群星荟萃，他们的作品也确实是璀璨夺目，但与中国古代小说相比，他们对于社会意义挖掘得更深，讲究的是立意奇巧，人物的形象描写更细腻，甚至有些繁琐，尤其注重心理活动的刻画。这，成年人读起来也许感到痛快淋漓，能满足文化教养较高的人的审美情趣，但对于中小学生来说，他们当然更喜欢故事性强的中国古典名著咯！

4. 花和尚鲁智深倒拔垂杨柳——腰只一趁

想到这，他的眉毛扬了扬，说："我们还是以中国四部古典小说为例，说说这些书里有哪些地方的动作行为描写你认为最精彩。"

"我先说!"程老师言犹未了,就听下面有声音——原来是韩铁壮边说边把手举了起来。

"你想说哪一出?"程老师扬脸望着韩铁壮问。

"我想说说《水浒传》里的'花和尚倒拔垂杨柳'那一段,我认为这段动作描写很好看。"韩铁壮性格粗放,不拘泥细事,说话声音洪亮,语调昂扬,这与他的举重运动员身份完全符合。

程老师看着韩铁壮点点头,笑道:"但是,请你站起来讲话。"

韩铁壮坐在最后一排,身子往后一靠,"咣当",椅子碰到后面的墙壁,他用手扶住前边的桌子,一挺站立地上,接着他又俯下身,从桌堂里摸出一本厚书,用左手按住,再用右手指快速翻动,眼睛飞也似的浏览着,口里像安了个扩音器,用尽了气力,大声说道:

"正当大家在粪池边喧哄,只听得门外老鸹哇哇乱叫。鲁智深问:'你们做什么鸟叫?'众人道:'老鸦叫,怕有口舌。'鲁智深又问:'怎么回事?'那个种地道人笑着说:'墙角边绿杨树上新添了一个老鸦巢,天天从早到晚聒噪个没完。'众人说:'拿来梯子上去把那巢拆了就没事啦。'有几个说:'我们就去取梯子。"鲁智深也乘着酒兴,到外面看时,果然绿杨树上有一个老鸦巢。众人说:'拿来梯子上去拆了,也得耳根清净。'李四也说:'我爬上去,不用梯子。'鲁智深相了一相,走到树前,把长袍直裰脱掉,用右手向下,把身倒缴着,却把左手拔住上截,把腰只一趁,将那株绿杨树带根拔起。众泼皮见了,一齐拜倒在地,只叫:'师父非是凡人,正是真罗汉!身体没有千斤力气,如何拔得起!'"

韩铁壮在市体校少年组训练举重,膀大腰圆,骨骼健壮,他说着鲁智深,恍惚之间觉得自己就是那个花和尚,他本人也能把那棵垂杨柳倒拔出来,所以全身似乎也在运气用劲,边说还不断地抡着玉米棒子般的胳膊,汗水从韩铁壮额头渗出,流经他开阔的面颊,滴滴答答落在桌面上……

"好,好,韩铁壮同学讲得很好。"程老师一边扬起右手说,一边示意要韩铁壮坐下。"大家想,这棵杨树,上面有老鸦巢,可见不是一棵小树。你看,鲁智深先是'相了相',这'相了相'三字,传神,妙极:那是怎样的一种动作和神情啊——歪着头,偏着脸,毫不在意地看;然后'走到树前','脱掉'直裰,'右手向下','身倒缴着','左手拔住上截','腰只一趁',将树'带根拔起'。好一个'只一趁'——那又是什么样的动作?多么大的神力呀!只这么几十个字,三下五除二,把鲁智深倒拔垂杨柳的动作行为,准确逼真地勾勒出来。看完这段描写,花和尚鲁智深无愧梁山泊英雄好汉的形象,就在我们面前像一座巍峨的高山树立起来了。"

"这个花和尚鲁智深，力气大得真是吓人！"林心怡听到这里惊呼起来，"我可是连个小蒿草棍儿都拔不出来呢！"

"根本不是一个重量级的，跟你比什么！"秦昊心上的伤疤之痂早就揭去了，时间一长，他已经忘记以前同林心怡之间的不愉快。"你可不是鲁达，也不是林冲，你是林黛玉，弱不禁风，衣裳穿在身上都压得喘不过气来；人家古代人天天习武，尽吃些半生不熟的牛羊肉——都是原生态的，蛮有劲啦！哪像现在的牛羊喂添加剂，喝化肥水哟，哈哈哈……"

秦昊边说边笑，两手在空中乱挥两下，还转脸瞥了林心怡一眼。

林心怡两道弯细的眉毛都气直了，丢一个嫌弃的眼神，怫然道："别人都说你爸爸有绝户网，以挂鸟为生，我看就让你爸爸来这粪池边，把老鸦鸟挂住算了，省得鲁智深费那么大力气倒拔垂杨柳了！"

说他爸爸挂鸟杀生，这是秦昊最忌讳的话题，等于点了他的死穴。他愤慨的眼泪快奔淌出来，正待发作，韩铁壮却一拽他的胳膊，又站起来说："鲁提辖是军汉出身，《水浒传》里没说他练的是什么功夫，若是武术气功，倒拔垂杨柳那也是小菜一碟！"

韩铁壮在体校训练举重时，教练曾讲过气功知识，他正想谈谈这方面的道理，突然樊启琛"撞"进来说："鲁智深的力气也算一般，西楚霸王项羽，'力拔山兮气盖世'，古书里说他'擢发离地'，就是用自己的手抓住自己的头发，能把自己的身体从地面上拔到半空中——这力气确实够大的吧?！"

"不，不可能！"马岩在座位上闭眼望天地嚷着。"我叫马大白话，你樊启琛，要抢，抢去我的这个宝贝外号啊？也该叫你'樊大白话'啦！"

"穆彪子"听得入了迷，瞪大眼睛问："那么，鲁智深和项羽，他们两个谁的力气更大呢？"

见说些与本次课题无关的话，程老师来个网前双脚跳跃，伸手把球拦了回去："其他的话先收一收，我们要举出描写人物动作行为的好语段，供大家写作文参考参考。"

5. 景阳冈武松醉打老虎——赤手空拳

"老师，武松打虎的动作描写最好看，我发言！"孙洪达坐在后面的墙犄角，怕老师看不见，他站直身子，把手举得高高的，并大声喊叫着。他原本是坐在中间座位，由于他忒好动，影响别的学生听课，最近被调到后面。

大家都用特异的眼光侧目这只"孙猴子"，谁也不会相信他能说出个子午卯寅、甲乙丙丁。为什么呢？因为孙洪达平时打打闹闹，学习一塌糊涂，老师一问都三不知，神仙哪里怪罪得？

越过几排学生的头顶，程老师伸出右臂，五指向下，指向了他，问："孙洪达，你是不是又在胡闹？"

这时的孙洪达可真是满脸委屈，没了嬉皮笑脸，声音嗫嚅着："我真的读过《水浒传》小说……"

就在他马上泪奔之时，望了半天的"郭大姐"站起来说："孙洪达那天跟我说过，他从小父母因遭遇车祸双亡，姨妈家收养了他。他姨父喜欢看《水浒传》，他也就跟着一篇一篇读完了。嘿，孙洪达讲起水泊梁山的英雄好汉，如数家珍呢！"

程老师听郭淑薇这么一说，眼角有点发红，心里想道：孙洪达的经历，有点和自己幼年相似呢。于是，他两手抱拳，冲着孙洪达方向摆动，不无歉意地说："呵呵，对不起呀，我是从门缝儿看人——把人看扁了！那就请大家洗耳恭听，让孙洪达演说武松打虎吧！"

长着一双"火眼金睛"的孙洪达，拉开腔调，就像评书演员那样，讲得有板有眼，字正腔圆："却说喝了十八大碗白酒的武松，根本不听'三碗不过冈'的劝告，离开酒店，一步一步走上景阳冈。他在山神庙前读了官府信印榜文，才相信真的有虎。欲待转身回去，又怕人家取笑，只好将梢棒绾在胁下，硬着头皮往前走去。此时正是十月间天气，日短夜长，回头看这日色时，渐渐地坠下去了。武松酒力发作，焦热起来。一只手提着梢棒，一只手把胸襟前袒开，踉踉跄跄，直奔过乱树林来。见一块光挞挞大青石，把那梢棒倚在一边，放翻身体，却待要睡时，只见发起一阵狂风来。那一阵风过处，就听得乱树背后'扑'地一声响，跳出一只吊睛白额大老虎。武松见了，'啊呀'叫了一声，从青石上翻将下来，便拿那条梢棒在手里，闪在青石边。那个大老虎又饥又渴，把两只爪在地上略按一按，腾身往上一扑，从半空里蹿将下来。武松被那一惊，酒都做冷汗出了。说时迟，那时快，武松见老虎扑来，只一闪，闪在老虎背后。那老虎背后看人最难，便把前爪搭在地上，把腰胯一掀，掀将起来。武松只一躲，躲在一边……"

"武松的本领还是差一大截儿！"秦昊又耍起活宝，拦住孙洪达的话头。"这要是你孙猴子，都不用掏出金箍棒，吹口气就能把老虎整死，还用'躲在一边'吗？"

孙洪达已经进入角色，正把全部精力放在"武松打虎"故事情节上，哪还有工夫理会别的，只顾往下说："老虎见掀他不着，吼叫一声，却似半天里起个霹雳，震得那山冈也动，把这铁棒也似的尾巴倒竖起来。只一剪，武松却又闪在一边。原来那老虎拿人，只是一扑，一掀，一剪，三般提不着时，气性先自没了一半。那老虎又剪不着，再吼一声，一兜，兜将回来。武松见那老虎翻身回来，双手抡起梢棒，尽平生气力，只一棒，从半空劈将下来。只听得一声响，簌簌地将那树连枝带叶劈脸打将下来。定睛看时，一棒劈不着老虎，原来慌了，正打在枯树上，把那条梢棒折做两截，只拿得一半在手里，哎呀呀，这可怎么办呢？"

孙洪达似乎就是那个打虎将武松，满脸的慌恐状；再看瞪着眼珠子听他讲述的同学们，也都面面相觑，不知所措。他这才深深往腹部吸了一口气，掩住面皮上的快意，却偷偷地在心里大笑："那老虎咆哮，性发起来，翻身又只一扑，扑将来。武松又只一跳，却退了十步远。那老虎却好再把只前爪搭在武松面前。武松将半截棒丢在一边，两只手就势把老虎顶花皮揪住，一按按将下来，那只老虎急要挣扎，早没了气力，被武松尽气力纳定，哪里肯半点松宽。武松把只脚往老虎面门上、眼睛里只顾乱踢。那老虎急躁起来，把身底下扒起两堆黄泥，做了一个土坑。武松把那老虎嘴直按下黄泥坑里去。那老虎吃武松奈何得没了些气力，武松把左手紧紧地揪住顶花皮，偷出右手来，提起铁锤般大小拳头，尽全身吃奶之力气，只顾打。打得五七十拳，那老虎眼里、口里、鼻子里、耳朵里都迸出鲜血来。那武松尽平昔神威，仗胸中武艺，半歇儿把老虎打做一堆，却似躺着一个锦布袋……欲知后事如何，且听小子我以后分解。"

孙洪达不慌不忙，说完坐了下去，一本正经地坐直了腰板，同学们还以热烈的掌声。

"孙猴子的精彩……不不，我说错了，我更正，我检讨——老师不该叫学生的绰号！"听完发言，程老师有点兴奋，随口把"孙洪达"说成"孙猴子"，就急忙改正。"孙洪达同学的精彩讲说，就像活脱脱给我们上演了一部武松打虎的纪录片。我只能说，刻画得太细致了，描写得太准确了，记叙得太生动了！不光对武松的行为描摹得出神入化，就是对老虎的动作，也模拟得活灵活现。应该说，《水浒传》关于武松打虎的这段文字，也是动作行为描写的经典之作。"

"不，老师，我有意见！"

学生们都转动着小脑瓜，寻找这话语的发源地。只见蔡菀笛边举手边说着，程老师抬手指着她问："你有何见教？请说！"

蔡菀笛站起来，用手抚摸搭在肩膀上微卷的发梢，扬着鼓鼓的胖脸蛋，秀美的小鼻子往上翘起，看着程老师说："老虎是我国、也是世界的珍稀动物，武松不应该把老虎打死！"

白杨听了，坐在那里直摇头，她忍不住说话了："菜包子，老虎要吃人，难道武松白白送给老虎吃？"

还不等蔡菀笛回答，丁咚咚借机发表自己的看法："我认为，武松力气那么大，已把老虎嘴按下黄泥坑里，左手也紧紧揪住顶花皮，打了个半死，就不要再打了，送到动物园养起来，过几天就缓过来，供大家观赏，岂不两全其美！"

"我说的正是这个意思。"蔡菀笛还没有坐下,一双纯洁的眸子里闪耀着晶亮的光。"武松打死的是华南虎,多么可惜!那些年,我还很小,听说陕西有个叫周正龙的农民,受省林业局委托,到深山老林里去寻找老虎踪迹。实在找不到了,心生一计,把年画里的老虎用相机拍下照来,报上去邀功求赏。这件事轰动全国,出现了'挺虎派'和'打虎派',争论不休。最后真相大白,这个'周老虎'被判刑,弄虚作假的领导干部受到撤职处分。"

"真是的,武松若不把这只华北虎打死,到现在说不定繁殖了几万只了呢!""穆彪子"眨巴眨巴眼睛,也发表自己的见解。不过,他却把"华南虎"说成了"华北虎"。

程老师笑眯眯地看着眼前这些学生,他对这一代孩子有这样高的保护动物资源的意识感到高兴,但是这却与这堂课的学习内容和教学目的毫不相干,就伸出两只大手摆动着说:"武松打虎就说到这里。"

孙洪达又把手举起,眯着小眼睛,看着程老师说:"老师,武松斗杀西门庆和血溅鸳鸯楼,这两处描写得也非常精彩!"

"噢,不说了,不说了。"程老师摇着头。"回去以后,大家找时间读读《水浒传》,下边……"

6. 武大郎是弟弟武松的——奤拉孙子

可是,按下葫芦又浮起瓢,这时马岩却已经从座位站起。她心底的火焰冲到脚底,变成风火轮踩上去就像生了法力,很想秀一下这款新买的烟熏色连帽抽绳休闲套装。她短头发,深色运动装、运动鞋,走路一窜一跳的,连邻居的小哈士奇都常把她当作自己的小男主人,跟着她走错了门。在男生面前,马岩把自己当成男生,与他们以哥们相论,像大男孩子一样行事处世;在女生当中,又把自己当成巾帼英雄,不把性别差异当回事。现在,她又长又厚的嘴唇往上张开,眼睛顽皮地闪光,说道:"老师,您把,把《水浒传》捧到了天上,我看,有问题。"

"是么!"既然学生有不同声音,那就应该听一听,程老师漫不经心地问了一句:"什么问题?"

马岩很小时,她的爸爸就和妈妈分道扬镳,妈妈是位普通工人,在飞机制造厂上班。她和妈妈同外公外婆一起过活。她自由自在,无拘无束,心地善良,城府很浅,而且口无遮拦,想啥说啥,毫无忌讳。时间一久,学生、老师、亲戚也都宽容她了。

马岩说话时眼皮总要挤巴两下,略带口吃道:"《水浒传》里,写武松的哥哥武,武大郎,身材短矮,不满五尺,人物猥獕,面目狰狞,头脑可笑,三分像人,七分似鬼,人们都称,称呼他为'三寸丁,谷树皮'。妻子潘金莲,趁武松出差去,去外地,就用毒药把武大郎害死了。这段公案纯,纯系伪造，根本没，没有那么一回事。"

"哦？是么？"学生们听了，惊得目瞪口呆。

"那，那，到底是怎么一回事呀？"顾崇宇经常模仿着马岩说话，不知是受了感染，还是本来就有结巴病，他把这么短的句子也说得这样费劲。

潘金莲勾引奸夫西门庆，在王婆教唆和帮助下，药鸩亲夫武大郎。武松从外地回来后，怒杀潘金莲，斗杀西门庆，王婆被官府点了天灯正法，为哥哥武大郎报仇雪恨，自己出了一口恶气。这故事已流传几百年，妇幼皆知。可马岩却说根本没有那么一回事，这岂不等于说《水浒传》是海客谈瀛吗？这时，教室里死一般的安静，让人感到窒息，个个都探出脖子，望眼欲穿地等着下文。马岩似乎受到这种气氛鼓舞，上来了兴致，有如偷服了兴奋剂，脸蛋连同耳朵瞬间红爆，口吃的毛病也罕见了，话语滔滔不绝地流淌出来：

"有人考证，武松家乡山东阳谷县确，确有一个武大郎，名字也叫武植，但他长得人高马大，相貌堂堂，凛凛一躯，一表人才，不仅外貌与《水浒传》里的武大郎大相径庭，而且所生年代更是风，风马牛不相及！武松是北宋末年人，而武大郎武植，却是明朝中期人。这个哥哥大郎武植，却比弟弟老二武松，整整小了二，二百多岁呢！如果排辈份，这个武大郎，应该是武松的重，重孙子，灰孙子，滴溜孙子，耷拉孙子……"

说到后面，她自己已经笑得软了，把这几个"孙子"的字音，吐得清脆利索，引发全班同学笑得直打滚，巨大声浪冲破教室门窗，简直要把这座楼房轰抬到半天空。

笑声平息下来后，有的同学仍不甘心，还赶着追问："马岩，你说，《水浒传》书里为什么要把两百年后的武大郎，写得那样丑陋，变成武松的哥哥呢？"

"马大白话真是个瞎掰大王，说的话二八扣不住，一天竟说些没影儿的事，顶风也能给你送出八百里！"韩铁壮拦腰来了一竹杠。

马岩是个兴奋型的少年，一旦激动起来，话就多得像黄河决了堤："这个大郎武植，自幼家贫，酷爱读书，后来参加科考，做了县令。他的妻子确实也是潘，潘金莲，但这个潘金莲十分贤惠，三从四德，没有生活作风问题。武植在穷困潦倒之时，有个好，好朋友虽然也不富裕，但是在物质方面不断周济他，在精神上鼓励他。'武大郎'当上县官后，公正清廉，口碑很好。有一天，远在百里之外的这，这位朋友，家里房屋要翻修，来找武植借些钱用。正好武植因公去，去了外地，朋友没有见到武植，误以为武植'官升脾气长'，嫌弃了自己，故意回避不见。'贵易友，富易妻'这句俗话浮，浮上心头，叹息几声后，气愤之余，他找到纸笔杜撰了一篇小品文，把武植说成'个头矮小，面目丑陋，形象猥琐'，并说武植原是个'品德败坏，偷鸡摸狗，宵小之徒；后来奔，奔走夤缘，小人得志，当了县令，不得好死'云云。写好后，就把这篇文章四外散发，到处张贴。这样在外面转，转悠一月有余，这位朋友回到家里。到家后，看到自家房子已，已经修葺一新，不禁惊，惊呆了。急问妻子缘故，才知道是武植外出回来后，得知朋友来找他借钱盖房子的事，就立，立即送来钱物，帮助盖了这座新房。朋友羞愧难当，追悔莫及，但为时已晚。关于'武大郎'的所谓'秘闻'，也就不胫而走，在坊间传扬开来。后来，越传越离谱，施耐庵根据道听途说的材料，把武大郎编进《水浒传》小说里，根据情节需要，写成是武松的同，同胞大哥，演义成这段曲折离奇的故事……"

有的学生听后，带着满脸的探究，拍掌叫道："施耐庵编造得这么好，马岩你怎么说程老师抬高了《水浒传》呢？"

还有的学生板着脸，不以为意道："《水浒传》是小说，又不是历史文献，可以虚构嘛！那次程老师讲'选材'时，你讲的'饮料瓶里喝出死老鼠'，有些同学说你'纯属虚构'，程老师不是还赞扬了你么！"

大家看到，在程老师不断鼓励和帮助下，马岩的口吃毛病已经大有好转。但是同学们的议论，与她的想法相背，她一急，口吃又有点加剧，说："北，北宋末年，梁山泊宋江、晁盖等农民起义，武松是重要头领，这，这不也是历史真事么！允许胡编乱造吗？（程老师插话："马岩，别着急，慢点儿说！"）为什么把二百年后才出生的武植，写，写成是武松的哥哥呢？"

"关公战秦琼，大将哪不溜达呢！"安子良总是在关键时刻凸显他的分量。

没等马岩反驳，肖渺一大呼小叫地说："小说嘛，管他谁是祖宗，谁是耷拉孙子呢！即使真的历史人物，给他们个个都穿上安徒生的'千里鞋'，也就不受时空限制啦，不管哪朝哪代的，都可以互相走走，到处溜达溜达，偶尔客串一下也不是不行的！"

马岩脸上挂了一层冰雾，嘴唇快要撇到了南半球："那，那就让他们都去溜达吧！反正是'穿越小说'的时代，谁又管得了那么多呢！"

有些学生余兴未尽，还想要问什么，程老师来个急刹车："同学们，有关武大郎的逸闻趣事，以后有机会再讨论吧。别忘了，咱们现在是在学习人物动作行为描写哟！"

7. 作文班变成了体操房——部位举例

程老师边说边摸出一张大白纸，转身挂在黑板上，上面写的是——

动作描写分部位例句：

（1）头部：

①好像听着天书的夏为民，只是摇头晃脑，学着爷爷的样子，摸着下巴颏，捋一下并不存在的胡须。

211

②王伯伯讲着，不由得神采飞扬。他磕打一下烟锅，仿佛额头上的皱纹里能跳出一个个"喜"字来。

③张二的脑袋像捣蒜一样，一个劲儿地点头，表示百分之百同意。

④小不点儿托起一块西瓜就往嘴里塞，吮着，嚼着，咽着，两腮鼓得像两个大皮球，鼻子和下巴都沾满了瓜汤。

⑤屋里的几个男人都跟着笑了起来，但笑容各有不同：有的笑得极有分寸，无声音，微露牙齿而已；有的似演戏般"哈哈"两声；有的只不过从嘴里发出"扑哧"一声；有的则十分放肆，放声大笑不止……

⑥教室门外站着别班学生，他们都伸长脖子，仄楞着耳朵仔细往里面听着。

⑦他用鼻子嗅了嗅，两只眼睛不错珠地瞧着。

（2）四肢：

①站在讲台上的黄老师，左手托着书本，右手五指全部散开，举在眼前，前后翻动着。有时只伸出一个食指，稍稍弯曲，用力向前点动着；有时捏成空拳状，轻轻比划着……

②老太太已是风烛残年，有早晨没晌午的人了。她伸出干树枝般的双手，抖动得如同风雨中的树叶，费了九牛二虎之力，手指尖才碰到药瓶子。

③他们的脚像生了风，一溜烟跑回了学校。

④他把脚搬上床，盘了坐，两只手互相捏着腕关节。有时把手虚放在胸前，微微向前侧一下身子；有时两手拢在袖管里。

⑤陈晓钟恭恭敬敬地在席上半蹲半跪行了大礼，然后站起，迈开两腿。

⑥我不知说什么好，两手在胸前绞搓着，脚趾挪动一步。

⑦董仲元猛地踢着路边小碎石，小碎石就像河里的浪花溅起老高。

⑧只见修淑琴轻轻纵起身，曲左腿，右脚将鸡毛毽踢起；接着飞速转身，右脚恰到好处地接到并又踢起鸡毛毽。

（3）腰身：

①沈大伯笑得腰都弯了，那样子简直就是一只大龙虾。

②孟官君伸了一个懒腰，一边揉着眼睛，一边哈欠连声。

③抬起灌了铅似的腿，弯着腰，弓着背，咬着牙根，继续攀登。

④那手臂旋转，脚尖下碎步，扭动着腰肢，天鹅似的舞姿，让台下的观众醉倒。

⑤天刚蒙蒙亮，我一骨碌爬起来，妹妹也一个鲤鱼打挺跳下床。

⑥宋畅习惯地抖了抖两臂，轻轻地摆了一下头，满怀信心地走到单杠下，"嗖"的一声跳了上去。只见她腰一挺，腾空跃起，又轻捷抓住杠。观众惊呼未定，接着嘘声又起——她突然双手一松，身体高高抛起，在空中连续翻了

程老师当了一回人物模特？ 五

三个跟头，然后飘然落下，两脚钉子般钉在垫子上，双手高高举起……

"以上列举了人物的头部、四肢、身、腰的动作描写句子，其实人物的动作何止成千上万，可说不胜枚举，像走、卧、跑、跳、站、跪、坐、吃、喝、听、看、嗅……我们应该在日常生活中多观察，多思考，多记录，大胆描摹，驰骋想象，尽情发挥。"程老师要求学生把上边这些例句抄写完毕后，又说了这一席话。

丁咚咚一脸认真地看着，用手抓两下标准的学生头，一层短而稀疏的刘海像把小梳子往下顺，看了后边"单杠表演"动作，他站起来，用手指着裴玲说："老师，我和裴玲是同班同学，她在市体校业余少年体操队练体操，让她给大家表演表演，然后我们写一篇动作描写的作文，这样好不好？"

还不等程老师作出反应，同学们看着裴玲喊叫起来：

"裴玲，来一个！"

"裴玲，来一个！"

裴玲梳着中长发，细密黑亮，穿着一身与大S同款的炫彩灯芯绒套头卫衣，显得简洁大方、宽松得体。这是她老妈淘宝N年最得意的一个杰作，在实体店起码450元的不菲价格，老妈竟然以168元白菜价、蹲守天猫一个时辰"秒杀"到了黄金货。听到丁咚咚和大家热烈期盼的喊声，她窘得泛红的脸上梨涡荡漾，等待着程老师的意见。

憋了一个长长的夏季，秋天已从发蓝发白的云端走下来，空气中散发着诱人的凉爽，裴玲的马尾辫子可以放松一下了，中分的发型击败了她的宽脸盘——头发轻拂在两侧，把脸颊的边缘遮盖，恰到好处地展现出少女的可爱与美丽。

"也好，裴玲，把你看家的本领给大家展示一下吧！"程老师也乐见其成，做了十秒钟思考后，他用眼睛看看裴玲，又面向全体同学说："俗话说'内行看门道，外行看热闹'，咱们不光看热闹，还要看门道。什么门道？就是要求看完后，大家用精雕细刻的文字，把裴玲的动作能给准确描绘出来！"

"嘘——"很多学生长出一口气，都从书包里拿出"观察手记簿"，提笔在手，目不转睛地注视着裴玲。

已经站起身的裴玲，把头发扎好，离开座位，向前边走去。她个头不高，体形匀称；细细的腰，说明了她的灵巧；宽宽的肩，表明了她的力量；灼灼有光的眼神，证明了她的敏捷。她边走边说："单杠、双杠、高低杠，我都能做。可是，咱们的教室里没有这些器材，常言说'巧妇难为无米之炊'，就没办法了。"

听到这里，很多学生脸上刚刚挂上的欣喜，登时又换上了失望。但是，裴玲立即又说："我给大家翻几个跟头吧！——这也是腰身部位的动作……"

213

说着话，裴玲已来到教室前边，她用右手按在讲桌上，腰一挺，像跃出水面的鲤鱼，单手倒立起来！大约过了十几秒钟，也许不到十秒钟，也可能比十秒钟要多，她又把左手按住桌面，腾出右手，向上平举着，并且问大家："我的这个动作，谁能叫出它的名字？——不然的话，大家怎么写呀？"

"单手倒立！"多数学生回答。

"单手大顶！"也有个别学生说。

"对，俗名叫'倒立'，武术和杂技叫'大顶'。"裴玲这时又用头尖顶在桌面上，两只手臂往上举起，做起"头顶"动作。"我再考考你们，我刚才是撮大顶，还是拿大顶呢？"

她大头朝下，还不忘用"淘宝体"语系逗大家发笑："亲，给个好评哦！"

教室寂寥无声，学生之间面面相觑，没人能回答出来。

"你是在拿顶！因为你完全是靠手的腕力把身体倒立起来的！"终于有了"救星"——原来是韩铁壮在不动声色地赞叹道，他的两只手掌还同时向上擎着。他也在体校训练，虽然项目是举重，但是对体操动作也略知一二。

就在此刻，裴玲在前面空地上向左侧翻起跟头，犹如车轮在旋转。

"好，漂亮！"

喝彩声停止后，裴玲问："我刚才的动作，叫什么名字！"

"车轱辘把式！""穆彪子"惊叫起来，"我在学校，经常和伙伴们在操场上玩这个！"

"不对，练武术，我爸爸管这叫'平地翻'。"冯新发把手往上一伸一缩，似举不举的，眼睛微微一眯说。

"噢，你还练过武术呢？"秦昊瞪着大眼珠子，向冯新发望去。

"我爸爸参军在武警部队，天天练武，他教过我。"冯新发不无自豪地说。

"体操里叫它'侧手翻'。"裴玲告诉大家。

话音未落，她两手向上一扬，向后一按，腰身一扭，翻起后手跟头，一连十几个，轻巧，利索，落在地上没有任何声响，犹如蜻蜓点水，更似紫燕掠风……

"好！"正当大家惊叹不已之际，裴玲身体向上跃起，在空中一连三个后空翻，不偏不倚，正好落到了她的座位，端坐在椅子上。

"啊——"

"哗——"

我的女神！白杨都看傻了，教室飞人这可是头一遭呀！

女孩子的尖呼声和男孩子的拍掌声、仰天长叹声，混成一片，在教室内山呼海啸。

8. 小白兔学会了包饺子——符合身份

由于年龄、职业、文化程度、社会地位、爱好习惯等不同，每个人的动作行为就不能完全一样，要在描写中表现出他们各自的特点。蹦蹦跳跳的，这肯定不是个老年人，甚至也不会是中年人，不用看外貌，就能知道这应该是小孩子，顶大是个青少年。步履蹒跚的，这一定不是个少年儿童，多数是老头老太，弄不好也可能是身染沉疴的患者或残疾人。手握枪支的，不是军人，就是警察。手操方向盘的是司机，手摇笔杆的是知识分子，手里砌砖的是建筑工人，手翻图纸的是工程师……

当然，在同一类人群中，也是各种各样的，他们的动作行为也不尽相同。就是说，既有普遍性，又有特殊性，普遍性寓于特殊性之中。我们就是要通过特殊性的动作行为描写，来表现一个群体的普遍性，个性的集合才是共性。反映生活中的多样性、复杂性，这才是艺术。以下的几段描写，就是很好的例证。

程老师从一个聚宝盆似的手提袋里掏出大白纸，双臂向上举，将其挂在黑板正中央，上面写的是——

（1）《课堂》：伍晓亮攥着拳头的左手，高高举过头顶，用力一挥，做了个打孙种儒的动作，又挤鼻子又弄眼，嘴唇向上努起，示意要和他没完。孙种儒也照伍晓亮比划一下，意思是要对抗到底。旁边同学的笑声，使正在黑板写字的徐老师猛地转过身，那双深不可测的眼睛在教室里到处搜寻。两人立刻身子挺得直直的，一动不动地向前注视，跟没事人一般。

——有关伍晓亮和孙种儒的动作描写，鲜明地表现出两个小学生淘气、顽皮、不遵守课堂纪律的个性特征。

（2）周立波《暴风骤雨》小说《分马》一章，写老孙头"打马"：……老孙头跑到柴垛边，抽根棒子，撵上马，一手牵着它的嚼子，一手抡起木棒，棒子举在半空，却又扔到地上，他舍不得打。

——"跑"、"抽"、"撵"、"牵"、"抡"、"举"，最后"扔"，一连串的词语，刻画出老孙头的戏剧性动作，表现老孙头争强好胜，要制服烈性马匹，而又爱惜牲畜的性格。

（3）鲁迅《从百草园到三味书屋》：每读到这里，他总是微笑起来，而且将头仰起，摇着，向后拗过去，拗过去。

——这是鲁迅描写他儿时启蒙老师朗读课文的一段话，活画出旧时代摇头晃脑、以读书为荣、以诵书为乐的私塾老先生的典型动作。

（4）《慈母》：妈妈端起方凳，从笸箩里抽出一根麻绳，用左手把一端捻得细细的，然后右手举着针尾，把麻绳从针鼻眼儿穿过去，灵巧地用两个拇指在绳的另一端拧了个结。接着左手握住鞋底，一针又一针地纳起来。她每刺稳一针，右手中指上的顶针就快速往上一抵，然后又把麻绳在右手上绕两圈，才把绳拉出去，又用牙巴骨微微一咬，拉紧线绳……

——妈妈纳鞋底的动作，描写得实在太细腻、太真实了。假如你想学会纳鞋底这件手工活儿，通过这段描写就可以熟练。从对妈妈纳鞋底的艰苦劳动记叙中，我们看到了一位生活在旧社会里吃苦耐劳的伟大母亲！

（5）《盲人过沟》：小亮站在沟沿儿，头朝前方，鼓起腮帮子，双手拢在嘴边，大声喊道："老爷爷，前面有一条大沟，千万别往前走啦！"可老爷爷似乎没听见，仍然没有停下脚步，继续走过来。小明想："这位老爷爷又瞎又聋，怎么办呢？"他已来不及多想，说时迟，那时快，他来了个鹞子大翻身，猛地跳进沟底。他急忙蹲下身，臀部贴着地面，用脚蹬着沟壁左侧面，后脑勺和后背紧靠沟壁右侧面，用一只胳臂抱着书包，另一只胳臂高高举起，架起一座人桥。

就在小明跳进沟底的一刹那，盲人爷爷的左腿已向前跨了一步，全身的重心正好落在小明的胳臂上。小明强忍着钻心的疼痛，咬着牙，用力向上挺举着胳臂，他疼得眼泪涌进眼眶，几乎要把胳臂缩回来，想大喊一声"哎呀呀"，但他忍住了——这时盲人爷爷的另一只脚已迈到沟沿儿边，身体重心离开了……（程老师作文班学生习作）

——这个少年儿童，临危不惧，舍己救人，帮助盲人老爷爷过沟，用自己的身体架起一座人桥，他的一系列动作，表现了他机智、勇敢和舍己为人的优良品质。文中动作描写十分细致，非常符合中小学生的身份和年龄特点。

（6）《学包饺子》：盈盈坐到爸爸身旁，爸爸让她拿起一个饺子皮，放在左掌心，"这个饺子皮就像荷叶似的，真可爱！"她心里正在想着，爸爸又让他用右手夹些肉馅，放在左掌心的饺子皮里。

"太多了！"爸爸告诫盈盈，"馅多了，皮合不上，勉强包上，煮时皮就会裂开，即使不露馅，油也会全部露出去。"

按照爸爸的提议，盈盈把馅拨出一些。

"你看着，用右手把左手里的面皮折成半圆，两个半圆的弧线对齐，这样就把肉馅合在里面了。"爸爸一边说，一边把自己手里的面皮也合上；盈盈看着爸爸的示范动作，把肉馅合在面皮里面了。

"关键是下边如何捏住，把饺子边儿捏严，不露馅，不漏油！"爸爸边说边让盈盈把右手的食指、中指、无名指和小指都放在左手下部，"两个大拇指尖对齐，成个'八'字形。"

盈盈目不转睛地看着爸爸的双手，模仿着把两个大拇指互相对准，压在饺子皮折成的弧线上。

"两个大拇指用力往下按！"在爸爸的喝令下，盈盈学着爸爸的指法动作

着，果然，叠在一起的上下饺子皮被捏牢了！（两年前的元旦，程老师和学生在一起包饺子，边包边写边改，师生共同合作写的习作）

"我也学会包饺子啦！"还不等程老师开口评论最后一条，白杨软声细语地喊叫起来。

白杨像作文里的盈盈专心致志学包饺子一样，也一直全身心投入地看着这段文字。刚看完，她兴奋得手舞足蹈。皮肤白皙，满脸稚气，一天总是跳跳跶跶，说说唱唱，被大家戏称为"小白兔"的白杨，非常讨人喜欢。她的语音，似清脆的铃声那样悦耳。看她如此欢乐，"大姐姐"郭淑薇扭过头，不冷不热扫她一眼，问："什么事情让你这样疯叫？"

"我妈妈总说我什么也不会干，这一回，"挂着甜蜜笑容的白杨，小巧的鼻子"咻"地打个喷嚏，指着黑板上的《学包饺子》文章段落，"我学会包饺子啦！"

郭淑薇个子高大，举止稳重，学生都很尊重她，说话做事有号召力，被大家选为班长；她也常常以大姐姐的身份和同学们相处，以大姐姐的口气和大家说话。她见白杨这样自信，就提醒说："古人说得好：'纸上得来终觉浅，绝知此事要躬行。'你白杨只是看了文章里的这些话，还没动过手试一试，就敢宣称自己会包饺子了，这不是纸上谈兵么！"

这话像兜头泼了一瓢凉水，让这只"小白兔"变得有些发呆。但她还是安静不下来，又对着全班把《学包饺子》大声复述一遍，然后她细细弯弯的眉毛一跳，果断地说："郭大姐，你说，《学包饺子》这段话，把包饺子的过程，记叙得多清楚，多明白呀，谁看了后都能学会的哟！"

大家笑起来，"大姐姐"也跟着融进"笑"的海洋里……

9. 面对买鸟放生忏悔不已——选择典型

活着的人，每时每刻都在活动，表现出各式各样的动作。一个人工作、劳动要通过一定的动作完成，干什么有什么动作，就是休息时也有休息的不同动作。然而，这些五花八门、瞬息万变的动作，在我们进行描写的时候，不可能、也不应该不加选择地被全部记录在案。动作行为描写要有取舍，要有选择，要选取有用的，要选择典型的。对文章内容和表现人物思想性格、反映人物内心世界是否有用，是选取或舍弃的唯一标准。比如，描写企业家吴秋水"吃饭"，为什么说他是"百米速度"、"筷子都抡圆了"？因为他"忙得焦头烂额"，这是为了突出他干事风风火火，一心扑在工作上的性格特征和思想品质。也许有人会问，吴秋水吃饭没有别的动作吗？回答是：不仅有，而且还有很多，但与表现他的性格特征无关，也就舍弃不用了。请看下边的语段，都是选择典型动作进行描写的例子——

(1)《跳高》：

她放松地蹦跳几下，来到跳高架正面的助跑线上，站在那里很镇静，两手叉着腰，抬着头望了望前面那么难以征服的横竿。看台上的观众喧闹声小了下来，宁静的空气里漂浮着人们那么紧张和期待的心情。只见她的胸脯慢慢起伏，一口气被她深深吸进小腹内，又徐徐地吐出来。这种吐纳呼吸法，让她排除了各种杂念，使精力高度集中。她右脚离地，果断地开始助跑，越跑越快，正对着横竿冲过去，加速，一个轻快有力的起跳，身体腾空而起，一刹那已俯在横杆上，她的两腿似剪刀般一夹，又一个急速漂亮的转身，哇——飞越过去了！

——这篇有关女运动员跳高动作的描写，关键词句是："她蹦跳几下——来到助跑线上——叉着腰——抬头望横杆——右脚离地——助跑——冲过去——加速——起跳——身体腾空而起——俯在横杆上——两腿一夹——急速转身——飞越过去了！"

实际想想，这位女运动员，当时她的动作要比写在文章里的多得多。她在助跑线上一直"叉着腰"吗？为什么不写别的动作？因为"叉着腰"这个动作表现了女运动员临危不惧、蔑视困难的坚强信心。她腾空而起，一刹那已俯在横杆上，只写"两腿似剪刀般一夹"，为什么不写头、身、腰等别的部位动作呢？很显然，跳高最关键的身体部位是两腿，这是最具代表性的动作，"选择"得十分正确。

(2)《买鸟放生》：

一只鸟笼吊在树杈上，里面有8只布谷鸟。昔日活泼可爱，在宽阔无际的大自然中自由翱翔，现在却失去自由，被禁锢在狭窄的牢笼里。这个时候，它们一只只缩着头，蜷着身，凄楚地鸣叫着。原本整齐、光洁的羽毛，变得乱蓬蓬，美丽的眼睛也失去动人的光泽。

这卖鸟人30上下年岁，一身乡下人打扮，耷拉着脑袋，眯缝着眼睛，双手交叉在胸前，无精打采地依靠在树干上。

很多人围在四周看热闹，人群里突然挤进一位老人，看年纪六十开外，稀疏的白发飘拂在平整的前额上，慈眉善目，红光满面。有人认出来，他是当地林业局退休干部颜介平，现在有空就到街道交通路口当义务协管员，帮助交警疏通秩序，还帮忙收送快递邮件，有求必应登门服务，真是个有口皆碑的善人哟。他望着笼中的小鸟，摸了一下鸟笼，叹口气说："咳，可惜呀！"然后转身面向卖鸟青年，眼里的光芒停留在他脸上，好半天才问："这鸟，多少钱一只？"

"55元钱。"卖鸟青年看着眼前这位老者，回答得有气无力。

颜老先生委婉地问："你知道这是什么鸟吗？"

卖鸟青年笑嘻嘻、傻呵呵的样子，眼睛里显示的是一片茫然。

"那就让我告诉你吧——这是布谷鸟，也叫杜鹃。"颜老先生轻轻拍拍卖鸟青年的肩膀。"它是保护森林的卫兵。每天，一只雏鸟可以吃掉160条松树上的毛虫，成鸟吃的害虫那就更多了。因此，你这8只鸟我全买下了！"

说到这，颜老先生抖抖衣袋，摸出440块钱，递给卖鸟青年。卖鸟青年接过钱，顺手取来一根丝绳，就想把鸟腿系上。颜老先生赶忙上前制止，自己取过鸟笼，用左手提着，另一只手伸进去掏鸟。这8只鸟惊恐地向后退缩，他迅速捏住一只鸟，取出来，放下鸟笼，把鸟放在左掌心，定睛注视很久，看出他的感情是那样深沉、挚爱，最后他松开右手，颤动着左手，轻轻地掂了掂，说："飞吧！飞吧！"小鸟这才明白过来，在手掌里跳了两下，张开美丽多姿的翅膀，扑棱棱飞向蓝色的天空，在众人的头顶上盘旋两圈，向远处绿色的树林疾飞而去……

——在这篇文章里，卖鸟青年是反派人物，对他的描写，无疑采取了贬低手法，说他是"乡下人打扮"——这既点明他的身份，又暗示他没有文化，"耷拉着脑袋"，"眯缝着眼睛"，"无精打采地依靠在树干上"……而这个卖鸟青年的实际情况也许并不如此，他可能长得很英俊，动作颇洒脱，说话也许伶牙俐齿，这些却与他的愚昧无知、破坏环境、残害鸟类等行为相悖，就不能写出来。而描写退休老干部颜介平可就不同了，他同卖鸟青年恰好相反，他博学多识，保护环境，热爱鸟雀，所以写他的动作处处充满了褒意，如："慈眉善目"，"望着"小鸟，"摸了一下鸟笼"，"叹口气"，"委婉地问"，"轻轻拍拍卖鸟青年的肩膀"，"抖抖衣袋"，"摸出"钱，"取过鸟笼"，"伸手掏鸟"，"捏住"鸟，"放在左掌心"，"注视很久"，然后"他松开右手"，"颤动着左手"，"掂了掂"……就这样，把8只布谷鸟全部放飞。对于颜介平这些动作描写，无不是他崇高的精神境界和伟大的思想品格的具体表现，被作者准确而恰当地选择后写在作品里。我们可以试想，颜老先生除了上述这些动作外，当时肯定还有许多其他动作，但都因与表现他的性格特征和美好心灵无关，被舍弃不用了。

还应该值得一提的是，对布谷鸟的描写，被放归前后也大不相同。放归前，它们"缩着头，蜷着身，凄楚地鸣叫着"……这些词语的选择，明显有着同情鸟类、憎恶残害生命的色彩；后来被颜老赎身放生，逃出牢笼的布谷鸟，却是"跳了两下，张开美丽多姿的翅膀，扑棱棱飞向蓝色的天空"，"盘旋两圈，向远处绿色的树林疾飞而去……"这是精挑细选布谷鸟绝地逢生放归大自然后欢天喜地的动作，从而也衬托出颜老的快乐心情。

"嘿,听了颜介平老先生的爱鸟事迹,我明白啦!"秦昊突然嚷叫起来,高耸的眉脊下面的眼睛里,已没有了以前那种灼人的光芒,说话的声音带着哭腔拉韵,并且不断用大手遮住了气色难看的脸。

一时间,所有学生都坠入五里雾中,个个都直愣愣地看着秦昊,不知其所以然。不过,教室内只有三个人心里明白是怎么回事,他们就是肖渺一、衣丙丁,还有林心怡。因为肖渺一、衣丙丁二人的家和秦昊家同住一个小区,肖渺一的母亲是林心怡的姑妈,肖渺一对林心怡谈过秦昊的家庭情况。说起颜介平老先生爱鸟,自然就会联想起秦昊的爸爸。秦昊爸爸可是个猎鸟能手,家中有好几片粘网,号称"绝户网",差不多天天都要到郊区树林里粘鸟,只要鸟儿在网边经过,他可没像周文王那样网开一面,没有一只能逃出他的魔掌,死在他手里的鸟何止成千上万!虽然也有两三次被林业公安人员逮住,受到过处罚,但秦昊爸爸没有正当职业,又无正常收入,像人们说的"吃惯嘴、跑顺腿",已是欲罢不能。有时,秦昊也会跟着爸爸一同去捕鸟,还到市场去卖过鸟,确是获利不菲。今天听了颜介平老先生买鸟放生的事迹,又看见抄写故事的大白纸上,还画了一棵大树,树杈上挂着的鸟笼,特别像他家那个竹笼子。下面站着傻呵呵的卖鸟青年,秦昊越看越觉得就是自己的老爸。一阵阵忏悔的情绪,不断地掠过他的心头,他感到沉甸甸的难受。

"秦昊,你哪里不舒服么?"程老师停下讲课,关切地看着秦昊额头上渗出的细小汗珠以及黑了又灰、灰了又黄、黄了又白的脸膛。

"不,不。"秦昊这时有种尿急的感觉,说话有气无力。"我,我,坚决不跟爸爸去粘鸟了,一定要劝阻爸爸以后不再捕鸟!现在建筑工地大量用工,我要劝爸爸去干活。捕鸟卖鸟,这种行为不……不好!"

秦昊自觉情绪有些失控,脸色涨得像熟得过分的大紫茄子。全班三十多双眼睛,都闪着异样的光,从各个角度向他投刺过来,他感到有无数只蚊蝇正叮在肌肤上。

"没关系,知错能改,就是好样的!"程老师对秦昊又是安慰又是鼓励,说着话时半转过身,在黑板上写了:

准确、恰当地使用动词

接着,便用他那宽厚的男中音说起来——

10. 秦昊又在"对号入座"——用准动词

描写人物动作行为,要与原型相符,达到具体、生动、形象,就必须用活、用准动词。

在前边大量的例句、例段和文章中,已经看到许许多多这样的动词。同学们在写作过程中,一是向书本学习,掌握尽可能多的描写动作行为的词语,多读些名家名著;二是多观察生活,在实践中不断汲取营养。这样下去,头脑中积蓄的词汇越来越多，驾驭语言的能力越来越强。下面，列举几个使用动词较好的句段——

（1）《起床后》：……我睁开迷离的双眼，迅速看一下寝室，不好，人全走光了！一激灵，我从床上跳起来，胡乱蹬上裤子，扯下毛巾，抹了把脸，抓起上衣，披在身上，冲出门外，向操场飞跑……

——"跳起来"（不是"坐起来"），"蹬上裤子"（不是"穿上"），"扯下毛巾"（不是"拿下"），"抹了把脸"（不是"洗"），"抓起衣服"（不是"翻找"），"冲出门外"（不是"走出"、也不是"跑出"），"飞跑"（不是"奔跑"）……这几个动词连用，写出人物紧张、匆忙，甚至慌乱的形象。

（2）《做教鞭》：天天上课看见老师没有教鞭，总是用手指着黑板上面的字讲课，感到挺别扭，我心里就琢磨动手做一个。我家新买的楼房，刚装修完，回到家里，我把装修时不用的松木板条找出来，用锯子锯成一米长，再用水果刀把它削成圆棍，一头细，一头稍微粗些。又在爸爸的工具箱里翻到一块砂纸，把木棍磨得光溜溜的，摸着一点也不刺手。最后我又给它刷上黄铅油，还在两端分别涂上蓝色和红色，看起来十分鲜艳。等到铅油完全干燥后，我才把教鞭拿到学校……

——"我"做教鞭的过程，采用细致的动作描写，如使用"找出来"、"锯成"、"削成"、"翻到"、"磨得"、"摸着"、"刷上"、"涂上"等动词，让一个关心班级、热爱集体的好学生跃然纸上。

（3）《爸爸的烟瘾》：我爸爸什么都好，就是爱吸烟，他的手指和牙齿被烟熏得焦黄，吸完烟还总咳嗽，医生说他的肺叶有一片都是黑的。前不久，爸爸抽烟不小心把新买的皮夹克烧个大窟窿。为这事，妈妈和爸爸吵了一架。幸亏爸爸"认罪"态度好，表示以后坚决戒烟，两人才"休战"。有一天，妈妈到姨妈家去串门，没有回家。中午放学，我一进门，看见爸爸坐着出神，知道他烟瘾上来了。果然，他从烟盒里拿出一支"迎春花"牌香烟，在桌上磕了几下，又用手捏了捏，叼在嘴里，右手从衣袋里掏出打火机，"啪"，打着了火，左手拢在嘴边，把香烟点燃，得意地吸起来。他眼睛微微眯，脸上肌肉很放松，笑容迅速扩展着，一口，两口，三口……吸进，吐出，灰色的烟雾在升腾，在弥漫，屋子里变得模糊不清了。我被呛得嗓子眼儿发痒，捂着嘴和鼻子连声打喷嚏，不耐烦地对爸爸说："别抽了，呛死人！"但爸爸似乎没听见，两个指头掐着半指长的烟头，又像看宝贝般盯着它好一会儿，这才又送到嘴里衔着，往肚里咂吸几口，眼睛半睁半闭的，最后快燎到嘴唇，又狠抽一口，才把过滤嘴烟蒂扔掉了。

吸完一支，又点燃第二支，大口大口抽个不停。我眼瞅他一连抽了四五支，直到烟盒空了，他才站起身，推开家门出去了。不用说，又是买烟去了。

221

望着爸爸消失的背影，我心里在呼喊："爸爸，以后别再吸烟了！你自己也知道吸烟有害健康，又多次向妈妈表示坚决戒烟的决心，怎么说话不算数呢？哼，等妈妈回来，非让她管住你不可！"……

——这篇短文写爸爸嗜烟如命，积习难改，都是通过具体形象的动作行为描写让我们亲眼目睹的。字里行间，透露出孩子对父母身体健康的关心。描写爸爸的吸烟动作，使用了大量动词，准确而形象。如："拿出"、"磕"、"捏了捏"、"叼"、"掏出"、"拢"、"点燃"、"眼睛微微眯"、"肌肉放松"、"笑容扩展"、"吸进"、"吐出"、"掐着"、"盯着"、"衔着"、"咂吸"、"眼睛半睁半闭"、"燎到"、"狠抽"……

没用半晌工夫，秦昊便回复了元气。正当大家饶有兴致地欣赏着《爸爸的烟瘾》，聆听程老师的精辟分析时，一阵铜锣般的喊叫声，不受控制地滑出了秦昊的喉咙，顿时把全体同学的目光吸引过去。

"老师，我爸爸的情况，怎么都让你搜集得这样详细呢？"他向前把桌子推得"当啷啷"响，脸盘黝黑有棱有角像传说中的老包，水灵灵的大眼珠在不停转动，呆了一呆，脸忽地憋得又像个紫茄子，很突兀地问道："程老师，您是不是有谍报员呀？还是雇佣了'调查公司'，对我爸爸暗中进行跟踪盯梢啊？"

被弄晕了的程老师，张开嘴半天合不拢，一个个的"？"从眼镜片后面飞出来，慌忙问道："怎么回事？秦昊，你说些什么？"

"我爸爸捕鸟杀生，您全清楚；我爸爸抽烟，烧了皮夹克，和妈妈吵架，您也都知道……"

"呵呵！"程老师仰天大笑，全身微微颤抖，回手摘掉眼镜，一面掏出一块仿鹿皮擦眼角，一面手按上黑板，"你太恭维我了——我既没有兴趣搞特务活动，也没有那种能耐做侦探，更无必要去调查你爸爸！"

"那么，那么，"秦昊有点口讷，"那么，我家的那点隐私，今天怎么全都被你给端出来了呢？"

秦昊的"对号入座"，尤其最后这句话，里面用了个"端"字，让大家忍俊难禁，学生们笑声朗朗，七嘴八舌议论开来。

秦昊右手在他的小贝头上搔来搔去，苦笑着，眼睛瞪得更大，犹自盯着黑板看，口里自言自语："画的那个卖鸟人，忒像俺爸爸；描写抽烟的动作，还有烧了皮夹克，又和妈妈吵架……这不是我爸爸能是谁呢？"

同学们的目光交替在程老师和秦昊的脸上逡巡，秦昊由愤慨变成尴尬，程老师由惶惑变得豁达。听秦昊说完，程老师亲切地看着他，语气平静地说："你神经过敏了！卖鸟那个画，是我前年画的，那时你还没来我的作文班，我们素未谋面，我根本不知道谁是秦昊，更不可能知道谁是秦昊的爸爸。《爸爸的烟瘾》，是别人五六年前写的文章，作者根本不是我们本地人，连我都不认识他，他又怎么会认识你爸爸？你如此疑神疑鬼，让我想到一件事：当年鲁迅写的《阿Q正传》发表后，很多人给编辑部写信，说是作者'巴人'与自己有私仇，利用小说影射攻击诽谤自己，要求进行追查。而这些人，鲁迅一个都不认识。你秦昊，是不是也在对号入座呀？"

"老师，我知道'巴人'，这是鲁迅发表《阿Q正传》时用的笔名。"正当大家乱哄哄议论的时候，座位里站起来一个"小白脸"，胖墩墩的。不是别人，正是许行之。他眼睛略微睁圆，这次他的声音不是小女生腔调了。

程老师没有理会许行之，他收敛笑容后，转向秦昊，给他找台阶下："误会，误会，误会啦！"

就在此刻，"穆彪子"从座位探起身，回头回脑用眼睛搜寻着，目光最后落在范文斌脸上，说话时却又躲避开范文斌的眼睛，用手往里一指："咱们作文班还有个'大烟鬼'呢！"

"穆彪子"的卖萌又引起大家哈哈一阵笑，程老师也不经意瞥了一眼范文斌，说："好了，我还要往下讲课——刚才的事，纯属误会，却引发一场大笑。我看，我们可以进行口头作文：说说同学们'笑'的神态和动作，怎么样？"

11. 王熙凤拿刘姥姥开涮——笑煞众人

就在这时，丁咚咚突然开口："依我看，动词用得最好的，顶属《红楼梦》里一段有关'笑'的描写。"

"哪一段？"程老师问。

这些日子，自从那堂作文课让任梦洁、赵耀和他诵读《红楼梦》第三回，又听了程老师的评论，丁咚咚对《红楼梦》产生浓厚兴趣，回家做完作业，就争分夺秒读起这本小说。前边丁咚咚本想说说《水浒传》里"李逵杀四虎"那些事情，结果时间让马岩们占去了。现在他得到发言机会很高兴，红里透白的圆脸蛋上，浅浅的两个酒窝显现出来，长长的黑睫毛抖动几下，张口就来——

"刘姥姥二进荣国府，见到了贾母这个'真佛'。王熙凤和贾母的贴心大丫环鸳鸯串谋，在吃饭宴席间，设局捉弄刘姥姥，让她当众出丑，让贾母快乐、开心——这段写得最精彩，动词用的最活、最生动。"

"刘姥姥是谁的姥姥？"丁咚咚刚刚说上这么几句，就听"穆彪子"高声叫喊，"我的姥姥也姓刘呀，总不会是我的姥姥吧？"

在大家的笑声中，"穆彪子"眼睛眨动个不停，目光里装满了疑问，又抬起头望着程老师的脸庞。

"穆彪子"的可笑神情把程老师也逗乐了，程老师觉得这个孩子有可爱之处：他虽幼稚，却又有好学精神，有对未知世界探索的兴趣。这是很宝贵的——就像一块"矿石"，只要去开发，加以冶炼，总是会变成有价值的"金属材料"。作为教师，不管对待什么类型的学生，都要像对待自己的子女一样，爱护他们，提高他们，保护他们的积极性，绝不能让他们智慧的火花熄灭……

"好呀，那就让丁咚咚说说——这个刘姥姥到底是不是穆标的外婆；如果不是，那她是何许人也？"程老师把一张笑脸从"穆彪子"那里移开，转向丁咚咚。

丁咚咚也毫不客气，亮晶晶的眸子往下垂一下，又抬起，就说："《红楼梦》小说里的刘姥姥，是农村老太婆，和她女儿女婿一起过活。她虽然出身寒微，却颇懂世故，就像俗语说的那样，'人老奸，马老猾'。刘姥姥的女婿姓王，他的父辈当过县官，曾和贾宝玉的妈妈王夫人家连过宗（认过一家子）。因为刘姥姥家里实在穷得揭不开锅，没饭吃了，只是有这么一点点瓜葛，就千里迢迢来到京城贾府，想讨点好处。这是她二进荣国府，第一次她得到不少财物，这次却被贾府的最高统治者贾母知道了，才发生了下边这个故事——"

程老师看着"穆彪子"问："你听明白了吗？这个刘姥姥，可不是你的外婆啊！"

"知道了。""穆彪子"的短发横七竖八的，像刺猬一个，他边挠边点头。

"呵呵，若是还有不明白的地方，你回家也找一本《红楼梦》读读，好不好？"程老师见"穆彪子"只是一个劲儿地点头，不再说什么，就对丁咚咚说："你继续往下讲。"

丁咚咚言归正传，小说里这样写道："贾母这边说声'请'，刘姥姥便站起来，高声说道：'老刘，老刘，食量大如牛，吃一个老母猪不抬头！'自己却鼓着腮不语。众人先是发愣，后来一听，上上下下都哈哈大笑起来。史湘云撑不住，一口饭喷出来；林黛玉笑岔了气，扶着桌子直叫'哎哟'；宝玉早滚到贾母怀里，贾母笑得搂着宝玉叫'心肝'；王夫人笑得用手指着凤姐儿，只说不出话来；薛姨妈也撑不住，口里的茶喷了探春一裙子；探春手里的饭碗都合在迎春的身上；惜春离了座位，拉着她奶母叫'揉揉肠子'……"

听到这里，程老师又接着评论一番——

这是《红楼梦》四十回里，王熙凤在宴会上，为了让贾母开心，戏弄刘姥姥，特意制造出来的一出闹剧。古往今来，关于"笑"的描写，这也是最典型、最亮丽的文字。第一句是引导语，接下去是各种不同的笑态，可谓穷形尽相。史湘云本来就是个性情直爽、有口无心、好说好笑的"贵族小姐"，那次和贾宝玉玩闹，贾宝玉把手伸到她胳肢窝，她笑得喘不过气来，说"再闹我就恼了。"这次她又笑得更是"撑"不住，一口饭不是"吐"，而是

"喷"出来。林黛玉笑"岔了气"，"直叫'哎哟'"，这也反映她体质的柔弱。贾宝玉扑到贾母怀里，用了一个"滚"字，再形象不过了。贾母"搂着""叫'心肝'"，这几个字，把贾母"最疼爱宝玉"、此刻笑得不成样子精妙地描绘出来。只会"用手指着凤姐儿"的王夫人，活画出她已笑得说不出话来的形态。薛姨妈也是"撑不住"，口里的茶"喷"在贾探春裙子里。而贾探春呢，她的茶碗"都合在"了贾迎春的身上。贾家年岁最小性情孤僻的小姐贾惜春，笑得"离了座位"，"拉"着奶妈直叫"揉揉肠子"……这些描写，把"笑"的形态，用最形象的动词准确、生动地表达出来，让人不能不拍案叫绝！

"程老师，我提个建议行不行？"鲁晓非突然喊叫起来，喊完，他见大家注视他，这才把右手举起，还用左手掌托着右肘弯。并不等老师表态，他就又说起来："要说好笑，顶数孙洪达最能耐，这只'活猴'一笑，也能产生许多形容词和动词，能让我们学生写好几篇作文呢……"

孙洪达上堂课讲《水浒传》"武松打虎"，给程老师留下深刻印象，觉得看待学生应该全面，不能只看缺点，毛病再多，也会有长处。中小学生这个年龄段，可塑性大，很多孩子学习差一些，都是非智力因素起的作用，没有一个是"朽木不可雕"的，要善于教育和引导，因材施教。程老师正想要讲话，制止和批评鲁晓非的发言，赵明磊突然把右手举过头顶，大声地说："程老师，您布置的作文，要以您为模特的那篇，我写的里面就有关于'笑'的描写，虽然比不上《红楼梦》，但是我也孤芳自赏、敝帚自珍哦！"

"呵，你赵明磊是卖瓦盆出身，一套一套的呢！"冯新发在旁说起风凉话。

"冯大帅，你的农村嗑真是不少，你最好不要讽刺别人，有本事也把你的作文拿出来晒一晒！"韩铁壮兜头给冯新发泼一瓢凉水。其实，这两位学生平时喜欢嬉闹扯皮。

程老师在听丁咚咚讲说《红楼梦》和自己发表的评论时，两手一直叉在腰间，这时放了下来，眼睛看着赵明磊，说："那就请你读一读，让我们见识见识吧！"

12. 老师向学生鞠躬致歉（当堂作文例二）

赵明磊是个老诚厚道的孩子，身上穿着一套黄白相间的休闲服，额头稍显突出，脸上线条直硬——人的外表大概同人的内心世界、思想性格是一致的。他说话做事从不拐弯抹角，都是直来直去；他心眼好，热心肠，哪个学生有点啥急事，他都肯上前主动帮忙，因此和同学们关系处得很融洽。听程老师让他读，他张开嘴呲呲地笑，想了想说："那我就献丑了，写得不好大家别见笑，多多提意见！"

一阵掌声后，就听见赵明磊洪亮的声音在教室里飘荡起来。

走进程老师的课堂

(赵明磊)

望着窗外高大的杨树在秋风中萧萧抖动,一片片的黄叶飘落下去,我的心里感到一阵一阵的孤寂。本来我不想到校外补习班去学习,可架不住老妈没事总在我耳边嘟囔,说我语文成绩差,尤其作文写得一塌糊涂。"跟程老师学习,获得知识量大——家长都这样说。丁咚咚现在不仅提笔写文章得心应手,毫不费劲,而且回家跟我们说起话来,也总是满嘴词语,文绉绉的!"我和丁咚咚在同一个学校上学,我妈妈和丁咚咚妈妈都在市疾控中心上班,而且两家住得又不远,丁咚咚妈妈对我妈妈说这番话时,我就在她们身旁。

母命难违,看来不去是不行的。星期六上午,在丁咚咚引领下,我来到程老师作文班。教室里已坐满了人,都是些陌生的面孔,四顾茫然,我的胆固醇都有些升高了。

离上课大约还有十分钟,教室内已几乎座无虚席。我挨着丁咚咚坐在紧靠窗户的前三排,正在驰神遐思之际,就听见后排有人喊我名字。我回头一看,哦!这不是我班的调皮鬼孙洪达吗?因为他总是嬉皮笑脸,一点正经都没有,不遵守纪律,打打闹闹的,同学们都叫他"孙猴子"。他怎么也来了这里?在学校都不好好听课,到校外他还能消停么?

我正胡思乱想,门被拉开,程老师迈着大步直奔讲台。他中等身材,身体壮实,穿着一身笔挺的藏青色西服,茶色的银边眼镜架在高耸的鼻梁上,几乎遮住半个清瘦的脸庞,从镜片后面透出一股冷峻严厉的目光。他边走边侧过扁圆的脸扫视整个教室,站稳后,他又从左向右、从前向后看了一匝。他这目光很神奇,教室里的"嗡嗡嗡"立马被消杀干净,变得悄无声息,一张张面孔像绽开的鲜花,一齐朝向老师开放。这也让程老师特别快乐,眼神里渐渐流溢出温和与热烈,善良和慈祥缓缓扩散在脸膛上,笑纹在他的嘴唇和眼角两侧一条一条地出现了。

"我给大家讲一个……"

"嘻嘻……"

就在程老师刚开口说话的瞬间,我身后的孙洪达突然发出笑声——果然,这"孙猴子"的"搞怪"表演开场啦!

听见下面有嬉笑声,程老师气得脸形有些扭歪,停止了讲课,温和的目光一下子变得冷酷,四处搜寻着。当他发现目标后,眼睛一动不动地盯住孙洪达看。教室里好静,几十双眼睛也都投向孙洪达;而孙洪达,却笑得更加厉害,用手捂住嘴巴,使笑声走了调,变成哼哼唧唧的动静。

"你有什么好笑？"程老师放下手里的粉笔，质问孙洪达，"你的笑点怎么这么低？"

听了程老师这种语调强烈的问话，孙洪达也想忍住笑，但在全体同学都在注视他的静默气氛中，胸腔里似有一种发笑的酵母，不可抑制地膨胀，令他无法忍受，竟然憋得哆嗦起来，只好趴在桌上，身体剧烈地上下起伏，笑得喘不过气来。

"哗——"看到孙洪达这个模样，受到他的感染，所有学生也都忍不住跟着大笑不止。

这时的程老师，也被逗得破怒为笑，脸上的表情竟变得开朗起来。不过，程老师不笑则已，笑起来更像是撒娇的孩子，两排不整齐的细牙齿调皮地露了出来，再加上那洪亮且富有磁性的声音，着实让我惊奇不已——印象中的老师都是黑脸包公啊！

看看用语言已无法平息事态，他就走到孙洪达身旁，伸手把他从座位上一边拽起，一边说："孙洪达，怎么回事呀，你是不是像《红楼梦》里王熙凤说的那样——喝了笑老婆的尿啦？"

程老师话音刚落，引发了同学们又一波大笑：有的同学笑得赶忙掏出面巾纸擦拭眼泪；还有的男生边笑边敲打桌面……而孙洪达窘得立即收住了笑。对于"喝了笑老婆尿"这句话，大家都感到很新鲜，很有趣，有心的学生操起笔，把这句话写在笔记本里。后来我才知道，在这之前程老师曾提醒过："我有时说出一些你们没有听过的词语，大家可以随手记在本子里。"也就在这个时候，孙洪达的同桌站起来揭发："老师，孙洪达在前边新来的同学后背上贴了个纸条！"

噢，原来是这样，我身上竟被他贴上了纸条！我还一直在纳闷儿：孙洪达到底是在笑什么呢！

程老师来到我旁边，把纸条从我衣服后面摘下来，转身回到前边，把纸条挂在黑板左上角。大家都向那里送去二目，只见纸条上面写的是：

"赵明磊： 大王八！"还画了一个小乌龟。

不过，程老师并没有就纸条再说什么，却把脸转向丁咚咚说："你把你亲身经历的《小孩变成宠物狗》的故事，给大家讲一讲，可以么？"

"好的。"丁咚咚站起来，说道："那是一个星期天，我跟着爸爸去江滨公园，在公共汽车里，一位青年妇女，胸前抱着包裹，其实里面是一条宠物狗，冒充是个婴儿，我把座位让给了她……"

丁咚咚讲完，程老师随手拿出一张大白纸，上面详细地记载着这个故事。同学们又仔细地阅读一遍，之后，程老师让大家对这件事展开讨论，发表各

227

自己的看法。现在的中小学生,思想比较活跃,都争先恐后地发言。有的同学认为这位骗座妇女自私自利,缺乏社会公德,形象很丑恶;有的同学认为丁咚咚太傻气,不能分辨真假,警惕性不高……

在学生发言过程中,程老师又从袋子里掏出几张大纸,挂在黑板正中央,里面有一篇文章,主标题是:"小孩变成宠物狗——骗座里面有议论文"。子标题分别是:"(一)孩子在记叙,爸爸却是在议论;(二)想当大法官,决心学好议论文;(三)上路送一程,议论文只有六个字;(四)手机发短信,'上吊'吊出来个议论文;(五)公园甬路上,一口痰吐出篇议论文。"

结合大白纸上写的内容,程老师讲解了议论文写作的相关知识。然后,程老师这才指着孙洪达的那张纸条,看了看我,又看了看孙洪达,面对全体同学说:"现在,咱们就对给同学身上贴纸条这种行为进行讨论:这种行为对不对?为什么?"

很多同学举手发言,讨论十分热烈。有的说这是恶作剧,违反课堂纪律;有的说这是侮辱人格,缺乏道德的表现;有的还说这样做损人又不利己,很无知……程老师睁大眼睛,静静地听着学生们的分析。他见火候已到,大手掌对擦两三下,清脆的"啪"的一声响,室内立刻肃静下来。"好的,大家对给同学身上贴纸条这件事进行了热烈讨论,发言很积极,认识也正确,分析较透彻。今天,大家就结合这件事,写一篇作文。"沉吟一下,他用右手碰碰眼镜腿,又说:"我们对事不对人,就事论事。至于孙洪达本人,只要承认并改正错误,可以既往不咎。要求写出的文章能够摆出事实,讲清道理。至于文章体裁,没有限制:可以向丁咚咚学习嘛——孩子在记叙,爸爸在议论。也就是说,写成完全的记叙文,或者写成完全的议论文,或者夹叙夹议,边叙边议,或者以叙为主,议论辅之,什么样式都可以……"

因为既有课堂里发生在眼前的事例,又有老师提供的材料,所以这样的作文真好写。我几乎不假思索,提起笔来一挥而就。这次作文交上去后,程老师给我打了90分,评语中还说我写得"层次清楚,结构严谨;事件叙述得条分缕析,视角独特,行文疾徐有致……"我第一次来到程老师作文班学习,以前的写作习惯就被颠覆了,写的作文有这么大收获,真让我喜出望外。以前在学校班级里,我写的作文从来都是中下等,如今得到这般好评,这也甭提让爸妈多高兴啦!

对于文中内容,都是大家经历过的事情,笑也笑过了,说也说过了,议论也议论过了。看完赵明磊的这篇作文,同学们只有点头的份儿。可是程老师的方形阔脸上,却似乎笼罩着一层阴云,看了看全体学生,大声说:"赵明磊同学作文写得不错,把事件叙述得很清晰,语言词句也有精彩之笔。这段时间他在写作方面进步非常大，应该向他祝贺！"

说完这些话，程老师又把脸转向孙洪达，声音微微有些颤抖地说："那次课堂上，孙洪达犯了错误，违反了纪律，应该受到批评教育。但是，我作为教师，却辱骂学生是'喝了笑老婆尿'——这是很不应该的，这是缺乏师德的表现！我在这里，要向全体同学承认错误，向孙洪达同学诚恳地赔礼道歉！"

在学生们的热烈掌声中，程老师站直身体，深深地鞠了一躬……

（四）程老师要让哑巴开口说话——怎样描写人物的语言对话

1. 于俊清和妈妈都是哑巴（要让人物开口）

对于赵明磊这篇作文，同学们很感兴趣，在大家一致要求下，他又朗读了一遍。程老师觉得已没必要再予以分析评论，就把话题转了，说："下面有一篇学生作文，我请大家鉴赏。"说着，从夹子里拿出一张大白纸，上面写着密密麻麻的黑体大字，挂在黑板前——

妈妈病了

（于俊清）

很长时间都看不到爸爸，他北漂到北京一家网络公司做网管，已经十五个月没有回家了。我们一家四口人，缺少了爸爸，觉得吃饭不香，看电视也没意思，睡觉都不习惯似的。爷爷天天出去玩麻将，基本不着家。妈妈每天上班下班，回家还要做饭洗衣服，忙个不停。

可是，今天放学回家，我把书包放下，转过身突然发现妈妈躺在床上一动不动。起先我还以为她在睡觉呢，后来，我觉得不对劲儿，就走到妈妈床边，伸手摸摸妈妈的额头——像个火炉那样热，就去抽屉里拿出体温计，放在妈妈的腋窝下夹着。

然后，我翻找出妈妈上次感冒服用的中草药方，急忙跑下楼，在"黄花大药房"买了一副中草药。回来后，到厨房，把中草药倒进电饭锅里，加上水，慢慢煎煮起来。这时我才想起还在给妈妈量体温，就进屋把体温计从妈妈腋窝里取出来，一看，呀！吓了我一跳：39.5度！

药熬好了，我把汁液倒进碗里。我怕汤药太热，就用嘴吹了又吹；我怕汤药太苦，就加些白糖，搅拌均匀。我把药碗放在床头柜上，再把妈妈扶起来，用被子和枕头顶住她的后背，让她仰卧着。我拿过汤匙，一口一口喂进妈妈嘴里……

吃完药后，妈妈要上厕所，我要背她去，妈妈说什么也不肯，我只好搀着她进入卫生间。回屋后，我把床铺清扫一遍，把被子重新放好，扶着妈妈上床，工夫不大，妈妈渐渐睡着了。我拿来洗脸盆，在热水器里接些热水，用手一摸，水太热，又兑点凉水，水温适中后，取来毛巾浸在水盆里。我把毛巾从水盆里拿出来后，拧了拧，敷在妈妈的额头上……

我一直守候在妈妈身旁，看到妈妈呼吸平稳了，脸色也由灰白慢慢变得红润，我才放下心来，回到自己的房间睡觉。

"于俊清写的《妈妈病了》，写得很用心，大家评论评论。"程老师站在讲台上，侧过头，端详一阵大白纸里的字句，又回过脸，眼睛从前排往后排移动着，并笑着说。

同学们阅读完了，没有一个发言讲话的。等了好一会儿，程老师只好自己开口：

"于俊清的作文《妈妈病了》，写了这样几件事：量体温，买药，煎药，喂药，热敷……事件的过程叙述得比较清晰，语句也很流畅，'我'确实够孝顺的了，是个好孩子，这在字里行间、一举一动都体现出来。然而，在于俊清这篇文章里，你却听不到一点儿声响，听不见一个人说一句话。这真让人纳闷：妈妈病得不轻，没有力气说话了，那么'我'呢，怎么也不会说话了呢？"

"我弄明白了：于俊清的妈妈，肯定是个哑巴！""穆彪子"闪动眼皮，歪着细脖，喊叫起来。

"你妈妈才是哑巴呢！"平时不爱吱声、说话语调比老牛拉车还慢的于俊清，气得直翻白眼，狠劲地瞪着"穆彪子"，张开嘴骂了一句。

"穆彪子"羞得脸色泛红，他并非有意辱骂于俊清，这是心里一时产生的真实想法，也就再没有多余的脑细胞去纠结自己话的是是非非。

秦昊却发现自己有了说话的机会，他在"穆彪子"背后向于俊清瞥眼挤眉，憨声嚷道："'穆彪子'，你真行，你把哑巴都逼说话啦！"

秦昊这句话的意思是说，于俊清很少开口讲话，像个哑巴，现在说话了。

于俊清虽然"贵人话语迟"，但是思维可不慢，他听出秦昊是在说自己是"哑巴"，脸色涨得像一盘熟牛肉似的，说不清是羞愧还是愤怒，使他全身的血液沸腾起来，他掉转头，冲秦昊吼道："我是哑巴，你是什么——你是个大活宝，你是个饶舌鬼！"

秦昊是个软硬不吃的角色，哪里惧怕个"老于头"呢，他像个八面威风的将军，手一挥道："你一天少言寡语，和哑巴没什么两样，原来你妈妈就是个哑巴，遗传呀！"

"穆彪子"嘻哈哼哈地笑，跟在秦昊后面溜缝儿："不是哑巴，你给她量体温，又喂药，又热敷，怎么一句话不说呢？"

于俊清眼睛一阵眨巴，半天才反问道："我写的'我'，就是我呀？"然后宽宏大度地一笑，又如道破天机地一眨眼，"哑巴也不能白白给卖掉了啊！全国正在打拐——陕西组成'寻子团'，展开全国寻子活动，光打拐不行，还须防拐！大活宝和彪哥你两个，是不是拐卖妇女儿童犯罪嫌疑人啊？"

一直笑呵呵的程老师这时严肃起来，眉头紧蹙成一团，出现一个"川"字，双手"啪啪"拍击两三下，大声说："同学们讨论问题，积极发言，这很好。但是，大家以后要注意，对同学要尊重人格，不能侵犯别人的尊严……"

起初，任凭学生打嘴仗，程老师没有加以阻拦。因为"穆彪子"虽"彪"，但他的话正好配合自己的讲解，学生从中可以得到有益的启发。程老师见于俊清说完，秦昊、"穆彪子"也不再吭声，眼睛在教室内扫视一圈，问："哪位同学能帮助于俊清，把《妈妈病了》作文修改得好一些，尤其让里面的两个人物都能开口讲话？"

"我！"

"我能行！"

"别，别争了，我提议，就让，让温昕卓给改吧！"马岩当起"和事佬"。

"为什么？"同桌衣丙丁看着马岩问。

"不为什么。"马岩乐呵呵向温昕卓望去，又说："因为温昕卓和'老于头'差不多，都是言语少，不愿发言讲话；另外，上次她写的《奇遇程老师》作文，很出色，就让她修改，最，最合适！"

"请你免开尊口。"温昕卓听了很反感，用眼睛向马岩示威，"还是闭上你的乌鸦嘴吧！"

就在好几只白胖胖、肉乎乎的小手争相举起时，于俊清却从座位上猛地站起，抗议似的大声说："不用别人，我自己来！"

程老师对他点点头，说："在哪里跌倒，就在哪里爬起，不，站起来，好样的！"

于俊清见已得到程老师的"恩准"，眼睛瞥了瞥秦昊和"穆彪子"，便趴在桌子上挥笔疾书。程老师接着前边的话题，从容讲起——

"记叙文通过语言对话来描写人物，表现人物的思想感情、性格特点、行为方式，是极其重要、不可或缺的一个方面。其实，每个人都长着个嘴巴，有大有小，有厚有薄，但它到底有什么用处呢？答曰：一是吃饭，'嘴大吃八方'嘛；二是说话，'言为心声'哟！吃饭咱先不去管它，人人都要用这个嘴巴；然而，长着嘴巴的人都会说话吗？听到这样的提问，你也许会莞尔一笑，说：'哪个人不会说话？'其实不然，有的人是不会说话的。你可能会质疑：

'不会说话的人，那是哑巴。'对，哑巴不会说话。可是，除了哑巴，有的人写的作文里面的人物，只写他在做着什么事情，一句话都不让他说——这能说他会说话吗？哑巴用手能比划，还有哑语呢，再加上面部表情，别人还能弄明白一些他的思想和态度。遗憾的是，有些同学的作文，里面不说话的人物，连手式哑语也没有，读者很难知道这个人物脑袋里装着什么。刚才我们读了于俊清同学《妈妈病了》一文，当然他写的'我'，不一定就是他自己，可能是虚构的，但是，里面的人物，不管是'妈妈'还是'我'，谁都没有张开过'口'，一句话都没讲过，呵呵，这可怎么办呢？"

"程老师，我相信您，"孙洪达的顽皮劲儿又缠上来，站也不站，做个猴脸，真要比他真实的脸更合适些。"您能把哑巴的嘴巴用铁棍子给撬开！"

"哪里哪里，"弯着含笑的眼睛的程老师，看着"孙猴子"手舞足蹈，把脑袋一摇晃，"我可不能使用撬棍，那是搬不动沉重器物临时使用的。要把人物的嘴巴撬开，我自有办法——让它软着陆！"

"怎么个软着陆法啊？""孙猴子"又从座位上跳起，抓挠着鬓角溜下的蓬松头发。他的问话引得程老师把右手攥个空拳，一拍胸口，连说带笑地说："孙洪达，请你安坐，听我慢慢道来——"

2. 诸葛亮舌战群儒，雄辩滔滔（古今第一辩士）

"《三国演义》小说里也有个'哑巴'，他被曹操收留，自始至终不说一句话，他是谁？"说完，程老师看看学生表情，一张张脸上抒写的全是茫然，又换个方式说："后来，在民间流传一个歇后语，叫——"

"徐庶进曹营——一言不赞！"很多同学还在歪着头正想，丁咚咚立即打开笔记本，迅速扫了一眼，回答出来。因为这条歇后语以前程老师提起过，有些学生忘掉了，只有丁咚咚写在笔记本上，记于心间。

"是呀，徐庶一言不赞，是因为他被曹操骗到曹营后，拒绝为曹操服务，终身不肯为曹操设一谋，出一策。"说到此，程老师语锋一转："徐庶，字元直，他却为刘备'走马荐诸葛'，说了那么多的话，向刘备推荐诸葛亮。一言以兴邦，就这么几句话，刘备得到了诸葛亮这个宝贵人才，成就了他未来建立蜀汉的霸业。"

听到这时，读过不少课外书籍的安子良来了兴致，他的小眼睛往上凝视棚顶，悠悠舒出一口气，说："诸葛亮舌战群儒，足见他是位出色的语言大师，古今少有的雄辩家。那一章描写得也确实够精彩，是人物语言对话的经典之作！"

"说得好！"程老师闪光的镜片反射出一束阳光，明亮又温煦，最后停落在看去少有表情的安子良脸蛋上，轻轻地点一下头说："安子良，既然大家叫你'小诸葛'，那你肯定喜欢'大诸葛'啦！你能把'诸葛亮舌战群儒'这一章节背诵出来么?"

安子良这才把两肘从颈项放下,用右手摸着尖尖的下巴颏,将一把并不存在的胡须,犹豫一刹那,说:"我背诵过,但现在还没背熟。"

"《三国演义》书带来了么?"程老师问。

"没有。不过我已把'诸葛亮舌战群儒'抄写在笔记本上面了。"安子良深邃的小眼睛,这时闪着幽幽的光。

"呵呵,那好,那好,"程老师边说边把两手交叉在胸前,"你给大家说说,记不准确的地方可以看看本子,好不好?"

安子良边站边习惯性地把双手按在桌面上,两片薄嘴唇徐徐开启:

却说鲁肃、孔明辞了玄德、刘琦,登舟望柴桑郡来。二人在舟中共议,鲁肃谓孔明曰:"先生见孙将军,切不可实言曹操兵多将广。"孔明曰:"不须子敬叮咛,亮自有对答之语。"……肃乃引孔明至幕下。早见张昭、顾雍等一班文武二十余人,峨冠博带,整衣端坐。孔明逐一相见,各问姓名。施礼已毕,坐于客位。

张昭等见孔明丰神飘洒,气宇轩昂,料到此人必来游说。张昭先以言挑之曰:"昭乃江东微末之士,久闻先生高卧隆中,自比管、乐,此语果有之乎?"

孔明曰:"此亮平生小可之比也。"

昭曰:"近闻刘豫州三顾先生于草庐之中,幸得先生,以为如鱼得水,思欲席卷荆襄。今一旦以属操,未审是何主见?"

孔明自思张昭乃孙权手下第一个谋士,若不先难倒他,如何说得孙权,遂答曰:"吾观取汉上之地,易如反掌。我主刘豫州躬行仁义,不忍夺同宗之基业,故力辞之。刘琮孺子,听信佞言,暗自投降,致使曹操得以猖獗。今我主屯兵江夏,别有良图,非等闲可知也。"

昭曰:"若此,是先生言行相违也。先生自比管、乐,管仲相桓公,霸诸侯,一匡天下;乐毅扶持微弱之燕,下齐七十余城:此二人者,真济世之才也。先生在草庐之中,但笑傲风月,抱膝危坐。今既从事刘豫州,当为生灵兴利除害,剿灭乱贼。且刘豫州未得先生之前,尚且纵横寰宇,割据城池;今得先生,人皆仰望。虽三尺童蒙,亦谓彪虎生翼,将见汉室复兴,曹氏即灭矣。朝廷旧臣,山林隐士,无不拭目而待:以为拂高天之云翳,仰日月之光辉,拯民于水火之中,措天下于衽席之上,在此时也。何先生自归豫州,曹兵一出,弃甲抛戈,望风而窜;上不能报刘表以安庶民,下不能辅孤子而据疆土;乃弃新野,走樊城,败当阳,奔夏口,无容身之地:是豫州既得先生之后,反不如其初也。管仲、乐毅,果如是乎?愚直之言,幸勿见怪!"

孔明听罢,哑然而笑曰:"鹏飞万里,其志岂群鸟能识哉?譬如人染沉疴，当先用糜粥以饮之，和药以服之；待其腑脏调和，形体渐安，然后用肉食以补之，猛药以治之：则病根尽去，人得全生也。若不待气脉和缓，便投以猛药厚味，欲求安保，诚为难矣。吾主刘豫州，向日军败于汝南，寄迹刘表，兵不满千，将止关、张、赵云而已：此正如病势弱羸已极之时也，新野山僻小县，人民稀少，粮食鲜薄，豫州不过暂借以容身，岂真将坐守于此耶？夫以甲兵不完，城郭不固，军不经练，粮不继日，然而博望烧屯，白河用水，使夏侯惇、曹仁辈心惊胆裂：窃谓管仲、乐毅之用兵，未必过此。至于刘琮降操，豫州实出不知；且又不忍乘乱夺同宗之基业，此真大仁大义也。当阳之败，豫州见有数十万赴义之民，扶老携幼相随，不忍弃之，日行十里，不思进取江陵，甘与同败，此亦大仁大义也。寡不敌众，胜负乃其常事。昔高皇数败于项羽，而垓下一战成功，此非韩信之良谋乎？夫信久事高皇，未尝累胜。盖国家大计，社稷安危，是有主谋。非比夸辩之徒，虚誉欺人：坐议立谈，无人可及；临机应变，百无一能。诚为天下笑耳！"

这一篇言语，说得张昭并无一言回答。座上忽一人抗声问曰："今曹公兵屯百万，将列千员，龙骧虎视，平吞江夏，公以为何如？"

孔明视之，乃虞翻也。孔明曰："刘豫州以数千仁义之师，安能敌百万残暴之众？退守夏口，所以待时也。今江东兵精粮足，且有长江之险，犹欲使其主屈膝降贼，不顾天下耻笑。由此论之，刘豫州真不惧操贼者矣！"

虞翻不能对。座间又一人问曰："孔明欲效仪、秦之舌，游说东吴耶？"

孔明视之，乃步骘也。孔明曰："步子山以苏秦张仪为辩士，不知苏秦、张仪亦豪杰也。苏秦佩六国相印，张仪两次相秦，皆有匡扶人国之谋，非比畏强凌弱，惧刀避剑之人也。君等闻曹操虚发诈伪之词，便畏惧请降，敢笑苏秦、张仪乎？"

步骘默然无语。忽一人问曰："孔明以曹操何如人也？"

孔明视其人，乃薛综也。孔明答曰："曹操乃汉贼也，又何必问？"

综曰："公言差矣。汉传世至今，天数将终。今曹公已有天下三分之二，人皆归心。刘豫州不识天时，强欲与争，正如以卵击石，安得不败乎？"

孔明厉声曰："薛敬文安得出此无父无君之言乎！夫人生天地间，以忠孝为立身之本。公既为汉臣，则见有不臣之人，当誓共戮之：臣之道也。今曹操祖宗叨食汉禄，不思报效，反怀篡逆之心，天下之所共愤；公乃以天数归之，真无父无君之人也！不足与语！请勿复言！"

薛综满面羞惭，不能对答。座上又一人应声问曰："曹操虽挟天子以令诸侯，犹是相国曹参之后。刘豫州虽云中山靖王苗裔，却无可稽考，眼见只是织席贩屦之夫耳，何足与曹操抗衡哉！"

孔明视之，乃陆绩也。孔明笑曰："公非袁术座间怀桔之陆郎乎？请安坐，听吾一言：曹操既为曹相国之后，则世为汉臣矣；今乃专权肆横，欺凌君父，是不惟无君，亦且蔑祖，不惟汉室之乱臣，亦曹氏之贼子也。刘豫州堂堂帝胄，当今皇帝，按谱赐爵，何云无可稽考？且高祖起身亭长，而终有天下；织席贩屦，又何足为辱乎？公小儿之见，不足与高士共语！"

陆绩语塞。座上一人忽曰："孔明所言，皆强词夺理，均非正论，不必再言。且请问孔明治何经典？"孔明视之，乃严畯也。孔明曰："寻章摘句，世之腐儒也，何能兴邦立事？且古耕莘伊尹，钓渭子牙，张良、陈平之流，邓禹、耿弇之辈，皆有匡扶宇宙之才，未审其生平治何经典。岂亦效书生，区区于笔砚之间，数黑论黄，舞文弄墨而已乎？"

严畯低头丧气而不能对。忽又一人大声曰："公好为大言，未必真有实学，恐适为儒者所笑耳。"

孔明视其人，乃汝南程德枢也。孔明答曰："儒有君子小人之别。君子之儒，忠君爱国，守正恶邪，务使泽及当时，名留后世。若夫小人之儒，惟务雕虫，专工翰墨，青春作赋，皓首穷经；笔下虽有千言，胸中实无一策。且如杨雄以文章名世，而屈身事莽，不免投阁而死，此所谓小人之儒也；虽日赋万言，亦何取哉！"

程德枢不能对。众人见孔明对答如流，尽皆失色。时座上张温、骆统二人，又欲问难。忽一人自外而入，厉声言曰："孔明乃当世奇才，君等以唇舌相难，非敬客之礼也。曹操大军临境，不思退敌之策，乃徒斗口耶！"

众视其人，乃零陵人，姓黄，名盖，字公覆，现为东吴粮官。当时黄盖谓孔明曰："愚闻多言获利，不如默而无言。何不将金石之论为我主言之，乃与众人辩论也？"孔明曰："诸君不知世务，互相问难，不容不答耳。"于是黄盖与鲁肃引孔明入。至中门，正遇诸葛瑾，孔明施礼。瑾曰："贤弟既到江东，如何不来见我？"孔明曰："弟既事刘豫州，理宜先公后私。公事未毕，不敢及私。望兄见谅。"瑾曰："贤弟见过吴侯，却来叙话。"说罢自去。鲁肃曰："适间所嘱，不可有误。"孔明点头应诺。引至堂上，孙权降阶而迎，优礼相待。

实际上，安子良大多数都是照着本子念，完了他便自行坐下，微微闭上小眼睛，息气养神。程老师柔和的目光中透出赞赏与满意，一直看着安子良落座后才慢慢收起，呵呵笑了两声，看着大家说："诸葛亮为了贯彻他的'联合东吴，削弱曹操，壮大自己'的战略，亲自来到吴国。当时以张昭为代表的投降派势力很大，主战派力量较弱，中间派犹豫摇摆不定。诸葛亮分析东吴内部的各派情况后，采取了又斗争又团结的方针策略：揭露投降派，拉拢中间派，壮大主战派。在这次联席会议上，诸葛亮同投降派进行了针锋相对的激烈论战，口若悬河，雄辩滔滔。这篇语言对话的描写，确如安子良同学所说，实在是振聋发聩，光彩夺目！"

3. 懒婆娘的裹脚布又臭又长（抓要点善提炼）

在现实生活中，人们一见面先要寒暄几句，"今天天气很好，预报说下午还有小雨，哈哈哈……"等等，可能还要说些其他无关紧要的话，甚至要唠叨些别的方面的家长里短，然后才言归主题，谈起正经的要紧事。

当然描写人物时，即使是攸关主旨的话语，也不应该更不可能一字不漏地记录在案；必须挑选主要的、能反映事情本质的加以概括和浓缩，做到简明扼要、干净利索。我们的作文，要写有意义的语言对话、表现人物性格特点的语言对话、能够突出中心思想的语言对话。前边安子良同学讲的"诸葛亮舌战群儒"，写在《三国演义》里的，应该是经过作者提炼的语言对话，如果历史真有其事，诸葛亮不是也应该先要"客套客套"么？论辩时，不是也要引用一些具体事例吗？实际生活中不可能只说了这些，肯定要多得多。可写进小说时，是要删繁就简的。然而，呵呵，我们有的学生写出的作文，不是让人物变成哑巴，一句话不说，就是说起来唠唠叨叨，没完没了，闲话筐箩一大车。有一篇学生作文，题目是《周末大扫除》，开头是这样写的（程老师转身的工夫，黑板上出现一张手抄大纸）——

每周五下午放学前，就到了我们学生挨累的时刻——学校都让我们大扫除。班主任谢老师开始分配任务，他说："同学们，今天大扫除，要彻底，不留死角，一定要经得起学校周老师的检查。下边我分工：杨文煊、邓宇桐、孔令佩、赵胜荣、齐帅霖、张嘉伦、王晟楠、李林润，你们八个人扫地，还要先擦桌子，再擦黑板；宗嘉琪、宋妍、詹美华、钱越、费慧兰，你们五名女生擦玻璃；苏英泽、关思东、岳明山、周齐力、田禾、方方，你们六名同学扫分担区。"老师讲完话，大家就分头行动……

"啊呀，"还不等程老师说完，蔡菀笛惊叫起来，她一说话很像小麻雀叽叽喳喳，"这是谁写的？"

"小学究"魏增智转动着黑葡萄似的眼珠，冷笑说："这真是懒婆娘的裹脚布——又臭又长啊！"

"简直是开列黑名单！"肖渺一亮起高嗓门喊，两只长牙齿暴露在唇外。

"这个班主任谢老师也忒饶舌了！"许行之慢慢地摇着头，不超过眉毛的刘海和不长过耳朵的鬓发也跟着飘荡。

"不是谢老师饶舌，是写作文的人写得太啰嗦、太拉杂喽！""郭大姐"望望许行之，笑笑。

小白杨这次听进去了，连连点头说："郭大姐说得对极了！"
……

听着同学们的议论，程老师平静地说："不要问是谁写的咯，也用不着挖苦他。这位同学已经今非昔比，那是两年前他刚来咱们作文班时写的，那时他初来乍到，还不会写。我们在这里仅仅是举个例子，希望引起大家注意，写人物的语言对话应该惜墨如金，能够抓住要点，善于剪裁提炼，做到干净利落。"

程老师在说这些话时，看见于俊清将左胳臂枕在桌子上，就把脸转向他问："你改写的《妈妈病了》作文，完成啦？"

"是。"

"那好，就请在原座给大家读一读吧。"

妈 妈 病 了
（于俊清改写）

很长时间，我一次都没有看到爸爸了，因为他去外地打工，听说是北漂到北京一家网络公司做网管，已经十五个月没有回家。我们一家四口人，缺少了爸爸，觉得吃饭不香，看电视也没趣，睡觉都不习惯似的。爷爷天天出去玩麻将，基本不着家。妈妈每天上班下班，回家还要买米买菜，做饭洗衣服，又辅导我功课，指导我写作业，从早到晚忙个不停。

今天放晚学回来，我打开防盗门，进到屋内。

"妈妈！妈妈！"我喊了两声却没有回应。妈妈早就应该下班了，怎么整个房间静悄悄的？我把书包轻轻放下，抬眼向卧室一看，呀，妈妈正躺在床上，胸脯起伏着，呼呼地喘着粗气。起先，我还以为她在睡觉呢；后来，我觉得不对劲儿，就走到妈妈床边，伸手摸摸妈妈的额头，像个火炉那样热。妈妈慢慢睁开眼睛，看了看我说："我下午全身发烧，感冒了；你爷爷不知道啥时候回来，你把饭菜热一热，自己吃吧。"

我急忙去抽屉里拿出体温计，放在妈妈的腋窝下夹着，说："妈妈，您安静地休息一阵，不要动，我去药店买些药，吃下去就会退烧，病很快会好的！"

妈妈用慈祥的目光看着我说："不用了，我已经吃了'感叹号'退烧药，休息一会儿就会好的。吃完饭，你快去写作业吧。"

我没有听妈妈的，翻找出妈妈上次感冒服用的中草药方，披上衣服，急忙跑下楼，在"本草纲目大药房"买了一副中草药，还买了"严迪"和"罗红霉素"、"头孢克肟片"各一盒。跑回来后，我走进厨房，把中草药倒进电炖锅里,加上适量的水,慢慢煎煮起来。

妈妈看我给她买这么多西药片,埋怨我说:"买这些药干什么?"

"看哪种药管用,就用哪一种嘛!"我为自己辩解。

这时我才想起还在给妈妈量体温,就把体温计从妈妈腋窝里取出来,一看,吓了我一大跳:39.5度!

我倒了半碗热水,待温后,我把"严迪"和"头孢"一样取出两片,放进妈妈口里,再让她喝些温开水。

妈妈是个最刚强的人,非要挣扎起来自己吃。

"妈妈,你好好躺着,我喂你!"

"不用,我自己来!"我伸手把妈妈按在床上,说什么也不能让她起来,硬是把药片塞进她的嘴里。

中草药这时已熬好,药香味从厨房飘出来,填充在房间的各个角落。我把汁液盛进碗里,小心翼翼地端到灶台上。我怕汤药太热,就用嘴吹了又吹;我怕汤药太苦,就加些白糖,搅拌均匀。我把药碗放在床头柜上,再把妈妈扶起来,用被子和枕头顶住她的后背,让她仰卧着。我拿过汤匙,一口一口喂进妈妈嘴里……

俗话说:"子孝母心宽"。妈妈原来的痛苦表情不见了,笑容在她的脸庞上闪现着,深情地看着我说:"你长大了,懂事了,真是妈妈的好孩子!"

吃完药后,妈妈要上厕所,我要背她去,妈妈说什么也不肯,我只好搀着她进入卫生间。回屋后,我把床铺清扫一遍,把被子重新放好,扶着妈妈上床,一会工夫,妈妈就睡着了。我拿来洗脸盆,在热水器里接些热水,用手一摸,水太热,又兑点凉水,水温适中后,取来毛巾浸在水盆里。我把毛巾从水盆里拿出来后,拧了拧,敷在妈妈的额头上……

我一直守候在妈妈身旁,看到妈妈呼吸平稳了,脸色也由灰白慢慢变得红润,我才放下心来,回到自己的房间写起作业……

"怎么样?改写得还可以吧?"于俊清读完修改后的作文,一副踌躇满志的神态,还没等别人开口,他仰脸先看着老师,又把头转向秦昊和"穆彪子",一副哥仨好的样子。"这回,我和妈妈还是不是哑巴啦?"

"这回,""穆彪子"深井似的小眼睛急速地转动起来,"这回,你和你妈妈的哑巴病给治好了,会说话啦!"

"你这个'老于头',还不快向程老师道谢!""大活宝"又找到卖萌的沃土。

"程老师,谢谢您!"于俊清从座位站起来,恭恭敬敬低下头敬了个礼。

"这就叫'软着陆'?"黎梅花仰起脸,看着程老师问。

"程老师你真是神啦,能让哑巴张嘴说话喽!"天生玩家的"孙猴子",在座位里叽叽喳喳。

顾崇宇也跟着大家议论:"程老师,我知道这是你独创的写作技巧,独特的作文教法,确实很实用,像我这着三不着四的都学会这种方法了,能不能拍成TV什么的,发表到网络上去!"

程老师开口一笑道:"确是这样,方法简单、易行,便于操作——我没用撬棍,也能让'哑巴'说话了吧!至于拍成动漫、影视剧作为教学片,我果然有过这个念头呢!"

……

程老师见学生不再说什么,继续往下讲起——

4. 放他妈的狗屁(啥出身说啥话)

我们有的同学平时跟别人说话都是学生腔,满嘴小孩儿话,这符合你的年岁和身份,没有错。因为你就是中小学生,还是少不更事的青少年。你若口口声声都是大人话,领导干部腔,那恐怕就太别扭,太不像你了。然而,你写出的作文里面的人物,不管青年还是老年,不管农民还是工人,不管男人还是女人,也不管是群众还是干部,说起话来全是一种调门,都是你的学生腔,全是孩子气,那就太糟糕、很滑稽啦。由于不真实、不可信,呵呵,也就没人愿意阅读你的文章喽!

作品里的人物和现实生活中的一样,他们有各自的长相,有各自的动作行为,不用说,也都有各自的语言特色。这就要求我们写的作文里边,要让什么身份的人说什么身份的话,什么年龄的人说什么年龄的话,什么性格的人说什么性格的话。人们常说:"敲锣卖糖,各干一行","干啥吆喝啥","三句话不离本行","到哪座山唱哪里的歌,过哪条河脱哪里的鞋",说的就是这样的道理。工人、农民、学生、干部、军人、商人……三教九流,五行八作,不同阶级、不同阶层、不同职业、不同出身,他们的言谈举止都有各自的特点。作者只有熟悉他们,了解掌握他们的语言,才能准确生动地表现他们,这样才能做到"人入脑海,话到笔下"。

讲到这里,程老师停下,看着学生说:"下边,我抄了几篇语言对话的精彩语段,挂在前边,供大家学习、参考。如果哪位同学有更好的,也可穿插在中间口头讲述出来。这样好不好哇?"

"好!"学生们齐声呼应。

程老师挂上第一篇,接着一篇又一篇。有时,他还要点评一两句——

(1)看看《兄弟便是朱德》一文,各行各业的人对朱总司令的不同议论:

庄稼汉说:"朱德军长真是咱们的亲兄弟,一定是种过稻谷的好把式。"

铁匠师傅说:"要说朱德军长没打过铁,你怎么说我也不信。除了我们打铁的,谁能有那么粗的胳臂?"

老木匠说:"看朱德军长那双眼睛,不用木斗角尺,也能当个头号的木匠师傅。"

——庄稼汉的语言总离不开土地和农活,铁匠总要以"胳臂粗细"来说长论短,木匠的话题总是与"墨斗角尺"有关联。就是说,这些人说的话都会流露出自己的职业特征……

(2) 一家工厂,有位工人师傅,老实巴交的,很本分。他在部队参军五六年,因而与人说起话来,张口是"我们的连队",闭口是"我的战友"。时间久了,周围的人已听得絮烦,就索性叫他"老战友",后来人们把他的名字都忘掉了,有事时喊他"老战友",没事时也打趣呼他:"喂,老战友!"

——如果把"老战友"写进文章里,人物的个性语言就非常有味。

(3) 水泊梁山一百单八将,个个武艺超群,他们都是被逼上梁山,揭竿造反。但是,由于出身不同,他们的思想观念及其说的话语也各不相同。宋江原是郓城县衙押司,文墨小吏;李逵是个地道农民,莽撞汉子,他们的语言各有特色……

"我说!""我说!"听到宋江和李逵的名字,没等程老师讲完,许多学生争相举手要求发言。

"我说宋江!"看到林心怡边跳边举手,发言的冲动劲蛮大,程老师抬手一指,满足了她。

"宋江是县衙里管收发文书的低级小吏,有一定的文化,读过'四书五经',正统思想比较严重,所以,他虽然被逼上梁山,坐了第一把交椅,公开造反,对抗朝廷,犯了杀身死罪,但他却张口闭口说要等待皇帝'招安'……"

"你说宋江,我说李逵!"林心怡那里还没说完,鞠雪晴早就站起身来,"农民出身目不识丁的李逵,说话可就粗多了。宋江一提到'招安'二字,他就十分反感,批评宋江'把兄弟们的心都说冷了'。有时高声喊叫:'招安,招安,招个鸟安!我要杀上京城,让那皇帝老儿吃我几板斧!'"

趁鞠雪晴停下思考的工夫,惠天佑站起来,一脸的微笑,眼神里闪耀着阳光,鼻子向上高挺,他是见缝插针,说:"鲁智深出身下级军官,人称鲁提辖,性格憨直、鲁莽,张口一个'鸟人',闭口一个'洒家'。他和朋友在酒店喝酒,听见隔壁传来金翠莲的哭声,便暴躁起来:'洒家并不曾少给你们酒钱,为何让人在这里哭闹?'听到金氏父女被郑屠欺压讹诈,便骂道:'我以为是哪个镇关西,原来是卖肉的郑屠,看我明日怎样收拾他!'从这些话语中,可看出鲁智深行侠仗义、惩恶扶善、除暴安良的高贵品德。但是他又粗中有细,当他三拳打死镇关西,就要扬长而去时,却指着死在地上的郑屠说:

'你诈死，洒家有事，明天再来和你算账！'——这就为他逃跑争取了时间，这些话看出他机智的另一面。"

（4）看看农民如何说话：妈妈恼火，教训儿子："是哪个狗杂种调唆你的？你，你脑袋长到屁股下面去啦？不老老实实干活，不务正业，看我不剥了你的狗皮蒙了鼓！绝你的日子不远啦！上城里打工？小水库养鱼池还要不要？饲养场那么多头猪谁去管？不趁现在发点财，盖几间好砖瓦洋房，娶不上个媳妇，你给我找个地方当和尚去！"

"和尚"两个字，拨动了樊启琛深藏在他大脑沟回里的记忆：一次，在程老师讲解文章"立意要深刻"时，由"和尚"想到"不爱草棍儿爱黄金"的故事，他大胆插话，讲完了受到老师和同学们的一致好评。现在，听到"什么出身的人让他说什么话"，程老师举例时，又提到"和尚"二字，突然他又想起一个故事，于是，他把手倾斜着往前伸出来，和课桌面形成45度角，大声地说："我又想起一个故事。"说这话时，他肥胖油光伴有嘻笑的脸蛋上微微涂上一抹羞涩，眼睛眯成一条又弯又细的线，像是天上的下弦月牙。

"你说说看，什么故事？"程老师同意他发言。

下边就是樊启琛讲的故事内容——

从前，有个地主，他请县令到他家吃饭，宴席设在后花园的亭子里，并找了当地一位秀才作陪。他们三人饮酒划拳，后来又赋诗联句。正在这时，天空乌云滚滚，顿时暴雨倾盆。秀才翻白几下眼珠，高声起了六言诗首句：

"大雨哗哗落地，"

"好个异常天气。"县令仰脸看看天，承接了一句。

"下它三年何妨，"地主饮口酒，捋着胡须，想了好半天，才这样转了一句。

"放他妈的狗屁！"正巧有个农民在地主后花园墙外避雨，听到这里，十分气愤，接着他们的话，骂着合上这么一句。

……

"我说二师兄，你讲得好！"孙洪达双手合十向樊启琛伸去，边拍巴掌边叫唤："放他妈的狗屁！"

樊启琛没有理睬"大师兄"，又自我发表一篇评论——

"地主仓廪充实，粮米堆积如山，当然不怕天灾水患；农民靠几亩薄田度日，莫说下三年大雨，即使连雨半月，也会要他们的命哟。从农民和地主、县令的话语里，反映出他们对待同一事物的态度不同，甚至完全不同，或者说根本对立。由于他们的出身不同，阶级立场和思想感情不同，因此就会说出不一样的话！"

樊启琛是个道道地地的小屁孩，他四岁时父母离异，爸爸给他娶了后妈，但他多数时间都和爷奶一起生活，这样就使得他的性格好动且胆怯，自信又单纯、不拘小节、自以为是。他一身孩子气，每天总是没个正形，一脸的嬉笑，不过这个孩子却很有灵气，喜欢看课外书，听别人讲故事。他脑筋也真好使，看到和听过的东西，差不多都能记住并吃透理解，满肚子里装着"古董"呢。大家见他把这个故事讲得如此诙谐，又从人物语言对话方面分析得这样对路，不期而然地为之叫起好来。

下课后，不少学生互相转述这首"诗"，见到樊启琛就喊："二师兄，放他妈的狗屁！"

以下没有特别说明的，都是程老师亲口讲出来的内容——

5. 嫂子乐得拍屁股（真乃童言无忌）

大人说大人的话，小孩说小孩的话，老年人说老年人的话，青年人说青年人的话。写人物语言对话，一定要符合他们的年龄特点。郭沫若曾说："对话部分要看你写的是什么人，要适合于他们的身份、阶级、年龄、籍贯、性格而尽量地使用他们自己的语言。"这告诫我们，要让作品里的人物说自己会说、该说的话，而不是作者代替人物说话。我们读读下边几个事例——

(5)《同桌的调侃》：那时的我，不拘小节，她则常常"幽"我一"默"。一次，她神色严肃地看着我说："同桌，我打算送你两只美丽的小鸟。"她见我大喜，却补充道："你的头发可以解决它们的住房问题……"旁边的人都哈哈大笑，弄得我满脸羞红。过不久，她又正色对我说："同桌，请您把您的袖子借给我。"当我正在疑惑时，她则小声说："我想'对镜贴花黄'……"最后，我终于招架不住，只得处理好小节问题。她则推推眼镜，打量一下我，点点头说："孺子可教也！"

——从上面这段文字中，读者会立刻看出这是两个青年女学生之间的调侃，而成年人是不会有这样的语言对话的，从小学生的嘴里也绝对说不出来。

(6) 听了程老师讲解"什么年龄的人说什么话"，又看了挂在黑板上的《同桌的调侃》，鞠雪晴儿时说唱的歌谣，远远地飘过来，又轻轻地飞过去。她头脑里似乎伸出一只小手，一把就抓到了。她站起来，一边抹一下耳鬓两旁的头发，一边说："我家原来住在农村，我爸爸进城打工，我妈妈在火车站前露天市场卖'猪下水'——可挣钱了！我才有机会跟着爸妈来到城里学校上学。记得小的时候，我也就五六岁吧，在乡下，经常和一群小朋友到大野甸子里去采野菜，去河里抓鱼。我们走在路上，连跑带跳，嘴里喊着：'采红花，采绿花，来狼来狗不怕它！'"

刚说了这么几句，她的语音便有点哽咽："我的家乡在两条河流中间，是块冲积平原，土质肥沃，大野甸子实际就是人们常说的湿地，那时鸟语花香，草木繁茂，然而现在，全部被垦殖成农田，花草树木不见了踪影……"

程老师当了一回人物模特？ 五

城市里的高楼大厦让人艳羡，然而童年的回忆更让她怀念。沉思一下，鞠雪晴又接下去说："农村的生活可好玩啦！有时，我手拉着乳名叫'小厉害'的小屁孩儿，他比我小4岁，是我的姨表弟；我逗他玩，嘴里说些屁话：'明年开了春，领着我小孙儿，不买红裤衩，就买绿背心！'……"

鞠雪晴细不盈掌的小腰，总是让人联想起敦煌壁画"飞天"里的那些仙女。瘦归瘦，她的两只手却非常有劲。在农村时，父母为了生个男孩，又给她添了个妹妹和幼弟。农村的人口政策是：如果头一胎是女孩，可以生二胎。第二胎不管是女是男，是不允许生第三胎的。农舍墙面上用白漆刷着大标语，她至今还记忆犹新，什么"农村人民要想富，少生孩子多种树"，"人类只有一个地球，必须控制人口增长"，"超生必罚，躲过初一，躲不过十五"，这些口号看似可笑，却也起到了震慑作用。谁知鞠雪晴父母又生了第三胎，被当地政府以征收"社会抚养费"名义重重地罚了款。由于家境拮据，她从小就跟着父母干地里的农活，插过秧，打过稻子，剥过玉米，拔过鸡毛。进城以后，小同伴们谁也没有她的腕力大，都闹不过她，她抠人就是五个手印子，大家常为她的"劲霸"制服，甚至都戏称她"鞠铁掌"。

"还有呢，"正当别人要发言时，鞠雪晴歪头又想起几首儿歌："小时候，我嘴馋时，就念叨妈妈教给我的童谣：'昨晚我做个梦，梦见老邓；老邓推车，梦见大哥；大哥看牌，梦见戏台；戏台流水，梦见老婶；老婶扎花，梦见我妈；我妈煮肉，猪肉，羊肉，鸡肉，鸭肉，吃个够！'还有呢，我们几个孩子在一起，还背诵儿歌：'大雨哗哗下，北京来电话；叫我去当兵，我还没长大。'"

她一口气念叨完，一歪头，又想起一个，急忙说："还有呢，我们小孩子还说革命童谣：'刘胡兰，十三岁，参加革命游击队；会打枪，会打炮，打得鬼子哇哇叫！'"

停了一阵，还没有说下边的话，鞠雪晴自己却先嘻嘻笑了几声，才说下去："那时，我们几个孩子见到村里的十八九的大姑娘，就冲她喊：'有个姑娘嘴真馋，不爱干活好耍钱；十几啦？十八啦！该娶啦，该拉啦！爹也哭，妈也哭，嫂子乐得拍屁股！'"

"哈哈，嫂子乐得拍屁股！嫂子乐得拍屁股！""穆彪子"和孙洪达两人同时拍起自己的屁股，快笑没气了。

"还有呢？"正当大家还想往下听时，鞠雪晴却接不下去了。"那我，那我，现在就想起这些，让我慢慢再想，想起来再给大家说……"

鞠雪晴的话噼噼啪啪，又快又脆，像削萝卜皮。她右手还没离开那绺头发，注水般的大黑眼睛望着程老师："老师你说，我们那时说的这些话，一听就知道是小孩子的语言，符合我们那时的年龄特点，对吗？"

"对对，是这样！"程老师极力点头，给她加满分！

程老师又把脸转向"穆彪子"，说："穆标，你的姥姥也姓刘，是《红楼梦》里的刘姥姥的贵同宗呢。你姥姥的长相就别说了，下边你听听，《红楼梦》里的刘姥姥和你的姥姥，她们说话口气像不像？"

"穆彪子"呆呆地坐在座位里一动不动，深深的眼窝里闪烁出疑惑又带点诡异的光芒，定定地盯住程老师薄嘴唇的张合，自言自语道："刘姥姥？"

6. 贾母和刘姥姥"唠嗑"（啥年龄说啥话）

"穆标，你是不是已经知道刘姥姥是谁了？"程老师又问。

"知道了。"

"呵呵，那你就注意听吧！"

"《红楼梦》三十九回，写刘姥姥二进荣国府，下人向王熙凤汇报时被贾母听见，问刘姥姥是谁，王熙凤便回明白了。贾母说：'我正想个积古的老人家说话儿，请了来我见一见。'下人就去叫刘姥姥，刘姥姥推却说：'我这生像儿，怎好见的，就说我走了吧。'王熙凤的丫环平儿说：'不相干的，我们老太太最是惜老怜贫的，想是你怯上，我和周大娘送你去。'下边是原文——"

刘姥姥到了贾母房中，彼时大观园姊妹们都在贾母前奉承。只见满屋里珠围翠绕，并不知都系何人。一张榻上歪着一位老婆婆，身后坐着一个纱罗裹的美人似的丫环（鸳鸯）在捶腿，凤姐站着正说笑，刘姥姥便知是贾母了，忙上来陪着笑，福了几福，口里说："请老寿星安。"贾母亦欠身问好，又命周瑞家的端过椅子来坐着。那板儿（刘姥姥六岁小外孙）仍是怯人，不知问候。贾母道："老亲家，你今年多大年纪了？"刘姥姥忙立身答道："我今年七十五了。"贾母向众人道："这么大年纪了，还这么健朗，比我大好几岁呢（贾母六十五岁），我要到这么大年纪，还不知怎么动不得呢。"刘姥姥笑道："我们生来是受苦人，老太太生来是享福的。若我们也这样，那些庄稼活也没人做了。"贾母道："眼睛牙齿还都好？"刘姥姥道："都还好，就是今年左边的槽牙活动了。"贾母道："我老了，都不中用了，眼也花，耳也聋，记性也没了。你们这些老亲戚，我都不记得了。亲戚们来了，我怕人笑我，我都不会；不过嚼得动的吃两口，睡一觉，闷了时和这些孙子孙女顽笑一回就完了。"刘姥姥笑道："这正是老太太的福了。我们想这么着也不能。"贾母道："什么福，不过是个老废物罢了。"说得大家都笑了。

——这就是两个老年妇女见面时说的话。假如不写这些话是谁说的，读了后，你也不会猜到是青年人的语言对话吧？从对话的内容语调里，一下子就可知道她们的年龄。而且，从刘姥姥的话语里，也能看出她的出身——是位农村劳苦老妪。

程老师评论完了，抬头看着"穆彪子"问："这个刘姥姥说的话，从语调上看，像不像你的姥姥？"

"穆彪子"眼睛一阵眨巴后，说："嗯，有点。"

"老师，以上讲的这些，我啥也没记住，只有鞠雪晴说的'嫂子乐得拍屁股'这首儿歌我记得可牢固了！"见程老师话已讲完，"大活宝"秦昊连说带笑，粗声憨气地嚷嚷着。

"好！好！不过，以后你再说话还是小点声，消停点！"程老师又是表扬又是批评，然后转向全体同学，进行下边的内容。

7. 贾宝玉最大爱好是吃女孩脸蛋胭脂（啥思想说啥话）

在现实生活当中，人们的所见、所闻、所思、所感都会通过他们的嘴巴表达出来。不过，各人有各人的脾气，各人有各人的秉性，各人有各人的好恶，说出的话语就会有各自的特点和风格。也就是说，人物语言要具有个性。语言对话描写是揭示人物性格特征的重要手段，只有了解和把握人物的性格特点，才能写出各种各样具有不同个性的鲜活的人物来。古今中外的文学名著，这方面的例子太多了……

话刚说到这里，小屁孩们已经揣摩透程老师的"招法"了，就听见下面有说话的声音，程老师抬眼望去，原来是"小学究"魏增智同学，他边举手边站直，边说道："依我看，《红楼梦》里的人物，像贾宝玉、林黛玉、薛宝钗、王熙凤、史湘云、尤三姐、晴雯、袭人、平儿、鸳鸯、薛蟠、柳湘莲、焦大、贾瑞等，他们的性格特点，从对人物语言对话的描写中表现得最突出、最鲜明。"

"《红楼梦》里写了四百多个人物，个个都不一样……"程老师刚要抬手让"小学者"讲话，才发现那边衣丙丁同学也正站在那里说着。

程老师心想衣丙丁平时有点内敛，不怎么爱讲话——刚入班怕生得一句话不敢讲，动不动脸就红得像一朵玫瑰，现在敢于搭讪，抓住可以表达的机会，谈吐自如……就又重新拿了主意，决定让衣丙丁发言。于是，他的手指又迅速在空中画了个抛物线，移向衣丙丁。"那好嘛，你可以谈谈《红楼梦》书里的几个主要人物，他们的不同性格都是通过哪些语言对话表现出来的啊？"

"说实在话，我爸爸有本校注版的《红楼梦》，以前让我读，我没读进去，翻几页就放下了。来您作文班后，听您评论《红楼梦》人物，我听了觉得挺有意思的，才陆陆续续读起《红楼梦》。这几天您又引用那书里的事，我才加快了速度，又在网上查看一点相关的评论资料，总的来说，我知道的还很肤浅。再说了，《红楼梦》里关于这些人物的语言对话描写也太多啦，我只能选几个主要片段说说，而且说得不一定正确，希望老师和同学们指教！"

听了他的这几句客套话，有的学生咻咻笑起来。以前的衣丙丁，遇事常常三缄其口，一说话脸上红晕翻滚而来，这段时间，在程老师的赏识教育下，他一反常态，课堂里有时很活跃，发言的次数大大增加，成为作文班里一匹"黑马"。

"好！好！""大活宝"秦昊大声为他的好朋友呐喊助威。

下边就是衣丙丁发言内容的摘录，但是，每段话后面的评论，那可是程老师说的哟！

在三十二回"诉肺腑心迷活宝玉"里，写史湘云受薛宝钗的影响，也来规劝贾宝玉，要他别老在女孩子堆里鬼混，"也该常常地会会这些为官作宰的人们，谈谈讲讲些仕途经济的学问。"宝玉听了立刻说："姑娘请别的姊妹屋里坐坐，我这里仔细污了你知经济学问的。"弄得史湘云极没面子，很伤自尊。贾宝玉是最尊重和体贴女孩子，可是在这样关键的问题上，他却毫不留情面。下面他的贴身丫环袭人为史湘云找台阶下，说："上回宝姑娘说过一回，他也不管人脸上过得去过不去，他就咳了一声，拿起腿来走了。宝姑娘的话也没说完，见他走了，登时羞得脸通红，说又不是，不说又不是。幸而是宝姑娘，那要是林姑娘，不知要闹到怎么样，哭得怎么样呢。"宝玉接着说："林姑娘从来说过这些混账话不曾？若她也说过这些混账话，我早和她生分了。"

这就是贾宝玉的原则性，一点也不含糊。应该说贾宝玉是个"女权主义者"，非常尊重女性，关心女孩子，他说过："女儿是水做的骨肉，男人是泥做的骨肉，我见了女儿便清爽，见了男子便觉浊臭。"然而，追求个性自由和人权平等，轻蔑升官发财，正是贾宝玉的性格主导，通过他毫不客气的语言，就充分表现出来了，果然是什么思想的人说什么样的话。

"你们知道贾宝玉一生最大的爱好是什么吗？""小学究"魏增智被剥夺了发言权，心有不甘，他脑海中逗留过的这个疑惑，突然提出来谨供考证。

"我说贾宝玉最离不开出生时衔在嘴里、后来挂在脖子上的那块'通灵宝玉'。那是他命根子。"任梦洁一时不好拿捏，觉得这既是问题，也不是问题。"贾宝玉喜欢水做的女孩子，也喜欢跟秦钟、蒋玉菡和柳湘莲这种青春男性结交。凡是美好的他都喜欢，连农村的二丫头，他都恨不能跟了她去，这是一种博爱情怀。"

"喜欢听戏、作诗、喝酒、赏花、吃鹿肉。""尚武"的黎梅花听见柳湘莲三字，好心情上来了，她喜欢《红楼梦》里的帅哥柳湘莲，文气、率真，又行侠仗义。

"不,他最喜欢游太虚幻境!"许行之对太虚幻境,曾恍兮惚兮,犹梦中所见,那段文字实在费解。

"不,他最愿意听,听晴雯撕扇子!"马岩眼一眨,说。

"黛玉葬花也是最美的风景,他岂不更爱!"林心怡抬起眼皮,悄悄说上一句。

"不对,贾宝玉最愿意听刘姥姥讲捡柴禾的小女孩的故事。"白杨恨不能自己就是那美丽的女孩。

以上几个小屁孩争论贾宝玉的"爱好",煞是热烈。但是由于"大活宝"、"孙猴子"、"穆彪子"、"范大烟"等人根本没读过《红楼梦》,平时对里面的人物不像对孙悟空、猪八戒、武松、鲁智深等人那样感兴趣,所以听大家谈论,他们原本也想凑个热闹,但却是无由"插喙",捏着上眼皮擤鼻涕——使不上劲儿!"小学究"此刻十分得意,别人说一个,他都是用左右歪脖加以否定。再看一双双火龙似的眼睛望着自己,他喜笑颜开,抓起桌上的小水壶撮一口,用右手食指抹一下圆溜溜的小蒜头鼻尖,又轻轻端端黑框眼镜架,黑眉毛拧一拧,自鸣得意地笑道:"贾宝玉最大的爱好就是——他喜欢吃女孩子脸蛋上的胭脂!"

"哇塞!"教室里掀起笑声巨浪,从窗口飞到外面。这正是"小学究"要得到的最高奖赏。这时大家的脸又都转向程老师,他挺直腰身,笑呵呵点点头。

也就在此刻,程老师猛一抬头,发现衣丙丁还僵立在那里没坐下,眼睛盯着自己闪出光芒,那种表情说明他正等候老师的示意,也就把目光投给了他。

"我还没讲完呢!"衣丙丁铆足劲儿,大声说。

程老师环视一下整个教室,冲着衣丙丁说:"好,你接着往下讲!"

8. 熙凤、黛玉、湘云、宝钗都有话说(啥性格说啥话)

下边还是衣丙丁的话:

在《红楼梦》二十二回里,贾母拿出二十两银子为薛宝钗过生日,凤姐打趣道:"一个老祖宗给孩子们做生日,不拘怎样,谁还敢争,又办什么酒戏,既高兴要热闹,就说不得自己花上几两。巴巴地找出这霉烂的二十两银子来作东道,这意思还叫我陪上。果然拿不出来也罢了,金的,银的,圆的,扁的,压塌了箱子底,只是勒掯我们。举眼看看,谁不是儿女?难道将来只有宝兄弟顶了你老人家上五台山不成?那些体己只留于他,我们如今虽不配使,也别苦了我们。这二十两够酒的?够戏的?"说得满屋笑起来。贾母亦笑道:"你们听听这嘴!我也算会说的,怎么说不过这猴儿。你婆婆也不敢强嘴,你和我邦邦的。"凤姐笑道:"我婆婆也是一样地疼宝玉,我也没处去诉冤，倒说我强嘴。"说着，又引得贾母笑了一回，贾母十分喜悦。

到晚间，众人都在贾母前，定昏之余，大家娘儿姊妹等说笑时，贾母因问宝钗要听何戏，爱吃何物，宝钗深知贾母年老人，喜热闹戏文，爱吃甜烂之食，便总依贾母往日素喜者说了出来，（薛宝钗城府深藏）贾母更加欢悦。至二十一日，就贾母内院中搭了家常小巧戏台，定了一班新出小戏。……至上酒席时，贾母又命宝钗点。宝钗点了一出《鲁智深醉闹五台山》，宝玉道："只好点这些戏。"宝钗道："你白听了这几年的戏，哪里知道这出戏的好处，排场又好，辞藻更妙。"宝玉道："我从来怕这些热闹。"宝钗笑道："要说这一出热闹，你还算不知戏呢！你过来，我告诉你，这一出热闹不热闹——是一套北《点绛唇》，铿锵顿挫，韵律不用说是好的了，只那词藻中有一支《寄生草》，填得极妙，你何曾知道。"宝玉见说得这般好，便凑近央告："好姐姐，念与我听听。"宝钗便念道：

漫揾英雄泪，相离处士家。谢慈悲，剃度在莲台下。没缘法，转眼分离乍。赤条条，来去无牵挂。哪里讨，烟蓑雨笠卷单行？一任俺，芒鞋破钵随缘化！（可见薛宝钗博学多闻）

宝玉听了，喜得拍手画圈，称赏不已，又赞宝钗无书不知。林黛玉道："安静看戏吧，还没唱《山门》，你倒《妆疯》了。"（林黛玉醋意大发）说得湘云也笑了。于是大家看戏。

至晚散时，贾母深爱那扮小旦的与一个作小丑的，给他两个肉果和两串赏钱。王熙凤笑道："这个孩子扮上活像一个人，你们再看不出来。"薛宝钗心里也知道，便只一笑不肯说。（薛宝钗不肯说）宝玉也猜着了，亦不敢说。（贾宝玉不敢说）湘云接着笑道："倒像林妹妹模样。"（史湘云快人快语）宝玉听了，忙把湘云瞅了一眼，使个眼色。众人却听了这话，留神细看，都笑了起来，说果然不错，一时散了。

晚间，史湘云更衣时，便命丫环翠缕收拾衣包。翠缕道："忙什么，等去的日子再包也不迟。"史湘云道："明儿一早就走，在这里做什么，看人家的鼻子眼睛，什么意思！"宝玉听了这话，赶忙近前拉她说道："好妹妹，你错怪了我。林妹妹是个多心的人，别人分明知道，不肯说出来，也皆因怕她恼，谁知你不防头就说了出来，她岂不恼你？我是怕你得罪了她，所以才使眼色。你这会子恼我，不但辜负了我，而且反倒委屈了我。若是别人，哪怕他得罪了十个人，与我何干呢？"湘云摔手道："你那花言巧语别哄我。我也原不如你林妹妹，别人说她，拿她取笑都使得，只我说了就有不是。我原不配说她，她是小姐主子，我是奴才丫头，得罪了她，使不得！"宝玉急地说道："我倒是为你，反为出不是来了。我要有别的意思，立刻就化成灰，叫万人践踏！"史湘云道："大正月里，少信口胡说！这些没要紧的恶誓、散话、歪话，说给那些小性儿、行动爱恼的人、会辖治你的人听去！别叫我啐你。"说着一径至贾母里间怂怂地躺着去了。

宝玉没趣，只得来寻黛玉。刚到门槛前，黛玉便把他推出来，将门关上。宝玉不解何意，在窗外只是吞声叫"好妹妹"，黛玉总不理他。宝玉只是呆呆地站在那里。黛玉只当他回去了，便起来开门，见宝玉还站着没动，反不好意思，不好关门，只得抽身回去，上床躺着。宝玉随着进来问道："凡事都有个缘故，说出来，人也不委屈，好好的就恼了，终是什么原故起的?"林黛玉冷笑道："问的我倒好，我也不知为什么原故。我原是给你们取笑的——拿我比戏子取笑。"宝玉道："我并没有比你，我并没笑，为什么恼我呢?"林黛玉道："你还要比？你还要笑？你不比不笑，比人比了笑了的还厉害呢!"宝玉听了，无从分辩，不则一声。林黛玉又道："这一节还恕得，再你为什么和云儿使眼色？这安的是什么心？莫不是她和我玩，她就自轻自贱了？她原是公侯小姐，我原是贫民的丫头，她和我玩，设若我回了口，岂不她自惹人轻贱呢。是这主意不是？这也是你的好心，只是那一个偏又不领你这好情，一般也恼了。你又拿我作人情，倒说我小性儿，行动肯恼，你又怕她得罪了我，我恼她。我恼不恼她，得罪不得罪她，又与你何干?"（林黛玉口舌尖利，果然小性子）……宝玉转身回房来。

——这段情节，好生热闹。先说王熙凤，她伶牙俐齿，语言诙谐，曲意逢迎，善于讨好；贾母给薛宝钗过生日，王熙凤故意说贾母"小气"，其实就是逗贾母乐，让贾母开心。林黛玉呢，确实像史湘云说的那样"小性"，"行动肯恼"，她心机过细，语言尖刻，不能容人。薛宝钗是封建社会的标准淑女：她天资聪慧，知识渊博，温柔宽厚，胸有城府，善于"藏拙"；她能见机而作，承人眼色行事，所以能得到上下欢心。史湘云娇憨纯真，快人快语，有口无心，她还是个很有才情的女孩子。再说贾宝玉，他虽是个公子哥儿，性情却很温和，思想单纯幼稚，从不计较别人过错。你看，史湘云和林黛玉那样挖苦奚落他，可是见不到他有一点恼怒的样子，只是一个劲儿地解释和赔不是。没错，从这段故事中，我们可以看出，什么性格的人就说什么话。另外，从林黛玉、史湘云和贾宝玉的口舌之辩中，很明显能看出他们的孩子气，是几个少不更事的娃娃，说的话除了符合他们的性格特征外，也极符合他们的年龄特点。

9. 晴雯之死让众多读者流泪（林黛玉的影子）

听了衣丙丁说完《红楼梦》二十二回，薛宝钗过生日看戏引起林黛玉、史湘云和贾宝玉的争吵，程老师就"什么性格的人说什么话"进行一番评论后，他的谈兴未减，甚至忘记衣丙丁还在那里直挺挺站立着的事实，话题一转，又继续讲起来——

看了《红楼梦》，你最喜欢谁？你最同情谁？你为谁流过眼泪？你可能说出一个名字——林黛玉！如果问到我，呵呵，我要说：林黛玉之死让我感伤良久，但是我没有流泪，而我最喜欢的是晴雯，最同情的也是晴雯。晴雯出身卑微，是管家赖大花几两银子买来的，她都不知道自己的父母是谁，后来当作一个小玩意送给了贾母，贾母又把她"派"给贾宝玉当丫环。她是奴仆中最具有叛逆性格的人，"从不挑高枝去捡"，是一个纯洁得晶莹透明的女孩，性格直爽得像一泓清澈见底的泉水；说起话来锋芒外露，从不掩掩藏藏，处处都闪烁着她智慧的光芒。她死前说的那些话，让我感到极大的悲愤，胸腔里的泪水直往眼眶里涌，不停地向外滴淌……晴雯是曹雪芹在《红楼梦》倾注了最大热情的一个人物，她身材苗条，面目清秀，有点水蛇腰，脸上还有几处淡淡的雀斑，漂亮俊俏，体态很像林黛玉，人们在评论《红楼梦》时，都说晴雯是林黛玉的影子。不光容貌酷似林黛玉，晴雯的性格也极类林黛玉，坦诚、率性，但比林黛玉要勇敢坚强。她的针线手工极好，宝玉的雀金裘烧了个洞，连外面的裁缝绣匠都不敢揽这活儿，只有晴雯患着重病拿孔雀金线给补好了，所以作者不但称她为"俏晴雯"，又称她是"勇晴雯"。她说话尖刻，一针见血，是一朵带刺的玫瑰花。晴雯努力维持做人的尊严，虽然只是一个丫环，但她追求一种平等的人格。你看，在第三十一回"跌扇撕扇"的风波中，晴雯忍受不了宝玉叹了两句"蠢材，蠢材"，便冷笑着用一大车子话说得宝玉全身发抖——

　　晴雯上来给宝玉换衣服，不防把扇子跌在地上，将股子跌折。宝玉因叹道："蠢材，蠢材！将来怎么样？明日你自己当家立事，难道也是这么顾前不顾后的？"晴雯冷笑道："二爷近来气大得很，行动就给脸子瞧。前儿连袭人都打了，今儿又来寻我们的不是。要踢要打凭爷去。就是跌了扇子，也是平常事。先时连那么样的玻璃缸、玛瑙碗不知弄坏了多少，也没见这个大气。这会子一把扇子就这么着了，何苦来！要嫌我们就打发我们，再挑好的使，好离开我们的，倒不好？"宝玉听了这话，气得浑身乱战，因说道："你不用忙，将来有散的日子。"袭人在那边早已听见，忙赶过来向宝玉道："好好的，又怎么了？可是我说的'一时我不到，就有事故儿。'"晴雯听了冷笑道："姐姐既会说，就该早来，也省了生气。自古以来，就是你一个人服侍爷的，我们原没服侍过。因为你服侍得好，昨日才挨了窝心脚；我们不会服侍的，到明儿还不知是什么罪呢？"袭人听了这话，又是恼，又是愧，待要说几句，又见宝玉气得黄了脸，少不得自己忍了性子，推晴雯道："好妹妹，你出去逛逛，都是我们的不是还不行吗？"晴雯听她说"我们"两个字，自然是她和宝玉了，不觉又添了酸意，冷笑几声，道："我倒不知道你们是谁，别叫我替你们害臊了！便是你们鬼鬼祟祟干的那些事儿，也瞒不过我去，哪里就称起

‘我们’来了。明公正道，连个姑娘还没挣上去呢，也不过和我似的，哪里就称上‘我们’了！"袭人羞得脸紫胀起来，想一想，原来是自己把话说错了。（袭人确是薛宝钗的影子，外貌富态，性情温良敦厚）宝玉一面说："你们气不忿，我明儿偏抬举她。"袭人忙拉了宝玉的手道："她一个糊涂人，你和她分证什么？况且你素日又是有担待的，比这大的过去了多少，今儿是怎么了？"晴雯冷笑道："我原是糊涂人，哪里配和我说话呢？"袭人听说道："姑娘倒是和我拌嘴呢，是和二爷拌嘴呢？要是心里恼我，你只和我说，不犯着和二爷吵；要是恼二爷，不该这么吵得万人知道。我才也不过为了事，进来劝开了，大家保重。姑娘倒寻上我的晦气。又不像是恼我，又不像是恼二爷，夹枪带棒，终究是个什么主意？我就不多说，让你说去。"说着便往外走。宝玉向晴雯道："你也不用生气，我也猜着你的心事了。我回太太去，你也大了，打发你出去好不好？"晴雯听见了这话，不觉又伤心起来，含泪说道："为什么我出去？要嫌我，变着法儿打发我出去，也不能够。"宝玉道："我何曾经过这样吵闹？一定是你要出去了。不如回太太，打发你去吧。"说着站起来就要走，袭人忙进来拦住。晴雯哭道："我何时早晚闹着要去了？饶生了气，还拿话压派我。只管回去，我一头碰死也不出这门儿。"（坚强不屈，宁折不弯）丫环碧痕、秋纹、麝月等见吵闹，都鸦雀无声地在外头听消息，这会子便一齐进来和袭人同跪地下求情。宝玉忙把袭人扶起，叹了一声，在床上坐下，叫众人起去，向袭人道："叫我怎样才好？这个心使碎了，也没人知道。"说着不觉滴下泪来（也真是位好主子呀）……

这是一个心直口快、言辞锋利的女孩！多么可爱，多么可敬！

然而，在抄检大观园时，贾宝玉妈妈王夫人说自己一生最嫌恶晴雯、芳官、四儿这些"狐狸精"，因此非常果断，不顾晴雯身患重病，四日不曾进水米，从床上拉下来，架了出去，与芳官、四儿一齐撵走。多情公子贾宝玉恨不得也拼个一死，但慑于母亲的震怒不敢说话。待他找机会溜出去偷看晴雯时，那被抛弃的可怜少女正在等待死亡的来临。寄居在姑舅哥嫂家的晴雯，浑身抽搐着，对宝玉最后说的话语是"……只一件，我死也不甘心：我虽生得比别人好些，并没有私情勾引你，怎么一口死咬定了我是个'狐狸精'！我今儿既担了虚名，况且没了远限，不是我说一句后悔的话：早知如此，我当日……"她的声音哽咽了。贫苦出身又无文化教养的晴雯，不懂得才子佳人的恋爱；高洁自尊的晴雯，更不屑于干鬼祟下流的勾当。但在她心里，却珍藏着炽热的情感，如果不是身蒙沉冤，命在垂危，自己也不会意识及此。到了死别吞声的一刹那，她才猛然痛切地感觉到了极度强烈的悲苦与留恋，这使她咬下自己的指甲，脱下贴身的小袄，赠给了心爱的人。宝玉看着晴雯孤立无援，含冤就死，这令他更深刻地认识到这个家庭，这个世界，是多么残忍、阴暗和可恨！万般无奈，贾宝玉写下血泪斑斑悼念晴雯的祭文《芙蓉诔》。

晴雯的性格，通过"跌扇"、"撕扇"、"病补孔雀裘"等事件和死前的诀别，以语言对话描写的形式，真实形象地展现在读者眼前。有哪一个正直的人，读了晴雯的故事，而能不喜欢她呢？有什么人听了晴雯尖刻锋利的语言，而能不感到痛快淋漓呢？又有谁在这么可爱的女孩惨遭迫害，生离死别时，听了她那样发自肺腑、钻心刺骨的话，而能不流出悲酸的眼泪呢？

程老师只顾讲评晴雯，这时才发觉衣丙丁还兀自站立在座位那里，他对着衣丙丁又是摆手又是点头，请他坐下。

10. 胡屠户"两面三刀"（"胡说"一词起源）

衣丙丁的屁股刚坐在椅子上，李一流紧接着站起，他最近在"全省中学生钢笔字书法大赛"荣获二等奖，抹着一脸昨日的喜悦和自豪，也不管老师同意不同意，我的课堂我做主，承担起课堂主人的角色，但是他怕被别的"课堂主人"抢走，就慌里慌张说："我看，《儒林外史》小说里的'范进中举'一节中，范进的岳父胡屠户，话说得很有性格。"

"胡屠户是杀猪卖肉的，他有什么性格？"鲁晓非颇感好奇地问。

前一段时间，李一流的作文《鞋的故事》，在程老师讲解"立意要正确"时，被当作反面范文挂在前面，让大家分析挑毛病，他觉得似乎丢了一回人。从那以后，他就很少抛头露面。不过，学生和老师对他的了解渐渐多起来，知道他的爸爸是书画家，他也正跟着爸爸在练习书法。上次"小学究"改写《妈妈只洗了一只鞋》，使李一流有新的机会崭露头角——在黑板上书写一手漂亮的粉笔字，让他又扳回一局。不久前，按照程老师的布置，他在课余时间读完《儒林外史》，这次一来是为了显示显示，二来觉得课堂总不说话，爸妈问起这事自己不好回答，他才不放过发言的机会，侃侃而谈：

"范进是个书呆子，只知死读书，读死书，心里装着'十年寒窗无人问，一举成名天下知'。中举前，他穷得没饭吃，向老丈人借钱，胡屠户骂他是'尖嘴猴腮''癞蛤蟆想吃天鹅肉'的'现世宝'，'趁早收了这心，明年在我行事里替你寻一个馆，每年寻几两银子，养活你那老不死的老娘和你老婆是正经！你问我借盘缠，我一天杀一个猪还赚不得钱把银子，都把与你去丢在水里，叫我一家老小喝西北风！'从这席话里，表现出胡屠户的粗鲁、蛮横的性格。范进中举后，因狂喜之极，痰迷心窍，精神失常。有人提议，要胡屠户狠狠打范进一个嘴巴，这样猛然一惊，就会清醒过来。可是，这时的胡屠户却变得唯唯诺诺，说他早就看出范进这位'贤婿老爷'有出息，'是天上的文曲星下界，打不得的'。在众人的劝说下，胡屠户仗着胆子扇了范进几个嘴巴，范进清醒过来，可胡屠户的手掌却隐隐作痛起来……"

"哎呀呀，胡屠户杀猪用的是'两面三刀'啊！""穆彪子"听到这儿，似有感悟，突然插了这么一句，逗得满教室笑声如潮。

"就是，"肖渺一站起身，如玉树临风看着"穆彪子"，"胡屠户的话语，前后矛盾，出尔反尔，活画出一个嫌贫爱富、趋炎附势、见风使舵的市侩小人的丑恶嘴脸。"

"你说的是嘴，嘴脸，也不是性格呀！"马岩转过头，诘难肖渺一。"程老师不是让我们列举'什么性格的人说什么话'的例子么？"

"这，这……"肖渺一下子被问懵了，低头想了想，才说："哦，嘴脸不就是性格么！"

"胡说！胡说！"这时突然一阵女高音的喊叫惊动了四座，大家把目光转来转去寻找，看见蔡菀笛边喊边举手。

"菜包子，你说谁是胡说？"肖渺一正被马岩问得难堪，听到蔡菀笛的喊声，又迁怒于蔡菀笛。

"你是说我在胡说吗？""穆彪子"也抬头愣愣地向蔡菀笛望去。

"不，不，菜包子准是说我呢！"李一流极力想把事端平息下去，故意惹火烧身。

"嘻嘻，"蔡菀笛觉得好笑，眼睛在有些扁圆形的脸上挤到了一处，"我说谁呢？我谁也没说——你们这真是'打马骡子惊'！"

"那，那你是在说我吗？——只有我一个姓马！"马岩撇着扁嘴问道。

"哈哈，我是说胡屠户呢！——他姓胡，他的话，不就是'胡说'么！"蔡菀笛大笑。

这时，大家才明白过来，跟着笑了一阵方休。

"哦哦，"樊启琛站起身，长形眼睛又眯弯了，笑得跟花一样甜。"我知道了——'胡说'这个词，起源于《儒林外史》'范进中举'里的胡屠户，他姓胡，他的话又'两面三刀'，果然是'胡说'呀！"

魏增智"腾"地从座位挺直身，浓眉紧皱，说："樊启琛你的'胡说'才是胡说呢！据我所知，'胡说'一词，起源于南北朝，那时北方曾经出现五胡十六国，汉族百姓称外民族为'胡人'，他们听不懂其他民族的语言，就把'胡人'说的话叫'胡说'。后来，'胡说'慢慢变成'胡言乱语''没有根据'或'歪曲事实'的同义反复语。"

"噢噢……""穆彪子"听得入了神，赞叹连声，频频点头。"噢，胡说，胡说……"

……

对于"范进中举"、"王冕画荷"、"严监生之死"、"秦四老爹"等故事，学生们只是从课本、电视片或者其他小册子里了解来的，真正看过《儒林外史》通篇原著的，没有几个人。为了让学生对《儒林外史》这本古典名著有所了解，程老师又简单介绍几句：

"《儒林外史》是章回体小说，作者吴敬梓，明朝人。你说它是长篇小说，而前一个章节出现的人物和事件，到了下一个章节，就全部消失了。你说它是短篇小说，前边的事件和人物又在后边章节开头出现，过渡到下一个章节不久又'人非事换'，全是新人新事，'旧人旧事'又戛然绝迹。'儒'字，就是'读书人'；'儒林'用我们现在的话说，就是'知识分子队伍'；'外史'，是指这些人学习读书以外的那些事。什么事呢？小说揭露旧社会知识分子受到封建统治阶级的拉拢和利用，以及封建礼教的毒害，丧失了人的本性，追求功名利禄，变成了统治阶级的鹰犬，成为金钱铜臭的奴隶，干出了一出出肮脏龌龊的勾当。在《儒林外史》这本书里，吴敬梓用他的笔，活画出了这些人的丑态，揭露了他们的丑恶行径！"

11. 孔乙己的话等于"子曰"（"窃书不算是偷"）

就在这工夫，许行之又站起来，他用右手食指弹了一下光溜溜的圆鼻尖，扬起了脸说："老师，那堂课肖渺一仅仅谈到孔乙己的外貌，让我再说说鲁迅小说《孔乙己》人物的语言特色，可以么？"

前边我们已看到，许行之对鲁迅作品可说情有独钟。还没等程老师点头，他便说了起来："孔乙己是个有性格的人，你从他说的话里可以看出来。孔乙己自命清高，极其迂腐，而又十分善良。当人们取笑他，说他'你一定又偷了人家东西了！'孔乙己睁大眼睛说：'你怎么这样污人清白……''什么清白？我前天亲眼见你偷了人家的书，吊着打。'孔乙己便涨红了脸，争辩道：'窃书不能算偷……窃书！……读书人的事能算偷么？'接着便是难懂的'君子固穷'，什么'之乎者也'之类。这些典型化的语言，反映了他性格中自欺欺人的一面，也反映他受封建教育毒害之深，极力想用'圣言'为自己辩解。"

趁许行之语气停顿的工夫，又有好几只手举起来。许行之急忙接下去说："还有，孔乙己身上没有多少钱，只买了一碟茴香豆，用他的脏手抓着吃，吃一粒，喝一口酒。他旁边围了几个小孩，他教他们'回'字的四种写法，还分给每个孩子一粒茴香豆吃。孩子吃完后，眼睛盯着碟子看时，孔乙己慌了，伸出长长的手指，罩在碟子上，摇着头说：'不多，不多，我已经不多了。多乎哉，不多也。'"

"跟小孩子还说文言文，真迂腐！"不等老师启发，朴峻熙点评道。

"这才叫穷酸！身无分文，只得去偷，够'穷'的；嘴里'之乎者也'，够'酸'的。"听朴峻熙评论，"老头"于俊清也来了兴致，发表着自己的看法。"但是，还把那一点点儿茴香豆分给小孩子们吃，也真够善良的！"

"穆彪子"这时站起来，深陷眼窝内的一双圆眼睛睁得大大的，提出一个问题："孔乙己就是孔子，对吗？"

"不是，不是。孔乙己就是孔乙己。"范文彬眯缝着小眼睛回答。

"穆彪子"又说："我们学校老师讲过，孔子是圣人，是大教育家，他一辈子教了许多学生，'贤人七十二，弟子三千'。你看，孔子一边喝酒，一边吃茴香豆，还在教孩子们写字呢！这些孩子肯定就是他的学生；他教'回'字的四种写法，我都不会，咱们作文班谁会？"

没有人回答，"穆彪子"兴奋起来，眼睛里发出点点亮光，又说："我们学校老师说过，孔子的话，叫'子曰'，我认为也就是'孔乙己说'的意思，子曰：'窃书不能算偷'……"

"哎呀，"刚安静下来不久的秦昊，这时又活跃起来，坐在椅子上大声吵嚷着，"明天我也到书店去偷几本书——正好我没有古典名著，我家是'月光族'，又没钱买；若是被抓住了，我就说'窃书，不能算偷'——这是孔子教诲我这样做的！"

"大活宝，孔子什么时候说过'窃书不能算偷'？你大嘴巴子一歪竟胡说！"肖渺一用手指着秦昊问。

"刚才'穆彪子'说的！"秦昊和肖渺一两人犯相，要么不说话，一说话就针锋相对。"你耳朵聋呀，他刚说完，你没有听见怎的？"

"别人说你是卤虾，你说自己是虾酱（瞎犟）！"

肖渺一嘴咧开，长牙齿露出来，还要反击，丁咚咚接上说："'穆彪子'没有弄清孔子是谁，误把孔乙己当成孔子咯，难道你秦昊也跟他一样不明白吗？"

"那我就说是孔乙己告诉我的！"秦昊是"大公鸡打架——全仗着嘴硬"。

"郭大姐"也用手指着秦昊，似乎很生气，说："孔乙己是小说里的人物，他告诉你的管用吗？"

秦昊做个放松活动，大眼珠在眼眶内转动一下，脸上马上露出憨态："那我就说是鲁迅告诉我的！"

"鲁迅早死了。"左雨虹用眼睛使劲瞥着秦昊。"再说，鲁迅在作品里也没说孔乙己偷书是对的呀！"

秦昊脚蹬着地面，低了一回头，立刻又抬起来，说："那我就说是'小胖墩'告诉我的！"

许行之的粉白鹅蛋形圆脸"腾"地涨得发紫，刚刚坐下又重新站起，回过头冲着秦昊说："窃书就是偷书！孔乙己是为自己的行为辩解，你呢？"

"就你这样想当警察，又想当法官，也不知害臊？"林心怡坐在原位，也抬起手指着秦昊说。

255

"你们当真啦？我是说着玩呢！"秦昊向前凸着鲇鱼厚嘴唇，像喇叭筒，一边笑，一边伸手抓挠他的小贝毛寸头。"你们被我愚弄了！哈哈……"

马岩向秦昊撇嘴，出语无状："从你那张驴嘴里，也掏不出好画（话）！"

秦昊笑得十分夸张，两颊的肌肉把鼻孔牵得更大更深了，两手不停比划着说："饶你们奸似鬼，都喝了老娘我的洗脚水！哈哈，嘿嘿……"

"好了，大家注意！"听到这里，程老师把话拦过去，二手心对搓，往下讲——

12. "于大爷"嘴馋想吃糖（写对话提示语）

人物语言对话要想精确地表达出来，除了说话的内容以外，还需要写好提示语。在提示语里，要写出说话时的语调、口气、神态，甚至还可写出人物的动作行为或心理活动以及具体环境等等。

根据不同情况，提示语有的写在前边，有的写在后边，有的写在中间，有的可以没有。下边，我们首先读读李赟同学《好好协商》这篇作文，然后再进行分析。

好好协商
（李 赟）

星期五的晚上，是一个放松的好机会，我们几个小伙伴又想到科技局楼里的活动室去打乒乓球。但是上次我们在人家那里乱闹，被轰了出来。今天，我和郑雄身负"重任"，去同传达室值班的吴大爷"谈判"。现在已是深秋，夜幕低垂，传达室的窗口透出灯光，门半掩半开，吴大爷正戴着黑边老花镜，低着头伏在桌前看报纸。我们刚走进走廊，吴大爷猛地把头抬起来。他认出是我俩，"腾"地站起，大声喝道："你们又来干什么？"（**提示语在前**）

我鼓起勇气，走上前一步，说："以前我们没有经过您同意，偷偷溜进来，给您老人家添了乱，还和您吵闹，实在是对不起。大人不见小人怪，宰相肚里能撑船，请您原谅我们吧。"（**提示语在前**）

我这么一说，吴大爷怒气消了些，脸上出现乐模样儿。

"明天和后天是双休日，我们想在您这活动室打乒乓球。不过我们也知道这楼里不让外人随便进，但我们都是科技局职工子女，不是外人，这才想跟您老人家商量，订个打球的协定。"郑雄接着我的话说。（**提示语在后**）

"这里是办公的地方，怎能让你们这些小孩子胡闹！"吴大爷稍稍平静下来的火气一下子又上来了。（**提示语在后**）

"我们只在周六、周日和今天晚间打一会儿球，反正这两天机关不上班，你们活动室乒乓球案子也闲着。"我赶忙说小话，"我们打完球，一定把卫生

256

搞好，关上灯，锁好门，不在走廊里吵嚷打闹，保证不给您老惹麻烦！"（**提示语在中**）

吴大爷低头沉吟不语。

郑雄一见有门儿，就上前拉住吴大爷的手说："好爷爷，求您了，快答应我们吧！我们给您买糖吃。"（**提示语在前**）

吴大爷笑了，脸上紧蹙的皱纹舒展开，看着我俩说："那就试试吧。"（**提示语在前**）

"吴大爷同意啦！吴大爷同意啦！"我和郑雄蹦跳着跑出去向其他伙伴们传达喜讯。（**提示语在后**）

（1）提示语在前。

"我回答！"还不等程老师开口，顾崇宇早早把左手向头顶上方伸出；并不等程老师允许，他就大声说开了：

①吴大爷说的"你们又来干什么？"前边加了这样的提示语——"他认出是我俩，'腾'地站起，大声喝道"，这就把吴大爷对"我俩"的反感，见了"我俩"像见到贼人一样的具体神态十分逼真地写了出来。因此他的语调才会让人感到非常严厉，口气特别生硬。这也预示着，下边的"谈判"，道路是不平坦的。如果没有这个前提示语，读时就产生不了这种感觉。

②"我"向吴大爷说了道歉的话，要求得到谅解（"以前我们没有经过您同意……"），前边加了这样的提示语——"我鼓起勇气，走上前一步，说"，这就让读者体会到，以前得罪过吴大爷的"我"，下面说的话是既真诚又愧疚，还有些胆怯，担心被拒之门外，所以说出的话有点不伦不类。

③郑雄恳求吴大爷，说的话（"好爷爷，求您了……"）前边加的提示语是——"郑雄一见有门儿，就上前拉住吴大爷的手说"，这个拉手动作，加上甜言蜜语，搭配紧密，这才"软化"了吴大爷。

④吴大爷同意了孩子们的要求，说一句"那就试试吧！"但只看这句话，还不能断定他已同意。他的"试试"很有分寸。可孩子们为什么还是蹦跳着，欢呼着，很肯定地喊："吴大爷同意啦！"读者也确信不疑？这是因为前边有这样的提示语——"吴大爷笑了，脸上紧蹙的皱纹舒展开，看着我俩说"。可见，没有这前边的提示语，只有人物的语言对话是不行的。"

（2）提示语在后。

顾崇宇说完"提示语在前"，自动坐下。程老师紧紧跟着说："把提示语写在语言对话的后边，有两种原因：一是为了突出人物说的这句话十分重要；二是这句话必须紧接着前边说出来。如果把提示语写在前边，读完提示语再读（或再听）他说的这句话，就会感到说的这句话慢了半拍，这是为了打个

257

时间差。"

说到这，停了停，程老师问："谁能分析一下《好好协商》的'提示语在后'的情形？"

"我分析'提示语在后'。"不待召唤，裴玲甩甩马尾辫，站起来。这次她脸上没有出现"梨涡"，比那次在讲台上翻跟头，显得轻松多了。

①当看到吴大爷怒气消了些，脸上有点乐模样儿时，郑雄就乘机赶快说了"明天和后天是双休日，我们想……订个打球的协定"这句话，而把提示语"郑雄接着我的话说"放在后边写出，是为了突出郑雄说的这句话很及时。

②吴大爷听了郑雄上边的话，一时接受不了，很生气，就说："这里是办公的地方，怎么能让你们这些小孩子胡闹！"写出这句话后，才写了提示语——"吴大爷稍稍平静下来的火气一下子又上来了"。这样先写说话内容，后写提示语，就让读者感到吴大爷说话很急切，不容商量，想都不想就说了出来。反过来，把提示语写在前边，就不再有这种时间上的效果了。

③文章最后写吴大爷说完"那就试试吧！"这句话，就紧接着写出他们兴奋的呼喊声："吴大爷同意啦！吴大爷同意啦！"而提示语"我和郑雄蹦跳着跑出去向其他伙伴们传达喜讯"，却写在呼喊着的话语后边，既表达出这个结果振奋人心，同时也是让人们在第一时间听到呼喊的内容。

（3）提示语在中间。

有的人物语言对话内容较多，中间须有一定的间隔，否则不容易阅读；有的是说的话前后有所变化，用提示语断开，这样衔接，显得自然流畅。比如，提示语"我赶忙说小话"，就是把"我"说的大段话间隔开：前边内容是启发吴大爷，双休日机关不上班，活动室的乒乓球案子闲着没人用，"我们"玩玩并无不妥；后边的话，表明"我们"一定要遵守纪律，爱护公物，保持卫生的决心。

一石激起千层浪，程老师的话音刚刚停止，就听到下面有人小声议论起来了。

"你说，这个吴大爷，他后来为什么同意了'我们'的请求呢？"蔡菀笛用眼睛溜着老师，斜着半个身子，压低了声音，与后桌赵耀交流着。

"还不是人家李赟他们这次态度好！"赵耀眨眨眼，过一会儿才回答。

"你说得不对！"蔡菀笛故弄玄虚，扑哧一笑，"你再猜猜。"

她俩的小声嘀咕，又被赵耀后桌的冯新发听见，也参与进来："这不是'和尚头顶上的虱子——明摆着的'！"

听到这儿，樊启琛隔着桌子，把身子探过去，将油腻腻的嘴巴凑到冯新发耳边，悄声说："冯大帅，你头发稀，剃个秃子，这回你再不说秃子了，把秃子变成和尚，和我一样，就喜欢和尚呢！"

258

樊启琛是个呆瓜，不懂"当着矬子不能说短话"，冯新发正要发作，蔡菀笛扬起脸，越过赵耀的肩头，看着冯新发笑问："冯大帅，你说这是怎么回事呀？"

"嘿嘿，这个吴大爷嘴也忒馋了！"冯新发细长的腰身往上挺一挺，发表自己的感想。"这些小屁孩们说要给他买糖吃，他才同意让他们进来打乒乓球，真是的……"

"倔老头！"于俊清在旁感慨着。

"这不和你一样！"坐在隔桌的孙洪达，这时歪过头，看着于俊清逗哏。

"哈哈哈哈……"

前言已叙，于俊清因为老实厚道、说话慢，让人觉得费劲，性格颇似老年人。另外，他的面容暗淡，没有固定形状，缺少棱角，活像一块老切糕，朦朦胧胧的双眼常常盯在一个地方出神，同学们都叫他"老头"。不过这个"老头"，人品极好，人缘不错，大家也就乐意和他闹着玩，也都很尊重他。然而，有时从"老头"口里说出的话语，却又十分幽默，逗人发笑，因此人们愈加喜欢他。听了"孙猴子"的话，不少面孔都转向"老头"，看着他乐。而"老头"呢，却紧蹙着鼻子，眨动两只像是永远睡不醒的眼睛，慢吞吞地说："那，那你们怎么，怎么不给我这个'于大爷'买糖吃呢？"

"穆彪子"一脸正经，直眼看着于俊清，愣愣地问："那，那你以后不叫'老头'，叫'于大爷'啦？"

大家听了，都笑"穆彪子"有创意，又是一阵哈哈笑。从此以后，"老头"这个称号又被"于大爷"替换了。

（4）无提示语。

有的人物语言对话没有任何提示语，这种写法多用在特定的语言环境中。第一，不写提示语，读者也完全可以明白是什么人说的话，甚至从对话的内容、语调中就能知道人物当时的表情和处境；第二，有的不写提示语，是因为只需读者知道人物对话内容就可以了，无需知道其他；第三，不写提示语，还可使文章的节奏加快，行文简洁，给读者留下广阔的想象空间。

例如，作家贾平凹《一只贝》，开头写这只贝和别的贝没有什么两样，长年生活在大海里。有一次涨潮，这只贝被海水送到岸边沙滩上，退潮时被永远留了下来。文章中间写孩子们到沙滩上玩耍，发现许多美丽的贝壳，捡回去用丝线串着，系在脖项上。但这只贝没人理睬，因为它是一只丑陋的贝。文章后部分这样写道：

孩子们又来到沙滩上玩耍。他们玩腻了那些贝壳，又来寻找更漂亮的呢。又发现了这一只贝的瓦砾似的壳，用脚踢飞了。但在踢开的地方，发现了一颗闪光的东西。他们拿着去见大人。

"这是什么东西？"

"这是一颗珍珠！嗨，多美的一颗大珍珠！"

"珍珠？这是哪儿来的呢？"

"这是石子钻进贝里，贝用血和肉磨制成的。啊，那贝壳呢？这是一只可怜的贝，也是一只可敬的贝。"

孩子们重新去沙滩寻找它，但没有找到。（全文完）

——这篇文章立意深远，通过"一只贝"不平常的命运遭际，旨在揭示一种价值取向：那些有杰出才华并做出巨大贡献的人，往往没有漂亮的外表，为世俗所鄙弃而鲜为人知。文章结尾有几句对话，却没有提示语，因为它无需有提示语，让人一看就可明白：问话的是孩子，答话的是大人；至于是哪个孩子，是哪个大人，他们说话时的具体情形怎样，这与上下文及要表达的思想内容没有任何关系，没有必要写出来。假设写了提示语，反而成了多余。

人物语言对话的提示语，有还是无，是在前还是在后，抑或在中间，没有一个死板的公式可供遵循，完全要视文章的需要，即实际情况而定。另外，这里还有一个写作者的语言风格和写作习惯问题。同学们在阅读时应该多多揣摩体会，认真学习，在写作实践中正确运用。

13. "女才子"要和程老师过几招（当堂作文例三）

一篇文章的表达，是通过字、词、句、章完成的，或者说是由语言组织起来的。文章里的语言，可以分为作者语言和人物语言两部分。我们现在讲的是后者，即人物语言。在文章里，人物语言的原话（不是由作者转述），要用引号（"××××××"）引上。

"嘿嘿，我写作文，遇到人物语言对话，前，前引号不丢，后，后引号准忘掉了！"正在仰脸朝天的马岩，听到这里不自觉地说了一句，仍然有些口吃。

马岩这句无心话，引来其他学生的自我批判，纷纷加入议论的行列。

惠天佑张着大嘴，一口的钢丝牙圈像是生了根，并且开出黑色花朵，一说话像结出的黑果实差点蹦出来："开始，学习《赖皮缠教演标点符号》后，也不管是不是人物说的话，我见'说'字就引上，程老师批改作文时，给我指正多次，我才渐渐改正过来。"

温昕卓的长头发柔顺地垂下来，勾勒出一幅美少女画像。她说："刚写作文时，我根本不会使用引号，本子交上，程老师批阅时用红笔替我引上，一次又一次，不厌其烦，有时在旁批和评语中还写几句要我注意的话，慢慢我才弄明白。"

周圆圆也感慨良多，低下头说："我也总忘记用引号，程老师在作文本里批示好多回，我就是不改。后来，程老师还为这事专门找过我，和我面谈，我才会使用引号，懂得人物对话要用引号引上。"

"大活宝"秦昊又来了点激情，转动着鼓突的牛眼珠说："使用标点符号，我可是没费多大事就运用自如了。人物语言对话要用引号引上，这有啥难的？绅士向赖皮缠学习标点符号，你们也应该向我学习学习。"

肖渺一也正准备说说自己的情况，他听秦昊这样"自夸其德"，很反感，讥讽秦昊说："可是的，你秦昊也真的有点像赖皮缠呢！"

秦昊的黑眼珠立刻变成白眼珠，又要往外凸，程老师没再给他机会，只顾往下讲课，他说："我在讲解怎样描写人物时，第一节课布置的作文，要求以我程老师为模特，写一篇记叙文，任梦洁写的《和程老师'过招'》，里面的人物对话很有特色，我用大字打印出来，现在就请大家鉴赏——"

和程老师"过招"

（任梦洁）

我爸爸妈妈都是大学文科教师，受其教育和熏陶，我从小就读了不少古今中外文学名著，还能背诵很多唐诗宋词。在同学当中，我的阅读面广，张口成诵，写出的作文也常常被老师表扬，当作范文读给学生们听呢。不然，大家无缘无故能送给我"女才子"这个称号么？

一个偶然的机会，我进入了程老师作文班学习。说实在的，当时我并没把程老师放在眼里，因为在我所就读的学校里，没有哪位语文老师得到过我的钦佩。

可是，仅仅上完第三次课，我的观念彻底被轰毁，被颠覆。

每堂作文课的时间是120分钟，中间休息10分钟。上课后的15分钟内，程老师在黑板上写些熟语啦，诗词啦，有关时令的语段啦，或者其他的"学识见闻"啦，要求学生抄写和背诵；然后再用30分钟讲解"写作知识"；接下来才布置作文，进行审题，最后用大约60分钟让学生完成这篇作文的写作。

这天，写作文课前，程老师让学生背诵李白的《江上吟》，这首诗我早已背得滚瓜烂熟，但很多学生"闻所未闻"。写的作文题目是《说说心里话》，我在文章里写道："看来程老师很喜欢古典诗词，有时还在学生面前背诵几首；但是他背诵的那几篇，我都背熟了，我不敢说倒背如流，正背如流还是没问题的。尤其李白、杜甫、白居易、李商隐、杜牧等唐诗，我背出很多，我真想和他程老师过几招呢！"

这次作文发下来，我看到程老师用红笔写出密密麻麻的批语，其中有这样的几句："好啊，要跟我过过招，我接招！"

下课以后，我被程老师留了下来。程老师满面春风，温暖的笑容绽放在他的脸庞上，慈善的目光透过茶色镜片落在我的身上，他问我："李白的长诗，你能背诵哪些？"

　　我想了想，回答道："我能背诵《将进酒》、《蜀道难》、《梦别天姥吟留别》。"

　　于是我就一一背诵出来。

　　"还有没有？"程老师又问。

　　"还有《行路难》。"说完，我又背诵起来。

　　程老师两只手叠在一起，安闲地放在桌子上，一直微笑地看着我。他认真地听我背诵完后，又这样问："你背诵的只是《行路难》（一），《行路难》还有（二）和（三），能背出来么？"

　　看我摇头，他便背诵起《行路难》（二）："大道如青天，我独不得出……行路难，归去来。"接着又背诵《行路难》（三）："有耳莫洗颍川水，有口莫食首阳蕨……且乐生前一杯酒，何须身后千载名。"

　　他背得抑扬起伏，顿挫有致，如同黄河长江，一泻千里。接着，他又看着我问："李白的诗还能背出哪些？"

　　我又低头想了想，说："我还能背诵李白的一些短诗……"

　　"呵呵，"程老师左右摇晃着头，"李白的短诗，写得还算一般；他的长诗，气势恢宏，视野开阔，天上地下，神界人间，吞吐宇宙，气游洪荒，渺渺予怀，飘飘欲仙……"

　　然后他问我会不会背《庐山谣卢侍御虚舟》、《梁甫吟》、《忆旧游寄谯郡元参军》、《答王十二独酌有怀》等诗，看到我再次摇头，他又一次朗声背诵起来：

　　"我本楚狂人，凤歌笑孔丘。手持绿玉杖，朝别黄鹤楼。五岳寻仙不辞远，一生好入名山游……"

　　把这几首长诗背诵完，程老师又问："你还喜欢谁的诗词哟？"

　　我把头垂了下去，想了想说："除了李白、杜甫、白居易，我还喜欢李商隐的七律《无题》诗。"

　　"唔，李义山的《无题》诗，写得高深精妙，像'相见时难别亦难'你肯定会背，除此还能背出哪一首？"程老师说话时总是抬手抚摸他挂在耳朵上的眼镜腿。

　　"我能背……能背……"我大概已被程老师的滔滔不绝镇住了，神经有些紧张。"……噢，这首诗最后两句是'如何四纪为天子，不如卢家有莫愁。'第一句是……"啊，我蒙住了。

262

程老师也看出了我的局促，呵呵笑起来，提示说："首联是：海外徒闻更九州，他生未卜此生休。"

"对对，海外徒闻……"我接着也把后三联背诵出来。

这时我又想起毛泽东的诗词，问程老师能否背诵。可是，程老师又反过来问我："你能背诵几首？"我就给他背诵《七律·长征》、《西江月·井冈山》、《清平乐·六盘山》、《卜算子·咏梅》和两首《沁园春》。可是，谁知说起毛泽东诗词，程老师如数家珍，他几乎把毛泽东的诗词全能背诵出来。他不仅能背，而且还有一定的研究。比如，说到《七律·和周世钊同志》这首诗时，程老师的一席话让我大跌眼镜——

"我看过的几本注释毛泽东诗词的书籍，都把'尊前谈笑人依旧，域外鸡虫事可哀'里面的'域外鸡虫'，说成是指当时国际上的反华小丑，这实在是牵强附会，解释得肤浅可笑！"

听到这里，我忙问了一句："老师，您说这'域外鸡虫'该作何解？"

程老师又抬手端了一下眼镜架，目光变得严肃而深邃，看着我说："其实，如果熟悉毛泽东个人的经历，这个'域外鸡虫'就不难解释了。这首诗是毛泽东写给周世钊的。周世钊何许人也？他是毛泽东在长沙师范学校的同班同学，曾和毛泽东一起闹过学潮，毛周两人互写七律唱和的1955年，周任湖南省教育厅长。毛周两人在'尊前谈笑'，必然会说起当年同班的其他同学，也自然会提到一个名叫肖瑜的人。肖瑜就是肖三的哥哥，他们都是同班同学。在一个暑假里，肖瑜曾和毛泽东一起，身上不带分文，两人徒步去'讨饭'，到民间'采风'，当时关系十分密切。然而，后来两人分道扬镳，毛泽东参加了中国共产党，坚持马列主义无产阶级专政学说，而肖瑜却是一个无政府主义者，在政治立场上和毛泽东截然对立，他反对任何形式的专政。中共在全国取得政权后，肖瑜流亡到'域外'南美乌拉圭，继续发表言论，公开批判毛泽东的政治观点。毛泽东和周世钊在一起，谈起他们昔时同学的境况，就一定要提起肖瑜这个'域外鸡虫'，感到'可哀'……"

我听得入迷了，回家后，翻看爸爸书架上多本《毛泽东诗词注释》，确实没有一个像程老师这样具体而又令人信服的解释。这时我已对程老师佩服得五体投地，感叹勿如，我觉得自己败下阵来。

因为学生经常听程老师背诵古文，看后并无多大反响，只有衣丙丁感慨了一句："程老师那么大年纪，记忆力那样好，真是了不起；我爸爸四十刚出头，总念叨'人过三十天过午'，再不就说'人过三十不学艺'，一天除了上班、开会忙工作，剩下都是酒桌应酬、搓麻将打发闲暇时光，以前的英气都蒸发了，一点儿进取心都没有啦！"

程老师听了，下意识地一笑，说："衣丙丁，请把这首诗转赠给你的爸爸——

"朋友，不要为年龄发愁，春天过后不是秋！只要在秋霜里结好你的果实，又何必在春花面前害羞？我也有时着急，只因工作不顺利；我也有时发愁，只因政治上比人落后。我不再有什么要求，我的要求在大家的要求里头；我不计较个人幸福，我的幸福在大家的幸福里头。踏遍人生的领土，最后我才知道——只有人民事业才会青春长久，谁的生命和它结合，白发就不会上谁的头！朋友，何必为年龄发愁？"

正当衣丙丁低下头摇动笔杆往本子里抄写时，樊启琛嘻笑着问："这是谁的诗呀？是您程老师的吗？"

"呵呵，"程老师脸上泛起红晕，赶忙摆手："担当不起哟！这还是我上学时记在脑子里的呢——如果没记错的话，这首诗是一位世界级的政治大人物写的，他已经过世80多年了。"

衣丙丁抬起脸紧接着说："我爸爸身体不好，有糖尿病，他总是说自己活不长，情绪低沉，我们全家人不断开导他……"

听到这里，程老师眼睛忽闪亮一下，上下眼皮碰碰，微微眯，仰起头，直视前方，嘴角启动，又朗诵出一首诗——

"人活五旬已叹老，我今七九正康强。自供清淡精神爽，做事从容日月长。"

魏增智虽有"歪才"并有"小学究"的雅号，却不知这首诗的出处，就站起来问："老师，从'我今七九'这四个字看，是说'我今年六十三岁'，您还不到五十岁，肯定不是您写的，我想问：这是谁的诗呀？"

"胡志明。"程老师直截了当地说。

"胡志明？"韩铁壮翻白几下眼珠，"他是哪路神仙哟？"

程老师看着大家问："谁知道？"

大家都面面相觑，没有人回答出来。

看着学生一张张如地窖里马铃薯嫩芽一样的面孔，程老师只好自己说出答案："胡志明，他是越南人民共和国的国父，开国领导人，也是中国人民的老朋友，精通汉语！"

"铃铃铃……"在学生一片叫好和议论声中，下课铃奏响了。程老师立即把任梦洁《和程老师过招》这篇作文从黑板上摘下，随着学生走出教室。

（五）程老师说自己会"读心术"——怎样描写人物的心理活动

1. 能在别人的脑子里走几圈呢（你知我知）

在一定的环境中，一个人会对客观事物产生各种各样的感觉、情绪、想法、认识，有的还很强烈，有的可能只是潜意识，这些都是心理活动。文学艺术源于生活，并要高于生活。因此，作品中就要把这些思想活动和心理状态准确描述出来，用以揭示人物的内心世界，表现人物的思想感情和性格特点，塑造出活生生的人物形象。在记叙文中，运用心理活动描写还可提升文章的主题思想，连接和推进情节向前发展，这是极为重要的手段。

刚讲了这么几句话的程老师，又被林心怡的问话所打断："程老师，我们知道您经常写文章，您能具体说说，您笔下写的人物，您是怎样知道他们的心理活动的呢？"

程老师略微思考一下，笑了笑，顺口谈着经验："对呀，我要写的人物的心理活动，是因为情节发展的需要，不是我给他们硬往上去粘的，而是他们当时必须产生那样一种思想状态。"

"穆彪子"抬手搔着头，瞪大眼睛问："他们想些啥，你怎么能知道呢？"

"呵呵，听我说。"程老师神色凝重起来，打了一个手势。"我写的人物，他想些啥，我都知道，要做到'你知我知'。我们要有孙悟空的本领，能钻进铁扇公主的肚子，在她的心脏里面转几圈，对她想些啥，了解得一清二楚。不说别人，连你穆标心里现在想些啥我也都知道，我能洞穿你的灵魂！"

"啊，啊，是吗？""穆彪子"惊悚的目光在眼眶内游移着。

听到"孙悟空钻进铁扇公主肚子里"，别人犹可，被称为"孙猴子"的孙洪达，这时精神抖擞起来，"穆彪子"的嘴唇刚颤抖，还没振颤出几个音节，孙洪达的"神舟 111 号"早飞入太空，问："我孙大圣是神猴仙体，能在铁扇公主肚子里溜达，而您程老师，是个肉体凡胎，怎么也能钻进别人的心脏里转圈呢？"

不容程老师作答，"穆彪子"实在憋不住，摇着头问："我想些啥，你程老师怎么能'穿越'呢？"

"让我告诉你吧，普通人在说话时，通过分析他的脸部表情、肢体动作、声音语调和讲话内容，我就可以洞察他的内心世界，知道他在想些什么。"说这话时，对着孙洪达和"穆彪子"二人，程老师神秘地眨眨眼睛。

座位里的学生，一动不动地静听着，思考着，从面部表情看个个都在发愣。

"呵呵，这叫'读心术'！"程老师宽大的肩膀往上耸了耸，目光从镜片后面闪亮。"一般人我还不告诉他呢，信不信由你咯，请往下听——"

至于心理活动描写的重要性，程老师首先举出丁咚咚写的《一元钱》作文为例，他说：

"这是一篇看图作文，丁咚咚先写小同学王顺顺在路上捡到一元钱，把它交到妈妈手里。接下去是这样写的——

妈妈接过钱，转身向别处走去。望着妈妈的背影，王顺顺摸着脑袋想：'在学校里，老师经常要求我们，捡到东西要物还原主，要做到拾金不昧，那么，妈妈拿这钱干什么去了呢？'

'王顺顺摸着脑袋想'的这段话，就是人物的心理活动描写。有了这个'想'，就使王顺顺小同学的思想境界更高，形象更突出，深化了文章的主题。"

听到这里，见程老师停住，丁咚咚见缝插针，说了一句话："由于写了王顺顺'想'的这些心理活动，下边接着写妈妈回来了，在时间上，也让人感觉很合理：已经过了挺大工夫，妈妈应该回来了。或者说，上下文连接得就顺畅了。这不就是程老师说的，心理活动描写'能够连接和推进情节向前发展'么！如果没有这个'想'，就紧接着写'妈妈回来了'，岂不是回来得太快了吗？——这是我的理解。"

"可是，"程老师继续讲，"我们有些同学，在描写人物时，不会写心理活动，人物有外貌，会走路，也会说话，就是不会想事，因此笔下的人物思想境界都不很高……"

"那可怎么办呢？"蔡菀笛冷不丁问了这么一句。

"怎么办？"程老师把目光转向蔡菀笛，"写作文时，你要设身处地去琢磨……"

"最好你能钻进人物的脑子里转两圈！"秦昊突然接话，连真带假说上这么一句。

对于学生打断他的话，程老师不但没有批评，反而大加赞扬："秦昊说得对，正是这样，你写的人物，他在此时此地都应该想些啥，你最好能钻进他脑子里转上几圈，读一读他正在想些什么！"

"那他都应该想些啥呢？""穆彪子"先是低头自语，接着又扬着瘦削的窄条脸，鼓着腮帮子，张着嘴，愣愣怔怔地望着程老师。看来，他的问话是认真的，绝不是故意无理取闹。

"呵呵，"程老师笑笑，"穆标同学提的问题很好，他问的就是心理活动怎样描写，那就请注意往下听咯——"

2. 自己和自己在心里说话呢（内心独白）

有句大家耳熟能详的话："口里不言，肚内说话。"因为各种原因，有的人有话不愿对别人讲,在自己脑子里打起小算盘;有的人原本想和别人谈谈,但是旁边没有别人,又浮想联翩,或者不期而然地想起一些事情,只好不断地在脑子里转念。我们把这种心理活动描写出来,给它取个名字,叫做"内心独白"。请看下边的例句——

(1) 回到房间,我怎么也乐不起来。唉,爸爸,你为什么这样不听劝呢?你一回家就去搓麻将,三更半夜才回来,全家人都睡不安稳。你熬了夜,输了钱,上不好班,有百害而无一利呀!如今,你心里还有这个家吗?还有我这个女儿吗?

(2) 看到房子里的破破烂烂,他心情很难过,很焦急:人们都到什么地方去了呢?他们今后怎么办呢?我能不能把他们找回来呢?

(3) 翟海锋拾到一块联合国原装钻石手表,回到家里,躺在床上,美滋滋想:这块手表卖掉后可以买多少台自行车呀,可以买多少好吃的呀,可以买多少珠宝首饰呀……不过,他胸腔内很快滚过一股潮水,把这些美好念头全部淹没。学校老师常说:"捡到物品要交公,做到拾金不昧。"这样贵重的东西,失主该是多么着急呀,也许正在四处寻找呢……

(4) 钻进被窝里,翻来覆去睡不着觉,她在拷问自己:平时,唐甜甜对自己是那样的关心,我那次有病,放学后她就跑来给我补课;天冷了,她把衣服脱下一件给我穿……今天只因一句话这样的小事,就不理人家,这不是小肚鸡肠,没有了大量么?明天上学,我一定向她诚恳道歉!

(5) 金林鸿坐在沙发上,左手摸着胸前纽扣,心里想:自己学会钉扣子了,真高兴啊!从今以后,一定学会洗衣服、擦地、淘米、做饭,还要帮妈妈做更多的家务。我长大了,再不能当小懒虫,自己的事要自己做,不会的事要学着做……

"大家看,这五条都是自己和自己说话。"程老师用手指着贴在黑板上的大白纸,"第一条,是一位女儿在心里报怨自己的父亲嗜赌成性……"

"第二条,"黎梅花抢过来说,"一个人面对空荡荡的房间,自己问自己:这屋里的人都到什么地方去了呢?他们以后如何生活呢?——这就是内心独白!"

"我说第三条,"范文彬好久没发言,觉得总该动动嘴了,"什么X海峰?老师,那个字我不认识!"

"你这个范大烟,也没人强迫让你讲话,不认识字,你站起来干什么?"肖渺一坐在座位里,扬起脸,朝范文彬咧着嘴说。

程老师笑笑,拿过一支粉笔,在黑板上给"翟"字注音标调 zhái,又亲切地看着范文彬说:"不会就问,很好啊,这样你就认识了,记牢了——这个字读'zhái'音,'住宅'那个'宅'音,记住了吧?"

"知道了！谢谢老师！"范文彬点点头，小眼睛挤咕两下才开口："翟海锋偶然拾到一块贵重的手表，开始是喜滋滋在肚里盘算用来买些好东西；后来想起老师的话，心里又产生设身处地替失主考虑的想法，他先己后人，转变后，又先人后己……这段话写翟海峰自己和自己在肚子里说话，就叫做内心独白！"

"范文彬说得多好啊！"程老师为了鼓励范文彬，边说边注视范文彬两三秒钟，又转脸面向大家，"范文彬除非不开口，开口他准能说到点子上。"

"看完第四条，通过'内心独白'那些话，我觉得这个女同学因为屁大点事就要和好朋友断交，真是'小肚鸡肠无大量'哟！"周圆圆也真是个"假小子"，说话有点"狂"，还有点"野"。"不过，后来她又想明天道歉，这就叫'回头是岸'，也叫'改过自新'！"

最后几句，周圆圆说得有点语无伦次，言不及义，左雨虹嘲笑她说："假小子，你说些什么哟，乱七八糟的！"

周圆圆并不在乎，说："辣椒妹，你笑话别人，自己为什么不发言呢？"

"你让我说我就说——我说第五条！"左雨虹手一举，身一挺，站起来。"金林鸿也太娇生惯养了！那么大了，还没扫过地？还没做过饭？赶上贾宝玉啦！贾宝玉十四五岁，自己还不会穿裤子呢，都是丫环给他穿，太丢人啦！"

郭淑薇却当头拦了一句："金林鸿说的是真心话，自我检讨。这个心理活动描写，确实属于内心独白呀！"

秦昊是三句话不离本行，他开口说话了："我在家，可是什么活儿都会干。不但扫地、做饭，就是我爸爸去粘鸟，我都得帮着去挂网、摘鸟、收网——"说到这儿，他来个急刹车，又忙大转弯："不过以后我再也不捕鸟了，我爸爸打死我，我也不去干杀生害命的事啦！"

"赞一个！""亲，给个好评！"

"大活宝"的话，又招来一阵笑声和附议，他很满足。至于是赞扬还是讥刺，他全不放在心上，仰起头颅东张西望一番，才一屁股坐下，弄得椅子重重地撞击着后面的桌子，发出"当啷啷"的响声。

3. 我的心里也翻江倒海折腾呢（独特感受）

当一个人受到外界事物的感染或刺激时，心理就会发生一定的变化。我们在文章中把这种感受描写出来，表现人物的思想感情，让读者窥见他的内心世界。比如：

（1）《带着"双百分"回家》（小学五年级学生黄诗雯当堂作文）

花儿开得真鲜艳。

它们全都开到了我的心里。

知道我为什么这么高兴吗？告诉你吧，我考了个"双百分"！妈妈一定会给我买好多零食，连那不苟言笑的老爸也会请我吃"KFC"的！想到这里，我像一只快乐的小鸟一样跑在回家的路上。

我兴高采烈地跨进家门，老妈老爸紧张地问我："考多少分？"

"当然是——双百分！"我大声地宣布。

没等我反应过来，脸上就被老妈印上一个口红印。

老爸激昂地说："走，吃肯德基去！"天啊，我有点儿受宠若惊了。

整个下午，我都沉浸在欢乐之中。没想到，打"双百分"有这么多好处！

（2）小草在我的脚下发出簌簌的响声，我戒备地竖起耳朵，仔细分辨着四周的动静，生怕漏掉一点点异样的声音。其实，这是自己吓唬自己，可往日在众人面前的那股勇气，怎么也提不起来，越胆怯，越觉得身后老是有轻轻爬行的动静，多么像传说的，狼跟在人后面悄悄走动的声音。我不时地左右巡视一下身后，终于看到了几道透过枝叶空隙的幽幽月光，一眨一眨的，我也无暇思考，反射到大脑里的就是狼的目光。也是生存的本能，我"唰"地一下子举起钢筋护住自己，手电光急促照过去。虚惊过后，我浑身仍然阵阵发冷，好似气温一下子降到了摄氏零度……

（3）郑翔回到阔别已有十年的故乡。一进村，残存在脑海里的茅草房，水加泥的土路，村子西头的大壕坑，坑四周的柳树毛，一一都不见了踪影；眼前是一排排的砖瓦房，小院套，兽头铁门，整齐划一的街道，平坦的水泥板路……这时，他胸膛里涌起一阵无可名状的波澜，有留恋，有思念：儿时同伴们在一起玩耍、嬉闹的乐趣，乡亲们为一年的衣食忙碌的身影，人们之间你帮我扶的那种情调……他又为今天的变化而喜悦和自豪，大家过上了文明、卫生和有尊严的生活，走上了富裕之路，再不用为明天的缺衣少吃而绞尽脑汁……想着，郑翔的右脚已跨进村头的超市里。

（4）当老师宣布全班总分第三名是我的名字时，我胸口"怦怦"直跳，欢乐把我的身心全部占有，我感到血液直往头部涌来，脑子里翻江倒海似的掀起不可抑止的波浪，想起上学期学习成绩落后，总遭爸爸妈妈训斥，心里总像揣着个小兔子，这回，看他们可还有什么说的……

"嗯嗯，最后这段话写……写的就是我。"马岩坐着一动不动，一直向前延伸的厚嘴唇徐徐开启，"上学期期末考试，我班老师发布成绩，说……说我是第三名，我根本没想到，没……没有一点儿思想准备，当时我的心里也是翻江倒海般'怦怦'折腾呢！"

"马岩，你是不是也学秦昊呢？像程老师说他那样——'对号入座'呀！"左雨虹脑际突然飞出联想，瞅着马岩，笑着说。无怪大家叫她"辣椒妹"，说出的话就是有点"辣"味。

"谁愿意和他一样！"马岩用又长又厚的嘴唇撇了秦昊一下。

269

"你撇的还没有扔的远呢!"秦昊见马岩用嘴撇自己,冲着她说了句俏皮话,便戛然而止,不再言语。

大大咧咧的马岩,性情和樊启琛很相似,笑容一天总挂在嘴角两边,任凭哪个同学拿她取笑,她从来没有表现出反感过,因此她成了大家的开心果。就是经历,马岩也和樊启琛差不了多少,五六年前父母离异后,她和妈妈一起住在外公外婆家里。有的社会学家得出结论说,单亲家庭中成长的孩子,大多思想都比较单纯,性格也相对率直。我们这里的樊启琛和马岩,恐怕就是两个例证吧。

这时黎梅花站起来,谈起自己的一次经历:"星期天,我到姥姥家去,姥姥留我吃晚饭,回家时天已经大黑了。我一个人走在路上,总觉得身后有个人尾随着自己,回头用眼睛一瞥,真有个年轻人一步一步地跟着,我加快了脚步,他也加快脚步,我慢走,他也慢走……我的心脏紧缩,咚咚地跳,都要从嗓子眼儿跳出来了,落地就会变成个野兔子……"

中小学生这个年龄段,思想幼稚,心灵单纯,就像没有写过字的纸张那样洁白。听着黎梅花的讲述,激发出他们内心深处最原始的恐惧,每个人的脸上都涂抹上一层惶惶不安的颜色。就在这时,和黎梅花同一学校的鲁晓非打断了她的话:

"黎大侠,你个女中豪杰,在学校里都敢打男生,还怕什么歹徒?"

听鲁晓非说完,韩铁壮撸起袖子,攥紧拳头,仿佛能握出血来,朝空中用力一击,说:"嘿,我有时在路上走,心里总想,我怎么就碰不到个小偷、抢劫的坏人呢?要是让我撞上,我狠狠揍他们一顿!"

见没人再插话,黎梅花又哭腔拉韵地往下说:"我那时边走边想:这回我可要完了,我的生命可能走到头了,再也见不到老爸老妈了,再也见不到老师和同学了……"

"大侠,你现在不是还活着吗?别吓唬我们啦!"白杨胆子最小,仗着胆听,后来一琢磨不对劲儿,就半坐半站地喊。

樊启琛是个好奇心最强的孩子,最喜欢听故事,他有些半信半疑,忙问黎梅花:"后来是怎样摆脱尾随你的坏人的?"

"哈哈,"黎梅花口气一转,突然脸上的笑容拉开了。"你们猜猜,我后面的那个人是谁?——原来是我姨妈家小姐姐的对象,我刚离开,他和小姐姐就来了姥姥家,姥姥不放心,就让他在后面暗中保护我,一直跟着我进了家门。后来我问他:'为什么我快走,你也快走,我慢走,你也慢走?'他说:'你这纯粹是神经过敏!'"

正当大家惶惑之际,程老师说话了:"黎梅花用自己的亲身经历,给同学们提供'独特感受'的实例,大家要记录在本子里,再经过加工处理,写一篇心理描写的习作。"

三四十张如花朵般的面孔,刚才还都朝向讲台,这时"唰"的一下俯了下去,对着洁白的纸张开放……

4. 又出来一个"对号入座"的呢(心理剖析)

从客观的角度,对人物的内心活动进行解剖分析,用以表现他的思想情绪,反映他的性格特点。采用这种方法,应与人物的外貌、神态、语言、动作等描写相结合,完整地刻画出人物的形象。比如:

(1)李晓光刚挤进59路公共汽车,看见身边有个人贼眉鼠眼的,左手拿着个黑色公文袋,右手藏在下面,正掏前边一位年轻妇女的衣袋。"小偷!"李晓光正想要呼喊,他发现后边还有一个同伙,手里拿着一把水果刀。这时,他害怕了。他想起那些见义勇为的英雄,觉得自己应该挺身而出,把小偷和歹徒抓住;可是,自己还太小,身单势孤,能打过他们吗?怎么办呢?他想找个警察把这个小偷抓住,可是看了半天,车厢里一个警察也没有。"算了吧,事不关己,高高挂起!"刚这么一想,立刻在他的脑海里闪现出《学生守则》里的一句话:"热爱祖国,热爱人民。"他意识到,临危退缩是可耻的行为。"不行,我一定要想出办法!"就在这时,汽车停靠又一个站台,他鼓足勇气,从车门钻出去,迅速跳下,向马路边执勤民警大喊:"车上有小偷!"于是,警察和群众一起动手把两个小偷擒获。

(2)汪绍武心里像是倒了五味瓶,酸甜苦辣咸什么滋味都有。他离开父母多年,十分想念生育养育他的高堂老人。这次回来,就是为了共享天伦之乐。可是,距离家门越近,他的心情越是增添愧疚之感:多年浪迹他乡,并没混出个模样来,真有点无颜面对……

(3)庞喜林这几天总乐不起来,老想着那篇作文的事:期中考试答语文卷,他抄袭同桌潘晓梅的文章,老师评卷时发现"雷同卷"该怎么办呢?会不会在全班同学面前批评自己呢?能不能交到校长那里,在全校大会上通报处罚呢?但他又想,最近老师太忙,根本不会留心这样的"小事",自己是不是"庸人自扰",太过虑啦?不过,杨老师可是个精细人,她洞察秋毫,什么事也休想逃过她的眼睛……想到这儿,他决心去找老师认错,争取主动,因为老师经常对我们学生说:"犯了错误不可怕,谁个不犯错误?最可怕的是不承认错误,坚持错误不肯改正。有错误,承认了,改正了,就是好样的!"他反反复复想了一夜,第二天吃完早饭,来到学校径直向老师办公室走去。

"老师,我现在也学秦昊——对号入座!"大家循声望去,看见孙洪达站起来,嘴张着,露出一排雪白的牙齿,一脸的坏笑,眼睛快挤没缝儿了。

"孙猴子又要大闹天宫啦!"不知是谁在旁小声说了一句。

"孙洪达,怎么回事?"程老师被"孙猴子"弄得七荤八素的,把眼镜摘下拿在手里。

这一问，笑容在"孙猴子"脸上倏然消失，他红了脸，低下头，半吞半吐地说："第（3）条里说的'庞喜林'，是不是指的就是我的事情呀？"

"你的什么事情哟？"程老师反问他。

"这是前年的事，那时我还没来您的作文班，我不会写作文，期中语文考试我抄袭同桌的作文，让老师发现了，按'雷同卷'处理，给我打了零分，校长在全校大会上点名批评了我……""孙猴子"边说边挠着他那不规则的小分头。

"唔。"程老师不动声色。

"哈，还说呢，真丢人！"不知是谁来了这么一句。

这次，"孙猴子"的雷公脸没有出现，只想用眼睛向说话人示威，但"搜狗"半天，没找到目标，只好"搜猫"，"猫"了起来。

秦昊自以为是孙洪达的克星，用手指着他说："'对号入座'是我的专利，你孙猴子想从我手里抢走怎的？做梦呢！"

孙洪达并不笨，冲秦昊伸出双手，手指翘起来，用力摆动着说："谁稀罕要你的'对号入座'那个臭东西，去去去……"

5. 天上星星也跟我挤眉弄眼呢（幻觉描述）

每个人都有一种潜意识，它隐藏在大脑皮层里，有时，在不知不觉中就会在头脑里映现出来。这种映现，可能是在清醒状态的时候，也可能是在昏迷不醒的情况下，这就是幻觉吧。幻觉，它是人的思维活动的一种反映，有的只是歪曲的反映罢了。把人们的幻觉用文字描述出来，同样能够表现一个人的思想状态、情感思绪和性格特征。比如：

（1）一座孤坟出现在刘中保眼前，他心里呼喊着："姐姐，这就是你的住所？好凄凉啊！"泪水从眼眶里一颗一颗地往外跳，他已泣不成声……

朦胧中，小时候的姐姐，在妈妈去世后，每天都牵着他的手，唱着儿歌，钻进榛棵树林里采蘑菇，打核桃，摘野果，一路跑，一路笑，引来无数的云雀在头顶上空盘旋飞绕……五年前，刘中保到南方淘金，走时，虽然姐姐体弱，但还好好的，怎么这竟成了最后一别？他已哭倒在姐姐的坟前，一阵萧瑟的秋风刮过，姐姐笑吟吟站在前边，她还是穿着妈妈死前给她买的蓝花小袄，摸着自己的头发说："好弟弟，不哭，不哭，跟我去玩……"

（2）在我记忆的宝盒里，有许多事情已经被尘埃淹没，但有一件事就像吸尘器一样，把它身上的尘埃都卷走了。那是一年夏天，我才四岁，妈妈的哮喘病犯了，已卧床不起好几天，无钱医治。俗语说："屋漏偏逢连夜雨，船破又遇顶头风。"正在危难之际，爸爸在外打工摔折了腿，田里的活已没人干，庄稼撂荒了。半夜里，我透过迷惘的泪水，似乎看到母亲掺进米饭里的忧伤,听见父亲挂在棚顶上的叹息,全家人陷入绝望时的凄凉,在我眼前晃来晃去……

(3) 天上的星星比米粒还多,我看着它们,一个个跟我挤眉弄眼呢!那颗大火星,走到我跟前,拉着我的手,对我说:"来呀,跟着我,咱们一起遨游太空,宇宙可大啦……"我说:"不行啊,我们老师留的作业太多了,等我写完再去吧。"火星不高兴,手一甩离开了,飘悠悠地向高空飞去……

看着程老师挂出的这些心理描写的例句,"穆彪子"用手指着最后一条,自言自语说:"天上的星星,怎么还会'跟我挤眉弄眼'呢?"

"这你也不懂?"惠天佑今天和穆彪子同桌,小声说,"这是拟人化修辞方法——把人以外的'物',说成有人的动作、思想、行为,人格化了。"

"呃呃。""穆彪子"发了一会儿呆,终归略有所悟地点点头。

"这要是我,一定死死抱住火星不松手!"听得入迷的白杨脱口而出。

丁咚咚歪过头看着白杨,脸上出现讪笑:"你白杨长得纤纤细细的,还能抱得住火星?真是蚍蜉撼树!"

长得粗粗胖胖的韩铁壮,双手举过头顶,说:"要是我,一定能够!"

赵明磊和韩铁壮同桌,他扭过脸,摸了一把韩铁壮水桶般的粗腰,瘪瘪嘴说:"别看你胖,你也抱不动火星!"

"我不行,你行呀?你能抱住火星啊?"韩铁壮不服气,也扭过头看着赵明磊问。

"我没说我行,有个人能行。"赵明磊笑着。

"谁?"

"鲁智深!"

"我行?"鲁晓非为了逗乐,故意把话题引到自己身上,"我的法名也叫鲁智深,我可没说我行呀!"

正当大家嬉笑之际,突然听到一声喊叫:"不行,不行,谁都不行——还是我的大师兄行!依我说,只有他能行!"循着声音望去,只见樊启琛抬手指着孙洪达。

"嘿嘿嘿嘿……"孙洪达从座位跳起来,顺手在眼前搭个"凉棚",发出几声尖叫,在地上跳跳蹿蹿,脸又朝向樊启琛,"嘿嘿,常言说得好'红花还得绿叶扶',火星比几个地球还大呢,那么大的家伙,我一个孙大圣怎么能抱得动?我的二师兄,你也别闲着,得给我打个下手哟!"

人们正在笑,肖渺一看着秦昊说:"孙猴子也不行,我说一个人,比孙悟空还要厉害,只有他行!"

"肖大牙,你不用说了,我知道了——如来佛!"秦昊鼓瞪着牛眼珠子,看着肖渺一,"对不对呀?"

"不对!"肖渺一只管摇头,也不在乎别人给他起外号了。

"那是谁呢?"秦昊满脸诧异。

"谁?谁都不行,只有你秦大活宝行!"肖渺一不动声色,抬手指着秦昊,"你一张嘴吹牛,火星就蹦进你肚皮里了!"

"哈哈……"又是一阵狂笑。

6. 我为什么会在梦中死了呢(梦境显示)

"日有所思,夜有所梦",梦里的事情,大都是现实生活的映现。由于每个人的情况不同,做的梦也会五花八门,各式各样。有的梦可能荒诞不经,不合逻辑,睁开眼睛已忘光大半;有的则比较清晰,有迹可循,一觉醒来还能依稀记起。为了揭示人物当时的思想境界和精神状态,作品里常常通过梦境显示出来,用以探索人物心灵深处的思想、情绪、感受,及其产生的原因与发展变化的过程。比如:

(1)不知不觉,我已走进梦谷。我在追赶一只白鸽,它越飞越快,越飞越高;我也越跑越迅猛,越跑身体越轻捷。眼看追上了,白鸽变成一朵云,凭我怎么赶,怎么抓,可就是连碰都碰不到,奈何不得它。怎么是好呢?我忽然化成一缕风,向着云朵吹去,可是什么也不见了,只剩下晴蓝的天空……

(2)那宝玉刚合上眼便惚惚地睡去,犹秦氏在前,遂悠悠荡荡,随了秦氏,至一所在。但见朱栏白石,绿树清溪,真是人迹希逢,飞尘不到。宝玉在梦中欢喜,想道:"这个去处有趣,我就在这里过一生,强如天天被父母师傅管呢!"正胡思之间,忽听山后有人作歌曰:春梦随云散,飞花逐水流;寄言众儿女,何必觅闲愁。

(3)每天傍晚我都要到楼下练习拍球,身前身后地拍,站着拍,蹲着拍,跳起拍,篮球在我的手下前后左右不停地拍着,一气拍球300下,然后练习停球、跨栏、往树杈上定点投篮、三步上篮、过人等等。一遍不行,再来两遍、三遍、四遍……妈妈见我练个没完没了,强行把我拉回屋里,摁在床上睡觉。我怎么也合不拢眼睛,我的那只肉红色篮球,在我身体前后转来转去,它笑眯眯地对我说:"小伙伴,永远的朋友,咱们从此再也不会分开了,你身体内已练成一种功夫场,手尖、手心、手背都有磁,对我们篮球有特殊引力,我离不开您……""哈哈哈哈!"我拍掌大笑,我大喊大叫:"我是篮球天才!我是第二个姚明,我要超过林书豪!"我从梦里笑醒,妈妈推着我问:"怎么啦?笑什么?"

"老师,我也做过好多好多的梦哟,数也数不清。"说这话的是林心怡,她听说心理活动描写有一种方法叫"梦境显示",特想问个明白,"老师,我为什么总做奇怪的梦呢?"

安子良一直以来对"梦境"感兴趣,对"梦文化"想要深入探讨。他看过《周公解梦大全》,但没怎么看懂,虽然没有金刚钻,他也敢揽瓷器活,便张口问道:"林心怡,你都做过啥奇怪的梦呀?"

"怎的,小诸葛,听说你能解梦?"林心怡不由得对这位抱臂的"通家"多了点好奇,希望从中得到些救助,回过头看着他问。

"哪里,哪里!"安子良又谦虚起来。他双手在胸前交叉,面部毫无表情。

林心怡的单眼皮上下碰撞,想了半天,方说:"有一次,我在睡梦里说我自己死了!我哭起来,哭得好伤心哟。我从梦里哭醒了,还在哭,妈妈问我:'你怎么啦?'我说:'我死了!'妈妈拍着我,抚摸我的头,笑着说:'你没死,死了怎么还会说话呢?'我仔细一想,真的,死了怎能说出话来呢?如果死了还会说话,妈妈还会在自己身边,那样的话,死,又有什么可怕的啊!"

她说到这儿,又把目光聚焦在程老师脸上,问:"老师,您说我为什么会在梦中死了呢?"

"这个,还用问老师?"冯新发在旁干扰一句。

林心怡是个"冷面杀手",脾气很暴,语言又极其犀利,秦昊都不在她话下,还在乎个冯新发。但是这次她没好意思发作,露出一排小细牙笑道:"我有疑问不问老师,问你你能解答明白呀?"

"问你自己呗,——你自己做的梦,常言说:自己的梦自己圆!"不等冯新发张口,于俊清壮起胆子,斜刺里帮了冯新发一句。

冯新发在学生中年龄偏大,骨骼也大,所以伙伴们才送给他那个雅号——"冯大帅"!他见林心怡恼了,真的显露出"大帅"风度,一点都没有动气,而是说出一番道理:"好人做梦,坏人作恶。白天你受到表扬啦,爸爸妈妈给你买好衣服啦,爷爷奶奶姥爷姥姥送给你礼物啦,遇到这些高兴快乐的事情时,你就会做个好梦;在学校挨老师批评啦,和同学吵架啦,和妈妈爸爸顶嘴啦,或者看到有恐怖情节的小说和影视剧啦,你就会做恶梦……"

让"冯大帅"这么一分析,林心怡果然听进去了,脸上的怒容一扫而光,频频地点头,然后坐了下去。

"这样说,还怪不得《红楼梦》开头通过贾宝玉'梦游太虚幻境',来演绎'金陵十二钗'的未来命运呢!"任梦洁又一次大彻大悟起来。"原来,小说这样写'梦境',是用来'显示'现实生活啊!"

安子良"小诸葛",毕竟是"小",他对一般小说又不怎么感兴趣,递不上话,只好把双手垫在脑后,仰起脸,小眼睛一动不动看着天棚顶。

真正读过《红楼梦》原本的学生不多,弄通的更少,也就没有人再接下去说了。

7. 皮草大衣对着丁咚咚正笑呢（环境衬托）

一个人如果遭受巨大的打击，被无边的困苦所包围，他的情绪就会陷入低谷，感到周围的一切都是灰暗的、绝望的，即刻就要毁灭，分崩离析；但是，当意想不到的喜讯突然降临在他的头上，他被欢乐愉悦的潮水淹没了，眼前的所有事物又都会变得光明和美好起来，处处阳光明媚，鸟语花香。其实，客观环境并没有改变，变化了的是心情。写文章时正好反过来，通过环境的不同描写，来衬托人物的各种心理状态，表现他们的内心世界。比如：

（1）鲁迅小说《社戏》，先写"我"盼望到赵庄去看戏，一开始遇到了阻碍，后在双喜的帮助下，这个愿望终于实现了。因为心情愉快，所以周围的景物也变得美好起来："两岸的豆麦和河底的水草所发散出来的清香，夹杂在水汽里扑面地吹来；月色便朦胧在这水汽里。漆黑的起伏的连山，仿佛是踊跃的铁的兽脊似的，都远远地向船尾跑去了……"作者用这段环境描写来烘托人物心情的舒畅。

（2）《高玉宝》这本自传体小说里，当小时候的高玉宝上学读书时，他欢乐得又蹦又跳，"路两旁的树木在阳光照射下，轻轻向他摆手，鸟儿在他头顶来回盘旋，洒下一串串银铃般的歌声"，后来，高玉宝退学给地主放猪，从学校往回走时，"天阴沉沉的，哭丧着脸，路边的野花无精打采地低下了头，似乎都不忍心再看他一眼……"

（3）唐代诗人白居易写的《长恨歌》，就是采用景物和环境描写，来表现唐玄宗思念杨贵妃时的悲凉心情，这字字句句都是用来刻画唐玄宗心理状态的——

黄埃散漫风萧索，云栈萦纡登剑阁。峨眉山下少人行，旌旗无光日色薄，蜀江水碧蜀山青，圣主朝朝暮暮情。行宫见月伤心色，夜雨闻铃肠断声。天旋地转廻龙驭，到此踌躇不能去。马嵬坡下泥土中，不见玉颜空死处。君臣相顾尽霑衣，东望都门信马归。归来池苑皆依旧，太液芙蓉未央柳。芙蓉如面柳如眉，对此如何不泪垂？春风桃李花开日，秋雨梧桐叶落时。西宫南内多秋草，落叶满阶红不扫。梨园弟子白发新，椒房阿监青娥老。夕殿萤飞思悄然，孤灯挑尽未成眠。迟迟钟鼓初长夜，耿耿星河欲曙天。鸳鸯瓦冷霜华重，翡翠衾寒谁与共？悠悠生死别经年，魂魄不曾来入梦。

（4）于长江边走边看，周围的树木，都在对着他微笑。深蓝色的天空笼罩下的群山，也对着他频频地点头，肃然起敬呢。他这时看到浩渺的天际，有一群小天使，背上插着翅膀，肩上挂着神箭，为他翩翩起舞，他已被欢乐的潮水淹没掉……

上一秒犹豫，下一秒哭泣。赶走犹豫，不再哭泣。丁咚咚举起手，从前排站起来说："我最近也有于长江那种体会：上个星期天上午，爸爸陪妈妈去商场买'白夫人皮草大衣'，把我独自留在家里写作业。过了一会儿，妈妈来了电话，说是两万元钱现金放在家抽屉里忘带了，让我立即打车送过去。兵贵神速，我找出那笔钱款，装在一个小手提包里，就匆匆跑下楼，坐上出租车，来到'白夫人皮草行'。妈妈和爸爸看见我这么快就到了十分高兴，还夸奖我做事麻利有速度。当妈妈伸出手要我把钱交给她时，我才想起来，装钱的小手提包丢在出租车上了。"

"嘻，丁咚咚你家有钱，这回'赞助'了这个出租车司机！"左雨虹在一旁辣辣地'美言'一句。

丁咚咚没理会，继续往下说："当时我真的懵了，只觉得天旋地转，眼前是漆黑一片，脚下的大地陷下去，柜台里挂着的每一件皮草大衣也都黯然失色，似乎抬着哭丧脸，瞪着我看。爸爸责怪我做事粗心大意，妈妈批评我丢三落四。在一片责怪声中，我感到身体和意识开始剥离，就要昏厥过去的刹那，那位'的哥'突然出现在我们面前，拿着我装钱的红手提包，一脸汗珠还没来得及擦掉，看着我说：'这是你刚才坐车落下的吧？还给你！数一数，当面点清！'"

"嘿，这个出租车司机还真讲道德，有人性！"心地善良的赵明磊，听到这里，赞扬两句。

丁咚咚缓了口气，接着说："爸爸妈妈和我都感动不已，尤其是我，腿一软差点跪倒在地。这位'的哥'，是救我于水火之中的天神呀！爸妈非要拿出五百元作为酬金，可是人家司机哪里肯收，连个姓名也没有留，说声'我忙'，转身就不见了。爸爸满脸笑容，妈妈转忧为喜，我的心里一下子亮堂起来，商店里的灯光变得璀璨耀眼，各种商品五光十色，那些皮草大衣，一件件的都对着我笑呢！"

程老师也跟着笑起来："呵呵，丁咚咚，你确实有体会，人的心情不一样，眼前的景物、看到的东西、它们的色彩也都变化了吧！"

"是这样的！"丁咚咚用力地点头。

"现实生活就是如此！"程老师又一次摘下眼镜，面向全体同学，"那好，同学们以后再写文章，就要使用这种用景物和环境描写来衬托心理活动的方法哟！"

8. 心灵要比那个鞋印更脏呢（前因导源）

如前所述，人物内心活动的描写，是刻画人物思想性格的重要方法，也是提升文章主题的至关手段，因此必须写好。首先，要根据情节发展和所塑造的人物形象的需要，具体生动地记叙出心理活动的内容；同时，要交代清楚引起这样心理活动的原因。只有这样，才能更加强烈地引起读者的共鸣。如果不写或者写不明白这些前因导语，让人看了就会莫名其妙，稀里糊涂。

关于这一点，在前边举出的例句中就可以看出来。下边，我们再举例分析一下。首先，我朗读一篇作文，大家注意听，然后分析——

鞋 印

　　时间就像一条河，在我们的身边时时刻刻流淌着。"逝者如斯，不舍昼夜。"它把我从一个牙牙学语的孩童，送到了幼儿园，又带到了小学和初中……每过一天，每过一个时刻，都会在我脑海里留下一些记忆，有的也许很快消失，有的却像刀刻一样不可磨灭。

　　记得那是上小学五年级的时候，愉快的暑假生活结束了，新的学期开始的第一天，我们清扫完了教室，老师让我跟几个同学去领取新课本。从总务室出来，我们每人抱着一摞书往教室走去。齐强边走边抽出一本《语文》书看着，他一不小心，把这本书掉在地上。我紧随其后，一脚踩下去，不偏不倚，正好在这本书的最后一页上，留下我皮鞋底的齿轮印迹。

　　开始发书了，我的心忍不住怦怦地跳，想着那本被我踩脏了的书，可千万不要发到我手里呀。发书的学习委员曹影丽走到我身边，在我的课桌上放了一本《语文》书。我急忙翻到最后一页，一个脏兮兮的鞋印呈现在我眼前。唉，怎么这样巧呢？我的命怎么这样不济呢？真是倒霉透了！我翻看几下后，很不情愿地把书放进桌堂里。

　　下课铃声响了，同学们都纷纷到操场上去玩。教室里悄无声息，只剩我一个人。我何不趁这个机会跟别人换一下书呢？事不宜迟，说做就做，我把同桌郏佳琳的书拿出来，然后把我有齿轮鞋印的书，偷偷地塞进她的书包里。

　　换了书，就该跟美国总统换届似的，选上的人高兴才是，然而"当选的我"，心里立刻蒙了一层阴影，还是快乐不起来。这时，我的头脑里剧烈地翻腾着：自己嫌脏，换给别人，这是多么自私呀！这种思想品德，不是比那个鞋印更脏吗？这种行为，不是更令人讨厌吗？这个鞋印不仅仅印在书上，也深深地印在了我的心灵里……想着，想着，我又把那本带有我鞋印的《语文》书，悄悄地从郏佳琳的书包里抽出来，把她的好书放回去。我的心情也随即轻松起来。

　　读完，程老师伸手从已发旧的蓝妖精布袋中把写有这篇作文的大白纸抽出来，挂在黑板正中央。一百来只明亮的眼睛，如同山涧清泉飞流直下，层层浪花激荡，冲向了前方……

　　"唔——"魏增智一声惊呼，"这是我写的作文，还是去年写的呢！"

　　听"小学究"说话，学生们又都拿眼睛去看程老师。平日西装革履的程老师，今天穿了一件炭灰色戴帽外套，配一件白色小领衬衫，深蓝色黑压条的休闲裤，跟他的神态、笑容倒是很百搭，往讲桌前一走，还以为是男模走T字台呢。他摸一下平坦的前额，对着魏增智摊开双手，歉疚得像个半大孩子："对不起，没有和你打招呼，在这里擅自发表出来，侵犯了你的著作权，望你谅解！"

"小学究"却嘿嘿笑了，抬手摸摸眼镜腿，仍然坐着说："没关系，甭客气！我的作文能让大家欣赏，不胜荣幸之至！"

程老师有个习惯，凡是他认为有点特殊价值的学生作文，都及时抄写在自己的本子里，然后存放在电脑中。所谓"特殊"，当然包括优秀的，也包括有明显错误的，或者在某个方面有典型问题的，像学生邵光毅的《不要乱丢西瓜皮》，就是一篇严重违背选材要真实的作文；还有范文彬的《小抠老师》、安子良的《我们村里的新鲜事》，就是存疑习作。魏增智的这篇《鞋印》，在人物心理活动描写方面较有特色，已经记在本子里半年有余了。

"那很好！"程老师回到了当代。他亦渐渐向"知天命"之年走近：孔子五十而学易，他五十教授程式作文。他的脸又稍稍仰起，镜片后的灼人目光在教室内转来转去。"下面，我问，大家答，怎样？"

"行！好的！"同学们的热情极高，回应的声浪从窗口冲出室外。

"搞定！"程老师两手举起，用力拍着。"这篇作文，写到发书时，有一段心理活动描写，是怎样的？"

学生举起的手，极似庄稼地里的玉米苗，伸着腰向上窜起。程老师的右手掌拉着很大的弧度，对准赵耀："你说吧！"

赵耀从座位站起来，似乎准备不充足，还在拿眼睛向前定定地看，然后期期艾艾地说："我认为，'我的心，忍不住怦怦地跳，想着那本被我踩脏了的书，可千万不要发到我手里呀。'这一段，就是。"

"有没有补充的？"问完，没有回声，程老师又往下问："大家分析一下，这段心理活动描写属于哪一种类型呢？"

"内心独白！"还不等别人反应过来，鞠雪晴抢先回答。

程老师扬了扬嘴角，微笑着，对着鞠雪晴点头，又面向大家："这段心理活动，是由什么原因引起的？魏增智把'导源'写出来了么？"

干净、清爽得让人想到有洁癖的李一流，在举手的瞬间，被老师指定，回答说："这段心理活动的前因是：那本有齿轮鞋印的脏书，是'我'踩上的；发书时，'我'又担心发到自己的手里。"

"李一流回答得对不对呀？"程老师看着同学们问。

"对！"众口呼应。

"李一流同学回答得很好！"程老师带着一身"灰蓝"，在讲台上直线地走动两下。其实，他也常想在更大的一个空间限度自由奔跑，把他和他的讲座搬上网络影视、打印成书刊读物，或做成动漫，惠及到更多的学生呢。"请大家再想想：那本脏书，发到'我'手里后，是怎么样描写'我'的心理活动的？"

话音刚落，"玉米苗"又一次出现了。这片"玉米苗"，像是被风吹得摇来摆去，还呼啸着："我说！我说！"

没等程老师确定让谁发言，裴玲打破常规猛地站起来，也不管老师是否同意，更不管背后带着众人的眼光，好奇的，嘲笑的，迷惑的，她像那天在小小桌面上做徒手体操那样果敢和坚毅，说道："我觉得就是这一段：'唉，怎么这样巧呢？我的命怎么这样不济呢？真是倒霉透了！'这就是'我'拿到脏书时的思想活动。"

"回答得正确。"程老师赞扬着裴玲，眼睛看向另一个女学生，又问："那么，这段心理活动属于哪一种类的描写呢？"

"也是内心独白！"不等老师点名，很多学生在座位上便吵吵嚷嚷起来。

"呵呵！好！"被学生们的热烈情绪感染着的程老师，这时也十分兴奋，隐现在眼角旁边的皱纹突显出来，鼻梁上渗出淡淡的汗珠，他掏出手帕轻轻抹拭。"大家继续想，与同桌换书后，'我'的心理状态是怎样的呢？"

一双双瞪得似铜铃般的眼睛，虎视眈眈地向着黑板大白纸注视，接着又都把目光收回，头顶之上挺出一只只手臂。

"我说！我说！"有的学生站起来，一边往身后拉着凳子一边喊着，企图将小空间变大一点儿。

看着很少发言的"于大爷"，程老师的五指就停留在那里，说："那就让于俊清讲讲吧！"

自从上次于俊清说了那句"怎么不给我这个于大爷买糖吃"后，大家就不再喊他为"老头"，而成了升级版的"于大爷"了。

"我看，"也不怪学生们叫他"老头"或"于大爷"，于俊清说话的语调真的有些低沉、缓慢、拖沓，"我看，就是这段：'这时，我的头脑里剧烈地翻腾着：自己嫌脏，换给别人，这是多么自私呀！这种思想品德，不是比那个鞋印更脏吗？这种行为，不是更令人讨厌吗？这个鞋印不仅仅印在书上，也深深地印在了我的心灵里……'"

"于俊清回答得很对！"看着"于大爷"落座后，程老师抬头望着大家，把"总结"的权力收归己有，说："这段心理活动描写，既有'内心独白'，也有'独特感受'。它的导源是：'我'担心脏书发到自己手里，可偏偏却变成了事实，感到很不好受——才有了那样一段'内心独白'。于是趁课间学生离开教室之际，'我'悄悄地把脏书换给了同桌。'调包'之后，'我'内心又不安起来——有了这个导源，才又产生了后面这些心理活动：由于'我'的'良心未泯'，正义感尚存，因此思想斗争激烈，作者描写了他的心理'独特感受'。所以说，这段心理活动描写，是有前因的，有依托的，它不是无本之木，不是无源之水。我们写作文，如果运用心理活动描写，一定要写好、写具体产生心理活动的原因，即导源。"

9．"穆彪子"说他舅妈是"母夜叉"呢（互相配合）

人物的外貌神态可以观察到，人物的语言对话可以聆听到，人物的动作行为更是表现在外部，让人能够看到，然而，人物的心理活动却是看不见、听不到、摸不着的。不过，这四者之间是有着密切联系的。因为有什么样的内心活动，就会产生相应的神情，就会说出相关的话语，也就会有相对的举动，像有几句熟语所说："言为心声"，"眼不见，心不烦"，"恼在心里，笑在面上"，"行动从思想中来"等，都可看出它们之间的相辅相成关系。所谓"喜怒不形于色"，其实是指城府深藏不露的人，他的心理状态与外部表情、动作、语言之间的联系。就拿"喜怒不形于色"的典型人物刘备来说，他曾栖身曹操篱下，正处于韬光养晦寻机发展时期，两人纵谈天下时势，煮酒论英雄，曹操称赞刘备是当代枭雄，吓得刘备手中筷子掉落地上。正好这时天空乌云翻滚，骤然响起一声惊雷，刘备赶忙借机掩饰，说自己胆子小，筷子被雷声震落……可见，刘备的"不形于色"，不是绝对的，他担心遭到曹操忌讳、受到陷害的心理活动，在外貌、语言和动作方面，都表现得非常突出。所以我们强调指出，在记叙人物心理活动时，一定要同人物的外貌神态、语言对话、动作行为等紧密结合起来。请阅读下面的短文——

冯宇拿着成绩通知单，激动得满脸通红，像有只小鹿在心口窝咚咚直撞。她离开学校大门，两腿挪动得特别快，路边的树木和行人似乎都在对着她微笑，又都被她一下子甩到身后。她左手抓着书包带，右手捏着成绩单，高高地举过头顶，在阳光照射下闪闪耀眼。此刻的她，心里就像蓄满一罐蜂蜜那样甜。她想象着，如果爸爸妈妈知道自己期末成绩竟然排到全班第四名，他们会高兴成什么样子。上学期，由于贪玩，数学不及格，在全班排名靠后，经常挨老师批评，受到爸妈的嘲骂。后来，爸妈又鼓励她，说这学期期末学习成绩能进入前十名，暑假就带她去海南岛旅游，还要给她买一台电动自行车……哼，这回，可要看他们说过的话算不算数啦！

把这篇短文挂出来，过一会儿程老师就提出这样的问题："谁能说说，短文里有几处心理活动描写？都属于哪种类型？"

"让我说！"

"该让我说！"

发言踊跃，可以说是程老师作文班里绮丽的风光。程老师从举起的手"小树林"、"玉米苗"里，要挑选出来一个可不容易哟，因为几乎所有学生都不想丢失发言的机会，手伸在头上有升有降，有的用力摇晃，并嘴里呼喊着……但不管多么艰难，最终无论如何还是要指定一个人的。程老师抬起他的手臂，像魔术师的魔术棒，在空中表现出片刻犹豫，眼睛一边顺着魔术棒搜寻目标，最后定格在许行之身上——这里面有程老师的偏私么？不，程老师一直奉行"教而无类"原则，对待学生要一碗水端平，他是觉得，许行之很久没有讲话了……

许行之得到发言权显得很高兴，立刻站起来说："这段短文，有两处心理活动描写。第一处是：'她离开学校大门，两腿挪动得特别快，路边的树木和行人似乎都在对着她微笑，又都被她一下子甩到身后。'我认为这属于'环境衬托'——因为事实树木和行人不可能'对着她笑'，这是用'环境衬托'来描写她的心理独特感受。第二处是：'此刻的她，心里就像蓄满一罐蜂蜜那样甜。她想象着，如果爸爸妈妈知道自己期末成绩竟然排到全班第四名，他们会高兴成什么样子。上学期，由于贪玩，数学不及格，在全班排名靠后，经常挨老师批评，受到爸妈的嘲骂。后来，爸妈又鼓励她，说这学期期末学习成绩能进入前十名，暑假就带她去海南岛旅游，还要给她买一台电动自行车……哼，这回，可要看他们说过的话算不算数啦！'我认为，这些描写都属于'内心独白'。"

"许行之回答得对不对呀？"许行之坐下后，程老师看着全体同学问。

"对！"呼喊声响彻整个教室。"完全正确！"

"不对！"这时，一抹红色身影挺立，黎梅花带着一股台风，一道闪电，大声说道。

程老师用手指着黎梅花问："你的看法是什么？"

黎梅花今天穿着红底蓝点碎花衣衫，在溜进来的阳光照射下，站那里像是一团燃烧的火焰。她用手耕着蓬松的头发，往上翻白着眼珠说："我觉得，许行之说的第二处，前边的'此刻的她，心里就像蓄满一罐蜂蜜那样甜'这句话，应该是'独特感受'；后边的那些话，才是'内心独白'呢。"

"对，对，黎大侠说得对！"不少同学又都附议黎梅花。

两三道笑纹又一次在程老师嘴角两侧展开，他满意地点点头，又问大家："短文中，心理活动描写是怎样和其他描写相互配合的呢？"

这次程老师在举手的长名单中，点出李贽的名字。他乐颠颠站起身，用手摸着胸前的纽扣，说起来：

"短文中写冯宇'激动得满脸通红'，这是外貌神态描写；又写她'两腿挪动得特别快'和'她左手抓着书包带,右手捏着成绩单,高高地举过头顶',这是动作行为描写。这些外貌和动作,同心理结合在一起进行描写,才把冯宇那种兴高采烈的样子刻画得栩栩如生。"

"好好!请坐!"程老师脊柱弓个很大弧度,又从那宝贝文件袋里面拿出另一张白纸,背向同学脸朝天,单脚一踮,挂在黑板上方,大家眼前又出现一番景致——

第四节课过半了,我心中的喜悦还未消散,教室骤然暗了下来,没过多久,外面变成狂风骤雨的世界。我的心情也一下子蒙上一层阴影,一阵比一阵沉重。我不该不听妈妈的话,早晨上学时妈妈曾警告过我,说天气预报今天有大雨,气温下降,要我脱下短裙穿长裤,上学带着雨伞。当时我很不耐烦,还讽刺妈妈"唠叨太盛"。这下可好,身上这么冷不说,这样的滂沱大雨,怎么回家吃午饭呢?

"铃……"下课了,同学们纷纷撑开雨伞走出教室,消失在风雨中。现在,只剩下我一个人,抬着脸,透过玻璃窗外的水晶帘子发呆,风吹得树叶呼呼响,雨打在地上哇哇叫,都变成妈妈的唠叨声……我伤害了妈妈,她是不会再理我了,我还是冲出去,跑着回家吧。可是,这样的暴雨,好似天河倾倒下来,我真的要变成落汤鸡,还不把我淋感冒了?

"琳琳,琳琳,快!"就在我仰脸向上观察天幕上疾跑的乌云,脑子里胡思乱想之际,突然听见妈妈的喊声。她左手撑着一把伞,举在头顶上,右手拿着我的长裤,腋下还夹着另一把伞,出现在我面前。妈妈把折叠着的长裤打开,递到我手里,让我穿好。我激动得泪水夺眶而出,一下子扑进妈妈的怀里,哽咽着说:"妈妈,我,错了……"

如疾风劲雨,学生很快读完,个个眼睛离开黑板,注视着程老师。他们虽不能一目十行,但快速阅读能力确已迅速攀升。程老师很佩服原国家新闻出版总署署长柳斌杰,他常跟学生提到这个名字,说他一年读两百本书,平均两天不到就读一本书,这是何等神速啊!他鼓励学生多读书、读好书,还要锻炼快速阅读能力,以较短的时间获取更多的知识。

程老师这时换一下站立姿势,重心转移到单脚上面,然后传导出来一个高亢的男声:"通过阅读这篇短文,我们再熟悉一下心理活动描写的方法,分析一下人物的几种描写是怎样相互配合的。"

"老师,你抄的这篇作文是我过去写的,就让我先说说好么?"没等程老师的话音散尽,左雨虹婉转而尖利的女高音冲击着每个人的耳膜。

"哦,对了,这是你的大作!"程老师和善地看着左雨虹。"那你就跟大家讲讲吧!"

"辣椒妹，文章里的女孩名字叫'琳琳'，怎么成了你的'大作'了呢?"蔡菀笛发现了"纰漏"，说话时，顽皮的脸蛋上挂着笑。

"你个'菜包子'多嘴，你知道个屁?"这要是别人直呼自己的绰号，左雨虹早就翻了脸。因为她和蔡菀笛是形影不离的好朋友，互相嬉闹无心，就无所谓了。

"我怀疑你是冒名顶替!"蔡菀笛还在半真半假地嘻嘻着。

"我的乳名就叫'琳琳'，'菜包子'，你还有什么'辙'么?"左雨虹用手摩挲着额前几与眉齐的刘海，脸仍扬得高高的，又不紧不慢地说："其实，我写的'我'，也并不就是我自己。"

"不是你自己?"冷不丁"穆彪子"插了一句，"那是谁呢?"

这一下可把左雨虹问蒙了，她一见问话的是"穆彪子"，斜了他一眼，说："是谁？你说是谁？"

"我说就是你呗！你写的怎能不是你呢?""穆彪子"说这话时却是满脸狐疑。

被称作"辣椒妹"的左雨虹，平时很懂事，跟同学相处性情也是极温和的，但一旦谁惹上她，她可是翻脸不认人，劈头盖脸那是一阵"流星雨"。冯新发有次就当面说她"看你长得眉清目秀，说话咋这么吓人呢！"即使在她长辈跟前，她的火气也说来就来，父母说话做事有时也让她三分。这时她鼻子眼睛都是冷飕飕的，往外冒着凉气，眉梢上挑，尖声问道："你'穆彪子'写的那个《我的一支笔》作文，里面的'我'就是你自己呀?"

谁知"穆彪子"竟毫不含糊地回答："对呀，就是我自己呀！"

"那个偷你笔的，也是你自己的亲表弟吗?""辣椒妹"冷哼着问。

"没错，是我舅妈的儿子！"这时的"穆彪子"，仍然一脸执着。

"你写的你舅妈骂你，你说她是个母夜叉，也是真的呀?"

"是是，没错，我舅妈就是个母夜叉！""穆彪子"回答得很干脆，但后边又带了一句："我就是那块掉地上狗都不理的臭骨头，挨骂是我的家常便饭。我就这么贱，怎么的?"

"不怎么的，你一边去，没人跟你说。""辣椒妹"的话能不"辣"吗？但并没有把"穆彪子"难住。这时她头脑一转念，觉得和一个智力低的人较真，有点掉价，让人笑话，就急忙回答老师提出的问题。她的头往后摆动一下，再不屑看"穆彪子"，眼睛一直往前直视，脆生生地说："我写的'琳琳''我'，不是真人，却真有其事。我采用心理活动描写，种类有'内心独白'、'独特感受'和'环境衬托'，同外貌肖像、语言对话、动作行为描写以及景物描写相结合，赞扬了父母长辈对子女的关心。"

程老师扬起一只手，微微点头，说："确实，左雨虹把心理活动描写同其他几种描写结合得很紧密，我们要好好学习这种写作方法。"

10. "我"怎能知道"你"想些啥呢（注意事项）

就在这时，程老师又开始耍"戏法"：转身工夫，一张大白纸出现在前边——

我向终点冲刺（节选）

在同学们的热烈鼓掌和"加油"呐喊声中，我越跑越快，腿下像生了风，两臂更加有力地摆动，汗水从头发根一股股涌出来，淌过我涨得红里发紫的圆鼓鼓脸膛，滚落在长长的跑道上，噼里啪啦地摔成了八瓣儿。三班的申洪涛紧紧跟在我身后，只差半米左右，他心里在想：再使一把劲儿，就能超过去，得到第一名，老师和同学们都会向我伸出大拇指，还会得到丰厚的奖品……正当他美滋滋想着的时候，我已冲到了终点！

在同学们聚精会神阅读时，程老师用手指着短文说："大家分析一下，这段文字写得如何？"

这一会儿，白杨一左一右的两条小马尾向上翘着，两只杏色蝴蝶结扣在发尾，脸上露出一个清甜的笑容，说："外貌写得不合情理：'我'，怎么能看到'我'自己的脸膛'涨得红里发紫'呢？"

经白杨一提醒，马岩也忙敬礼似的一举手："'我'在跑道上跑得那样快，怎能看到，又怎，怎能听到汗珠儿'噼里啪啦地摔成了八瓣儿'呢？太不真实！"

"短文中，三班运动员申洪涛，'他心里想：再使一把劲儿，就能超过去，得到第一名，老师和同学们都会向我伸出大拇指，还会得到丰厚的奖品……'这段心理活动描写更是不合情理，因为，申洪涛他心里怎么想，'我'怎么能知道呢？"坐在前两排的丁咚咚，近水楼台先得月，让过两位女生，发表了这样的见解。

听了几位同学的发言，程老师呵呵大笑，亮开他的金嗓子："同学们说得好，分析得完全正确！我们要记住：使用第一人称写的记叙文，可以写'我'的内心活动，但不能对其他人物描写心理活动。这个道理很简单，'我'怎能知道别人此时此刻心里在想些什么呢？"

"老师，我想不通。"秦昊这时拍着自己隆起的额头，粗大的眉毛一拧一拧的。"我要是不知道我写的人物此时此刻在想些什么，我又怎能对'他'的心理活动进行描写呢？"

"唔唔……"程老师眯细眼睛向秦昊望去，心想："这个'大活宝'，是不是又在无事生非、故意取闹呢？但是无论如何，学生提出疑问，老师都应该给予正面回答。"于是就说："我的作品如果采用'第三人称'进行叙述，你秦昊如果是我作品里的人物，此时此刻你心里想些什么，作为写作者的我，当然可以一清二楚。然而，作品里的'我'，也是作品里的一个人物，就不可能知道作品里的另外一个人物——'你'和'他'正在想些什么！——你秦昊明白了吗？"

　　"知道啦！"秦昊刚低下头，随即又高高扬起，"不过，我还有一件要紧事，想向程老师请教——"

　　程老师看见秦昊的面容那样严肃，就伸出右手，掌心朝上，掂一掂，做了个"请"的姿势："说！"

　　秦昊毕竟是"大活宝"，说完正经话，还不失时机地开起玩笑："程老师，你的宝贝眼镜还卖不卖给我了？"

　　"呵呵，我就知道你秦昊心里一直在惦念着我的眼镜！"带着完成讲课任务的轻松，脸庞绽满笑容的程老师，仔细端详一会儿秦昊，把刚刚撂下的右手又伸出来，说："怎么不卖？请付给我10万美金来！"

11. 小屁孩们轻松调侃《不差钱》呢（开心一刻）

　　肖渺一见秦昊又和老师耍宝，很反感，大嘴张开，高声说："你个大活宝，又来恶作剧，没话逗咳嗽，要买什么眼镜？我问你，你家穷叮当的，你爸爸整天粘鸟，伤天害理，能弄几个钱？连个正经电脑都买不起，哪来的钱买10万美元的眼镜啊？笑话！"

　　秦昊也不是"扔货"，他从来都是振振有词，瞪着大牛眼珠说："我家有没有钱你知道呀？我爸爸早就不粘鸟了，老皇历看不得啦！现在我姑父借给我家钱，帮我爸爸办了个'山禽养殖场'，野猪、梅花鹿、鸵鸟、飞龙、大雁、野鸭、山鸡……应有尽有，品种齐全。你肖渺一嘴大舌长，一天嘟嘟嘟的，就像马岩说的'你知道个屁'？"

　　一直端端正正挺直身板认真听课的马岩，她那又长又瘪的嘴唇向上撅起，呵呵笑起来，说："我声明：我从来没说过'你知道个屁！'这样的话，我经常说的是'你知道啥！'不知道是什么人给恶搞的？"

　　"大活宝，你家的'山禽养殖场'有没有养老虎啊？""穆彪子"并没注意听马岩说些啥话，他那双深又长的豆角眼睛睁得滴溜圆，那神情可不是开玩笑，完全是出于好奇，问得十分恳切。

　　"那，那没有，私人不许随便饲养老虎。"秦昊这次可没敢吹牛。

　　李赟不愧对节目主持人一直憧憬，他在旁立即接上话："秦昊家的'山禽养殖场'，虽然没有老虎，但是其他珍禽异兽，天上地下，飞的走的，色色俱全。大家还记得《不差钱》小品吧,本山大叔给老毕带去的那只山鸡,就是秦昊爸爸亲手养殖的。"

"是是是,是我爸爸送给本山大叔的。本山大叔来取时,我就在旁边,亲眼看见的!"秦昊应变也快,来个"顺竿爬"。

"本山大叔给你爸爸多少钱哟?"朴峻熙问。

"那个不知道。"秦昊摇摇头,"好像没要钱。"

惠天佑假装正经地说:"我向你进一言:本山大叔有'影视基地',还有两架飞机,那可是个有钱的主,你去法院起诉他,就说他拿你家东西不给钱,告他勒索罪!"

秦昊低下头,沉思有顷,又抬起,说:"不成,我不能那样不厚道:爸爸送人物品,我又去告人家。再说,法律重证据,我手里也没有本山大叔的欠条,口说无凭呀!——你们都不懂法律啊!"

韩铁壮在教室后排抡起胳膊,调高嗓门说:"我知道了,秦昊为何不肯起诉本山大叔的原因?"

早晚都涂着甜腻腻笑容的樊启琛凑过来问:"到底是什么原因?"

还不等韩铁壮张口,蔡菀笛接上了话:"那是因为本山大叔是秦昊爸爸的好朋友。我听人说,本山大叔念小学时,带不起午饭,经常饿得前腔贴后腔,三根肠子闲着两根半,有个小朋友就把自己的饭分给他一半,要不他早就饿死了。我琢磨,这个小朋友可能就是秦昊爸爸。现在本山大叔成了大'土豪',为了报答,就出资帮助秦昊爸爸办个山禽养殖场……"

"你这是瞎掰胡侃!"生性耿直的赵明磊在一旁"辟谣"。

李一流也同时摇头说:"秦昊爸爸打鸟为生,电脑还是买二手货,他家那样穷,还能把饭分给别人一份?不可能!"

"秦昊家里本来很富裕,那时不是资本家也是臭地主,后来秦昊爷爷不务正业,吃喝嫖赌,抽大烟,打吗啡,把家底败坏老了,才成了贫下中农穷光蛋的!"

肖渺一听到秦昊说些侮辱他人格的话,一直在琢磨如何反击,嘴刚咧开,就看见程老师双手举起,轻轻拍两下,笑说:"呵呵,秦昊爸爸改弦更张,走上了自谋职业、合法经营、勤劳致富的正路,我们应该为他们祝贺哟!"

12. 程老师怎么当起了"破烂王"呢(当堂作文例四)

脸上的笑容还没收拾干净,话音也未散尽,程老师就听见一声急促嚷叫声:"老师,我写的那篇作文,我想给大家读读,让同学们给我提些意见,然后我再好好修改一下,您老同意吗?"

程老师抬眼看去,原来是鲁晓非同学,他上举的手滑落进裤兜里,往那一站,恍如一根剥光的大葱白,那么新鲜、爽洁。程老师朝有着魔鬼身材的鲁晓非打个手势，示意要他坐下。

"呵呵，"程老师手疾眼快，从夹子里摸出一张大白纸，一面往黑板上面挂，一面说："大家看，这是什么？"

几十张鲜花一样的面孔，谱写着快乐的音符，齐刷刷地朝向前边——

程老师是个"破烂王"
（鲁晓非）

又到了作文班上课时间，我来得很早。这时比我早到的有十来名同学，他们正在唧唧呱呱地说笑。

"嘘——你们小点声！"选择一个靠边的座位，我把书包放进课桌后，压低嗓音，神秘分兮地向他们宣布一条"绝密"的消息："你们不知道吧，程老师不光教作文，还是个拾荒者呢！"

"什么？程老师捡破烂？"孙洪达一个神猴亮相，伸出右手搔挠着太阳穴，不停地眨动诡谲的小眼睛，扇动着大耳朵问道。

站在旁边的魏增智，书包还在身上斜挎着，用力地瞪了我一眼，说："竟造谣，你看到程老师卖什么废品了？"

"当然看见了！"我就把上周日学完作文下课后，看见的事情全盘兜了出来——

那天，我已经走出教室很远，才发现带来的雨伞落在教室里，就急冲冲转身回去取。我刚进入走廊，从窗口往教室里面一看，吓！程老师还在，神色鬼鬼祟祟，慌慌忙忙的，从一张又一张的书桌堂里翻捡着什么东西。你们猜，他是在找什么呢？——猜不出来吧，告诉你们：他正在拾捡学生喝完后扔掉的空饮料瓶子，一个一个装进塑料袋里，然后拎走了。

丁咚咚对我的话极度反感，替程老师分辨说："把空塑料瓶子捡出去，程老师是在搞教室卫生呀，怎见得他是捡废品拿去出售呢？"

"确实，我看见程老师捡空瓶子，并未看见他拿去卖！"我又连忙解释说。"不过，程老师并没有把这些空饮料瓶子扔进外面的垃圾箱里，而是带走了，这也是事实呀！"

丁咚咚是程老师的得意门生，关系非常密切，这是我知道的，他维护程老师的尊严，情有可原。于是我就又把后来看到的情况说了出来："程老师把教室的空瓶子带走后，他不知道我跟在后边，他边走还边捡路上的空塑料瓶子，这些瓶子有的是饮料瓶子，有的是矿泉水瓶子，都被他装进塑料袋里，这难道也是搞街道环境卫生吗？"

"程老师是个破烂王！""孙猴子"抓耳挠腮，拍手打掌，两脚还一边踢

288

程老师当了一回人物模特？ 五

踏着。

丁咚咚握着拳头比划一下，不知说什么好，窘得再也发不出一个音来。

可是魏增智却狂笑不止，几乎笑掉了近视镜，他上前一步揪住我的衣领，大声说："我说你是造谣嘛！你说说，程老师拿这些空塑料瓶子，后来是不是去米英家啦？"

确实，程老师没去废品收购点，而一直向前走去。我当时还在纳闷，一个空塑料瓶子，卖到废品收购点，也就值个角八分的。现在不少人没有工资收入，靠捡废品谋生，像程老师这样一个有体面的作文专家，又是中学的教师和主任，有单位按月支付工资，怎能为这区区小利，跑到大街上做破烂王呢？

然而我一直跟在程老师身后，他始终都没有发觉，这使我想起"螳螂捕蝉，黄雀在后"这个典故，心里嘿嘿笑了好几次呢！后来，拐了几个弯，程老师走进"爱心廉租房小区"，进入5号楼6单元，我也尾随他进入楼道。但我没有上楼，留在底层不动了。一阵咔咔脚步声停息后，上边传来咚咚敲门声，接着是程老师宽厚的男中音："喂，米英在家么？我是程老师！"

不久，又是开门声，又是关门声，楼道里旋即再无声响。又过了大约十分钟，我呆立在那里，再也判断不出来是怎么回事，才转身离去。

本来，若不是那次范文彬写的《小抠老师》作文，我根本不知道米英为何物，程老师喊米英名字，我可能也记不起他喊的是啥，更不消说米英是个特困家庭的女孩了。

魏增智听我说完，气愤得抓住我的衣领，往前狠劲拉我一把，我差点摔个狗抢屎。当我站稳脚跟后，魏增智看着旁边的几位同学说："我和米英是同校同班，又是同桌，程老师知道米英家庭困境后，在我带领下去她家里看望，程老师还捐赠了3000元钱呢！因为双休日米英在家要照顾父母，程老师就免费上门为她辅导作文。当看到米英经常在外面拾捡废品卖钱补贴家用时，程老师就把咱们作文班教室里的空饮料瓶子收集起来，去辅导米英作文时一起带了去……"

哦，哦，原来是这样！听完魏增智的话，我惭愧地把头低垂下去，泪水夺眶而出……

"嘿嘿，我早就寻思，程老师不能有那么值钱的眼镜么！"刚刚看完题目，往下只看了两行，秦昊大吵大叫起来。"如果程老师的眼镜值10万美元，他还用得着去捡破烂、当拾荒者吗？真是的！"

丁咚咚胳膊肘支了秦昊一下说："你安静点，还没看完，就乱发议论！"

可是秦昊并不理会丁咚咚的话，用手指着鲁晓非说："多亏你揭露真相，要不我就吃亏上当了！"

不爱说话的衣丙丁，扬起头对着秦昊说："你这个傻瓜，程老师是跟你开玩笑，你却当真了！"

这回是"穆彪子"张口大喊起来，他满脸挂着讪笑，冲着秦昊说："你家办个养殖场，还是借你姑父钱，不要说是 10 万美元，就是 10 万元人民币，让你买眼镜，你家买得起呀？嘿嘿……"

春风得意的程老师，招牌一样直直地站在讲台上，眼镜片后的目光洒出温煦的微笑，面对他的这群顽皮好动又刻苦钻研的小屁孩们说："我的眼镜，多少钱也不能卖了，我还留着戴呢！现在下课！"

六　丁咚咚不愿吃死面饼

——布局分层次

提示：邓小平在"文革"前，到过吉林省四平市视察工作，曾经在那里品尝过"李连贵大饼"。为什么没人愿吃"死面饼"？这还用得着去解释吗？李连贵大饼，是熏肉夹馅大饼，层次分明，表里浑然一体，当然吃起来香浓、惬意，口味绝妙；写文章，讲究组织结构，要进行层次布局，人们读起来才会感到轻松、舒畅，精彩纷呈。烙饼和作文，似乎毫不相干，但在一个中小学生眼里，却是道理相通的呢！

（一）丁阴岱病危北大荒　玲兮姑烙制死面饼

1. 她脸上长了草莓豆

　　丁咚咚的爷爷叫丁阴岱，他的家人突然打来电话，说是爷爷最近病势垂危，弥留之际，十分想要和儿孙见上一面。丁咚咚上学读书，耽搁不得，爸爸妈妈陪同奶奶，当天打一辆出租车，直奔黑龙江北大荒而去。临行前，爸爸把丁咚咚的小姑母找来，让她照顾丁咚咚的食宿。说她是丁咚咚的小姑母，她却不姓丁，而是姓卢，名字叫卢玲兮——你看过《苍蝇打不得了——奶奶跟孙子学立意》，里面有"不堪回首，触字生情忆昨事"和"疑神疑鬼，到底是谁的鞋印"两个章节，就明白了一切：身为"老三届"的奶奶，作为"知青"，她从北大荒返城后，和老卢重新组织了家庭，生下两个女儿。后来，大女儿卢铃娜考进北京一所重点大学，毕业后留在了北京一家科研单位工作。小女儿卢玲兮自幼被父母疼爱，视作掌上明珠，期盼考出个女状元来，届时卢家二女登科，看谁还敢小觑！谁知越是临近高考，她越是进入不了状态，无缘无故出现了"恐高症"。那年高考，数学考卷上面连"卢玲兮"三个字和考号都没写全，她的双手出现痉挛，一会比一会严重，难以自持，并且冷汗透背，整个人跟汗蒸的似的。监考老师请示主考后扶她出了考场，十二年寒窗之苦就此付之东流。在父母、哥姐等众人一连气的哀叹声中，她倒是没事人一般，觉得提前"解放"了。花钱上大学、将来还得花钱就业，倒不如现在找份工作来的现实。"命中有时终须有，命中无时莫强求"，她自己"认命"了，父母也只好"从命"。然而，上帝为她关闭一扇门，同时却给她打开一户窗。际遇说来也快，正赶上卫生系统招聘监督员，丁咚咚爸爸丁作时出面找到昔日老同学，即是后来进程老师作文班的赵明磊的父亲，门路都理顺通畅了，在一番笔试、面试之后，擅长交际、有文字功底、天生一张明星脸的卢玲兮成为一名卫生监督人员。工作倒是清闲自在，正符合她的性格，又避免户外太阳暴晒——以前高中入学搞"军训"，由于日照过长，她细皮嫩肉的脸上就种满成片草莓，奇痒无比，自己看了都被吓一跳……

2. 无异赶鸭子上鸡架

虽然她的父母都是干烹饪这一行的，但由于从小被保护过度，她是什么家务活都不会做。把丁咚咚托付给这样的小姑母，只能是活受罪。早饭都是买些豆浆油条来对付，午饭丁咚咚在学校大门口餐馆凑合一顿，放晚学回来，小姑母卢玲兮才亲自动手给做一顿饭。

这天正是周末，丁咚咚开门把书包向鞋柜上一丢，就直奔电脑玩"偷菜"。刚刚上手，觉得不过瘾，又登录"三国志"，嗒嗒地猛敲着键盘。"偷菜"是妈妈最爱玩的网络游戏，全国人民都"偷菜"那阵儿，妈妈是起五更爬半夜的，比上班都辛苦。现如今她也玩腻了，很少过问她那二亩三分地，池塘的鱼也早被偷光了。卢玲兮笑容如花般地站在后面问："咚子，晚饭你想吃点什么？"

这要是爸爸妈妈在家，他可就没有了这个自由，必须先把作业写完后才能干别的事情。听小姑母问自己想吃什么饭，他就心不在焉地回答两个字："随便。"

对于丁咚咚家里的事，卢玲兮是再熟悉不过的。虽然两个姓，她和丁咚咚爸爸毕竟系一母所生，更何况丁咚咚妈妈人又随和，她们关系处得不错。丁咚咚平时不爱吃米饭，喜欢面食，无人不知。于是，卢玲兮动手开始和面。

卢玲兮弯眉下面，画过眼膏的黑睫毛很长，再配上一头酒红色蜷曲长发，披泻在两肩之上，很有范冰冰的范儿。两手在面盆里一忙乎，鬓角两侧溜出来的发丝，不经意就遮挡了那会说会笑的大眼睛，因为正在揉面，她只好轻轻地往后摆一下头。在面食里，人们常说"好吃不如饺子"，可丁咚咚对饺子并无感冒，而卢玲兮不仅嫌包饺子费事，她也不怎么会包，这一点也暗合其意；至于面条嘛，丁咚咚早吃腻了，什么"康师傅"、"今麦郎"，什么"白象手擀面"，家里早晨起床晚了就吃这个，有时午间在外面饭馆，就常常吃"麻辣烫"、"安徽板面"、"兰州拽面"、"肉丝炒面"、"北京打卤面"、"朝鲜大冷面"、"加州牛肉面"……

"麻辣烫更吃不得啦！用的是地沟油，最近又爆料用胶皮鞋头、鞋底煮汤，想想就狂呕。"她小巧如藕荷般的嘴巴外露着，虽然手没离开面盆，但是却扭过头瞅着小爱侄说着话，眉脸之间挤满恶笑。"坑爹呀，面条里放适量食用胶也罢,还放避——"

她一捂嘴,没把话说完全,丁咚咚手里正在玩,嘴上也没闲着:"我知道,女孩子吃多可就惨了——天下大事没有我们同学不知道的!我们这一代就是吃地沟油、睡黑心棉的命!"

"咚子,你到底想吃什么?你快说呀!"卢玲兮两脚站在地板上,穿着跟丁咚咚一样印着流氓兔的母子凉拖,沾满白面粉的两手插在盆子里,两眼冒着爱心泡泡问道。

"老姑,我最愿意吃饼,你怎么忘了呢?"丁咚咚边说,眼睛边紧盯荧屏,两手仍在键盘上敲击。

随后,厨房里传出劈劈啪啪一阵乱响,又吱吱哇哇几声狂叫,就听见卢玲兮的喊话声:"咚子,别玩喽,快吃饭,趁热,一会儿凉了!"

3. 吃饼咬在了棉裤腰

关闭了游戏,丁咚咚来到餐桌旁,操起筷子,先喝一口鹅蛋甩秀汤,就觉得口味咸,又夹一块饼,放在嘴里这么一嚼,面糊糊的,哎哟,竟是个死面饼!

卢玲兮知道丁咚咚嘴甜,会说话,她坐在一旁,本要欣赏自己的"杰作",想听到小爱侄的赞美之词,谁知丁咚咚刚吃上这么一口,就把饼从嘴里吐出,圆眼睛拉长,只留在脸上一条细线,眉毛梢往下吊,说话的声音里包含着委屈。

"怎么啦?"卢玲兮弯细的峨眉扯直了,"咚子,你是不是急性肠炎犯了?"

丁咚咚的头摇得让人晕眩,泪水在眼圈里转悠,连"老姑"也不愿再叫一声,没好气地说:"你做的是死面饼,味道恶劣,特难吃哟!"

卢玲兮这才醒过腔,脸一下如同焗色的长发一样白里透红,低垂下小巧的头颅,浅色眼影下的睫毛这时覆盖她眼眶里的羞赧:"我只会做这种饼,你想吃什么样子的?"

妈妈做的饼可不是这样的,她常常做"香丝饼"、"甜蜜饼"、"卷土豆丝单饼";奶奶来了,做的饼就更好吃,什么"葱花饼"、"金丝饼"、"核桃酥",还有"千层夹肉大饼"等等。老姑做的这个死面饼,没有层次,吃一口真像咬在棉裤腰上,没有办法咽进肚。

本来丁咚咚的脸是圆形,胖嘟嘟的,双颊上的小酒窝这时不见了,脸拉得有三尺长,眼睛像是蒙上一层薄雾,看也不看老姑卢玲兮,喃喃自语:"上作文课,程老师曾说过'谁都不愿吃死面饼',可是,今天你却给我烙死面饼吃,真稀奇!"

说完,丁咚咚还长长吐出一口气。这让卢玲兮听得一头雾水,晶亮迷离的眼睛望着丁咚咚问道："什么程老师说？死面饼怎么啦？"

"程老师是教我们的作文老师，他在讲解写文章的结构布局时，要求写出的作文层次分明，不要写成'死面饼'！"提起程老师，说起写作文，丁咚咚顿时像是换了一个人，精神陡长。"嘿嘿，程老师说，文章层次不清，就好比烙饼，中间不放油，没材料，无咸淡，变成死面饼，那是谁也不愿吃的呢！"

"唔唔……"

"老姑，你怎么同程老师唱对台戏啊？"

"唔唔……"

"老姑，你说，程老师说的怎么这样对呀，你做的死面饼真是太难吃哟！你是不是拿我当小白鼠练手哪？"

卢玲兮用手指卷着垂下来的细纹波浪发丝，好性子地哄着这个大侄子："我在家从来都不做饭，都是你爷爷奶奶两人做。那样吧，打电话把你爷爷叫来，他是大厨，让他给你做，好不好？"

"让我爷爷来给我做？他都快死了，他能来么？"丁咚咚这次可把眼睛又睁圆了，"再说了，我爷爷人在北大荒，远水不解近渴，让他来给我做饭吃，他不死，也要把我饿死啦？"

卢玲兮一听，知道丁咚咚误解了自己的话，笑声像银铃般悦耳，说："我说的不是你北大荒的爷爷，是我的爸爸'老卢'！"

这几天丁咚咚总是神驰北大荒，把"老卢爷爷"给忘了，自觉又羞涩，又好笑，不由得白净面皮上浮起两朵红云，看着小姑母说："那也行，快把卢爷爷找来！"

（二）老卢爷爷重操旧业　小鬼精灵联想作文

1. 金毛狗拒绝死面饼

自从那次奶奶讲述了北大荒的亲生爷爷事情后，丁咚咚就不再称"老卢"为爷爷，而是在"爷爷"前边加上个"卢"字，叫"卢爷爷"了。不过，丁咚咚这个小屁孩，不愧被人们称为"鬼精灵"，他是有足够智慧的，"卢爷爷"是他的背地称呼，当着面仍然喊老卢为"爷爷"。"卢爷爷"接到电话不久，骑电动车就赶过来了。他看了看小女卢玲兮烙的"死面饼"，把蓄满花白短发的头摇动几下，就伸手拿过一张，掰一小块喂自己带来的金毛狗。这全身长着黄色长毛的小母狗，穿着小红鞋，梳着小中分，煞是可爱。可它用鼻子嗅嗅，"咻咻"两声，便掉转头去，趴在老卢脚下一动不动了。金毛是最诚实的，它从不会说谎。原来，这小宠物狗比人吃得还要好，爷爷天天到超市给它买"狗粮"，那可都是大鱼大肉，它才不屑理睬死面饼呢！

卢爷爷进屋后便问丁咚咚："小精灵，你想吃什么样的饼？"

丁咚咚略加思考，想起有次奶奶烙的"千层夹肉大饼"，让他吃得满嘴流油，至今回味无穷。但不知这位卢爷爷手艺怎样，便说："爷爷，那次奶奶给我做的'千层夹肉大饼'，可真是香呀，您未必会做吧？"

老卢一听这话，不觉爽声大笑，连同肉眼袋也跟着一起哆嗦，瞅着丁咚咚说："你奶奶的那点手艺，还不是跟我学的——想当年，你奶奶刚进饭店当学徒工，我就是她的师傅呢！"

对这些情况，丁咚咚何尝不了解，但是他思维敏捷，想起"请将不如激将"这些话，立刻又说："可是，古话有云：'青出于蓝胜于蓝'，还说：'弟子不必不如师'，我奶奶天赋好，悟性强，说不定她的手艺早就超过你了呢！"

老卢也不便和一个孩子较真，哼哈附和着说："那可真是应了'教会徒弟饿死师傅'这句话喽！"

丁咚咚言犹未尽，又补充道："以中国体育界为例吧，这些年出了多少世界冠军，他们的教练老师，不是都被他们远远抛在后边了么！"

老卢不再辩驳，先去洗手，便开始和面。他本来就是面案高级厨师，三下五除二，不费吹灰之力，便烙制出七张"千层夹肉大饼"来。

2. 烙制饼如同写文章

这次，丁咚咚可是集中精力，心无旁骛，细心观察老卢爷爷的一举一动。而且，看着看着，他把老卢爷爷烙饼的过程同程老师讲解文章的层次布局进行对比，联系了起来。

丁咚咚想，卢爷爷首先问我要吃什么饼，这就是"立意"。我说出吃"千层夹肉大饼"，他就根据这个立意进行"选材"：取来盆，放进面粉，倒入温开水，和成面团，然后放在一边醒一醒；又拿来食用油、酱油、料酒、香精、味素、十三香等佐料，盛在碗里，再把切细的葱花、蒜末、姜丝撒进些许，拌匀后放到旁边备用；接着把肉块改刀，上屉蒸熏，再加材料炮制（这应该是文章"中心"）……

以上算是"打腹稿"，接下来才是"行文"——结构文章，即"层次布局"过程：

卢爷爷把面团揪成七个小面团，每个小面团就是一张大饼，这就是文章开头。接下去，把每个小面团放到面案上，先用擀面杖擀成薄薄的圆形饼，他伸手抓过拌好的佐料，均匀地撒了一层，再倒少许食用油。然后，把薄饼折叠成半圆，再把半圆折叠成三角弧，沿弧线用手压住，捏严，黏合紧。折叠后，用擀面杖轻轻地擀，重新擀成薄薄的圆饼，再往上面撒佐料，倒少许油，再按前面方法折叠，擀压，如此十来次。最后，把炮制好的肉馅放在中

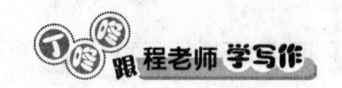

间，折叠包严，再用擀面杖轻轻地擀压，捏住，变成了夹肉大饼。最后，放进油锅里烙制，又反复摔打多次，就变为成品了。这也好比文章收尾。

这次，丁咚咚的眼珠没敢看别处，就好像摄像头，一直对准卢爷爷的双手；可他的心绪却放飞出去，仍然想着程老师那天讲解的文章组织结构和层次布局的情景……

（三）文章结构不离原则　凤头猪肚再加豹尾

"死面饼"你不愿吃，那么，文章缺乏层次，杂乱无章，死板生硬，你肯定也不愿读。因此，你千万不要把文章写成个"死面饼"哦！

"死面饼"难吃，就是因为它没有层次。

"死面饼"式的文章难读，也是因为它没有层次。

怎么办呢？写作文，就要讲究篇章结构，应该学会层次布局。

结构，是文章内容的组织构造。

层次，是文章内容的表现次序。

……

学生们个个挺直身躯，稍稍向前倾斜，睁大圆溜溜的眼睛，凝神谛听程老师讲解谋篇布局的写作知识，就像几十株刚刚破土而出的幼苗，悄悄地承受着辛勤园丁的浇灌。

程老师苦口婆心、谆谆教导我们，他还说：

写一篇作文，看到题目后，动笔行文前，首先要审题，确定题材范围以及体裁特点；根据要求进行立意，即明确中心思想（灵魂），再依据立意选取材料（血肉）。这就好比一个大活人，有了血肉，有了灵魂，还要让他能站立起来走路做事，这就必须有一副强健丰硕的"骨骼"。这里说的"骨骼"，就是文章的组织结构、层次布局。想要写好一篇文章，必须构思好它的整体框架："头"怎样开，"尾"如何结，尤其"中心"如何选取和处理，以及层次之间如何安排。这样写出的作文，才会思路清晰，遒劲有力。

结构有一些指导方针，即原则，布局有一定的技巧，即方法，但是都需要灵活掌握，不是固定一成不变的。先说说结构文章的原则——

1. 要围绕主题思想安排层次结构

有一篇想象作文《假如我是一朵小小的雪花》，采取的就是：总—分—总，即分列式结构（或叫"总体部分结构顺序"）。它从多层面、多视角表现和赞美雪花（"我"）"为人类服务""为世界上善良的人们贡献自己的一份力量"的高贵品质（主题思想）。以下面图表示之：

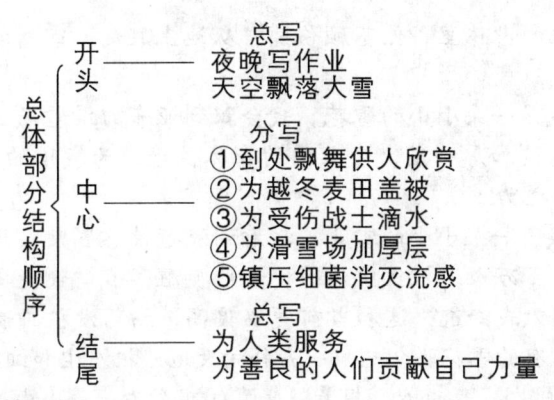

```
       ┌──开   ──总写
       │  头    夜晚写作业
       │       天空飘落大雪
       │
总     │       分写
体     │       ①到处飘舞供人欣赏
部  ──│──中   ②为越冬麦田盖被
分     │  心   ③为受伤战士滴水
结     │       ④为滑雪场加厚层
构     │       ⑤镇压细菌消灭流感
顺     │
序     │──结   总写
       │  尾    为人类服务
       └       为善良的人们贡献自己力量
```

附录原文，如下：

假如我是一朵小小的雪花
（惠天佑）

（开头——总起）正是数九隆冬的夜晚，我坐在房间里写作业，听见"沙沙"的风雪声拍打窗棂，于是放下手中的笔，走到窗前，极目四望，只见空中落着鹅毛大雪，像无数玉龙在飞舞。我打开一扇窗，伸出手臂，欢迎这冬天使者的到来。啊，多么可爱，这洁白无瑕的雪花！（以下分写——中心）

（1）假如我是一朵小小的雪花，我要随着彤云游移，飘飘绕绕，纷纷扬扬，像烟一样轻，像玉一样润，像银一样白，在天空中飞翔，在城市高楼大厦间跳舞，在农村原野大地里雀跃，在林海山川伴着呼啸的寒风唱歌，让人们尽情地欣赏享受着我给他们带来的欢乐。

（2）假如我是一朵小小的雪花，我会飘向正在休眠的越冬麦田，那些翘首向天盼望我落下的农民伯伯，嘴里正在一遍又一遍嘟哝这句农家谚语："盖上一层被，枕着馒头睡"，我向他们会意地点点头，便和伙伴一起投向平坦坦的大地。我落在一株已枯黄的麦苗叶尖上，悄声嫩气地对她说："姐姐，我们给你送棉被来了，您好好地睡吧！冬天来了，春天还会远吗？等到春暖花开，您睁开惺忪睡眼，张开待哺小嘴，我们雪花已化成为甘露，您就会喝个饱，然后快快地成长……"小麦苗听了，甜甜地一笑，我们拥抱在一起。

（3）假如我是一朵小小的雪花，我会来到烽火连天的战场，看见我军有名伤员正躺在石头上，额角伤口流着脓血，脸色蜡黄，嘴里喃喃自语："水，水……"由于天寒地冻，河水溪流变得僵硬，已找不到一滴液态水。伤员的嘴唇干裂，饥渴写在他的脸上，绝望和无助在他的暗淡目光中一闪一灭。我看着这一切，伤感万分，一股热流使自己融化，我和兄弟姐妹抱头痛哭，泪水落到那位伤员的脸上，淌进他干涸的嘴里。伤员吸吮了水分，力量和勇气又重新滋生在他的身体里，他不顾伤痛，从地上爬起，回到阵地上，投入新的战斗。

（4）假如我是一朵小小的雪花，我会飘到亚布力滑雪场上空，为那里山坡地面的薄薄雪被加厚一层，为人们的身体健康，为我国的冬季旅游产业，献出自己的绵薄之力。

（5）假如我是一朵小小的雪花，我看到流行性感冒病毒正在北方一带肆虐，××市有一百万人进入医院治疗，这些唤醒了我的恻隐之心，我已吃不香、睡不安，因为我知道，这和当前气温偏高，细菌没被抑制有关。我立刻呼朋引类，同所有的雪花联合起来一齐扑向大地，把灰尘和细菌镇压下去。

（结尾——总收）我想着，想着，我真的想成为一朵小小的雪花，像她那样为人类服务，为世界上善良的人们贡献自己的一份力量。

自己的大作被挂在黑板上当范文，点击率不低呀，惠天佑的小心肝乐得直颤。他把《假如我是一朵小小的雪花》从头到尾阅读一遍，正当他自我欣赏和陶醉之际，听到议论之声："这是不是惠天佑老爸帮着他写的呀？我敢说，绝不可能出他本人的手笔！"

说这话的女生名字叫蔡菀笛，在学校里，她和惠天佑同班。大家都还记得，她进程老师作文班不久，正赶上讲解"怎样描写人物"，她曾问程老师戴眼镜"是实用，还是酷毙？"给同学们留下深刻的印象——屈指算来，到现在还不足两个月。当大家都把目光投掷过去，她才从座位站起来，上下身这套紫黑色牛仔装，显得很打眼，和她本人一样张扬出个性。她眼皮落下又挑起，说话时谁也不去看："惠天佑在我们学校，什么都写不好，上学期期末考试，作文他一个字都没写，班主任何老师还当众批评他了呢！"

蔡菀笛是个巨蟹座女孩，能言善辩，旁若无人，一身的傲气，又因为她姓蔡，在学生中她就得到个"菜包子"的称号。以往她卖弄小聪明，惠天佑根本不放在眼里，这次却让他咧开嘴，露出钢丝网套着的牙齿，愣呵呵站在地上不知说什么是好。蔡菀笛斜眼一瞥，见惠天佑满脸飞红，不肯吭声，又略施小计道："《假如我是一朵小小的雪花》这篇作文写得挺成功，看来你惠天佑已是今非昔比，名师出高徒嘛！"

惠天佑已被逼到墙角，似笑非笑的，两只眼睛微眯着，闪出一道光亮。他终于说话了，却显得颇为得意："那我实话告诉你吧，这篇作文就是我写的，信不信由你。我没有剽窃，你可以去上网查查，或者翻翻别的作文书嘛。"

朴峻熙在旁插了句话："如果查到和你一样的文章，怎么办？"

"那就是别人抄袭我的！"惠天佑眼睛睁圆了，比原先要大一倍。

"嘿，你是有骆驼不吹牛——不知吹死骆驼犯不犯'动物保护法'啊？"韩铁壮忍不住了，用手指着惠天佑说。

对于别人的挖苦嘲讽，惠天佑还是很耐心地解释："因为，半年前有个'作文'杂志社征稿，我把这篇作文邮寄去了，到现在杳无音讯，他们既不回函，也不退稿。所以，我要这样说。但是，我写这篇作文前，也看到过别人的类似文章，里面有模仿痕迹，不过，我主要是参照它的'总—分—总'结构布局，而不是照抄内容和词语……"

常言说"哀兵必胜"，惠天佑这样低声下气的语调，把许多同学征服到了他的一边。左雨虹虽然是蔡菀笛的好朋友，却站出来替惠天佑打抱不平，她半是认真半似玩笑地说："程老师在他的'作文五言歌诀'里，不是说'模仿也必须'么，模仿也是文化传承。你，你个'菜包子'，还有什么小伎俩可耍呢？"

"其实，我是称赞程老师教作文有一套，惠天佑这么快就出徒了。我听说好多人大学毕业还不知写作技法，也写不出好文章来。如果程老师的作文教法得到普及，学生都能轻松学会写作文，我们中小学生岂不都成了写文章高手？到那时程老师功不可没。"惠天佑的进步，确实超出蔡菀笛所能想象的速度，这让她心里暗暗惊讶，才又说些云山雾罩、不得要领的话。她边说还边摇晃头，吊在脑后的长马尾辫一撅一撅的，差点扫到后面姜大圣的眼眉上。说到此，她朝左雨虹看了看："'辣椒妹'，你认为我说的是不是实话呀？"

"人家惠天佑老实巴交，你不欺负老实人有罪呀！"左雨虹乐嘻嘻说着。

只见程老师双手已经抬起，向下用力摆动，压一压：这是要求大家肃静，不许再说话，意思是"该听我讲课了"。他的这个动作的内涵，学生都是心领神会的。

"惠天佑的这篇想象作文，选材新颖，有新创意，文笔也较优美，这是他一年多时间刻苦学习、奋发努力的结果。文章开头先实写——'我'伏案写作业，先听后看，来到窗前观赏飞雪，伸手'欢迎冬天使者的到来'，这是总起，引出下文。然后，'我'幻化成雪花，分写雪花（'我'）的'行为'，这是虚写。共有五个方面，都是围绕主题——'为人类服务'、'为世界上善良的人们贡献自己的一份力量'展开的。最后总结，篇末点题，收住全文——又回到现实。文章结构严谨，层次清晰，布局合理。"程老师讲解过程中，惠天佑和蔡菀笛以及全体学生，只顾耳听手记，好像他们之间根本没有发生过任何事情。程老师评论完了，又继续往下讲课。

2. 结构要正确反映客观实际，符合人们的认识规律

世界上存在的事物都是客观的，发生、发展和消亡具有一定的规律，都是有迹可循的。这些物质现象反映在人的头脑里，从而写进文章中，必须正确客观，同人们的认识相一致。物质世界有时间先后，文章布局很多都是按时间推移安排层次；物质世界有三维空间，文章结构也都离不开方位转换进行布局。即使是意识流手法，思维跳跃奇特，文章结构变幻莫测，它也是人类头脑能够思考、可以捕捉到的，挣脱不掉客观规律的羁绊，否则，人们就没办法读懂这篇文章喽。

3. 结构要适应不同体裁的特点

记叙文是写人、记事、绘景、状物的，一般要按事物发展过程，以及时间推移、空间转换、部分整体、不同方面和感情变化等来安排结构；议论文是阐述道理的，一般要按事物内在联系来安排层次；说明文是介绍说明事物特征的，要按照一定的说明方法去组织文章。

4. 结构要注意文章全篇的完整、和谐、统一

自然界和人类社会，都是处于相对稳定的和谐状态，文学作品是现实生活的再现，因此在剪裁和组织文章时，就要搭配得体，有主有次，有详有略，疏密相间，错落有致，前呼后应，头尾相映，浑然一体，具备形式美。

精美的结构，应该具有高度的审美价值，其形态呈现为：凤凰头，肥猪肚，豹子尾，人骨骼。

A. 凤凰头：小巧玲珑；B. 肥猪肚：圆润丰满；C. 豹子尾：恰到好处；D. 人骨骼：刚健伟岸。

（四）程老师布局分层次　郭大姐诘难范大烟

1. 五脏六腑都得劲儿

卢爷爷不但给丁咚咚烙制出七张"千层夹肉大饼"，同时还为他熬烩两碗高汤。但这可不是奶奶的什么"红嘴绿鹦哥乌鱼八仙汤"，而是货真价实的"银丝燕窝汤"——要问哪里弄来的燕窝？这还是卢爷爷没退休时，一次给一位高官做菜，偷偷掖在怀里的，留到今天没舍得自己吃，这次给孙子丁咚咚带来补养身体。

丁咚咚用汤匙先舀一口"银丝燕窝汤"，品尝后，微微点点头，看了卢爷爷一眼——感激之情尽在这瞬间的眼神中。然后伸出筷，夹了一张"千层夹肉大饼"，慢慢放进嘴里，腮上的咀嚼肌兴奋不已：好香哟，油水从嘴角便流了出来……

吃到这样的饼，味觉神经立即欢呼起来，五脏六腑感觉都舒坦，都得劲儿，说不出来的愉悦！卢爷爷的手艺确实很细腻，很老到，比起奶奶那次做的还要高出个档次呢！

但是，这时的丁咚咚，边吃，还在不停地想心思……

那次，程老师讲解文章结构，如何谋篇布局，是这样说的：

为了不吃"死面饼"，就要学会烙制"筋饼"、"千层饼"的方法；为了不再写出类似"死面饼"的文章，就要学会如何组织篇章结构，研究层次布局的技巧。开头，要引人入胜，一读不忍去弃；中心，要文笔细腻，详略得当，让人牵肠挂肚，陶醉其中；结尾，要余音袅袅，回味无穷，所谓"编筐编篓，全在妆口"。这些都属组织结构范畴，已有专章讲解，恕不赘述。在此，单说层次之间的布局方法，大致有：

①事物发生发展顺序。
②时间推移先后顺序。
③空间转换方位顺序。
④时间空间交叉顺序。
⑤总体部分结构顺序。
⑥事件不同方面顺序。
⑦感情起伏变化顺序。

总的要求是：围绕中心思想，合理安排顺序，达到层次清楚，上下贯通，互相关联，意思明白，文字晓畅，语言准确。

讲课认真细致，对教学从不敢有丝毫马虎的程老师，这时在他的方脸阔额上，已排列出一层细密的汗珠。但他的嘴没有封闭，只是用手从衣袋里摸出面巾纸，轻轻地擦拭一下，顺便还把鼻梁上的茶色眼镜摘下，抹了抹，又急忙戴得端正。讲到这里，他伸手从讲桌上拾起一支粉笔，转过身，面对着黑板，把七种层次布局方法，一条一条写在上面。写完后，他的脸再次扬起，从镜片后面放射出笑眯眯的目光，在教室内环视，洒落在全体学生正在凝神静听的面庞上，并用似乎是商量却又像是发布命令的口气说："对于每一种层次布局方法，我先拿出一篇范文，一边让同学们参考学习，一边进行讲解分析。根据范文，每人当堂要写出一篇作文。在下一堂课，我再挑选出一篇学生作文，让大家观摩评论。同时，当堂再布置一篇作文，下课前交上来。大家说，这样好不好哇？"

2. "范哥"名言火爆网络

"好！"回答声如山呼海啸，风雨骤至。

从这之前和程老师的接触中，我们都已晓得，他在和学生讲话末尾，最喜欢这样问一句"好不好哇？"或者"对不对呀？"他这样的问话，让学生感受到了师长的热情和亲切，体察到了师生之间的平等地位，觉得站在面前的就是一位手艺高超的花匠，他正在精心栽培这些稚嫩的幼苗。这次学生异口同声喊出"好"时，被称为"大活宝"的秦昊，突然把手高高举起，边站边说，声音像是从闷葫芦里倒出来的："我来您作文班的时间还不到一年，就别拿出我的作文'丢人'了，行么？"

听秦昊这样说，闲不住的孙洪达也从座位"腾"地站起，顺势在额前搭了个"凉棚"，他脸上一点正经都没有，嘿嘿一笑，尖声怪调地嚷嚷："老师，您高抬贵手，也不要拿出我的作文'现眼'了，好吗？"

"好你个'孙猴子'，你只会鹦鹉学舌，我说什么你也跟着说什么！"秦昊鼓着眼珠子瞪着孙洪达。

"这次也给我一点照顾！"一个细若蚊虫、差点被淹没在空气中的声音，还是被耳聪目明的小屁孩们捕捉到了。大家一看，是"笑面虎"范文彬，除了睡梦中有时哭醒外，他什么时候都在笑，被人欺负的时候笑，有人骂他"没娘管的"他也笑。他面部堆出的笑，有点滑稽，把眼睛挤成一条缝儿，就像刚刚用小刀片划出来的，嘴里露出几颗黄牙齿，正在唧唧哝哝说着。别看范文彬年龄不大，个头不高，却嗜烟成瘾，已有好几年的烟龄。他的父母都是"大烟鬼"，他从小就模仿大人学会吸烟。有一次他把香烟带到学校，下课时在厕所里点燃抽吸，被值周老师抓个"现行"，因此受到学校"记过"处分。他的检讨特搞笑："我爷爷抽烟，我爸爸抽烟，香火不能在我这儿断了！"不知这是"范哥"原创，还是咋弄来的，反正打这起这话火爆网络。从那以后，范文彬名声鹊起，学生又送给他一个诨号叫"范大烟"。

"范大烟"话音刚落，引起一个人的兴趣，与他座位隔道毗邻的郭淑薇故作诧异状，问道："你说的'照顾'，是什么意思呀？是让老师拿出你的作文，还是不让老师拿出你的作文？"

被同学们称为"大姐姐"的郭淑薇，留着"五号头"，长相颇有点类似敬一丹模样，她体形硕壮，个头比范文彬高半头，眼色灵光地望着范文彬，等待他回答。

"我希望老师不要拿出我的作文，照顾照顾我！"范文斌勾紧了下唇，像要咬人似的回敬着"郭大姐"。

"范大烟，你这不是搅局吗？"秦昊不干了，鼻子一哼，"你可不能向我学习呀！"

"跟什么人，学什么人，跟着巫婆学跳神！"肖渺一听出了门道，引发了联想，斜睨秦昊一眼，"范文彬抽烟上瘾，没准就是跟你大活宝爸爸学的呢！"

平时与秦昊有过节的肖渺一，两家虽是老邻旧居，房屋拆迁后又在同一小区对面楼住着，但过去大人间产生过矛盾，也波及到孩子们的关系。他们家离程老师作文班有十站地路程，二人在站点等车，彼此视对方为无物，更没有搭伴而行的必要。秦昊爸爸过去扑鸟杀生、嗜烟如命，那是无人不知的公开秘密。

秦昊的眼睛、眉毛、鼻子几乎紧蹙在一起，一脸的怒容，正待张口要反唇讥讽肖渺一，郭淑薇一手梳理着脑后的头发，一手指着范文斌，笑道："和你的'照顾'正好相反，我也要让老师照顾照顾——希望老师能把我的作文拿出来给大家观摩呢！"

对于范文彬的歧义用词，经郭淑薇这么一说，很多同学都看着他吃吃笑。这样一来，秦昊领头的"照顾"，也便烟消云散。教室肃静下来，大家集中精力听课。

（五）事物发生发展顺序　长辈争抢开家长会

窗外的残雪还没有完全融化干净，寒气尚且包裹着冻僵了的大地，马路两旁的杨柳树在冷风中轻轻抖瑟——大自然的万事万物都在呼唤着春天，可是教室内却热火朝天，程老师的作文班里四五十名学生，正在兴高采烈地学习着。

每一节作文课开局，程老师都要在黑板上面给学生抄写一些东西，俗语啦，诗词啦，时令语段啦，或者其他学识见闻啦，等等。因为都不太长，就要求当堂背诵下来。有兴致时，程老师还要说上几句时事新闻，加上他自己的评论。在讲解层次布局这期间，集中学习一些俗语。

"呵呵，我说给你们的这些俗语，很多都是我程某人独家掌握的，在书报上你找不到，我要求大家认真记录哟！"因此，有很多学生家长评价说："孩子在程老师这里学习，获得的知识量大！"

今天，学生一走进教室，就看见黑板上面出现含有"兔"字的俗语六条：

（1）不见兔子不撒_____。（有的放矢）
（2）兔子急了还_____人呢。（困兽犹斗）
（3）兔子不拉_____的地方。（荒凉贫瘠）
（4）兔死_____悲，物伤其类。（同类相怜）
（5）狡兔三_____，谋士三策。（多手准备）
（6）兔子不吃_____边草，老鹰不动巢下食。（唇亡齿寒）

为了考查学生对这六条俗语是否熟悉，也为了提高学生的兴趣，程老师故意把每条都丢掉一两个关键词，让学生举手回答填写。这样，学生便会开动脑筋去思考、讨论，记忆就深刻了。（为此，我们在篇末再补出正确答案。）抄写完毕后，就有许多学生发言，有的是过去听过的，就答对了；有的仅仅是猜测，没说对，便讪讪地坐下去。

"我说！"陆晚霞初来乍到，对这里的一切都感到新鲜、有趣。"不见兔子不撒——'鹰'。"说完，她还不肯坐下，晃着脸，看着老师问："对不对呀？"

看见陆晚霞那份认真劲儿，大家忍不住笑出声。原来，大多数学生都知道这一条，嫌其简单，谁也不肯站起来回答，陆晚霞却把它当作自己的独家占有。

程老师逐项让同学们先回答填空，说对了就把正确答案写上；如果学生实在答不上，也只好由老师来"代庖"。这还不算完，最后还要一个一个解释，说明它在生活实践中的具体用途，有时还在每条俗语后面的括号里写上一个四字词语，用以提示。

"'兔子急了还咬人呢'，这个俗语告诉我们，做事要留有余地，'须放手时且放手，得饶人处且饶人'，不要逼人太甚。兔子是性情最柔和的动物，把它置于死地时，它也会做出极端的举动！有两个成语叫'困兽犹斗'、'狗急跳墙'，正是说的这个道理。"至此，程老师捡起粉笔，在"兔子急了还咬人呢"的后面，写上了"（困兽犹斗）"。接着，他把另外几条一一讲解完毕。

程老师讲到最后，又想起《红楼梦》里的一副对联："身后有余忘缩手，眼前无路想回头"，把它写在黑板之上。程老师以讲解作文为主，兴之所至，随心所欲，不拘形式。《红楼梦》也是他喜爱的，几十年来一直在阅读和研究，拜读完刘心武续写八十回后的故事，还想找机会同他商榷呢。

隔了几秒钟，他又说："关于含有'兔'字的俗语还可以找出一些，如：（7）兔子尾巴长不了；（8）兔子跟月亮走，借好人光了；（9）兔子没尾巴——随根儿……"

过了一会儿，程老师把六条俗语的主要字迹擦掉，抽查多名学生记忆情况，看见回答得都很熟练，他的方形阔脸两边绽开几道笑纹。"呵呵，学习词语到此结束。下边，在写作文前的这段时间，我们要接着研究文章的组织结构，今天讲解层次布局的第一种方法——事物发生发展顺序。"

于是，他像一位名演员，以教室为舞台，开始了他的一幕幕精彩演出——

按照事情的前因后果、来龙去脉——过程，进行记叙，安排层次：它是怎样发生的，又是如何发展的，最终是怎么结局的。这种层次布局方法，就叫做"事物发生发展顺序"。作者通过这样的层次顺序，使用文字描述，把生活画面提供给读者，就会令人感到条理十分清楚。虽然其中也有时间先和后，也有空间左与右，也有感情薄或厚，但是这些都不很突出，不是贯穿文章始终的线索，在读者眼前展现的，只是所写的事件经过而已。请阅读下面这篇文章：

谁去开家长会
（苏展）

有人说：家长会，就是——对当事人（学生）进行缺席审判；还有人说：家长会，就是——先由老师给家长上课，然后是学生听家长上课；更有人说：家长会，是坏孩子的谎言被揭穿的时候，好孩子的家长最荣耀的时候……

每当到了学期末，这个例行的节目都要重复上演。

午饭刚刚吃过，我清了清嗓子，大声"宣布"："今天下午2点到4点，学校开家长会，你们谁去？"

一听这话，上学期吃过苦头的老爸赶忙推脱："我下午单位有事，让你妈去。"

妈妈正在厨房清洗碗筷，也急忙说："不行，我肚子疼，不能去，还是让你爷爷奶奶去参加……"

爷爷听说让他去开家长会，连忙摆手："我一会儿要去老年大学学习，不能耽误啊！你奶奶没有什么事情，让她去吧！"

奶奶慌了神，站起身，一边穿外衣一边说："我就要去做理疗，那可不能间断呢！"

也难怪他们都不愿去开家长会，上学期我的表现记录实在糟糕：在教室走廊打闹54次，被抓到政教处45次，9次被抓到校长室；期末考试成绩更见不得人：语文56分，数学71分，英语62分……那次爸爸去开家长会，被羞得面红耳赤，有个地缝儿都恨不得要钻进去。老爸属虎，天生脾气暴躁，发起火来简直是恐怖+血腥，回来后对我拳打脚踢，让我尝到了"竹笋炒肉"的滋味，皮肉受一次苦。

正当大家吵得足以把六楼屋子震塌时，我把左手揣在兜里，右手指着自己的胸口，大声说："你们快来看，这是本天才的成绩单！"说着，左手从兜里伸出来，把成绩单举过头顶，用力地晃动。全家人个个都送来二目，惊讶得瞠目结舌，面面相觑地问："这能是真的吗？"可盖着学校红印章的成绩单上分明写着：

"语文97分，数学100分，英语99分，政治100分……全班第一，学年第二。"

"操行"评语栏里，写着赵老师的字迹：

"苏展同学：在这学期，你的表现非常出色。课堂积极发言，上课认真听讲，不再打人骂人，还常常帮助同学，遵守纪律，爱护公物，学习成绩有了大幅提高。希望继续努力，更上一层楼！

班主任老师：赵圣荣（签字）
二零一四年一月十日"

老爸从床上一跃而起，喊声似霹雳："不用你们了，我去开家长会，我向单位请个假就行啦！"

老妈在厨房把碗筷摆得丁咚咚乱响，大呼小叫地说："我肚子揉揉，消化消化就好了，没啥大事，你们不了解孩子情况，还是我去开吧！"

奶奶找出几个药片，放进嘴里，推了推老花镜，抢着说："今天不去做理疗了，我去……"

在旁边久不作声的爷爷，这时关掉电视机，站起身说："你们刚才不是说让我去么，那还是让我去吧！"

奶奶笑笑，用手指着爷爷说："你个臭老头子，去什么去？你去就没意思了！"

爷爷更是当仁不让，也伸出一个手指头，对着奶奶指指点点："你个糟老太婆，好好在家歇着养神吧！"

我手里的成绩单还在空中举着，听着长辈们唇枪舌剑的争吵，我笑得合不拢嘴，心窝里简直比蓄满一罐蜜还要甜呢！

"苏展？就是今年中考满分作文状元那个苏展吗？"林心怡翻白着单眼皮，身子略微欠一欠，坐着问，"语文老师给我们打印过他的中考作文《给孔夫子的一封信》，文白参半，层次起伏跌宕，简直找不出一点瑕疵！"

程老师站在讲台上笑而忘语，鞠雪晴把老师的笑发展为有声的，她咯咯地笑个不停，指着前面的丁咚咚说："我知道是谁写的了——就是他！"

丁咚咚大惑不解，圆的眼睛变得扁而长，说："你这可真是妄加猜测哟！"

就在大家陷入莫名其妙之时，鞠雪晴的脸上浮出一丝狡黠的坏笑，对准《谁去开家长会》原文，用手指点说："你们看呀，那不是明明写着'丁咚咚'的名字么！"

"穆彪子"眼尖，早看见了，也抬手指着说："果然，果然，文章里有'老妈在厨房把碗筷摆得丁咚咚乱响'的话，那肯定就是丁咚咚写的了！"

魏增智笑了，说："给你个棒槌，你就认作针（真）！"又反问这位老同桌："文章里有'丁咚咚'三个字，就是丁咚咚写的？牵强附会！"

鞠雪晴其实是故意借题发挥，开起玩笑，谁知勾出"穆彪子"的呆劲儿。他伸着小细脖，萝卜头似的脑袋左晃右动，深井一样的眼睛发出幽幽的光，看着魏增智问："那怎么没有你'小学究'的名字呢？"

丁咚咚坐在那里无动于衷，魏增智再也不置一词。

"不用管是谁写的呦，先看看文章写得怎么样。"程老师歪着头冲着这篇作文，眼角笑纹绽放，嘴边括号悄然打开。

"层次、布局都很清晰，写得还可以，就是有点夸张！"周圆圆回应道。

"写得还可以？"韩铁壮扭动着粗脖颈，望着一头浓黑密实短发的周圆圆，重复她的话问，一边用厚实的大手搔着头皮。"你能写上来么？"

还不等周圆圆说什么，马岩转过半张脸，对周圆圆结出一个笑容："作文写得挺，挺有意思，确实像你说的，是，有点儿玄乎！"

"嘿嘿，再玄乎，还有你马岩玄乎吗？"肖渺一往往忽视他帅哥的身份，快人便有快语，拿马岩寻开心。

马岩虽然是女同学，但是任凭谁说她什么话，她都不会动气。就因为这一点，一些欺软怕硬的人，张口就可肆意"整"她两句。

马岩性格温和，有口无心（可也有人说她"有心无肺"），她认为自己是人缘好，属于大众朋友，别人才愿意同自己说说笑笑。不过，虽然她遭到别人讽刺不反感，可她的嘴却不闲着，听了肖渺一的挖苦话，她没往坏处想，只当是和自己玩闹，嘻嘻一笑之后，又不经意回击一句："人家都说你肖渺一嘴大舌长，一天嘟嘟嘟的，还说我呢！"

常言道："打人别打脸，骂人别揭短"。马岩的这句话，冲了肖渺一的肺管子，犯了"讳"——肖渺一的爸妈和爷奶还有姥爷姥姥，总之，凡是亲属，差不多都曾多次当面说过他"嘴大舌长""好嘟嘟"。"嘟嘟"，当地方言即是"不分场合和情况乱说乱讲"，带有极大的贬义。肖渺一听马岩这样揭自己短，登时脸色变了，大嘴岔张开，板龇牙往外露出得更厉害，瞪着马岩正想发作，想想又觉得理亏，因为自己有错在先，不说人家，人家能说你么；再者，人家马岩一直笑呵呵的，没有和自己打架的意思。他嘴唇翕动几次，还是忍了吧。肖渺一也并不蠢，他立刻把脸掉转方向，不再看马岩，来了个"顾左右而言他"，眼睛注视着从作文班走出去的名人苏展的作文，评头品足起来："我看，这篇作文通过侧面描写，赞扬'我'这位学生的巨大进步。文章层次十分清楚，是按照事物的发生发展顺序布局的：先写家里人推脱不愿去开家长会；接着插叙一段'我'去年在学校的不光彩表现和糟糕学习成绩的记录，为家人不愿去开家长会的态度做了有力铺垫；看见家长们都拒绝去开家长会，'我'亮出今年的成绩单；看到'本天才'的惊人巨变，长辈们的态度又都来了个一百八十度大转弯，纷纷争抢着要去开家长会。文中，语言对话描写特别符合人物的身份和年龄特点，还有动作描写也很细致。文章前呼后应，结构严谨。"

"真是能'嘟嘟'！说你胖，你，你还喘起来了！"马岩说话不知深浅的劲儿又上来了，瞅着肖渺一，嘻嘻笑着逗哏。大家都知道肖渺一性子急，脾气酸，马岩如此讽刺他，别人只有听的份儿，谁也不敢再往上填话。

看看没人发言，任梦洁起身补充说："文章虽是按事物发生发展顺序写出的，但情节一波三折，跌宕起伏，很有戏剧性。也从家庭这个视角，反映出社会的世态炎凉、人情冷暖的不正常人际关系。"

任梦洁一边说，一边用手指把略微有点棕黄色的长发掖在耳后。她的发尾有些卷曲，柔顺地搭在肩上，衬托着那张显得温和的白净面庞。也难怪被大家称为"女才子"，她的分析确是有一定的思想深度，有些学生佩服得不自觉地点点头，甚至咽下口唾液。

看看肖渺一和任梦洁的评论非常对路，程老师也就不再过多说什么，他面对全体学生说："下半堂课，还有大约一个小时，请大家以《第一次做饭》为题，写一篇500字左右的记叙文，也要按照事物发生发展顺序进行层次布局，必须有自己的语言特色。"

当堂作文布置完了，学生个个埋下头去，纷纷舞动手中巨笔，在本子里尽情施展锦心绣腹，编写出各不相同的壮丽华章……

就在这个空隙，程老师又把六条俗语的填空谜底，在黑板上补写出来：(1) 鹰；(2) 咬；(3) 屎；(4) 狐；(5) 窟；(6) 窝。

（六）淘米炒菜小试牛刀　忙中有错交点学费

随着时间的脚步，春天又姗姗回到人间。这个星期六上午，学生们一个接着一个走进作文班课堂。楼房前边的一排排唐槭树，个个都换上了新装，嫩绿的叶子在枝头陈列出来，激动得在微风中颤抖着……提前到来的学生，透过明亮的玻璃往外望着，当他们转过身后，才发现程老师已站在讲台上，黑板上写出了有关"树"的六条俗语：

(1) 树挪死，_____挪活。
(2) 斧砍大树，鞭打_____牛。
(3) 人老_____腰；树老掉梢。
(4) 树高千尺，落_____归根。
(5) 财_____惹祸，树大招风。
(6) 母子分离，活树剥_____。

在讲解完了每条俗语的用途之后，程老师说："含有'树'字的俗语还有很多，如：(7) 人有脸，树有皮；(8) 树倒猢狲散；(9) 人争时，树争春；(10) 前人栽树，后人乘凉；(11) 夫妇是树，儿女是花；(12) 十年树木，百年树人；(13) 墙上一棵树，风吹两边倒；(14) 树身长得正，不怕影子歪；(15) 子欲养而亲不待，树欲静而风不止……"

正当大家往头脑里装载这些俗语时，程老师从夹子里取出一张大纸，转身把一篇学生作文挂在黑板上，并说："下边这篇作文，是按照怎样的顺序进行布局写出来的？请同学们认真鉴赏和分析。"

第一次做饭

（朴峻熙）

　　从小到大，父母就像一棵参天大树，为我遮风避雨，供我衣食住行，让我过着无忧无虑的生活。除了学习与玩耍，类似洗衣、做饭、打扫卫生这些居家过日子的琐事，仿佛距离十万八千里，跟我毫不相干。即使我想出一点力做些家务，父母也不会允许："把学习成绩搞上去，将来考上一个好大学，这才是你最主要的任务。"谁知不久前，天赐良机，让我做了一次大厨，当了一回主人翁，体验了做饭的乐趣。

　　放晚学前，我肚子里饿得"咕咕"叫喊着，好像伸出一只小手向我讨要食物。也就在这时，悠扬的放学铃声骤然响起，我急忙背上书包，一阵风似的向家里冲刺。可进屋一看，室内静悄悄的，厨房里也不见老妈忙碌的身影。正在等待爸妈回来准备晚餐时，他们打来电话，告知有应酬很晚才能回来，让我到楼下超市买些面包火腿对付一顿。

　　既然父母不在家，何不自己动手做一次饭菜，这是我期待已久的想法，今天可以大显身手喽。于是我跑到厨房，扎上围裙，洗洗手，先把大米用水淘干净，倒进电饭煲焖上，然后上网查一下炒菜做法，接下来开始做菜。

　　我准备齐全"木须黄瓜"的原料——两个鹅蛋和一个黄瓜，木耳是妈妈早就泡好并撕成小朵的。木耳可是我家餐桌上的常见食品，也是老妈的养颜秘诀，因为木耳含铁量极丰富，可以养血驻颜，还有清肺功能。我先把鹅蛋往碗边沿一磕，蛋壳破碎，蛋黄和蛋清流进碗里；又找来一棵葱，放在菜板上切成葱花，盛在碗里，还放了少许味素，再用筷子搅拌均匀。然后，我又拿过菜刀，把黄瓜切成很多圆形薄片儿。

　　这时，我点燃煤气，放上炒勺，先倒进少量的笨榨豆油，不一会儿，大勺里"嗞嗞哇哇"喊叫起来。等到冒烟的时候，我赶紧把蛋汁倒在里面，只听"哗——"一声响，鹅蛋在锅里迅速成长起来，它的边缘多像小姑娘的花裙呀，又是唱歌又是跳舞，它们似乎开起联欢会，好不热闹。很快，鹅蛋被煎成金黄色，我把它们盛出来，放在一个小碗里备用。我又急忙把黄瓜片、木耳朵分别放进去，用铲刀翻转几次。我手里的铲刀，在炒勺里不停地翻动，生怕把菜炒糊了。这工夫，我忙得不可开交，累得满头大汗，头发打成卷，就像在水里洗过一遍似的。我担心汗水滴进菜里面，就伸手抓过毛巾，迅速擦抹一下额头，继续忙活着。由于这是我第一次炒菜，手忙脚乱的，食用油都迸溅到炒勺外面，黄瓜片儿也掉到灶台上。

309

看看火候已到，我就把炒勺盖上盖儿，炉灶也同时闭了火。这时我闻到满屋都是香喷喷的气味，馋得口水直往肚里咽。

电饭煲自动跳闸半天了，大米饭已焖熟。我正想要坐下休息一下，享受我的劳动果实。我把碗筷饭菜摆放在餐桌上，妈妈爸爸推门进来了。

"呵，手艺不错哟！"看着我做的饭菜，他们是既惊讶又高兴，望着我说："这头一次炒出来的菜，色香味俱全，看来咱们儿子以后可以自食其力，应该称你'高级厨师'啦！"

我可是美滋滋的不得了，夹了一箸"木须黄瓜"送进嘴里，便大叫起来："唉哟，忘放盐了，淡得好没味道啊！我这是怎么了？也跟丁咚咚奶奶一样了么！"

妈妈俯下腰看了看，安慰我说："没关系，加点盐水，再回回锅炒炒。"

爸爸笑吟吟的，鼓励我说："忙中有错，这也算是交点学费嘛！"

第一次做饭，让我品尝到除学习之外的快乐，给我的生活带来更多的惊喜与阅历——我骄傲呀！

"我也交过学费呢！"赵耀看完，笑笑，小声嘟哝一句。

你看他小小的年纪，身上那件湖蓝色暗格夹克衫，小翻领，穿出了优雅，显示着成熟，别有一番风度。他平时言辞不多，是个爱思考、有心计的少年，没事静静地待在一旁，不像其他孩子叽叽呱呱，打打闹闹的，用周圆圆的话说是"天然呆"。他的话被林心怡听在耳里，问他："你怎么也交过学费？"

"前几天，爸妈没在家，我焖一锅白米饭，水放得少，做成了夹生饭。爸妈回来，实在没法子吃，最后全倒掉了！"赵耀满脸沮丧。"你说，这还不算交学费么？"

"嗯，是交了点学费。"林心怡的小性子中总有点尖酸，语带讥讽也是先天所致，并非她一时能克服掉的。"不过，你爸爸是工商局处长，钱有的是，交那点儿学费，也只是九条牛身上一根毛，太平洋里一滴水，昆仑山上一棵草，喜马拉雅山上的一块石头！"

"还有什么？还有什么？"赵耀脸色气得比桌子上的作文本还要白，喊叫着反问。

赵耀这些日子听到别人说"处长"二字，神经就绷得紧紧的，像胡琴上的那根弦，几乎要绷断了。他的警惕性提高几个等级，分析话里是不是隐含着别的色彩。本来，在程老师作文班里，除了"穆彪子"，别人谁也不知道赵耀爸爸是处长，那次程老师讲解作文选材，马岩发言演说"饮料瓶里喝出死老鼠"，赵耀批评马岩的话是"虚构"，自己爆出爸爸是工商局处长。从那以后，不少学生就说处长如何如何，有权有钱，家里有几十套房子，"房叔"

"房婆""房姐""房媳"遭到查处等，让他受不了。

这时就听程老师轻轻咳了一下，声音响彻四周，说："谁能说说，朴峻熙的《第一次做饭》，是按什么顺序进行层次布局的？"

"我知道。"范文彬这次声音嘹亮地回答，"那还用说么，肯定是按事物发生发展顺序布局的！"

说着话，范文彬眯眯一笑，露出黄牙，头晃动几下，才坐了下去。

程老师又问："范文彬，你为什么这样说？"

刚刚坐下，范文彬只好半站半坐地起身，腰弯得似只大龙虾，口里说："秃子头上的虱子——明摆着的：你正在讲'事物发生发展顺序'，举出的作文，肯定是这方面布局的！"

他的话，让学生们忍俊不禁，个个脸上漾起讪笑。如果说他是无理取闹，也不一定，因为谁都知道他的智商不够尖锐；若认为他不是故意逗乐，又怕被他耍了，因为有时他很喜欢出个洋相。程老师也不往深探究，一笑了之，用手指着丁咚咚问："请你再说具体些，这篇作文的层次布局，到底用的是哪种方法？"

本来丁咚咚也正在笑着，一对小酒窝分布在毛茸茸的圆脸蛋两侧，带着三分清纯，三分可爱，忙从座位站起，仰脸注视黑板，薄嫩嘴唇忙启动："这篇作文，是按照做饭的过程写出来的：开始写淘米焖饭，这是略写；接着详写炒菜：先写准备材料，再写如何放油、炒黄瓜片、木耳朵，倒进鸡蛋汁……最后写爸妈回来，发现菜里忘了放盐，爸爸说这算是交了点学费，收束全文。文章语言晓畅，如行云流水，从头到尾，确实是按照事物发生发展顺序布局的。"

"呵呵，说得精彩！"程老师让丁咚咚坐下后，利用剩余时间布置了一篇作文。同以往一样，要求必须当堂写完交上来。

在学生写作文期间，程老师把六条俗语留下的空字全部在黑板上填写出来：(1) 人；(2) 快；(3) 猫；(4) 叶；(5) 多；(6) 皮。

（七）时间推移先后顺序　防微杜渐教子有方

清风吹拂，阳光和煦，春光无限美好，在城乡大地尽情延伸着。楼房外面，几只鸟雀在树叶罅隙钻进飞出，洒下一串串银铃般的悦耳歌声，把整个教室衬托得十分静谧。早早来到的学生，伫立在窗口，呼吸着从室外涌进来的清新空气。有几个学生，踢踏着双腿，伸出臂膊，做着扩胸运动，把自己融入美丽的春光中……张望一阵之后，同学们才回过神来，发现黑板上出现六条有关天气的俗语（天气谚语）：

（1）浇伏＿＿＿＿＿＿＿，晒伏尾。

311

（2）风在_____头，屁在屁头。
（3）早看_____，晚看西北。
（4）早晨浮云走，晌午晒死_____。
（5）春雨贵似_____，秋雨遍地_____。
（6）先下鹅毛没大雨，后下鹅毛不_____天。

上课了，学生先看完后又抄完这些俗语，程老师首先问谁知道哪条，怎么解释，有何用途。有的学生在哪里听过，有的在什么书里看过，能够回答出来，但多数学生只是一个劲儿挠头皮，眨眼睛，弄不清楚。程老师这时侧过身体，一半看黑板，一半看大家，一条一条讲解明白。接着他又说："这些天气谚语（俗语），过去主要流行在农村。由于我国地域广阔，自然环境差异很大，说法也各有不同。如果认真收集起来，天气谚语（俗语）真是多如牛毛，不妨再举出几例：闭门雨，开门晴；蚂蚁拦路，大雨如注；老猫坐墙叫，大雨就来到；清早宝塔云，午后雨倾盆；有钱难买五月旱，六月连雨吃饱饭……"

为增强记忆，程老师每次都把关键词语擦掉，让学生背诵回答。以上大约用去10分钟时间，然后，才转入讲解写作知识——

事物的发生、发展和结局，总是有先有后，文章按照时间推移的顺序安排层次结构，不断变换镜头，读起来脉络就会十分明晰。我们先观赏一篇学生作文——

偷 蛋
（佚 名）

"占小便宜吃大亏"，这是人们挂在嘴边的口头语。即使不吃大亏，也会招惹麻烦，甚至带来痛苦。我把自己亲身经历过的这样事，写出来供人借鉴，也表示我的内心忏悔。

那还是前些年，我在小学三年级，由于一时贪婪心作祟，犯了一个一辈子都不能够原谅自己的大错误。自从发生这件事后，我一听别人说个"偷"字，心内就发毛，脸就一下子红到脖子根儿……

那天正是周六，双休日的第一天，吃过中午饭后，我到舅妈家去玩，在经过王晟楠家的院子时，发现地上的竹筐里有两只白花花又大又圆的蛋。我口内涎水涌了出来，心想：把这两只蛋拿回家，妈妈一定会夸奖我。这时候，我四下张望，贼眉鼠眼的，断定这院子里空无一人，就走近竹筐，伸出手去抓这两只蛋。由于做贼心虚，手碰到蛋时一个劲儿地抖，第一次竟没拿稳，一只蛋从手指缝儿滑落下去。我的手不但不好使，腿也在颤，心跳得要从嗓子眼儿蹿出来。不过我没有放弃，最后还是把这两只蛋拿回自己家里。

西斜的太阳像一盏大红灯笼，悬挂在鸡冠岭上。妈妈和爸爸开着自家农用车，碾着一路柔细的光芒，从水稻田插秧回到家里。我急忙告诉妈妈，家里的母鸡下了两只蛋，已放在碗橱下的篮子内。妈妈说我是个能帮助大人做事的好孩子，我心里喜滋滋的。

天色渐渐暗下来，白日最后的一丝光亮从室内移了出去。吃完晚饭后，妈妈突然走进我的房间。我看见她的神色有些不对劲儿，阴森森，冷冰冰，脸型扭歪，难看极了。

"那两只蛋是从哪里弄来的？"她眼睛瞪得比我偷来的两只蛋还要大，还要圆，声调严厉得怕人。

"哪个？那个，是……咱家的鸡下的呀！"我有点猝不及防，回答得颠三倒四。

妈妈已是怒不可遏，眼睛里像要喷出火，大声喝道："胡说！咱家两只母鸡都是隔日有蛋，今天不下蛋，明天才有蛋。再说，你拿回的蛋，不是鸡蛋，而是鸭蛋！咱家的鸡，怎能下出鸭蛋？"

我吓了一大跳，妈妈的话像晴天霹雳，把我一下"轰"晕了，半天我才醒过神来：我怎么这么莽撞，拿人家蛋时，竟然没想过鸡蛋和鸭蛋的区别呢！我对自己的行为十分后悔，就哭泣着说："妈妈，我错了。这是午间我去找王晟楠写作业，他家没有人，见院内地上竹筐里有两只蛋，顺手拿回来的。"

过了一会儿，妈妈的脸色渐渐缓和过来，语气不再似以前那般生硬，看着我的眼睛说："好啦，收起你的眼泪吧，知道错了就是好样的。以后一定要记住，再不许偷拿别人的东西。那就赶快给王晟楠家送回去，还要当面诚恳地向人家赔礼道歉！"

透过玻璃窗，我向外面望去，天和地已完全缝合在一起，成了黑妖洞。听完妈妈这一番训斥后，羞耻心覆盖了恐惧心，我就急忙拿起这两只蛋，推开房门，向王晟楠家走去……

最先举起手的是"穆彪子"，他问"佚名"是谁，程老师告诉他："佚名，就是不知道姓名。"

"不知道姓名，这篇作文您程老师是从何处'淘到'的呢？"嘴尖舌快的蔡菀笛不依不饶地穷追不舍。

"呵呵，就是在你们学生中'淘'来的！"

"他是谁？"

"呵呵，秘而不宣，隐姓埋名，不便透露！"

程老师对作文知识进行讲解，大多用自己学生的习作做范例，这样，既能联系写作实际，又让大家感到亲切，提高听课注意力。《偷蛋》是一篇当堂完成的学生作文，为了保护隐私权，公布出来时没有署名。看见学生全部阅读一遍，他站直身体，环视着整个教室，问："我们现在进行阅读分析：第一，谁能用简练的语言概括一下《偷蛋》作文的主要内容？"

淡黄裙装上镜，表情天然萌的黎梅花，被赞有侠女范，立即从座位站起回答："妈妈发现'我'偷了王晟楠同学家的蛋，对'我'严厉训斥，'我'承认了错误，把蛋送回去。"

"对，就是这样！"程老师边说边让黎梅花坐下。"第二，这段作文，可按时间推移先后顺序划分四个层次。谁能说说这四个层次的具体内容？"

温昕卓站起来回答，她快被开发为"课堂好声音"了："第一层次：写'我'——一个小学生，偷拿别人家两只蛋。这一层细致描写'我'偷蛋时的外貌神态（'贼眉鼠眼'，'四下张望'）、动作行为（伸手拿蛋时'一个劲儿地抖'，'腿也在颤，心跳得要从嗓子眼儿蹿出来了'）和心理活动（心想：把这两只蛋拿回家，妈妈一定会夸奖我）。第二层次：写爸爸妈妈从田间劳动收工回来，用景物点明了时间——日落前。第三层次：写妈妈严格管教子女的优秀品质，主要以人物语言对话刻画妈妈的崇高形象。第四层次：写在妈妈教育下，'我'认识到自己的错误，去送还鸭蛋。"

"温昕卓分析得很细致，很透彻！"程老师把双手举在眼前，手指向前作抓挠状，像一朵大菊花正对着温昕卓舒卷开放着，这也是他夸奖学生时的经典动作。"那么，哪位同学能回答：这四个层次的时间，都是怎么写出来的？"

好几名同学一齐把手伸在头顶上方，程老师巡视一回，用手一指，许行之像个皮球弹起来，用似乎是五六岁孩童说话时发出的颤音道："用'吃过中午饭后'开头，明确告诉这事情发生的起始时间；第二层次用景物描写点明时间：'西斜的太阳像一盏大红灯笼，悬挂在鸡冠岭上。妈妈和爸爸开着自家农用车，碾着一路柔细的光芒，从水稻田间收工回到家里。'——这是黄昏前。第三层次也有一句景物描写：'天色渐渐暗下来，吃完晚饭后'，这就告诉读者下边的事情是在'天黑后'。第四层次，也就是结尾段，用了'过了一会儿'时间词语，还有'透过玻璃窗，我向外面望去，天和地已完全缝合在一起，成了黑妖洞。'的景物描写，指明'夜色已深'。所以说，这篇作文，层次布局是按照时间推移先后顺序进行的。"

性情沉稳又有些文弱的许行之，和"假小子"周圆圆恰好相反，他的性格有些女性化，看去就像是一个小姑娘。颌尖腮圆的脸蛋上方，留着小分头，不长不短的刘海，散在白白净净的前额上，几乎把细细的眉毛覆盖了。一件粉色横条乳白质地的斑马卫衣，下摆盖住了牛仔裤的臀部，显得分外潇洒得体。自从那次讲解"人物描写"他发言以后，就很少开口说话。前文交代过，程老师和许家的关系渊源很深，许行之的爸爸、爷爷，甚至他的太爷，程老师都较熟悉。因此，对于性格相对内向的许行之，程老师要高抬一眼，有机会就把他招呼起来，让他发言。这位同学，一般对于没把握的话，他是尽量少说，或者干脆不说。慎言谨行、温良恭让的乃父乃祖的遗风，在这许家四世孙身上延续着，实在弥足珍贵。这次回答问题，他自以为胜券在握，才肯主动举手发言。也正是因为他鲜有开口，程老师才在众多举手者中把他叫了起来。看得出，对于他的回答，程老师是相当满意，又是点头，又是扬起一只手。

接下来，程老师布置这样一篇课堂作文：

"你读了《偷蛋》文章，一定会对妈妈严格管教子女的高尚行为大加赞赏，主题思想很正确，立意很鲜明。正如同学们分析的那样，文章布局很清晰，是按照时间推移先后顺序安排的层次。大家再仔细思考一下，'我'来到王晟楠家里后，还会出现怎样的情景。请以《送蛋》为题，按照时间推移先后顺序，写一篇记叙文。要求：（1）记叙人物要有外貌神态、动作行为、语言对话、心理活动描写，缺一不可；（2）要能够使用景物描写来点明时间；（3）不少于500字。"

还不等程老师的话音落地，孙洪达第一个揭竿而起："我写不好哇！"

程老师问他："你为什么写不好？"

"因为，"这个"孙猴子"耸耸肩，同时做个鬼脸，"因为，我从来没有偷过东西，更没有拿过别人鸭蛋，还没在农村生活过，怎么能写出这样的作文呢？"

还不等程老师张口，周圆圆转过胖脸看着孙洪达说："你在扯谎——你真的从来没有偷过人家东西吗？"

"真的！"孙洪达说得斩钉截铁，"就是没有！"

"哈哈哈……"无怪人称她"假小子"，正当大家都想从她嘴里得知孙洪达在哪里偷了什么东西时，周圆圆先捂嘴大笑，然后才慢慢说："你孙猴子偷王母娘娘蟠桃，吃了个精光——这件事谁不知道？你还想抵赖，还说没偷过东西！"

"假小子"的这些话招来一阵狂笑，把个"孙猴子"羞得小脸比猴腚还要红，半天说不出话来。

"我没有农村生活经历，能写好农村的事情么？"隔了一会儿，"孙猴子"才想起说这句话——他似乎认可了"偷王母娘娘蟠桃"这一事实。

鞠雪晴是个来自山村的女孩，虽然看上去瘦弱，但是体质非常好，从小干过农活，那双纤细的手掌有一股潜在的力量，同班的女生谁都不敢小觑她。她的黑眸清澈透明，那双大眼睛和孙洪达平行对视了一下，插上一句话："看来，这篇作文只有我能写了，因为我有农村生活经历。可是，我，我也没有偷过人家的蛋呀！"

冯新发站起身，一上来就伸手摸他的光头，用他那两只海蓝色的眼睛盯着秦昊说："我也能写——我原来就是个屯迷糊，屯老斗，山炮。我小时候还真的偷过鹅蛋，不过，那是姑母家的，我不偷，姑母也给我吃，但那次我却没告诉姑母，就擅自从鹅窝里把鹅蛋拿回家煮着吃了！"

周圆圆还不依不饶，继续打趣孙洪达："《西游记》作者吴承恩，他上过天宫吗？他怎么就知道你孙猴子在天上偷过王母娘娘蟠桃吃呢？小说怎么写得那样精彩呢？"

也跟着嘻笑的程老师，这时附和着周圆圆说："是呀，我们可以联想和想象么！作家莫言写出来的小说，一大本一大本的，引人入胜，许多情节都是他没有出生那些年代的事情，不一定都是他亲身经历过的么！"

"唉呀，我昨天下午跟着爸爸去国贸地下图书城，买了一本《莫言小说全集》，是内蒙古出版社出版的。"一听到"莫言"的名字，冯新发兴奋起来，接上了话。"一共十部长篇，大开本，1000来页……"

还不等冯新发说完，好奇心最强的马岩急忙问："那样厚的书，作者又是诺贝尔文学奖得主，价钱老贵了吧？"

"哈哈，定价是118元，只卖18元！"冯新发大笑着。

"怎么少卖100元呢？"马岩追问。

"我当时也十分惊诧，售书人毫不隐讳地说'这是盗版书'！"冯新发边说眼睛边诡谲地眨动。

来到作文班时间不长的李赟同学，听课十分细心，但却很少讲话。他读了《偷蛋》这篇作文，心中感触良深，他对农家人日出而作、日落而息的平淡生活，以及"我"为父母管教的情景十分憧憬。李赟的父母都算是名人：父亲李绍卿是市交警大队的李大队长，风流倜傥，往来于官场和灯红酒绿之中，求他办事的人排成了行；其母兰氲是省台综艺频道主持人，气质容颜俱佳，是个极会享受生活的主儿。父母都是各玩各的，平日三口之家难得一聚，180平米的豪宅常见面的就是那个大嘴却不爱说话的保姆。即便他做错了事情，也很难听到父母的一声呵斥——他们做的最多的就是给他金钱作为感情补偿。他羡慕"我"让"妈妈"这样痛骂一顿，可是自己的妈妈每次除了大包小包地塞给他吃喝用的，就是给他找名师补课，他多想在妈妈面前哭上一场，然而每次他都硬生生地憋住。今天在作文班里，他发言的欲望很强烈，同时鼻子有点酸楚，举起的手又悄悄落下……

没有谁再说话，教室内顿时飘浮起笔尖划擦本子的响声……

六条俗语的空字是：(1)头；(2)雨；(3)东南；(4)狗；(5)油，

流；(6) 晴。

（八）夜深人静送还二蛋　瑕不掩瑜美文一篇

花满枝头春意闹，人欢马叫歌如潮。紫燕呢喃香嘴困，春回大地柳芽新。车似潮水马似龙，花意正春风。——抬眼望了望，窗外正当春光明媚季节，欢声笑语回荡天地之间。程老师脑际跳出这些诗句，由此包含"马"字的俗语，突然跑到他眼前来，就给学生写在黑板上：

(1) 出马一条_____。
(2) 人老_____，马老猾。
(3) 买起马却买不起_____。
(4) 老_____出马，一个顶俩。
(5) 人善人_____，马善人骑。
(6) 好人出在_____上，好马出在_____上。

程老师见学生都已抄完，就问第一条俗语的空字谁能填上，秦昊的大眼珠翻白一阵，想要回答，却又找不到答案。就在谁也回答不出来时，马岩略带口吃地抢答："出马，一条枪。"

"马岩不愧姓马，她答对了！"程老师点头。"这条俗语是说，有人说话做事直来直去，不假思索，不计后果，我们就说这个人'出马一条枪'。"说到这儿，程老师又望着马岩诙谐一句："呵呵，马岩，你可要记住这条俗语，不要'出马一条枪'哟！"

"第二个我知道：'人老奸，马老猾。'第三个我也知道：'买起马却买不起鞍。'第四个我也知道：'老将出马，一个顶俩。'第五个我也知道：'人善人欺，马善人骑。'第六个我也知道：'好人出在嘴上，好马出在腿上。'"不等老师问，冯新发披挂上阵，连珠炮般回答出来。

前篇曾经说过，冯新发长相酷似俄罗斯人，有人说他母亲是维吾尔族姑娘，但是谁也没有见过。不过，他爸爸确确实实是汉族人，在省武警总队当干部，当兵转业后留用的。他原是农家院走出来的半大小伙子，比较熟悉村言俚语。而秦昊等同学，他们从小一直生活在城市里，城乡的文化背景有较大差异，新式名词听得多，流传在人们口头的语言却知之甚少。

冯新发脸部流露着得意、自豪，环顾左右同学几眼，才缓缓坐下。程老师又逐条解释一遍，说明其用途。接下来他又随手俯拾几条有"马"字的俗语，写在黑板上：(7) 望山跑死马；(8) 恶妻难治，恶马难骑；(9) 人穷志短，马瘦毛长；(10) 射人先射马，擒贼先擒王；(11) 盲人骑瞎马，夜半临深池；(12) 出的牛马力，吃的猪狗食；(13) 牛不知角弯，马不知脸长；(14) 人无横财不富，马无夜草不肥……

上堂课布置写的作文，程老师全部批完，他把他认为最好的几篇作文读了几篇，接着又打印出来一篇，新鲜出炉，让同学们品读、推敲和评析——

还 蛋

(林心怡)

人非圣贤，孰能无过？犯错误不可怕，不能改正才是最可怕的呀！只要诚恳检查，认真悔过，是可以得到别人谅解和善待的。知错不改，怙恶不悛，那才是罪莫大焉呢。能请神就要能送神，偷了蛋也能送还蛋。麻烦是我惹的，还是由自己来解决吧。我偷了同学家的蛋，却能痛痛快快地送回去，但是你可晓得我有多么难为情吗？

"太阳与月亮多像人类的两只大眼睛啊！一只睁着看白天，一只睁着看黑夜，将世界看得一清二楚。"我是白天偷的蛋，别人没看见，可全进入太阳的摄像头里了。现在往回送时已是夜晚。外面黑得像锅底一般，月亮隐藏在云端后面，但我感觉它在暗中俯视着我。我拿着两枚鸭蛋，拖着沉重的脚步，向王晟楠家里走去。我们两家相距不到二百米，虽不算远，但走起这段路似乎有千里之遥，怎么走也走不到头。刚出屋时，我的眼睛对黑暗有些不适应，什么也看不清。慢慢地，我已经能辨别物体的大致轮廓，连西北天边的火烧云也赫然在目。清凉的小风从山谷那边吹进村庄，玩弄我额前的几绺头发，爱抚着我的脸蛋，我用手掠一掠刘海，才知道汗水正在双颊上不停流淌着……

"咚咚咚咚……"我终于站在王晟楠家的砖墙大院兽头黑漆大门前，犹豫了好一阵，才鼓起勇气，抬起手用力敲门，那声音在傍晚静谧的山村响了起来，飘散荡漾着，传出老远。

王晟楠爸爸走出来，知道我是谁后，拉亮了院子里的电灯，把大门打开。

王晟楠躲在他爸爸身后，这时探出头，说："正好你来了，不然，一会儿我还要去找你呢！"

"找我？"听他这样说，把我吓了一大跳，半天说不出一句话。正不知怎样向他们道歉，口里支支吾吾，"我，我错了……"

这时，却又听他说："老师留的数学作业，有两道题我做不出来，想去问你。"

"哦，原来如此！"我身上出了一层冷汗，心里庆幸着，但口里犹自在说："哦，哦，对不起，我错了……"

王晟楠一脸茫然，忙问："你什么错了？难道那两道题，你也不会做？"

我这才有些镇定，但我这时也变成了马岩，结结巴巴地说："你，你，还不知道么？"

"我不知道什么？"王晟楠眼睛都眨巴了，"我知道的话，还用找你请教呀？"

我的头颅埋得很深，羞愧地说："我，我，偷了你家两枚鸭蛋……对，对不起！你能原谅我吗？"

还不等王晟楠说话，他妈妈从后边绕过来，拍着手说："我早知道了，下午我回来就发现两只鸭蛋不见了。不过，我可没想到是你拿去了。"

我的眼泪一下子从眶内抢着往外钻，滴在胸前衣襟上，两只手拿着蛋举在头顶，嗫嚅着说："我，我给你家，送、送回来了！"

王晟楠妈妈爽朗地笑起来，大声说："不了，这两只蛋送给你，拿回家吃吧！人一辈子，谁还不犯点错误？错了能改，就是好孩子。"

我那颗悬着的心，顷刻放了下来，掉在肚子里了。我眼睛稍稍抬起，只见西北天边的余光已经全部消尽，时间很晚了，我想爸妈会盼望我回家，就急忙说："王婶，谢谢你们原谅了我，我不能一错再错！"说着，我把两枚鸭蛋放到大门旁边石板地上，转身就走。

可是，王晟楠一个箭步蹿出来，拉住我的后衣襟说："别急，快进屋，帮我把那两道题弄会再走！"

我只好和他一起走进他的房间，坐下来和他算题。在班级，王晟楠学习属于中等，比我差，有不会的问题他都找我问。今天这两道是计算里程和时间关系的应用题，经我一讲解他就划过窍了。我抬头见他家墙上电子挂钟的指针快到九点，虽然明天是周日不上学，但想到爸妈一定会惦记着我，就告辞回家了。

"当局者迷，旁观者清。再好的作品，都需要反复修改和别人指正，才会更上一层楼。常言说'好文章都是改出来的'。曹雪芹的《红楼梦》写作'历经十年，增删五次'，诚哉此言！我们的习作不要怕人评头品足，指出缺点，提出修改意见，切磋、争辩的过程也是提高的过程。"程老师胸怀坦荡，不善掩饰，更不做作，这一点深得学生敬重。"对于林心怡同学这篇《还蛋》作文，大家可以从思想内容和写作特点，尤其层次布局方面，评论评论。"

学生们一见是林心怡的作文，真有点噤若寒蝉，评论格外小心谨慎，都觉得这个"林妹妹"有些"小心眼，不好惹"。这究竟是"投鼠忌器"还是"爱屋及乌"？谁都难以分辨清楚。不过，林心怡厉害是厉害，但她并不胡搅蛮缠，是很理性的女孩，只是说话有些尖刻，但也分对什么人，在什么场合。那次程老师讲解文章立意，她和秦昊的冲突，平心而论，她是被动者，不是主动出击。再说，秦昊是个"大活宝"，和他发生口舌之辩的何止林心怡一人，连性情温和如"小白兔"的白杨，也和他出现过不愉快的龃龉。自从那一次林心怡给同学们留下了不良印象，课后程老师曾经找她谈过话，以后她已有所诫勉。

教室里的气氛有点凝固，没有人开口说话。大家的眼睛上上下下地挑着林心怡，这才注意到她今天上身穿着一件可爱的卡通短袖衫，下身是湖蓝色七分裤，裤角挂着玉米穗，脚上蹬着油黄发亮的胖头小皮靴。林心怡见谁也不肯出声，小巧、耐看的五官露出一丝委屈，不过不快神情转瞬飘忽过去，积极应对挑战是她的风格，自己先说开了："我爸爸在邮局上班，可我爷爷奶奶却在林区生活，那里人们居住的大多数都是砖瓦平房，也有种田的农户。我每年寒暑假都去爷奶家玩，所以对农村生活也算熟悉，写这方面题材作文，闭上眼睛我就可以写出来，毫不费事。"

她停了片刻，尽可能让她自己显得随和安分，尽可能给大家留下好感，她的脸掠过温柔的微笑："不过，我的写作水平不高，没有写好，还请同学们多多提出宝贵意见。"

"让你爸给你弄一套第三轮的生肖邮票，成版的。"鲁晓非受他姥爷影响，自小喜爱收藏，把邮票看作无价之宝。

"这几年新票涨势强劲，炒作得厉害，我爸都不玩这个了。"林心怡说的是实话，邮票已经从兴趣和娱乐走向投资和投机，邮票跟股票、房价一样被炒作得成了天价。

林心怡坐下后，程老师微笑着看看黑板，用右手食指点了一下眼镜架，说："呵呵，林心怡很谦虚，她写的也算一篇美文，别的方面就不去说了，谁能分析一下里面的层次布局？"

惠天佑的大圆脸盘上露出的笑容，看上去很成熟，双眼皮下的眼睛变得幽深，只听他说道："林心怡的作文，基本是用时间推移先后顺序的布局方法。先写'我'离开家时，西北山峦上边还有天光，有火烧云，天没黑透。后来写已把鸭蛋送还，天已全黑。接着写帮助王晟楠学习，看见墙上钟表时针快指向九点，时间已经不早了。所以说，她是用时间先后进行层次布局的。"

"好，下边就……"

程老师刚说这样半句，丁咚咚"噌"的一下把手举起来："老师，我有看法！"

程老师眼镜片后面闪出惊疑的目光："你有什么看法？请讲！"

"老师上堂课布置的《还蛋》的作文，是要大家接着《偷蛋》文章续写的。《偷蛋》里，妈妈教训完儿子，已经是'夜色已深'，'天和地已完全缝合在一起，成了黑妖洞'，可是，林心怡的《还蛋》作文，开头却写'刚出屋时，我的眼睛对黑暗有些不适应，什么也看不清。慢慢地，我已经能辨别物体的大致轮廓，连西北天边的火烧云也赫然在目'。看，天边还有火烧云呢，这不是矛盾吗？"丁咚咚的大眼睛一直瞪着黑板上的《还蛋》作文，黑又长的睫毛不停地眨动，他说话的声音清脆，还有点娇嫩，学生们个个歪着头看着他，注意地听，又抬头朝前看几眼黑板。

"就是呀，写文章不能任意杜撰哟！"看见丁咚咚提出疑问，秦昊胆子壮起来，临阵起义。

"对，对，我们在讲解如何选材时说过，写文章不能任意杜撰，要真实可信。"程老师接过话题，看看林心怡，又看看秦昊，再看看丁咚咚，然后面对全体学生。"但是，可以通过想象、联想进行情节虚构，这是完全可以的。林心怡的作文，写得很出色。她在文中多处用景物描写点明时间，很准确、很形象的呢！至于与上边《偷蛋》作文的时间接榫，应该说稍稍有些失误，以后再写文章，这方面也需注意呐！不过，瑕不掩瑜，林心怡的这篇作文是成功的杰作，我要向她表示祝贺！"

程老师垂眼向手腕里看时间，接下来又布置了一篇作文，仍然要按照时间先后顺序进行层次布局——

（九）课堂如何布置作文　学生怎样自拟标题

"有一个小猫咪，身上穿上花衣衫，手里提着一篮水果，离开家门，要去给外婆祝贺六十大寿。"说着，程老师从讲桌上拿出一幅图画，随手贴在黑板上，画里面小花猫提着竹篮，迈开步子往前走去。

接下去，学生们看到程老师在黑板上又接连贴出三幅，一共是四幅图。

这可说是程老师教学生写作文的一大特色——每布置一篇作文，他都要贴出一张纸，上面有提示，有要求，还有他自己绘制的图画。像这样的看图作文，而且是多幅图的，并不少见，如《感恩》《一元钱》《小猪搬家》《环保＝自保》《马小虎送信》《盲伯伯过坑》《书到用时方恨少》《失败也是一首歌》等等。有图画在眼前展开，直观性强，容易引发联想和想象，学生当然喜欢看，而且会立即兴奋起来。

第二幅图画里，小猫咪被面前的河流拦住去路，抓耳挠腮地呆望着。河岸上有一棵大树高高挺立着。树枝上挂着救生圈。树干矗立一把铁锹。河沿边漂泊一个木盆，被一条绳子系在树干上。

第三幅图画里，小猫咪腰间套着救生圈，坐在木盆里，已游到河中间，两手抱着铁锹用力地划水。

第四幅图画里，小猫咪把水果篮子高高举过头顶，向黑猫外婆祝寿。

每当拿出一幅图，程老师提示时，他都是穿插叫起一名学生先口头讲练

321

一遍，然后他再拾遗补缺。

"第一幅画，这是开头，要对小猫咪居住的环境有所介绍，对事件起因交代清楚，尤其对主人公的衣着打扮、外貌神态，要刻画得绘声绘色。"程老师在黑板上贴了一幅，就开始讲解。"第二幅图，小猫咪来到河边，它过不了河，焦急得成了什么样子？它想些什么？后来看到了木盆、铁锹、救生圈，内心又是如何盘算的？——心理活动，要进行细致刻画。"

说到这里停住了，程老师把时间交给同学："现在，小猫咪坐在木盆里过河，它是怎样划水，木盆在水里如何行进，哪位同学能用口头叙述描写一番？"

教室内一下子变成了空旷的山谷，没有一丝儿的声响，连原来小声说话的也都把嘴巴闭严。过了一会儿，只见郭淑薇把手举起，总像是在微笑的大杏核眼睛闪烁几下，慢悠悠站起，说："小猫咪两手拿着铁锹，左划一下，右划一下，水花一朵一朵溅起，大木盆向对岸飞驰着。"

魏增智右手摸着眼镜腿，先举手，后起身，说："为了防止落入水中，小猫咪先把救生圈套在脖子上，又……"

"'小学究'，你搞错了！"

想也不用想，就知道说话的人是"大活宝"，他又要来点建设性的语言吧，什么"狼能吃草"、"鱼要上树"、"拿破仑的朋友，也成不了拿破仑"……

"'小学究'，都说你魏增智有歪才，也叫你'有才哥'，但是看来你对救生圈这玩意是二层皮，很陌生哟，没玩过是吧？"说到这里，秦昊的眼睛在魏增智的身前身后来回跳动，像案子上的乒乓球飞来飞去，有一种居高临下的架势。"大家不都管我爸叫'鸟叔'么，可他不扑鸟杀生了，他有时到郊外河汊里挂鱼——这个没有错吧？我跟着去了几回。现在可没地方去喽，那条清净的河水受到附近一家企业排出的污水的严重污染，至今政府还没派人查处呢，鱼虾都断子绝孙了，连个青蛙影儿都没啦。不过，下河有危险，撒网和起鱼时都要套上救生圈，以防万一……"

虽然秦昊的话说得啰啰唆唆，但是学生们大多数都在城里长大，街道、马路、车辆、商场、高楼、人流、网络，他们最熟悉不过，见这个"大活宝"说起城市外面的事物，都感到新鲜，个个都调动听觉神经仄愣起耳朵细听。秦昊一见大家这样"崇拜"自己，更加神气百倍，一边说一边比划着："嘻嘻，救生圈可不是套在脑袋上，要这样，套在腋窝下，挎在腰间哟！"

魏增智被秦昊说得小圆脸蛋微微发红，别看他年纪小，却有绅士风度，自始至终眼睛盯住秦昊，脸上显露着一种虔诚，还不时向秦昊轻轻地点一下头。秦昊发表一番别人不懂的见识，又向四下张望一回，他的鱼没上树，狼也没吃草,连鱼苗都没了影踪,他不再浪费时间,化蛹成蝶飞走了,才不得不落座。魏增智见没人再提出异议,往下继续:"小猫咪把救生圈套在腰间,两手抱着铁锹,左右开弓,溅起一堆堆的雪浪花,它的花格连衣裙都湿透了。它累得呼哧呼哧喘着粗气,头发里的汗水淌过脸膛,流进嘴角,咸咸的,它也来不及擦一下,只是用力地划。随着铁锹飞快地摆动,大木盆载着小猫咪飞也似的向对岸驶去,后面留下一条长长的水线……"

"呵呵,好个'小学究',描写得真生动,太好看啦!"程老师为之击掌。

"我看,最后面那句话——"顾崇宇有了最新发现,突然把手举起,站也不站,大声说,"不应该说'留下一条',应该说'留下几条';也不应该说是'长长的水线',而应该是'弯弯曲曲的水纹'更好些。"

"你会描写,你怎么不点拨几句良言呢?何必挑别人的错!"左雨虹给顾崇宇"画出红线",故意找他的"碴"逗乐子。

"该高调时不高调,那就是跑调!你个'辣椒妹'知,知道什么!"顾崇宇一着急有点结巴,小碎牙龇出唇外,翻白眼珠,现出不屑神情。"我刚才跑调了,那是还没,没等我说呢,'小学究'就站起来发言了。他全都替我说了,我只能找出和我想的不一样的地方更正更正。"

二人口水大战,飞流直下三千尺,唇来舌往,厮杀一番。同学们趁机叽叽喳喳,连说带笑,这是放松心态的时候。程老师对此并未加以约束,他有意用这样的形式激励学生发言。"团结、紧张、严肃、活泼"八个字,正是他对自己的课堂"开放、搞活"的方针。

对图画的内容,大多学生能够进行联想,展开想象,反复描述,这让程老师感到满意后,他才又往下讲解:"第三幅图,小猫咪坐在木盆里划水过河,这是作文中心,要详细记叙。这篇作文能不能写好,就看你能不能抓住中心,描写得精彩,刻画得细致……"

关于第四幅图,程老师不再说什么,只是提供了以下一些词语,写在黑板上:

参考语段:(1)大木盆靠了岸,小猫咪一蹦三尺高,大木盆颠簸起来,她身体一晃,仰面朝天落入水中。(2)她抬手敲门,"咚咚咚……"声音在空旷的野外传播着。(3)她把竹篮高高举过头顶,"祝外婆:寿比南山,福如东海。"说着就要跪拜。(4)黑猫外婆满脸皱纹全部裂开,笑容可掬,曲背躬身,两手合拢,用苍老的声音答谢:"外孙女远道而来,一路辛苦,免礼!"

"这个黑猫外婆真是可爱。""穆彪子"从头到尾入神地细听,看完"参考语段",油然而生感喟一句。

看看作文提示大家已经理解深透,程老师"呵呵"一声,说道:"现在,就请大家动笔,把这多幅图的内容写成文章,看谁写得最漂亮!"

"老师!"只听一声喊,程老师看去,赵明磊把手向头顶举得高高的。"这篇作文题目是什么呀?"

"呵呵,我正想要问问你呢?——你说该叫什么名字好哟?"程老师脸朝着赵明磊。

"对呀,怎么忘问作文题目了呢?"一些学生似乎恍然大悟,但是也有许多学生胸有成竹,觉得很简单,无需问老师。

"大家注意,这篇看图作文题目自拟。"程老师摘掉眼镜,拿在手里,眼睛跟大家对望着。"给文章拟定标题,有三点要求:一要准确,题目完全符合内容;二要生动,题目能够吸引读者的眼球;三要简短,题目不宜过长。"

说完这些,程老师问:"根据以上三条,谁能给这篇作文拟个标题?"

"聪明的小猫咪!"白杨晃动头上的两条羊角辫,偶尔换个姿势坐坐。

程老师这时把眼镜戴好,朝白杨开口:"你起这个名字,'聪明'就成了题眼,文中就要围绕'聪明'二字写充分。"

"我认为题目叫'小猫咪给姥姥祝寿'好。"有着良好体育身材的韩铁壮,大声宣布着自己的题目,说话时身体左右扭动,挤得前后桌椅"嘎吱嘎吱"响。

"那你就必须在'祝寿'二字上多多泼墨,把'祝'字写足。"程老师如是说。

"我不同意前边两位的题目,我认为叫'小猫咪过河'最好,既简短,又符合内容!"任梦洁露出温雅的笑容,还用手摸摸光洁的额头。

"我同意!我同意!"还不等程老师表态,好几个学生郑重支持任梦洁。

"我一琢磨,还是'女才子'的题目好,我就写'小猫咪过河'这个题目了!"不大讲话的范文彬,也在所属领域表明态度。

程老师又一次抬起手臂看看时间,总结说:"用哪个文题,我认为都关系不大。如果你的作文题目是'小猫咪过河',就要把记叙中心放在'过河'二字上,突出一个'过'字,像刚才我们的'小学究'魏增智等同学描述的那样,要浓墨重彩地把小猫咪如何'过河'写得活灵活现,就像是一幕电视剧正在我们眼前上映一样!"

说话之间,很多学生已低下头去,铺纸挥毫,伏案疾书起来。有的学生不假思索,行文如飞,很快草就一篇,交卷完事。有的学生描龙绣凤,精雕细刻,反复修琢,费力费时,下课已过了很长时间,他们才迟迟写完。不管延长多少时间,程老师都耐心等待,还说:"用心写,别着急。"

——看见了吧,以上这段课堂记录,就是程老师给学生布置作文的范例。

（十）有意义更要有意思　是真心才会是真情

下一堂课，程老师来个大总结，盘点作文优缺利弊。他说着话，身体一转，在黑板上贴出一张大纸，白纸黑字，赫然在目，学生们嗷嗷待哺的面孔，一齐朝向前边望去——

小猫咪过河
（丁咚咚）

今天是小猫咪俞芊芊的外婆孙中茹的六十大寿。

俞芊芊穿上了她新买的花格连衣裙，黄色的时尚裤头，莲花瓣的脚上蹬着一双粉色麂皮靴，在早晨六点钟，坐小鹿杂交狗驾驶的406路公交车，到了大丰市场下车，买了四斤乌苏里大马哈鱼和两只正宗北京烤鸭，又到果菜商场买了四个大仙桃子，然后坐上小荷兰鼠开的838路公交车，在好马公园下车，把装得满满礼物的竹篮挎在右臂上，一边往前走一边唱："我独自走在郊外小路上，我带去鱼、鸭和仙桃给外婆尝一尝……"

走着走着，前边一条小河拦住了去路。这是一条季节河，平时没有水，只是到了现在的雨季，大水才淹没了道路。每年这个时候，都有巴克夏小花猪在此为过往的"迁客骚人"免费摆渡，然而现在，它的人和船去了哪里呢？

"这可怎么办呢？"俞芊芊把竹篮放在地上，抬手用力抓着顶花皮，急得似热锅上的蚂蚁——团团转。

她正在左顾右盼之时，发现河岸边挺立一棵大榆树，风吹树叶哗哗发出响声。向河里看去，河边水里飘荡着一只大木盆，用绳子连在树干上。再仔细看，树枝上挂着一个救生圈，树干后面还矗立着一把铁锹。

"好了，天助我也！"她边拍脑门边大声喊叫，"就这么办：木盆可以当船，铁锹可以当桨，救生圈可以防止落水时沉入水底……"

她解开绳子，把救生圈套在脖子上，她忽然想起"大活宝"的话，又改变方法，套在腰间两个腋窝下，坐到木盆里，左手握住铁锹把儿，右手攥着铁锹柄，使出吃奶力气，往后划水。她累得呼哧呼哧喘粗气，脸涨得比竹篮里的大仙桃还要红，汗水从头皮毛孔里钻出来，顺着凹鼻梁淌进嘴角边，咸滋滋的。划水最用力的是两只胳膊，这时已经酸麻，铁锹都已轮圆，远远看去，就像两个风车一般旋转着，水花溅起老高。她的头发、脸颊、脖颈挂满大颗大颗的水珠，衣服也都湿透了。到了河水中间，随着她左右开弓，铁锹上下飞舞，大木盆载着她飞也似的冲向对岸，后面留下几条长长的波纹……

此时的她，心情非常高兴，因为很快就要见到久违的外婆了，她可以给

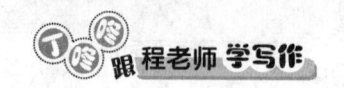

外婆祝寿了……她一蹦三尺高，忽然失足跌进水里，幸好这里离岸边很近，水只齐胯深，她腰间还有救生圈，才敢如此放肆，有所恃而无所恐。爬上岸后，衣服湿淋淋的，成了"落汤猫"。她拎起竹篮，有两条大马哈鱼不见了。怎么样？人们都说"乐极生悲"，果不其然也。她打了一辆"taxi"，坐上车，对小白兔司机说："到孤峰小区！"

司机马上以100迈的速度前进。11分钟后，小猫咪到了外婆家，身上的毛和衣服被风吹干了。她抬头仔细瞧准门牌号，用力敲两下，才大声喊道："外婆，开门！本人是您的外孙女俞芊芊！"

外公很早去世了，只剩下外婆老黑猫独自一人居住。她开门的时候很是小心，先推开个细缝儿往外瞭望，然后才走出门外。小猫咪俞芊芊双手把礼品竹篮高高举过头顶，几乎是用唱歌的声音说道："祝外婆生日快乐！万事如意！心想事成！恭喜发财！寿比南山！福如东海！"听着外孙女语音一句比一句高的贺词，外婆乐得脸上开了一朵大红花，一下子把小猫咪搂抱在怀里，亲切地说："我的外孙女长大了，懂事了，真棒！"说着，还在俞芊芊脸上用力亲了一口。然后祖孙二人携手走进屋里，摆好桌椅，搬上酒菜，大吃一顿。

事后，孙中茹老黑猫外婆管小猫咪叫"俞落汤"。

学生们边读边乐，有的一边"嘿嘿"笑，一边挠着腰帮子。

"丁咚咚真能编造，我服啦！"以谦逊美名著称的衣丙丁，随手一拍，笑得几乎说不出话。

衣丙丁这个名字，想必大家并不耳生。在《孙子教奶奶学立意》中，程老师以衣丙丁的《我的一家》作文作为反例，讲解有些学生写作文不知立意，后由邢君（即丁咚咚）改写，可谓一波三折，喜怒哀乐尽在其中。同学们畅所欲言，反复比较，争论得面红耳赤，不亦乐乎，程老师采用了这种所谓的不破不立、真理愈辩愈明的辩证方法，使学生真正弄懂了写文章要重视立意的道理。而衣丙丁同学那次谦虚、宽容的胸怀，含蓄、老实的风度，给人留下的美好记忆，至今仍挥之不去。

"一个超级大白话诞生啦！大家都叫我'马，马大白话'，我可没丁咚咚能白话呢！"马岩顶起衣丙丁这句话，表示"英雄所见略同"。

"最有意思的是，还给小猫、外婆、公交车司机，个个都起了个名字。"笑得前仰后合的许行之，抬头望望窗外天空，看着一块块银白色的云，摸着尖下颏说。"丁咚咚你写作文时，是怎么想出来的呢？"

"不，我有看法！"樊启琛袖口撸到臂弯以上，把白胖胖的右手往上举，他要发表独家见闻。

程老师双睛微眯，看着樊启琛问："你有什么看法，就请讲吧！"

"老师，您不是说过，写文章要注意主题思想么？丁咚咚写的《小猫咪过河》，读了是挺有趣的，但是却看不出有什么立意，就是说，这篇作文没有任何意义！"

樊启琛的话把大家都说愣住了，个个低下头琢磨起来。过了一会儿，鲁晓非站起来力挺樊启琛："是呀，老师讲过，写文章不能没有立意，丁咚咚写的《小猫咪过河》，确实像樊启琛说的，是挺有意思的，但是没有意义！"

赵耀也接着站起来说："樊启琛那次写的《帮妈妈洗碗》这篇作文，语言十分精彩，特别有意思，但是他的立意也特别鲜明——家长要善于引导孩子做些家务，培养孩子从小养成热爱劳动的习惯。然而，丁咚咚《小猫咪过河》作文，把人逗得喘不过来气，不过这完全是噱头，低下头一想，却觉得没有什么意义，主题不鲜明啊！"

不知是何种原因，也不知是什么时候，赵耀在心里对丁咚咚产生芥蒂——大概是程老师过分喜欢丁咚咚，容易引起忌妒？还是有几次丁咚咚发言激烈抨击"以权谋私"、"为官者不能缺失道德底线"等言论，让赵耀在心理层面有了隔膜？谁都说不好。

"不，丁咚咚写的《小猫咪过河》，就是有意思，我就愿意看这样的故事！"朴峻熙把手伸过头顶，但是他却没有站起。"什么立意不立意的，那些道貌岸然的说教文章，我才不去读它呢！"

这时学生们的面孔，又都一齐盯在程老师方形阔脸膛上，渴望找到答案。

"呵呵"，程老师的眼睛在镜片后面眨动几下，笑纹从眼角出发，扩散在整个面庞。"我们要求中小学生写的作文，篇篇都应该写出自己所喜欢的事情，写得有意思，写得有趣味，写出自己内心的真情实感，说出自己想要说的话，而不是'主题先行'，必须按照规定的思想去硬套，那样写出的东西，虽然有意义，但是却没有意思。你不是发自内心，而是生拉硬扯，那不是真心，哪里能有真情？只有真心，才会有真情！回过头再说丁咚咚的《小猫咪过河》，里面没有立意吗？"

小小的教室立刻变成空旷的野地，静得似乎没有一个人。

"有！丁咚咚的《小猫咪过河》，赞美了小猫咪的聪明和勇敢。这怎能说没有立意？"郭淑薇率先打破沉默。

"'郭大姐'说得对！"陆晚霞在座位里，听课总是低着头，这时把手象征性地微微一举，抬起水蜜桃般小脸，粉嘟嘟的，椭圆状的，中间有个小巧秀气的鼻子，下面的玫瑰唇缓缓张开，还没等站起，就已经开说。"这篇作文还通过赞美小猫的机智勇敢，让我们遇事要开动脑筋。只要开动脑筋，什么办法都能想出来，什么事情都能办得到……"

陆晚霞讲话和写文章，就是拉拉杂杂，反反复复，好说绕弯话。程老师在作文批语中和当她面多次指正过，现在虽然有所收敛，但是因为她来作文班时间较短，还经常露出个小尾巴。

"不"，鞠雪晴手里的笔正咬在嘴唇边，也来不及站就说开了，"我觉得，丁咚咚的作文，主要是通过小猫过河的故事，歌颂了中华民族尊敬老人、孝敬长辈的传统美德……"

"我也要对鞠雪晴说'不'！"安子良举在头上的双手放了下来，微微站起说，"小猫和她的外婆，它们都是动物，怎么能说是'歌颂了中华民族'呢？"

"哈哈……"

程老师脸上的那副笑容一直保存到现在，他见火候已到，两手合在一起，轻轻拍一下，说："静一静，请大家记住：我们写作文，不但写得要有意义，尤其要写得有意思！没有意思的文章，再有意义，别人不愿去看，白白遭蹋了笔墨，你写出来有什么用，那还有什么意义？呵呵！"

（十一）空间方位转换顺序　　白杨谦逊险遭误解

又一个星期六。这天上午，就在大家坐好要上课的时候，听见"咔嚓嚓——"一声霹雳，一道虬曲的闪电划破黑色的天幕。学生们个个都向窗外望去，就看见远处天空彤云密布，好像一群挣脱出笼的野兽，向着教室方向猛扑过来。开始，地面上飞沙走石，树叶和纸屑被风卷起，树梢像醉汉似的摇晃着；接下来，"唰唰唰"的雨声由远而近，由轻而重，连成了一片。窗外挂起水晶帘子，一股股的水流像鞭子一样抽打着玻璃，外面已是风雨晦暝的恐怖世界……就在学生们观赏雨景时，程老师手里的粉笔也在黑板上"哗啦""哗啦"的摩擦着，随着粉笔灰的飞起飞落，六条有"钱"字的俗语露出身影——

（1）钱能通_____。

（2）钱多还咬_____么？

（3）有钱能使_____推磨。

（4）有钱的王八大_____辈。

（5）捎钱易少，捎_____易多。

（6）有奶便是_____，有钱就是爹，管钱叫爸爸。

"除了这些，还可以举出几条含有'钱'字的俗语，如：（7）有钱难买愿意；（8）一分钱都能攥出水来；（9）把一分钱掰成两半儿花；（10）金钱如粪土，仁义值千金；（11）有钱不是万能的，没钱是万万不行的……"程老师把黑板上的六条俗语提问、讲解完毕，又随口说了这么几条。

就在大家叽叽喳喳议论"有钱就是爹，管钱叫爸爸"这句俗语，互相说笑热烈时，在谁也没有注意间，不速之客又翩然而至——

逛市场

"米袋子"、"菜篮子",这是老百姓的命根子。柴米油盐酱醋茶,这些日常生活用品,居家过日子是缺一不可。物产阜盛,供应充足,这也是国泰民安的基本特征。学习了政治课,我就喜欢带着这个眼光,看看商品交易市场。

放了暑假,我和妈妈坐火车千里迢迢来到小姨妈家。第二天下午,我和妈妈趁他们都上班,便去不远处的农贸市场逛逛。

市场位于城镇东北角,中央有大厅,坐北朝南。市场大厅门口人流如织,熙来攘往,热闹非常。还没走进门里,就可听见大厅里人声鼎沸,叫卖声、喧闹声、讨价还价声交织在一起,构成一首美妙的交响乐。

刚刚迈步进入大门,首先映入眼帘的是东边的肉案。卖肉的一家挨着一家,一字儿排开,案板上摆放着新鲜的猪肉,那边紧挨着的是牛羊肉,还有两家卖驴肉的。"天上龙肉,人间驴肉",这句爸爸多次说过的生活谚语,此刻又在我耳畔响起。"妈妈,我们买两斤驴肉,明天让姨妈包驴肉饺子好不?"我在后边拉一下妈妈衣襟说。妈妈同意我的想法,点头答应。可是,卖肉案前站满手提东西的男男女女,也都在指指点点,卖肉人忙得脚打后脑勺。我们挤了好一会儿,才算称上两斤。

随着人流,我们又站在北边的水产摊前。活蹦乱跳的大鲤鱼、大鲫瓜鱼、胖头鲢子、黑色鲶鱼在水池中上下攒动,游来游去。还有缩头缩脑的甲鱼,张牙舞爪的螃蟹,弯腰屈背的大龙虾,不停蠕动的黄鳝泥鳅……真是品种多样,应有尽有。

再往前走,拐过去就是西边的蔬菜摊。这里的蔬菜大都是反季节的。大白菜,嫩黄瓜,西红柿,绿辣椒,紫茄子,大叶芹菜,细长韭菜,灰白茭瓜,圆形菜花……可谓琳琅满目,美不胜收。

我和妈妈只不过是走走逛逛,没有目的性,原来也没打算买什么东西,这样看着看着,不觉又转到大厅南端。这地方是卖熟食的,有熏制的猪头肉、猪手、香肠、鸡、鸭、鹅等;那边是卖干调的:花椒、大料、桂皮、香油、食醋,以及蘑菇、木耳、猴头菇、黄花菜……在这儿闻到了再熟悉不过的柴米油盐酱醋茶的味道,我忍不住拿出手机,把所见所闻发个微博,让网民共同感受这里的繁华热闹!

大厅中央是销售粮油的货摊,叠放着小山似的大米、面粉和其他五谷杂粮的袋子。我实在看得腻烦了,老远往粮油摊位瞥两眼,就拽拉起妈妈衣襟,强迫她和我一起,走出这个让人眼花缭乱的农贸大厅市场。

同学们个个瞪大眼睛,一齐向黑板注视,程老师闪在一边翻着教案,估摸都已读完,就重新走上讲台,目光先在黑板上短暂停留,又正面对着学生问:"这篇作文,在谋篇布局和语言描写方面,都有哪些特点?"

"挺好。"有几个学生这样回答。

"我不光要听到'挺好'二字,我还想知道'好'在什么地方。"程老师边说边在教室内环视,看见白杨往上举手,就把她叫了起来。

"其实,这篇作文语言很一般,没有什么特色。"白皙透明的脸庞难以掩饰"小白兔"的稚嫩,她也在意别人的眼光。"它不过只是按照空间转换方位顺序写出来的,层次比较清楚而已:'我'和妈妈逛农贸大厅,从正门进入,由南写到东,由东写到北,由北写到西,再由西写到南,又从四周写到中间。依我看,除了布局清晰严密之外,没有可以称道的地方。"

"吓,口气不小呢!"丁咚咚笑对白杨说。两人同桌,关系较好,说话不避嫌,丁咚咚的话半真半假,白杨听了却毫不芥蒂。丁咚咚见白杨避而不语,又来上一句:"你说人家写得一般,不值得称道,你能写出来呀?"

"能啊,这篇文章就是我写的!"白杨被逼无奈,只能招供。

"啊哈,吹牛时间到,'小白兔'!"他们二人的说话吸引了秦昊,他从背后喊起口号,讽刺白杨。"牛皮不是吹的,泰山不是堆的!你是不是以为吹牛不纳税,就猛吹?"

"不信,问问程老师就知道啦!"白杨脸色由白嫩变成粉红,看看丁咚咚,又抬头拿眼睛剜着秦昊。

"是嘛!"包括丁咚咚在内,全班学生的惊奇目光都一齐飞向站在讲台上的程老师。

"千真万确,这是白杨同学写的作文!"程老师直言不讳。

就在大家脸上现出颇感意外的神色时,程老师却说起来:

如果说,时间推移先后顺序是动态的、线性的,那么,空间转换方位顺序就是静态的、面性的。因为按照空间位置的变换,进行层次与层次的自然衔接,都是在一个相对静止的平面上。

记叙事物方位,一定要明确作者自己所处位置(观测点)和被记叙事物的位置,一定要明确一个物体和另一个物体的方位关系,绝对不能随意涂抹出来。谁在前,谁在中,谁在后;谁在近,谁在远;谁在左,谁在右;谁在上,谁在下;谁在里,谁在外……要像一幅图画那样,清清楚楚呈现在读者面前。

```
          上
          ↑
          |
   左 ←——— ———→ 右
          |
          ↓
          下
```

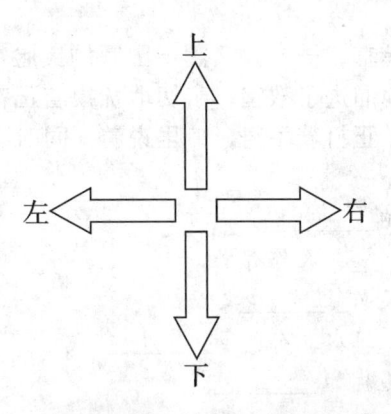

　　按照一定的位置进行空间转换，来展示某一具体事物的各个方面，以及表现几种物体在同一平面所处的方位关系，是记叙文安排层次普遍使用的一种方法。可以由近及远，或者由远及近；由左及右，或者由右及左；由前及后，或者由后及前；由上及下，或者由下及上；由里及外，或者由外及里。这上下、左右、远近、前后、里外的事物，都处在同一空间平面，有的是同时出现，有的是先后出现，只不过在记叙时进行"镜头"转换而已。

　　讲到这里，跟变戏法一样，程老师从怀里突然摸出一张大纸来，转身挂在黑板上，在学生们眼前立即出现一幅公园的立体平面图——

　　　　曲径通幽　　　　　铁索桥　　　　　人工湖
　　　（荒山野草）

　　　　　儿童游乐园　　春意盎然（飞龙雕塑）　　老榆神树

　　　　假山亭榭
　　　　　　　　　　公园正门

　　正当大家赏心悦目之时，程老师"呵呵"两声，又开口了："上面看到的，是我们居住地'西山公园'方位示意图，前一周日，我曾带领你们去游览一次，大家还都做了游览笔记。现在，大家听好，下边就请动笔，以《游西山公园》为题，按照空间转换方位顺序，写一篇记叙文，下课前交上来。"

　　就在学生边看边议论边提笔行文之际，程老师把前边的六条俗语的填空答案写在黑板上：(1) 神；(2) 手；(3) 鬼；(4) 三；(5) 话；(6) 娘。

　　（十二）游公园"神树"播威名　　论人才"哑巴"说狠话

　　窗外是一畦蓝色的天空，刚刚用清水洗涤过一样，上面有几朵白云飘飘逸逸，太阳一会儿被遮盖，一会儿又露出圆圆的笑脸，金灿灿的光线洒满了大地，也有几束偷偷地溜进了教室，亲切地抚摸着正在紧张学习的孩子们的脸颊。这时的程老师，正打着手势，口里说着，同时听见无数笔尖在本子上的摩擦声……

（1）听人劝，吃饱_____。

（2）天作有_____，人作有祸。

（3）人若有愿，天必_____之。

（4）鱼不抢_____水，人不争_____气。

（5）逢人减岁，遇货加_____。

（6）人有_____天之时，天无绝人之_____。

"其实，包含'人'字的俗语实在是多得不胜枚举。我们在下边再略举几例：（7）人怕出名猪怕壮；（8）人是衣装，佛是金装；（9）人嘴两扇皮，谁说谁有理；（10）人上有人，天上有天；（11）人离乡贱，物离乡贵；（12）人在矮檐过，不得不低头；（13）人比人得死，货比货得扔；（14）人是地理仙，一天不见走三千；（15）两座山碰不到一起，两个人总有见面的时候……"说完俗语后，程老师收敛笑容讲起正课。他从容不迫，从文件夹里摸出一张大纸，展现在前边——

游西山公园

（裴 玲）

随着轻歌曼舞的节拍，人们跳起交际舞，柔婉悠闲的情调，轻盈安详的步姿，一定让你流连，让你心神陶醉过吧？但生活在城里的人，在一周的喧嚣紧张工作、学习之余，难得在公园的门里门外留下放松的身影，印上懒散的脚步，比起舞曲还要迷人呢！

这学期的期末，我的考试成绩优秀，爸爸妈妈兑现他们的承诺——暑假里带我到公园游玩一天。由于在学校课业负担过重，我已经和公园久违了。今天来到北汀山公园正门口，看见人来人往，进进出出，都是一身的轻松快活，我也产生被解放了的感觉，之前似乎捆绑着的腰腿大脑，顿时有了自由，东张西望的双眼漫无目的地游弋，不知不觉间已走进公园大门里边。

这是一座区级公园，人们随便进出，不要门票。双脚刚刚跨入门里，猛抬头，迎面屹立"巨龙腾飞"的高大雕塑，姿态雄伟矫健，直刺云天，好像就要乘风升空而去。龙身底部有台阶，底盘上面刻有"春意盎然"四个大字。

爸爸指着"盎"字问妈妈和我："这个字读什么音呀？"

妈妈定睛看了一会儿，一脸茫然，但她不甘心，说："应该还读'yāng'

（央）吧？字不离母嘛！"

爸爸不由得讪笑起来，转过脸看着我问："你怎么样？也不认识吧？"

"爸爸你这是'门缝中看人——把人看扁了'！"我不服气。

妈妈也看着我问："不读'yàng'，你说读什么音哟？"

我理直气壮地说："这个字读音是'àng'，'盎然'的意思是'趣味或气氛十分浓厚'。爸爸，我说得没错吧？"

"我的女儿，果然厉害！"爸爸竖起大拇指，脸上荡漾着快乐，又对妈妈说："你这么大的一个人，还不如一个孩子！"

妈妈嘴角朝爸爸撇撇，微笑着说："你是学文科的，孩子她正在学校读书；我是学医的人，出学校门时间长，又天天跟病人打交道，怎么能和你们相提并论呢？"

"学习是终身的事情，分什么学科，管什么老幼！"爸爸称得上是模范丈夫，除了工作多数时间猫在家里看书和做家务，借机讥讽妈妈，以彰显他男子汉气概。"你哪有工夫读书、看报、上微博？下了手术桌，就上酒桌、麻桌……"

听了爸爸的话，我和妈妈都大笑起来。但我们的脚步却没有停下，一直向东边小路拐去。

眼前来到人工堆起的土山山脚下，在浓密树木掩映下，最高处露出红色的凉亭，有一条弯弯曲曲的羊肠小道直通山顶。

"走，我们登山，比比谁最先到达顶峰！"爸爸抬手向上指着，迈步踏上第一个石阶，我和妈妈紧随其后。妈妈不慌不忙，被我和爸爸落得很远。爸爸最先登上山顶，我在中间，妈妈殿后。我们站在山顶凉亭里，极目四望，公园各处景点尽收眼底。公园正中央是儿童游乐园，小火车在窄铁轨上奔跑着，"激流勇进"在上下旋转着，碰碰车上的孩子蹦跳着……再往远看，正南的人工湖，水面碧波荡漾，在阳光照射下就像一面明亮的大镜子，蓝色的天空，湖边的长廊，四周的垂柳，它们的倒影都清晰地在湖水里面映现出来。有几只鹅头小船，在湖心自由自在地漂泊。湖的东部，水上架设一座铁索桥，游客排着长队走在上面，上下振颤，左右摇晃，不时传来惊呼声。公园东部和东南部，地形高低起伏，到处布满杂树荒草，一条条石板小路穿插中间，确有曲径通幽之妙。掉转头往西眺望，紧靠围墙处，在郁郁葱葱树木遮挡中，矗立着几栋小白楼，绰绰约约看不真切。小白楼的北边，挺立一株高大古老的榆树，枝叶参天，苍黑怪异。前面站立着好多人，正对着旁边一块大牌子指指点点。

"你们知道那块牌子上写些什么吗？"爸爸看着我和妈妈问。

我和妈妈还没有开口，爸爸紧接着说："牌子上介绍这棵古榆的历史——它的年龄已有两百多岁，说是在清朝嘉庆年间'出生'。'文化大革命'期间，有人说是'破四旧'，想要把它砍伐掉，可是刚锯破黑皮，就从里面渗出紫黑色浆液。'不好，出血啦！'锯树人边跑边喊，像丢了魂儿一样。自从这树'显圣'以后，再没有人敢在太岁头上动土。'神树'存活至今，威名远播，便被沸沸扬扬传扬开来……"

我屏住呼吸，凝神遥视，看见那亭亭如盖的树身上开满了花朵，红啦啦的一片，用手指着问爸爸："看哟，那'神树'枝杈上，鲜花正在怒放呢！"

没等我说完，爸爸咯咯笑出声，摘下眼镜，摸出手帕，一边擦眼泪一边说："这些年来，'神树'这里香火不断，求仙问药者络绎不绝，火爆程度不亚于春运；有的人家孩子有病，不送医院治疗，或者干治不见好转，有的是疑难怪病，尿床啊、夜晚啼哭不止啊，等等，就到神树这里烧香许愿，磕头作揖，祈求神灵保佑，然后在红布条上写上姓名，挂在神树枝杈上……"

我听爸爸说完，觉得很有意思，便要立即去观看。妈妈也听出了神，就说："我们下去，一处一处都玩玩，最后参观古神树，好好见识见识。"

"走！"我左手拉着爸爸，右手扯住妈妈，一蹬一蹬下山了……

就在学生们接近阅读完毕，教室内突然响起一声闷雷："裴玲，你爸爸说那棵'神树'，来烧香许愿的只是些有病的人，不对了，还有……"

说这话的，一句比一句高，是作文班学生再熟悉不过的声音——不是秦昊，更是何人？还没等裴玲动嘴，蔡菀笛却转动着头颅问："大活宝，你说'还有'，是不是还有别的什么人来到'神树'前烧香许愿，有着其他目的呀？"

看见有人与自己搭话，秦昊那张黧黑的脸膛兴奋得发亮，大牛眼珠鼓了又鼓，说："让我告诉你吧，我家离西山公园很近，我经常去那里玩，什么事情我都知道……'

"大活宝，听你讲话真费劲儿，你别绕口令啦，快点说吧！"黎梅花用手指点着秦昊。"你再磨磨唧唧的，我要揍你啦！"

在学生中有"女大侠"美称的黎梅花，年龄不过十四岁，她长相清秀，身段苗条，言行看似粗野，但内心挺善良。大概是由于父母从小对她骄纵，才令她的举止行为有些张扬。妈妈常常告诫她："低下头你就是一只羊，抬起头才是一只狼！"她五岁上幼稚园时，大班男孩抢她的项链玩儿，她竟然出手掴了一掌，动作非常专业，弄得男孩鼻孔冒血，可她却不以为然。黎妈得知此事，虽然向男孩家长道歉，领孩子看医生、做检查，但并没有指责自己的女儿。那脸色和语气告诉孩子："宝贝你很棒！这个世界不相信眼泪，相信拳头！"黎梅花内心有种正义感，喜欢打抱不平，她并不憎恶什么人，只是讨厌不公平、不公正。从小学到初中，要是比她强势的人惹毛了她，动手抡胳膊是不可避免的,她是软的不欺,硬的不怕。对于有些老师的不良行为,她敢于和老师吵骂、顶撞,唯其如此,痛快也哉!为此她父母付出不少代价,这也算是坑爹的一代么?!

还不待秦昊再次张口,这时,程老师眼看黑板,面对着这篇作文问:"对于这个公园,裴玲写了几处景点?"

学生们有的在心里默默数着,有的伸出手在指指点点。同范文彬喜欢占据最阴暗的角落相反,李一流可一直坐在门口明朗处,他举手容易被老师发现,张口即来:"公园大门口,一处;'春意盎然',二处;土山,三处;儿童游乐园,四处;人工湖,五处;铁索桥,六处;杂树荒草,七处;最后写神树,一共八处!"

"好个'小书法家',你说对了,确实八处!"程老师请李一流落座,眼睛在教室圜转一圈,"我告诉大家,上堂挂出的公园平面图,就是我请李一流同学画出来的。李一流多才多艺,不仅是'小书法家',还是个'小画家'呢!在这里,我要说一声:谢谢李一流同学!"

"哗……"掌声如浪涛翻滚。

程老师也把两手举在眼前,跟着学生们击掌。当声音平息下去,程老师仍是侃侃而谈:"每个同学都有自己的特长,丁咚咚是'小精灵',魏增智是'小学究',任梦洁是'女才子',李一流是'小书画家',裴玲和韩铁壮是'体育健将',我们作文班最近又出现许多文章高手,大家都要取长补短,互相学习哟!"

"老师,您没有说完全,我们作文班,还有人才呢!"秦昊把他前边的提问忘了,这里又扔出一颗手榴弹。

"是吗?你说说看!"程老师讲话被打断,脸转向秦昊。

"还有大闹天宫的'孙猴子'孙洪达,酷似八戒般可爱、憨厚的'二师兄'樊启琛,蹦蹦跳跳的'小白兔'白杨,说话结结巴巴的口吃病患者'大白话'马岩,在学校厕所里抽烟被抓现行的'大烟鬼'范文彬,'一问三不知、神仙怪不得'的穆彪子,一杠子敲不出个屁来的'老头'于俊清……"

"还有一个人才——他就是'鸟叔'儿子,外号'大活宝',名字叫秦昊!"于俊清见秦昊拿自己开涮,来了个快速反戈一击。

"大活宝,你把哑巴逼说话了!"秦昊的话引起他的"对头冤家"肖渺一的不满,趁机发泄。"人家于俊清老实厚道,你说话不分对象,竟侮辱他的人格,你真是'墙上挂狗皮——不像画(话)!'"

"好喽,好喽!"程老师急忙举起右手,向着秦昊和肖渺一用力摆动,好像手里拿着一把芭蕉扇,要把火焰山扇灭。"大家再想想,裴玲同学的《游西山公园》作文里写到的这些景物,是按怎样的顺序布局的呢?"

335

"这真是太简单了!"朴峻熙不假思索,立刻站起说,"空间转换顺序!"

程老师点头示意,这是对朴峻熙最近课堂里积极发言的肯定和赞许。接下去,他没有再让学生发言,总结说:"这段文字,裴玲先是采用'移步换景'写法,如:从公园门外写到门内,写到'春意盎然',再写登上土山;在土山凉亭上,极目四望,公园景物尽收眼底。下面的写法则是采用'视点移动'、'视点凝聚'、'变角度'、'变焦距'等手法,把这些景物描写得井然有序。"

正当学生们凝神细听之际,程老师又抛出一个问题:"裴玲的作文里写了八处景物,她的观测点在什么位置?"

不等程老师指定,不少学生急忙喊起来:"观测点在土山凉亭里!"

"对,很对啊!"

裴玲是位很优秀的体操运动员,在市体校训练很刻苦。来到程老师作文班学习,她的作文还是第一次被当作范文让全体学生观摩,轻松的笑容一直涂抹在她红润圆实的面颊上,自始至终她一句话也没说,只是支起耳朵听老师和学生评论,一直到下课。

放学铃声响了,"穆彪子"最先站起身,把书包甩在肩膀上,看着秦昊问:"大活宝,你还没有说完呐,那棵神树,还有些什么人去那里烧香许愿呢?"

"什么人?反正没有你'穆彪子'!"秦昊不愿理睬"穆彪子",觉得对他这种人说话浪费唾液。

"真的,大活宝,你说说,还有什么人呀?"丁咚咚、马岩、冯新发、鞠雪晴、韩铁壮、惠天佑等好几个同学也都一边收拾书包一边问。

秦昊见有这么多人要听,就重新瞪起眼珠子,哼哼地说:"还有谁?——还有那些抢劫、盗窃、杀人等犯罪分子呗!还有些当黑官的,贪污啦、受贿啦、勒索啦、嫖娼啦,他们这种人天天心惊胆战,总怕东窗事发,感到不踏实,不是求神问卜就是烧香许愿的……"

"噢,噢,听明白了,听明白了。""穆彪子"晃荡着小细脖走出门外。

六条俗语的空字是:(1)饭;(2)雨;(3)然;(4)上,闲;(5)钱;(6)背,路。

(十三)时间空间交叉顺序　海阔天阔跃出红日

这是一个清凉的上午,天气是阴晴不定的,天空一会儿密布着柔软的白云,一会儿暂时裂成一片片云块儿,接着从云块后面露出了蓝天,温柔明亮得像一只美丽的眼睛。丁咚咚来到作文班时,还没有别的学生踪影,他一个人静静地坐着,仰头观看变幻莫测的天象。可是当他扭过头来,却看见程老师在黑板上正写着字：

(1) 近_____子，远小人。

(2) 远水难止近_____。

(3) 远敬衣帽近敬_____。

(4) 人无远虑，必有近_____。

(5) 远看山有_____，近听水无声。

(6) 远亲不如近邻，近邻不如_____。

陆陆续续学生到齐了，大家眼睛都盯着黑板，程老师问："这六条俗语，每条里有共同的两个字，谁看出来了？"

丁咚咚其实早就看出来了，但是他没有举手，他觉得应该把发言机会留给别人，别人实在答不出来时，自己再说。范文彬手虽不举，口里却急忙抢道："每条里都有'远'和'近'两个字。"

"我正想回答，让你'范大烟'抢先说了！"秦昊有点气急败坏，他的右手还在头顶上直挺挺举着。

在范文彬回答的同时，很多同学也纷纷把手举起，范文彬回答完毕，又都把手悄悄放了下去。

程老师健壮的宽肩膀耸了耸，满意地点着头说："范文彬回答得正确！看来很多同学也都能回答出来。那好，大家再说说，六条俗语，前五条后面空下一个字没写，最后一条后面空下两个字没写，谁能回答出来？"

新来作文班没几天的石竞赢，毛手毛脚地站起来，说："我知道第（4）条，是：人无远虑，必有近忧。"

石竞赢生得天庭饱满、地阁方圆、颧骨微突，面皮红黑透黄，还有些发亮放光，他在学校里被学生们称为"小铜佛"。大家看着"小铜佛"毛毛愣愣的慌乱样子，都嘻嘻笑起来。

"我来说第（5）条：远看山有色，近听水无声。"赵耀声音颤巍巍地答道。

跻身在中间座位的马岩，犹犹豫豫举着手，被黎梅花一把给拽起来："第（2）条我知道，就是'远水难止近渴'。"说完，她又左右张望，挤咕着眼睛，见程老师对她点头说"'远水难解近渴'也可以"，精神头上来了，又接着说："第（3）条，我听，听我姥姥说过，好像是：远敬衣帽近敬财。"

见底下没人讲话，冷场半天，程老师问："还有第（1）条和第（6）条，谁也没听别人说过？"

周圆圆举手站起，摇晃几下粗胖的身体，大着嗓门说："第（1）条是：近君子，远小人；第（6）条是不是'远亲不如近邻，近邻不如家人'？"

周圆圆说完，大家也不知她说得对错，但都觉得她说得有点好玩，轰轰笑出声。周圆圆见程老师的头微微摇几下,她有点沮丧,扮着鬼脸。不过程老师端正眼镜,对着周圆圆笑笑,慢慢开了口:"周圆圆说的,呵呵,八九不离十,差不太多。不是'家人',是离家最近的'对门'——近邻不如对门!"

学生们还在沉思,还在咀嚼,还在消化,只听程老师话锋一转,讲起第四种按照"时间空间交叉顺序"进行层次布局的方法——

以事件发生和发展"过程"的起讫(时间)作为"竖线"(或称"经线"),交代出"起因""经过"。"竖线"(或称"经线")暂时中断,紧接着又以空间方位写出具体场景——生活横断面,即"横线"(或称"纬线")。写完空间存在的事物后,再交代时间的向前——"竖线"(或称"经线"),接着再转换空间方位,记叙新的场景……这样以时间向前和空间交替的写法,也是文章布局经常使用的。

请大家阅读下边这篇范文,看看它是如何采用"时间空间交叉顺序"布局的。

海上观日出

(李一流)

正值盛夏,夜晚的大海在低沉地呻吟着,像默诵自己杰作的诗人,完全陶醉了。美丽的大海又似乎是一篇神话,恬静地进入了梦乡。这一宿我依偎在爸妈身旁,没有睡好觉,总怕起床晚了,错过观日出的最佳时间。

听了一夜浪漫的涛声,身心被洗涤得似乎有些透明。天还没有亮,我们早早就起来了,也来不及洗漱,更无暇顾及吃什么早餐,便拽开大步,急匆匆地向海边赶去。我跟着爸妈,快速地搬动两条腿,在他们身旁迈着大步。不一会,我们就爬上了兀鹰峰。起先,我们什么也看不清,大海还在酣睡。海面上黑沉沉的,天空和大海好像胶着在一起,连空气也似乎凝固不动了,四周静得让人头皮有些发麻。天上的星星像嘲弄我似的,一个个撩开天幕窥视着,窃笑着。这时的我,心中更加希望光明的到来。我紧紧地拉扯住爸爸的后衣襟,全身微微地颤抖。

我的眼睛一眨不眨地向远处看着,侧着耳朵聆听着,一种十分细微的大海呼吸鼻息声,轻轻地敲击我的耳鼓。我注视着大海,默默地用心灵来体会,同天地宇宙去交谈。这时,眼睛瞪得有些疲累,刚刚闭上休息一会儿。正当我冥思苦想之际,不觉神经一震,立刻睁开双眼,哦,东方渐渐明朗起来,水天相接处露出了鱼肚白,夜的帷幕从东方徐徐拉开,染上了柔和的橙色。朦胧的晨光,踏着深绿的波涛由远而近向着我们款款走来,海浪轻轻地吻着滩边黑色的岩石……

"钓鱼岛在什么方向,我怎么看不见?"我拿起望远镜,向更远的地方望去,四处是海天茫茫,浑然一片。

"钓鱼岛面积不大,又有千里之遥,哪里能看得到呢?"妈妈是教高中的地理老师,对地球上的山川河流、矿石土壤、物产资源颇有研究,说起一峰一水,一岛一屿,甚至一草一木,她就像囊中探物,尽在掌控之中,那是张口就来,如数家珍。"岛屿再小,也是国家神圣领土啊!"

"有一天我也要登钓啊!"我心里呼喊着……

工夫不大,天空和海面上出现了绚丽的红霞。接着,海平线上露出一条橘红色的弧形亮条,亮条越来越大,越来越宽,越来越亮,由弧形变成了圆形,像一个燃烧的大火球。没过多久,一轮红日冉冉升起,从海水里喷薄而出,世界万物都染上灿烂的金光。我以前一直没有机会亲眼看见海上日出,而只能从书本的文字描写中去欣赏。今天眼前浩瀚的海洋,雄浑的天穹,从黎明前的深沉暗夜里升起的第一道曙光,燃起的第一把火炬,是何等的壮观,何等的辉煌啊!

"太阳出来了!太阳出来了!"我和爸爸妈妈都举起了双臂,欢呼着,跳跃着。

同学们眼巴巴地看着黑板,就像无数的蜜蜂叮在花朵上采蜜一样。作为教师,看到学生这样认真学习的神情,心里总会浮起一种甜甜的感觉。为了让学生加深理解和记忆深刻,每讲解一种层次布局方法,他都要结合范文进行透彻的分析,于是乎,他开始对学生启发提问:(1)文章是怎样开头的?(2)请说说短文里有哪些时间词语?(3)这篇短文可划分成几个层次?(4)文章是如何结尾的?(5)文章是按照怎样的顺序布局的?

关于最后的问题,温昕卓被程老师叫起来,他这样回答:"短文是按照'时间空间交叉顺序'进行层次布局的。首先,从时间写起:正值盛夏,夜晚——听大海涛声——天还没亮——起床——爬兀鹰峰;接下来以时间词'起先'领起下文,再按空间方位转换,写日出前的景象。'观日出'是本文中心,先用'这时的我'写黎明前的黑暗以及'我'的感受;接着用'这时''正当'两个时间词,写东方'露出鱼肚白''夜幕拉开';接着又写了一段有关'钓鱼岛'的母子对话;下面又用'不大工夫'时间词,详细描写太阳从海面上喷薄而出的壮观图画。"

"温昕卓分析得很正确,表达得很清晰。"程老师肯定了温昕卓的发言后,又对李一流这篇作文赞扬几句。

自从那次《鞋的故事》被程老师当作立意不正确的范文挂在前边,让学

339

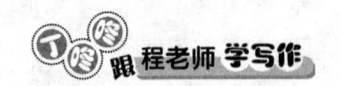

生们分析讨论，李一流似乎丢了一把人。后来程老师发现他的字写得很好，曾经让他多次在黑板上抄写文章，受到大家的夸赞，不少学生从此便称呼他为"小书法家"，这使他受到极大鼓舞，学习兴趣越来越浓，发言次数也越来越多，写出的作文也越来越好。今年假期，他和爸妈去海滨旅游，回来后写的《海上观日出》习作，得到程老师的青睐。这次讲解"时间空间交叉顺序"层次布局知识，程老师让李一流本人抄写出来，挂在前边供大家欣赏、观摩，学生们愈加对他高看一眼。

接下来，程老师讲解了一些其他方面的问题，从讲台上拿过粉笔，在黑板以图表形式示之如下：

正值盛夏夜晚——听大海涛声——天还没亮——爬兀鹰峰——起先——
　　时间　　　　空间描写　　　时间　　　空间描写　　时间
什么也看不清——这时——东方渐渐明朗起来　　——不大工夫——
　空间描写　　　时间　　空间描写（关于钓鱼岛对话）　　时间
出现红霞——接着——日出时壮丽景象……
空间描写　时间　　空间描写

写完，程老师转过身，放下粉笔，抬起右手，散开五掌，眼睛眨了眨，笑容随即在脸上展开，目光从前往后、由左到右环视整个教室一遍，方慢吞吞地说道："我们作文班的同学，有的是小学高年级，有的是初中生，天天都在各自的学校里学习、生活，已有五六年、七八年的时间了吧？自己的学校，应该是最为熟悉的地方。校园，曾以丰富的知识、浪漫的青春、纯洁的情怀，拥抱一个个懵懂求知的学生，让我们透过它的一扇窗口，了解外面的世界，探求人生的真谛。下面，就要劳驾同学们围绕《校园》这个话题，要求以'时间空间交叉顺序'进行层次布局，写一篇不少于500字的记叙文。"

立刻，教室内变得沉寂，学生个个低下头，有人托着腮，有人握着笔，有人挥着毫……多么姣好的脸蛋，那样专注的神情——程老师深情地望着这些可爱的孩子们！

（十四）校园乐园室内楼外　书声歌声从早到晚

昨天傍晚到今天黎明，外面是狂风骤雨的世界。人们关闭门窗后，也不知道是哪方妖魔整整折腾了一宿。到了起床之后，又变成轻风细雨，阴晴不定，城里的污浊空气被神秘之手净化得一干二净。丁咚咚撑着花格雨伞，听着抚摸伞顶的淅沥雨声，向肺部深深地吸着新鲜湿润的气流，欢欢喜喜，快快乐乐，向作文班走来……

推开教室大门，他看到黑板上写出了含有"吃"字的俗语六条：

(1) 吃人一饭，_____人使唤。
(2) 三分吃药，_____分调理。
(3) 老虎吃_____，无从下口。
(4) 吃着碗里，看着_____里。
(5) 不吃苦中苦，难_____甜上甜。
(6) 吃饭想撑死，干活_____累死。

看看这六条已完全被学生理解掌握，程老师又提到下列几条含有"吃"的俗语：(7) 宁吃鲜桃一口，不吃烂杏一筐。(8) 吃人家的嘴短，拿人家的手短。(9) 朝内有人好做官，厨房有人好吃饭。(10) 大鱼吃小鱼，小鱼吃虾米，虾米吃稀泥……

说时迟，那时快，程老师转身工夫，黑板上立马出现一张大白纸。上面的字迹，分明写的是——

美丽的校园

　　夜幕还未完全拉开，鲜花和嫩草尚在甜睡，校园里便响起跑步声。两座肃立的教学楼，在微弱的晨光中渐渐显露身影，高一点的像一位精心授课的老师，矮一些的像专心听课的学生。这时，月亮落下去，星星一颗颗消失，铝合金校门上的"前卫小学校"五个刚劲有力的烫金大字，还有"省级文明单位"、"艺术传统学校"等一块块金字牌匾，已让人看得清清楚楚。太阳从浓雾中钻出来，校门两旁的八盆迎宾松和上百盆娇艳盛开的万年红、君子兰、鸡冠花，更是让人赏心悦目、留人脚步。

　　太阳升高，学生们挎着书包鱼贯地走进校门。"叮铃铃……"上课铃声响过，教学楼的窗口传出优美的歌声，随后就听见老师的讲课声和学生朗朗的读书声。这所学校，现代化教学设备齐全，多媒体被广泛利用，每个教室都配置电脑，黑板也是电动的，能够随意旋转翻动，还有微机室、语音室、阅览室、体操房、音乐厅、大礼堂……

　　每到下午，铺着塑胶的大操场可就热闹起来了。这里无疑就是人间天堂，是学生释放的最佳场所，他们紧张的大脑，在此得到超脱和更换。有踢毽子的，有跳猴筋的，有搧"啪叽"的；也有一些学生，躲在四周柳阴下，一边说话、一边看书、一边观看操场中间正在激烈进行的足球比赛；那边篮球场地上，有许多学生在投篮；这时，排球场地爆发出一阵阵呐喊声，原来是高年组和低年组的老师们正在较量，每周课活时间他们都要一争雌雄；运动连环器那里，有个女生在荡秋千，像小燕子那样轻盈灵巧，引起旁观者一声声惊呼；更有不少小学生满操场互相追逐，嘻嘻哈哈，沸沸扬扬，真是开心极

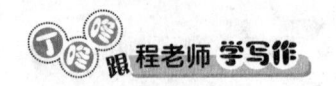

了……

　　放学的时间到了，喧嚣喊闹一阵之后，校园又变得沉寂冷清。月亮悄悄出现在天空，楼房、树木、操场、花坛，整个的人间都在似水的月光照耀下，漂浮在梦幻中……好像这里以前什么事情都没发生过，只有温柔的暖风轻轻地拂拭，把同学们一天留下的痕迹和欢声笑语掩藏起来，吹送到天边去。剩下来的只有鲜花的微笑，树枝的摇曳，春天的絮语——都是无声的，还有那位仰脸授课的老师，以及正在专心听讲的学生……

　　一双双圆溜溜、亮晶晶的大眼睛，有的双目聚焦，可以穿越时空；有的水眸波动，似小燕子打着旋；有的睫毛闪动，莺歌燕舞，落在写着这篇作文的大白纸上。看够了，又都你看我、我看你，小声议论起来。

　　"嘿，'鲜花和嫩草尚在甜睡'这句话写得最好！"林心怡看着看着，口里赞叹一句。

　　"你说得不，不对，'让人赏心悦目，留人脚步'这句最、最好！"蔡菀笛看得也很认真，她在谈自己观点时，总是习惯否定别人一顿。

　　"'菜包子'，你说得也不见得对，"左雨虹活泼的尖细声音里，让人听到早晨鸟儿的歌唱。"以我看，'整个的人间都在似水的月光照耀下，漂浮在梦幻中'这个句子写得最形象了，把夜晚在月光中看不清的物体，都说成是梦中，多么有诗意呀！"

　　"嘻嘻，我看，"孙洪达一下子从椅子上蹿出，伸出手舞弄着，"'把同学们一天留下的痕迹和欢声笑语掩藏起来，吹送到天边去。'这句，这句，嘻嘻，最好！嘻嘻，最好！那样，我孙大圣也能跟着飞到天上玉皇大帝那里，再大闹一次天宫呢！嘿嘿嘿嘿……"

　　大家见"孙猴子"越说越没正经，就没人再参与这个话题。任梦洁突然想起什么，她忽闪着那双毛嘟嘟长睫毛问："这是谁写的作文？"

　　有的范文，程老师往大纸上抄写时，由于种种原因，故意隐去姓名；有的因为一时疏忽，忘了写上作者名字。可是，学生却要盘根问底，他们对于作者是谁特别感兴趣，非要来个"人肉搜索"不可。

　　"那还用猜，准是'郭大姐'！"林心怡转动头，回头看着郭淑薇。

　　裴玲问："你怎么知道？"

　　"咱们作文班，就她是前卫小学校的。"

　　"那没跑，就是'郭大姐'了！"白杨用力地点着头。

　　这时，程老师说话了："现在就请大家分析这篇作文的层次布局方法。"

　　"郭淑薇写的，就让她先发言吧！"秦昊冒了一炮。

　　郭淑薇脸庞泛起红晕，四处望望，摇着头说："不是我写的。"

"就你是前卫小学校的学生。"赵明磊瞪着又空又大的眼珠,看着郭淑薇,"'郭大姐',不是你,能是谁呢?"

"就我是前卫小学校的学生?"郭淑薇笑了,摇着头,"那就必须是我写的啦?要不是我写的,怎么办?"

蔡菀笛把手举过头顶,看着林心怡说:"老皇历看不得啦,人家郭大姐早已上中学了!"

"唉,问问程老师,不,不就知道了吗?"肖渺一露出板牙说。

"呵呵,"程老师边笑边摇头,"先不要问是谁写的了,请大家分析一下这篇作文的层次布局吧。"

"嘻嘻,那还用说,肯定是'时间空间交叉顺序'!""穆彪子"悟出门道,站起来说。

程老师微笑着抬脸对着"穆彪子"说:"你结合作文,再详细分析一下。"

"唔,唔……""穆彪子"翻白眼珠子,唔唔半天,终于没说出个什么来。

这时已有好几只手伸出来,在半空中摇来摆去。

"那就由惠天佑发言,穆标你注意听。"

在众多的举手中,惠天佑被老师选出发言,他感到莫大的荣幸:"我看,《美丽的校园》是这样布局的:①'夜幕还未完全拉开'——时间;'校园里响起跑步声'——空间;②'两座肃立的教学楼'——空间;'在微弱的晨光中渐渐显露身影'——时间,这是时间空间倒装;③'太阳升高'——时间;'学生们……鱼贯地走进校门'——空间;④'上课铃声响过'——时间;'教学楼的窗口传出优美的歌声、读书声'——空间;⑤'每到下午'——时间;'铺着塑胶的大操场可就热闹起来了'——空间;⑥'放学的时间到了'——时间;'校园又变得沉寂冷清'——空间。"说到这里,停了停,最后又用反问句总结说:"大家看,这不是'时间空间交叉顺序'又是什么呢?"

"穆彪子"坐在那里也说了一句:"我看,《美丽的校园》就是这样布局的。"

"好的,好的。"程老师摆动着双手,意思是到此告一段落。接下来,他布置当堂作文。

俗语填空:(1)听;(2)七;(3)天;(4)锅;(5)得;(6)怕。

(十五)总体部分结构顺序 眼黑嘴白憨态可掬

经历了一个热烈的夏季,当秋的凉意悄然袭来时,人们的短衫短裤不见了，已看不到无遮拦的胸脯和裸露的大腿，人们纷纷换上秋季的装束。街道上的行人也没了往昔的悠闲，脚下的步姿都变得刚健有力了。丁咚咚也加厚了一层衣服，混在步履匆匆的人群中，向作文班快步走来。

只见程老师正在往黑板上书写俗语，大家一看便哈哈乐开了——原来，每一条都含有一个"狗"字，而且多为贬义。

（1）狗咬狗，一嘴_____。

（2）吃_____饭，拉狗屎。

（3）人急造反，狗急跳_____。

（4）牛眼看人_____，狗眼看人低。

（5）干东不干西，_____狗不喂鸡。

（6）狼吃了不算，狗吃了撑出_____来。

这六条俗语很快学习完毕，并进入了正课。

在客观世界里，事物的总体和部分的关系是不可分割的普遍联系。我们写文章，经常使用这种关系来安排层次结构。全体和个体，全局和局部，部分和部分，都是事物之间的结构关系，这样的连接层次和段落，写起来十分方便，读起来也就非常清楚。

说着话，只见程老师一甩手，黑板上登时挂出一篇短文——

小 熊 猫

每次跟着爸爸妈妈去动物园，我都要到熊猫馆看个够。我脑子里经常出现这样一个奇怪的问题：世界上的生物，不管是动物还是植物，都必须经历"物竞天择"的过程，逃不出"优胜劣汰"的规则。那么，像大小熊猫这样性情温和的动物，在那个狼虎成群的深山老林里，它们是怎么生存下来的呢？都说"弱肉强食"，为什么大小熊猫那样柔弱，没有变成老虎、野豹、黑熊口中的美餐呢？

今天我们进来时，小熊猫正趴在一根粗粗的竹竿上睡大觉。它一身金灿灿的细毛，黑色质地，偶尔描着几道白色花纹，皮毛光滑、柔软、细腻，尤其是那缎子似的前胸，真勾人想用手去抚摸一下呢。

它鼻子圆圆的、粗粗的，黑色的鼻尖勾勒着白色的圆圈，鼻孔正在微微翕动，能听到它"嘶嘶"的呼吸声。它的耳朵尖尖的，向上竖起，虽然在睡觉，但是它时刻都在监听着四周的动静，警惕性可蛮高哟。这时它的眼睛紧闭，成为一条细细的弯线，如果不是眼圈是白色，真不知道这里还长着眼睛呢。它的嘴巴也有一圈白白的绒毛，嘴边翘着几根胡子也是白色的，那样子真有点滑稽。

它有两只粗胖的前爪,正伸向前方,垫在头下当枕头使用;一只后爪压在身下,另一只后爪往下垂着。那条尾巴也垂着。小熊猫的尾巴真美呀,长长的,粗粗的,披着柔和而光润的毛……

小熊猫憨态可掬,让人没法看够,我只好端起相机,"咔嚓",瞬间留下永久的记忆。我这时还想问问小熊猫:你是否想过,自己的存在难道只是供人观赏吗?

根据以前的课堂讲解方式,学生们不用等老师提问,就评论起来了:"这段话从整体入手,先写'我'来到动物园,想到了一个问题——小熊猫为什么能生存到今天,然后总写它的状态——睡觉,接着再写全身,全身分为头部、腰身、前后肢、尾巴。这是总分关系。头部为详写,其余为略写。头部细致描写:鼻子、耳朵、眼睛、嘴巴、胡子等(头部描写也是总分关系)。结尾部分又写临别照相留念。"

"穆彪子"一直全神贯注地看文章,聚精会神地听别人讲话,这时他半起半坐的,匆忙说道:"你们还没说它是什么层次布局呢,我说!"大家见他发言,都微笑着看着他,没有谁再争抢。

"这段话是按照总体部分结构顺序布局的!""穆彪子"一口气说完,抬头用眼睛瞅定程老师的脸问:"我回答得对不对呀?"

"很好!"程老师对"穆彪子"点点头,他的手同时往黑板上一指,大家这才注意到,就在学生们自由发言时,程老师已写出这些字——

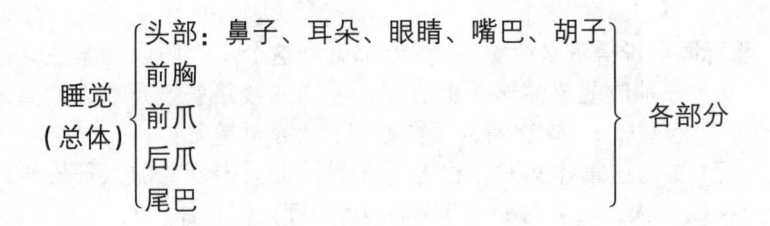

睡觉
(总体) { 头部:鼻子、耳朵、眼睛、嘴巴、胡子
前胸
前爪
后爪
尾巴 } 各部分

"呵呵,大家把这个图表写完了吗?"转过身体,面对学生,程老师问。

"写完啦!"齐声回答。

"那好么,下边的时间,我们要让大家写这样一篇作文——"

说着,程老师摸出一幅图挂在前边。图里有许多学生,有的在弯腰扫地,有的站在窗台上擦玻璃,有的提着水桶打水倒水,有的把桌椅摆放整齐,还有的在水盆里清洗抹布……

"大家看明白了吗?"

"看明白了!"

"这是要大家写出什么题目的作文啊?"

"大扫除!"

"呵呵,对了!"

说着,程老师用手指着"穆彪子"问:"穆标同学,你想明白了么?"

"穆彪子"仰起小细脖,小眼睛用力挤咕一阵,又抬手揉了揉,盯着前边的图画,慢吞吞地说:"我明白了,你是让我们写星期五那天下午的大扫除哇!"

"会写吗?"程老师走下讲台,来到"穆彪子"身边。

"穆彪子"伸出左手,摸摸渗出汗珠的小圆珠鼻子,眼睛眨巴又眨巴,还在直视前边的图画,圆脑瓜左右晃动着说:"怕写不太好!——不就是按照'总体部分结构顺序'写么?先写总的情况:老师分配任务,布置工作;然后分别叙述各个小组是怎样干活的,按您过去要求的,还要细致描写,对不对呀?"

"呵呵,穆标同学说得多么好啊!"程老师看到这个不太聪明的学生这段时间进步这么大,一种成就感油然浮上心间,脸上的纹路条条开放,他高兴得像一个孩子。"就这样写,这次看谁写得最好,大家动笔吧!"

就在学生低下头写这篇作文时,程老师在黑板上写出课前的六条俗语的空字:(1)毛;(2)人;(3)墙;(4)高;(5)打;(6)屎。

(十六)彪子进步变得不彪 智障开发渐成多智

天亮之前,西北风从城外吹来,空中飘飘洒洒落起细雨,不断地夹杂着雪花。"谁家秋院无风入,何处秋窗无雨声?"不一会工夫,绿色的草坪,左右摇摆的杨柳,平直的马路,霎时变成一片洁白。丁咚咚迈着轻快的脚步,踏在雪上发出"嘎吱,嘎吱"的响声,他东张西望地观赏着雪景,大步流星地向作文班走去。拉开教室的门,他看见程老师正在往黑板上写出带有"鬼"

字的六条俗语：

(1) 远怕_____，近怕鬼。

(2) 有钱能使鬼推_____。

(3) 没有_____贼，引不来外鬼。

(4) 小鬼_____城隍，恶人先告状。

(5) 饶你_____似鬼，喝了我的洗脚水。

(6) 平生不做_____心事，半夜不怕鬼叫门。

俗语的第一条，学生都觉得很有意思，但没有一个学生能回答出来。程老师只好解释说："看来，第（1）条是没人知道了，只好由我来回答啦！这条是：近怕鬼，远怕水。它说出来一种心理现象，很有道理。鬼神崇拜是一种奇特的、世俗的文化形态，历朝各代对鬼神都有着不同程度的敬畏，即使在近代，在文人士大夫的文稿中，鬼神的踪影也随处跳荡。其实世界上根本没有什么鬼，但是从前的人迷信，认为人死后灵魂不灭，会变成鬼神。因为人在明处，鬼在暗处，所以人们都害怕鬼祟作怪。近怕鬼，住在附近的人，知道这里闹过鬼，心里就总有恐惧感。而远处来的人，他从来就没听谁说，自然就不知道害怕了；即使听说过闹过鬼，因为他压根儿没有见过'死去的活人'，引不起来联想，也就不感到害怕。然而，当地涨大水，淹没了田地，住在附近的人知道哪里是道路，哪里是沟壑，哪里深，哪里浅，他心里一清二楚，趟着水闭着眼睛都能走过去。可是，对于远处来的人，他看着眼前一片汪洋，就不敢向前举步了，所以说'远怕水'。"

这一代的年轻人，特别是90后、00后，鬼神观念越来越淡薄，妖魔鬼怪的话题已成为笑谈，程老师也无非把它当作知识让他们了解一下而已。

"有意思！有意思！"

秦昊几乎跳起来，孙洪达两只手上下舞蹈，两人同时拍着桌子嘶喊。

其他几条，有的学生知道，有的不知道，大家七嘴八舌，加上老师引导分析，也便迎刃而解，不在话下。解说完俗语，程老师旋转身，从文件夹掏出大白纸，挂在黑板上，但见——

大 扫 除

就像我们天天早晨起来要洗脸一样，每天放学之前我们都要把教室打扫干净；也就像每周人们都要在家搞一次个人卫生（洗澡、洗换内衣、修理手脚指甲等）一样，今天是星期五，下午上完课后，各班都要进行一次大扫除。行动前，宋老师作了简单的动员，她说："冬天就要到了，窗户要封闭，这次清扫要全面，要彻底。"然后又详细分了工，大家就开始分头行动。

温昕卓小组扫地、擦地。周启立同学离家近，特意回家取来一把大拖布，先用笤帚把灰尘、纸屑扫进垃圾桶里，然后用清水冲洗地面，再用拖布一块接一块地搓擦。习亮和启明两人把手里的拖布都抡圆了，汗水从头发根里淌出来，流经红扑扑的脸膛，随着用力拖地的节奏，嘀嗒嘀嗒落在衣服上，滚到地板上摔成八瓣儿。启明略微直直腰，用左手拄着拖布把儿，腾出右手挠几下头皮，一股股热气在头顶上蒸发升腾。就趁这工夫，温昕卓一下子夺过启明手中的拖布把儿，在水桶里涮了又涮，再拧干，然后弯下腰，前腿弓，后腿绷，"哼哧哼哧"，接着往下擦，直到把墙角的地面也擦得干干净净。

　　窗台上，六扇玻璃窗分给了六名女同学。她们有的站在地面上擦着下面的玻璃，有的蹲在窗台上擦着中间的玻璃，有的站在窗台上擦着上面的玻璃。她们先用湿毛巾擦拭一遍，再用干报纸擦净为止。她们每个人的脸上也都冒汗了，头顶上蒸发着一团团热气……

　　我和薛木琦是负责供应清洁自来水的，同时还要把用过的脏水倒掉。我俩一会儿跑进教室，拎来一桶干净的自来水，一会儿又跑出教室，把脏水倒进卫生间，反正手里的水桶来来去去闲不着。我刚提来一桶清水，倒进窗台上的盆里，文娱委员张译薪指着刚擦完的一扇玻璃问我："净不净？"我仔细看了半天，伸出大拇指，连连点头赞叹："真干净！冷不丁一看，就像没有玻璃一个样儿呢！"这时，负责刷洗桌椅的几名同学也停下手中的刷子和抹布，拿起毛巾拭去脸颊和脖颈的汗水。当我走过他们的身边时，肖成冲我笑笑，说："后勤部长，你检查一下，桌椅洗刷得怎么样？"肖成称我是"后勤部长"，是同我开玩笑，我也不恼，我和薛木琦也不客气，索性就当个真的"后勤部长"，我俩把手背在后面，摇摇摆摆地在桌子旁边走过来走过去，弯着腰，低着头，一张一张地仔细检查一遍。嘿，还别说，这桌子让他们这么一美容，桌面都能当成镜子照人啦！薛木琦却鼓起大眼珠子，摇头晃脑地说："嗯，我说，你们把桌椅、地面、玻璃、楼道都弄得这样干净，老师表扬你们时，也要为我俩请功邀赏，可不要'吃水忘了打井人'哟！要不是我二人给你们及时打水倒水，后勤保障工作做得这样出色，又这么严格检查和监督，你们能取得这样的好成绩么？你们说是不是呀？"大家听了，"轰轰"笑起来。

　　就在这时，清扫室外分担区的同学也陆续回到教室。

　　教室里静悄悄的，同学们看着看着，似乎置身在"大扫除"画面中，良久，这才从黑板上大白纸的文章里走出，回过神来。

　　"我知道了，这篇作文肯定是'于大爷'的神来之笔！"鲁晓非神秘兮兮地说。

　　"谁？'老头'于俊清？"许行之稚嫩的小白脸扬起，朝向身后隔道而坐的鲁晓非问。

因为于俊清人老实，面容又老成儿，平时不声不响，蔫头搭脑的，学生就管他叫"老头"。后来有一次作文课堂里，程老师讲解人物"语言对话提示语"时，有篇《好好协商》文章，里面有个人物"吴大爷"，孩子们说要给他"买糖"吃，有人逗于俊清玩，于俊清就笑着说："你们怎么不给我于大爷买糖呢？"此言一出，作文班里的学生就谑称他为"于大爷"。不知读者们还记得不？

"怎么能是'于大爷'写的呢？"许行之不解地问。

鲁晓非说："《大扫除》里写了温昕卓的名字，'于大爷'和温昕卓同校同班，谁不知？"

"噢，我不知道。"许行之摇晃着胖墩墩的身体。

"嘿，你'小胖墩'是个小学生，哪里知道？"鲁晓非叫着许行之的绰号说。

"哦，我也不知道。"魏增智眼镜片后的圆眼睛迷茫着，接过说。

鲁晓非眼睛又转过去瞅着魏增智，笑笑说："你'小学究'也是小学生，人家于俊清和温昕卓是初中生，难怪你不知道。"

"是谁写的先不要管它了。"眼角堆笑的程老师，这时开口了。"谁能分析分析这篇作文的层次布局？"

呼啦啦举起好几只手，程老师发现这片"小树林"里，有一只是"穆彪子"的，就把他叫了起来。"穆彪子"个头不高，身体像一棵小树苗，瘦棱棱的，却撑着一个大大的脑袋，不停地往后拗着，空洞洞的眼睛不停地眨动，一边站还一边用手抓挠头皮，慢悠悠地回答："这篇文章，开头采用类比手法，告诉人们扫除就和天天洗脸、周周洗澡一样，是非常必要的；然后记叙班任老师进行动员和分工的讲话。——这是整体，总写。接下去利用几个特写镜头，分别详细记叙扫地、擦地、擦玻璃、洗刷桌椅和'我'提水、倒水的劳动场面，以及暗写（也是略写）清扫分担区和楼道的劳动。——这部分是分写。这种层次结构布局，井然有序，读起来一目了然。"

"穆彪子"说完刚弯腰，还坐不暖席，又立刻站起，瞅着程老师明知故问："这是谁写的作文呀？"

"呵呵，我完全同意穆标同学的分析。"程老师抬手碰一碰架在高挺鼻梁上的眼镜腿，棱角分明的方形阔脸面向全体学生。"这次课堂作文，大家写得都很好，尤其黑板上穆标同学写的这篇，写得更是出色！"

"哇——"有惊讶，有疑惑，有赞叹，从教室不同角落爆发出来。

"我为穆标同学这段时间的巨大进步，表示最衷心的祝贺！"喜笑颜开的程老师，把两只手高高举过头顶，用力地击节叫好。

就在这时,"小胖墩"和"小学究"几乎同时喊叫起来:"不对呀,温昕卓和'穆彪子'也不在一个学校,更不是一个班级的!"

谁知"穆彪子"却开怀大笑,得意和荣耀,从他瘦削的两腮上打漩儿,像水一样往下滴淌,自豪地说:"我的作文,写的是我们学校、我们班级的一次大扫除,里面的人名是我胡乱编的,以假乱真,嘻嘻,嘻嘻……"

"哼,"范文彬心生妒意,他扬起脸,斜视着"穆彪子","这不过是瞎猫碰上了死耗子!"

俗语的填空是:(1)水;(2)磨;(3)内(家);(4)找;(5)奸;(6)亏。

(十七)事件不同方面顺序　老师爱生胜过爱子

过去有首民谚是这样说的:"雁门关外野人家,不养桑蚕不种麻。百里并无梨枣树,三春哪得落人家。六月雨过山头雪,狂风遍地起黄沙。说与江南人不信,早穿皮袄午穿纱,抱着火盆啃西瓜。"虽然话里有些夸张,但北方的温差极大确是真的。昨日丁咚咚刚刚加厚了衣服,换上了秋装,早晨出门还感到凉丝丝、冷飕飕的;可是临近中午,那轮圆圆的太阳火热大脸,俯瞰着大地,似乎从它的嘴里、眼睛里、毛孔里,都在向人间喷吐着烈焰。屋里屋外,被股股热气炙烤着;人和其他动物都会感到胸腔憋闷,不得不喘起粗气,真要比那伏天还要难挨,这就是"秋老虎"在肆虐!但从作文班里出来的丁咚咚,边向家里走去,还不忘回忆着今天课堂里的情形——

走进教室的学生们,第一件事就是抬头看黑板,只见上面写着有关"数字"的俗语:

(1) 一个巴掌拍不_____。

(2) 二人同_____,其利断金。

(3) 三句话不离本_____。

(4) 四面玲珑,八面见_____。

(5) 老子是看家童子,儿子是_____家五道。

(6) 七十不打,八十不_____。

(7) 五七赶集,四六不_____。

(8) 七十瓦上霜,八十_____前烛。

(9) 三教九流,五行八_____。

(10) 人有十算,_____有一算。

为了把从一到十和百千万的数字俗语都能举出,程老师今天破例列出了10条。其实,有关数字的俗语比比皆是,程老师接着又列举几条,以快观瞻:(11)一心不可二用;(12)家有万贯,带毛的不算;(13)万般皆下品,唯有读书高；（14）三百六十行，行行出状元；（15）不如意事常八九，可与人言无二三；（16）千年的古道熬成河，百年的媳妇熬成婆；（17）不怕万一，就怕一万。

　　进行完了前边的开场白后，程老师接着讲解层次布局——事件不同方面顺序。他说，如果一篇文章中有三件不同方面的事情，我们就可分为三个层次进行布局。如果是记叙一个人的三件事迹，就以这三件事的叙述安排层次。当然，不管写多少事，安排多少层次，这些事情有何不同，都要鲜明地突出一个主题，都要围绕一个中心。

　　说到这儿，黑板上又变了脸——

最敬爱的老师

　　老师，被誉为人类灵魂的工程师；老师，是果树园里辛勤的园丁；老师，像蜡烛，像火柴，燃烧了自己，照亮了别人……

　　我离开幼儿园到小学读书，一转眼过去四年了。生活就像一条小河，不停地流淌着，时时激起一朵朵美丽的浪花，铭刻在我的记忆深处……在课堂里，充溢着师生友爱的温情，老师把我们当作自己的孩子，我们把老师当成自己的父母。一个生字一个生词，一道简单的加减乘除运算题，都是老师手把手教会的。记得有次上语文课，我看着姑妈新近给我买的高档文具盒，刚伸手摸一摸，郑老师立即停止讲课，用她那双又弯又亮的眼睛盯住我，我猛一抬头，全身像被电击一般，手一下子缩回来，坐得直直的，神经绷得紧紧的，再也不敢动一动，这一节课我听得很仔细，很明白。课间，郑老师把我找到办公室，和颜悦色地又给我讲解一遍我精神溜号时的课程，然后还耐心教导我，让我克服听课注意力不集中的毛病。那个学期末语文考试，我获得全班第三名的好成绩。

　　还记得我们刚入学时，校门口栽了一排小松树，我们不断给它浇水、施肥、松土，现在已是郁郁葱葱，和学校大门的立柱比肩了。看着亭亭玉立的松树，我就联想到我们的成长，不也是离不开老师——辛勤园丁的浇灌，他们为我们付出多少的汗水啊！在三年级上学期，有一次我出了水痘，崔老师得知后，担心传染给别的同学，坚决不要我上学。我呢，怕耽误学习，又偷偷地回到教室。崔老师发现后，当机立断，亲自把我送回了家。一路上，她语重心长地说："你自己有病，应该在家治疗和休息；再说，这个病容易传染，一个好学生要时时事事为别人着想，不能只考虑自己。"我听着崔老师的话，惭愧地低下了头：是啊，我们做事心里应该想着别人想着集体……从那天起，数学、语文、自然、思品老师，他们轮流到我家给我补课。有天晚饭后,数学沈老师来我家给我补课,两个小时过去,她正要离开,突然外面风雨大作,倾盆暴雨敲击着玻璃窗。我爸妈在工厂上四点班没在家,我要沈老师在我家住下,可她说自己的孩子太小,夜里离不开妈妈,说完,拿起书本就冲出门外,消失在风雨中……

今年春天,冰雪消融,花开草绿。星期四下午,是体育活动时间,我和几名同学踢足球。说起玩,我就立刻变成一头野牛,在操场上横冲直撞,恨不得把身体里积蓄的能量一下子全部都释放出来。为了争抢一个头顶球,我和另一班的同学碰到一起,只觉得脑袋里"嗡"的一声响,我便昏迷过去。也不知过了多长时间,当我清醒过来时,睁开眼睛一看,我正躺在体育老师怀里。

"董老师,我自己能走……"我望着魏老师,嘴里嗫嚅着,"我没事了。"

"不要动,就要进诊室了。"董老师把我抱得更紧,脚步更大更快了。我这时往后看去,他身后还跟着校长、班主任和许多同学。经过医院大夫的处理,打了一针,吃几片药,也便没什么事了。可是,学校老师对我们学生的关心爱护,这种高尚纯真的情怀,却永远地刻在我的心碑上。

"这篇文章,一共写了'我'的几件事?"程老师见大家目光离开黑板,抬起右手掌,在头前摆动。

"三件!"学生大声呼应。

"哪三件呢?谁回答?"

学生们七嘴八舌地说着。就在此刻,程老师从讲台上面拿起一张纸,用双面胶贴在黑板上。大家定睛看去,写的是——

中心思想	事 件	时 间	地点	人 物
赞美辛勤的园丁	1. 对我学习严格要求和管教。	有次上语文课	课堂	郑老师
他们像父母般	2. 我患病,来到家里补课。	三年级上学期	家里	沈老师
关心爱护学生	3. 我昏迷,抱着我去医治。	今春周四下午	操场	魏老师

程老师说,我们从图表中,一目了然地看出老师关心爱护学生的三件不同事例,从而赞美了我们的教育工作者——辛勤的园丁,他们不仅教书而且育人的崇高品德。那么,下面的时间,同学们就以自己为对象,写一写"我"的几件事,用事件不同方面顺序安排层次,抓住中心,围绕一个主题思想。

这篇范文题材是赞美园丁教师,今天程老师布置的当堂作文是《介绍我

352

自己》，要求按照事件不同方面顺序布局，仍然是记叙文的体裁，600字左右。

在学生低下头奋笔疾书的时候，程老师把十条俗语的空字填出来：(1) 响；(2) 心；(3) 行；(4) 光；(5) 败；(6) 骂；(7) 懂；(8) 风；(9) 作；(10) 天。

（十八）不管别人我行我素　文章作者谁是谁非

正像二十四节气歌里说的那样："寒露不算冷，霜降变了天"，过了公历十月二十日以后，气温骤然下降，一天比一天冷。昨晚又狂风大作，冷雨敲窗，今晨起来，更觉秋霖脉脉，寒气袭人。丁咚咚突然想起那句俗语，真是"一场秋雨一层寒"啊！出门前，妈妈给他加了件绒衣绒裤，他走在路上还是高高地端着肩膀，两手用力插在衣袋里。他顶着飕飕的凉风，急急忙忙地向作文班走去，再也不见以前那种轻松悠闲的姿态了。

一如既往，他是第一个走进教室的，别的学生还没有来，只有程老师站在前面往黑板上写着俗语：

(1) 人生一世，草木一_____。
(2) 三春不如一_____忙。
(3) 一场_____雨一层寒。
(4) 春雨贵似油，_____雨遍地流。
(5) _____后的蚂蚱，没有几天蹦跶了。
(6) 春困_____乏夏打盹，冬天还想睡一会儿。

有几条俗语，丁咚咚还是知道的，再细致看看，明白了每条隐去的都是一个"秋"字。等到学生到齐后，程老师让大家猜，丁咚咚早就把手臂高高举起，回答说："第一条，人生一世，草木一秋。第二条，三春不如一秋忙。第三条，一场秋雨一层寒。第四条，春雨贵似油，秋雨遍地流。第五条，秋后的蚂蚱，没有几天蹦跶了。第六条，春困秋乏夏打盹，冬天还想睡一会儿。"

程老师见学生把俗语隐去的字全部说出来，笑笑，便不作更多解释。只见他右手伸进文件包，把已经打印好的学生作文拿了出来，挂在前边——

介绍我自己

我叫荣欣欣，意思是"欣欣向荣"到（倒）了，有点儿意思没有？奶奶和姥姥在我没上学前轮流带过我，她俩人前背后总夸我长得好看，头脑聪明。我有点不信，没人的时候就望着镜子端详半天：我的眉毛弯弯的，像夜空中的新月；一双黑洞洞的大眼睛，能把任何东西看穿，哪个家伙敢欺负我，我用不着动手打他，只要我用眼睛盯他十秒钟，准吓得他浑身直哆嗦；我的嘴巴也很大，说话叭叭的，人们说我"有理不饶人"，姥姥却说我"嘴大吃八方"。

我爱画画，最崇拜齐白石、徐悲鸿、达·芬奇，我还喜欢唐伯虎和郑板桥。我六岁就被爸爸送去业余美术学校学习画画，也就在那时，脑中形成一个理想：长大要当个大画家。"欣欣，别画了，复习功课吧！"妈妈一边在厨房做饭一边喊道。"不行，我画完三张画，才能干别的事。"为了这个，我和妈妈没少发生争吵。我不耐烦了，索性把门一关，妈妈的唠叨立即被隔断，我照样画下去，我行我素嘛！

我这个人还有一样毛病，就是从来不计较考试成绩高低。如果分数少了，爸妈批评我，我会满不在乎地说："算什么，其实我都会，只不过马虎大意罢了，下次争取！"如果考得好，分数得多了，我就举起双手高呼："100分万岁！"

有的同学说我像电影里的大嘴开都丫，我才不稀罕呢；还有一名同学说我像电视里的武则天，我问为什么，他说我和武则天一样"厉害"、"严肃"，逗得我咯咯大笑，顿时变得不"严肃"、不"厉害"起来。其实，我就是我，我的表情和行动都不折不扣地表达我的内心世界。当我觉得不该笑时，绝对不能笑，也笑不出来。记得一次在课堂里，有位男同学故意搞乐，惹得全班哄堂大笑，而我觉得他既无聊，又违反课堂纪律，我没笑，脸冷冷地静坐着。这也许就是同学们说我长得像大嘴开都丫，而性情类似武则天的缘故吧。

站在镜子前，看着自己矮矮的个头，短裤下晒成红黑色的结实皮肤，我不禁纳闷："我为什么总是这样小，啥时能长大？"

一会儿一定又有同学问：荣欣欣是谁？还不如提前告诉你：她就在程老师作文班，因为她刚来上了两节课，没有几个人认识她，其实她现在就坐在教室中间位置。这种课外辅导班，正像俗话说的是"铁打的衙门流水的官"，学生有进有出，不断更新的。更何况程老师设帐开班，不是为了赚钱，主要是在研究写作技法和作文教法，因此免费授课。但由于教室只有尺幅之地，名额所限，想进班来的学生不是轻而易举，需排好长时间才能得到空缺呢！

程老师见大家读得认真，读完后，一张张面孔又都转向了他，就一边在黑板上写，一边讲解着。他先问大家："（1）这篇文章写了"我"几个方面的特点？读完后，先划分层次，然后请举手回答。"

见没人作声，程老师进一步启发："'我'的特点，可分A、B、C、D四个方面考虑……"

过了一会儿，白杨站起来说："特点A，有理不饶人。"

紧接着，鞠雪晴站起来说："特点B，喜欢画画，长大想当美术大师。"

鞠雪晴坐下后，魏增智站起来说："特点C，不计较考试分数高低。"

接下石竟赢站起来，说："特点D，有自己主见，不盲目阿附众人。"

听到这儿，秦昊突然又耍"活宝"，说："跟我一样，有自己主见，从来不当盲从！"

肖渺一是秦昊的冤家对头，挖苦秦昊一句："你是皇储，还是顶级富二代、星二代啊？还是你爸是李刚啊？你往哪摆？啥都提你！"

"什么二代、三代的，我才不稀罕呢。我就稀罕我写的这篇作文！"秦昊以眼还眼，侧头看着肖渺一说。

"你写的？"肖渺一唾了一口，"等着太阳从西边出来吧！"

"这篇作文就是我写的！"秦昊瞪大眼珠，侧头看着肖渺一说，"你服不服？"

大家都惊讶地望着程老师，程老师只是微微一笑，接着却讲起课来：

"（2）有的同学写'自画像'作文，常常借助镜子，这样写起来很方便，因为'我'是没有办法看到自己面部的。但是，不对着镜子不等于不了解自己的相貌，因而也有的'自画像'里边根本就不提镜子，文章照样写得很有特色。'自画像'这类文章，常常先写外貌肖像神态，再引到其他特点，通过几个方面的记叙，表现出一个中心思想，告诉人们某种观点和道理。下边，就请大家写一篇《自画像》或《这就是我》。"

正在学生们提笔要写的时候，程老师又说起来："（3）我必须强调一下，我们要写的这篇文章，一定是用'事件不同方面顺序'进行布局，或者说是'总分总'的关系布局，大家听好了！"

于是，教室内响起一阵凌乱的"哗哗"、"唰唰"、"沙沙"的声音，这是本子翻掀、纸张响动、笔尖摩擦的大合奏……

（十九）感情起伏变化顺序　面目丑陋心地美丽

一夜之间，西伯利亚寒流袭击了我国北方领土，山川大地昨天那点温柔可爱的面容，骤然变得狰狞可怕，就像幻化成美女的白骨精，抬手抹了一把脸，立刻原形毕露，成了妖魔鬼怪。所有的物体都被寒气笼罩，紧紧地包裹起来。丁咚咚脱下秋装，换上"雪上飞"羽绒服，双手戴上黑色皮手套，脚上蹬着厚底棉皮鞋，抱着个膀，用力搬动两条腿，穿街过巷，向前疾速走去……

推门进入教室，他看到黑板上写出关于"勇敢"的六条俗语：

（1）舍得一身剐，敢把皇帝_____下马。

（2）没有金刚钻儿，就别_____瓷器活儿。

（3）没有弯弯肚子，怎敢＿＿＿＿＿＿＿镰刀头？
（4）强中更有强中手，莫向天下＿＿＿＿＿＿＿海口。
（5）没有蹚不过的河，没有＿＿＿＿＿＿＿不过的坡。
（6）初生牛犊不怕虎，长个犄角才怕＿＿＿＿＿＿＿。

学生们觉得最好玩的是第六条，多数人都听过"初生牛犊不怕虎"，却没人知道"长个犄角才怕狼"，要不是程老师最后告诉大家，还没有一名学生能够说出来。当他逐条解析完毕，就讲起正课。

有些文章，自始至终贯穿这样一条红线——感情：刚开始厌恶、反感，逐渐有了理解认识，后来受到感动，变成热爱、喜欢，最后尊敬、佩服；或者反过来，刚开始敬佩，渐渐疑惑，后来憎恨。总之，这是以感情起伏变化为线索，进行结构布局的文章。

刚讲这么几句，在程老师转身之间，黑板上瞬间出现——

丑同桌不丑

有好心人这样提醒过："对于一个面目丑陋的人，千万不要拿眼睛盯着仔细观看，那是一种残忍——除非他是坏人，你要惩罚他。如果那是个男人，还有点勉强；假如碰上这样的女同胞，我们一定要慈悲为怀哟！"

前些日子，我班转来一位女同学，她叫牛丽丽，老师安排她和我同桌。她一身乡下人打扮，衣服穿得鼓鼓囊囊的，就像刚从地里摘下的大南瓜。脸上也好像蒙了一层灰，不干不净。她的鼻孔很大，嘴唇厚厚的，且向外翻卷，真是天生一个牛魔王！课堂里老师提问她时，站在那里扭扭捏捏，说话的声音蚊子声蚊子气，鬼知道她说了些什么！说实在话，我对她真有些烦。有的同学送给她个绰号，叫她"牛丑丑"，她听见后便趴在桌面上嘤嘤哭泣……

一次周末，放学前学校布置搞卫生，进行大扫除。卫生间的女厕所分给我班女同学清扫，要求把便池里外都要彻底刷洗干净。当老师宣布完任务以后，我们女同学谁也不愿意去干这样的活，你推我，我推她，都在座位上不肯动弹，那可真是"张飞纫针——大眼瞪小眼"。就在这时，大家发现牛丽丽不见了，都以为她嫌脏，临阵脱逃了。在班长的催促下，我们女同学都不太情愿地向卫生间走去。打开门后，看见一个人正猫着腰，蹲下一只膝盖，手里拿着刷子，用力地清洗着便池，发出"哗啦哗啦"的响声。

"啊，牛丽丽！"大家惊奇地喊出声来——原来牛丽丽见大家嫌这活脏，就一个人跑到卫生间干起来。

我这时急忙跑过去，一把拉住牛丽丽的胳臂说："丽丽，你累了，我来！"

"我不累！"她像是做了什么错事，羞涩地垂下了头。

七八个便池，已被她清洗完了五六个，我们几个女生只好操起笤帚，把地面打扫干净，又把纸篓的垃圾倒出去。这样，我们清扫卫生间的任务很快完成了。自从这件事以后，我对牛丽丽有了好感。

时间一长，我发现牛丽丽身上的一个秘密，那就是——她太吝啬了。比如，她为了节省笔记本，字迹写得密密麻麻，正面用完后，再用背面。她看见别人只写了两行字就把整页纸撕下来，用手团一团扔掉，就轻轻说一声："白瞎了！"

每天午间放学，同学们纷纷离开教室，有的回了家，有的去饭馆吃饭。可是牛丽丽家离学校远，她都是自带一盒饭菜，坐在自己的座位上吃，从来舍不得去外面花钱买饭……

但是有一次，我校有个学生得了白血症，需要做骨髓移植手术，学校组织"献爱心捐款"活动。我班同学一个个来到"捐款箱"前，有的拿出一元，有的拿出两元，有的拿出五元，最多的拿出十元……这时，牛丽丽从衣袋里摸出一个纸包，一元一元地翻出来十五张票，又翻出五元钞七张，还有十元票三张，一共是八十元钱，快步走到前边，迅速地投进"捐款箱"里。很多同学为牛丽丽鼓起掌来，我心里更是特别感动，因为她是我的同桌，我最清楚她的这些钱都是她一点一滴节省下来的。

有一天上午第二节课，数学老师正在前边给学生讲解题型，我突然感到腹内一阵恶心，眼前天旋地转起来，接下来肠胃强烈地抖动，"哇——"早晨吃进去的还没来得及消化的食物，全部呕吐出来。那种腥酸难闻的气味，令许多学生赶紧捂住鼻孔，甚至掉转头不忍目睹。就在这时，牛丽丽急忙从衣袋里摸出一叠餐巾纸，站起身给我擦拭嘴巴，然后走到前边找来撮子和笤帚，把我吐出的秽物清扫干净，倒进卫生间。在老师的同意下，牛丽丽又把我送回家。我这时大腿一直在颤抖，哪里还迈得动步子。"打出租车吧！"我说。可牛丽丽哪里肯，她说："你家不太远，很快就到了，别浪费钱啦！"我先是把头依在她的肩膀上，在她身边一步一步地挪动，后来她干脆把我背在身上。我已经没有一点力气了，时而微睁开眼，脸颊贴在她热乎乎的宽阔后背上，心里有说不出来的滋味，泪水一滴滴地往外流，真是太感激她了！

我的病也不过是偶感风寒，休息半天就痊愈了。从此以后，我和牛丽丽的关系越处越好，几乎是形影不离。放学回家，我们是顺路，她家虽远，两人可以共同走好几个街口才分手。期末考试最后一科也已经结束，接着就要放寒假了。这天放学，我俩仍是手挽手往家里走，突然，我被路边冻在冰雪地上的一根粗铁丝绊倒了，手掌摔破，血流不止，牛丽丽立即把她自己的手帕拿出来，给我包扎好。刚向前走了几步，她又一下子停住脚步，转身往回跑。我当时不知她要干什么，只是愣愣地看着。原来她又跑到我被绊倒的地方，蹲下身，用力把那根粗铁丝从冰雪地上拔出来。她说："这回好了，省得它再绊倒别人。"

有这样一句名言，突然闯入我的脑际："山美不在高，而在于景；人美不在貌，而在于心。"我望着她可爱的脸庞，觉得她并不"丑"，而是那样得漂亮，那样得俊秀，她是多么符合她那动听的名字——牛丽丽呀！

大家的目光在《丑同桌不丑》里逡巡、搜索着，他们是在学习写作知识，同时也在净化着心灵。程老师从学生面容上观察到，大家读着这篇作文，开始时还有些莞尔不恭，嬉皮笑脸，但逐渐被肃穆的表情所取代，有人不断地点头，有人发出轻微的赞叹。程老师问："大家已经阅读完毕，谁能谈谈这篇文章是怎样进行层次布局的？"

小手齐刷刷地举起来，这让程老师目不暇接。在这片"玉米苗"中，程老师选来选去，终于指定让温昕卓发言。要说听课精力最集中、学习最认真，没有一名学生能超过温昕卓的，但是她有点内向，讲话时声音偏低，课堂里又很少举手。由于她来作文班时间不是很长，程老师对她的了解是逐步加深的，现在还处于摸索阶段，就想到如何发扬她的长处，克服她的不足，有机会就让她站起来"锻炼锻炼"。

温昕卓一头浓密黑发，后面梳着个小丸子发髻，衬托着鸭蛋形的脸庞，眼睛水灵灵、亮晶晶，目光中时时透露出柔和善良的神采，是个很令人喜欢的女孩。她站了起来，身子一动不动，脸朝向前方黑板，这次说话声音比较洪亮："这篇作文，先从'丑同桌'牛丽丽的外貌、衣着和课堂发言写起，写了'我'对她的'反感'。接着记叙了牛丽丽不怕脏，不怕累，主动去清扫厕所，使'我'对她'有了好感'。在一次给患白血病学生捐款活动中，省吃俭用的牛丽丽却献出超过其他同学几十倍的钱款，让'我''特别感动'。后来，'我'在上课时突然发病，呕吐，别人嫌脏，是牛丽丽收拾干净，又把'我'背着送回家。这不仅令'我'感动，更让'我''感激'——感情更升华了。最后，写一次回家路上，'我'被冻在地面冰雪中的铁丝绊倒，牛丽丽不但替'我'包扎伤口，而且她担心再绊倒别人，又回过头跑去把铁丝拔出来，这使我对她的感情上升到了'敬佩'。"

稍稍喘口气，温昕卓总结一句："这完全是按照'感情起伏变化顺序'安排层次的一篇好文章。"

"呵呵，"从眼镜片闪烁出来的微笑目光，学生们观察到，程老师对温昕卓的分析是再满意不过了。"下面，还有一点时间，请大家按照'感情起伏变化顺序'，写一篇记叙和别人相处的作文，这个'别人'，可以是你的同学、你的亲人，或者是其他什么人，都行。但是不要忘记，必须是按照'感情起伏变化顺序'进行层次布局!"

学生听完,有的俯下脸,有的歪着头,有的用手捏弄耳垂,有的两手交叉在一起……

程老师见学生个个面有难色,就又多说上几句:"'感情起伏变化顺序',这是在人们内心经常发生的一个顺序,我们写文章要能够用这种方法进行布局。在实际生活中司空见惯,甚至天天都可遇到这种感情变化,不过,因为'感情'是属于内心的情感活动,说起来容易,写起来却有些困难。它难在不是记叙,不是写作,而是难在如何'选材',在写这些材料时必须把它们串连起来,成为一条线。所以,大家写作文时要开阔思路,捕捉生活中的素材,进行筛选、剪裁,并且还要怀有丰沛浓厚的感情,把它连缀成文。"

学生边听边构思,都在认真地打腹稿,接着便在纸上尽情地施展着自己的才华……

六条俗语的填空是:(1)拉;(2)揽;(3)吃;(4)夸;(5)爬;(6)狼。

(二十)怪父亲逼孩子绝望 好女儿懂大人心肠

北方已进入寒冬,街道上的行人可说是一道壮丽的景观:男人戴着毡帽,女人裹着围巾,口里呼吐出一道道白气。他们身体上下穿着厚厚的棉衣,两手一般都藏在棉手套里,脚下套双沉重的棉皮鞋,走起路来,神色慌张,步履匆匆,不肯在途中多停留一步。丁咚咚推开家门钻到了外面,就觉得团团寒气立刻把他紧紧包裹严实,他感到好像有把尖利的小刀片在刮割自己的皮肤,又似乎谁用针尖在刺扎自己的鼻樑、脸蛋和耳朵。他心脏不由得一阵紧缩,双手用力地捂住胸口,脚下加快了搬动的节奏,一直向程老师作文班奔去。

"老师好!"

"同学们好!"

"老师早安!"

"天太冷,冻坏了吧,快进里边暖和暖和!"

程老师微笑着和学生们互相打招呼、问候。

学生们把书包放好,抬头看黑板时,发现写着关于"习染"方面的六条俗语:

(1)近朱者＿＿＿＿,近墨者＿＿＿＿。

(2)学好三年,学坏三＿＿＿＿。

(3)学好如登,学坏如＿＿＿＿。

(4)交必择友,居必择＿＿＿＿。

(5) 由好学坏易，由坏学好_____。
(6) 跟什么人学什么人，跟着巫婆学_____神。

对于最后一条，生活在城市里的这一代孩子是不容易了解的。"跳大神"，男女都有，女的叫"巫婆"，男的叫"神汉"。这些人装神弄鬼时，披头散发，一边敲锣打鼓，一边全身颤抖，嘴里呵呵咧咧，又似唱，又似捣鬼话，声称魂游天庭地府，正与神鬼狐妖对话、沟通。他们说以神灵附体的力量，能够占卜人事的吉凶祸福，从而趋吉避灾。巫神就是利用这种手段来骗取信男信女的财物。现在随着文化教育和医疗卫生事业的快速发展，平民百姓对"巫婆""跳大神"已是深恶痛绝，弃之如敝屣。然而，眼下仍有不少权贵、富商，以及一些犯罪分子，他们心灵空虚，担心厄运临头，不惜破费重金，暗地里搞这些迷信活动，以求得到神灵庇护，这就使一些巫神仍有"用武之地"。但他们的行为是相当隐蔽的，只在阴暗角落活动。大多数年轻人根本不知"巫婆""跳大神"为何物，有的也只能在一些影视剧里偶尔一见。在程老师嘴里，"巫婆"、"跳大神"已经变为笑谈，经过他的一番解说，学生觉得这条俗语很有意思，嘻嘻哈哈乐个不停。

"上堂课写的作文，大多数同学都很用心，出现不少优秀作品。我拿出一篇，请大家鉴赏。"说到这，程老师似乎在变魔术，转身工夫，黑板上出现了一张大白纸，只见——

怪爸爸，也爱我
（郭淑薇）

做父母的哪一个不是"望子成龙，望女成凤"，我爸爸又何尝例外，但他却是很怪，很另类。

去年暑假，我的作文在"发现生活中的美"全国大赛中荣获一等奖。我拿着证书喜滋滋回到家里，满以为会得到爸爸的夸奖，没想到爸爸只是轻描淡写地说："作文获奖不光是你写得好，更重要的是老师指导得好，这是老师平时对你呕心沥血教导的结果。"

这无疑是往我头上泼了一盆冷水。

前不久，期中考试过后，学校开家长会，他是扬起脸去的，低着头回来的。

"你是怎么考的？"到家后，他扯开嗓子吼叫。

"……"我默然不语。

"历史居然不及格，连背的题都懒得背，你还考什么？"

"我还没复习到那呢……"

"没复习就不会？以前就白学了？你将来靠什么活？"

"那我就去死好了。"

"那先放一边，先把学习整上来！"

他已经气到了不顾我死活的地步，我无力反驳。我只是哭，不想直视他的眼睛。

妈妈在一旁为我开脱："孩子还没复习嘛，再说了，她还是有潜力的！"

看，不管什么时候，妈妈是最疼爱我的——慈爱是母亲的属性。

爸爸还是那么凶，不停地说着，气急败坏，恨铁不成钢的样子。他好像是打了胜仗的将军，而我是他手下的战俘，别说我心里是怎么烦他啦……

时间像是过了一个世纪，就这样，我沉默着，他也沉默着。

忽然，他深深地叹了口气，便听到他开始详细地给我讲解学习方法，从背书到复习，从记忆曲线到应考步骤，声音也渐渐低了下来。我看着爸爸，好像突然间他苍老了许多：方形眼镜下的双眼已经向内凹陷，厚实的头上多了些灰白的头发，我在灯下细数他额上的皱纹，看得出那是些琐事一道一道地刻在他的心里。

我忽然觉得有些心疼，其实爸爸是爱这个家的，是爱自己的女儿的。如果说母爱是温柔的手在抚摸着我，那么父爱就像坚硬的脊梁支撑着我，只不过他爱的方式很特别、很怪罢了。

时间就像流水，在指缝儿间逝去。有一次单元测验，我的成绩又不理想，胆怯地回到家，生怕老爸发脾气，甚至会揍我一顿。谁知这次他看过试卷后却说："我带你爬山去！"爸爸的话让我大惑不解。来到山下，我和爸爸便攀登起来。当我爬到半山腰时，就累得不想爬了，这时，爸爸走过来说："学习就像爬山一样，不能在半山腰停滞不前，即使摔倒了，也应该坚强地爬起来，不可气馁，坚持，坚持，一直爬到顶峰，学习也是一样……"我仔细品味爸爸的话，觉得很有道理。

别人家的孩子娇生惯养，爸爸却让我自己洗衣服、学做饭、清扫室内卫生等等。上学放学，爸爸不让我打车，要我步行，靠两条腿走路。后来给我买辆自行车，开始我不会骑，他就在后面扶着教我，有次我跌得膝盖出血，不想学了，爸爸却说我没恒心，根本不问我的伤口怎样；学游泳，我死死抱着救生圈不放，爸爸却将救生圈拿走，害得我喝了好几口水；我跟别的孩子吵了架，爸爸总让我找自己的缺点……

唉！你说爸爸是不是很怪呀？

可是，当我的作文频繁上报，当我的学习成绩越来越好，当我和同学们关系处得十分融洽，当我在学校各项活动中都能积极参加受到表彰，我这时在心里却越来越感谢爸爸对我的严格要求和管教——我这时顿然开悟：不是爸爸很怪，而是我的思想一时没有认识上来。

爸爸爱我，我更爱爸爸，也爱爸爸的怪。

同学们看到这是"郭大姐"的作文，都掉转头望着她。程老师让她谈谈自己的感想，她双手向前挪动桌子，稍微有点发胖的身体从座位站起，头偏了偏，习惯性地把齐耳短发往后甩动一下，眼睛直视前方，说起来："我写爸爸的事，有的有，有的是参考别的文章里的。"

"'郭大姐'，哪些是你自己的事情呀？""穆彪子"瞪着小眼睛问。

郭淑薇笑笑，看了"穆彪子"一眼说："像参加作文竞赛获奖啊……"

"噢，你还获得过全国大赛奖呢？"范文彬向郭淑薇伸出大拇指。"'郭大姐'，你行，真行！"

"'范大烟'，你消停点，行不行？"这是秦昊在说话。这个"大活宝"，虽然眼中无人，他却非常尊重"郭大姐"，他正在集中精力听郭淑薇发言，不喜欢有人把她的话拦腰截断。

范文彬"消停"了，"穆彪子"继续问："还有哪些是你自己的事情呀？"

"像爸爸让我自己洗衣服啊，学做饭啊，清扫卫生啊，还有游泳那事啊，学骑自行车啊，如果跟别的孩子吵架让我找自己缺点啊，等等，都是的。"郭淑薇仍然用她的带有磁性的女中音说着。

"哟哟哟，大姐姐还像我似的，跟别的孩子吵过架呀？"孙洪达听到这，又上来了嬉皮笑脸。

"孙猴子，你也消停一些，好不好哇？"秦昊似乎觉得自己就是"课堂警察"，这些"调皮鬼"都要归他来"收拾"。

不过这次"孙猴子"的"造反精神"上来了，抓挠几下太阳穴，做个鬼脸，冲秦昊说："只许你大活宝'放火'，就不许我'点灯'呀！"

"好了，好了。"程老师拦住他们，"还是郭淑薇接着说。"

"在选材方面，结合自己的事，我又想起在别的书里看到的，才写出了'我'和'爸爸'这两个人物。"郭淑薇一口气说下去，"'爸爸'是个正直无私、性格爽朗、关心子女、不徇私情的人物；但是，他有时方法简单，说话生硬。'我'起初接受不了，对他有抵触情绪，甚至'烦他'。后来'爸爸'发现自己的毛病，采取了说服教育的手段，循循善诱，'我'理解了'爸爸'的良苦用心，感情发生了变化，由'不满'、'抵触'、'反感'到'觉得有道理'、'感谢'、'我爱爸爸'。这就是我在这篇作文中，是如何使用'感情起伏变化顺序'进行层次布局的。"

郭淑薇坐下以后，程老师扶正眼镜，为了使大家注意力集中，他双手举在前边，用力拍了两下，大声说："呵呵，到今天为止，我们把文章层次布局的顺序讲解完了,希望同学们很好地巩固复习。其实,层次布局,不光只是我给你们讲的这七种方法,还有一些,大家在以后还能接触到。下边,同学们可采取任何一种层次布局方法,写一篇记叙文,题目不限,字数不超过800字。好,动笔!"

就在学生低下头挥动笔杆,让思维插上翅膀飞翔起来之际,程老师悄悄地把六条俗语空字填了出来:

六条俗语的空字是:(1)赤,黑;(2)天;(3)崩;(4)邻;(5)难;(6)跳。

(二十一)小精灵奄忽一梦境　老爷爷年迈寄情思

1. 作文课堂眼前消失

"咚咚咚"一阵敲门声,丁咚咚一骨碌从长沙发椅上爬起来。他立即睁开眼睛,哦,程老师不见了,"郭大姐"不见了,"大活宝"不见了,"穆彪子"不见了,"孙大圣"和"范大烟"不见了,作文班教室以及座无虚席的学生,一个一个全都不见了。仔细再看,小姑母卢玲兮在那边瞪着眼睛看电视,老卢爷爷用手摩挲着他的金毛小母狗,歪着脖子注视着防盗门。这时只听锁孔内钥匙拧动的声响,"哗啦"门开了,呼啦啦进来三个人:爸爸和妈妈,后面跟着奶奶,一齐出现在门口。

丁咚咚又扭过头看餐桌上没吃完的燕窝汤,热气还在碗里袅袅上升,飘散着……噢,原来刚才程老师讲解"层次布局",竟是在我的一场梦中!

"回来啦!"老卢爷爷、小姑母两人站起来,问候远路归客。

丁咚咚尚且没完全从梦境脱身,半天才迟迟疑疑从沙发上跳下来,走上前向爸爸妈妈奶奶问好,并接过爸妈手里提的东西。

"咚子,你怎么啦?好像有不愉快的事情发生过!"爸爸一只手摘下近视镜,用另一只手掏出清洁布,轻轻地擦拭,觑着一双近视眼,面对着宝贝儿子问。

"没什么,没什么。"丁咚咚心不在焉地回答,"我只是睡了一大觉,才醒!"

"做了什么美梦啊?"妈妈跟着打趣丁咚咚。

"哪里,哪里。"卢爷爷站在一旁说,抬眼看着丁咚咚爸妈,"咚子吃了两张夹肉大饼,喝上几口燕窝汤,嘴里正叨咕着什么'程老师说不能吃死面饼',还有什么'层次布局','吧嗒'一下,眼皮一碰,就睡在沙发椅上了!我们看孩子学习也够累的,就让他睡一会儿,顶多也就是五七八分,哪里'睡了一大觉',这工夫你们就敲门进来了。"

"我们冷不丁开门,怕惊吓着你们,就先敲敲门。"妈妈把外衣脱掉,找

363

双拖鞋给奶奶穿，一边说，一边扶奶奶在沙发上坐下。

"是这样，今天小姑母来给我准备中午饭，她竟然烙了几张死面饼，后来卢爷爷，哦，不，"说到这，丁咚咚觉得不对劲儿，赶忙改正，"后来爷爷来了，他给我烙制了千层夹肉大饼，还做了燕窝汤，我吃得可香甜嘞！"

丁咚咚两只毛茸茸的大眼睛眨动两三下，他见全家人听得都很用心，就又说下去："我由此想起程老师讲解作文结构布局时说的一句话：'就像我们谁都不喜欢吃死面饼一样，大家都愿意读有层次的文章'，于是，我就回忆起程老师课堂里讲解层次布局的几种顺序，牵牵连连，不知怎么竟睡过去了……"

"你这小鬼头！"妈妈在旁喊一句，不知是骂是疼还是爱。

2. 身罹癌症不翼而飞

丁咚咚被称作"小精灵"是很有道理的，他的头脑反应极快，口里说着，心里却在想："不应该过多谈自己的事，爸爸妈妈奶奶去北大荒看望爷爷回来，要赶快把话题转换到这方面呀。"不等别人张口，他抢先问道："北大荒我那个爷爷，你们去看望他时，来电话说是病势垂危，现在痊愈了吗？"

老卢是奶奶第二任丈夫，和丁阴岱从未谋面，至于生命安危当然与己无关，听丁咚咚这么说，便乘势夸了一句："咚子就是会说话。"

常言道"血浓于水"，丁咚咚和老卢是两码事，他和丁阴岱血脉相连，急于想知道北大荒这位爷爷确是真心，他又望着爸妈和奶奶的脸色说："见面莫问荣枯事，观看面容便可知。瞧，你们几人脸上喜气洋洋的，爷爷一定转危为安了！"

"越说你聪明你就越聪明！"爸爸这时又把近视镜戴上，看着丁咚咚。"你的北大荒爷爷也许根本就没有什么病，他谎称'病危'，实际他主要想看看他的孙子——你！"爸爸抬手指指丁咚咚，"结果呢，你的程老师作文班课程给耽误了——你后悔不后悔啊？"

丁咚咚果断地摇了摇头，说："去北大荒看望爷爷，以后有很多机会，但是程老师的作文班不能总开办下去——听说再有一年半载，程老师就要到别处去整理书稿和讲学去啦！"

妈妈的脸这时转向老卢，眨动她那双大眼睛说："他北大荒的丁爷爷说是患了肺癌病，医院检查已经确诊。"

"没住院治疗么？"老卢问这话时，嘴巴哆嗦着。

妈妈说："那老头子脾气古怪，说什么也不肯住医院，他说'死就死，反正得癌症也没有好的'，就这样，他还是成天泡在他的饲养场里——他养了一千多头肥猪呢！"

"那，爷爷现在怎么样？"丁咚咚急切地问。

妈妈的脸还是朝向老卢："你们说奇怪不奇怪？现在再去医院透视拍片，

什么病都没有了!"

听到这里,连卢玲兮的眼睛也盯住了妈妈问:"这是怎么回事呢?"

"他们家人不知是从哪里弄来个'偏方'——把龙爪花切碎,用来和鸡蛋一起炒,不加盐,没有咸淡,早晚空腹吃,过了两三个月,再去医院检查,癌症消失不见了!"妈妈讲这件事时,屋里的气氛出奇得静谧。

丁咚咚的好奇心又上来了,看着妈妈问:"什么龙爪花,它啥样子?"

妈妈想了一会儿,拍着脑门说:"龙爪花,有人也叫它龙爪菊,它很少开花,茎叶边缘长着锯齿刺儿,它是芦荟的一种。对了,你刘大娘家里就有两盆。"

丁咚咚眼睛瞪得圆圆的、亮亮的,摇着头说:"妈妈,你可不要把这事告诉刘大娘哟。"

"怎么?"妈妈不解地反问儿子。

丁咚咚盯着妈妈的脸说:"如果我北大荒爷爷不是吃这个龙爪花治好癌症的,是偶然碰巧,传出去,不是贻误别人治病吗?再者,刘大伯父子也会利用这个龙爪花去招摇撞骗呢!"

妈妈突然想起刘巨龙的事,问:"听说刘巨龙把菜市场经理刺了几刀,伤了脾,流血过多,没有抢救过来,死了。最近,开庭审判没有?怎么判的?"

3. 百万汇票轻如鸿毛

还没等丁咚咚回答,爸爸将手伸进提包里,拿出一张纸单,在头顶上用力晃动,然后停在丁咚咚眼前:"看!这是什么?"

在爸爸的声音指示下,丁咚咚虎眼圆睁,急忙抬头去看,爸爸更加激昂地说:"这是北大荒我的老爸,你的爷爷,送给他的孙子你的礼物——一百万元汇票!"

"哦,怎么回事?"躲在一旁的老卢,他的嘴张开已闭不上,他的一张千沟万壑的脸,粗糙的皮肤相互推挤,登时变成厨房里制作千层饼的面板,找不到一丝儿表情,痴呆得就像正在听讲天方夜谭的幼童。一百万元,对他来说,可是一个天文数字啊!

爸爸赶忙答疑,看着老卢说:"我爸爸这些年一直在办厂,开始做豆腐,后来饲养家畜,鸡、鸭、鹅、猪、狗,什么都养,逐渐形成了产业——现有资产大约几亿元。我们这次去看望他,让他十分感动,决定拿出一百万元资助孙子将来上大学!"

谁知道丁咚咚并没有表现出十分兴奋,他拿过汇票只是略略瞥一眼,就轻轻放在桌子上面了,说:"爷爷的盛情可感,但现在钱财对我没有什么意义;以后上大学,没有钱可以贷款,成绩出色还可以拿到奖学金。毕业后,我可以学习爷爷,搞自己的事业嘛!"

"吓，口气还不小呢！"不知爸爸是夸奖还是嘲讽，嘴角一抿说。

"我不是不感谢爷爷——明年暑假，我一定去北大荒看望他。"丁咚咚边说边回头看了看闭目养神的奶奶，"我要好好学习，尤其要学习好写文章，把爷爷和奶奶的事迹报道出去，让天下人都知道他们的啼笑因缘……"

奶奶听了，眼睛似睁似闭，半睁半闭，又睁又闭，瞅了瞅老卢，苦笑一下，笑得脸上皱纹跌宕，几天在路上奔波显得疲惫的面容益发苍悴，语无伦次地说："咚子，好你个'鬼头小精灵'，你以后再好好给我讲讲文章如何立意，我让你少吃些死面饼……"

"哈哈哈哈……"

谁能知道，这时坐在一旁的小姑母卢玲兮，她的一笼弯眉下的眼睛一直垂下，化过妆的脸颊却涨得绯红，头埋得低低的——她是不是心里还在忏悔自己烙制"死面饼"这件事呢？

七 程老师砍了丁咚咚的"头"

——万事开局难

提示：菜农都知道，韭菜割下一茬，很快就又长出来了；孙悟空被天兵天将绑在降妖柱上，任其斧剁刀劈，砍掉一个紧接着又生出一个；申公豹也是脑袋割下来还能回来安上——可人的脑袋既不是韭菜，也不能像神话小说里那样"失而复得"，然而，丁咚咚的"头"，确确实实被程老师"砍"掉后安然无恙。这真是咄咄怪事啊！

（一）丁咚咚如何写作文开头

恰逢放假前这一周，丁咚咚又轮到了紧靠窗口的座位。上午的阳光灿烂又迷人，让他的脸颊更红润可爱。太阳是有情感的灵体，它喜欢用长长的触须，也许是纤纤的玉指，狎昵这样诱人的脸蛋。可丁咚咚的眼睛和他的神经一样，没有空暇顾及其他，他的全部身心都用在答题上。语文考试正在紧张地进行中，教室里静极了，只能听见同学们的笔尖在纸上奔跑着的"唰唰"声，是那样的沉重而快乐，清晰可闻。丁咚咚坐在座位上，手握着笔，两眼瞪着卷面，埋头只顾写呀写，笔底下好像有源源不断的泉水，汩汩地向外流淌出来。他的精力特别集中，连自己心脏嘭嘭的跳动声都能听见。基础知识和阅读理解题他已答完，该是写作文了。这可马虎不得哟，作文分数占卷面分数三分之一还多呢！

作文题目是《变化》，丁咚咚思考后，利用程老师教的"添人加事"审题方法，在草稿纸上把题目临时扩写成《王帅的变化》，这样一来，题目变得具体了，实在了，明确了。

但是，怎样开头呢？丁咚咚手中的笔咬在嘴里，搜肠刮肚，冥思苦想起来……

在作文班里，程老师这样讲过写文章开头——

常言说"万事开局难"，其实作文也一样。写文章没有也不应该有固定模式，但它有些方法却可以借鉴，尤其对初学者来说更是如此。我有这样四句话，共十六个字，用来概括作文开头的规律：明确中心，找准角度，恰当截取，落笔扣题。

1. 明确中心，找准角度

写作文首先要审题，考虑立意，接着就是选材，谋篇布局，然后才能提笔行文。不过在动笔前，头脑里要把文章的脉络构思成熟——这在肚子里打的腹稿，明确中心是最要紧的。如果中心不明确，不突出，不但整篇文章写不好，而且开头也就没有了目标，没有了方向，找不到角度，还怎么往下写呀？

所以说，构思中心在先，写开头在后。中心明确了，开头就有了目标，有了方向，才能找准角度。写作文的人，不知道自己要写的中心是什么，这个头就没有办法开喽！道理很简单嘛，这就好比你天天上学，背起书包后，推开家门（开头），似乎想都没想就往前走，往什么地方走啊？往学校走！呵呵，其实学校这个中心早就在你头脑里了，不然的话，不是要走失了吗？

为了让同学们进一步弄明白要先明确中心再写开头这个道理，下边举出学生作文《一块手表》为例。这篇作文的立意是"拾金不昧""大公无私"，选材范围比较宽广：可以写在不同时间、不同地点、不同情况下，偶然拾捡到一块手表。因为有这许多不同，每位学生都可根据自己的经历选取最熟悉的材料，迅速把文章的中心和结构布局构思出来。然后，根据已构思成熟的中心，再考虑如何写出文章的开头。

这位学生《一块手表》选取的时间是"周日"，地点是"公园草坪"，人物以"我"为主，事情的起因是"踢足球"，他的文章中心（经过）是这样构思的：

同伙金涛传过来球，我奔跑如飞，接过一个远吊球，还没停稳，一不留神，球居然被对方张亮抢断，他立刻起脚怒射，皮球滚到草坪边一棵大树下。我急忙跑过去追赶，来到球前，弯腰正要用脚带球的瞬间，忽然有一个亮锃锃、金闪闪的东西映入我眼帘，它静悄悄地躺在草窠里一动不动，似乎还对着我挤眉溜眼微笑呢！我顺手捡起来一看，天哪，这竟然是一块联合国原装钻石手表！我赶紧把手表揣进怀里，又若无其事地和同学们玩了一会儿，便骑着自行车回家了。（中心第一板块）

我走进自己房间，躺在床上，拿着这块手表看了又看，心里直翻腾：这下可好啦，有了这块手表，可以买多少好吃的呀！可以买多少好玩的呀！可以买多少自行车呀！还可以买辆宝马轿车呢！

我心里美滋滋地想着，沉浸在无限的喜悦之中。突然，胸腔里又像涌出一股潮水，不断拍击我的心灵崖岸，淹没了我的美好想法：这么贵重的物品，本来不是自己的，不知失主该有多么着急呢？老师经常教导我们"拾到东西要交公，要物归原主，要拾金不昧……"（中心第二板块）

（结尾部分写的自然是"我"把这块手表交还原主）

程老师砍了丁咚咚的"头" 七

以上是这名学生给他的《一块手表》作文构思的中心。中心有了，那么，写开头还难吗？因为已经有了目标，有了方向，这角度还能找不准吗？就好比学校的位置都在你心里装着呢，你上学时离开家门（开头），还能不知往什么方向走吗？

2. 根据中心，恰当截取

如上所述，《一块手表》作文的中心明确了，开头有了目标和方向，就一定能找准角度。但是，还有一个要从何处写起、找准切入点的问题，这也就是我们说的恰当截取。那么，文章开头怎样截取才算是最恰当的呢？

回答是：文章开头不可离中心太远，也不可离中心太近，要适当。太远了，会使文章拖泥带水，绕弯子，说废话，入题慢，人家不愿看。有的同学不管下面要写什么，都是从头说起，都是从天亮起床穿衣吃饭开始，读了让人不胜其烦。这怎么能行呢？它违反了简洁明快为妙的原则。人们把这样的开头叫做"长脖老等"！当然喽，也不可把文章应有的前奏和过渡，全给弄没了，有的是后边发生的事情，在前边应该有个交代，如果不写出来，文章就会像个"缩脖鸡"。

下面，我们把《一块手表》的开头补出，看看这位同学是如何找准角度、进行恰当截取的。

（开头部分）爸爸妈妈临走时，一再叮嘱我在家写作业，不要一个人到外面跑。可他们出门后，我也便溜之大吉了。平时忙功课弄得昏头涨脑，到了星期天也该放松放松了。对于爸妈的"紧箍咒"，我把它甩到太平洋里去了——我和几位伙伴约好后，就骑车来到公园内踢足球。（开头再延伸）只见嫩绿的小草铺在地面上，贪婪地吸吮着阳光，懒洋洋地都要睡着了。脚踏在上面，软绵绵的，被小草拥抱、亲吻，真是舒服极了。（向中心过渡）我们一共八个人，分成两组，一场激烈的足球对抗赛开始了。

看完这个开头，我们会说它的角度正确，是对着中心去的，更是按照中心的需要截取的，不远不近，恰到好处。如果让有的同学写这篇作文开头，恐怕又该是"今天是星期天，吃完早饭后"之类的话了吧？

3. 有了中心，落笔扣题

我们读过外国长篇小说，有的开篇似乎不着边际，离题万里之遥，可是读了一阵之后才恍然大悟：原来这些都是必要的前奏曲，是涉题很紧的文字，并非可有可无的赘述。同学们学习写作文开头，也必须把"恰当截取最关键，落笔扣题是规律"这句话铭记在心，并付诸实践。还以《一块手表》为例，它的开头先写爸爸妈妈不在家，星期天应该放松放松，于是约了几位小朋友

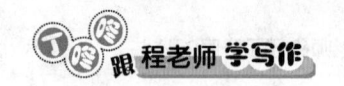

来到公园踢足球；再写草坪的景物，为后边拾表进行环境设置；之后又写分组踢球——这些都与中心紧密相关，都是为展开中心情节做铺垫的。因此说，《一块手表》这篇作文的开头，时时记取中心，处处紧涉主题。

此刻的丁咚咚，脑筋在急速地旋转，尽量地搜索着记忆，按照程老师讲解的开头步骤和办法，先把《王帅的变化》这篇作文的中心构思出来（当然，这是他写在卷子里的文字，兹录于下）：

金老师转过身去在黑板上写"蔑"字，听见背后有哄笑声，猛地掉过头，又弯又细的眉毛扬了起来，下面那双严厉的眼睛扫视着整个教室。同学们都坐得挺直，五十多双眼睛眨也不眨地看着她。金老师大声叱问："刚才是谁逗大家笑？"同学们你看看我，我望望你，谁也不肯吭声。

正在这时，只听"哐啷"一声响，王帅从座位上站起来，左手往后推着椅子，重重地撞击着身后的桌子，右手指着马力说："老师，是马力在你写字时站起来，他扯自己的耳朵做鬼脸，引起大家发笑的！"金老师狠狠批评了马力，还罚站十分钟。然后，又表扬王帅，说他敢于同不良现象作斗争，要大家向他学习。

同学们都把目光投向王帅，有惊疑，有赞扬，觉得他变了，变得和原来判若两人。过去的王帅，是班级出名的调皮鬼，他学习不用功，经常不完成作业，考试从来没有及格过；他在课间乱打乱闹，给班级扣分是家常便饭；课堂里往前边学生衣服背后贴纸条，趁老师在黑板上写字站起身捏鼻子挤眼睛，这都是他的"发明专利"。如果谁胆敢"检举"他，下课后他势必进行"报复"。

其实，王帅头脑聪明，反应灵敏，记忆力强，只因父母离异后，他们都去了外地打工，把他扔给爷爷奶奶照看，成了"留守儿童"，凡事爷爷奶奶都宠着他，把他惯坏了。上学期末开家长会时，金老师和他爷爷奶奶沟通了情况，又在班级干部会上研究帮教方案，由班干部和他结成"一帮一金对子"，老师还多次找他谈心……慢慢地，王帅懂事了，转变了，进步了。这学期，他不仅学习努力，按时完成作业，成绩明显提高，而且自觉遵守纪律，还能主动配合班级工作，对个别同学的错误行为大胆批评。大家都高兴地说："王帅的变化可真大呀！"

就这样，端坐在座位上的丁咚咚把《王帅的变化》中心部分的腹稿想明白了，也就为开头选取了目标和方向，找准了角度。下一步，就是恰当截取了。如果从金老师走上讲台起笔，他觉得有些远；如果从马力逗笑开篇，他又感到过于近……思来想去，他终于成竹在胸，埋下头去，笔下出现这样的开头：

  同学们聚精会神地听着金老师讲课，她要大家给"视"字组词 10 个，有的学生说"电视"，有的学生说"视力"，有的学生说"视听"，有的同学说"视野"，有的学生说"视察"，还有个学生说"蔑视"……

  不少学生是别人说一个，就往笔记本上记一个。正在你一言我一语说到"蔑视"一词时，有个同学举手站起来问："老师，'蔑视'的'蔑'字，怎么写呀？"

  （以下接中心：金老师转过身去，在黑板上写'蔑'字……）

  应该说，丁咚咚写出的这个开头很不错，角度找得准确，截取也很恰当，离中心不远也不近，干净利落，扣住了题旨。丁咚咚很兴奋，柔和的阳光还没离开他毛茸茸的圆脸蛋，他感到特别舒畅。这时他已全部写完，拿笔的手托着腮帮子，张大的眼眶里，晶亮的眸子在卷面上游移着，尖尖的下颌用力向下摆动几下——这是每当他自我感觉良好，下定决心时的习惯动作，他又迅速检查修改两遍，这才把试卷交了上去。当然喽，试卷上的作文题目仍然是《变化》。

（二）记叙文的开头方法

  那还是丁咚咚刚来作文班时间不久，程老师讲解文章结构布局，提起开头、中心和结尾，秦昊同学用他那特有的高嗓门叫喊起来："老师，您已把怎样考虑开头的原则讲清楚了，能不能再告诉我们一些文章开头的具体方法呀？"

  "好哇！"有求必应的程老师，对学生的学习热情非常赞赏，他暂停原有的讲课计划，讲起记叙文的开头方法——

  天下文章各式各样，不一而足，你写你的，我写我的，他写他的，不可强求一律。如果大家都按一个现成公式，写出一个模型刻成的东西，那叫什么文章？还有谁愿意去看它呢？然而，虽说"文无定法"，但写文章还是有一定的规则可遵循，有一些技法可借鉴。比如作文开头常用的方法，对于初学乍练写作的中小学生，就值得学习和掌握。不过这里需说明，开头方法真是多如牛毛，成千上万，我看过别人举出的，就不下几百种。下面介绍的，都是最普通最常见的。

1．"六要素"开头法

  现在即使是小学低年级的学生，对记叙文"六要素"也几乎都能倒背如流。因此，他们写起作文来差不多都是："×日"、"×时"、"×地"、"谁"

("我""她"或"他")、"干什么"。不用别人指点，开始就会这样去写，对于孩子，也不必干涉过多，顺其自然，让他这样去写好了。

A. 时间+人物+地点+事件

（1）今天是星期天，赵鹏起正在家里写作业，电话铃声突然响起……

（2）古时候，有个神童叫陈彦，一次他到山上去打柴……

（3）太阳光刚从窗外爬进来，杨奇从被窝里探出小脑瓜，大声地喊叫妈妈……

B. 地点+人物+事件

（1）操场上，许多学生在踢足球……

（2）公园大门口，妈妈正站在那里向远处张望……

（3）火车站售票厅里，人们排起了长长的队伍……

C. 人物+时间+地点+事件

（1）赵明明从早晨五点钟就骑车向批发市场奔去……

（2）勇敢的鄂伦春人，在解放前，他们一年四季都在荒山野岭打猎维持生活……

（3）我们是和平时期的游击队——勘探队员，从早到晚工作在野外，每天都要攀登险要的山峰……

D. 人物+年龄+时间+事件

（1）孙鸿达过了年才十一岁，新学期开始，她就到市业余体校参加足球训练。

（2）刘胡兰，十三岁，在解放战争时期，被敌人残酷地杀害了。

（3）我的爷爷，那年五十八岁，"文革"刚开始，就被打成"反革命修正主义分子"。

2. 开门见山法

打开门就是山，单刀直入，没有遮遮掩掩，没有拐弯抹角，一落笔就写出主要事件，直奔文章中心，极易给人留下深刻印象。这种方法语言质朴、简练、平稳、利落，不至于偏离题目。例如：

（1）《飞夺泸定桥》的开头："1935年5月，北上抗日的红军向天险大渡河挺进，大渡河水流湍急，两岸都是高山峻岭，只有一座铁索桥可以通过。这种铁索桥就是红军要夺取的泸定桥。"

（2）胡适《我的母亲》一文，开头没有废话，直接就写事情："每天天刚亮时，我的母亲便把我喊醒，叫我披衣坐起。我从不知道她醒来坐了多久。她看我清醒了，便对我说昨天我做错了什么事，说错了什么话，要我认错，要我用功读书。"文章接下去又写出母亲如何严格管教子女和宽厚待人，以及维护自己尊严的几件具体的事例，最后又谈到母亲对他一生的影响。

(3) 朱自清的《背影》第一句就是："我与父亲不相见已十余年了，我最不能忘记的是他的背影。"直截了当，落笔扣题，涉及中心。

3. 反常开头法

先写出一般人都认可的一件事情或一个想法，接着再写不同的事情和想法，这样就能给读者造成十分深刻的印象，引起读下去的欲念。例如：

(1) 同学们都在举手发言的时候，吴秋却一言不发地低着头。他怎么啦？……

(2) 有句俗话说："功到自然成。"不过他却认为：功到也未必自然成。功到，这只是主观的努力；能不能成功，还有许多客观因素的制约。

(3) 人们都习惯晚饭后出去散散步，然而郑师傅不是这样，他马上打开电视……

4. 倒叙开头法

它和"开门见山法"恰好相反，是先把事件的结果或某个重要片段提到文章开头写出，然后再回过头写事情的起因和经过。这种倒叙开头方法会引起读者强烈的兴趣和好奇心。这种叙述方法，在写新闻通讯时更是被经常使用，也称这种方法为"倒扣金字塔"。例如：

(1)《一个粗大碗》文章开头先写"军事博物馆里陈列着一只粗瓷大碗"，然后才详细地记叙出这只"粗瓷大碗"的来历。

(2)《冲破乌江天险》开头就写红军已经过了乌江，但这天险极其难渡，又有国民党军队重兵把守，究竟是怎么冲破的呢？接下来再写冲破的过程。

(3) 开学后不久，一名学生在课堂里写的作文题目叫《放鞭炮》，开头写道："愉快的寒假很快过去了，真像闪电那样快。在我记忆的海洋里，有一件事却使我无法忘记……"接着记叙在春节期间，几个小朋友放鞭炮，"我"点燃"钻天猴"，飞上三楼，把韩阿姨正在阳台晾晒的皮草大衣烧了个窟窿。开始我们都想藏起来，一走了之，后来我们向韩阿姨承认错误，得到谅解的故事。

5. 描写开头法

开篇即对人、事、景、物进行细节描写，让读者一下子就犹如置身于"现场"，被深深吸引住。例如：

(1)《抢险》一文的开头："一天夜里，山洪暴发了，河水不断上涨，快要漫到堤上来了；风很大，拥着浪花不断向河堤上猛扑，刚退回去，又猛扑上来。忽然天崩地裂一声响，堤决口了。"

(2) 学生作文《起床以后》："我的小脑瓜从被窝伸出来，慢慢睁开眼睛，看见卧室已经明亮，紫红色的阳光跳跃在玻璃窗上……"

(3)《我最敬佩的姐姐》一开头就直接对姐姐的外貌进行描写："我的姐

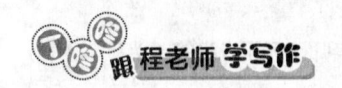

姐身材很匀称，但穿着朴素，不爱刻意打扮。她圆圆的脸，弯弯的眉毛像柳叶，一双大眼睛像黑葡萄一般，总是笑盈盈的，一头秀发瀑布般挂在肩上……"这样，先向读者刻画出姐姐端庄的容貌，如见其人；然后再一件件写出她对人热情、做事公道、敢于负责的优秀品德。

6. 引起开头法

首先用一句话提起从前的什么事，或者什么物件，然后就按这个话题说起，写下去。倒叙是先写结果，后写起因；而"引起法"却不是倒过来写，它只是引出话题，以便就此说开来而已。

A. "每当"法

先用"每当"提起，下句再用"就"连接。有的先写几句名言、诗词、歌曲或是人物话语等，接着才是"每当"。

（1）每当我们全家人看见门前的老榆树时，就会想到今天的幸福来之不易……

（2）"孩子，你一定要好好读书，将来能考上大学……"每当想起妈妈临终前说的这些话，我的胸口就禁不住嘭嘭跳动……

（3）"在那遥远的地方，有一位好姑娘……"每当听到这首歌的时候，他的面前就出现了呼伦贝尔大草原……

B. "只有"法

这应该是"先抑后扬"、"先低后高"句，用"只有"强调后面的事物。

（1）以前读书时很多事情统统忘却了，只有念小学时高福老师给我买的两个大苹果，至今还在我脑海之中留存着。可我怎么也想不到，刚踏上客车，高老师竟在我的面前出现了。他的背微微有些驼，身体还很健朗，两鬓已经花白，目光仍炯炯有神，在深陷的眼窝里向我投来……

（2）什么东西她都不喜欢，只有爸爸从北京带回来的自动铅笔盒，是她的最爱。

（3）说实在的，没有任何一件物品我从心里真正喜欢过，只有姥姥那年给我缝的棉手套，却一直被我保留到今天。

C. "唯独"法

前边先提到一些人、事、景、物，接下用"唯独"一转，进行强调。

（1）年事愈高，记忆力愈差，唯独对于你，我是不会忘记的。

（2）公园里的景点，和其他地方没有什么两样，唯独那棵老神树，却是让我惊呆了。

（3）窗外的景致都一闪而过，高山大川城市乡村经历无数，唯独南京长江大桥，留在我脑海里的印象却挥之不去。

D. "提起"法

先是"提起"什么人、什么事、什么物件,下面就说自己的想法。

(1) 提起我家那只小花猫,就甭提我有多么喜欢了!它全身油黑油黑的,上面分布着白花点……

(2) 英若明一提起那心酸的往事,已经渐渐平静下来的心情,就又变得翻江倒海……

(3) 娄金学提起他的顶头上司杨段长,心头的怒火就熊熊燃烧起来……

7. 哲理议论法

开篇用议论的词语,写出具有很深哲理的警策语句,给全文定下一种格调。

(1) 我国著名的古代长篇小说《三国演义》,第一句就是:"天下大势,分久必合,合久必分。"这样开宗明义,为整个作品定下了基调。

(2) 俄国伟大的文学家列夫·托尔斯泰的长篇小说《安娜·卡列尼娜》,开头就是一句哲理很深的话:"幸福的家庭都是相同的,不幸的家庭有各自的不幸。"

(3)《人民的勤务员》一文的开头这样写:"人的生命是有限的,可是,为人民服务是无限的,我要把有限的生命投入到无限的为人民服务之中。"这句话具有人生的哲理,是雷锋言行的准则。把它作为文章的开头,就起到引出人物、点明中心的作用。

8. 引用开头法

这种开头首先引用名人名言,或者诗词格言俗语,然后再顺着或者反着这些意思写下去。

(1) 李存葆的中篇小说《高山上的花环》,开头第一句就是:"记不清哪朝哪代哪位诗人,曾写下这样一句不朽的诗——'位卑未敢忘忧国'。"这里引用南宋著名诗人陆游的诗句,为全文定下"要关心国家命运"的基调。

(2) 有篇学生作文的题目是《爱"唠叨"的爸爸》,开头是这样写的:"有句俗话'父爱如山,母爱如海',可是我总觉得妈妈要比爸爸好,因为我的爸爸总好唠叨,太烦人了。"——下边这位学生记叙她爸爸不断检查作业、督促她学习的事例,让她十分反感。后来的一次测验中,正好有一道题是爸爸提醒她做过的,否则这道题肯定会丢分。这时,她的认识和感情有了转变,明白了爸爸的用心良苦,爸爸的"唠叨"打上了引号。

(3) 有一篇《时间最宝贵》学生作文,开头引用了鲁迅的名言:"时间就是生命,无缘无故地耗费别人的时间,和图财害命没有什么两样。"然后阐述时间的宝贵,批评那些开会晚到场,做报告东拉西扯,和人谈话不着边际等现象。因为有名人鲁迅的语句作为论据,就把自己要论证的观点分析得十分透彻,道理讲得入木三分。

9. 提问开头法

文章的第一句使用疑问句，提出问题，造成悬念，引起关注和思索，令读者急切地想知道下文。

（1）《在阳光下成长》开篇第一句就是："朋友，你看过《三毛流浪记》吗？那可怜孩子的遭遇你还记得吗？你为他的不幸流过泪吗？"接下去作者讲述了自己上小学五年级时，父亲逝世，母亲卧病，就要同三毛一样辍学在家、流浪街头时，受到社会、学校、亲友的关心照顾，转危为安，茁壮成长的故事。

（2）有篇《野菊花》的文章，开头也是先提问："你见过那山坡野地里的野菊花吗？你喜欢那漫山遍野的野菊花吗？是的，它确实没有那美丽的花朵，也没有引人注目的身姿，因为它只不过是一朵朵普普通通的小野花。"下面记叙了"我"小时候跟着外公外婆采摘野菊花的事情，并对野菊花的药用价值作了介绍，对它"默默无闻"的奉献精神给予高度的赞美。

（3）《家乡的大海》这篇描写海南岛海面风景的短文，开头也是使用反问句式："朋友，你到过我的家乡海南岛吗？你见过那儿美丽的大海吗？"看了这两句提问，不管是否去过，都会引发你的浓厚兴趣：去过的人，想印证文章中提到的景物，是不是自己曾经见到过的；没去过的人，更想了解那里的自然风光。

10. 说明情况法

对文中要记叙的事物，或人，或物，或事情，在文章开头进行交代、介绍、说明，以便在下文中让读者不至于混淆。

（1）有篇《放风筝》作文，开头是这样写的："我们手里的风筝有好多种，有八角形的，有蝴蝶形的，有蜈蚣一样长串的，还有巨龙腾飞的，这些都是叔叔帮助做的。"这样对风筝的种类和形状交代介绍一下，后边的情节就容易展开了。

（2）《故乡的桥》一文，叙述了"我"从小到大，故乡的桥留在心里的故事。通过桥的变化，写出家乡今昔的巨大变化。文章的开头，首先对桥的式样作了简单的说明交代："故乡的桥，每一座都涂抹出一片风景。无论是古朴的砖木桥、厚重的石板桥，还是现代的钢筋水泥桥，都是自然风光、人文景观画框里出色的一笔。"下面才讲述自己上小学、上中学、上大学、分配工作后，回来走上"迎春桥"的不同感受。

（3）《可爱的家乡》文章开头，作者首先以抒情笔触介绍家乡的大略情况："她南高北低的地形，近似扇形的区域，就像齐鲁大地的一棵灵芝，跃动着灵动的魅力，焕发着古老的生机。南部山区，三川锦绣，四季常青，雨湖荡漾，素有'天然气吧'的美誉；北部平原，黄河滔滔，万亩荷香四溢，千项稻浪翻滚，一幅迷人的田园风光；中部政治经济中心，商贸发达，一派现代都市的风采，展示着自然与人类的完美结合。这里就是有'齐鲁首邑'之称的我可爱的家乡——历城。"接下来从历史文化、人文景观、自然风物方面，给读者提供一幅幅生动的画卷。

11. 抒情开头法

开头第一句就抒发作者感情，以期引起读者心灵的沟通和共鸣，让读者和你一起穿越情感隧道空间。

（1）有篇《梦境》的文章，首句便是："我爱星星、月亮，啊！月亮，这天空的明灯！我的灵魂向你飞翔，多么美妙神秘的夜晚……"接下去描写扑朔迷离、变化莫测、虚无缥缈的梦境，还有梦和现实生活的交织，一颗纯洁心灵的追求。读着这样的文字，确能陶冶性灵，情操会得到升华。

（2）《送老师一枝叫做"爱"的插花》一文，开头就是用抒情的语句对"花"进行赞美："鲜花是美的代名词，情的寄托，也是生命的象征。"紧接着，文章写道："教师节到了，让我们走进花卉市场，把最大的鲜花献给我们敬爱的老师，祝老师'节日快乐！'"哪种花送给老师最好呢？于是，对向日葵、康乃馨、巴西木叶、春芋叶、虎头兰等花卉分别作了描述，表达出学生对老师的一片敬意。

（3）《雄企鹅孵子》一文，详细描写了成千上万只雄性企鹅，挤在南极狭长的冰岛上，在漫长的黑夜和同样漫长的严寒中，站立在冰面上，整整64个日子不能进食又不能安眠，换来小企鹅破壳而出的那一刻。这种为了繁育后代的牺牲精神，真是感天动地，因此，作者在文章开头，就不能不用抒情的语句表达自己的感情："我无法不为那样的场面而感动，也无法不为那份鲜为人知的父爱而落泪。"

12. 呼语开头法

文章的第一句就是人物说的话，一般都是呼喊，或者是模拟声音的词语。这样，事件还未见端倪，人物还未露面，读者突然听到声音，感到很惊奇，犹如置身现场一样，就由不得不再往下读了。

（1）一篇名叫《父爱深深》的回忆文章，就是这样开头："'很抱歉，儿子，我们没钱。'这句话真是句句如雷，似要敲碎我的心灵。那是1964年……"接下作者记叙他13岁时，参加学校乐器比赛，爸爸帮助他做音箱的事情。文章结尾写了自己的感想："我的乐队最终没能获奖，因为自制的音箱不够流畅、华美。但我没有感到太多的沮丧，我知道自己已经获得了真正意义上的'胜利'。"

（2）有篇《一件使我脸红的事》的学生作文，开头使用人物呼话，开门见山，直奔中心："'发新书了！'一个声音传来时，刹那间，沸腾的教室安静下来。只见班主任老师和班长每人提着一捆崭新的书……"下面写发书时"我"把自己得到的有两道压痕的书，偷偷地换给了同桌；后来受到老师讲话的启发，思想转变，主动向同桌道歉，并要求换回。

（3）《贫穷与富有》的短文，写了有钱邻居郝叔叔来找"我"给他代笔写信，一副颐指气使的模样。我家虽穷，但都有文化，有理想，有追求；他家虽有公司，有高档车，吸"希尔顿"名烟，但没有知识，不懂礼节，缺乏教养。文章就是采用"呼语法"开头的："'咚！咚！咚！'重重的敲门声，吓了我一跳，是谁？这么晚了还闲不住。我边想边打开门。"

（三）丁咚咚被程老师"砍头"

教室外面，呼啸着的西北风摧枯拉朽，脱净叶片的杨柳，个个弯着腰，低垂下头。大片大片的雪花，在空中拧着劲儿飘落下来，扑打在墙壁上，袭击着玻璃窗，"嚓嚓"地发出声响。教室内，学习作文层次结构，如何写好文章开头，已经进入白热化时刻……

丁咚咚刚开始到程老师作文班学习，不管写什么题目，只要是记叙文，开头都是这样的模式——

"今天，我起床以后，就急急忙忙吃早饭，然后背起书包去上学……"

"星期天上午，我和妈妈来到新华书店，买了一本《安徒生童话》书……"

1. 要砍头

在今天的作文课堂里，程老师当着全体同学说，一篇好的作文开头，既要入题简明快捷，又要文句精美，能抓人，确实做到"开卷之初，当以奇句夺目，使人一见而惊，不忍去弃。"（清李渔）说到此处，他又偏过脸对着丁咚咚说："你的作文所有开头都是千篇一律，全用自然开头法，如果仅是一篇两篇，用一用也无妨，可篇篇如此，就显得太死板枯燥了！你好好想想，能不能变化变化呢？"

满脸无奈的丁咚咚，右手紧握着笔杆，左手抓挠着脸颊，黑长睫毛在晶亮大眼睛里倒映出迷幻的阴影，瞳仁向上翻白一阵，慢慢地摇晃起头："老师，不行啊，我若不这样写开头，后面的话就一个字也写不出来啦。"

程老师笑笑，点点头，对丁咚咚说："那好吧，今天你还是这样写，交上来，呵呵，我要砍你的'头'！"

"什么？砍我的头？"丁咚咚听得毛骨悚然，心脏在剧烈收缩，胸膛里快要容纳不下了；汗珠也同时从手心里钻出来，在额头上排列一层，有的挂在腮毛尖上闪烁。但转念一想，这怎么可能，一定是自己的耳朵短路出了故障，听错了。他赶快静下心来写作文。下课前，他写出这样一篇命题作文——

妈妈病好了

　　今天下午放学以后,我背着书包和同学们一起走出校门,就急急忙忙向家里奔去。我从口袋里摸出钥匙,慢慢地拧动着门锁,生怕惊醒正卧病在床的妈妈。门打开了,我听见厨房里传出刀切菜"叮叮当当"的乐曲,随后又听见"嗞嗞哇哇"的爆锅声。我想,一定是妈妈的病好了。我来不及换鞋,三步并两步跑进厨房,从后面抱住妈妈的腰,说:"你的病好了么?别累着,饭由我做,您好好休息休息吧!"说着我去抢妈妈手里的铲刀,但见妈妈面颊微红,细小的汗珠聚拢在鼻翼两侧,不时滴下来。妈妈把我推到旁边,亲切地对我说:"不要你伸手,快去写作业!"我这才向锅里望去,原来妈妈正给我做我最爱吃的红烧鱼呢!

　　在厨房里,我见自己派不上用场,就到卫生间接盆水,替妈妈擦抹家具,清扫房间。我见垃圾筒里的垃圾满了,便找个塑料袋,把垃圾倒在里面,包好后,送到门外面去。这些家务活,过去是从来与我不沾边的;妈妈让我干,我装作没听见,扭头就跑。自从妈妈这次生病,我心疼妈妈,跑前跑后找活干,妈妈在一旁乐得眉开眼笑。正当我又想把几条毛巾洗一洗时,妈妈把喷香的饭菜已摆到餐桌上,拉着我的手,让我坐下来用餐。

　　吃完饭,天色一层层暗下来。妈妈帮我复习一会儿功课,催促我说:"天不早了,回自己房间睡觉吧,明天早点起来,上学别晚了。"

　　我和妈妈就这样回自己房间睡觉。可是我还没有合眼时,突然想起爸爸不在家,妈妈病还没好彻底,吃药没人管,我还是个孩子,睡觉沉实,如果到了半夜妈妈再犯病可怎么办?想到这,我又坐起身,下了床,趿拉着鞋,走进客厅,抽开药箱,从里面找出"严迪"药片,接了一杯水,来到妈妈房间。推开门,妈妈快睡着了,我把她唤醒,叫她吃药,她先不吃,还把我臭骂一顿。可她不吃我就不肯离开,软磨硬泡逼着她把药吃进肚里,我把水杯收拾好后,才放心回去睡觉。

　　丁咚咚头脑聪颖,才思敏捷,大笔一挥,没用半个小时,就打完作文草稿。剩下的时间,他又细心修改两遍,然后抄在作文本里。当他感到万无一失、正在志得意满之时,下课的铃声也跟着响起,他才把作文本交给老师。

2. 砍了头

　　下堂课是几天后的事情了。程老师批改后,把丁咚咚的《妈妈病好了》这篇作文用黑体大字抄写在大白纸上,讲课时挂在黑板上面。程老师穿着一身便装,显得很随意的样子,往讲台上一站,身体略微向前倾斜,脸上便涂满着笑容。他的头从左向右转动一圈，茶色的镜片闪出一束束亮光。很快，学生们发现，他的脸谱发生着微妙变化，温和里面出现了严肃。但这究竟是严肃，还是温和，也许温和里透出威严，严肃中夹杂着和蔼，学生们虽然认真审视，一时还无法辨别清楚。他先清一清嗓子，让自己说的话更响亮些，就问学生："大家说，丁咚咚这篇作文，使用的是哪种开头方法呀？"

"自然开头法，用时间开头！"同学们齐刷刷举起手，来不及等老师指定谁发言，口里竟把答案喊出来。

"说得对，他用的是时间开头法。"程老师颔首认可，他抬起左手往上抬了一下银边眼镜架，又问："丁咚咚的作文写得怎么样啊？"

这一问可了不得，教室里立刻像开了锅，有的说好，有的说糟，褒贬不一，毁誉各半。

有人说"角度准确"，有人说"截取恰当"，有人说"语句通顺生动"，但也有人说"太单调"、"一般化"、"不新颖"……

这些声音嘈嘈杂杂挤成一团，就像泥浆泵里的混凝土，加水后正在搅拌，已经分辨不出是谁说的。程老师平伸出两只手，一齐向下摆动，示意大家安静下来，该是他讲话的时候了。他看了看丁咚咚，丁咚咚满脸茫然；又扫视全体学生一眼，大家都在用期待的目光望着老师。只见他平圆的脸膛上，薄薄嘴唇两边向上微微翘起，笑纹一条条向四周扩散着。程老师说："好，同学们的看法应该说都对，我都同意。丁咚咚的作文角度找得准确；截取嘛，也较合理；至于语言词句，虽然谈不上生动，但还是很流畅。"

说到这里，程老师眼睛的余光迅速瞟视一下丁咚咚，他见丁咚咚正在凝神谛听，话锋陡然一转，又说："不过，丁咚咚这篇作文开头，和他以前作文开头大同小异，都是用时间开头，像一个模子里刻出来的一样，太平常，太死板，了无新意，人们看多了，也就厌烦了！一篇文章，中心很突出，材料很典型，立意也新鲜深刻，语言表达都不错，可就是因为开头过于平淡，甚至公式化，别人拿起文章刚一读，觉得开头乏味，就丢开不愿再读下去了，你说这多么遗憾啊！对于丁咚咚这样的开头，大家说应该怎么办呢？"

"那可怎么办呢？""穆彪子"重复问了一句。

再没有一个同学能发出声音，都是面面相觑，互相观望，一张张如饥似渴的面孔，又都一齐注视着老师。稍稍停顿，只见程老师两眼圆睁，左手抹着腰，右手拇指弯屈，其余四指并拢，像一柄利剑，缓缓举起，伸过了头顶，在空中挥舞一下，从上往下，斜刺里用力一劈，同时语言配合着动作，大声响亮地呼喊：

"砍头！"

"啊？"

惊讶，诧异，恐惧，各种嘘声从不同学生口里发出，在教室内回荡。

"对，砍头。"这次程老师把语气放缓和了，转身走到抄录丁咚咚作文的大白纸前，把开头一段用剪刀裁掉。这样一来，《妈妈病好了》的开头变成：

我从口袋里摸出钥匙，慢慢地拧动着门锁，生怕惊醒正卧病在床的妈妈。门打开了，我听见厨房里传出刀切菜"叮叮当当"的乐曲，随后又听见"嗞嗞哇哇"的爆锅声。我想，一定是妈妈的病好了……

3. 砍头后

程老师满脸堆砌着微笑，又深又黑的眼睛透过茶色镜片看着大家；此刻，学生们在他的目光里看见的全是温文尔雅，随后他的目光落在丁咚咚惊喜尚有些疑惑的脸颊上，诙谐地说：

"怎么样？看见了吧，你的头被我砍掉啦！"

很多学生这才恍然大悟，嘻嘻哈哈乐开了。

"别光笑，大家仔细看看，用心想想，砍掉开头好还是不好？"程老师收敛笑容，"好在哪里？不好在哪里？"

爱说好笑的鞠雪晴同学站起来说："去掉原来的开头，从'我从口袋里摸出钥匙，慢慢地拧动着门锁'开头，我认为形象立刻就活跃在读者面前，特别吸引人。"

聪明好学的顾崇宇同学接着也站起来，他抬手抓挠几下微卷的浓密头发，稀疏的眉毛下嵌着一双灰色的大眼睛，一边往前看一边说："这样开局简洁明快，没有废话，一下子就把人们带到'我'家门前，以后好像一直跟着作文里的人物活动呢。"

深谋远虑的赵明磊同学，棱角分明的那张脸愣怔怔地朝向黑板，眼神里却流露出一丝忧郁，他的眉毛时而拢在一起，形成一个大大的问号，时而又舒展开，变成个感叹号。他的表情不受控制的变化好几次，最后把手举向空中，经允许后站起身，他微微摇晃着头说："鞠雪晴和顾崇宇两位同学说的我都没有意见，只是我觉得，用这种描写开头方法好是好，不过，这样一来，把原来开头里写出来的放学时间，还有人物'我'是个正在上学的学生这身份，都弄没了，那可怎么办呢？"

"赵明磊的问题提得好！"程老师表扬了赵明磊积极思考、勇于参与、大胆存疑的精神，然后向全体同学讲解了砍头后的"缝合手术"。

4. 整合术

程老师告诉大家，有的同学作文开头被砍掉，无妨大体，也不伤大雅，就用不着动手术修补了；但有的被砍头后，确实会把文章里发生的时间、地点、人物、事件起因等弄得模糊不清。怎么办？这就需要在某些地方动点手术，缝合修整，处理一下就行了。

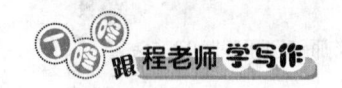

讲到这里，程老师侧转着身，用手指着丁咚咚的《妈妈病了》作文，说："其实，它后边已有'吃完饭，天色一层层暗下来。妈妈帮我复习一会儿功课'这些话，就点破了'我从口袋里摸出钥匙'开门的时间是放晚学以后，也已表明'我'的身份是学生。为了使事件发生的时间和起因交代得更清楚，可以对砍头后的原文进行修补缝缀，变成下面这样：

妈妈病好了

我从口袋里摸出钥匙，慢慢地拧动着门锁，生怕惊醒正卧病在床的妈妈。门打开了，我听见厨房里传出刀切菜"叮叮当当"的乐曲，随后又听见"嗞嗞哇哇"的爆锅声。我想，一定是妈妈的病好了。**早晨上学时，她还躺在床上，不断呻吟着。我跑到药店买来退烧药，给她吃完后才去上学。课堂里，老师的讲课声，妈妈的哼唧声，在我耳畔不时混杂一起。放学的铃声响起，我第一个冲出校门，脚下生风似地跑回家。**我来不及换鞋，三步并两步跑进厨房，从后面抱住妈妈的腰，说："你的病好了么？别累着，饭由我做，您好好休息休息吧！"说着我去抢妈妈手里的铲刀，但见妈妈面颊微红，细小的汗珠聚拢在鼻翼两侧，不时滴下来。妈妈把我推到旁边，亲切地对我说："不要你伸手，快去写作业！"我这才向锅里望去，原来妈妈正给我做我最爱吃的红烧鱼呢！

在厨房里，我见自己派不上用场，就到卫生间接盆水……（后边与原文同，略。）

上面就是被程老师"砍头"后又进行手术整合的丁咚咚作文，黑体字是手术整合后加进去的。这段话是用"插叙方法"补出的，上下文连接得很自然，可说是天衣无缝。这样把早晨买药、上课惦记妈妈、放晚学急忙回家等情景，也都补充进去了。整合后的文章更具体、更生动，内容更充实，人物形象更突出。

由于有备而来，程老师事先已把整合好的这篇作文抄录在另一张大白纸上，这时拿了出来，和原来作文并列挂在一起。他要求学生参照阅读，对比分析。

过了一会儿，程老师笑眯眯地问丁咚咚："我把你的头儿砍了，也算忍痛割爱，又进行了缝合修补，你的感觉如何呢？"

丁咚咚忙不迭地说："真好，太好了！以后我再写作文开头，就用您的'砍头法'。"

程老师走到赵明磊座位前，问他："我给丁咚咚作文砍头后，又做了整容处理，进行缝合手术，你有什么感想呢？"

赵明磊刚刚把"手术"前后的作文抄写完毕，右手握的笔杆正放在嘴里咬着，听见程老师向自己问话，就换了个姿势，嘴离开笔杆，又用左手托着下巴颏，抬脸又看看黑板，眼睛里闪着晶亮的光，激动得不住点头，微笑着说："这回作文里的时间、地点、人物身份和事情起因，更明确了，叙述的线条更清楚了。程老师您的砍头法，真是奇妙极了！我和同学们一定要学习和利用好'砍头法'，写出高水平的上乘作文！"

八　秦昊圆了一把法官梦

——行文先审题

提示：作文课堂变成了"法庭"，把"审题"当成了"审判"，可笑乎？有趣乎？这里奥妙无穷，风光无限。要想知道究竟是怎么一回事，就请你仔仔细细读一读下边的故事，它既能让你写出一手好文章，也许还能使你将来成为一名大法官呢！

（一）秦昊已不满足将来当个警察

这段时间，秦昊的作文写得越来越好。刚来程老师作文班时，一次课堂里，他表示自己将来想当一名警察，但现在已不满足当警察了，他说长大后最理想的职业是当一名大法官。秦昊是个神经兴奋型的孩子，他想干什么，就不停地想心思。有一次下课后，他迟迟不肯离开，缠着程老师问这问那，最后他说起自己的这个理想时，问怎样才能实现，如何努力等等。

"那次我讲解'叙述一条线'，你不是说将来要考上警校，大学毕业后能当上警察么？"程老师把那些宝贝大白纸浓缩为方块，装进湖蓝色布袋内，然后展开笑容，看着秦昊问。

"我不想考警校了，我想将来当个大法官。我舅妈在梅里区检察院工作，她说我有口才，让我高中毕业时报考法律专业。"

"呵呵，竟攀高枝儿呢！"程老师摘下眼镜，掏出清洁布擦抹着眼镜片。

秦昊有点激动起来，说："程老师，这些日子，放学后我没事就看电视，我最喜欢看'法律讲堂'和'庭审现场'节目，我想我要是成为法官，坐在高高的'审判长'座席上，审判那些犯罪嫌疑人，一拍惊堂木，不，拿起法槌一敲，那可真叫威风凛凛啊！"

程老师忽然想到过几天就要讲解作文"审题"知识，就和秦昊开了个小小的玩笑，说："呵呵，那好嘛，我先出几个作文题目，你给我审审，如果能审明白，你将来就能当上大法官；如果连个作文题目都审不清楚，那我就要说：谈何容易！"

"那，老师您就给我出一些作文题目，我就审判审判它！"谁知道秦昊这学生是死眼牛心，竟认了真。

于是程老师就在黑板上写出如下作文题目：

《飞》《粉笔》《灯光》《难忘的一次会面》《照片中的爷爷》《我爱秋天的小花园》《一件令人兴奋不已的事情》《一只无声坚忍的蜘蛛》。

因为别的学生都已走光，秦昊趴在前边的课桌上，把这几个题目抄在本子里。末了，他的眼睛放大镜似的盯住黑板看，脸上现出难色，头轻微摇晃，眉毛一挑，问道："这，这可怎么'审判'呀？"

"下堂课，下堂课再说！"因为外面还有应酬，说完，程老师夹起包，像个大螺旋似的快步出门，去了别处。

（二）不审题，写作文就无法动笔

"审判犯罪嫌疑人，要准确地依据犯罪事实，正确地引用法律条款，按照规定的合法程序，并且考虑认罪态度，才能判断有罪还是无罪，罪轻还是罪重，最后宣判。写好一篇记叙文，也有同样的道理，必须在掌握一定的作文知识和写作技法的基础上，提笔行文之前要进行审题。为什么要审题？审题要审哪些方面？都有哪些方法？你想当个大法官，就要知道如何审判犯人；你要想写好一篇作文，你就要学会审题！"这堂课一开始，程老师就是这样切入的。

今天上午，显得高远幽深的天空，像用水洗过那样净，那样蓝；普照万物的太阳，因为已经进入冬季，不是高高在上地悬挂头顶，而就趴在对面不远处的楼顶上边，似乎偷偷地警视着这间教室的屋子里面；站立在窗外的那棵老唐槭树，向四面伸展着干枯的枝丫，在寒风中瑟瑟抖动，被明亮的阳光投射到玻璃窗上，延伸进入室内，爱抚着神情专注的学生的稚嫩面颊，并在衣服上描绘出神秘的图案……

"老师好！"刚踏进教室，一脚门里一脚门外的秦昊，呼哧带喘的，朝站在讲台上的程老师喊着："你什么时候给我们讲作文审题呀？"

程老师正要把手伸进粉笔盒取出一支粉笔，准备往黑板上写字，听到秦昊喊声，侧转脸看了他一眼，问了一句："怎么迟到了？别人都已坐好，快找个座位听课！"

秦昊似乎没有听见程老师问他为什么迟到的话，脚上的一双雪地牛皮鞋像会深呼吸，"哒哒"地发着响声，一边往后排的里座走，一边还在问："什么时候讲审题呀？"

"我正在讲审题！"程老师先回答秦昊最关心的问题，也等着他的答案，重复问道："你今天怎么迟到啦？"

"我爸爸让我帮他去饲料商店给动物买饲料，路上堵车，来晚了。"说到"给动物买饲料"，秦昊有点自鸣得意。说到这，他又卖句乖："不好意思咯！"

他在椅子上喘匀了气，听着程老师把前边的开场白复述了一遍。

"上堂课，大多数同学已把我的'程式记叙文三十六联五言歌诀'背诵下来。"他深邃的目光，透过茶色镜片，不经意地瞄一下远方，那张宽阔大脸盘，就像外面的蓝天那样明净、柔和、亲切。"大家想想，歌诀的第二句'行文先——'什么呢？"

"先审题！"学生齐声呼应。

程老师很高兴，他轻舒一口气，嘴角的笑纹扩展开，"提笔行文前，为什么要先审题呢？"

浓眉大眼的丁咚咚赶紧打火，一脚油门，他已经潇洒地站立在程老师眼皮底下，昂首挺胸的。

"丁咚咚，那你就给大家说说吧！"程老师毫不掩饰的笑容，一时还来不及收回，仍停留在他有些凹陷的双颊上。

像是早已百度好了，丁咚咚双手插入口袋，嘴里说道："这道理很简单：写作文，不知道让你写什么，都有哪些要求，你怎么动笔呀？所以，行文前，必须先要仔细认真地审题。"

"丁咚咚说得多么好哇，请坐！"

程老师目送丁咚咚坐下，眼光投向了哈欠连天的范文彬："范文彬，你写作文是怎么审题的啊？"

"我不审。"范文彬说得斩钉截铁，毫不掩饰观点。他收起笑脸显得有点戒备，看看老师，又环顾周遭两眼，还懒洋洋地伸着腰肢，这工夫说不清又打了多少哈欠。"我现在还不是法院法官，我不会审！"

这既是他故意卖弄噱头，也是内心真实话，逗得同学们捧腹大笑。被眼镜遮住只剩下半方形脸的程老师，一张嘴巴像削薄的鱼片，笑成两道弯。让范文彬坐下后，他脸上的笑意犹存，仍然面对着范文彬说："你是不是也学秦昊，将来想要当一名法官哟？是，不是，你都必须要学会作文审题呐！那好吧，从现在开始，我就教给你如何审题，把你也培养成为一名法官！"

谁知道秦昊不干了，眉毛簇起老高，大声嚷着："好你个'范大烟'，你当法官，烟瘾犯了，那得多少冤假错案！窦娥还嫌少呀，你还是到一边歇着去，那法官我还留着当呢！"

范文彬刚才大概烟瘾上来了，迷迷糊糊的，听了秦昊的话，精神一振，小眼睛立马就睁圆了，他瞥了一眼秦昊，气冲冲说："那法官让你一个人垄断了？只许你自己当，我就不可以当当啦？"

"呵呵，天下法官的位置多得很，不必争，谁都可以当！"程老师这时像个唐长老，肉眼凡胎地望着两位学生，觉得他们争得招笑，念着心经祝祷他们皆有好的前程。"不过，当上法官也不是轻而易举的，必须经过努力学习，具有丰富的知识，养成高尚的品德，要有一定的才干，将来考上大学的法律专业，毕业后才会有机会进入法院工作，当上法官呢！"

"哦，这样难呀！"范文彬的眼珠转圜，感慨一闪而过，像把他的人生一眼看到底了，摇着头，"那，我学习不好，我考不上大学，我不跟他争了，我退出，不当了！"

程老师从他的失望中看到了希望，这个孩子比以前懂事了，已知道为自己预谋后路，于是激励说："噢，范文彬，你不要妄自菲薄嘛，你头脑很聪明，这段时间进步也很大，从现在起，你努力学习，将来考上大学，我看没问题！"

秦昊真的像个法官，端坐在座位上，双手俯撑着膝盖，大水牛眼珠给人厚道和诚信的感觉，他像是对自己，又像对范文彬，笑嘻嘻地说："难什么难？只要学会作文审题，学会写一手漂亮文章，就能当上大法官！"

"对对对，秦昊说得对，为了你们将来能当上法官，现在我们就学习如何审题！"程老师顺应着秦昊说。

可是，秦昊又在那里摇旗呐喊起来："不，我可不是要当上法官，我是要当上个大法官啊！"

程老师往手腕里面的表看一眼，按照他事先的备课规划，该往下进行了，于是呵呵一笑，面向众位同学说："好的，好的，我们下边——"

（三）"审题"乎？"审判"乎？

就在程老师沉思调整语句之际，秦昊不期而然把手掌指向高空，眼神有些空洞洞，问："学生写作文叫做'审题'，法官叫做'审判'——都审判些什么呀？"

"呵呵，你注意听，下边我讲的就是'审判'内容！"牵动嘴角纹理的程式独版微笑，漂浮在他清癯的方脸盘上，定格在历史的瞬间。他讲着，含笑望着大家。"拿到作文题目后，第一要考虑题材范围，以便选取材料，写出文章内容；第二要明确文章体裁，限制你用哪种表达方式写出来；第三，还有一些其他要求。"

以下是程老师对审题内容的简单分析——

1. 题材范围：就是从题目和要求中弄清要写哪方面的事情，以便选取作文材料。生活素材是写作的源泉，题材是从素材中提炼出来的，因此它的范围极其广泛，有工业、农业、军事战争、公安探案、商业贸易、体育、卫生、科学技术、文学艺术、历史事件等等。

不过，这些重大题材对于正在学校读书的十几岁中小学生来说，他们是无法熟悉的。再者，如果让城市里的孩子写农村生活，写种庄稼的事情，他们肯定无法动笔；假如让农村的学生写城市生活，写工厂情况，他们也必然犯糊涂。所以，不管是高考还是中考，语文试卷的作文题是不会出现这样重大题材和部分考生可能不熟悉的事物，这就是"内容的适应性"。

那么，中高考的作文都会有哪些方面的题材呢？不言而喻，必须是不管什么家庭出身，不管是有什么样的生活背景的学生，都能感同身受的，是他们不会不知道的事情，不会不明白的道理。这也即是"题材的限制性"。让学生写作文，考查的是写作、组织文章的能力和洞察生活的思维品质，而不是其他。

中小学经常写的记叙文题材范围大致有：社会新闻——时代广角——校园生活——家庭关系——邻里新风——人际关系——好人好事……

比如：《爸爸的眼睛》这类题目，无论学生家在城市还是乡村，还是父母从事什么职业，谁都有爸爸，谁也都长着眼睛，可以说任何一名学生都能写，只是他们的写作能力高低、作文水平优劣不同罢了——考查的正是这个方面。

2. 体裁特点：题材是要你写哪方面的事情，体裁是要你用什么样的语言把它表达出来。题材是文章的内容，体裁是文章的形式。题材就像一个人的肉体，体裁就像这个人穿着什么样的服装。根据语言的表达方式不同，中小学生经常学习的语文课和练写的作文大致有这样四种体裁：（1）记叙文；（2）议论文；（3）说明文；（4）应用文。临场考试，看到题目和要求后，一定要弄清楚限制你用哪种体裁写这篇作文。为了让同学们熟悉这些作文体裁，兹列表如下：

体裁	类别	特征
记叙文	1. 写人记叙文。	以记叙人物活动和事迹为主。
	2. 记事记叙文。	以记叙事情的过程为主。
	3. 绘景记叙文。	以描绘景物的特色为主。
	4. 状物记叙文。	以描摹物件的性状为主。
议论文	1. 立论文。	从正面阐述道理或见解的文章。
	2. 驳论文。	批驳错误思想或观点的文章。
	3. 读后感。	阅读文章后引发对某一问题的看法。

说明文	1. 材料型说明文。	向人们介绍物品的来源、结构、用途、功用等。
	2. 科普型说明文。	对深奥的科学知识用浅显语言加以介绍说明。
	3. 产品型说明文。	关于各种产品的性能、使用方法等的说明书。
应用文	1. 书信类：（1）一般书信；（2）专用书信：A. 介绍信；B. 感谢信；C. 祝贺信；D. 申请书；E. 证明信；F. 倡议书……	（1）称呼；（2）问候；（3）正文；（4）祝语；（5）署名；（6）日期；（7）专用书信要有标题，但问候、祝语可视情况而定。
	2. 便条类：A. 请假条；B. 留言条；C. 收条；D. 借（欠）条……	（1）有的有称呼，有的无称呼（收条、借条）；（2）后边署名和日期；（3）写明标题。
	3. 日记类。	（1）×年×月×日；（2）星期；（3）天气。
	4. 公告类：A. 通知；B. 启示；C. 声明……	（1）标题；（2）正文；（3）署名及日期。
	5. 言辞类：A. 欢迎辞；B. 欢送辞；C. 讲演稿……	（1）称呼；（2）正文：鼓动性、感染性；（3）活泼、口语、易懂；（4）无需署名、日期。
	6. 笔记类：A. 心得；B. 摘记；C. 读书笔记……	（1）提纲式；（2）摘录式；（3）心得式。

3. 其他要求：

（1）人称：这是记叙文的主体，指作者用什么人称进行叙述。以第一人称"我"或"我们"为主体，就是作者以当事人的口吻，直接记叙所见、所闻、所感，将自己置身于事件当中，给读者直观的印象，读后感到真实、亲切。但只能写"我"的视野之内所见、所闻、所感，不便于反映更加宽广的内容，也不能描写"我"以外的其他人物的心理活动。以第二人称"你"的记叙文章不多见，一般是以谈话、回忆或书信的方式出现。文中的作者"我"只是"你"的对话者，在文章中没有影像，只记叙"你"如何如何。像《刘大伯父子是"碰瓷"么》，就是采用第二人称为文章主体的。以第三人称"他"或"她"为主体进行叙述，是作者站在旁观者的角度，向读者叙述别人的事情，这样可以不受时间、空间的局限，自由灵活地记叙有关内容。有的命题作文已明确规定了人称，如《我喜欢这样的语文老师》，就必须以第一人称为文章主体；有的没有要求，如《谁也不知道他的名字》，就没有限制，文章主体可以是"我"，也可以是"他""她"都无妨。

（2）叙述方法：有的要求使用倒叙、插叙或补叙等，写作文时就要这样去安排顺序。这也要在审题时弄清楚。

（3）表达方式：有的作文要求"以记叙为主，适当议论和抒情"，这更需要在审题时做到心中有数，行文过程不能忽略掉。

（4）语言方面：有的明确要求，对人物形象要有细致描写，文字流畅，简洁明快，富有感情色彩等等，应仔细审查，写作时尽量满足题意。

（5）字数：一般作文考试题的要求里都明确规定字数。这样，我们写出的文章就要按照要求达到数量，当然也不可超出太多。

（6）卷面：不用说，字迹一定要工整，虽然不必都要达到铁画银钩，但是绝不可满纸涂鸦，乱勾乱画。否则，作文分数会大打折扣。

（7）考场建议：①拿过语文试卷，要先看作文题目，把作文"审题"完成，然后反过来再答"基础知识题"和"阅读题"。②在答"基础知识题"和"阅读题"的同时，可以边答边构思作文，把在脑际中一闪而过的思路，迅速用笔写在草稿纸上，形成几个字的提纲。这样，前边的题答完，作文的雏形也大致勾勒出来了。③写作文。如果时间紧迫来不及打草稿，那就必须在草稿纸上写个开头，好好修改一下，就可一气呵成了。

（四）作文班"法庭"开庭"审判"啦

1. 秦昊如愿当上"大法官"（享有生杀予夺大权）

"今天，在这里——"程老师声音干练，拉长语调，高声宣布，"程式作文班'法庭'，正式开庭！"

这时他按在讲桌桌面上的双手向后弯起，叉在腰间，镜片熠熠发光，面对全体学生，说道："下边，我们要对几种审题方法进行审判！"

教室里气氛肃穆、庄严，学生们个个挺立腰身，坐得笔直，瞪大的眼睛都聚集在程老师那张略显威严的脸膛上。

北方已到了冬季取暖期，外面数九隆冬，天寒地冻，滴水成冰，室内却是温暖如夏。正在讲课的程老师，汗水从两鬓微霜处渗出来，在方形阔腮边往下爬着，他急忙摸出手帕擦抹掉。刚进入教室时，他就把那件"雅鹿"羽绒服脱掉，露出麻灰色、红黑格子的羊毛开衫，纵横交错的手工缝线，像岁月的年轮，悠久、深沉和神秘。

"现在，请'大法官'秦昊——前边就坐！"程老师高声宣布，一只手扬起一个更大弧度，嘴角上的两道竖纹直达下巴，笑意更深了。

在后面坐着的秦昊，正同旁边学生交头接耳，听后先是愣怔一下，接着激动得连十个指尖都不停哆嗦。但他努力抑制，很快使自己保持镇静状态。他知道这时不能客气，旋即起身，皮靴底哧哧地擦着地面，两指一夹又把衣丙丁的眼镜牵在手里，架在矮趴趴的鼻梁上。他步幅很大，渐渐感到身体轻飘飘的，似乎要摆脱地球的引力，一个飞身上了三尺讲台。这是程老师运筹帷幄的天地，现在拱手让给他了。不用秦大法官开言，程老师便搬来椅子，请他先行落座。秦昊何曾受过这样的礼遇，一下子成了主角，满脸洋溢着的是激情和喜悦，还有些骄傲地抽动着鼻孔，发出轻微的"噗噗"响声。面对着凝聚而来的众多眼神，他似乎早有所准备，眉宇间露出一份沉稳、端庄和倔强，让这个"大活宝"顷刻"变身"，俨然成了少年法官。

"再请'检察官'丁咚咚和'大律师'郭淑薇——前边就坐！"程老师又把两名同学请到前边，分别坐在秦昊两侧。

"下边，我们全体同学，都要听从秦大法官的指挥，对几种审题方法进行审判！"程老师又步上讲台，手持粉笔在黑板上写道：

审判对象（审题方法）有：

（1）字词推敲法（从后往前移）；

（2）添人加事法（简短题目）；

（3）对着题目问（为什么+怎么样）；

（4）题目长了眼（A. 题目是单句；B. 题目是偏正短语；C. 题目只是一个词；D. 题眼与前边的修饰语。）

……

正当秦昊美滋滋得意之时，又听见程老师进一步阐释道："我任命秦昊为'大法官'，就是说，他有权安排审判次序，先审哪条，后审哪条，都是他说了算；他还要监督'小法官'，不是说件件案子、个个题目都要由他来'审判'，每个同学都是执行法官，都可以站起来'审判嫌疑犯'——题目。但是，如果'审判'有错误，秦大法官应该而且必须立即纠正。"

"如果秦昊纠正错了呢？"顾崇宇身着炫紫色黑领夹克棉服，扬着胳膊肘问道。

"那就由'检察长'监督，由'大律师'辩护！"程老师回答。

"嘿嘿，原来如此！"秦昊大眼珠环视着下面的同学，"我还以为我有生杀予夺的大权呢！"

"不！"程老师一脸正气地看看秦昊，双脚朝前两步落在讲台边缘上，人正好站在阳光里，看上去庄重、高深和不苟言笑。"在一个法制健全的社会，没有一个人的权力是至高无上的，它有一套严密的制衡机制，所有权力都要受到监督。这也好比象棋游戏，哪个棋子最大？将帅最大？不，小卒小兵都可以'拱'死它嘛！"

"那我这个检察长是干什么的呢？"丁咚咚似乎一下子从小孩子成长为一个大人，变得沉着、有担当了。

"呵呵"，程老师看着丁咚咚反倒笑起来，"你这个检察长，官也不小哟！如果犯罪嫌疑人企图逃避罪责，你可以依据事实和法律条款进行追究呀！如果法官判案有误，你可以抗诉呀！"

丁咚咚还是没有完全弄懂，仍问："大家审题时，我应该做什么呢？"

"哦，是这样：我们在这里，把题目当作犯罪嫌疑人，就是审判对象，同学们个个都是法官，法官在审判（审题）时，审判若有错误，丢三落四，大法官也没有发现，你这个检察官就要'抗诉'——立即指出错在何处，怎样'审'才是正确的，等等。"

听到上面两个同学都有"职权范围"，郭淑薇"大姐姐"又怎甘落后呢？"那我呢？我这个大律师是干什么的？"

"律师就是替犯罪嫌疑人辩护的，如果法官和检察官指控的与事实不符，或者引用的法律不当，或者办案程序违法，你大律师就应该替嫌疑人说话呀！"说到此处，程老师略微停一停，说："至于审题时，如果发现'法官'或者'检察官'有错误，你大律师就应该指出正确的方法，维护犯罪嫌疑人（题目）的正当权益哟！"

"既然我被任命为大法官，那我也就不客气啦！"秦昊拉开椅子，身体悬空，拿起黑板擦，用力拍着讲桌桌面，大叫一声："现在开庭审判！"

秦昊把衣丙丁的眼镜拿来，本想"扮"一下"相"，但他从来没有戴过这玩意儿，很不习惯，何况他眼睛又不近视，戴一会儿感到晕眩，就摘下来。摘下后觉得还是戴上气派，就又急忙戴上。这样反反复复，已数不清有多少次了。最后只好拿在手里，有时放到讲桌上。坐在下边的学生，每个人的目光都停落在秦昊那张没有任何表情的脸上，不过在那上面已经找不到一丝笑容，他的眼睛再次石化了，直视着前方说："今天我们要审判四个犯罪嫌疑人，大家看黑板！"

以前，在讲解其他写作知识时，程老师就涉及几种审题方法，当然，那时都是随便说说而已，不像今天这样专题"审判"。但是，有心的学生还是掌握了不少审题技法，所以这次"开庭"，就有很多学生回答得游刃有余。因为秦昊一门心思要在将来当个大法官，对于这方面的知识他也格外留心，所以说话就特别理直气壮。

2. 从后往前一步一步地"审判"（字词推敲法）

秦昊把黑板擦当作"法锤"，他说是"惊堂木"，这时他又拿在手里，"啪！"狠狠敲在讲桌上，用"挤兑"程老师的办法让大家开心道："我是大法官，现在我任命程老师为'书记员'，专门负责在黑板上抄写作文题目，供各位法官进行审判!"

说完这句话,秦昊把大眼睛递给程老师:"有请程书记员,在黑板上写一个作文题目吧!"

程老师笑笑,点点头,取来粉笔,一笔一画写出:

《我在上学途中遇到的两件事》

"嘿嘿,哪位法官来审一审这个作文题目?"程老师还没把身体完全转进太阳光里,"秦大法官"当场问道。

"我!"

"我!"

在争抢爆仓中,秦昊有点按捺不住,他也把自己的手举直,又把屁股腾空起来,瞪着那双略凸的大眼珠,用他那特有的憨直嗓音说:"这个题目,不,这个案子,还是由我先审判它!"

"你是大法官,应该让别人审判!"鞠雪晴不服气,乌黑大眼睛射向秦昊说。

秦昊这次没有来硬的,"反对无效"一词没从他嘴里道出,说话也没有拒人千里之外,在这里他学到了容忍与谦让。他围着一条围脖,戴上衣丙丁的眼镜,从一个玩世不恭、愤青的小屁孩,一下子就像是一个"老派知识分子"了。"正是因为我是大法官,第一个题目,不,第一个案子,才应该由我来审判。这样,也给你们各位小法官做个榜样啊!再者,也应该让你们检验一下,我这秦大法官会不会审判案件,合格不合格呀!"

他此刻也不再去理会别人的感受,大脑思考着,嘴里说着:"程老师说过,记叙文的长题目,审判它,应该用'字词推敲法'。"

秦昊这种行为,还是引起一阵不小的骚动:左雨虹、林心怡、周圆圆、白杨、裴玲几位女同学口内发出嘘声;肖渺一、韩铁壮、鲁晓非、惠天佑、赵明磊等男同学大声抗议着;孙洪达抓挠起太阳穴;范文彬小眼睛眯着,不住地笑……等到声音渐渐平息下去,秦昊的手在小贝毛寸头上用力搔两下,又向外一挥,好像什么事情都没有发生过,继续说:"程老师叫做'字词推敲法',我管它叫'从后往前推'!"

"呸,人家'程式歌诀'里早就有'行文先审题,从后往前移',你把'移'字换了个'推'字,就,就成了你的发明啦?"马岩甩甩头发,一脸并无恶意的笑容,向着秦昊一撇嘴。

之前的秦昊对于任何人采取的都是"零容忍",唯独马岩除外——因为平时和马岩打打闹闹,从来没有正经话,马岩说话没有深浅,他早习以为常了。他向着马岩飞了一眼,故意撇撇嘴一笑,伸手遮住眼部阳光的直射,说:"人家唐朝诗人贾岛,在月下'推敲'僧门,到了你马岩这里,就该变成什么

'移敲'了吧?"

说到这,他故伎重演,惟妙惟肖地模仿马岩挤眼睛,两人不约而同在空中虚拟一对掌,"耶!"两下哈哈大笑。秦昊沉吟一下,又回到话题上:"罢了,罢了,'推'也好,'移'也好,反正是从后边往前边一步一步地审判!"

这回没人再笑,秦昊脑袋里编辑着,眼睛看着,嘴里叮叮当当地说着:"《我在上学途中遇到的两件事》,是个主谓宾完整的单句。最后一个'事'字,是写作的主要内容,也规定了文章的体裁应该是记叙文。'事'前边的数量短语'两件',是定语,要求必须写出两件事,一个不能多,一个不能少。'两件事'前边的'遇到',是动词,它是谓语中心词,是这篇作文的题眼,是关键词——因为我记得程老师说过,题目里的动词或形容词就是题眼,要写出原来没有想到的十分新鲜或者很有意义的'事',要写得生动,写得精彩才行。再往前推,'在上学途中',嗯,嗯,程老师……"

这时的秦昊,心里一急,体内正常的 PH 值被颠倒,无数密集的水点汇聚成六颗汗珠儿,在他黑得发亮的额头上陈列出来,让坐在旁边的丁咚咚嗅到一股难闻的气味。丁咚咚正要掏出面巾纸给他,秦昊却不经意地用袖头抹掉了。龃龃龉龉了半天,秦昊一时词穷,也没有递上报单,一张棱角分明的面孔搜向程老师:"我想向您请教——您告诉我,这五个字怎么'研究'?"

3. 秦大法官"推"不动了(求助"程书记员")

大家觉得这个"秦大法官"终于卡壳了,另外还感到"怎么研究"这四个字说得有点好玩,有人拍手打掌又吵又笑。

"秦大法官,本大律师向您提出疑问:您对于这个案情没有'研究'明白就进行审判,我认为,这是很不负责任的行为!"郭淑薇语音非常爽朗,常常未见其人先闻其声,为维护公正,她站起来冲着秦昊脑瓜顶大声说。"我要代表我的当事人,向法庭提出抗议!"

马岩把长嘴唇撇向秦昊,嘲笑说:"怎么样,'推'不动了吧?"

"不,不,我不是'推'不动,我不是不明白,我是想和本法庭的程书记员磋商一下。"秦昊也确实够得上随机应变,立即为自己辩解,"这,这没有什么毛病吧?"

"秦大法官"仍没落座,两个大眼珠这时已停摆,直勾勾地望着程老师,他的表情表明他在等待救援。

"应该这样'研究'——"程老师的嘴角两侧也出现了括号,充填着微笑,把'研究'二字咬得忒重,并且拉长语调。"'在上学途中'这五个字,其中'在'字是介词,和后边四个字构成介宾短语,作为谓语'遇到'的状语。"

"对对对,作状语!作状语!"秦昊登高上骆驼,接过程老师的话,语速快极了,好像根本就不用别人说,他早就知道。"这个状语规定了地点,必须写路途中发生的事情。"

"秦大法官,我代表检察机关提出一个问题!"丁咚咚举右手示意。

"丁检察长,有话请讲!"秦昊向前倾斜脑袋,偏着脸,眼睛投向丁咚咚,非常客气地说。

"您在审判犯罪嫌疑人'在上学途中'遇到的两件事情,您刚才只说了'必须写路途中发生的事情'——这里漏掉一个重要情节,那就是'上学'二字,即:必须写'我'在上学路途中的事,而不能写在其他地方遇到的事!"

"是呀,是呀,"秦昊煞有介事地点头,"谢谢丁检察长的提醒,必须追查'上学'时,他,不,'我'——在'途中'的犯罪事实!"

大家还在等待下边怎么"审判",秦昊却"吧嗒"坐了下去。

"怎么回事,还,还有一个'我'字没,没'审判'呢,你不会啦?放,放赖啦?"马岩惊讶地瞪大眼睛,为这位临危受命的秦大法官操心着。

"嘿嘿,这么简单的事,还,还用得着我多说吗?"不由分说秦昊又站直身,学着马岩结结巴巴地说。"我'推'了这么半天,累,累了一身汗,也该歇歇啦!"

秦昊不光额头出汗,脚心也淌成了小河沟,袜子全湿透了。他向小肚子深深地吸着气,让自己保持镇定。他的眼睛越过众人的头顶对着马岩挤出一个笑容。

"快说吧,不要拉大旗当虎皮,包着自己吓唬别人啦!"肖渺一不屑地瘪瘪嘴,把胳膊从桌子上收回,脸上出现一抹瞬间即逝的讥讽笑容,薄嘴唇难以掩饰住张口就会露出的长又宽的牙齿。

"我是大法官,我说怎样就怎样!"秦昊立刻回击,大眼珠在眶内滚动一阵,含笑中涂着敌意地向肖渺一望去。"没你的事,请你咬草根眯一会儿好不好?我先打个头阵,做点牺牲也不算啥,先帮大家摸石头过河呢!"

"怎么没我的事?你耽误别人时间,就是图财害命,知道不?"对于安排秦昊当大法官,肖渺一本来心里就感到不舒服,此时一并发泄出来。"你哪里够得上'法官',竟然当众放粗口骂人!"

"我什么时候骂人啦?我是在和你讲道理呢!"秦昊眼睛直直地向前看,一脸无辜的神情。

"我是虫子呀?你让我咬草根眯着——这还不是骂人?"肖渺一心中有气,额头上暴起一条突兀的青筋,高声质问。

程老师倒没有生气,和颜悦色地对秦昊说:"秦大法官,你快把它'审判'完了再歇!"

经程老师这样一说,秦昊抬起头又不经意地看一眼黑板,说道:"其实,我都从后边一直往前'推'到这儿了,只剩下最前边一个'我'字了。

'我',第一人称代词,这篇作文一定要写'我'秦昊,可不能写别人哟!"

当了半天听众的程老师,夸奖秦昊几句:"呵呵,不怪秦昊要当大法官,他把这个《我在上学途中遇到的两件事》作文题目,'审判'得多明白啊!这样一审,无论如何也不会写偏题,写跑题咯……"

程老师言犹未尽,秦昊又发表感言:"这样一审判,这篇作文怎么写,就比你们大家现在看我长得是什么样子,不是还要更清楚吗?哈哈!"

秦昊今天为什么对这个作文题目"审判"得这么明白?每个学生心里都出现个大问号。原来,上堂课下课后秦昊没有立即离开,缠着程老师问这问那,程老师给他写出几个作文题目,要他回家去审。秦昊当然不会审,去找了他舅妈请教。他舅妈是学法律专业的本科毕业生,就一条一条地点拨他。这件事连程老师还蒙在鼓里呢!

"穆彪子"嘴巴咧开着,像一口深不见底的古井,他听的那认真劲儿,似乎就是从这口井里出来的呢。他想从秦昊那儿取得真经,可是半响也不见有什么"秘笈",因为他对"句子成分",什么"主语"呀、"谓语"呀、"宾语"呀、"状语"呀,什么什么"短语"呀,学校课堂里从来没有学过,程老师也没有单独讲过,他听得云山雾罩,始终弄不明白。他瘦削的脸上满是迷惘,看着秦昊说:"秦昊,这回,你的外号'大活宝'可真的要变成'大法官'了!但是,我真不懂,这题目,我怎么就不知道怎么样去审判它呢?你也不比我聪明多少呀?"

"穆彪子"最后这句"你也不比我聪明多少呀?"可把秦昊的脾气勾了出来,他像只被激怒的西班牙斗牛,眼球几乎跳出眶外。但是他很快又冷静下来,想一想,自己这样堂堂的大法官,怎能和一个"小法官"斤斤计较呢?再者说,如果对手是老虎,是豹子,把它打败了,人家会举起大拇指赞扬自己;然而对手只是个小鸡,是鸭子,即使把他打翻在地,也算不上是英雄,而只能成为别人轻蔑自己的理由。他散发了火气,朝着"穆彪子"弹个指响,摆出一副绅士相,嘻嘻一笑说:"程老师前几节课就讲过如何审题,如何审判,我可是十分认真地听讲,谁让你不好好听课呢?"

秦大法官"审案"暂告一段落,程老师在黑板上连画带写,转过身时,学生们看到:

前	←								后
审 题:	《	我	在	上	学	途	中	遇	到	的	两	件	事	》

| 第一人称 | 介宾短语 | 规定地点 | 题眼中心 | 重点描写 | 数量短语 | 内容体裁 |

秦昊如果将来真的当上了法官，经过磨炼，是会很合格的。看！他心眼有死板的一面，也有活转的一面：他把这第一个题目"垄断"了，明白大家不服气，就想出个办法来平息众怨，瞅着程老师半开玩笑地说："程书记员，本大法官命令你，再在黑板上写个作文题目，长一点的，让各位小法官们在练习簿里审判审判，好吗？"

　　程老师也真"听话"，他先前是在后排坐着的，这时来到前边，摸出粉笔，在黑板上写出：

《我家里最快乐的一件事》

　　秦昊回头见程老师写完，就果敢宣布道："本大法官命令大家抓紧时间审理这个题目，不，审判这个犯罪嫌疑人！"

　　接下来，教室内只有翻动本子的声音，学生个个睁圆眼睛，一番思考后，舞动笔杆，"唰唰"写起来……

4.《母亲》变成"老于头"的妈妈（添人加事法）

　　看看大多数学生都已写完，秦昊清清喉咙，又用他那粗嗓门说："程书记员注意，请你再给众法官们出个简短的题目，写在黑板上。"

　　程老师又一次来到前边，在黑板上写了只有两个字的作文题目：《母亲》。

　　"嗯嗯，"秦昊一直左右扭动脖子，看程老师只写了这两个字，笑出了声，"哪位小法官说说，你拿到这个作文题目后，应该如何审判？"

　　"我！"

　　"我！"

　　在举起手的"小树林"中，程老师发现范文彬的手歪歪斜斜地伸出来，就向秦昊递了个眼神，把目光引向范文彬。程老师的暗示，秦昊心领神会，他抬起右手，指着范文彬说："有请范文彬小法官审判！"

　　范文彬站起身，好几道弯，羞羞答答的，咬住嘴唇似笑不笑，被香烟熏黄的牙齿露在外面。学生们都转过头看着他，特别注意他嘴的部位。不过这段时间范文彬在节制吸烟，自从看过丁咚咚（化名"邢君"）改写的作文《我的一家》后，文章里的"爷爷"正使用"易星戒烟的烟"，他也去药店买了两盒，正在试用，烟瘾已基本得到控制。同时，经过老师和同学们的帮助，学习也比过去认真了，写作水平有不小的提高。

　　"我要用程老师说的'添人加事法'，把这题目补充得更具体，让题材范围变小，就好写了。"范文彬抿紧嘴巴，两只手在胸前绞搓着——他的中指和食指也都被香烟熏得焦黄。

　　"怎么个'添人'呀？又怎么个'加事'呀？"周圆圆像个十足的假小子，一条腿伸在过道上，摩挲她前高后低的头发问。

　　范文彬见是周圆圆戏谑自己，他可不在乎她，说："你忙什么哟，又不上

'非诚勿扰'。话不得一句一句地说吗？"

"你快点说呀！你想不想说了？你不说，我可要说啦！"周圆圆一个劲儿地催。

范文彬不再理会她，还是慢吞吞的："我给'妈妈'前边'添'个'人'，这题目就变成为《'老于头'的母亲》——这样就好写了。我说的'老于头'，就是咱们作文班的于俊清同学，他的母亲生病了，病得沉重，都不会说话了，成了个哑巴……后来让程老师给治好了，会说话了。"

"范大烟，于俊清是老实人，你拿人家耍笑——你这个人啊，软的欺负硬的怕，见到光根给跪下！"鲁晓非忍耐不住，替于俊清打抱不平。

鲁晓非还没说完，林心怡素有"林妹妹"的灵性，用柔婉的语气说道："后边还可以加事，变成《母亲的心愿》。"

学生们的笑声和争论声扰乱了林心怡的发言，她说了这么几句，没办法再往下说。这时只见于俊清气咻咻的，面容本来暗淡，这时变成铁青，头上冒着热气，眉毛上挑着，嘴角下咧着，狠劲地瞪着范文彬，想要用眼睛咬人。但是他话语迟慢，正想反驳时，被赵耀抢过话去："我再给'母亲'后边加个'事'，这个题目可以变成《母亲的牵挂》。我在假期和表哥坐飞机去了国外旅游，听说有的航线飞机出事了，我妈妈一个晚上都没睡觉……我要写出慈母心，赞美母爱的伟大！"

"好好，很好！"程老师坐在后排秦昊的座位，频频地颔首点头说，有的学生不时回头看看他。"范文彬的'添人'审题方法是对的，但是不该用同学的绰号开玩笑，以后注意呐。林心怡加的事《母亲的心愿》也很好，但是她没有说完，应该说些具体内容。赵耀的'加事'变成《母亲的牵挂》，这样的审题方法很是对路，举的例子也较详细，选材就是自己曾经亲历的事情，写起来也就会有真情实感。"

"这种审题方法真是奇妙无比！"爱吃零食的蔡菀笛，最近听课一直很用心，并且收获很大。"以后再写作文，如果碰到这类题目，我就用这种'添人加事法'，把短题目变成长题目，这样就使题材范围缩小了，抽象的题目变得具体了，选材也就容易了。"

"呵呵，好的。"程老师听了蔡菀笛的话，双手合在一起，啪地用力拍了一下，让大家安静下来。"大家请注意：考试时，作文题目是不允许篡改的，我们可以在草稿纸上这样'添人加事'，打完草稿，题目还必须按照原来的那样写！"

程老师的插话，发表的一番评论，把"大法官"晾在了一旁。秦昊见大家把自己边缘化，这不等于"鸠占鹊巢"么，他可不干喽！只见他"腾"地从椅子里起身，鼓着腮帮子，瞪着眼珠子，黑脸一沉，露出的牙齿显得特别纯白。"喂喂，本大法官在这里！现在，我命令程书记员，再在黑板上写一个

'对着题目问'的作文题目，让各位小法官们审察、审判！"

5. 黄康对着题目大喊大叫（对着题目问）

程老师离座来到讲台上，这次他手里没有拿粉笔，在谁也没有预料的转身之间，前边却突然出现一张大白纸，上面是密密麻麻的字迹，犹如深黑色的海洋里飘来一块新大陆。教室内真是人头攒动，众小同学星眸凝聚——

黄康写作文
（丁咚咚）

黄康坐在桌前，左肘支在桌面上，手掌托着下巴颏，右手捏着笔，圆鼓鼓的大脸盘上，一双细长的眼睛眯缝着，长长的睫毛微微抖动，他是在闭目养神，还是在冥思苦想呢？

原来呀，今天上午上作文课的时候，程老师给学生布置了这样一篇作文："爸爸的眼睛很奇怪，有时怒气冲冲，瞪得很圆；有时笑意盈盈，眯成弯线。请以《爸爸的眼睛》为题，写出不少于600字的记叙文。要求紧扣文题，叙中有议。"黄康呀，他正在深入思考，进行认真审题呢！他想：是该用"添人加事法"呢，还是该用"从后往前移"呢？他灵机一动，头脑里的闪光灯一亮：对了，程老师讲过，短题目适合用"添人加事法"，长题目适合用"从后往前移"，不长不短题目适合用"对着题目问"！《爸爸的眼睛》这个题目，不长不短，应该用程老师的"对着题目问"审题方法！对着题目怎么问？他回想起程老师说的：一是问"为什么"，二是问"怎么样"，还要一问一答，文章内容就大致出来了。

于是，黄康在心里头大声喊叫起来，一问："爸爸先前'为什么'怒气冲冲，眼睛瞪得那么圆？"他在心里又小声回答："原因可能有这样几种：①因为'我'学习不努力，期末开家长会，老师向他反映了情况，回来后他怒气冲冲。②爸爸是建筑公司负责人，有的政府官员利用手中权力向他推销劣质水泥和钢材，这样会使建筑变为'豆腐渣'工程！他为此火冒三丈，大发雷霆，怒目圆睁。③爸爸好管'闲事'，在上银行取款时，遇到一个抢劫妇女钱包的坏人，他怒目戟张，平地一声吼……"

这时，黄康又在心里自问一声："那么，爸爸后来'为什么'却变得笑意盈盈，眼睛眯成弯线？"于是，他还是小声回答道："①那是因为在爸爸发火后，'我'接受了教训，这学期抓紧时间学习，爸爸也对我不断辅导，成绩直线上升。②后来他顶住压力，向上举报，腐败官员受到惩处，他才满面春风，眼睛笑弯了。③正当抢劫妇女钱包的坏人夺路逃窜时，说时迟那时快，爸爸骑着摩托车冲过去，把坏人撞翻在地，和其他过路群众把坏人擒拿住，爸爸

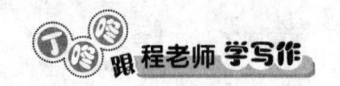

笑弯了眉毛。"

　　接下来，黄康在心里又大喊大叫，二问："爸爸的眼睛'怎么样'怒气冲冲，瞪得很圆的？爸爸的眼睛又是'怎么样'变得'笑意盈盈，眯成弯线'的？"他又在心里悄悄回答："爸爸浓眉下面一双圆溜溜的大眼睛，里面放射的光芒真是灼灼逼人。"

　　就这样，黄康被那如火的写作激情燃烧着，利用"对着题目问"方法，把题目审察清楚了，选材也毫不费事在头脑里出现了。他决定采用问"为什么"的第一种情况作为文章内容，动笔写起来。第一问"为什么"，主要考虑这篇记叙文的事件如何叙述，线条已经明确、清晰；关键是第二问"怎么样"，要对爸爸的眼睛在变化前和变化后的状态，以及如何变化，活灵活现、绘声绘色、精雕细刻地描写出来，这方面才是展示自己才华的大好机会和广阔天地呀。黄康确实是锦心绣腹，握笔在手，"唰唰唰"，只喘一口气，作文就完成了。

　　"嘘——"读罢丁咚咚这篇作文，整个教室里发出一片赞叹声。

　　"难怪让丁咚咚当上检察长，人家写的文章就是好，'审题'审得就是清楚，'审判'审得有条有理……"

　　"要不然，程老师能那样喜欢'小精灵'么？"

　　"不是'小精灵'，是'鬼精灵'呀！"

　　站在讲台一边的程老师呢，脸上笑靥如花。他也一直歪着头，和学生一样，从头至尾又看了一遍《黄康写作文》，才转过脸面向全体学生说了这样几句话："关于'对着题目问'审题方法，前节课我已讲过，大家再好好看看丁咚咚的这篇作文，文章里的主人公'黄康'，把'对着题目问'这种审题方法演绎得已经十分透彻了，大家要学会这种'审题'——'审判'方法！我就不再赘述，还是把权力交还给秦大法官吧。"

　　说到"审判"二字时，程老师镜片里反射出太阳的一道光芒，正好对着瞪大眼睛的秦昊同学。

　　秦昊瞪眼看着丁咚咚的《黄康写作文》，听着学生们的议论，神情有点木然，半天没有说出一句话。程老师说把权柄交出，他才稍稍缓过些神，嘴张开好一会儿，发出声音：

　　"大家听着，下面要审判'题目长了眼睛'，各位可自由发言；另外，我还授权程书记员可随时回答小法官们的提问，不必一一征求我秦大法官的同意！"

　　6. 题目的眼睛长在哪里（主谓语单句题眼）

　　听了秦昊的"可以自由发言"，"穆彪子"往上挺起他那颗硕大的脑袋，问:"我想向程老师提出一个问题,就是:世界上只有人和动物长着眼睛,连植物都没有长眼睛,怎么作文题目却长了眼睛呢?我怎么没有看见呢?"

"呵呵,没错,文章有文眼,题目有题眼。这是十分生动的比喻。"程老师两手交织在腹前,从后排走到前边,看一眼还在发呆的"穆彪子",说:"题眼就是题目的关键词,是文章的写作重点,在记叙文中要在中心部分表现出来。找准了题眼,才能抓住中心。写文章就是要围绕中心,突出中心,在中心处要有浓墨重彩之笔,这样就会使整篇文章明亮起来呢。"

"题眼,题眼,这题目的眼睛到底在什么地方长着呢?"孙洪达僵硬的脊柱随着喊声直立起来,舒展得很快活。

"就长在题目上边呗!"肖渺一说话总是像喊话一般。

外表俊帅高大的肖渺一的出场引人注目,他不太注意周围的人际关系,常以莫须有罪名被男同胞列在不喜欢往来账户的"黑名单"里。黑皮肤的女士会妒忌皮肤白的女生,诅咒老天爷的偏心眼,常年渴望变身为白雪公主。与肤色白的女士遭妒恨那样,肖渺一也常招来男生集体眼神的"群殴"。

"我怎么没看见呢?"范文彬睁圆她那蝌蚪般的小眼睛,左右搜寻着什么似的问。

"老师还没讲,你怎么能看见?"冯新发调解、中和能力很好,常从细微处入手。大帅有大帅的风度,他说话时,总是腰板挺直,毛发稀少的头顶闪闪发光。

"大家都看见了,那是因为你'范大烟'的眼睛长得太'大'了!"韩铁壮说着反语,哈哈直乐。

《李晓光这学期进步了》

就在学生说笑之际,程老师在黑板上写出这样一条作文题目,他边转身边问:"这题目,是个有主语有谓语的单句,谁能说说这个题目的眼睛长在何处?"

"谁来审判这个犯罪嫌疑人?"秦昊在第一时间摆出大法官的架势问。

"我说,我来审判!"教室中间,从座位里站起一位黑发女生,大家转头看去,是脸上时刻都挂着高贵典雅笑容的任梦洁。她知书达理,秉性又温和,一个微笑一个眼神都传达着亲切的气息,现在的孩子很难找到这样性格的人了。

学生们个个挺直腰,侧耳细听"女才子"是如何"审判"这个作文题目的。

"这很简单,《李晓光这学期进步了》,'李晓光'是主语,'进步'是谓语;那还用说,'进步'就是题眼!"任梦洁一气呵成,毛嘟嘟的眼毛不知抖动多少次,没人数过。

"秦大法官，本检察官有问题要向任女法官提出！"眼睛睁得溜圆的丁咚咚，黑眸子里露出威严。他梳个三七小分头，穿着干净厚实的套头毛衣，加厚的牛仔裤里面妈妈还给他穿一条拉绒棉裤，把丁咚咚热得汗珠在额前翻滚，让他感到又回到老君炉里做了一回熏蒸。没有来过北方的人，没法想象冬天屋子里怎么会比南方温暖舒适得多。

秦昊见有人主动向自己"请示"，显得十分高兴，就回应说："丁检察长，您有什么问题，讲！"

丁咚咚面庞对着任梦洁，说："女才子，《李晓光这学期进步了》题目里，还有'这学期'三个字，这个情节漏掉了，你没有分析，没有追究，不知何故？"

"唔，唔，是我疏忽了。"任梦洁的白胖脸蛋上飞起一朵红云，眼皮眨眨，笑一笑。"'这学期'是'进步'的限制词，它是谓语中心词'进步'的状语，规定了'进步'的时间，必须写这学期是如何'进步'的，很显然，那是要求和前一学期进行对比。"

教室里很静，学生们都想把审题方法学到手，个个睁大眼睛听着别人的发言。任梦洁对答如流受到褒奖，程老师觉得有必要补充如下内容："像这样有主谓语、搭配正确的单句题目，可说就是外面飘落的雪花，伸出手就能碰到，大家不妨自己找一找它的题眼，完成审题训练。"说着，他操起粉笔，又在黑板上写出：

《我的家乡变了》《大妈的心里乐开花》《小白兔往家搬南瓜》《春风吹进我的家》《人人都争第一名》……

不用特别强调，学生个个都在练习簿里写着，程老师心里油然掠过一种满足感。过一会儿，他提笔往黑板上写，嘴里还不断开说："在单句中找到题目眼睛，呵呵，看来大家都没有什么问题了。我再写几个偏正式的短语，这样的题目，怎样找出它的眼睛呢？好好思考思考。"

于是黑板上出现以下几个作文题目——

《记一个心明眼亮的年轻人》《抢拍来的照片》《一次难忘的语文课》《为自己献束花》……

秦昊心里想：我是个大法官哟，不能这样闲着没事，一句话不说，不就成"牌位"了么？这会让别的同学耻笑啊！于是他又咳一声，清清喉咙，破铜锣般的话音响开来："程书记员写出这四个题目，谁能来'审判审判'？"

7. "小白兔"又吃萝卜又吃菜（偏正短语的题眼）

在前边第二排，白杨仍然紧与窗户为邻，橘红色的阳光时而被灰白色的云翳遮挡，时而又从云朵碎块中露出脸来，照在她的头部和半截身子，暖洋洋的让人感到舒服透体。不大工夫，天空中又飘洒下来一片片小雪花，在楼房空隙间寻觅着落脚点。到了这样的季节，白杨也早已换上厚实轻软的冬装，十分百搭好看：一件鲜红色休闲版假两件套羽绒服，衬托出女孩子的柔美可爱，深蓝色牛仔打底裤套在雪地小靴子里，垂下的流苏和她的两根羊角辫上下和着节奏。她手里捏着圆珠笔，往本子里写着什么。在红衣红帽衬托下，愈发显得白皙的面颊上部，有点发亮的前额下面，轻轻地描出两道弯曲的线条，一道是眉毛，眉毛下的一道是微眯的眼睛，冷不丁一看像是睡着了，只有睫毛一抖一抖地动着，才会知道她正在凝神思考。过了一会儿，一种别人不易察觉的惬意倏然闪过，这是她在做题得心应手时的会心一笑。她手中的笔在纸上走动得更加灵活轻巧，笔尖"沙沙沙"地响，和下面的纸张喁喁交谈着。这细微的音符，只有她自己才能感受得到，犹如一只玲珑剔透的小鸟，对着她唱出动听的美妙歌曲……

"老师，让我说说题目是偏正短语时应该怎样找准题眼，如何正确分析题意，可以吗？"白杨说话时，白洁的脸盘飞起一朵红晕，像一幅少女醉酒图。

白杨这个女孩真是惹人喜爱，无怪乎学生们都昵称她为"小白兔"。不要说她身上经常是一袭白色连衣裙，就是性情也要比小白兔还柔软、温和。程老师满脸微笑看着她问："可以呀，你要分析哪个题目哟？"

白杨抬脸瞥了一眼黑板，轻声款语地说："我一条一条地'审判'，不，我都分析分析。"

为什么白杨嘴里刚吐出个"审判"二字，就急于改口，变成"分析"了呢？作文班里的学生都清楚，那是因为"审判"这个词，是秦昊的"专利"。自从那次程老师讲"选材"时，秦昊跟她白杨"胡搅蛮缠"，她气愤不过，言辞激烈地反击过他，也便从此在心里产生纠结，很烦他，因此，她现在既不肯面对"秦大法官"问话，也不愿重复秦昊的说法。谁知此时她却不经意地用上了他的话，这才急急忙忙改正过来。

"我先分析《记一个心明眼亮的年轻人》题目，这是个缺少主语的无主句，属于动宾式偏正短语。'记'是动词，规定了文章体裁是记叙文。'记'什么？'人'！这是动宾结构的短语。'记'什么'人'？'年轻人'。什么样的'年轻人'？'心明眼亮'的'年轻人'。'心明眼亮'是两个并列的主谓短语构成的形容词短语，'心明眼亮'就是这个题目的题眼！这篇作文要抓住'心明眼亮'这个关键词去写：写出年轻人思想正确，不出偏差，这是'心明'；还要写出年轻人看待事物非常准确，绝不含糊，这是'眼亮'。"

白杨普通话说得忒标准，声调优美，娓娓动听，举座动容，连外面飞舞的雪花也似乎听得入迷了，在窗前飞来绕去的。

根据白杨的分析，程老师用粉笔在黑板上列出一个图表：

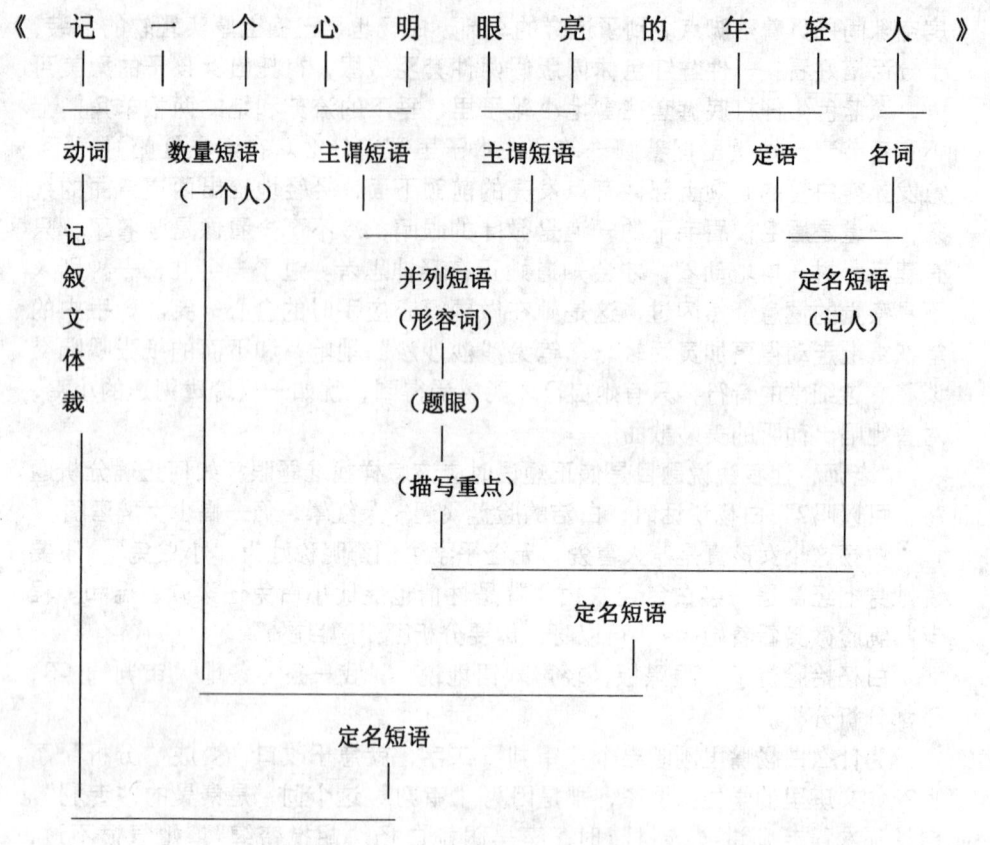

《记　一　个　心　明　眼　亮　的　年　轻　人》
　│　　│　　　│　　　│　　　　　　　│　　│
动词　数量短语　主谓短语　主谓短语　　　定语　名词
│　　（一个人）　　│　　　│　　　　　　│
记　　　　　　　　并列短语　　　　　　定名短语
叙　　　　　　　（形容词）　　　　　　（记人）
文　　　　　　　　　│
体　　　　　　　　（题眼）
裁　　　　　　　　　│
　　　　　　　　（描写重点）
　　　　　　　　　　│
　　　　　　　　　　└────────────┘
　　　　　　　　　　　定名短语
　　　　　　　　│
　　　　　　定名短语
　　　　　　│
　　　　动宾短语

　　程老师的"图解法"，把这个作文题目及题眼"图解"得一目了然，清晰无比。此图表列出后，你猜一猜白杨是怎么说的？她说："如果程老师让我上黑板去写、去画，我列的图表也会和他列的一模一样呢！"

　　她边说还边摇晃着头，两个羊角辫的白绫结儿翩然欲飞。这时的她，让人想起"小白兔，白又白，两只耳朵竖起来，又吃萝卜又吃菜，蹦蹦跳跳真可爱……"的童谣，引得大家嘻嘻哈哈乐个没完。

　　大家的笑声包含了白杨说话的幼稚，也觉得这确是她的真心话，因为幼稚的人是不轻易撒谎的。对于同学们从心窝里发出的笑声，白杨脸上没有任何表情，不知是无动于衷还是不屑一顾。因为这次她没有含糊，动了真格的，照说不误："我再分析一下《抢拍来的照片》这个题目，它也是动宾偏正短语。中心词是'照片'，这照片是怎么来的？是'拍来'的；怎么'拍来'的？是'抢拍'来的！一个'抢'字，一个'拍'字，两个动词放在一起，是这篇作文的题眼。因为程老师多次说过，题目里的动词或形容词就是题眼。

我们写作文就应该抓住题眼，把'抢'字和'拍'字，要表现充分，描写到位。一定要写出这张照片得来不易，是经过怎样的周折，费了多少脑筋，才'抢拍'到手的。"

"唉哟，'小白兔'，你真是'又吃萝卜又吃菜'啊！都让你'吃'了，也留给别人吃点什么呀！"左雨虹笑嘻嘻地看着白杨逗乐说。

8. 抢着要"吃"那"小菜一碟"（动词、形容词就是题眼）

白杨并不理会，也来不及歇口气，紧接着说下去："《一次难忘的语文课》，它的题眼是'难忘'，重点是要写出这堂语文课是怎样让你难忘的，难忘在什么地方，要把'难忘'写得让人'难忘'，嘻嘻嘻……"

这回是白杨自己先笑起来，她觉得"要把'难忘'写得让人'难忘'"这句话，简直就是绕口令，能从自己嘴里说出，煞是好玩。不过她不等别人插话，又赶紧往下说："前边三个题目我分析完了，第四个《为自己献束花》更是'张飞吃豆芽，小菜一碟'了！"

"小菜一碟"这样的风趣话，若是出自秦昊之口，就没什么味道了，也许引不起别人去注意，但从白杨这样平时让人感到庄重文静的女孩嘴里说出来，就是一种雅噱，使人忍俊不禁。

"白杨，不用你'审判'了，'小菜一碟'给我吃了吧！""穆彪子"大声叫着，拦住了白杨话头，也不管"秦大法官"或者程老师同意与否，就抢着说："《为自己献束花》的题眼，就是，就是'献'字！这篇作文就是要写出'为什么'要为自己'献'上一朵花，还要写出'怎么样'为自己'献'上一朵花，对不对？"

"对！对！你怎么知道的呢？"孙洪达伸出两只手，举在眼前，一边舞弄，一边鼓掌，一边看着"穆彪子"问。说这话时，他究竟是坐着，是站起，还是站起又坐，坐了又站，很难确定，反正没有一刻消闲。

"我怎么知道？""穆彪子"两只黑洞似的眼睛里闪出光亮，死死地盯着孙洪达的脸，"你这只孙猴子，今天怎么变成了笨鳖？你这样三年都爬不到河沿儿呢！你问我怎么知道？那我告诉你，你听着——这个程老师讲过多少次了：题目里的动词或形容词就是题眼，那个'献'字不就是动词吗？真是的！"

秦昊也把两臂举在上空，向着"穆彪子"方向伸过去，似乎越过众人的头顶，已经到了"穆彪子"眼前，在用力地给他鼓掌，一边咧开大嘴岔说："好你个'穆彪子'！你不仅说出这个作文题目的题眼，还能'对着题目问'两声，把如何去写这篇作文，也给问出来了！嘿嘿，你果然是个神童啊！——今天，我秦大法官，正式册封你为'神童'了！"

快乐和激动，如同决了堤的洪水，浩浩荡荡，哗哗啦啦，拍击着"穆彪子"的心灵涯岸。可是,"穆彪子"这时却谦虚起来,黑洞似的眼睛里闪射出亮光,看着秦昊说:"我算不上什么'神童',我在你秦大法官下面当个小法官就已经不错了。我以后再不叫你'大活宝'了,你也别再叫我'穆彪子',叫我穆标就可以啦!"

"穆彪子"的话虽然说得啰啰唆唆,但是程老师心里却被喜悦充得满满的,他为这个智力偏低孩子的点滴进步而兴奋不已——这就是一个教师实实在在的成就感。

关于题眼,程老师接下去又说到第三种情形,就是"一个词"的作文题目,他指出,像《路》《桥》《蜡烛》《粉笔》《心情》《愿望》……题眼就是物体本身,重点就应该去描绘出这个物体的特征,或者由此展开适当的联想,挖掘出它的象征意义或者引申意义,挖掘得越深、越透,越好。

"下边,哪位小法官审判审判《路》?举手!"秦昊一拍黑板擦,大声吆喝。

孙洪达站起来,两手在眼前像是在抓挠着什么,嘴里说:"《路》就是路,我家门前的马路,原来坑坑洼洼,去年经过翻修、重铺,弄得溜平、笔直,还宽阔,人有人行道,车有车行道,还有'盲道'呢;把你眼睛用黑布蒙上,出门去'人民广场',你都不用问路,能自己找回家来啊!哈哈……"

"你'孙猴子'跟别人不一样,你要路干什么?你驾筋斗云,上天入地,哪里不能去,路对你没什么用!"韩铁壮也不站起来,坐在座位上说。

孙洪达并不管别人讽刺还是赞扬,只要说得八卦热闹、可笑就行,也跟着韩铁壮的意思说:"对呀,对我来说,那就是处处有路哟!哈哈……"

鞠雪晴闻言很愤慨,"噌"地站起,说:"'孙猴子'有路没路都行,我们凡人就不同了,时时处处都离不开路呢!天天人们脚下走的路不但离不开,就是生活的路,求学的路,做生意的路……都离不开。我妈妈进城在站前卖猪肠肚,都卖十多年了,前几天城管和卫生部门不让卖了,我们家进钱的路没了,做买卖一时找不到路了。"

说着说着,鞠雪晴眼睛里的泪珠在眶内转动一会儿,终于控制不住,"噼里啪啦"滚出来。

学生们没有一个笑的,有的跟着长吁短叹。

这时程老师在旁接上话:"大家前边说的路,是具体的路,指我们生活中脚下走的路:土路、泥路、石板路、水泥路、公路、铁路……后边说的路,就是抽象的路——是'路'的象征意义。"说到这,他停了停,语气一转,看着鞠雪晴说:"路有千条,就在脚下。这种生意不行,路走不通,再寻找别的路嘛!路,是可以开辟的,可以探索的,鲁迅说过,地上本来没有路,人走多了也就成了路……"

9. "穆彪子"穿了五六件衣裳（修饰语与题眼）

作为一名教师，看见学生心无旁骛、全神贯注地听着自己讲课，这是对自己最高的奖赏。程老师被学生的这种状态和课堂的热烈气氛，激发出无穷的斗志。他仍然打着手势，用他那宽厚的男中音解说着——在学生的耳膜震颤中，要比听蒋大为、阎维文唱的美声歌曲还是一种享受呢："呵呵，说到题眼，我们还要抓住题目中的修饰语与题眼的关系，如：《我终于做出了这道题》这个作文题目，题眼是'做出'，前边的'终于'这个副词，是"做出"的修饰语、限制词，一定要理解好，必须写深透，是要你写出开始找不到做题头绪，经过一番周折，甚至绞尽脑汁，才把'这道题''做出'。再如《这个人真'怪'》，'怪'字是形容词题眼，'怪'前边的'真'字，是程度副词，也就是说这个人不是一般的'怪'，要把'真'字表现充分。所谓'怪'，就是不同于常人的意思，引号有否定作用，即'怪人'非'怪'，怪得让别人一时无法理解。要写出这个人的言行中包含某些高贵品德和先进思想，如：先人后己、助人为乐、大公无私……可写'我'或者别人对'怪人'的误会——加深——消除的经过。"

"老师，我发言——"有人在底下朝上喊，搅动着空气，打破教室里的一时宁静。

这是前两排今天和"穆彪子"同桌的魏增智，他扶正黑边方框细腿近视镜，好心情地向上举着手。

程老师也笑了，看眼魏增智，指着秦昊说："'小学究'，有什么事呀？你向秦大法官请示吧，好不好？"

秦昊一听，立刻向魏增智挤眼巧笑："'小学究'，你有何见教，就向本大法官说明白吧！"

"秦大法官，上个星期我们学校语文课堂里也写过《这个人真'怪'》作文。"不等别人再问，魏增智又说起来："我写的这篇作文，被当作范文，还贴在学校的《作文窗口》里展览呢！"

"是么？"秦昊这时有点装腔作势，故作惊诧之状，问："你先跟大家说说，你是如何审题的呢？"

"我的审题方法，和程老师刚才说的差不了多少。"魏增智迟疑地回答。

"你的这篇作文带来了吗？"

"带来了。"

"那样吧，本大法官命令你，就在法庭上当众给大家宣读一遍！"

"好的。"

于是，魏增智从书包里翻出作文本，读起来。但是，他刚读出标题，程老师手一甩，"哗啦啦"一声响，黑板上却挂出来了——

这个人真"怪"
（魏增智）

　　一个西葫芦似的脑袋，上面留着短短的头发，乱七八糟的，像是个老鸦巢。乌青塌陷的脸蛋上，颧骨凸起，棱角分明，两只空洞洞的眼睛，看人总是痴呆呆的。他，就是我的同桌"穆彪子"。（听到这，大家哈哈大笑）其实他的真正姓名叫穆标，只因为做事说话比别人慢半拍，大家才这样叫他。我不明白为什么老师要让他和我同桌，说心里话，我烦他。他像傻子一样，（听到这，马岩插了一句话："不是'像'，他就是个傻子！"）学习成绩很差，又爱讲话；而且身子虽然瘦得都能抓到骨头，但是却穿得鼓鼓的，就像衣服里面塞了许多棉花团儿，走起路来腆着肚子，像个大南瓜——你说我这个同桌怪不怪？

　　有一次，我忍不住问"穆彪子"："你到底穿了些什么呀？你捂汗哪？"说完我就笑了，他也跟着笑，对我说："我穿得可多了。"说着就把圆鼓鼓的身子放在椅子上，用双手拉开外衣的拉链，一件、两件、三件……哇，六件，一个不可思议的数字！他竟然穿了那么多衣服，真不敢相信，怪不得他从来不冷！看着"穆彪子"那憨厚的样子，我忍不住又笑了，他真是个"怪"物！

　　有一次上课，我在专心听讲，"穆彪子"却和后面的同学讲什么"狸猫小鬼头"，我招呼他，他没有在意，我只好不再管他了。忽然，他凑到我耳边，问我知不知道"狸猫小鬼头"中的"井井"，我讨厌他打搅我，气愤地说："去，去，去，别影响我，一边去！"可是，没过多久，他又忍不住了，又问我知不知道"比卡奇丘"，我不耐烦了，向他低声吼道："再这样，我就告诉老师……OK？""OK……""穆彪子"怕"暴露目标"，小细脖上的那颗大脑瓜，学起洋人的样子，双肩往上端端，缩进肩胛中，就不再说了，无精打采地坐在一旁，像个泄了气的皮球。我看他挺可怜的，就说："下课再说好不好？""好。"他却高兴起来，还很感激似的对我点头微笑。

　　有时候，他头脑里突然出现一个有趣的念头，就会发出一声尖厉的怪叫和惊呼，那样响亮、清脆，以至于把老师的讲课打断。老师问他是怎么回事，他只是眼睛看着书桌上的本和笔，摇着头，再不肯说一句话。有次课堂里，老师罚他在前边站，他满不在乎，挺着胸脯，扮着鬼脸，洋洋得意地咔咔笑。窗外的阳光晃在他脸上，那神态真够让人难为情的。看啊，他这时多像一只憨厚的大熊猫啊！

　　"穆彪子"不好好听课，学习成绩能好吗？老师提问他，那真是"一问三不知，神仙怪不得"。可是，说来也怪，他自从到程老师作文班学习以来，突然成绩提高得惊人呢！尤其他能写出《大扫除》那篇作文，当时谁都不敢相信这是真的。他不光语文成绩提高很快，其他科目也有很大进步。那天我问"穆彪子"："这段时间，你的学习怎么进步这样大？"你猜他说啥？他把眼睛瞪得大大的，盯着我问："奇怪吗？"我说："怎么不奇怪？"他摇摇头，长长叹口气，说："因为我过去不愿听课，是那些老师讲课死板板的，我听不进去。程老师不同了，他讲课有意思，总是逗人乐，你想不听都得听！还有呢，程老师总是亲切地用眼神和我交流，他还让我在课堂里随便说话，我不说话都不行，他就一次次提问题，让我说，我，我就……"下边的话，他不知道怎么表达是好了。

我听得一头雾水，觉得"穆彪子"这个人怪，真怪，他说的这些事也很怪呢！

今年入冬以来，气温骤然下降，学习委员赵明明生病了，身上冷得直打哆嗦。"穆彪子"见了关心地问："冷吗？"赵明明点点头。于是，他毫不犹豫地脱下一件外套给赵明明，赵明明不好意思穿，"穆彪子"说："快穿上吧，别影响了学习，那样，你的学习委员就当不成啦！"赵明明只好穿上了，他见赵明明还在发抖，又说："把拉链拉好就不冷了。"赵明明照办了，可赵明明上半身不冷了，下半身还是冷得发抖，"穆彪子"又把自己里面的坎肩脱下两套，一件一件地套在赵明明身上，又用大衣帽子套在赵明明的膝盖上，说："这样就暖和了。"

噢，我这才明白过来，"穆彪子"自己穿了五六件衣服，是他心里想着别人啊，一旦有哪个同学患个头痛脑热感冒什么的，以备不时之需哟！

这个"穆彪子"，你说他"彪"吗？你说他"怪"吗？

就在大家的目光都已从前边收回，面部肌肉松弛下来的时候，郭淑薇把手伸过头顶，向着秦昊用力晃动："秦大法官，本律师有个疑问，要向法庭提出！"

有人又以"秦大法官"相称，这令秦昊内心比吃了蜂王浆还惬意，忙问："郭大律师，有什么话，请讲！"

"我想向魏增智法官提问：以前在学习立意知识时，大家讨论范文彬的《小抠老师》作文，那次我听说，在你们学校，穆标和惠天佑是同班同桌，你魏增智和米英同桌，可是，你的这篇文章里，却说你和'穆彪子'同桌，这不是'捏造事实'吗？"

魏增智用右手食指点一点眼镜框，然后轻轻一笑，半转身，又用这个手指伸向"穆彪子"：" '穆彪子'，还是由你自己说说吧！"

"穆彪子"腮帮子抽动着，嘴唇抿成一条线，黑眼珠从深眼窝里精光四射，直视前方，耸耸肩膀，正色道："我原来确实是和惠天佑同桌，后来洪老师又让我和'有才哥'同桌了，洪老师说魏增智学习好，要他多帮帮我……"

说完，"穆彪子"才把表情完全纠正过来，变成了笑哈哈，但还带点怔怔，又低下头不停地看着周边同学。因为魏增智这篇作文他们班级语文老师在课堂里读过，眼下还在他们学校"习作窗口"里挂着，所以他也没感觉特别激动。只是现在作文班里的全体学生，眼睛都向前聚焦在"穆彪子"那张过去显得呆滞、现在越来越有生气的瘦削的脸颊上，想找到那个"怪"字，更想搜出那个"真"字来。

程老师挥着手腕一看，见时间已到，示意这堂课该结束了。秦昊是个何等聪明伶俐的小屁孩，闻讯而起，他整理好衣服，把眼镜戴上，端正坐姿，拿起黑板擦，用力往讲桌面拍下去，"叭！"一声响，惊得大家全身一抖，一齐向他望去，只听他大声吆喝道：

"程式作文法庭，这次审题——审判，到此圆满完成。我宣布：休庭！"

九　小孩变成了宠物狗

——"骗座"里有议论文

提示：熙熙攘攘的市场里，人们围成个圆圈正在看热闹。有一个衣着褴褛的老头，拿出一条绳子，用力甩呀甩，一头拿在手里，另一头甩向天空。然后老头打骂身边的小男孩，逼着他顺着绳子爬到天宫，去偷王母娘娘的蟠桃。孩子攀着绳子往上爬，身影越来越小，越来越小，最后消失在空中。过了一会儿，从天上掉下几只鲜艳的大蟠桃，又过了一会儿，孩子的脑袋掉下来，接着，两条胳膊、两条大腿和身躯又分别掉了下来。老头一边流泪，一边把血迹斑斑的孩子"尸首"装殓在木盒里，然后向围观众人说："你们亲眼所见，我的孙子去偷王母娘娘蟠桃被杀了。大家可怜可怜我这糟老头，捐些钱物吧！"当他收足"善款"后，便掀开盒盖，小孩却全身完好、毛发未损地从木盒里乐呵呵跳了出来……

蒲松龄说写在《聊斋志异》里的这件事，是他亲眼所见，还说这是风靡当时的白莲教魔法。你相信吗？不过，"小孩变成宠物狗"是时下新闻，好多媒体都报道过，千真万确，不容置疑！

（一）孩子在记叙，爸爸却是在议论

"嘶——咔——"343路公交车又停靠在一个站台，前后车门同时洞开，前门涌上人群，后门走下乘客。接着又启动，风驰电掣般向前飞奔，街道两侧的楼房、树木、行人、车流、五光十色的橱窗、花花绿绿的牌匾，一排一排地向后退去……

这是暑假里的一天，妈妈整日上班，爸爸有点事要到理工学院走一遭，丁咚咚不愿自己一个人留在家里，就央求跟爸爸同行。理工学院离湖滨公园不远，正好办完事可以和孩子一起溜溜弯，散散心，爸爸也就爽快答应了。丁咚咚和爸爸奔波一天，回到家里已是下午六点钟，妈妈早已回来，热气腾腾的饭菜摆在餐桌上，一家三口快快乐乐地拿起碗筷，有滋有味吃起来。妈妈往丁咚咚碗里夹了一块拔丝地瓜，不一会儿又送过一只可乐鸡翅，这时她眼睛荡漾起笑波，注视着丁咚咚，问道："你们父子二人，在外面逛了一整天，都遇见什么新鲜事啦，讲给我听听，好么?"丁咚咚把地瓜放进嘴里，咀嚼着，又用餐巾纸抓起鸡翅，放在鼻下闻一闻，略微一沉吟，就眉开眼笑地

411

边吃边说——

　　妈妈，我们乘坐公共汽车，可真有趣哩。因为是始发站，我和爸爸上车时都有座。过了两站，人越上越多，一位满脸皱纹头发花白的老奶奶挤到我们身旁，爸爸站起来把座位让给了她。又过了一站，下车的人少，上车的人多起来。有一位阿姨，挤上来后，站在过道人群里。她有三十来岁，身穿花衣裙，头发烫得挺酷，打扮得够时尚，很另类，穿着也特运动那种的，两手在胸前抱着个包裹。她不停地扫视着周围的乘客，又拿眼睛盯住我看，然后用手轻轻拍着包裹，嘴里哝哝唧唧地说：'乖乖，别哭，别哭。'我见阿姨抱着小孩，她已挤到我跟前，还不断地拿眼睛看我，我就不好意思再坐下去，我想起老师常说'携老扶幼''助人为乐'的话，虽然我们要到终点站才下车，路途长，我还是站立起来，对她说：'阿姨，您抱小孩太累了，请坐我这个座位吧！'这位阿姨二话没说，咧开涂着鲜红唇膏的大嘴笑开了，身子一扭，好像没有屁股，一下子坐了下去。由于她坐得太急，用力过猛，弄得包裹里发出'汪汪汪'的叫声。在这时，车厢里的乘客都向她看去，她怀里的包裹随着'汪汪'叫声动弹着——原来，她抱的并不是小孩，竟是一条宠物狗！妈妈，您说，这位阿姨她怎能这样呢？可笑还是可气？

　　丁咚咚说到这里，一天游玩的喜悦完全变成泡沫，消散得没了踪影。爸爸的神情却十分严肃，把筷子搁在菜碟上，摘下眼镜拿在手里，发表了一番自己的见解——

　　瓜籽里嗑出个臭虫来——什么仁儿（人）都有啊！这让我想起来，前几天在微博上有条新闻，一位张姓女子为乘坐地铁时弄到座位，从淘宝上买来硅胶肚皮装孕妇，佩戴上第一天，'假肚皮'就脱落出丑，当场露馅，遭到嘲讽。我看完觉得这事挺搞笑，没想到骗座这事今天也让我们父子遭遇上，你说可笑还是可气？中小学生都知道"扶老携幼""助人为乐"，可这位年轻妇女却用宠物狗充当婴儿骗座，而且是骗少年学生座，这真是太不文明，太有悖社会公德了。一个社会要保持正常秩序，人们之间都能和谐相处，文明相处，人与人都能成为兄弟姐妹，就像生活在一个和睦的大家庭里一样，要达到这样一种健康的人际关系，营造这样一种良好的社会氛围，除了法律的刚性约束外，还必须树立良好的道德风尚和行为规范，全体社会成员都要自觉遵守。和谐和文明，确实可以温馨和净化社会空气。而且，文明应该从小事做起，从身边做起，从每个人身上做起。这让我们想起了雷锋，他在出差途中，乘坐公共汽车时，经常给老弱病残和抱小孩的让座。这也让我们想起列

412

宁让路的故事：他是当时俄国人民最尊崇的领袖，有一次下楼梯时，正好与端着水的女工相遇；女工要退让，列宁却说："我空着手，你端着东西，请你先过吧！"说完自己紧贴着墙壁，女工上了楼，他才往下走去。这还让我们想起"孔融让梨"的千古美谈：东汉末年的文学家、学者孔融，兄弟七人，他排行老六。他四岁时，一次家里分梨，他挑最小的拿。父亲问他为什么不拿大的，他说"自己小，应该拣小的"；父亲又说"你的弟弟不是比你更小吗？"他说："我比弟弟大，我应该把大的让给弟弟吃"……当然，关于文明礼让的例子，古今中外不胜枚举，就是在我们今天也并不少见。只是在改革开放的大潮中，随着经济的发展，社会的进步，思想观念的多元化，一些错误的甚至是丑陋的不文明行为时有发生，这就需要我们在这方面多做工作。前不久颁布了《公民行为公约》，就是为提高人民群众思想道德品质采取的重大举措，是用来规范人们日常行为和调节相互关系的重要步骤。想要成为合格的文明公民，就应该认真学习，模范遵守，克服不良陋习，形成一种良好的社会风气。谁若是违反了大家一致认可的道德行为准则，就要经受舆论的谴责，为人们所不齿，在这种无形的法律面前，受到道德法庭的审判。像今天发生在公共汽车里利用宠物狗骗座的粗俗、低下又极其可耻的行为，就是缺乏公德意识，就是媒体惊呼的"道德滑坡"，或说"进入休眠状态"，用老百姓的话说就是"缺德"。一方面是小同学给人让座，另一方面是成年人用卑鄙手段骗座，形成了强烈的对照，怎能不让人感到气愤呢！因此，当乘客听到她包裹里传出"汪汪"的狗叫声时，都向她投去鄙夷和憎恶的目光。

　　妈妈一边吃一边听，没有停下筷子。她听儿子说完，又发噱，又气愤；可听着丈夫的一番分析，却似醍醐灌顶，领悟出不少的道理，两眼睁得像她下班时买来的红香水葡萄，水汪汪，圆溜溜，她突然叫道："啊呀，你们父子两个对于同一件事却用了不同的表达方式：儿子是在记叙，爸爸是在议论，说的可是一样的道理，都是对这种不道德不文明行为的嘲讽和批评哟！"

　　丁咚咚和爸爸听了，又一齐大笑起来。

　　（二）想当大法官，决心学好议论文

　　上边这件事，是程老师在作文班课堂里向全体学生讲述的。程老师为什么知道丁咚咚家里的事情？那一定是丁咚咚自己对他说的。因为来作文班时间长了，丁咚咚和程老师混得厮熟，丁咚咚经常有事没事就找程老师"拉呱""唠嗑"，谈这问那，无话不说，闲聊许多事情。很多讲课事例、生活素材，程老师没少从学生嘴里获得哩！这是由于，讲课利用学生自己身边发生的事件，他们就格外感到亲切、兴趣盎然呢！

教室里的气氛十分活跃,程老师看见学生这般开心,他抬手提一提眼镜,又继续往下讲——

呵呵,丁咚咚乘坐公共汽车遇到年轻妇女骗座,有时间、地点、人物、起因、经过、结果,具备记叙文的"六要素"构件。事情的过程、来龙去脉、前因后果像一条线,被丁咚咚叙述得很清楚,妈妈听得很明白。在叙述中也有描写,如说中途上车的老奶奶"满脸皱纹头发花白",骗座阿姨"有三十来岁,身穿花衣裙,头发烫得挺酷,打扮得够时尚,很另类,穿着也特运动那种的,两手在胸前抱着个包裹。她不停地扫视着周围的乘客,又拿眼睛盯住我看,然后用手轻轻拍着包裹,嘴里哝哝唧唧地说:'乖乖,别哭,别哭……'"丁咚咚让座后,"阿姨二话没说,咧开涂着唇膏的大嘴笑开了,身子一扭,好像没有屁股,一下子坐了下去。由于她坐得太急,用力过猛,弄得包裹里发出'汪汪汪'的叫声。在这时,车厢里的乘客都向她看去,她怀里的包裹随着'汪汪'叫声动弹着",等等。又有叙述又有描写,这就叫"记叙"。如果记录下来,再整理润色,就是一篇很不错的"记叙文"咯。

然而,丁咚咚爸爸说的那番话,却没有叙述哪一件事情的经过,他提到年轻妇女骗座这件事,并没讲述具体过程,只不过由这件事引起,把它作为例证发表了自己的看法,认为类似这种违反社会公德的行为,应该受到严厉批评和舆论谴责,从而营造一种健康、和谐、文明的社会氛围。爸爸从头到尾都是发表他自己的见解观点,阐述一种道理。他的表达方式完全是议论,如果写成文章,就是一篇议论文,因为有论点,有论据,并进行了有力的论证。

夸夸其谈的程老师讲到这儿,突然闭了嘴,他从讲台走下来,背着手,在过道来回踱着,检查学生写笔记的情况。然后又回到讲台上面,提出问题,让学生回答:"丁咚咚爸爸说的这席话,我说如果写成文章,就是一篇议论文,哪位同学能够说说他主要表达的是怎样的思想、见解、看法?或者说,论点是什么?"

要学生准确归纳议论文论点,并不是一件容易的事情。很多人都是用手支着腮帮子,想来想去的,拿不准主意。沉默片刻,李赟举手后站起,犹犹豫豫地说:"骗座是不文明、不道德的行为。"

有人开了头,打破了僵局,也就有了"后来人",任梦洁站起来说:"这段话要求人人都应该做一个有道德、讲文明、能礼让的遵纪守法好公民。"

"好的,好的。两位同学回答得都很好,任梦洁说得更加准确一些。"程老师先前有些发板的脸孔,现在已变得笑容满面。"论点是每个公民都应该发扬文明礼让的精神,大家再想想,为了阐明这一观点,丁咚咚爸爸都用了哪些论据呢——就是说,他引用了哪些材料来论述?"

讨论"论据",比从全篇文章中抽象出"论点",要来得容易些,因此,举手发言者此起彼伏。程老师指定了刚进班时间不久的陆晚霞,她回答说:"除了举出年轻妇女用宠物狗骗座的事情外,还列举了'雷锋让座'、'列宁让路'、'孔融让梨'三个事例。"

"还有,还有……"当陆晚霞刚弯腰要坐下去,就听到一声喊。大家回头一看,原来是坐在后排靠墙位置的孙洪达,他把左手高高伸在头顶上方。

程老师的眼镜片闪着亮光,对着孙洪达直点头:"你说,你说。"

孙洪达一边站,一边两手在太阳穴抓挠几下,一边说:"还有张姓女子从淘宝网上买来'硅胶肚皮'用来装孕妇,在地铁骗座露馅的新闻,陆晚霞没有说,这些都是事实论据;另外还有理论论据——丁咚咚他老爹说的《公民行为公约》就是的。"

"孙洪达回答对了,《公民行为公约》果真是理论论据!"程老师看着孙洪达,用微笑给予他鼓励。这段时间,孙洪达进步很大。自从那次孙洪达讲述"武松打虎"的故事后,程老师想了很多。作为一个合格教师,要全面正确看待有缺点的孩子,他们的活泼好动、单纯幼稚、充满好奇心,正是他们的长处,也许就是他们未来成长蕴含的"正能量";即使真的违反了纪律,也要对他们宽容,允许犯错误,更要耐心教育,热心帮助,用心引导——这"三心",一个不能少。有时在课堂里,学生们学习累了的时候,程老师还特意安排"孙猴子"给大家表演表演,让大家开开心,乐一乐,放松放松大脑呢。

坐在中间靠左座位的秦昊,歪着头,用一只胳膊支着下巴,这回他听得十分着迷。当程老师讲述丁咚咚家里的这件事时,他似乎就像坐在丁咚咚家里餐桌旁,心无旁骛,就差拿起筷子和他们一同吃饭了。程老师讲述完了,他才明白过来自己现在置身于教室内,犹如大梦方醒,觉得刚从丁咚咚家里走出来一样。但他是个一刻也不肯安静的同学,听着听着,又扬起脖子高声叫喊道:"程老师,你讲解'叙述一条线'时,我说过,将来我长大了想当警察。讲解'作文先审题'时,你曾许诺过我,要把我培养成为一名严正的好法官。后来我回家把这些事情都对我爸爸妈妈说了,当时我姑父正好也在我家,我姑父可比我爸爸有文化呢,他说我要当警察、做法官的想法很好,但是,必须要学好议论文,要学会讲道理,善于当庭辩论……记叙文我已经会写了,关键是以后怎样写得更精彩,我现在就想学学议论文,程老师,你能详细地讲讲这方面的知识吗?"

"啪啪啪……"秦昊说完后,不少学生给他拍起巴掌,有的还为他叫好。当然,这其中也不乏有给他喝倒彩的。

"我不是已经让你当了一回法官了么?你的法官梦不是已经圆了么?"程

老师笑眯眯地看着秦昊,半开玩笑半认真地反问。

"嘿嘿,那次是演戏,不是真的。"秦昊的头摇晃得比电风扇还快。

"唉呀,坏了,我惹上麻烦事了!"程老师现出满脸的苦相,抬起左手,先是搔几下脸颊,接着又拍着脑门。"秦昊若是当不上警察和法官,我还要负法律责任呐!"

秦昊也习惯性地伸出左手,捏一下他宽大的鼻沟,瞪着程老师说:"我不让您负法律责任,您只要能教会我写议论文就可以啦!"

程老师眨眨眼,又说:"不行哟,即使不负法律责任,我也要负道义责任噢!看来,我已无路可走——只能教你学会写议论文,再一步一步把你培养成警察和法官咯!"

大家又一阵嘻嘻哈哈,眼睛一齐注视秦昊,而秦昊的嘴巴也乐得咧到耳朵根部。

当笑声稍稍停歇,程老师把笑容收藏起来,看着秦昊,又望望全体同学,郑重其事地问:"我们作文班里,还有谁想当警察或者法官?请举手!"

"我!"冯新发挺直身体站起来。"我要和我爸爸一样,将来当个武警干部!"

"我!"周圆圆双手用力支撑椅子后背,身子左右晃动,慢慢站直。"我要当女警察!"

"你那么胖,太笨了,让你去抓坏人,能行吗?"许行之斜睥一眼周圆圆。

周圆圆也冲许行之丢了一个眼色,发威似的说:"哼,笑人齿缺,狗窦大开!小胖墩,你比我也强不到哪去呀;再过两年,你就成了大肚弥勒佛啦!哈哈!"

许行之不再说什么,只是跟着笑,笑得脖颈上边出现两个下巴,脸部肌肉把眼睛挤成两条细缝儿。

"你们都想当警察,我可想当个女检查官呢!"马岩没有站,挤咕着扁长的眼睛说。

"嘿。"鲁晓非还没开口先笑出声。"马岩,你那口吃病,若是真的当上检察官,审判犯人时,一说话磕磕巴巴的,这样式的:'本检察、检察官,问、问你,你,你,在,在作案、案时,有没有……'还不得把犯罪嫌疑人乐个半死呀!把旁听群众急个半疯啊!"

"你知道啥?"马岩反驳别人时,张嘴就是这句口头禅。"我,我的口吃病已经快好啦!不信,问问程老师!"

程老师急忙呼应说:"没问题,再过半年,马岩说话就会完全正常了!"

"老师,我想当个外交官呢!"丁咚咚略微欠欠身子说。

"老师,我跟您说过,我将来想开个律师事务所,当个大律师!"郭淑薇边站边说，又用手摩挲着脑袋。

"老师，我的理想也和'郭大姐'一样。"任梦洁不动声色地说。

听着这帮同学们的争吵声，快乐的潮水在程老师胸膛翻滚，嘴角两边的括号一波一波地重叠出现，只见他两只手在眼前一合，说："好吧，那就请你秦昊注意听讲，其他同学也有想当警察、法官、检察官和想当律师的、想当外交家的，以及想学好写议论文的，都要注意了，下边就讲解相关知识。"

（三）上路送一程，议论文只有六个字

呵呵，在这里，我要从记叙文的讲解向议论文的学习过渡一下，不打算作过多的细致分析，只想往议论文的路上送你们一程。

1. 什么是议论文

"议论"，就是对客观事物进行分析和评价，用以表达自己的观点和态度。它的基本特点就是发表见解，有严密的逻辑性和很强的理论性。

简言之，议论文就是用议论的表达方式阐述观点，提出见解，发表看法，论说道理的文章体裁。其实，议论文只用六个字就能把它概括：摆事实，讲道理。

记叙文里有"六要素"，议论文里有"三要素"，即：论点、论据、论证。"道理"，就是文章的论点；"事实"，就是文章的论据；"讲"和"摆"，就是文章的论证。

论点要明确，论据要充分，论证要合理：这是对写议论文的基本要求。

在这一基础上，更进一步的要求是：议论要深刻，要透彻。

2. 议论文的三要素

（1）论点：就是对事物的看法或主张，即需要证明什么，讲出怎样的道理。它是文章的灵魂、统帅，即中心思想。一篇议论文只能有一个中心论点，但可能有几个分论点，不过分论点再多，也必须是围绕中心论点展开的。

①如何选择确立论点。

A. 正确：明确是非，分清好坏、美丑、善恶，发扬积极健康向上的精神。

B. 鲜明：赞成什么，反对什么，不吞吞吐吐，不模棱两可。

C. 集中：只有一个论点，中途不变，贯穿始终，不可中途易帜。

D. 新奇：切忌老生常谈，反对人云亦云，见解独到，有新视角，有现实感，讴歌新生事物。

E. 深刻：平凡蕴含伟大，挖掘事物内在本质，揭示思想意义，折射时代光辉。

②如何找准论点：论点通常使用一个陈述性判断语句，表明作者主张什

么，反对什么。要做到——

A. 对所议论的事情、现象和问题要了解深透。

B. 立论要符合事物本意，不要似是而非，切忌生搬硬套。

C. 立论要做到观点正确，旗帜鲜明，论点一贯，认识深刻，针对性强，有积极的现实意义。

（2）论据：用来证明论点是正确还是错误的事实、理由、根据，即支撑论点的材料。

①如何选择论据。

A. 事实论据：生活中发生的有代表性的事例；可靠的历史事件；确凿的统计数据……

B. 理论数据：读者比较熟悉、人们普遍承认的道理——它是对大量事实抽象、概括的结果；还有名人名言、警句、俗语、格言，以及权威发布等等。

②选用论据的标准。

A. 要确凿可靠，不能道听途说。

B. 要具有典型性，不可以偏概全。

C. 要有针对性和可比性。

D. 论据与论点统一。论据是为了证明论点的，两者应该相互联系、紧密一致。

（3）论证：用论据（材料：事实、理由）去证明、论述、分析论点正确与否的过程。论证的目的在于揭示出论点和论据之间的内在逻辑关系。

常见的论证方法：

A. 例证法：列举可靠、充分、有代表性的事例来证明论点，即事实论证。一篇议论文，如果缺少事实根据，就没有了说服力，难以取信于人。

B. 引证法：引用名人名言、格言警句、权威数据、逸闻轶事、笑话趣谈等，用来证明论点的正确与否，这也是最普遍使用的证明方法。

C. 类比法：就是把所要分析议论的对象，同另一与其相类似的事物或道理进行联系，进行比较，并由此推导出自己的看法的论证方法。从逻辑上讲，它是由个别到个别的一种推理方法。例如：①孟子为了阐述"舍生取义"这一观点，他先以"鱼我所欲也，熊掌亦我所欲也；二者不可得兼，舍鱼而取熊掌者也"的道理进行类比，然后得出"生亦我所欲也，义亦我所欲也；二者不可得兼，舍生而取义也"的结论。②鲁迅在《故乡》小说里，写杨二嫂因"我"忘记她系何人，"显出鄙夷的神色，仿佛嗤笑法国人不知道拿破仑，美国人不知道华盛顿似的……"把杨二嫂的"神色"同法国人和美国人不知道他们国家妇孺皆知的历史重要人物相类比，尖锐嘲讽了杨二嫂的轻狂和傲慢。③"正像达尔文发现有机界的发展规律一样，马克思发现了人类历史的发展规律。"恩格斯在一次演说中,对于马克思在社会科学领域的研究成果同达尔文对自然科学的贡献相类比,突出说明了马克思在世界社会发展史上的重要地位。④"橘生淮南则为橘,生于淮北则为枳,叶徒相似,其实味不同。所以然者何?水土异也。今民生于齐不盗,入楚则盗,得无楚之水土,使民善盗也。"春秋时,齐相晏子(婴)出使楚国,他正在同楚王谈话,一个衣衫破烂的农民被押解来到面前,说这个人是齐国人,来到楚国偷盗。为了侮辱齐国,楚王问晏子为什么齐国人这么喜欢盗窃?晏子反应机敏,能言善辩,以上这番话就是采用类比论证方法,把楚王置于十分尴尬的境地,维护了自己国家的尊严。

D. 对比法:就是通过对两种相反或相对的事物,以及同一事物相反、相对的两个方面进行对比,来展开议论的论证技法。通过对比,褒贬毁誉、是非黑白、高低优劣,一目了然,既把道理说得清晰明白,又突出了事物的特征,给读者留下深刻的印象。例如:①德国诗人歌德成名后受到赏识,三十岁当了国务大臣,感到自己"早已不再是诗人了"。后来,他结识了另一位著名诗人席勒,两人开始深交。受席勒影响,他又作为诗人而复活,一气呵成叙事长诗《赫尔曼和窦绿蒂亚》,修改了《葛兹·冯·伯利欣根》,完成了《浮士德》第一部。可见,选择一个益友,对一个人有多大的帮助。(接下来,又举出"滥交"损友的后果例子,两者正反进行对比,论证"择友"的重要性。)②吕蒙正和周瑜同是三国时期孙吴武将重臣,但吕蒙正性情稳健,他"宰相肚里能撑船",与周瑜嫉贤妒能形成强烈对比……

E. 归纳法:从大量的具体的个别事例,总结、抽象出一般的结论和道理,这就是事实论证方法。比如,想要成就一番伟大的事业,就必须有一个健康的身体——论点,可以举出很多历史和现实的人物:像李白经常舞剑,他活了70多岁,在那个时代实属不容易;法国著名作家雨果,年轻时身染沉疴,后来加强锻炼,竟然成了80多岁的长寿老人;毛泽东一生与水分不开,年轻时洗"冷水浴",76岁时还畅游长江,"胜似闲庭信步";于右任100岁时还坚持打太极拳……

F. 演绎法:它是由一般原理或结论来推导出个别道理的论证方法,即用普遍性的论据来证明特殊性的论点。比如,遵守社会公德能够体现出公民的个人素质(大前提),那么,以宠物狗骗座就是缺乏社会公德的表现(小前提),因此,那位中年妇女在公共汽车里骗少年儿童座,就是缺乏社会公德,没有素质(结论)。

G. 喻证法:比喻是最常见的修辞手段,它是用打比方的方法使语言形象化,运用在议论中,就成了形象性说理的主要手段之一。运用这种表达技法,议论形象生动,道理讲得深入浅出,容易让人接受,感染力强。譬如鲁迅的

《拿来主义》中，以"大宅子"比"文化遗产"，以"孱头"、"昏蛋"、"废物"分别比喻对西洋文化持逃避、排斥和投降三种态度的人，又以"鱼翅"、"鸦片"、"烟枪和烟灯"和"一群姨太太"分别比喻外国文化中有益无害的、益害并存的、无益也无害的和有害而无益的东西。——这就将抽象的道理讲得通俗浅显，使人乐于接受。

H. 归谬法：又叫引申法。先假设对方的错误观点是"正确"的，然后进行引申，从而推导出一个荒谬的结论，以证明其虚假，使其归于荒谬。这是一种"以其人之道还治其人之身"的方法，多用于驳论文章。它是有意将对方的论点的错误通过引申加以"放大"，将其推向极端，使其自相矛盾、不攻自破的论证技巧。运用这种方法，在行文意义上，犹如驱马于绝壁，或登高而撤梯，使论敌处于十分危险而难堪的境地。这类文章常常可以写得生动活泼，对论敌的驳斥辛辣有力，富有揶揄色彩。

例如，有个大学生救抢落水农民而牺牲，有人却说"划不来"。针对"划不来"，用归谬法给予批驳：乍一听，觉得说这话的人非常懂得人的"价值"。在他看来，大学生对社会的贡献肯定要比农民大，的确"划不来"。那么，谁去救呢？青年肯定不能去救，青年前途无量，将来会有大作为。小孩更不能去救，说不定这孩子长大后会成为博士后或是某方面的专家呢。只有同等年龄的农民去救，但一想也不行，因为他们之中还有一个对社会贡献大小的问题。现在，只有比这落水农民年岁大的农民老头去救，可是，年岁大的老头又没有了力气。在这"比价值""比贡献"的时刻，落水农民只好等着淹死吧！——这就是"划不来"论者的最终结果："见死不救"或者"不能救"，否则就会"划不来"。

论证要注意的事项：

A. 所举的事例必须确凿可靠。

B. 把握好中心论点与事实论据之间的关系。

C. 所举的事例必须有代表性。

D. 所举的事例应该力求有新鲜感。

3. 议论文的种类

议论文分为立论文和驳论文两种，也有人把读后感放在里面。

（1）立论文：对事件或问题阐述正面（正确）观点的议论文。

（2）驳论文：揭露和批驳反面（错误）观点的议论文（或批驳论点，或批驳论据，或批驳论证）。

（3）读后感：读过一篇文章后产生的一些感想，一般有"引出"、"联系"、"议论"、"总结"这样四个环节。

（四）手机发短信，"上吊"吊出来个议论文

下边这篇文章，就是阐述正面观点的议论文。我们分析一下它的论点是什么，它都使用了哪些论据，它又是如何进行论证的。

错别字酿制的苦酒

有着6000多年历史的汉字是方块字，每个字都有它的形、音、义三个方面，是我们的祖先留下的宝贵文化遗产。汉字结构优美，含义深妙，连西方语言学家都为之叹服，据说无产阶级革命导师马克思在150年前还产生过学习汉语的念头呢。

汉字的诞生，传承着中华民族的文化基因，让我们从古到今的文化瑰宝有所寄托和依归。《淮南子》这样写道："昔者仓颉作书而天雨粟，鬼夜哭。"这是因为，有了文字之后，"造化不能藏其密，故天雨粟，灵怪不能遁其形，故鬼怪哭。"现代作家王蒙更称赞汉字是"鬼斧神工，惊天动地的伟大创造！"

有了汉字，才有了"诗云子曰"，才有了离骚汉赋，才有了王朝变迁的千年史册，才有了今天我们图书馆的浩瀚书卷，才有了东方古国璀璨耀眼的辉煌文化，才使得中国的文明得以薪火相传。写出一个个潇洒飘逸的汉字，准确无误地表达自己的思想，依凭它传递和接受各种各样的信息，推动经济发展和助力社会进步，方便我们的日常生活及相互交往，等等等等，可以说，汉字的恩德，对于中国人真是天高地厚。在洁白的纸张上，人们舞动着的笔尖奏出美妙的沙沙声，空气里飘散的墨水清新的芳香，这是我们民族永不磨灭的集体记忆。

然而，历史的进程不会停下它的脚步。随着我国改革开放的深入，市场经济的迅速发展，人民生活节奏的加快，身处信息化浪潮的现在，年轻人敲击键盘的速度是越来越快，而汉字书写的功能却越来越弱化。由于互联网技术的日臻进步，电脑的逐渐普及，时下人们已经不再习惯一笔一画去书写汉字了，曾经在祖先眼里秀美曼妙的汉字，在今天的人们眼中却失去了原有的神韵光彩，幻化成为字母键盘上的组合。

确实，这些表情达意、承传文脉的汉字，现在已陷入式微困境：有些人提笔忘字，写出来不是缺胳膊少腿，就是丢头落（là）尾巴，错字别字迭出，像大旱天起了蝗虫满天飞。不仅如此，目前一些街道店铺名称、广告牌、价目表、宣传栏、企业公司招聘传单、服务公约等方面，也出现许许多多不规范的字和用语，这种情形严重玷污了祖国语言文字的纯洁，同建设精神文明社会背道而驰，应当引起我们的严重关切。

错别字的泛滥，给国家和企业带来巨大的损失，这样的事例已经是屡见

不鲜。前不久,媒体刊登一则新闻,报道新疆乌鲁木齐市有家食品厂,他们的食品远销日韩东南亚诸国。然而,在几百万个包装袋上,却把"乌鲁木齐"印成"鸟鲁本齐",结果造成退货重印、重新包装等上百万元的经济损失!这是多么可悲的后果啊!

还有个出售家具的商家老板,在电视上看到香港把"家具"二字写成"傢俬",于是乎他也跟着追赶时髦,把自己商店的名字写成"××傢俬城"。有一次,他的一个新客户约定前来购买一批货物,却始终没有找到他这个"家具城",翻遍所有字典也不认识这个"俬"字为何物,最后这笔生意与他失之交臂。

错别字和不规范的字给国家和企业造成物质损失,也给社会和人们的生活带来诸多的不便。

有一位家居农村的青年,他的父母在家种田,他外出打工,吃苦耐劳,在一家建筑工地干活,后来得到老板青睐,当上了施工员。这家建筑公司在好几个城市同时施工,老板决定把他从一个县城工地抽调到省城工地去工作。临行前,他顺便给他父母手机上发了一条短信,内容如下:"我的工作最近有便洞(变动),我要上吊(上调),无(勿)用牵挂!"父母收到这条短信后,反复看了好几遍,琢磨来琢磨去,最后一致认为儿子遇到了什么麻烦事,要自杀,这是一封绝命书。于是不敢怠慢,立即回电话,打儿子手机。不巧的是,正赶上儿子坐的火车行进在山区,没有信号,打不通。母亲哭天嚎地,昏死过去,送到医院进行紧急抢救;父亲连夜坐车,千里迢迢赶去儿子原驻工地奔丧。谁知到达后,却得知儿子安然无恙,竟是有惊无险。原来儿子是个白字先生,把"变动"写成"便洞",把"上调"写成"上吊",结果造成天大的误会,使家人遭受巨大的精神折磨和痛苦,经济上也受到不少的损失。这是错别字酿制的苦酒。

错别字带来的损失还不仅仅是这些,更重要的是亵渎了我国优秀的文化,造成严重的精神污染,这不能不引起我们的高度重视。国家文化管理机关以及各界有识之士,对汉字书写的不规范、错别字随处可见等不正常现象,给予了广泛关注。最近,国家文字委员会和中央电视台联袂举办的"中国汉字听写大赛",一经电视热播,反响极其强烈,立即引发了学生、家长、教师、专家和全国广大观众的浓厚兴趣,会上会下,台里台外,不同人群,都在考量自己书写汉字的能力,正确书写汉字的热流在九百六十万平方公里的土地上汹涌澎湃。工商行政等部门也对广告、标语、牌匾等用字用语进行检查规范,正确引导。错别字这杯苦酒,喝进肚里任何人都无法承受,最好以后谁也不要再把它端起饮用。我奉劝大家:从现在做起,从每个人做起,每个公民都应该站出来,为祖国的语言文化的纯洁而努力奋斗,一定要把错别字酿制的苦酒，倒进地沟里去吧！

在学生的嘻嘻哈哈笑声中，程老师提出这样的问题："大家想一想，《错别字酿制的苦酒》这篇议论文，它的中心论点是什么？"

听这样一问，学生们又都瞪大眼睛向前看着。不一会儿，有的学生把手举起来。程老师抬手一指，鞠雪晴从座位起立，她身体略微向前弯曲一下，头也往前低一低，扬起脸朝向黑板看着，说："这是一篇议论文，它的论点是：我们每个公民都应该从我做起，从现在做起，为祖国的语言文化纯洁而努力奋斗，一定要把错别字酿制的苦酒，倒进地沟里去，也就是让错别字无处藏身！"

"鞠雪晴同学说得对不对？"程老师一边让鞠雪晴坐下一边问大家。

就在大多数学生说"对"时，蔡菀笛却喊着"不对"，还把手举过了头顶，在空中挥舞着。

"你说不对，那你说说它的论点到底是什么？"程老师又转身用手指着蔡菀笛问。

蔡菀笛边站边挺起脖子，她的长眼皮用力挤动，嘴唇往上撅起说："我觉得，它的论点应该是：错别字危害巨大，应该消灭错别字！"

同学们还都在愣神，程老师微笑着问："蔡菀笛和鞠雪晴她们两位谁说得对？"

朴峻熙坐在椅子上一动不动地说："我看鞠雪晴说得对。"

林心怡站起来说："还是蔡菀笛答的正确。"

丁咚咚当了一把老好人，手向上一伸说："我认为，两个人是姐俩好，一样的——都是说要让错别字无处藏身，也就是要消灭错别字。"

蔡菀笛和鞠雪晴平分秋色，对着飞了一眼，相视而笑。

隔了一会儿，见无人持有异议，程老师又问："谁再说说，这篇文章的论据有哪些？"

顾崇宇把手放在桌子上，似举又止的样子。程老师见状，立即把他叫起来，他说："我看一共有三个：①乌鲁木齐食品厂印错包装袋造成巨大经济损失；②家具商店的名称写得不规范，与客户失之交臂；③'白字先生'的错别字短信，给家人造成精神伤害。"

程老师摆手让他坐下，又转头看着全体同学说："顾崇宇回答得很好么，这答案就像大白天视物——明摆着的，别人为什么不举手回答呢？"

"我们害怕说得不准确。"白杨坐着说了这么一句，白白净净的脸上泛起几朵红砣。

稍停一停，程老师又问："这篇议论文使用了三条论据大家想一想，这三条论据是理论论据呢，还是事实论据呢？这个问题谁能回答？"

"事实论据！"这次大多数学生都争着举起手，还不待老师指定，不少学生急忙脱口而出。

"好的，好的，是事实论据！"看到已把答案说出来，程老师也没必要指定谁回答了。"那么，大家再想，这篇文章又是怎样论证的呢？"

因为学生刚刚接触议论文，这对他们还是个难题，需要好好想一想，半天没人出声。程老师只好进一步启发："大家再看看，我们刚才讲的七种论证方法，与《错别字酿制的苦酒》文章对对号，应该是哪种？"

沉默一阵后，李一流举起手，站起来说："我看这是例证法，因为三个论据都是举例子。"

李一流说完坐下后，先前举手的都放了下去，因为他们的看法和李一流不谋而合。

"还有没有别的方法呢？就例证法一种论证方法吗？"程老师仍在启发。

李赟正在犹豫之间，听程老师这么一问，他更坚定了自己的想法，就边举手边站起来，说："我觉得除了'例证法'外，还运用了'归纳法'进行论证。"

说完，李赟的双眼皮上的黑睫毛还在不停地抖动，注视着程老师的面部表情，判断着自己的回答是否正确。程老师满意地抬脸望着他，点点头："说得对，这篇文章运用了例证法和归纳法两种论证方法。"

看大家发言结束，一直没有找到感觉的范文彬，晃动着上半身，细眯着眼睛，一笑露出没有褪尽的黄牙齿，坐在座位上诙谐一句："这个白字先生，'上吊'吊出来个议论文！"

听课最细心的肖渺一，今天又戴上了近视镜，他扭过半个身子，抬手摸着眼镜架，朝后面的范文彬喊："'范大烟'，你老老实实呆着，不要'花马吊嘴'的，讨厌！"

（五）公园甬路上，一口痰吐出篇议论文

认真听了半天课的秦昊，觉得已大彻大悟，急不可耐地把右手伸起来，直直地刺向半空，也不待老师叫他，就自动站了起来，上身向前倾了倾，又左右晃了晃，亮开嗓门喊："老师，这样的议论文，我不敢说写得好，我也能写出来。不信，您给我们出个题目，让我们写一篇！"

"好啊，那就让你秦昊下一次水试试吧！"要想真正学会写议论文，除了讲透相关知识外，就是要学生反反复复进行练笔。程老师原本就想让学生先动笔写一篇，然后再结合学生作文讲解写作技法，这样才会有针对性。他的课堂设计不过如此。既然秦昊首先发难，程老师便也顺水推舟。"这正合吾意。"程老师心里暗想着，便从蓝布妖精袋里掏出一张纸，这是他预先准备好的"提示"，一个斜转身，挂在黑板上——

1. 供料作文（记叙文）

星期天早晨，小学生申大朋起得很早，同妈妈一起来到公园晨练。他看见一个小青年，染着黄头发，穿着花格衬衫，手指缝儿里还夹一支正在燃烧着的香烟，嘴里喷云吐雾，并哼着流行小曲。小青年走路全身摇晃，嗓子眼儿里还用力咳着，一口黄糊糊粘痰应声落在清洁工刚刚清扫干净的甬路上。

申大朋应该不应该走上前去制止小青年？他应该怎样说？小青年很反感，左手用力一摆说"去去去！"，申大朋该怎么办？最后的结果会如何？请你以《不要随地吐痰》为题，写一篇不少于600字的记叙文。

2. 提供材料（议论文）

（1）随地吐痰是很不文明的行为，更有害于人们的身体健康。根据科学家在显微镜下观测，一口痰液里有一亿个病原菌，吐在地上干燥后，随着空气到处飞扬，很容易被人吸入体内。在非典时期，SARS病毒就是通过呼吸道传播的。

（2）申大朋在公园制止染发小青年随地吐痰，小青年出口不逊，被围观群众斥责。

（3）近几年，我国到境外旅游的人数越来越多，但是不文明的行为也不时被曝光，尤其随地吐痰的陋习引起外国游客的强烈不满，成为热议的话题。

（4）一百年前，清朝大臣李鸿章，在一次国际会议上，往会议大厅地板上吐了一口痰，被工作人员用纸包上，放在会议大厅展览多日，丢尽了中国人的脸皮！

（5）据报载：美国客商与我国某医疗器械厂谈判生产医疗输液管，外商到车间参观时，厂长向墙角吐了一口痰，然后用鞋底去擦。正式签字那天，厂长只接到外商的来电："一个厂长的卫生习惯可以反映这个工厂的管理素质；况且我们生产的是用来治病的输液管，人命关天……请原谅我们的不辞而别。"

请你再结合《不要随地吐痰》里的事例，以《随地吐痰危害大》为题，写一篇不少于600字的议论文。

学生学习写议论文还刚刚起步，有的连文章体裁都分辨不清，对如何谋篇布局就更是不甚了然。为了让学生们写好这次作文，程老师抬手一展，黑板上又出现一张大白纸——

《随地吐痰危害大》（议论文）结构布局参考：

①提出问题（引出论点）

我们经常看到人们随地吐痰，不管是在公共场合，还是走在路上，这种

生活陋习屡见不鲜，可说俯拾皆是，国人已见怪不怪了。(可举出具体事例)

②分析问题（论据+论证）

A. 据科学家在显微镜下观察，一口痰内有肺原菌、大肠杆菌等细菌一亿多个。

B. 经过风吹日晒干燥后，细菌随着灰尘飘浮空气中，极易被吸入人体内。

C. 非典时期，SARS病毒就是通过呼吸道传播的。

D. 申大朋在公园制止染发小青年随地吐痰的事迹。

E. 我国游客在国外旅游观光随地吐痰。

F. 清朝末年，大臣李鸿章出席国际会议，竟往大厅地板上吐痰，被工作人员当即用纸包起，放在大厅展览多日，丢尽中国人的脸皮。

G. 改革开放初期，美国客商欲同我国一家医疗器械厂合资生产输液管，因我方厂长往墙角吐痰，致使谈判告吹，经济损失巨大，国际影响极坏。

③解决问题（突出论点）

随地吐痰害处极大，有目共睹，难道我们还不应该克服这种陋习吗？我们要大力宣传讲究卫生的习惯，普及科学知识，开展爱国卫生教育，让随地吐痰行为彻底绝迹。

这次作文的样式，同丁咚咚家里那次父子的谈话，是完全相同的，也是就同一件事情，先记叙经过，后议论看法。两种文章体裁，可以任选一种。但是，这堂课写了记叙文，下堂课就必须写出议论文。教室里立刻变得像野外空谷一般静，不再有人说话，个个打开作文本，摇动起笔杆。经过一小时的挥毫泼墨，下课时间到了，同学们纷纷把写好了的作文交了上来。

对于学生的每篇作文，程老师都做到精批细改，从篇章到词语甚至标点符号，他都看得特别仔细，批改得十分认真。不仅文中有红笔改动，还有旁批腰批，以及篇末综合全文整体问题，如从审题、立意、选材、结构、表达、语言、卷面等，写出类似文学评论般的评语。他认为，批改和评语是作文教学的重要一环，也是教师与学生沟通的桥梁，更能看出语文教师的基本功，而绝不像有些人说的，是可有可无的。这次课堂作文练习，经过批改后，他把较好的学生范文又用大白纸抄写出来，挂在教室前面——当然喽，这是在下一个星期的作文课堂里：

不要随地吐痰
（丁咚咚）

星期天不上学，早晨起床后，申大朋跟着妈妈去公园散步。刚进了公园大门，他听见"沙沙沙"清扫路面的声音。抬头一看，原来是清洁工阿姨在搞卫生。她穿着黄马甲，戴着白帽子，手里拿着笤帚，干起活来十分认真，把甬路上的树叶、杂草、纸屑扫进撮子里，又一齐装进大塑料袋内，然后再倒掉。公园到处都被清扫得整洁美观，人们做着各种活动，放飞着愉快的心情，显得特别轻松和惬意。

妈妈在那边和一群人做健身操，申大朋带着书本来到花坛前读英语。经历了一个热烈的夏季后，当秋天的凉意悄然袭来时，草木繁茂已越过了顶点，绿色之间透出了淡黄。各种颜色的花朵，虽然风姿稍减，但还是各秉形态，竞相开放。有两三只小蜜蜂，正在花间上下飞舞，忙碌着采集花蜜。一只黑底白花蝴蝶在他身边翩翩起舞，又向远处飞去。还有两只红杆透明翅膀的大蜻蜓，互相咬着尾巴，欲落又起，在他头顶上面嬉闹。不时有吱喳鸣唱的鸟雀在空中绕着圈子，撒下一串串婉转的歌声……申大朋的眼睛不够用了，一次又一次地从书本上移开，追逐着摄魂勾魄的美丽景致。就在这时候，从远处走来一位身穿花格衬衫的小青年，焗着棕黄色狗尾巴头发，露出的胳臂上纹着两条蓝色小龙，嘴里哼唧着一阵高一阵低的歪门小调，左手的食指和中指之间夹着正在燃烧着的香烟。这个小青年口里哼一句，便深深往肺部吸一口烟，然后再一昂脖，向上喷出一个烟圈。可是，就在不少游客注视下，他竟剧烈咳嗽起来，随后，一堆黄糊糊的黏痰从口里吐出，应声落在水泥板的甬路地面上，就像光洁干净的大厅地面上突然出现一堆鸡鸭的粪便。

小青年这口肮脏的秽物，污染了清洁的路面，也玷污了人们的眼睛，申大朋不由得感到一阵恶心。他走向前几步，对小青年说："叔叔，随地吐痰很不卫生，也很不文明，请您用纸把吐在地上的痰擦干净，以后不要再随地吐痰了！"

小青年先是愣了一下，接着瞪了申大朋一眼，嘴角微微抖动，抬起右臂，手指往外一挥，不耐烦地说："去去去！这里没你的事，哪里凉快你到哪里歇着去！"

说着，他的左脚尖往外一撇，转身就要离开。申大朋不依不饶，上前扯住小青年的后衣襟。这个时候，围上来不少群众，纷纷指责小青年破坏公共卫生的行为；清洁工阿姨也从那边走过来，她分开围观人群，对小青年说："为了游客的健康，为了保护环境卫生，请你立即把你吐的痰渍擦洗干净！"小青年还在愣神，阿姨又说："你要是不肯配合，就要按照处罚规定，罚款50元！"

小青年满脸羞红，环顾左右，又瞟视一眼申大朋，只好从衣袋里摸出卫生纸，猫下腰，撅着腚，把吐在地上的黏痰包在纸里，然后在众目注视下，灰溜溜地向垃圾筒走去。

大家七嘴八舌议论着，有的人说年轻人应该讲究公德，要做文明礼貌的好公民；有的人夸赞申大朋是新时代的好学生……

"申大朋真是好样的！"林心怡仰起鸭蛋形的白净小脸，轻轻赞了一句。

朴峻熙用手指着黑板，面有愠色："这个小青年，是地地道道的流氓无赖！"

"这要是让我碰上，我才不叫他叔叔呢！"黎梅花气不打一处来，气哼哼说。

"那你叫他什么呀？"蔡菀笛歪着脖向黎梅花。

"我叫他什么？"黎梅花眉毛一挑，"我叫他狗屎！我揍扁他！"

"女才子"任梦洁眼睛还在盯住前面的作文，上下眼毛不停碰撞，舒口气说："景物描写得赏心悦目，真是好看啊！"

"不但语言华美，人物形象塑造得也很突出呢！"裴玲手捏弄着胸前纽扣说。

很多同学边看边叫好，有的还冲着丁咚咚竖起大拇指。

丁咚咚此刻站起身，他细腰身，宽肩膀，眼睛虽小但很有神，向着大家深深鞠了一躬，动情地说："感谢大家对我的鼓励！在这里，我也要感谢同学们的帮助，更要感谢程老师对我的殷殷教诲！"

满脸洋溢着幸福微笑的程老师，听到这里，也急忙接了一句："丁咚咚同学来咱作文班时间不算很长，提高这么快，作为老师，我感到十分欣慰！在这里，我也要感谢同学们对我工作的大力支持和积极配合！"

教室内又一次爆发出狂风暴雨般的欢呼声和鼓掌声……

"程老师，我写的议论文《随地吐痰危害大》，您看怎么样啊？"就在大家沉浸在师生交流的气氛中时，突然有人发出声调粗憨的问话，好像空气里响起一声闷雷。大家转头看去，只见秦昊高高眉脊下的那双大眼睛，瞪得又大又圆地望着程老师。

"你看呀！"笑容可掬的程老师，把脸朝向秦昊，从文件夹里摸出一张大白纸，展开来，挂在黑板上。大家急忙送去二目，原来上面写着——

随地吐痰危害大

(秦 昊)

我们经常看到有人随地吐痰，不管是在公共场合还是走在路上，这种生活陋习已屡见不鲜，可说俯拾皆是，国人已是见怪不怪了。那么，这些人是否知道，随地吐痰的危害有多大呢？有人说"大"，有人说"不大"。我想告诉那些说"不大"的人：你错了！

因为在这个世界上，生活的不止是你一个人，有数十亿人都在一片天空下。虽然只是你往地上随便吐了一口痰，可是各种细菌就从你口中飞了出来。据科学家在显微镜下观测，一口痰内有肺原菌、大肠杆菌等细菌大约一亿多个呢！那么，你的这口痰往少说也会传染给一万多人！这一万多人再分别传染给别人，就这样传染下去，已不是算术级增加，而是一传十，十传百，变成几何级增长，那可就坏了，地球上的几十亿人，就都让你给传染上疾病了！这样的话，你说你吐的这口痰的危害大不大？再想想，说不定你吐的这口痰里面还含有SARS病毒，那后果就更不堪设想了！

前不久，报纸曾报道，有一个小青年往公园内刚刚清扫过的水泥甬路上吐痰，被正在花坛旁诵读英语的小学生制止，小青年却出口不逊，骂小学生"去去去，哪里凉快到哪里歇着去！"这种破坏公共卫生、污染环境的不文明行为，为游人所不齿，并受到公众的严厉谴责。

随地吐痰不仅传染疾病，有害健康，而且也是极不文明的行为。我们都还记得，清朝末年，在一次国际会议大厅里，清朝外交大臣随便往地板上吐了一口痰，当场被会议工作人员用纸包起，放在大厅展览多日。这一口秽物，辱没了国家的名誉，丢尽了中国人的面皮！

近几年，我国到境外旅游的人数逐年增加，但是不文明的行为也随处可见。有人不遵守公共秩序，购物买票不排队，有人乱刻乱画，有人不分场合大小便，尤其随地吐痰的陋习更是引起中外广大游客的强烈反感，成为热议的话题。这些虽说是个人素质问题，但在外国人眼里，已被讥笑为"东方特殊景观"。

说起来，随地吐痰还会带来经济方面的损失呢！这绝不是危言耸听。

这些年来，随着改革开放的步伐加快，招商引资也全面展开。前不久，美国客商和我国一家医疗器械厂商谈合资生产输液管，在美方人员到车间参观时，厂长向墙角吐了一口痰，然后用鞋底去擦。正式签字那天，厂长只接到外商的来电："一个厂长的卫生习惯可以反映这个工厂的管理素质；况且我们生产的是用来治病的输液管，人命关天……请原谅我们的不辞而别。"就这样，这招商引资项目遂成泡影。

由此看来，随地吐痰危害极大，这是有目共睹的。随着我国经济迅速发展，科学技术水平越来越高，社会进步更是日新月异，奔驰向前的历史潮流彻底荡涤着旧世界的污泥浊水，人们的精神面貌焕然一新。在这样的大好形势下，难道现在还有人把随地吐痰这些坏习惯仍当成宝贝不肯丢掉么？

我们要大力宣扬和普及科学文化知识，加强爱国卫生教育，提高人民群众的思想道德觉悟，让每一个人都成为讲究清洁卫生、保护环境、懂得文明礼貌的新式合格公民，使随地吐痰的丑恶行为在神州大地上彻底绝迹！

丁咚咚写的记叙文《不要随地吐痰》和秦昊写的议论文《随地吐痰危害大》虽然已挂在黑板上，但程老师还是一个字一个字地高声朗读出来，抑扬顿挫、音质优美的语句，润泽着学生们的大脑细胞，大家听得入了迷。秦昊看见同学们连听带抄，还不时向他投递一波又一波的艳羡目光，心里高兴得就像有一朵大红花正在吐蕊盛开着。他使劲地咽口唾液，又用肥厚的舌头舔舔干裂的嘴唇，最后猛地从座位蹿起身，一只手伸展开，另一只手抓着作文本，高高举过头顶，在空中疯狂地挥舞起来，并用他那独一无二的憨声憨气喊叫道："我成功啦！我的法官梦指日就可实现啦！谢谢程老师送我一程！"

　　看完这篇作文，同学们对秦昊已是刮目相看。回想起一年前秦昊刚刚来到程老师作文班时，他连个句子都写不通顺，课堂里又打又闹，常常大喊大叫，程老师积极进行教导，才渐渐把他引上健康向上的轨道。对于秦昊的进步之大，尤其是在读了这篇议论文后，大家真的是瞠目结舌，如果不是当堂写出、当堂交上，几乎无法让人置信！

　　总想找到话题表现自己的范文彬，弯细的小眼睛转动了半天，两唇开启，露出一排小细牙，黄色的烟渍已经不见，变得白亮可爱，嘻嘻笑着说："这口痰吐的，又吐出篇议论文！"

　　程老师今天换了一套象牙白的休闲装，个子虽不高，但往讲台上一站，却是那样俊朗挺拔；他的两眼眯缝着，无数条细小的皱纹从眼角向外发散。学生们看到，在他脸上的每条皱纹里，都饱含着善良和正义，蕴藏着知识和学问，焕发出热情和智慧。他此刻没有一丁点儿倦容，对着全体孩子们微笑、点头，然后亲切地看着秦昊，爱抚的目光又在瞬间移动一下，停驻在丁咚咚身上几秒钟，接着开启薄薄的嘴唇，播出了具有特质极富磁性的男中音："能写出这样的文章，再继续努力，丁咚咚想要成为一名外交家，秦昊要当警察和法官，每个同学实现各自的理想，一定能达到！"

　　"哇噻——"狂呼声，喊叫声，拍掌声，敲击桌椅声，如山呼水应，震天裂地，一方小小的教室顿时成了欢乐的海洋……

十　赖皮缠教演标点符号

——绅士先失而后得

提示：没有同学会不知道"痛定思痛"这条成语吧？但是，如果没有亲身体验的话，你肯定理解不深。只有我们的主人公这位绅士，受到了经济损失，才对这四个字有了切肤之感——他因为不懂得标点符号的使用，白白被人家蹭去了两顿饭哟！

（一）赖皮缠钻标点符号空子

提起这件事，离现在已经快有一百年了吧？话说有一位绅士，他是当地既有经济实力又有一定威望的人。这一天，他家里来了位客人，是他八竿子都碰不到的远房亲属。绅士很讨厌这客人，就拿话想把客人"开"走。绅士不喜欢这位客人的其中一个原因是，这位客人穷嗖嗖，穿着寒酸。常言说"远敬衣帽近敬财"呀，看见客人来串门两手空空如也，眼睛长在额上的绅士心里就不怎么舒服，况且他又是个小气鬼，害怕被人白白蹭去些吃喝，无端遭受损失；而这客人呢，偏偏又是个赖皮缠，想在绅士家里呆上一两天，消闲一番。虽然绅士满脸的不高兴，但是赖皮缠却并不理会，始终没有离开的意思。恰在此刻，天空下起中雨，有朋友来找绅士去玩牌，绅士拿起雨伞，临走前在纸上写了这些字：

下　雨　天　留　客　天　天　留　我　不　留

这位绅士不会使用标点符号，写完就把那张纸贴在墙壁上让客人看，他转身就急匆匆出门了。

玩到次日天亮才回来，绅士看见赖皮缠客人还没走，气不打一处来，指着墙壁上那张纸说："我叫你走，天留我不留你，你怎么到现在还没有走？"

赖皮缠客人嘻嘻一笑，指着墙壁纸上的字说："是你留我住下的呀！"

绅士抬头再看，原来他写的字给涂上了标点符号——

下　雨　天，留　客　天，天　留　我　不？　留！

绅士这句话的本意是"天留我不留"，现在却正好相反，变成了"天留我不？留！"赖皮缠客人用标点符号钻空子，使绅士斯文扫地，百口莫辩，有苦难言，只好自认晦气。

（二）向赖皮缠学习标点符号

绅士吃了标点符号的亏，让赖皮缠白蹭去两顿饭，损失点东西尚属小事一桩，流传出去贻笑大方，多丢人现眼啊！

他心里委实别扭一阵，过一会儿眼前又忽然亮堂起来：我何不向赖皮缠学学标点符号的知识呢！——这就是咱们这位绅士的人生哲学：失之于此，找回于彼。

当时正是五四运动前后，标点符号还不很普及，中国中下层社会能正确使用的人确是凤毛麟角，不知赖皮缠从何时何地学的，竟在绅士这里遇到用武之地。绅士转怒为喜，咳了一声，走到赖皮缠身旁，语气温和地问："昨晚的觉睡得怎么？饭吃得好么？"

赖皮缠受宠若惊，以为绅士在说反语，忙不迭站起身，回答得言不及义："是是是……"

"请坐，坐下。"绅士摆着手，示意不必慌张，"我想让你在我寒舍小住一两日，怎样？"

赖皮缠以为绅士就要惩罚自己，吓得脸色发白，口里不停地说："不敢，晚辈再也不敢了！"绅士看他那可怜模样，哈哈大笑着说："我想拜你为师，向你学习标点符号，你肯教给我么？"

赖皮缠惊魂甫定，转忧为喜，不住口地说："行行行，这有何难！"

说着，他从怀里摸出一张纸，也挂在墙上，绅士睁大眼睛看去，原来是——

标点符号用法表

名称	符号	用法说明	举例
逗号	，	表示一句话中间的语气停顿。	吃完饭后，我就收拾东西，准备坐车去京城。
句号	。	一句话或一个意思完了，下边已是另外一个意思，这之间就用句号来表示。	放学后，我飞快地跑回家。进屋后，我把书包甩在桌子上，便一屁股坐在沙发里。
顿号	、	表示句子中并列的词或短语之间停顿。	春天来了，公园里的花、草、鸟、虫什么都睡醒了似的，热闹起来。
分号	；	表示并列分句之间的停顿。	小草钻出了地面，新奇地张望着；杨柳摆动着腰肢，随风舞着，跳着；报春花吹起了小喇叭，春光好，嘀嘀哒……

冒号	：	用来提示下文。	这故事告诉我们一个真理：纸是包不住火的。
引号	" "	1. 表示引用部分（人物说话原话要引上）。 2. 特定称谓或着重指出。 3. 表示讽刺或是否定的意思。	古人曾说"诗言志"。我对奶奶说："我饿了。" 爸爸是"夜猫子"，白天睡觉，夜里"爬格子"。 这些人把自己打扮成"救世主"，欺世盗名。
问号	？	用在问句之后。	1. 谁是推动历史前进的力量？是人民！ 2. 我这样说你还听不明白？
感叹号	！	句末表示感叹、惊讶等强烈语气的停顿。	1. 让我们引吭高歌吧！ 2. 看，火光！ 3. 啊！他终于来了！
括号	（ ）	表示文中的注释部分（除经常用的圆括号，还有尖、方、角括号，用作注释标记标号等）	大海中的海水温差蕴含着巨大的能量（约有四十万亿千瓦），可用来发电。
省略号	……	表示这里省略了一些词语。此外还表示声音中断、延长、语意未尽等。（书写占两个格）	1. 每到下午体育活动时间，操场上就热闹起来，有打篮球的，踢足球的，跳绳的，摔跤的…… 2. 老张，你这是……
破折号	——	1. 表示下面是解释说明，有括号作用。 2. 表示意思的递进、延长。 3. 表示意思的转折。 （书写占两个格）	1. 他身后留给我们无价宝——两本回忆录。 2. 谁也逃不出生命的轮回：出生——强壮——衰老——死亡。 3. 这是字典——不认识的字一查便知。
书名号	《 》	表示书籍、报刊、文件、文章等的名称。	我买了本《作文秘法》书，写了篇《小雪花》，投寄给了《少年文艺》杂志社。
间隔号	·	1. 表示日期和月份的分界。 2. 表示有些民族人名中的音界。	八·二十五这个特殊的日子，我们一定牢记。 俄国大作家列夫·托尔斯泰，妇孺皆知。

绅士反复诵读三四遍，手指捻着下颌胡须，不住地点头，连声说："好好，确实好！"

（三）标点符号带来的一场梦

过了一会儿，绅士又把头摇晃得像织布娘手里的纺车一般，口里叨叨咕咕："好是好，就是一时记不住，怎么办？"

"有办法！有办法！"赖皮缠爽朗大笑，顺手又从怀里摸出一张颜色发黄的纸，贴在墙壁上，只见写的是——

，号，像蝌蚪，长成青蛙往前走。

。号，像圆豆，变成一轮红日头。

？号，像秤钩，财源广进大丰收。

！号，像炸弹，敌人堡垒全炸烂。

……号，像脚印，步步向前万万岁。

——号，像光线，照到哪里哪里亮。

""号，像翅膀，美丽蝴蝶舞蹁跹。

就在绅士看完眯起眼睛，嘴里仍在嘟嘟囔囔的时候，赖皮缠问："这样能够记住了么？"

"嗯，嗯。"绅士一个劲儿点头，贵人话语迟嘛，好一会儿才说出一句话："形象！形象！看着这些，我好像做了一场梦。"

"嘿嘿，做得好梦！做得好梦！"赖皮缠故意赞叹连声，忽悠着，"说明你很有想象力哟！"

过了半响，绅士的头又轻轻摇起来："不过，我还是不明白，这些标点符号，除了再遇到像你这样的赖皮缠，不能白白被蹭去两顿饭外，还有什么用场呢？"

"有啊！有啊！"赖皮缠又一次把嘴咧开，哈哈大笑，接下去他给绅士讲了几个故事——

（四）故事里还有绅士的故事

1. 旅游景点变成天然厕所

南方有一座城市，郊外峰峦起伏，风景秀丽。山顶建造庙宇塔观，是一处吸引人的旅游景点，上香游客和挑夫小贩往来络绎不绝。可是，游人却找不到公共厕所，往往就在路旁拐弯处"方便方便"，真是有碍观瞻，大煞景致啊！管理人员为了制止这种现象，便在此处插了一个牌子，上面写道："过往游客等不得在此大小便否则罚款 100 元"。正好遇到一位刁钻之徒，给中间涂上了标点符号，变成"过往游客等不得，在此大小便。否则罚款 100 元。"有的游客本来不想大小便，害怕被罚款，也只得在此"方便"一下。结果，此处成了天然便溺场所，弄得污秽遍地，臊臭难闻。管理人员一看，原来书写时没有标明标点符号，又被人恶作剧，逗号点错了位置，就急忙更正了过来："过往游客等，不得在此大小便，否则罚款 100 元。"

2. 美女变成丑八怪

从前，有一个懒惰汉子，家庭条件不是很好，但又很挑剔，因此年龄已过三十岁还是没有娶上老婆。由于他文化低，又不会标点符号，在这方面经常笑话百出，甚至吃亏上当。有一回，又有远方朋友给他提亲，写来信函给他介绍对象，说："此女脚不大周正黑黑的头发没有麻子。"就是这个样子，问他同意不同意。不同意也就算了，如果同意，可写来回信，并且寄来彩礼，然后把"嫁娘"送过来。因为路途遥远，那时还没有火车、汽车，连自行车也没有，交通十分不便，因此约定，人到后不能反悔。然而，懒汉接到信，展卷拜读，他是这样断句的："此女脚不大，周正，黑黑的头发，没有麻子。"他顿时心花怒放，眼前出现了体态匀称、面容姣好的美女形象，立即答应了这门亲事。懒汉急于想见到这位姑娘，便让捎信人带去许多聘金。等媒人千里迢迢把人带到懒汉面前时，他才傻了眼：这哪里是他想象中的美女，而是一个大脚丫子、脏兮兮、黑乎乎、一脸麻子、没有头发的丑婆娘。懒汉很生气，说媒人骗了他，要索回钱物。媒人说："我并没有骗你呀！你把信拿出来，一开始我在信里不就告诉你'此女脚不大周正，黑黑的，头发没有，麻子'吗？"懒汉也只好自认倒霉，哑巴吃黄连——有苦说不出。

3. 没有文字的自传和评语

美国著名的社会心理学家巴尔肯博士曾经做了一次有趣的实验。有一天，他设计了一次青年宴会，宴会开始时，巴尔肯站起来，提议让每位到场的青年写一篇自传，要求行文用句要简短再简短，简短到可以作为刻在墓碑上的墓志铭。博士的提议十分有趣，众人一致拍手赞成。大家都在冥思苦想，整个大厅里一点声响都没有。不一会儿，一位青年走到巴尔肯面前，递上他的自传，博士一看，自传是这样的：

——

！

。

纸上没有写字，就这么三个标点，巴尔肯十分惊讶，疑惑地问："这是什么意思呢？"

那位青年愁容惨淡，唉声叹气地说："'——'（破折号）是：我经历了一番横冲直撞；'！'（叹号）表示：我伤心得泪流满面；'。'（句号）是我到头来只好完蛋。"

这三个标点恰如其分地表明了他当时的苦闷。巴尔肯听了他的回答，明白了他的心情，立刻在这奇特的自传后面写下了这样的评语：

、

……

？

    这次，该轮到青年大惑不解了。巴尔肯却热情地说："青年时期只是人生中的一个小站，所以是'、'（顿号）；道路漫长，前途无量，因此是'……'（省略号）；难道世界上还有翻越不过的山峰吗？因此用了'？'（问号）。"

    听了巴尔肯的话，那位青年马上恢复了信心和勇气，愁容一扫而光，重新振作起来。

4. 绅士白白被我蹭去两顿饭

    "第四个故事——"赖皮缠讲完上面三件事，翻着眼皮，瞅着绅士又是嘻嘻一声笑，"你要是懂得标点符号的话，能让我白白蹭去两顿饭，遭遇这么大损失么？"

    绅士的脸红一块青一块，难掩尴尬之窘态，皮笑肉不笑地摇着头，好半天才说出一句话："唔，唔，这事情，过去了，过去了……"

    赖皮缠收敛了笑容，郑重其事地对绅士说："上边我讲的几个故事，主要说的是不懂标点符号的坏处，这还是次要的，重要的是，只有学会标点符号，才能够写好文章呢！"

    "是呀，是呀，我正要写文章呢！"绅士急忙说。

    赖皮缠觉得很奇怪，也忙问："你也要写文章？"

    "是呀，是呀，我家里的田地被孙大财主给挤去了半条垅，我要写状子，告他！"绅士提起此事，气不打一处来，胸脯起伏着，脸都憋红了。

（五）绅士属文演练标点符号

    赖皮缠没再说什么，他见自己的标点符号知识有这么大神通，派上这么大用场，博得绅士如此青睐，心里十分惬意。他此时看见绅士仰脸望着自己，眼神里充满求知的欲望，就说："光认识还不成，还要会正确使用。"

    绅士诚恳地说："这样好不好，你给我出个题目，我写篇作文，然后誊在稿纸上，点出标点符号。如果标点错了，请你不吝赐教！"

    赖皮缠慨然应允，先是额头皱一皱，后又眉毛扬了扬，瞅着绅士说："这样吧，你就把谁都知道的古代'矛与盾'的故事，写成语体文（白话文），写完后，我再看你使用的标点符号有没有毛病，如何？"

    "好的，好的，就照你说的办！"绅士取笔铺纸，勾勾抹抹，写了起来。

    没用多长时间，绅士就把这篇作文写完。他又修改两遍，抄写在方格纸上，交给赖皮缠审阅——

矛盾

古时候有个城镇，在集市上一
位，①卖兵器的商人，②地摊上摆着刀、
枪、矛、剑、盾等……③

卖兵器商人大喊大叫，④把自己
的兵器说：“⑤得天花乱坠，无与伦
比。”

他右手举起矛说：“我这矛锐
利非常，无坚不摧。⑥所有东西都能
刺穿！”

他左手又举起盾说：“我这盾
坚硬无比、⑦任何锋利武器都刺不透
它。⑧

就在这时，站在面前的一个人
反问他，⑨如果用你的矛刺你的盾，
会是怎样呢。⑩

商人语塞，答不出来。这故事
告诉人们：说话做事前后不能抵触
和自相矛盾。

①“一位”和“卖兵器的商人”不能断开。

②把逗号去掉。

③此处应去掉“等”字。

④⑦两处应该用逗号。

⑤“说得天花乱坠”，“说”和“得”之间怎能分开？不要见“说”就用引号！

⑥“摧”字后是语气停顿，应用逗号。

⑧句末强烈语气，用“！”合适些。

⑨处应用冒号提示下文，“如果……怎样呢”是语言对话，要用引号前后引上。

⑩是问句用“？”。

篇后评语：叙事条理清晰，层次较分明；文句尚嫌平淡，语言润饰不足；标点符号出现几处错误，大体还说得过去，今后在使用中不断发现问题，相信提高指日可待。

赖皮缠拿着朱红大笔，仔仔细细审视着绅士的这篇作文。有时颔首微笑，有时轻微摇头，在文中圈圈点点，先写出腰批，再写完评语，不大工夫，批改就已结束。

绅士可是个极要强的人，他从赖皮缠手里接过稿纸，不敢怠慢，连忙看了数遍，又重新在方格纸里誊写清楚。

（六）标点符号要各就各位

看到绅士这种认真的态度，赖皮缠也着实感动，对绅士的聪颖好学更是赞不绝口。正当绅士满脸洋溢着得意之色时，赖皮缠上来了"缠"劲，他眼皮用力挤动几下，方说："光会使用还不行，还要做到书写规范。"

绅士一听有点慌神，双手合十长揖不止，口里说道："杀人杀死，救人救彻，请您指点迷津！"

赖皮缠告诉绅士，作文的书写有一定的格式，标点符号在方格里不能乱标乱点，位置有规范。他边讲边在稿纸上进行演练——

1. 除省略号（……）和破折号（——）两种以外，其他都只占一格，位置在方格左下方的有：

逗号　句号　顿号　分号　冒号

2. 在方格左侧之中间位置的有：

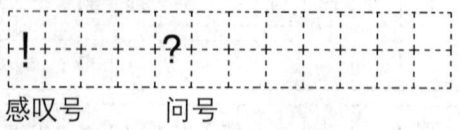

感叹号　　问号

3. 占方格二分之一位置的有：

鲁迅写的中篇小说《狂人日记》

4. 引号在单独使用时，前引号写在方格的右上方，后引号写在方格的左上方：

从很远的地方就能听见"咕咚咕咚"的响声。

5. 前引号和冒号在一起时，冒号写在田字格的左下方，前引号写在田字格的右上方。后引号在其他标点后面时，要写在田字格的右上方：

主人说："天下雨，但我不留你！"

6. 省略号，共是六个圆点，占两个方格，写在方格的中间。破折号，是长横线，写在两个方格的中间位置。如：

| 就 | 是 | 他 | — | — | 在 | 喊 | 着 | ， | 唱 | 着 | ， | 跳 | 着 | … | … |

7. 写作文或是其他稿件，除占两个格的标点（省略号、破折号）外，单标点不能在每行的第一格出现。如遇到句末一字正好是占一行最后一格，那么，标点符号可写到最后一格的外面。

| | | 奶 | 奶 | 把 | 我 | 从 | 沙 | 发 | 里 | 拉 | 起 | 来 | 了 | ， |
| 强 | 迫 | 我 | 到 | 卫 | 生 | 间 | 里 | 去 | 把 | 双 | 手 | 洗 | 干 | 净 | 。|

8. 但是第 7 条也有例外，前引号和前书名号必须写在下行的第一格里。

		看	着	白	花	花	的	米	饭	被	扔	掉	，
我	说	：	"	奶	奶	，	您	忘	了	古	诗	有	句
'	谁	知	盘	中	餐	，	粒	粒	皆	辛	苦	'	了
吗	？"	奶	奶	拍	着	脑	门	问	道	：	"	唐	诗
《	悯	农	》	对	不	对	？"

9. 作文每行仅剩最后一格，需要写省略号和破折号时，可破格写出，不可折断写在下行的第一格。

| 看 | 到 | 地 | 上 | 的 | 百 | 元 | 钞 | 票 | 他 | 喊 | ： | " | 喂 | — | — |
| 站 | 住 | ！" | 他 | 向 | 前 | 边 | 跑 | 去 | ， | 跑 | 啊 | … | … |

"学习和掌握句号的使用，还比较容易，可是对于逗号就有些困难，因为逗号有时用起来很随意，一是'一逗到底'，二是想在哪个字的后面打逗号就在哪打；至于顿号、分号，出现的错误更是司空见惯……"赖皮缠可是个超级热心人，他又向绅士不厌其烦地讲起注意事项。谁知这位绅士现在一点儿绅士的架子也没了，竟然从衣袋里掏出纸笔，边听边记录起来。

"哎呀，哎呀……"赖皮缠讲到这里，他忽然想起一件极要紧的事情，拍着大腿——谁也不知此为何故，遂成千古之谜，就急忙告辞，匆匆离去了。

过了好久之后，绅士才得知，这位远房亲属客人是位地下革命党人，曾留学东洋，这次因被反动当局通缉，偶然来此躲避一宵。绅士细想此事，心里顿悟：赖皮缠刚来时，表现出来的谦卑、惶恐、低声下气，全是他的谋略，那是革命党人原则性和灵活性的统一啊！绅士逢人谈及此事，懊悔莫及，自责地说："误会，误会，天大的误会，我还以为他是个赖皮缠呢！"

图书在版编目（CIP）数据

丁咚咚跟程老师学写作／程占民，程淑娟著．—北京：中国书籍出版社，2013.10
ISBN 978-7-5068-3743-9

Ⅰ．①丁… Ⅱ．①程… ②程… Ⅲ．①作文课—中小学—教学参考资料 Ⅳ．①G634.343

中国版本图书馆 CIP 数据核字（2013）第 216195 号

丁咚咚跟程老师学写作

程占民　程淑娟　著

责任编辑	陶　凯
责任印制	孙马飞　张智勇
封面设计	徐　琳
出版发行	中国书籍出版社
地　　址	北京市丰台区三路居路 97 号（邮编：100073）
电　　话	（010）52257143（总编室）　（010）52257153（发行部）
电子邮箱	chinabp@vip.sina.com
经　　销	全国新华书店
照　　排	青岛新华出版照排有限公司
印　　刷	青岛海蓝印刷有限责任公司
开　　本	710 毫米×1000 毫米　1/16
字　　数	516 千字
印　　张	28.5
版　　次	2014 年 3 月第 1 版　2014 年 3 月第 1 次印刷
书　　号	ISBN 978-7-5068-3743-9
定　　价	50.00元

版权所有　翻印必究